国家卫生和计划生育委员会"十三五"规划教材

儿科专科医师规范化培训教材

重症医学分册

- 中华医学会儿科学分会
- 中国医师协会儿科医师分会   组织编写

- 主 编　钱素云

人民卫生出版社

图书在版编目(CIP)数据

儿科专科医师规范化培训教材. 重症医学分册 / 钱素云主编.
—北京：人民卫生出版社，2018

ISBN 978-7-117-26111-1

Ⅰ. ①儿… Ⅱ. ①钱… Ⅲ. ①儿科学－岗位培训－教材
②小儿疾病－险症－诊疗－岗位培训－教材 Ⅳ. ①R72

中国版本图书馆 CIP 数据核字(2018)第 032320 号

| 人卫智网 | www.ipmph.com | 医学教育、学术、考试、健康，购书智慧智能综合服务平台 |
| 人卫官网 | www.pmph.com | 人卫官方资讯发布平台 |

儿科专科医师规范化培训教材
重症医学分册

主　　编：钱素云
出版发行：人民卫生出版社（中继线 010-59780011）
地　　址：北京市朝阳区潘家园南里 19 号
邮　　编：100021
E - mail：pmph @ pmph.com
购书热线：010-59787592　010-59787584　010-65264830
印　　刷：保定市中画美凯印刷有限公司
经　　销：新华书店
开　　本：787×1092　1/16　印张：23　插页：2
字　　数：574 千字
版　　次：2018 年 4 月第 1 版　2018 年 4 月第 1 版第 1 次印刷
标准书号：ISBN 978-7-117-26111-1/R·26112
定　　价：69.00 元

打击盗版举报电话：010-59787491　E-mail：WQ @ pmph.com
（凡属印装质量问题请与本社市场营销中心联系退换）

编写委员会

总 主 编　申昆玲　朱宗涵

副总主编　赵正言　王天有　孙　锟　李廷玉　罗小平

总主编助理　向　莉

主　　　编　钱素云

副 主 编　祝益民　许　峰　任晓旭　王　莹　陆国平　刘春峰

编　　　者（以姓氏笔画为序）

王　荃　首都医科大学附属北京儿童医院

王　莹　上海儿童医学中心

曲　东　首都儿科研究所

任晓旭　首都儿科研究所

刘春峰　中国医科大学盛京医院

许　峰　重庆医科大学附属儿童医院

孙正芸　山东省立医院

何颜霞　深圳市儿童医院

张育才　上海儿童医院

陆国平　上海复旦大学儿科医院

周　涛　广东省中山市博爱医院

赵劭懂　南京市儿童医院

祝益民　湖南省人民医院

钱素云　首都医科大学附属北京儿童医院

高恒妙　首都医科大学附属北京儿童医院

郭琳瑛　首都儿科研究所

符跃强　重庆医科大学附属儿童医院

葛许华　南京市儿童医院

喻文亮　南京市儿童医院

曾健生　首都医科大学附属北京儿童医院

序　言

　　我国儿科医师培养逐渐规范化，且与儿科医师的执业资格认定相结合。规范化的儿科医师培养可以分为三个阶段，即本科或研究生教育、儿科住院医师培养和儿科专科医师培养。儿科住院医师培养阶段采用全科轮转的方式培养，历时3年。在通过国家儿科医师资格考试后可获得儿科医师执业资格。具备儿科医师执业资格以后，可以选择专业进入儿科专科医师培养阶段，历时2年或以上。完成专科医师培养后，可成为具有某一专科特长的儿科专科医师。我国儿科教学第一阶段儿科本科教学和第二阶段儿科住院医师培养的教材已经齐备。但是第三阶段儿科专科医师培养尚缺乏标准教材。在中华医学会儿科学分会和中国医师协会儿科医师分会的共同努力下，历经三年的精心组织编撰，人民卫生出版社推出了儿科专科医师培训系列教材。

　　本系列教材共十四本分册，包括：儿童保健学分册、发育行为学分册、新生儿疾病分册、呼吸系统疾病分册、消化系统疾病分册、心血管系统疾病分册、血液系统疾病分册、神经系统疾病分册、泌尿系统疾病分册、免疫系统疾病分册、遗传代谢和内分泌系统疾病分册、感染性疾病分册、重症医学分册、临床药理学分册。各分册的主编由中华医学会儿科学分会的各专科学组组长担任，遴选的编委均为儿科各专科方向的权威专家，代表了我国儿科专科的最高学术水平。根据专科医师需掌握的病种确定疾病范围，根据专科医师培训目标和基础能力确定章节内容的深浅程度，从行业角度出发，确定了明确的儿科专科医师培训目标。

　　各分册的框架由疾病篇和技术篇组成，其中技术篇是区别于住院医师教材的一大亮点。在疾病篇中，除了教材类专著的概述、诊断、鉴别诊断篇幅框架外，治疗决策将最新发布的指南、共识、规范等核心内容纳入，体现了其先进性，与专科医师培训需求相适应，理论和实践水平要求高于各段学历教材程度，是本教材的亮点之二。本教材疾病篇的编著将常见问题和误区防范以及热点聚焦，作为重点阐述内容，是编委的经验凝练总结，并对发展动态、争议焦点和疑难问题提出方向性的指导意见，为儿科专科医师培训过程中的起步阶段就前瞻性定位高标准高要求，不断推进儿科专科医师的持续教育培训，为提高其学习能力和指导实践指明方向，成为本教材的第三大亮点。

　　本系列教材以权威性、临床性、实用性和先进性为目标和基本原则，通过中华医学会儿科学分会和中国医师协会儿科医师分会的密切合作，在人民卫生出版社的审慎编辑修订下，陆续与广大儿科医师见面，适用读者不仅是第三阶段儿科住院医师，也适用于各年资主治医师。希望通过教材的应用和培训实践相结合，持续改进和优化儿科专科医师规范化培训模式，不断涌现优秀的儿科专科医师。

　　谨代表儿科专科医师培训教材编委会向所有付出辛勤劳动的专家们致以崇高敬意。

总主编　**申昆玲　朱宗涵**

2017年5月

5

重症医学是现代医学的一门新兴学科，它的出现是人类医学史上的重大进步。儿科重症医学更是一门朝阳学科，是以研究各种儿童危重病诊断、监测和治疗为主要内容的临床三级学科。与儿内科、儿外科等其他专科有很多交叉和重叠。因此，要求儿科重症医学专科医师要有扎实的内、外科基础，系统掌握儿科危重病的相关专业理论、专业知识和技能，充分了解国内外新进展，最终能够独立承担和指导儿科常见危重病、危重疑难病的抢救和诊治工作。

为了使我国的儿科重症医学发展更为规范有序、从事本学科的医师能够更好地掌握必备的专业理论和技能，在中华医学会儿科学分会和中国医师协会儿科医师分会的组织领导下，集国内十多位著名儿科重症医学专家之力，历经 1 年余完成了该培训教材的编著。这是国内第一部专门针对儿科重症医学专科医师的培训教材，涵盖了儿科常见危重症的诊治技术和最新进展，并对专科医师在临床诊治中的常见误区和热点聚焦问题进行单独讨论和重点讲解；尤其是新增了儿童脑死亡判断及儿童虐待、忽视等涉及伦理和法律的社会问题。此外，针对儿科重症医学专业监测和操作技术多、发展快、新技术不断涌现等特点，本书在技术篇，不仅纳入了常用监测和操作技术，也囊括了体外膜肺、血液净化等复杂、先进的高尖技术。

本书具有实用、新颖、规范的特点，有助于启发年轻专科医师的思路，提高其整体素质和医疗服务水平，更好地满足我国儿童健康水平日益增高的需求。对各位准备进入儿童重症医学这个充满刺激和挑战领域的年轻人而言，希望这本书就像你们在漫长旅途中的加油站，能够帮助大家更为顺利地向目标进发，掌握儿童重症医学的精髓和技能，为更多的儿童解除病痛。

最后，在此一并感谢参与本书编写的专家们的辛勤付出。由于时间仓促和水平的限制，本书出版之际，恳切希望广大读者在阅读过程中不吝赐教，欢迎发送邮件至邮箱 renweifuer@pmph.com，或扫描封底二维码，关注"人卫儿科"，对我们的工作予以批评指正，以期再版修订时进一步完善，更好地为大家服务。

钱素云

2018 年 4 月

目　录

下篇　技　术　篇

上 篇

疾 病 篇

第一章

心搏呼吸骤停与心肺复苏术

培训目标

1. 掌握并能独立快速识别心搏呼吸骤停。
2. 掌握心肺复苏技术，并能独立或指挥复苏小组完成心肺复苏。
3. 熟悉、理解心搏呼吸骤停的流行病学、病因和发病机制，并能将其运用于复苏过程中。
4. 熟悉国际最新儿童心肺复苏指南要点。

一、概述

心搏呼吸骤停（cardiopulmonary arrest，CPA）和心肺复苏（cardiopulmonary resuscitation，CPR）是儿科急诊和重症医学面临的最大挑战和最重要的研究领域之一。1960 年 8 月在马里兰医学协会年度会议上，提出了对 CPA 患者同时进行胸外按压和人工呼吸，标志着现代 CPR 技术的诞生。20 世纪 80 年代，美国心脏协会（American Heart Association，AHA）和美国儿科学会（American Academy of Pediatrics，AAP）联合建立了儿童基本生命支持（pediatric basic life support，PBLS）和儿童高级生命支持（pediatric advanced life support，PALS）培训课程。2000 年，多位国际儿科专家以循证医学为依据，在原教材的基础上进行较大幅度修订后，发表在《AHA 心肺复苏和心血管急救指南》中，作为儿童 CPR 指南。之后每 5 年修订 1 次，现行指南于 2010 年发表，近期将发布最新的指南。

【流行病学】

近年对儿童 CPA 流行病学的大样本、多中心、前瞻性研究逐渐增多，其流行病学特征更加明确。既往研究显示，美国院外 CPA 为每年 8～20 例次 /10 万儿童，院内发生率约为院外的 100 倍，PICU 患者的发生率为 2%～6%。对美国 3739 家医院 2006 年接受 CPR 的住院儿童病死率及死亡风险因素分析显示，住院患儿 CPA 发病率为 0.77‰，总病死率为 51.8%；多因素分析显示，死亡风险因素包括急性肾衰竭、肝功能不全、脓毒症和先天性心脏病。另一项包括 12 个国家 502 例院内 CPA 的前瞻性多中心研究显示，自主循环恢复率为 69.5%；39.2% 存活出院，其中 88.9% 神经系统预后良好。我国北京一项多中心前瞻性研究则显示，住院儿童 CPA 发病率为 0.18%，174 例接受 CPR 的住院患儿中，62.1% 恢复自主循环，28.2% 存活出院，6 个月和 1 年的生存率分别为 14.5% 和 12.1%，85.7% 神经系统预后良好。多因素回归分析显示，年龄、CPR 持续时间和 CPR 之前已气管插管是独立的死亡风险因素。

有几项研究分别报道了不同人群 CPA 的流行病学特征。对美国 38 个州 3739 家医院 2000 年、2003 年和 2006 年住院儿童资料库资料分析显示，心血管疾病住院患儿 CPA 发病率是非心血管疾病住院患儿的 13.8 倍，导致 CPA 的最常见心血管疾病依次为心肌炎、心力衰竭和冠状动脉疾病。美国 AHA 资料库的资料显示，发生麻醉后 CPA 的患儿年龄＜5 岁者占 67%，＜1 岁者占 30%；有基础疾病者高达 78%，其中 15% 为先天性心脏病；最常见的原因是呼吸问题，死亡风险因素包括心脏疾病和血流动力学异常。我国台湾省的研究则表明，头颈部创伤是创伤性 CPA 的最常见原因，其次分别为腹部和胸部创伤；胸部创伤自主循环恢复率最低，腹部创伤最高，其他与自主循环恢复相关的因素包括初始心脏节律、从现场到达医院的时间和 CPR 持续时间。复苏后早期血压正常或增高、心率正常、心律为窦性、尿量＞1ml/（kg•h）及初始 Glasgow 评分＞7 提示存活后神经系统预后良好。

【病因】

多种疾病引起的严重缺氧、心肌缺血和心律失常均可导致 CPA。以严重缺氧最为常见，其次是心肌缺血，心律失常所占比例最低。导致心搏和呼吸骤停的常见病因如下。

1. **心搏骤停**（cardiac arrest）**的原因**

（1）继发于呼吸衰竭或呼吸停止的疾病：如肺炎、窒息、溺水、气管异物等，是小儿心搏骤停最常见的原因。

（2）手术、治疗操作和麻醉意外：心导管检查、纤维支气管镜检查、气管插管或切开、心包穿刺、心脏手术和麻醉过程中均可发生心搏骤停，可能与缺氧、麻醉过深、心律失常和迷走神经反射等有关。

（3）外伤及意外：1 岁以上小儿多见，如颅脑或胸部外伤、烧伤、电击及药物过敏等。

（4）心脏疾病：病毒性或中毒性心肌炎，心律失常，尤其是阿 - 斯综合征。

（5）中毒：尤以氯化钾、洋地黄、奎尼丁、锑制剂、氟乙酰胺类灭鼠药等药物中毒多见。

（6）低血压：会使冠状动脉灌注不足及组织灌注不良，造成缺血、缺氧、酸中毒等均可导致心搏骤停。

（7）电解质平衡失调：如高血钾、严重酸中毒、低血钙等。

（8）婴儿猝死综合征。

（9）迷走神经张力过高：不是小儿心搏骤停的主要原因。但如果患儿因咽喉部炎症，处于严重缺氧状态时，用压舌板检查咽部，可致心搏和呼吸骤停。

2. **呼吸停止**（apnea）**的原因**

（1）急性上、下气道梗阻：多见于肺炎、呼吸衰竭者患儿，如痰堵，气管异物，胃食管反流，喉痉挛，咽喉水肿，严重哮喘持续状态，强酸、强碱所致气道烧伤，白喉假膜堵塞等。近年小婴儿呼吸道感染（如呼吸道合胞病毒等）所致气道高反应性诱发的呼吸暂停病例有增多趋势。

（2）严重肺组织疾病：如重症肺炎、呼吸窘迫综合征等。

（3）意外及中毒：如溺水，颈部绞缢，药物中毒（安眠药、箭毒、氰化物中毒等）。

（4）中枢神经系统病变：如颅脑损伤、炎症、肿瘤、脑水肿、脑疝等。

（5）胸廓损伤或双侧张力性气胸。

（6）肌肉神经疾病：如感染性多发性神经根炎、肌无力、进行性脊髓性肌营养不良、晚期皮肌炎等。

（7）继发于惊厥或心脏停搏后。

（8）代谢性疾病：如新生儿低血钙、低血糖、甲状腺功能减退等。

（9）婴儿猝死综合征（sudden infant death syndrome，SIDS）：是发达国家新生儿期婴儿死亡的常见原因。

【发病机制】

多种病理生理过程均可导致 CPA，最常见的三种机制为：缺氧、心肌缺血和心律失常。以缺氧最常见，心肌缺血者最常见于各种原因引起的休克，心律失常所致者 CPA 前有室颤（ventricular fibrillation, VF）或室速（ventricular tachycardia, VT）。有研究表明，院内 CPA 的直接原因中，心律失常占 10%，缺氧和心肌缺血分别占 67% 和 61%（大部分两者兼有）；院外 CPA 同样大部分由缺氧或心肌缺血引起，5%～20% 为心律失常所致。

CPA 的病理生理过程可分四个阶段：①心搏骤停前期，指在心搏停止之前的一段时间。重要的是，儿童心搏呼吸骤停多由进行性加重的缺氧或心肌缺血引起，因而可以通过早期识别、治疗呼吸衰竭和休克预防其发展为 CPA。②无血流灌注期，心搏停止至开始 CPR 之前，此期血流完全中断。③低血流灌注期，即 CPR 期间，此期心排血量取决于胸外按压力量（深度）和按压频率。有效 CPR 过程中，成人心排血量可达正常的 15%～25%，婴儿可达 30%～40%。④复苏后阶段，成功复苏后会发生一系列独特而复杂的病理生理过程，包括心脏骤停后脑损伤、心肌功能不全、全身性缺血再灌注反应等。

1. 缺氧、能量代谢障碍与代谢性酸中毒 缺氧是 CPA 最突出的问题。心搏一旦停止，氧合血的有效循环中断，供氧立即终止，随之发生能量代谢障碍和代谢性酸中毒。葡萄糖无氧酵解时，所产生的 ATP 仅为葡萄糖有氧氧化时的 1/18 或 1/19，故能量供应大为减少，膜泵功能障碍，膜离子通道失活，造成细胞内外离子内稳态的改变，如细胞外钾离子急剧升高，钙、钠、氯离子逐步降低。细胞内钙超载、钠潴留、水肿和酸中毒等。

严重缺氧使心肌传导抑制，引起心律失常及心动过缓；同时细胞内钾离子释放，也使心肌收缩受到抑制。心肌缺血 3～10 分钟，ATP 减少 50% 以上，心肌即失去复苏可能。脑对缺氧更敏感，心搏停止 30 秒，出现神经细胞代谢障碍；1～2 分钟，脑微循环自动调节功能因酸中毒影响而丧失，脑血管床扩张；无氧代谢的脑细胞只能维持 4～5 分钟即开始死亡。因此，常温下心搏呼吸停止 4～6 分钟，即存在大脑不可逆性损害，即使复苏成功，也会留有神经系统后遗症。在复苏情况下，心搏停止 10 分钟，即出现脑细胞膜钠泵功能丧失，引起脑细胞水肿。

2. 二氧化碳潴留与呼吸性酸中毒 CPA 时，二氧化碳以每分钟 0.4～0.8kPa（3～6mmHg）的速度增长。二氧化碳潴留可抑制窦房结和房室结的兴奋与传导，并兴奋心脏抑制中枢，引起心动过缓和心律失常，还可直接减弱心肌收缩力，并扩张脑血管。心脏复搏后扩张的脑血管血流量增加，造成脑血流过度灌注，血管内流体静水压增高，同时缺氧与酸中毒使毛细血管通透性增强，均促使脑水肿形成。二氧化碳持续增高甚至造成二氧化碳麻醉，直接抑制呼吸中枢。

3. 缺血再灌注损伤 缺血一定时间的组织器官，在重新得到血液灌注后，其功能不仅未能恢复，结构损伤和功能障碍反而加重。这种损伤见于脑、心、肺、肝、肾等脏器。因脑对缺血缺氧最敏感，故缺血再灌注损伤的表现尤为突出。其发生机制尚未完全阐明，主要与以下几方面有关。

（1）细胞内钙超载：正常生理状态时，细胞内外钙离子浓度差为 1/10 000，细胞通过耗能的钙泵或 Na^+/Ca^{2+} 交换系统，逆浓度梯度将钙离子排出细胞。脑缺血再灌注损伤时，因能量代谢障碍，钙泵功能不能维持，钙离子向细胞内转移。细胞内钙超载除直接导致蛋白质和脂肪破坏外，进入小动脉周围平滑肌的钙离子可引起血管痉挛。同时由于脑缺血缺氧，局部花生四烯酸生成增多，产生大量血栓素。血栓素是强烈的平滑肌挛缩物质，进一步加重血管痉挛,致血管阻力加大使脑灌注压降低,进入延迟性低灌注脑缺血期。该阶段一般持续48~72小时,使脑细胞损害加重,甚至坏死。

(2)自由基增加:再灌流后,由于供氧得到改善,提供了生成自由基的原料,而血液中清除自由基的物质尚未生成,致使自由基呈暴发性增加。自由基与细胞膜上的酶、受体及其他成分结合,影响细胞膜的结构、功能和抗原特异性。加以不饱和脂肪酸的过氧化产物丙二醛(MDA)可使细胞膜的空隙扩大,通透性增加,导致细胞进一步损伤,加重脑水肿、颅内高压。

(3)细胞内酸中毒:心肺复苏期间乳酸的堆积和不恰当使用碳酸氢钠,均可导致严重的细胞内酸中毒。细胞内酸中毒通过抑制线粒体使ATP生成减少,导致能量代谢衰竭,进而引起膜功能衰竭。

(4)兴奋性氨基酸过度释放:兴奋性氨基酸主要是指谷氨酸和天门冬氨酸,是中枢神经系统的主要兴奋性神经递质。当缺血再灌注时,突触前谷氨酸等释放增多和(或)再摄取减少,导致突触后兴奋性氨基酸受体的过度刺激。当谷氨酸与其受体结合后,促使钠和氯离子及水的内流,导致神经元急性肿胀。同时钙通道开放,细胞外钙离子大量内流,细胞内钙超载、自由基产生,最终导致细胞膜破坏、神经元损伤。

二、诊断

【临床表现】

1. **突然昏迷** 一般心脏停搏8~12秒后出现。部分病例可有一过性抽搐。

2. **瞳孔扩大** 瞳孔大小反映脑细胞受损程度。心脏停搏后30~40秒瞳孔开始扩大,对光反射消失。

3. **大动脉搏动消失** 心搏骤停后,颈动脉、股动脉搏动随之消失。

4. **心音消失** 心脏停搏时心音消失。若心率<60次/分,心音极微弱,此时心脏虽未停搏,但不能触摸到大动脉搏动,说明心排血量已极低,不能满足机体所需,也要进行心脏按压。

5. **呼吸停止** 心脏停搏30~40秒后即出现呼吸停止。此时呼吸运动消失,听诊无呼吸音,面色灰暗或发绀。应注意呼吸过于浅弱、缓慢或呈倒气样时,不能进行有效气体交换,所造成的病理生理改变与呼吸停止相同,亦需进行人工呼吸。

6. **心电图** 常见等电位线、VF、无脉性VT和无脉性电活动(pulseless electrical activity,PEA)。等电位线是儿童心搏骤停最常见的心电图表现,占70%以上;VF占10%~15%。无脉性VT时虽心电图呈室速波形,但心肌无有效收缩和排血,其病理生理状态与室颤相同。PEA也称电机械分离(electromechanical dissociation,EMD),心电图常表现为各种不同程度的传导阻滞或室性逸搏,甚至正常波群的窦性节律,但心脏无有效收缩和排血,测不到血压和脉搏。其发生与冠状动脉供血不足、心肌广泛缺血、缺氧、低血容量、强力性气胸、肺栓塞、心肌破裂及心脏压塞等有关。

【诊断】

凡突然昏迷伴大动脉搏动或心音消失者即可确诊。对可疑病例应先行复苏,不可因反复触摸动脉搏动或听心音而延误抢救治疗。

三、治疗决策

立即现场实施CPR最重要,分秒必争开始人工循环与人工呼吸,以保证全身尤其是心、脑重要器官的血流灌注及氧供应,为心肺复苏成功与否的关键。复苏开始无须强调寻找病因，不同病因所致心搏呼吸骤停，其基础生命支持方法基本一致。待复苏成功后，再明确病因，治疗原发病。

现代复苏观点将复苏全过程视为三个阶段：①基础生命支持（basic life support，BLS）：主要措施为胸外心脏按压（人工循环）、开放气道、口对口人工呼吸。②高级生命支持（advanced life support，ALS）：指在 BLS 基础上应用辅助器械与特殊技术、药物等建立有效的通气和血液循环。③复苏后稳定（post resuscitation stabilization）处理：其目的是保护脑功能，防止继发性器官损害，寻找并治疗病因，力争患者达到最好的存活状态。在 CPR 过程中，BLS 适用于单人复苏，而 ALS 更适用于可紧急动员多人参加的复苏。

以下是 AHA 指南推荐的儿童心肺复苏流程。

【儿童基础生命支持】

PBLS 流程见图 1-1。

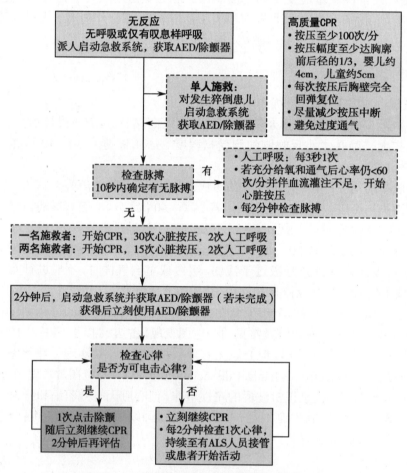

图 1-1　儿童心搏呼吸骤停的基础生命支持流程

1. 检查反应及呼吸　救护者通过轻拍和大声说话判断患儿的反应水平。发现患儿倒地后轻拍患儿双肩，并大声与患者说话："喂！你怎么了？"，如知道患儿姓名可大声唤其姓名。同时检查患者是否有肢体活动或语言。对于婴儿，轻拍足底，检查其是否有反应。

如患儿有反应，包括回答问题或哭闹、肢体活动，则快速检查是否存在外伤，及是否需要其他医疗帮助。必要时，可离开患儿并拨打当地急救电话，但应快速回到患儿身边反复评估。对于呼吸窘迫的患者，允许使其保持舒适的体位。

如患者无反应，没有肢体活动或语言反应，同时快速检查患者是否有呼吸。若评估过程中未看到患儿有呼吸动作或仅有叹息样呼吸，即须大声呼救，激活紧急反应系统，获得自动体外除颤仪（automatic external defibrillator，AED）并准备开始进行心肺复苏。

若患者处于危险地域，如火灾现场、一氧化碳中毒现场等，必须将其强制性移动到安全区域。但搬动外伤患儿需要小心，特别注意保护颈椎和脊柱，以防截瘫。

2. **启动紧急反应系统**　在医院内复苏或有多人在场时，应在立即派人去启动紧急反应系统、获取除颤/监测仪或 AED 的同时开始 CPR。院外单人复苏时，应首先进行 5 个回合心肺复苏后，再去启动紧急反应系统。但对目击的心搏骤停（如运动员在参加体育活动时突然昏迷倒地），应高度怀疑是 VF 造成的心搏骤停，此时应首先启动紧急反应系统，并获得除颤仪，再回到患者身边进行心肺复苏。

3. **评估脉搏**　医疗人员可用 5～10 秒触摸脉搏（婴儿触摸肱动脉，儿童触摸颈动脉或股动脉），如 10 秒内无法确认触摸到脉搏，或脉搏明显缓慢（<60 次/分），立即开始胸外按压。当患者无自主呼吸或呼吸微弱，但存在大动脉搏动，且脉搏>60 次/分时，无须给予胸外按压，可仅予每分钟 12～20 次人工呼吸。

4. **胸外按压**　是最简便易行的复苏措施，但只有快速有力的按压才能产生效果。胸内心脏按压临床实践中极少采用，主要用于手术过程中发生心搏骤停的患儿。实施胸外按压（chest compression）时，将患儿仰卧于地面或硬板上，施救者通过向脊柱方向挤压胸骨，使心脏内血液被动排出而维持血液循环。按压频率为 100～120 次/分，按压深度为胸廓前后径的 1/3，婴儿约 4cm，儿童约 5cm。可根据患儿年龄大小选择以下不同的手法。

（1）双掌按压法：适用于年长儿。施救者两手掌重叠置于患儿双乳头连线水平之胸骨上，亦即胸骨下半部，肘关节伸直，凭借体重、肩臂之力垂直向患儿脊柱方向挤压（图 1-2）。挤压时手指不可触及胸壁以免肋骨骨折，放松时手掌不应离开患儿胸骨，以免按压部位变动。

（2）单掌按压法：适用于幼儿。仅用一只手掌按压，方法及位置同上。

（3）双指按压法：适用于婴儿，施救者一手放于患儿后背起支撑作用，另一手示指和中指置于两乳头连线正下方之胸骨上，向患儿脊柱方向按压（图 1-3），此方法适用于单人施救，效果不及双手环抱法，当第二复苏者到场后，即应改用双手环抱按压法。

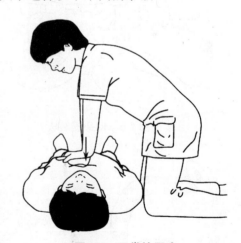

图 1-2　双掌按压法

（4）双手环抱按压法：用于婴儿和新生儿。施救者双拇指重叠或平放于两乳头连线正下方，两手其余四指环绕婴儿胸部置于后背，双拇指向背部按压胸骨的同时用其他手指挤压胸背部（图 1-4）。

5. **打开气道**　呼吸道梗阻既是小儿 CPA 的重要原因，也是影响复苏效果的重要因素。开始进行人工呼吸前需打开气道，首先清除患儿口咽分泌物、呕吐物及异物。保持头轻度后仰，使气道平直，并防止舌后坠堵塞气道。在无头、颈部损伤者用"仰头-提颏"法打开气

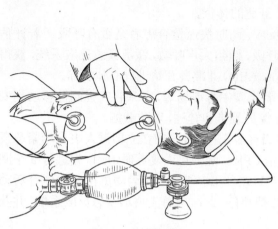

图1-3 双指按压法

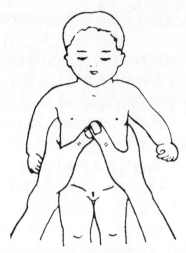

图1-4 双手环抱按压法

道（图1-5），使其咽后壁、喉和气管成直线，维持气道通畅。颈部过度伸展或过度屈曲都会导致气道阻塞。疑有头颈部外伤者应使用"推举下颌"法（图1-6）。亦可放置口咽通气道，使口咽部处于开放状态（图1-7）。

图1-5 仰头提颏法

图1-6 推举下颌法

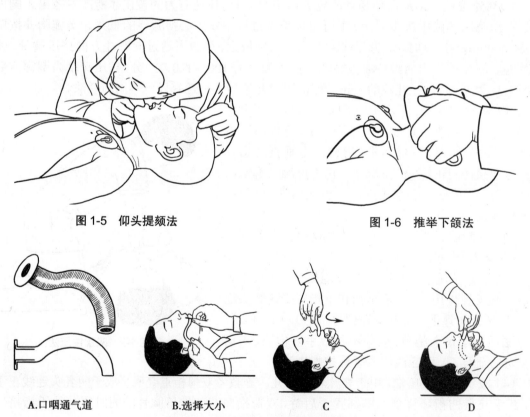

A.口咽通气道   B.选择大小   C   D

图1-7 口咽气道型号的选择和放置

6. **人工呼吸** 若患者无自主呼吸或呼吸不正常，予以两次人工正压通气（positive pressure ventilation，PPV）。在院外，打开患儿气道后，采用口对口方式，捏紧患者鼻子，张大嘴完全封闭患者口腔,平静呼吸后给予通气,每次送气时间1秒,同时观察患者胸部是否抬举。对于婴儿,可张口同时封闭患儿口、鼻进行通气。如果人工呼吸时胸廓无抬起,气道开放不恰当是最常见的原因,应再次尝试开放气道,若再次开放气道后人工呼吸仍不能使胸廓抬起,应考虑可能有异物堵塞气道,须予以相应处理排除异物。

医疗人员在院内进行人工呼吸可使用气囊面罩通气。复苏器构造简单、携带方便,通过挤压呼吸囊进行正压通气(图1-8)。插管与非插管患儿皆可使用。非插管患儿首先选择大小合适的面罩,以覆盖鼻、口腔,但不应压迫双眼为宜。使用E~C手法(图1-9)扣紧面罩并打开气道,左手拇指与示指呈C状将面罩紧扣于患儿脸部,左手中指、无名指及小指呈E状打开气道,注意不要在下颌软组织上施加过多压力,这样可能阻塞气道。右手挤压球囊给予通气,每次通气时应注意观察胸廓是否抬起。医疗人员充足的情况下,要考虑双人面罩加压通气。气囊面罩人工通气过程中,最好使用100%的氧气。

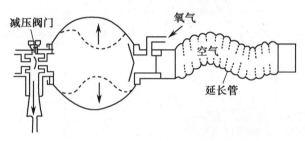

图1-8　复苏囊的结构

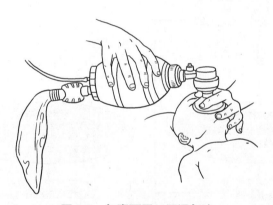

图1-9　气囊面罩正压通气法

7. 按压与通气的协调　未建立高级气道(气管插管)时,按压通气比单人复苏为30:2,双人复苏为15:2。建立高级气道后,负责按压者以100~120次/分的频率进行不间断按压,负责通气者以8~10次/分进行通气。双人在场时,一人按压2分钟左右即应轮换,轮换应在5秒内完成。

8. 使用自动体外除颤仪　儿童大部分心搏骤停是由呼吸衰竭引起的,然而仍有部分患儿可能发生心室颤动。在这种情况下,单纯进行心肺复苏并不能挽救患儿生命。尤其是目击儿童突然心搏骤停时,发生VF或无脉性VT的可能较高,此时应快速激活紧急反应系统,取得并使用AED。1岁以下婴儿首选手动除颤仪,如无法获得可考虑使用能量衰减型AED,如两者均无法获得,使用标准型AED。

AED的操作详见下篇第二十二章"电击除颤术"。

【儿童高级生命支持】

若要达到最理想的复苏效果,重点应注意以下几个方面:①其中一名复苏者立刻开始胸外按压,第二名复苏者同时准备好用气囊面罩人工通气。由于儿童心搏骤停多数由呼吸衰竭导致的缺氧引起,及时人工通气尤为重要。②保证高质量心肺复苏,这是影响 CPR 效果的关键。③当两名复苏者分别进行胸外按压和人工通气时,其他复苏者应尽快准备好监测仪、除颤仪,建立血管通路,并准备好预计需使用的药物。PALS 流程见图 1-10。

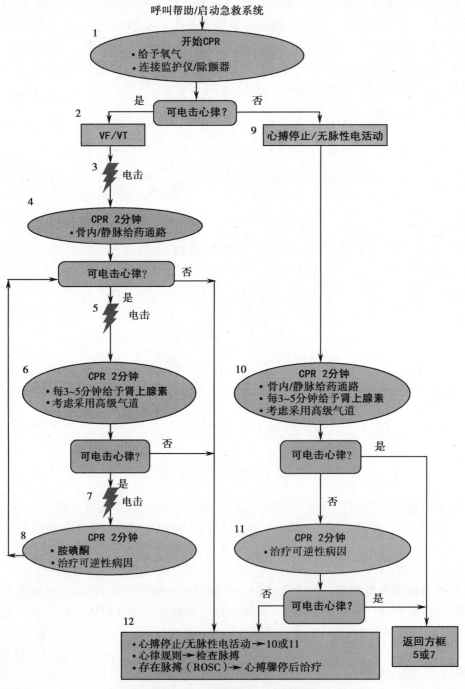

图 1-10 儿童高级生命支持流程

1. 尽快做好监测 心电监测有助及早确认是否为 VF 或无脉性 VT 等需除颤的心律,以及早除颤,提高存活率。气管插管后监测呼气末 CO_2 分压(partial pressure of end-tidal CO_2,$PETCO_2$)除可帮助快速确认气管插管的位置外,当其突然或持续增加时,提示自主循环恢复,可减少因确认自主循环是否恢复停止心脏按压的时间。住院患者若已进行中心静脉压、有创脉压监测可为复苏提供更多有用的信息。

2. 建立高级气道 若复苏者快速气管插管技术熟练,应尽快予气管插管。气管插管的型号选择依其是否带有套囊而异。若不带套囊,1 岁以内婴儿可选择内径为 3.5mm 的气管导管,1～2 岁选择内径为 4.0mm,>2 岁者可按公式:气管导管内径(mm)=4 + 年龄(岁)/4 计算。若为带套囊者,相同年龄的患儿其内径比不带套囊者减小 0.5mm。开始气管插管前,应先予气囊面罩加压通气以使患儿有足够的氧储备。气管导管插入后立刻验证位置是否恰当,确认恰当后固定插管,并开始经气管插管正压通气。

3. 建立血管通路 需要复苏的患儿应尽快建立血管通路,以周围静脉穿刺最常用。周围静脉穿刺困难时可予骨髓穿刺,建立骨髓通路。所有需静脉输入的复苏药物均可经骨髓通路给予。

骨髓通路建立通常选择胫骨,穿刺点为胫骨粗隆内下方 2～3cm 处。穿刺时进针方向应略向足部倾斜,进针深度为 1～2cm。当有落空感、骨穿刺针固定后,拔出针芯,用一事先抽好 3～5ml 生理盐水的注射器与骨穿刺针连接、抽吸,可见有骨髓被抽出则证明骨穿成功。随后推注生理盐水,观察骨穿刺针周围有无渗出。若推注时阻力小且无渗出,则可连接输液器输液或给药。有时可能未见骨髓,但推注生理盐水阻力小且骨穿刺针周围无渗出,亦可说明骨穿成功。

需要注意的是,骨髓输液虽然操作简单,可很快建立血管通路,但其并发症随时间延长发生率增高,且可能出现骨髓炎、骨筋膜室综合征等严重并发症。因此,一旦复苏成功,应尽快建立静脉通路。可靠的静脉通路建立后,立刻停止使用骨髓通路,以免发生严重并发症。

4. 药物治疗 复苏药物最好经血管通路输入。血管通路建立困难、已经气管插管者,可经气管插管给予肾上腺素、利多卡因、阿托品和纳洛酮,其他药物不能经气管插管给予。表 1-1 列出了常用药物适应证、剂量和给药途径。

(1)氧:在复苏中十分重要,可将氧气视为一种药物。递送到组织中的氧量取决于吸入氧浓度、血氧含量、血红蛋白浓度、心排血量及氧的组织弥散力等。即使进行高质量的心肺复苏,心搏出量也仅有正常的 25%～30%,只能提供正常需氧量的 16%～17%,肺泡氧分压也不超过 10.6kPa(80mmHg)。更何况此时许多因素均可导致严重低氧血症。故复苏需用 100% 的氧气,而无须顾忌氧中毒。扩张的瞳孔缩小为氧合血液灌注适宜的最早征象,继而皮肤和黏膜方转红润。

(2)肾上腺素:是肾上腺素受体兴奋剂,为复苏的首选药物。对心源性停搏、通气和氧疗后无反应的症状性心动过缓、非低血容量性低血压有确切疗效,还可使室颤频率减低,增强电除颤效果。其 β_1 受体兴奋作用,可加强心肌收缩力,兴奋窦房结、房室结,加速传导。β_2 受体兴奋可使周围血管舒张,减轻外周血管阻力。其 α 受体兴奋作用,可使周围血管收缩,提高血压特别是舒张压,保证冠状动脉灌注;同时由于心、脑血管 α 受体相对少,因此周围血管的收缩较心、脑血管明显,有利于心、脑供血。肾上腺素的 α 与 β 受体兴奋作用与用药剂量关系密切,中小剂量时以兴奋 β 受体为主、大剂量时 α 效应更显著。虽有报道大剂量

11

表 1-1　儿童复苏常用药物

药物名称	适应证	剂量和用法
肾上腺素（epinephrine）	无脉性心脏骤停、有症状的心动过缓	静脉或骨髓内注射：1∶10 000 浓度 0.01mg/kg（0.1ml/kg），3～5 分钟 1 次。单次最大剂量 1mg 气管插管内给药：1∶1000 浓度，0.1ml/kg（0.1mg/kg）
胺碘酮（amiodarone）	室颤或无脉性室速	5mg/kg，最大 300mg，静脉或骨髓内注射。无效可重复，每日最大剂量 15mg/kg（或总量 2.2g）
硫酸阿托品（atropine sulfate）	有症状的心动过缓	静脉或骨髓内注射：0.02mg/kg，单次最小剂量 0.1mg；单次最大剂量儿童 0.5mg，青少年 1mg。无效可重复一次。总剂量最大儿童 1mg，青少年 2mg 气管插管内给药：0.04～0.06mg/kg
氯化钙（10%）（calcium chloride 10%）	低钙血症、高钾血症、高镁血症、钙通道阻滞剂过量	20mg/kg（0.2ml/kg），心脏骤停或低血压时静脉或骨髓内缓慢注射。必要时重复
利多卡因（lidocaine）	室颤或室速	静脉或骨髓内注射：1mg/kg，若无效 15 分钟后可重复注射，最大剂量 5mg/kg。维持量 25～50μg/（kg·min）静脉或骨髓内持续输入 气管插管内给药：2～3mg/kg
纳洛酮（naloxone）	逆转阿片类麻醉药作用	静脉或骨髓内注射：0.1mg/kg，必要时每 2 分钟重复 1 次，最大剂量 2mg 气管插管内给药：剂量为静脉剂量的 2～3 倍
碳酸氢钠（sodium bicarbonate）	严重代谢性酸中毒、高钾血症	剂量和用法：1mEq/kg，缓慢静脉或骨髓内注射。使用时要保证有效通气
葡萄糖（dextrose, glucose）	低血糖	0.5～1g/kg，静脉或骨髓内输注

肾上腺素可增加现场抢救时患者自主循环恢复率，但死亡率并未降低，且可能与较重的神经系统后遗症有关，因此 2005 年和 2010 年版指南均推荐标准剂量。大剂量仅用于 β 受体阻滞剂过量时。酸性环境可使肾上腺素灭活，pH＜7.0～7.2 时，药物效应减弱。

（3）碳酸氢钠：心搏呼吸骤停时，通气障碍所致呼吸性酸中毒，在气管插管人工通气后可很快纠正。但若未建立有效循环，组织灌注不良缺氧而致的代谢性酸中毒用碳酸氢钠往往不易纠正。因此复苏时纠酸要谨慎，以免矫枉过正，引起高钠血症、血液渗透压过高、代谢性碱中毒及血 CO_2 升高。其应用指征：pH＜7.2、严重肺动脉高压、高钾血症、三环类抗抑郁药过量。剂量为 5% 碳酸氢钠 5ml/kg，稀释成等张液快速静脉输注。此后视血气结果而定。静脉注药后，注射通道要用生理盐水冲洗，以免影响血管活性药物效应。使用碳酸氢钠的同时必须保证有效通气。

（4）阿托品：用于治疗迷走神经张力增高所致心动过缓、Ⅱ度房室传导阻滞等。小儿心动过缓多因缺氧所致，改善通气更为重要。尚未证实阿托品能使停搏的心脏恢复搏动。

（5）胺碘酮：2005 和 2010 版指南均强调胺碘酮的作用。室上速、室速、室颤、无脉型室性心动过速若经 CPR、2～3 次除颤及给予肾上腺素均无效，可考虑使用。虽然与利多卡因相比，胺碘酮有不抑制心肌收缩力的优点，但胺碘酮能减慢房室传导、延长房室结不应期和QT 间期、减慢心室内传导（QRS 增宽）。因此应避免与其他延长 QT 间期的药物同时使用。

（6）利多卡因：能抑制心脏自律性和室性异位起搏点，常用于室颤和室速。

（7）钙：钙离子在心肌兴奋-收缩耦联中起重要作用。但无论回顾性或前瞻性研究，均未显示可提高 CPR 成功率，且已有充分证据显示 CPR 过程中常规使用钙剂可增加死亡率。因此，钙的应用指征仅限于低钙血症、高钾血症、高镁血症和钙通道阻滞剂过量。

（8）其他：根据病情可酌情选用血管活性药物、肾上腺皮质激素、脱水剂、利尿剂、镇静剂及纳洛酮等。研究表明血管加压素是一种较有前途的复苏药物，已开始在临床试用。但近年的研究表明，血管加压素虽能提高自主循环恢复率，但存活率并未增加。此外，依托咪酯可能抑制肾上腺皮质功能，在成人和儿童脓毒性休克中具有潜在危害。因此，新版指南中不推荐对存在脓毒性休克的儿童常规使用。

5. **除颤**　心电监测发现室颤或无脉性室速要立刻除颤，除颤前持续 CPR，除颤后立刻开始胸外按压 2 分钟，再判断心律是否恢复。初次除颤时剂量为 2～4J/kg，但为教学方便，可采用首次 2J/kg 的剂量。对顽固性 VF，应提高除颤剂量，第 2 次及以后除颤应至少达 4J/kg，但最高不超过 10J/kg 或成人剂量。

除颤的操作方法详见下篇第二十二章"电击除颤术"。

【复苏后稳定治疗】

经 CPR 自主循环恢复并能维持者，进入复苏后稳定阶段。自主循环恢复只是心肺复苏成功的第一步，之后可能相继出现因心、脑、肺、肾等重要生命器官严重缺氧和代谢紊乱等所带来的严重影响。因此心脏复搏后须严密监测患儿，维持各种高级生命支持措施，争取自主呼吸尽早出现，并对相继发生的各种异常采取相应的有效措施。包括维持有效循环；积极进行脑复苏；加强呼吸道管理；维持肾功能，防止水电解质紊乱；避免继发感染等。查找病因治疗原发病亦很重要，否则将再度引起呼吸、心搏骤停。

1. **维持呼吸功能**　复苏后继续保持有效通气和维持氧供、保持气道通畅。自主呼吸不稳定者应及早气管插管机械通气。除非有脑疝先期症状，不常规使用过度通气。因为过度通气可使心排血量和脑灌注压下降，对神经系统预后弊大于利。对躁动患儿可给予镇静剂（地西泮或咪达唑仑）乃至肌松药，以保证最佳通气、减少氧耗与气压伤。

2. **稳定循环功能**　在心搏骤停复苏成功的患者中，复苏后心肌功能不全和低血压性休克很常见，且这些改变在长期存活者中常为可逆性，积极的血流动力学支持治疗可改善预后。因此，对心肺复苏后确认或怀疑有心血管功能障碍者，应给予血管活性药物调节心血管功能。复苏后心血管稳定常用药见表 1-2。此外，对复苏后低血压同时有中心静脉压降低者予以液体复苏，有严重心律失常者应予以纠正，并维持电解质和内环境稳定。

3. **积极脑复苏**　复苏的主要目的之一是保护脑功能。脑功能是否恢复，为衡量复苏成败的关键指标之一。2010 版指南强调要避免造成继发性脑损害的危险因素，具体措施包括：避免常规使用过度通气、采用治疗性低体温、控制惊厥和纠正低血糖或电解质紊乱等代谢异常。其措施如下。

（1）减轻或消除继发的脑低灌注状态：保证脑细胞有充分的氧和能量供应，促进脑细胞膜功能及早恢复。心复跳后以谨慎维持正常或稍高的脑灌注压为宜。为此应维持正常血压，给予脱水剂等治疗颅内高压。

（2）提供充分的氧和能量供应：脑复苏时维持动脉血氧分压在正常高值，可增加神经细胞的氧供应。同时要纠正贫血和提高心排血量。

（3）减轻脑水肿和防治颅内高压，见上篇第四章第三节"脑水肿与颅内高压综合征"。

表 1-2 复苏后稳定循环常用药物

药物名称	适应证	剂量和用法	注意事项
氨力农（amrinone）	心肌功能障碍伴全身或肺血管阻力增高	负荷量 0.75～1mg/kg，5 分钟内静脉或骨髓内注射，必要时可重复 1 次。随后予维持量 5～10μg/(kg·min)，持续静脉或骨髓内滴注	因具有血管扩张作用，使用时可能需增加液量
米力农（milrinone）	心肌功能障碍伴全身或肺血管阻力增高	负荷量 50μg/kg，10～60 分钟内静脉或骨髓内注射。随后予维持量 0.25～0.75μg/(kg·min)，持续静脉或骨髓内滴注	因具有血管扩张作用，使用时可能需增加液量
多巴酚丁胺（dobutamine）	复苏后心肌功能障碍	2～20μg/(kg·min)持续静脉或骨髓内滴注	
多巴胺（dopamine）	液体复苏无效、血管阻力低的休克	2～20μg/(kg·min)持续静脉或骨髓内滴注	<5μg/(kg·min)时可能改善肾血流灌注，但目前资料不能证实其效果 >20μg/(kg·min)可使血管阻力过度增高
肾上腺素（epinephrine）	复苏后心肌功能抑制伴血管阻力降低	0.1～1μg/(kg·min)持续静脉或骨髓内滴注	在明显心血管不稳定和失代偿休克者，优于多巴胺
异丙肾上腺素（norepinephrine）	全身血管阻力降低且液体复苏无效的休克	0.1～2μg/(kg·min)持续静脉或骨髓内滴注	在明显心血管不稳定和失代偿休克者，优于多巴胺
硝普钠（sodium nitroprusside）	心肌功能障碍导致的低血压	初始剂量 0.5～1μg/(kg·min)，根据病情调节剂量，最大 8μg/(kg·min)	可与正性肌力药物合用，通过降低周围血管阻力增加心排血量 因具有血管扩张作用，使用时可能需增加液量

（4）镇静止痉、降低脑细胞代谢：积极治疗缺氧后的惊厥发作，但不主张预防性用药。认真寻找引发惊厥的其他可纠正的代谢原因（低血糖或电解质紊乱）。常用药物如安定、苯巴比妥等。此外，巴比妥类药物可抑制脑代谢、降低脑耗氧量、增加脑组织对缺氧的耐受性、保护脑功能。

（5）低温疗法：治疗性低体温在 CPR 后对神经系统的保护作用在成人和新生儿的研究中已被证实。有两项研究证实，儿童 CPR 后接受治疗性低体温也有一定益处，但尚缺乏前瞻性双盲对照研究证实其效果和安全性。因此 2010 版指南推荐：尽管尚无前瞻性双盲对照研究证实治疗性低体温在儿童的作用，基于在成人获得的证据，治疗性低体温（32～34℃）对院外有目击者的 VF 所致心搏骤停复苏后仍处于昏迷状态的青少年、心肺复苏后处于昏迷状态的婴儿和儿童可能有益。

（6）消除可能损害脑细胞的生化代谢因素：如颅内葡萄糖过多，将生成过多底物，使脑内乳酸酸中毒，导致脑水肿、脑细胞死亡。故高血糖患者不用或慎用含糖液；血糖 >10mmol/L 可加用胰岛素。

4. 维持肾功能 小儿尿量 <1ml/(kg·h)、青少年 <30ml/h 即为少尿。它可因肾前原因

（血容量不足、肾灌注减少）、肾缺血损害、再灌注损伤所致。应针对原因处理，如补充血容量；用儿茶酚胺类药物改善心功能；避免或慎用对肾有毒或通过肾排泄的药物等。

5. 维持水与电解质平衡 复苏患者均存在水潴留，宜使出入量略呈负平衡状态。最好每日测量体重，保持体重恒定。高血糖患者可加用胰岛素，按每 3～4g 葡萄糖加 1 单位胰岛素计算，同时注意纠正酸中毒、低钙、低钾。

6. 治疗原发病和防治感染 去除病因是避免再次发生心搏、呼吸骤停的根本方法。应特别注意寻找并尽快治疗可逆性的病因。为方便记忆和查找病因，将引起心脏停搏和血流动力学改变的潜在可逆因素归结为 6H、5T。6H 指：低血容量（hypovolemia）、缺氧（hypoxia）、酸中毒（acidosis）、高 / 低血钾（hyper-hypokalemia）、低血糖（hypoglycemia）、低温（hypothermia）。5T 指：中毒（toxia）、创伤（trauma）、心脏压塞（tamponade cardiac）、张力性气胸（tension pneumothorax）、栓塞（thrombosis）：肺栓塞或冠状动脉栓塞。

四、常见问题和误区防范

（一）如何保证高质量心肺复苏

一定量的心肌血液灌注是自主循环恢复的前提，适当的冠状动脉和脑灌注是复苏成功的关键。心肌血液灌注取决于血液由主动脉进入冠状动脉的"驱动压"，或称冠状动脉灌注压（coronary perfusion pressure，CPP），即舒张期主动脉和右心房间的压力差。通过对成人的研究表明，若 CPP＜20mmHg，自主循环恢复可能性大幅降低。在 CPR 过程中，胸外心脏按压产生的血压是冠状动脉和脑血液灌注的唯一动力。因此，高质量基础生命支持特别强调给予持续有效的心脏按压。在成人，如果 CPR 期间冠状动脉灌注压低于 20mmHg，自主循环恢复的可能性大幅降低。动物实验的资料提示，若将冠状动脉灌注压提高至 20mmHg 以上可改善预后。目前尚不清楚 CPR 期间主动脉压的恰当数值，动物实验数据和成人资料提示，主动脉舒张期（即胸外按压放松时）血压的合理目标是＞25mmHg。与之相似，主动脉收缩期（即胸外按压时）血压的合理目标为：新生儿＞50mmHg，婴儿＞60mmHg，儿童＞70～80mmHg，青春期＞80～90mmHg。

对心搏停止的儿童，引起血液流动的主要机制是按压心脏。按压力量（深度）是每搏排血量的主要决定因素，心率则取决于按压频率，两者决定了 CPR 时的心排血量。即使短暂的停止心脏按压（如两次人工呼吸时停止按压 4 秒），也可使主动脉舒张压和冠状动脉灌注压明显降低，进而导致心肌灌注不足。因此，应尽可能缩短每次停止心脏按压的时间（＜10 秒），以保持冠状动脉灌注，促进心脏复跳和自主循环恢复。

AHA 于 2013 年发表了提高 CPR 质量，改善 CPA 患者预后的专家共识，指出高质量 CPR 主要参数包括：胸外按压分数（chest compression fraction，CCF）、按压频率、按压深度、胸廓回弹复位和避免过度通气。

（1）胸外按压分数：CCF 是心搏骤停过程中心脏按压时间占心搏骤停时间的百分比。心搏骤停时间是指从发现心搏骤停至自主循环恢复的总时间。2010 版 AHA 复苏指南中虽然强调要尽量缩短停止按压的时间，每次按压停止不超过 10 秒，但未对 CPR 过程中停止按压的总时间提出要求。此次发表的专家共识则强调，CCF 应达到 80% 以上。院前心搏骤停的数据表明，随着 CCF 下降，患者自主循环恢复的可能性和存活出院率均降低。进行其他操作时尽量减少停止按压时间、避免一些不必要的操作，如反复检查脉搏、在除颤前后尽量缩短停止按压的时间等，是提高 CCF 的必要措施（表 1-3）。

表 1-3 其他操作时是否需停止心脏按压

通常需停止按压的操作	除颤
	心脏节律分析
	按压者轮换
	将硬板放置于患者身下
有时需停止按压的操作	气囊面罩通气效果不佳的困难气道建立高级气道
	评估自主循环是否恢复
通常不需停止按压的操作	放置除颤仪电极板
	为非困难气道建立高级气道
	建立静脉或骨髓血管通路

(2) 按压频率：AHA 2010 版指南中对按压频率的要求为 >100 次 / 分，但并未提出按压频率的上限。当按压频率 <100 次 / 分时，自主循环恢复率明显降低。按压频率过快则会导致按压深度不能达到要求、冠状动脉血流减少。Idris 等的研究表明，在成人院外 CPA 复苏时，随着按压频率的增加，自主循环恢复率在 125 次 / 分时达到高峰，其后随按压频率的上升开始呈下降趋势。因此共识推荐按压频率控制在 100～120 次 / 分。

(3) 按压深度：针对成人的研究提示，按压深度 >5cm 可提高除颤成功率和自主循环恢复率，<3.8cm 则自主循环恢复率和存活出院率均明显降低。放射影像学研究表明，胸外按压时胸廓压缩很难达到胸廓前后径的 1/2，但婴儿胸廓压缩应达 4cm，儿童应达 5cm，才能使胸外按压时心脏产生足够的排血量来保证最低的有效灌注。

(4) 保证胸廓完全回弹复位：目前已认识到，胸外按压者体位前倾，或者说是每次按压后胸廓不能完全回弹复位是常见现象。在一项大样本的院外 CPR 的观察性研究中，胸廓未能完全回弹复位次数超过了按压频率的 10%。对儿童院内 CPR 的观察性研究表明，胸外按压者体位前倾是常见现象，发生率为 23%。胸外按压者"倾斜"产生的压力约为其体重的15%。尽管身体前倾导致的胸廓不能完全回弹复位与预后关系的研究很少，但动物实验证实，按压者体位前倾可使右心房压力增高，脑和冠状动脉灌注压及心脏指数降低。因此共识推荐应尽量避免胸外按压者的体位前倾。

(5) 避免过度通气：尽管 CPR 期间给氧是必需的，但目前并不清楚给氧的最佳时机。不同原因的 CPA 其血氧的储存不同，心搏骤停期间包括开始胸外按压后，机体对氧的代谢需求也会降低。突发心律失常导致的 CPA，其血氧含量正常；而缺氧导致的心搏骤停时，其血氧含量在 CPA 前即已明显降低。动物实验和人类的研究表明，突发心律失常导致的 CPA，早期单纯胸外按压即可获得与常规 CPR 相似的效果；而对严重缺氧导致的 CPA，同时给予正压通气和胸外按压方可改善预后。

CPR 期间正压通气的目的是改善氧供应而不影响灌注。研究表明，CPR 期间正压通气会降低 CPP，未建立高级气道前，按压与通气交替进行，通气时需停止胸外按压对 CPP 的影响更大。过度通气是 CPR 过程中的常见现象。不论是频率过快还是潮气量过大，均可导致过度通气，使胸内压增高，静脉回心血量减少，降低心搏出量。

对儿童而言，理想的按压通气比例尚不清楚。必须在人工正压通气的益处（提高动脉血氧含量、清除 CO_2）和其负面作用（胸内压提高，抑制循环和静脉血回流）之间取得平衡。从生理学角度分析，CPR 期间心排血量和肺血流量仅相当于正常窦性心律时的 10%～25%，因而其所需的通气量应明显降低。在儿童 CPR 的人体模型中，心脏按压：人工通气比例为

15∶2，可提供与比例为5∶2时相同的分钟通气量，但心脏按压的频率较后者提高48%。

AHA 2010版指南推荐：高级气道建立前，按压和通气的比例为30∶2或15∶2（依患者年龄和复苏者人数而定），建立后则通气频率为8～10次/分。按此推算，未建立高级气道前，当达到其他高质量CPR的要求，如按压频率100～120次/分，每次通气吸气时间为1，此时正压通气的频率在6～12次/分。为避免正压通气对血液灌注的负面影响，该共识推荐将正压通气频率控制在<12次/分。

不论是自主循环还是胸外按压时，正压通气都会明显降低心排血量。研究表明，CPR期间给予低潮气量正压通气，其动脉血氧分压与高潮气量通气并无差异；此外，未建立高级气道时，正压通气还可导致胃胀气，使膈肌升高而压迫肺，导致肺顺应性下降。加之CPR时，胸外按压也会影响肺顺应性，很难确定CPR时恰当的吸气压力值。因此，该共识推荐每次通气的潮气量以刚能看到胸廓起伏为宜。

（二）CPR时监测PETCO₂有什么意义

PETCO₂监测除可帮助快速确认气管插管的位置外，动物实验和临床研究还证实在接受CPR患者中PETCO₂和肺血流量呈明显正相关。PETCO₂比皮肤颜色改变和经皮氧饱和度监测更能及时反映胸外按压的有效性。若PETCO₂持续低于10～15mmHg，提示胸外按压质量达不到要求，应改善使其达到有效胸外按压，并需注意避免过度通气。当PETCO₂突然或持续增加时，提示自主循环恢复，因此监测PETCO₂可减少因确认自主循环是否恢复停止心脏按压的时间。在转运过程中，更容易发生气管插管脱出等情况，监测PETCO₂显得更为重要。

（三）何时终止心肺复苏

对自主循环不能恢复者，目前尚无证据支持何时终止心肺复苏最为恰当。意识和自主呼吸等中枢神经系统功能未恢复不能作为终止复苏的指征；在复苏期间不作脑死亡判断，必须待心血管功能重新恢复后再做判断。只要心脏对各种刺激（包括药物）有反应，CPR至少应持续1小时。

（四）特殊患者复苏需注意什么问题

（1）创伤患者的复苏：怀疑或确诊颈椎损伤时，限制颈椎活动并避免牵拉头颈部。首先使用提下颌法打开气道。若提下颌法无法打开气道，改用压额抬颌法。同时，由于儿童头部比例偏大，可在肩背部垫毛巾以免头部过度屈曲。张力性气胸、血胸、心脏压塞要及时穿刺或引流减压。开放性气胸应先用敷料包扎伤口，使开放性气胸变为闭合性，再行减压。连枷胸则应及时气管插管、正压通气。颅脑损伤者勿常规使用过度通气，仅在有脑疝征象时短暂使用。颌面部创伤或怀疑颅底骨折时，采用经口而非经鼻进行气管插管或放置胃管。穿通伤导致的心搏骤停，条件允许时可考虑开胸心肺复苏。

（2）肺动脉高压患者的复苏：在标准CPR的同时，及时纠正高碳酸血症，心室前负荷降低者可给予等渗液。予以一氧化氮吸入或前列环素及其类似物气雾吸入以降低肺动脉压。原使用降低肺动脉压药物、因故停用者，要重新给予。若无一氧化氮吸入，可考虑静脉给予前列环素。复苏早期使用体外膜肺（extracorporeal membrane oxygenation，ECMO）可能有益。

（3）单心室患者的复苏：已行Ⅰ期姑息手术的单心室儿童、有导致肺动脉血流增加的分流的单心室新生儿和婴儿，应在心搏骤停或发生心搏骤停时给予标准复苏治疗。体肺动脉分流或右心室肺动脉分流者可考虑使用肝素。CPR后，调整吸入氧浓度，维持动脉血氧饱和度在80%，以调整体肺动脉分流平衡。

Ⅰ期姑息手术前,肺动脉体循环分流增加的新生儿,在心搏骤停前,通过控制性低通气,提高吸入气二氧化碳浓度,或使用阿片类和肌松药降低通气,维持动脉血二氧化碳分压在 $50\sim60mmHg$。Ⅰ期姑息手术后心排血量降低的新生儿,使用扩张体循环血管药物(如 α 受体阻滞剂酚苄明),降低体循环血管阻力,改善机体氧供应,可能减少心搏骤停。其他具有扩张体循环血管、降低体循环血管阻力的药物如氨力农、米力农也可考虑应用。已行Ⅰ期姑息手术的患者心搏骤停时,可考虑及早使用 ECMO。

行 Fonton 或半 Fonton/ 双向 Glenn 术后的患者,在心搏骤停前期给予低通气可改善氧运输,负压通气可改善心排血量。心搏骤停时需及早使用 ECMO。

(4)中毒患者的复苏

1)局麻药中毒:除标准 CPR 外,近年有多篇报道发现,在复苏时静脉输入脂肪乳剂有效,其中包括儿童局麻药中毒。

2)可卡因中毒:积极控制体温增高。发生冠状动脉痉挛者,可使用硝酸甘油、苯丙二氮䓬和酚妥拉明。勿使用 β 受体阻滞剂。发生室性心律失常时,除标准治疗外,加用碳酸氢钠 $1\sim2mEq/kg$。静脉注射利多卡因,随后继之以持续静脉滴注,以预防继发于心肌梗死的室性心律失常。

3)三环类抗抑郁药和其他钠通道阻滞剂中毒:静脉输入碳酸氢钠每次 $1\sim2mEq/kg$,至动脉血 pH >7.45。随后以含碳酸氢钠 150mEq/L 的 5% 葡萄糖静脉输入,维持血 pH 处于偏碱中毒状态。严重中毒者可使 pH 维持在 $7.50\sim7.55$。禁用ⅠA、ⅠC 和Ⅲ类抗心律失常药,这些药物可加重心脏毒性。有低血压者,给予生理盐水 10ml/kg。若仍有低血压,肾上腺素或异丙肾上腺素效果优于多巴胺。高剂量缩血管药物不能维持血压者,及早予以 ECMO。

4)钙通道阻滞中毒:有轻度低血压予以生理盐水 $5\sim10ml/kg$ 行液体复苏。钙剂治疗效果差异较大,可给予 10% 氯化钙 0.2ml/kg(20mg/kg),$5\sim10min$ 静脉注射,若有效,继续以 $20\sim50mg/(kg\cdot h)$ 的速度持续静脉输入。输入过程中监测血离子钙浓度,防止发生高钙血症。氯化钙最好经中心静脉输入。如未建立中心静脉通路,选择周围静脉输入葡萄糖酸钙。有低血压和心动过缓者,考虑使用肾上腺素或异丙肾上腺素等缩血管和正性肌力药。

5)β 受体阻滞剂中毒:加大肾上腺素剂量可能有效。考虑使用胰高血糖素,青少年首次 $5\sim10mg$,在数分钟内静脉注射。随后以 $1\sim5mg/h$ 的速度持续静脉输入。考虑静脉输入葡萄糖和胰岛素。钙剂的效果不确定,当胰高血糖素和儿茶酚胺类药物无效时可考虑使用。

6)阿片类药物中毒:严重呼吸抑制者予吸氧和呼吸支持。纳洛酮可逆转阿片类过量导致的呼吸抑制。但需注意的是,对阿片类成瘾或心脏病患者,纳洛酮可导致心率和血压升高,引发肺水肿、心律失常和惊厥发作。在使用纳洛酮之前予机械通气可减轻此类不良反应。肌内注射纳洛酮因吸收缓慢、发挥作用延迟,可降低发生此类不良反应的风险。

五、热点聚焦

(一)复苏后控制性低温治疗

复苏后控制性低温治疗是近年研究的热点之一。2013 年发表的一项研究表明,治疗性低体温确可提高复苏后患儿的存活率。在该研究中,2010—2012 年共计 43 例接受 CPR 的患儿,1 例因心脏疾病被排除,42 例纳入研究。14 例接受了治疗性低体温治疗,体温控制在 33℃,持续时间 72 小时;28 例未接受治疗性低体温。结果低体温治疗组存活率为 78.6%,未接受治疗性低体温者存活率为 46.4%。显示治疗性低体温应作为复苏后治疗的组成部分。

治疗性低体温降温及复温的理想方法和持续时间目前尚不清楚。Kobr 等提出了诱导性治疗性低体温的治疗流程：成功复苏后，在 2～4 小时内进行诱导性降温，体温降低的速度为 1～2℃/h，达到预定温度后维持 20～24 小时，随后开始复温。复温过程持续 24～48 小时，复温速度为每 8 小时升高 0.5℃。治疗过程中应严密监测体温和生命体征，并特别注意有无并发症的表现，及时予相应处理。

（二）心肺复苏实时反馈技术的应用

尽管 PBLS 培训越来越普及，医护人员也认识到了高质量 CPR 的重要性，但研究表明，在 CPR 过程中，受按压者的体力、疲劳、仅凭按压者的感觉难以保证每次按压的质量等因素的影响，保证高质量 CPR 仍存在很大困难。研究表明医务人员进行 CPR 时，约 1/2 胸外按压幅度太浅；CPR 过程中 24%～49% 的时间未进行按压；按压开始仅 1～2 分钟后，施救者虽并未感到疲劳，但按压效果已有下降。实时反馈技术即在 CPR 过程中，实时监测胸外按压频率、深度、CCF 和按压者体位前倾等参数，并以音视频形式实时反馈给施救者，提示施救者遵循 CPR 要求。最近的研究显示，这种自动反馈可提高施救者对 CPR 指南的依从性，改善 CPR 质量。

（三）体外心肺复苏

尽管常规 CPR 自主循环恢复率已明显提高，但存活出院率仍较低，特别是常规 CPR 时间超过 30 分钟者，预后更差。最近，有多项关于体外心肺复苏（extracorporeal cardiopulmonary resuscitation，ECPR）的报道，即在常规 CPR 无效时，CPR 的同时使用 ECMO。但对其是否能提高生存率仍有争议。对美国 2000 年、2003 年和 2006 年住院患儿数据库中 9000 例次 CPR（其中 82 例接受了 ECPR）的回顾性分析显示，ECPR 对生存率没有显著影响。Turek 等报道 2003—2011 年 144 例接受 ECPR 患儿，以 2008 年建立快速反应体外膜肺计划前后分为两组，结果对生存率无明显影响，但建立快速反应计划后接受 ECPR 的患儿神经系统后遗症下降了 52%，说明及早开始 ECPR 可改善预后。Alsoufi 等的研究则认为，ECPR 对先天性心脏病术后顽固性 CPA 有一定应用价值，在出现终末器官损害前及早 ECPR 和及时手术有可能提高存活率。

（高恒妙）

第二章

呼吸系统危重症

第一节 急性呼吸衰竭

培训目标

1. 掌握急性呼吸衰竭的临床表现和诊断。
2. 掌握急性呼吸衰竭的呼吸支持治疗方法。
3. 了解急性呼吸衰竭的常见病因及病理生理变化。

呼吸衰竭（respiratory failure）是指因各种原因导致的呼吸功能异常，不能满足机体代谢的气体交换需要，造成动脉血氧下降和（或）二氧化碳（carbon dioxide，CO_2）潴留的临床综合征。简言之，机体氧供给和 CO_2 排出不能满足代谢需要时，即为呼吸衰竭。呼吸衰竭是婴幼儿的主要死亡原因，也是儿童重症监护病房的常见住院原因。

一、概述

【病因】

很多疾病均可引起呼吸衰竭，呼吸衰竭也可以是这些疾病的终末状态。近年来，儿童呼吸衰竭的疾病谱变化很大，单纯由呼吸系统疾病引起的呼吸衰竭有所减少，而神经肌肉病、先天性遗传代谢病等引起的呼吸衰竭所占比重日益增多。病因大致分三类。

（一）呼吸系统本身疾病

1. 上呼吸道梗阻 婴幼儿多见，以吸气性呼吸困难为主要表现。声门下及喉部是小儿呼吸道狭部，也是梗阻的主要部位。常见原因有感染致喉气管支气管炎或会厌炎、咽后壁脓肿，异物吸入，扁桃体及腺样体肥大，严重喉软骨软化，烧烫伤后喉头水肿，舌根囊肿，局部血管瘤或淋巴管瘤，颅面部发育畸形等。

2. 下呼吸道梗阻 以呼气性呼吸困难为主要表现，如哮喘急性发作、毛细支气管炎、阻塞性细支气管炎、慢性肺疾病、气管或支气管软化及狭窄等，重症肺部感染时的分泌物、坏死物堵塞，以及 Steven-Johnson 综合征、中毒性表皮坏死性溶解症等致呼吸道黏膜脱落堵塞引起的呼吸衰竭。

3. 肺部疾病 各种肺间实质病变，如肺水肿、肺出血、肺栓塞、肺挫伤、急性呼吸窘迫综合征（acute respiratory distress syndrome，ARDS）等。

（二）呼吸泵异常

呼吸泵是指从呼吸中枢、脊髓到呼吸肌和胸廓各部位的病变，主要引起通气不足，还可因咳嗽排痰无力，出现肺不张、感染加重。常见原因如下。

1. 神经和（或）肌肉病变　如重症肌无力，各种原因引起的肌肉病变如 Guilllain-Barré 综合征、肌营养不良、线粒体脑肌病或其他代谢性肌病、膈肌麻痹、脊肌萎缩、肉毒中毒等。

2. 胸廓外伤或畸形　如严重脊柱侧弯、外伤后引起连枷胸、肋骨骨折、窒息性胸廓发育不良等，胸部大手术后所致呼吸衰竭归于此类。

3. 胸腔积液、气胸。

4. 脑、脊髓病变　如癫痫持续状态、各种原因引起的脑水肿和颅内高压、药物过量致呼吸中枢受抑、脊髓损伤或脊髓炎、各种原因引起的低通气综合征等。

（三）组织缺氧

即运输、释放和组织利用氧障碍。

1．各种原因引起的休克。

2．心功能不全或衰竭，如暴发性心肌炎、心脏压塞、心肌梗死等。

3．代谢紊乱和中毒，如氰化物中毒、亚硝酸盐中毒等。

4．各种原因导致的严重贫血。

【发病机制】

儿童的呼吸生理特点使得小婴儿更易罹患呼吸衰竭，且症状更重。新生儿和小婴儿在 2～6 个月之前主要经鼻呼吸，一旦鼻塞容易引起呼吸困难；婴幼儿舌体较大，易堵塞口咽部，喉部位置较高，会厌较大且呈水平位，声门下狭窄明显，一旦水肿很容易发生气道梗阻甚至呼吸窘迫；部分学龄前和学龄儿童，因腺样体肥大或扁桃体肥大，容易上气道梗阻；一些先天性解剖发育异常也可致气道梗阻。婴儿基础代谢率比成人高 2～3 倍，在平静状态下婴儿呼吸频率较快，故病情严重时氧消耗量增加，婴儿无足够代谢储备；小儿呼吸肌发育不全，缺氧时代偿呼吸量最多不超过 2.5 倍，而成人可达 10 倍；小婴儿膈肌呼吸储备能力差，容易疲劳，在呼吸负荷增加时难以满足通气量增加的需求，易发生呼吸衰竭。小婴儿呼吸中枢发育不完善，也容易发生呼吸衰竭。小儿气道的软骨支撑组织发育不健全，喉部、气管和支气管较成人软，气道更容易变形或受压变窄；当出现上气道梗阻时，患儿用力吸气可进一步加重梗阻；下气道梗阻时，用力呼气使胸内压增加，呼气受限。由于肋骨呈水平位，且有高顺应性、容易变形，肋间肌发育不全，故新生儿和小婴儿胸壁对增加潮气量的作用有限；膈肌与胸廓之间相互作用面积小，限制了垂直方向的位移量。婴幼儿肺泡数量较成人少，气体交换面积相对小；新生儿和小婴儿肺泡小，由于缺乏相对较大的肺泡，因此气道弹性支撑组织较少，肺泡容易塌陷。早产儿慢性肺疾病或支气管肺发育不良等使残余肺泡受损，肺顺应性降低。侧支通气建立不完善，儿童易发生肺不张。

气体交换主要有四个环节：氧气经气道进入肺泡；氧气通过肺泡 - 毛细血管膜弥散入血液；氧气经肺毛细血管运输至组织（取决于心排血量和血红蛋白含量）；CO_2 从血液进入肺泡并呼出体外。通气 / 血流比值（V/Q）异常、肺内分流、低通气、气体弥散障碍、吸入氧浓度降低等均可引起呼吸衰竭，前三者更为重要。缺氧和 CO_2 潴留是呼吸衰竭的基本病理生理改变。呼吸衰竭可简单分为通气障碍和换气障碍。

（一）通气障碍

通气障碍指肺泡与外界气体交换不足，从呼吸中枢至效应器官的任一环节发生病变，都可发生通气障碍，常见原因为气道阻力增加或肺扩张受限。$PaCO_2$ 是反映肺泡通气量的重要指标，通气不足主要引起高碳酸血症，也可引起低氧血症。

1. 限制性通气障碍 由于神经、肌肉、胸廓、胸膜的病变和（或）肺间质炎性改变或纤维化引起的胸廓、肺顺应性降低，扩张和回缩均受限，引起肺容量和通气量减少。神经肌肉病、各种原因引起的呼吸中枢受抑、脊柱侧弯、大量液气胸、胸廓发育畸形、严重腹胀、肺纤维化等均可致呼吸动度减弱、肺顺应性降低、扩张受限等，肺容量和肺活量显著下降，发生限制性通气障碍。肺泡表面活性物质生成减少或破坏增多使肺泡表面张力增加、肺顺应性降低，肺泡不易扩张并发生萎陷，也引起限制性通气障碍。

2. 阻塞性通气功能障碍 由于气道狭窄或阻塞引起气道阻力增加，肺泡通气不足；此时肺和胸廓的顺应性变化不大，主要矛盾为气道阻力增加。气道内径是影响气道阻力的主要因素，80% 以上气道阻力在直径 2mm 以上的气道产生。气道外受压（如肺动脉吊带）、气道内堵塞（如分泌物和异物）、气道痉挛、黏膜肿胀等可使气道内径狭窄或不规则，气流阻力增加，导致阻塞性通气障碍。上气道阻塞引起全肺通气不足。下呼吸道阻塞因病变部位和程度不均匀，其通气不足非全肺性，并同时伴换气功能障碍。

（二）换气障碍

肺泡内气体与血液内气体进行交换的过程发生障碍为换气障碍，包括 V/Q 比值异常、肺内分流和弥散障碍。换气障碍的特点为低氧血症，$PaCO_2$ 正常或降低，肺内分流引起的缺氧最严重。

1. V/Q 比值失调和肺内分流 V/Q 比值决定了肺部气体交换是否充分，理想的 V/Q 比值为 1.0。一般情况下，成人每分通气量 4L，肺循环血量 5L，故 V/Q 值为 0.8。当肺泡 V/Q 匹配时，CO_2 可被迅速清除，且氧合充分。V/Q 比值降低是低氧血症的常见原因，此时毛细血管氧合不足，出现动静脉血混合，即肺内分流。极端情况下 V/Q 可为 0，意味着肺血流无气体交换，形成真正的肺内病理性分流。正常人肺内分流比例低于 10%；当肺内分流超过 30% 时，出现低氧血症，分流越多，PaO_2 越低；由于分流的血液无法接触肺泡中的氧，故这种缺氧难以通过供氧纠正；需通过正压实现肺复张、增大肺容积。肺内分流超过 50% 时，动脉血二氧化碳分压（$PaCO_2$）才会改变。

V/Q 增大，提示无效腔增加，正常时，无效腔约占肺总通气量的 30%，无效腔增加导致低氧血症和高碳酸血症。

2. 弥散障碍 肺泡 - 毛细血管膜也称弥散膜，由肺泡表面液层、肺泡上皮、基底膜、间质、毛细血管内皮组成。正常情况下，CO_2 的弥散速度是 O_2 的 20 倍，因此弥散功能障碍时主要引起低氧血症，$PaCO_2$ 较少升高。成人的血液与肺泡总接触时间约 0.75 秒，完成气体弥散过程约需 0.25 秒，有足够时间使气体在血液和肺泡之间达到平衡，故弥散功能的贮备空间较大，弥散障碍不是低氧血症的主要原因。但年龄越小，血液与肺泡总接触时间越短，弥散时间占接触时间的比例越大，贮备能力越小。弥散障碍包括弥散面积减小和肺泡 - 毛细血管膜增厚，后者使气体弥散距离增加，速度减慢。

（三）其他

呼吸衰竭时的低氧血症和 CO_2 潴留可对全身各重要脏器、系统产生不良影响。低氧血症、高碳酸血症可引起脑水肿、颅内高压，呼吸中枢受抑，使通气量降低，反过来又加重呼吸性酸中毒和缺氧，形成恶性循环。缺氧时脑细胞膜通透性改变，$PaO_2 < 20mmHg$ 时，脑细胞可直接死亡。CO_2 潴留时，脑血管扩张，血流量增多，形成颅高压；$PaCO_2 > 90mmHg$ 时，可出现昏迷和呼吸抑制。严重缺氧和呼吸性酸中毒可直接损害心肌，缺氧使肺小动脉收缩，引起肺动脉高压，右心负荷增加；两者共同作用使血压明显下降，导致循环障碍；循环障碍又引起组织缺氧、肾功能不全，形成代谢性酸中毒，机体酸中毒程度加重，血红蛋白与氧结合能力降低，进一步缺氧，形成又一个恶性循环。缺氧使肾血管收缩，肾组织缺血缺氧，严重时肾小管坏死，肾衰竭。CO_2 潴留和缺氧还可引起水电解质及酸碱失衡，胃肠道肝脏损害；血 pH 下降，影响体内各种蛋白质和酶的活性。

肺表面活性物质也在呼吸衰竭的发生过程中起重要作用。肺炎等多种肺损伤使肺顺应性出现不同程度下降，病情越重，下降越明显。一方面，炎症渗出、水肿、组织破坏等使弹性阻力增加；另一方面，炎症破坏肺泡Ⅱ型细胞，炎性渗出的蛋白质可抑制表面活性物质，使之减少并失活，肺泡气液界面的表面张力增加，肺顺应性降低；缺氧和酸中毒可影响肺泡Ⅱ型细胞表面活性物质的合成与分泌，引起或加重呼吸衰竭。肺部病变程度与肺顺应性和气管吸出物中磷脂的改变一致，病变越重，饱和卵磷脂（肺表面活性物质主要成分）越低，顺应性越差。

（四）呼吸衰竭分型

1. 低氧血症型呼吸衰竭　又称Ⅰ型呼吸衰竭，血气特点为低氧血症、$PaCO_2$ 正常或降低。换气障碍是主要病理生理改变。这类患儿在疾病早期常有过度通气，$PaCO_2$ 降低或正常。若合并气道梗阻或疾病后期，$PaCO_2$ 会升高。

2. 通气功能衰竭　又称Ⅱ型呼吸衰竭，特点为高碳酸血症和低氧血症。通常，引起上气道梗阻和呼吸泵病变的疾病均可导致呼吸功和呼吸负荷之间失衡，发生Ⅱ型呼吸衰竭。如果仅单纯通气不足，无肺内病变，此时低氧血症容易纠正。

二、临床表现和诊断

【临床表现】

急性呼吸衰竭的症状和体征包括原发病表现，低氧血症和高碳酸血症对全身多系统的影响等。临床表现轻重与缺氧和 CO_2 潴留的发生速度密切相关。如 $PaCO_2$ 在数日内缓慢增加，机体有一定的代偿和适应能力，对患儿影响较小；若 $PaCO_2$ 突然增高，血 pH 明显下降，当降至 7.20 以下时，可严重影响循环功能及细胞代谢。缺氧和 CO_2 潴留往往同时存在，临床所见是两者的综合作用。

1. 原发病表现　根据原发病不同而异。

2. 呼吸系统　因肺部疾病引起的周围性呼吸衰竭，多表现为不同程度的呼吸困难，呼吸做功增加，可见三凹征、鼻翼扇动等。早期呼吸频率多增快，晚期呼吸减慢无力；呼吸频率如减慢至 5～6 次／分，提示呼吸随时会停止。上气道梗阻时以吸气性呼吸困难为主，而下气道阻塞以呼气困难为主。中枢性呼吸衰竭主要为呼吸节律改变，可呼吸浅慢，严重时出现周期性呼吸，常见有潮式呼吸、抽泣样呼吸、叹息样呼吸、呼吸暂停等。严重周围性呼吸衰竭也可伴中枢性呼吸衰竭。神经肌肉病可表现为呼吸动度减弱甚至消失。值得注意的是，儿童呼吸衰竭可能在单纯呼吸方面的表现并不典型；出现呼吸困难时，可能并非系呼吸系统病变所致。

小婴儿重症肺炎呼吸衰竭的呼吸改变首先是潮气量变小，呼吸增快、表浅；随病情进展，潮气量进一步减小，患儿用力加快呼吸，此时每分通气量虽高于正常，但因无效腔增大，实际肺泡通气量并无增加，仅为正常或略低；病情如进一步恶化，患儿出现极度衰竭，无力呼吸，呼吸频率减慢，潮气量不及正常的 1/2，无效腔继续增大，肺泡通气量显著下降，出现严重缺氧，CO_2 排出也受阻，$PaCO_2$ 显著升高。

3. 心血管系统 缺氧和 CO_2 潴留早期，引起交感 - 肾上腺髓质系统兴奋，出现心率增快、血压升高等。严重时血压下降，可伴心律失常或心率减慢。缺氧可导致肺小动脉收缩，肺动脉高压，右心负荷增加，严重时右心功能不全。一般 $PaO_2 < 50mmHg$ 或 $SaO_2 < 85\%$ 时，唇和甲床可出现发绀。

4. 神经系统 中枢神经系统对缺氧敏感，早期可烦躁不安，年长儿可头痛。CO_2 潴留也可引起头痛、头晕、烦躁不安等。随着缺氧和 CO_2 潴留程度的加重，患儿意识障碍程度加深，可出现定向障碍、球结膜和视盘水肿、抽搐、昏睡甚至昏迷，症状轻重与呼吸衰竭发生速度有关。

5. 消化系统 可出现消化道黏膜糜烂或溃疡出血、肠麻痹；还可引起肝损害、转氨酶升高等。

6. 泌尿系统 可出现蛋白尿、血尿、少尿甚至无尿，尿中可出现管型、白细胞；严重时可引起肾衰竭。

7. 水电解质平衡 血钾和钠水平均可异常，部分病例可有水潴留，发生水肿。

【诊断】

血气分析是诊断呼吸衰竭的重要手段，但不能过分依赖血气，需结合病因、临床表现等综合判断。

（一）有引起呼吸衰竭的病因存在

即引起呼吸衰竭的原发病或继发病变，这是诊断呼吸衰竭的前提条件。随着医学技术的发展，先进医疗设备和检查手段日新月异，但仍不能替代最基本的病史询问和病因分析。详细了解病史、明确病因，有助于了解呼吸衰竭发生的基础，还有利于进行针对性地治疗。需要注意了解的内容如下。

1. 现患何种疾病，有无感染、创伤或大手术，这些是发生呼吸衰竭的高危因素；有无遗传代谢病、肾衰竭或糖尿病酸中毒等，其呼吸系统表现可类似呼吸衰竭，应予鉴别。

2. 有无突然引起呼吸困难的意外发生，如反流误吸或异物吸入，婴幼儿尤应注意；有无溺水或烧烫伤后喉头水肿；是否误服了抑制呼吸中枢的药物或其他毒物。

3. 是否接受何种治疗，如镇静药等。

4. 既往有何病史，如哮喘、神经肌肉病、先天性心脏病、慢性肺疾病等；有无皮肤或呼吸道过敏史。

（二）符合呼吸衰竭的呼吸系统表现

周围性呼吸衰竭时多表现呼吸做功增加，但此时不一定发生了呼吸衰竭，且呼吸衰竭患儿也不一定都有这些典型表现。中枢性呼吸衰竭时，患儿可表现为呼吸节律不规整；呼吸肌受累时，呼吸动度可减弱或消失。呼吸衰竭时呼吸频率变化不一，周围性呼吸衰竭早期多呼吸急促，晚期则呼吸浅慢。

（三）血气分析

血气分析是诊断呼吸衰竭的重要依据。表 2-1 列出了正常与病理血气数值界限（以儿童正常值为准）。

1. **Ⅰ型呼吸衰竭** 即低氧血症型呼吸衰竭。$PaO_2 < 60mmHg$，$PaCO_2$ 正常或降低。

2. **Ⅱ型呼吸衰竭** 低氧血症和高碳酸血症同时存在。$PaO_2 < 60mmHg$，$PaCO_2 > 50mmHg$。注意 $PaCO_2$ 动态变化更有意义，即 $PaCO_2$ 上升的速度较 $PaCO_2$ 的实际测定值意义更大。

以上是在水平面、安静、不吸氧状态下测得结果的分型标准。但如果患儿病情过重，不

表 2-1　血气指标的临床意义

项目	正常范围	有重要临床影响	病情危重
pH	7.35～7.45	7.3～7.5 以外	7.2 以下
$PaCO_2$（mmHg）	35～45	30～50 以外	急 60 以上；慢 80 以上
PaO_2（mmHg）	80～100	60 以下	40 以下
BE（mmol/L）	±3	−6 以下	−15 以下

能停止氧疗去测血气,吸氧时所测得的 PaO_2 只反映氧疗的效果,这时应计算氧合指数（PaO_2/FiO_2,P/F 比值）。P/F 是常用的代表气体交换的指标,当 P/F＜200mmHg 时,常提示肺内分流超过 20%；如 P/F＞300mmHg,大致正常；P/F 可快速评估呼吸衰竭的严重程度并指导治疗。也可通过肺泡动脉氧分压差（$A-aDO_2$）来判断,正常值 5～10mmHg；Ⅰ型呼吸衰竭时,$A-aDO_2$＞15mmHg；Ⅱ型呼吸衰竭时,$A-aDO_2$ 多正常。

三、治疗决策

呼吸衰竭的治疗目标是改善通换气功能,纠正低氧血症和高碳酸血症以满足机体代谢所需,保护重要脏器功能,减少并发症,度过危机,更好地治疗原发病。

（一）病因治疗

病因治疗是呼吸衰竭治疗的根本。如肺炎患儿应予适宜的抗感染治疗,张力性气胸或大量胸腔积液者应积极穿刺排气或排液,颅内高压者应及时降颅压,重症哮喘患儿需应用激素和支气管解痉药等。但对严重濒危者而言,不能因寻找病因而延误救治,应先行抢救,争取时间再明确病因,予以针对性治疗。

感染是引起呼吸衰竭的常见原发病或诱因,也是呼吸衰竭治疗过程中的重要并发症,其治疗成败是决定预后的重要因素之一。我国儿童社区获得性肺炎病原以病毒、细菌、支原体等为主。细菌以革兰阳性球菌为主,尤其是链球菌类居多；而医院内感染则以革兰阴性杆菌居多,如肺炎克雷伯菌、铜绿假单胞菌、鲍曼不动杆菌、大肠埃希菌等；革兰阳性球菌以葡萄球菌为主,如表皮葡萄球菌、金黄色葡萄球菌（包括耐甲氧西林金黄色葡萄球菌）等。因此,积极有效的抗生素治疗是呼吸衰竭综合治疗的重要组成,应多次进行病原学检查指导抗生素选择；同时避免滥用抗生素,减少继发感染。加强控制院感,强调手的卫生,认真做好吸痰时的无菌操作和呼吸机管道消毒,在条件许可时尽早拔除气管插管。

（二）加强气道管理,保持气道通畅

气道通畅对改善通气十分重要。呼吸道干燥时,气道黏膜纤毛清除能力减弱；向呼吸道输送适当水分,保持其正常生理功能,是呼吸衰竭综合治疗中的重要内容。湿化方式有加温湿化和雾化两种。加温湿化比较适合于生理要求。雾化将水变为直径 1～10μm 大小的雾粒,可在给氧同时应用。雾化器内可加入药物进行呼吸道局部治疗。对支气管痉挛者可给予沙丁胺醇、异丙托溴铵或特布他林雾化解痉；对于气道黏膜肿胀者,可给予布地奈德雾化。

昏迷引起舌后坠时,可予口咽通气道保证气道开放,并将头偏向一侧,防止误吸；选择口咽通气道时,应避免管道太长堵塞会厌及因管道刺激而引起的呕吐误吸。对急性喉炎、会厌炎等引起的严重上气道梗阻,必要时可气管插管。对痰液堵塞者,除雾化外,应保持开放气道的体位,加强物理治疗并鼓励患儿咳嗽。胸部理疗包括体位引流、翻身、拍背、吸痰等,湿化气道与理疗密切配合,有助于气道通畅。

（三）氧疗

机体几乎没有贮氧能力，且低氧血症引起的细胞代谢紊乱和重要脏器（尤其是脑、肾等）受损的危害极大。氧疗的目的是纠正低氧血症，满足机体代谢所需。但必须根据患儿原发病、病情、缺氧程度来选择适宜氧疗方式。可经鼻导管、面罩或头罩给氧，也可持续气道正压通气（continuous positive airway pressure，CPAP）给氧；需在维持患儿适当氧合的前提下，予以最低吸入氧浓度。

1. 氧疗指征　发绀和呼吸困难是氧疗的临床指征。心率、呼吸增快和烦躁不安是早期缺氧的重要表现，在排除其他原因后，可作为氧疗指征。注意结合血气具体分析。

2. 氧疗方式　由于医用氧含水分很少，不论何种给氧方式，都需进行充分湿化。理想氧疗方式的选择有赖于该氧疗装置所能提供的 FiO_2、患儿低氧血症的程度及其对装置的耐受程度。

（1）鼻导管给氧：氧流量儿童 1～2L/min，婴幼儿 0.5～1L/min，新生儿 0.3～0.5L/min，吸入氧浓度为 25%～40%。FiO_2 与氧流量有关，$FiO_2 = 21 + 4 \times$ 氧流量（L/min）。

（2）简易面罩给氧：氧流量儿童 3～5L/min，婴幼儿 2～4L/min，新生儿 1～2L/min，氧浓度为 40%～60%。

（3）头罩给氧：氧流量通常 3～6L/min，氧浓度为 40%～50%。

（4）文丘里面罩：高流量给氧方式，侧孔可调节进入的氧气以控制氧浓度；氧气与室内空气混合，孔径不同决定空气的量。不同的氧流量可调节较为精确的氧浓度。

（5）其他面罩：①部分重复面罩，由一个简单的面罩和储气囊组成，氧气与部分呼出气在颌下的储气囊中混合后再被吸入，FiO_2 可达 50%～60%；如持续恒定地供氧，当氧流量超过分钟通气量时，吸气时储气囊不会塌陷，CO_2 几乎不被重复吸入；通常氧流量需 10～12L/min。②非重复面罩，面罩在呼气孔处设有活瓣，以防吸入空气；储气囊和面罩间也有单向活瓣，防止呼出气进入储气囊，避免重复呼吸；如密闭良好、佩戴合适，氧流量达 10～12L/min 时，可提供近 100% 的氧。

（6）CPAP：是一种无创机械通气方式，吸气、呼气相均保持气道内有一定正压的、经过加温湿化的新鲜气流。设备简单，操作容易，可根据需要调节氧浓度，对患儿损伤小，舒适度好，效果明显优于普通给氧。早期应用 CPAP，可及时稳定病情，减少气管插管和有创通气的使用，减少医源性感染、气胸等并发症；CPAP 还可作为撤离呼吸机时向自主呼吸过渡的序贯治疗手段，提高撤机成功率；减少镇静药用量及治疗费用。CPAP 可减少呼吸功、改善通气、增加功能残气量、防止肺不张、降低内源性呼气末正压、保持上气道通畅、减轻肺水肿。CPAP 包括鼻塞、鼻罩和面罩方式，新生儿和小婴儿常用经鼻 CPAP；而面罩和鼻罩更适合年长儿童。

1）CPAP 的基本原理和主要作用：基本原理：CPAP 可因持续气流产生气道正压，使萎陷肺泡保持开放，增加功能残气量，其增加量可达正常值的 1/3～2/3，增加降低的 V/Q，减少肺内分流，改善换气功能；克服气道阻力，增加潮气量，减少呼吸功，降低 $PaCO_2$，改善通气功能；减轻肺泡毛细血管淤血及渗出，可用于先天性心脏病合并肺炎；保持气道通畅，稳定胸廓框架结构，刺激肺牵张感受器，防止呼吸道、胸廓塌陷及气道阻塞。

CPAP 对血气的影响：CPAP 通过改善换气提高 PaO_2，无须使用过高的吸入氧浓度。CPAP 通气时，PaO_2 的升高与 CPAP 的压力值非直线关系，主要与肺泡开放压有关；当 CPAP 压力增加到一定程度，大量肺泡开放时，PaO_2 可有明显提高。CPAP 对 $PaCO_2$ 的影响与肺部病变性质和压力大小有关，部分气道梗阻患儿因使用 CPAP 使气道扩张，$PaCO_2$ 可下降；但气道梗阻严重或 CPAP 压力过高时，可影响呼气，使 $PaCO_2$ 增高。

2）CPAP 适应证：目前 CPAP 适应证包括急性呼吸衰竭、下呼吸道梗阻、有创通气撤机过程中、慢性肌肉病所致肺功能不全、阻塞性睡眠呼吸暂停等。一般情况下，如果 $FiO_2 > 30\%$ 才能维持 PaO_2 于 60mmHg 时，可考虑使用 CPAP。

3）CPAP 设备和使用方法：CPAP 包括提供气流的通气装置和与患者的连接方式 - 连接界面。最简单的为气泡式 CPAP（Bubble CPAP），包括中心供氧供气、空氧混合器、加温湿化器、高顺应性管道、水封瓶、鼻塞或鼻罩。呼气管道插入水平面以下的深度可调节气道压力。

方法：应用前将管道连接妥当，清除患儿鼻腔分泌物，开启适合其年龄的流量，将鼻塞置于鼻孔内。初始压力为 4～6cmH$_2$O，根据病情逐步调节压力和氧浓度；压力一般不超过 10cmH$_2$O；初始氧浓度可较高，然后逐步下调。如使用 Bubble System 装置，应给予足够大的流量以保持水封瓶内有持续气泡冒出。理论上 CPAP 气流量为每分通气量的 4 倍，但因存在漏气可能，故常需更大的流量；婴儿多 6～12L/min，儿童 10～20L/min。原则上用能保持 $PaO_2 \geq 60mmHg$ 的最低压力。使用鼻塞连接时，尽量减少哭闹以免漏气。

4）并发症：正确应用 CPAP 多无明显并发症，不良影响主要与持续气道正压有关，压力过高可致气胸等气压伤，但经鼻 CPAP 由于口腔经常开放，故气压伤较少。高流量通气可使鼻腔干燥、分泌物黏稠；还可致大量气体进入胃内，胃肠动力障碍的小婴儿可出现腹胀，先天性胃壁肌层发育不全的患儿曾有胃穿孔的个例报道。长期应用鼻塞可造成鼻前庭溃疡。国外报道病情危重的早产儿可损伤鼻翼和鼻小柱，严重者可出现坏死后狭窄。鼻损伤与鼻塞应用时间长短和护理相关。CPAP 治疗失败与患儿病情过重，气道分泌物过多且黏稠，呼吸肌极度疲劳无法维持自主呼吸，存在特殊的基础性疾病如气道严重狭窄，或患儿不耐受等有关。

（四）营养支持

呼吸衰竭患儿常存在能量和（或）蛋白质供应不足，而提高营养摄取可降低死亡率。此外，由于患儿发热、呼吸功增加，机体容易出现低蛋白血症，而致免疫力低下、感染难于控制、呼吸肌易于疲劳等。营养支持是否充分对呼吸衰竭患儿的病程及预后十分重要。合理的营养支持可增强机体免疫力，有利于肺组织修复，减少呼吸肌疲劳；合理的营养成分还可减轻机体排出 CO_2 的呼吸负担。

（五）药物治疗

1. 纠正酸碱失衡，维持内环境稳定 呼吸衰竭时的酸中毒以呼吸性酸中毒为主，主要依赖于改善通气，不能擅自补碱。重症患儿常存在混合性酸中毒，当出现混合型酸中毒或代谢性酸中毒、血气 pH < 7.20 时，必须在保证通气的前提下给予碱性液。常用 5% 碳酸氢钠溶液，每次 2～5ml/kg，稀释为 1.4% 等渗溶液后静脉注射，并密切监测血气。纠正代谢性酸中毒时计算碱性液剂量的公式如下。

$$所需碱性液（mmol）= 0.3 \times BE（mmol）\times 体重（kg）$$

$$5\%/ 碳酸氢钠溶液 1.68ml = 1mmol$$

开始最好只用计划总量的 1/2，根据血气结果再调整，以免矫枉过正。

2. 其他药物 对于机械通气患儿应适当镇痛镇静，颅内高压时应降颅压、脱水，循环灌注不良时酌情使用血管活性药，心功能不全时使用强心药物等。

（六）呼吸机治疗

见技术篇第二十五章 常频呼吸机的应用。

四、常见问题和热点聚焦

（一）血气指标正常的患儿，就不会存在呼吸衰竭吗

诊断呼吸衰竭时，除需了解病因、临床表现等，应及时做动脉血气分析，有助于早期发现、判断病情并评估疗效。但不能单纯以 $PaCO_2$ 和 PaO_2 的绝对数值进行判断，血气指标正常并不代表患儿不存在呼吸衰竭，尚应结合患儿是否使用呼吸支持手段、氧疗方式、氧浓度等综合分析。吸氧时所测得的 PaO_2 只反映氧疗效果，这时我们可引入 PaO_2/FiO_2 比值，即 P/F 比值来做简单的评价。P/F 是反映气体交换的指标，可快速评估呼吸衰竭的严重程度并指导治疗。一般情况下 P/F≥400mmHg，如 P/F＜300mmHg，提示呼吸功能不全，P/F 越低，提示呼吸衰竭程度越重。除 P/F 外，临床常用的指标还包括肺泡动脉氧分压差 P（A-aDO$_2$）、呼吸指数 P（A-a）O$_2$/PaO$_2$ 等，可用于反映患儿的实际氧合状态。对于重症患儿，进行连续无创的经皮氧分压和经皮二氧化碳分压监测，有利于及时发现呼吸衰竭并了解病情发展趋势。除了血气分析，详细了解病史、明确引起呼吸衰竭的原发病或继发病变，是诊断呼吸衰竭的前提条件，应动态观察患儿的病情变化来判断病情和指导治疗。

（二）PaCO$_2$ 越高，患儿临床症状越重吗

急性呼吸衰竭的临床表现轻重与缺氧和 CO_2 潴留的发生速度密切相关。如 $PaCO_2$ 增长速度缓慢，机体可通过代偿而产生一定的适应能力，此时血气可能表现为严重的 CO_2 潴留，而临床并无明显的呼吸困难症状。但是，如果 $PaCO_2$ 在短时间内突然增高，血 pH 显著下降，患儿可能在短时间内出现昏迷、脑水肿等严重的临床征象。因此，对呼吸性酸中毒患儿要注意代偿情况。代偿能力受肾功能、循环情况和液体平衡等多因素影响。急性呼吸衰竭的代偿需 5～7 天，因此，若患儿发病已数日，要注意其既往呼吸和血气改变，才能对目前病情做出准确判断。

五、热点聚焦

（一）引发呼吸衰竭的原发病的变迁

呼吸衰竭是一种临床综合征，当各种原因引起的机体氧供给和 CO_2 排出不能满足组织细胞代谢需要时，即发生了呼吸衰竭。因此，呼吸衰竭的病因多种，不仅仅局限于呼吸系统疾病。近年来，儿童呼吸衰竭的疾病谱变化较大，单纯由呼吸系统疾病引起的呼吸衰竭所占比例有所下降，而神经系统疾病、先天性遗传代谢病、休克等引起的呼吸衰竭所占比重日益增多。更为重要的是，原发病治疗成功与否对呼吸衰竭患儿的预后十分关键，因此寻找病因、去除病因是呼吸衰竭治疗的根本。

（二）无创通气在小儿呼吸衰竭中的应用现状

无创通气（Non-invasive ventilation，NIV）是一种无须侵入气道（如气管内插管或气管切开）进行呼吸支持的技术手段，可以使用鼻塞、面罩和头罩进行通气。NIV 形式多种，常用的有 CPAP、经鼻导管湿化高流量吸氧（high-flow humidified nasal oxygen，HFHNO）及呼吸机的各种压力支持模式。在过去的十多年里，NIV 的应用越来越广泛。Walkey 等对 2000—2009 年 NIV 在急性呼吸衰竭患者中的使用进行了回顾，结果发现 NIV 几乎可以用于急性呼吸衰竭的各个阶段。Ganu 等对一家拥有 23 张病床的三级医院 PICU 在 2000 年 1 月—

2009 年 12 月期间收治的毛细支气管炎患儿进行了回顾分析，结果发现，随着 NIV 使用增多（每年增加 2.8%），毛细支气管炎的气管插管率下降（每年降低 1.9%）（$P=0.0002$）；在使用 NIV 的患儿中，仅 16.8% 使用 NIV 失败而需气管插管。Lazner 等还对严重毛细支气管炎患儿使用 NIV 的治疗效果进行了研究，结果发现，80% 需要接受呼吸支持的严重毛细支气管炎患儿给予 NIV 治疗有效，且 NIV 治疗约 2 小时患儿的血气及呼吸参数即有所改善。James 等对其 PICU 在 7 年里使用 NIV 的数据进行了回顾，发现 83 例患儿为了避免气管插管而使用了 NIV，其中 64% 成功；失败者需要更高的 FiO_2（0.56 *vs.* 0.47，$P=0.038$）和呼吸频率（53.3 次／分 *vs.* 40.3 次／分，$P=0.012$），并存在更低的 pH（7.26 *vs.* 7.34，$P=0.032$）；研究还发现，呼吸系统疾病患儿的 NIV 治疗更易成功，而肿瘤患儿尤其是伴有感染者，实施 NIV 后几乎不可避免地需要气管插管；80 例患者拔管撤机后使用 NIV 序贯治疗，仅 15 例需再插管；这些再插管患儿的拔管后收缩压和舒张压显著高于其他患儿，多变量分析显示拔管后 2 小时的收缩压是预后的独立相关因素［校正 OR 0.96（0.93～0.99），$P=0.007$］；因此作者认为，进行 NIV 支持治疗时，与呼吸和心血管状态相关的参数可能决定哪些患儿能成功避免气管插管或再插管，预测 NIV 治疗效果时，应考虑原发病和入院原因。还有研究者对哮喘持续状态（status asthmaticus，SA）的患儿使用 NIV 治疗进行了前瞻性的观察性研究，共 122 例患儿因 SA 入院，其中 72 例符合纳入标准；NIV 治疗 1 小时，患儿的 Wood 临床评分即下降（2.3±1.5）分，心率下降（13.5±14）次／分，呼吸频率降低（9.8±10）次／分（$P<0.01$）；NIV 治疗后，5 例患儿因进行性加重的呼吸窘迫而需气管插管；除 1 例出现大量皮下气肿外，未发现其他与 NIV 相关的不良反应；因此，作者认为 NIV 对那些常规治疗无效的 SA 患儿而言，是一种可行的治疗方法。也有研究认为 NIV 支持治疗对免疫缺陷合并 ARDS 的患儿也有效且耐受性较好。Wolfler 等在意大利进行了一项有 13 家 PICU 参与的 NIV 队列研究，时间为 2011 年 1 月 1 日—2012 年 12 月 31 日，除对此期间数据进行采集和研究外，还同 2006 年 11 月 1 日—2007 年 4 月 30 日的数据进行比较；结果发现，所有未进行有创机械通气患儿（$n=3819$）中，585 例（15.3%）使用 NIV；上述 3 年的数据显示，NIV 使用率呈明显上升趋势（2006 年 11.6%，2012 年 18.2%）；气管内插管组有 17.2% 的患儿在撤机时采用了 NIV 序贯治疗以防再插管，而各年度数据分别为 2006 年 11.9%，2011 年 15.3%，2012 年 21.6%；NIV 的失败率也从 2006 年的 10% 升至 2012 年的 16.1%。因此，NIV 通气作为首选呼吸支持手段的使用率日益增加；NIV 是轻度急性呼吸衰竭患儿的可行且安全的通气支持手段，并可作为下呼吸道感染（主要是毛细支气管炎和肺炎）、急性或慢性呼吸衰竭患儿及预防再插管的首选呼吸支持治疗手段。

（王　荃　钱素云）

第二节　急性呼吸窘迫综合征

培训目标

1. 掌握儿童急性呼吸窘迫综合征的定义、临床表现和诊断标准。
2. 掌握儿童急性呼吸窘迫综合征的治疗方法。
3. 熟悉儿童急性呼吸窘迫综合征的发病机制。

急性呼吸窘迫综合征（acute respiratory distress syndrome，ARDS）是指在严重感染、休克、创伤及烧伤等非心源性疾病过程中，肺毛细血管内皮细胞和肺泡上皮细胞损伤造成弥漫性肺间质和肺泡水肿，导致的急性低氧性呼吸功能不全或衰竭。

一、概述

【病因】

多种原因均可导致 ARDS，根据肺损伤机制将 ARDS 的病因分为直接肺损伤因素和间接肺损伤因素（表 2-2）。前者直接损伤肺部，所导致的 ARDS 称为肺源性 ARDS；后者指肺外疾病或损伤通过激活全身炎症反应产生肺损伤，所导致的 ARDS 称为肺外源性 ARDS。与成人相比，儿童肺部感染导致的 ARDS 更常见，尤其是肺部病毒感染。

表 2-2　急性呼吸窘迫综合征的病因

直接因素	间接因素
肺炎（细菌、病毒、支原体、真菌等）	严重感染及脓毒性休克
胃食管反流性肺炎	严重非肺部创伤
溺水	心肺分流术后
吸入中毒（烟雾、氧气）	大量输血
肺部创伤、肺挫伤	药物中毒
肺脂肪栓塞	急性重型胰腺炎
机械通气	大面积烧伤
	弥散性血管内凝血

【发病机制】

ARDS 发病机制尚未完全阐明。尽管有些致病因素可对肺泡膜造成直接损伤，但 ARDS 本质是多种炎症细胞及其释放的炎症介质和细胞因子间接介导的肺脏炎症反应。ARDS 是系统性炎症反应的肺部表现，是机体自身失控的炎症瀑布反应结果。

炎症细胞和炎症介质在 ARDS 发生发展中起关键作用。多种炎性细胞如中性粒细胞、巨噬细胞和血管内皮细胞均参与炎症反应过程。炎症细胞产生多种炎性介质和细胞因子，最重要的是肿瘤坏死因子 -α 和白细胞介素 -1，导致大量中性粒细胞在肺内聚集、激活，并通过"呼吸暴发"释放氧自由基、蛋白酶和炎性介质，引起靶细胞损害，表现为肺毛细血管内皮细胞和肺泡上皮细胞损伤，肺微血管通透性增高和微血栓形成。大量富含蛋白质和纤维蛋白的液体渗出至肺间质和肺泡，导致非心源性肺水肿和透明膜形成，进一步引起肺间质纤维化。

不当的机械通气模式或参数均可诱发或加重肺泡的炎症反应和损伤，并进一步造成肺外器官损伤。因此，不恰当的机械通气策略、过高浓度的氧气吸入均可导致医源性肺损伤，可触发或进一步加重 ARDS。

ARDS 病理改变为弥漫性肺泡损伤，主要表现为肺广泛性充血水肿和肺泡内透明膜形成。病理过程分为三个阶段：渗出期、增生期和纤维化期，三个阶段相互关联并部分重叠。渗出期一般在 ARDS 起病后 1 周内，主要特点是毛细血管通透性增加，导致血管内液体漏出，形成肺水肿，肺组织重且僵硬。Ⅰ型上皮细胞变形肿胀，空泡化，脱离基底膜；Ⅱ型上皮细胞空泡化，板层小体减少或消失。上皮细胞破坏处有透明膜形成和肺不张，肺泡腔内充满富含蛋白质的水肿液。肺血管内有中性粒细胞扣留和微血栓形成。肺间质内中性粒细胞浸润。电镜下可见肺泡表面活性物质层出现断裂、聚集或脱落到肺泡腔。经过1～3周，逐渐过渡到增生期和纤维化期。可见II型肺泡上皮细胞、成纤维细胞增生和胶原沉积。部分肺泡的透明膜经吸收消散而收复，亦可部分形成纤维化。

ARDS病理生理特征是肺泡 - 毛细血管膜通透性增高，形成间质及肺泡水肿，肺表面活性物质减少，导致小气道陷闭和肺泡萎陷不张，进而导致肺容积减小、功能残气量降低、肺顺应性降低、通气 / 血流比例失调，引起肺部氧合障碍，出现顽固性低氧血症和呼吸窘迫。由于呼吸代偿，$PaCO_2$最初可以正常或降低，严重患者，由于呼吸肌疲劳导致肺通气量减少，发生高碳酸血症。

【流行病学】

美国、欧洲、澳大利亚和新西兰的流行病学研究显示，成人ARDS的人群发病率为17.9～81.0/100 000人，儿童ARDS的人群发病率在2.0～12.8/100 000人。成人ARDS病死率为27%～45%，儿童ARDS病死率稍低，为18%～27%。有研究显示儿童ARDS的发病率和病死率较低，且随着年龄增长而增加。我国缺乏小儿ARDS以人群为基数的流行病学研究。我国PICU内ARDS的发病率为1.42%，病死率为62.9%，其中重症肺炎所致ARDS病死率为64.2%，脓毒症所致ARDS病死率为77.3%。

疾病的发病率与所用诊断标准有很大关系。由于ARDS的基本病理生理变化是肺泡 - 毛细血管通透性增加所致肺水肿而导致氧合障碍。但是床旁测定通透性增加非常困难，因此，ARDS诊断就结合了临床、氧合、血流动力学和放射学标准几个方面综合考虑。对ARDS标准的理解和具体应用会影响其诊断。

二、诊断与鉴别诊断

【诊断】

1. 临床表现

（1）症状体征：呼吸频率增快及呼吸窘迫是ARDS的主要表现之一。通常在ARDS起病1～2天内出现呼吸增快，并逐渐进行性加重，出现呼吸困难和呼吸窘迫。吸气时锁骨上窝及胸骨上窝凹陷。由于缺氧逐渐加重，患者可表现烦躁不安、心率增快、唇及指甲发绀。缺氧症状用鼻导管或面罩吸氧的常规氧疗方法无法缓解。合并肺部感染时可出现咳嗽、咳痰、发热和畏寒等。有的患者两肺可闻及干湿啰音、哮鸣音；肺部实变时呼吸音减低。由于ARDS病因复杂，有时临床表现隐匿或不典型，必须提高警惕。

（2）X线胸片：临床不同时期的X线表现为病程早期可仅见两肺纹理增多、模糊，可伴有小斑片影；继而出现两肺透光度减低呈磨玻璃样改变，显示弥漫性肺间质水肿；随着病变继续进展，两肺出现大片密度不均匀的融合病灶，其中可见支气管充气征，肺间质水肿也加重，甚至呈白肺。恢复期上述阴影逐渐消失，部分患者出现肺纤维化改变。

（3）胸部CT：与X线胸片相比，CT扫描能更准确地反映病变肺区域大小，对早期诊断有帮助。在病变早期X线胸片改变不明显时，胸部CT可见肺间质有渗出阴影。典型ARDS肺部CT表现为肺内病变不均一，呈现重力依赖现象，上部肺组织正常或相对正常，中部呈磨玻璃样改变，下垂部位呈实变影。

（4）血气分析：是评估肺部通气换气功能的重要方法。ARDS早期多为不同程度的低氧血症和呼吸性碱中毒，肺泡 - 动脉氧分压差升高。随着病情加重，PaO_2/FiO_2进行性下降。由于ARDS晚期无效腔通气增加，出现CO_2潴留，表现为呼吸性酸中毒。

2. 诊断标准 自1967年ARDS概念提出以来,曾制定过多个诊断标准(见后文)。1992年欧美联席会议制定的标准曾被广泛应用,2012年对其修订,制定出ARDS柏林标准。这些标准主要针对成人患者,未考虑儿童的特殊性。2012年儿科急性肺损伤委员会联合多个国家的重症医学会,针对儿童ARDS的危险因素、病因及病理生理等特点,着手制定儿童ARDS诊断标准,几经讨论修改于2015年发布(表2-3)。该诊断标准不但使用PaO_2/FiO_2(PF)比值和氧合指数(oxygenation index,OI)$[(FiO_2 \times Paw \times 100)/PaO_2]$评估肺部氧合,对未能测定动脉血氧分压的患儿,还使用SpO_2/FiO_2(SF)比值和氧饱和度指数(oxygen saturation index,OSI)$[(FiO_2 \times Paw \times 100)/SpO_2]$来评价儿童肺部氧合。

使用该诊断标准时应注意,如果测定了PaO_2就使用PF比值和OI,如果未测定PaO_2,应逐渐降低FiO_2使$SpO_2 \leqslant 97\%$,再计算SF或OSI。基于OI或OSI的ARDS程度分度标准不适用于接受机械通气慢性肺疾病或有发绀型先天性心脏病的患儿。

表2-3 儿童急性呼吸窘迫综合征诊断标准

年龄	排除围产期相关肺疾病			
时间	7天内明确的临床损害过程			
水肿原因	不能完全用心功能衰竭或液量超载来解释的呼吸衰竭			
胸部影像	胸部影像显示肺部有新浸润的急性实质性病变			
肺部氧合	无创机械通气	有创机械通气		
	儿童急性呼吸窘迫综合征(无危重程度分级)	轻度	中度	重度
	面罩双水平正压通气或持续气道正压$\geqslant 5cmH_2O$ PF比值$\leqslant 300$ SF比值$\leqslant 264$	$4 \leqslant OI < 8$ $5 \leqslant OSI < 7.5$	$8 \leqslant OI < 16$ $7.5 \leqslant OSI < 12.3$	$OI \geqslant 16$ $OSI \geqslant 12.3$
特殊人群				
发绀型心脏病	符合上述年龄、时间、水肿原因和胸部影像标准,出现不能用原有心脏疾病解释的肺部氧合急剧恶化			
慢性肺疾病	符合上述年龄、时间、水肿原因标准,胸部影像出现新的浸润病灶,肺部氧合从基础状态急剧恶化并符合上述标准			
左心功能不全	符合上述年龄、时间、水肿原因标准,胸部影像出现新的浸润病灶,肺部氧合急剧恶化符合上述标准并不能用左心功能不全解释			

【鉴别诊断】

ARDS的诊断标准是非特异性的,需与大面积肺不张、弥漫性肺泡出血和心源性肺水肿等鉴别。ARDS与心源性肺水肿的临床表现有很多相似之处,但临床治疗措施相差甚远,如不能及时鉴别,往往会延误病情,导致严重后果。ARDS与心源性肺水肿的鉴别诊断见表2-4。

表2-4 ARDS与心源性肺水肿的鉴别诊断

	ARDS	心源性肺水肿
发病机制	肺实质细胞损伤、肺毛细血管通透性增加	肺毛细血管静水压增加
起病	较缓	急
病史	感染、创伤、休克、误吸等	心血管疾病

续表

	ARDS	心源性肺水肿
痰的性质	非泡沫状稀血样痰	粉红色泡沫痰
体位	能平躺	端坐呼吸
胸部听诊	早期可无啰音,后期湿啰音广泛分布,不局限于下肺部	湿啰音主要分布于双肺下部
X 线检查		
心脏大小	正常	常增大
血流分布	正常或对称分布	逆向分布
叶间裂	少见	多见
支气管血管袖	少见	多见
胸膜渗出	少见	多见
支气管像	多见	少见
水肿液分布	斑片状,周边区多见	肺门周围多见
治疗反应		
强心利尿	无效	有效
提高吸入氧浓度	难以纠正低氧血症	低氧血症可改善

三、治疗决策

对于 ARDS 目前尚无特效的治疗方法,主要根据其病理生理改变和临床表现,采取综合性治疗措施,包括积极治疗原发病,呼吸和循环功能支持,防治并发症。

【原发病治疗】

全身感染、创伤、休克、烧伤和急性胰腺炎是导致 ARDS 的常见原因。控制原发病、遏止其诱导的全身失控的炎症反应,是预防和治疗 ARDS 的必要措施。感染可导致 ARDS,而 ARDS 又易并发感染,因此对所有患者均应怀疑感染的可能,除非有明确的其他导致 ARDS 的原因存在,治疗上均宜选择广谱抗生素。

【呼吸支持治疗】

呼吸支持是治疗 ARDS 的重要方法,可以改善通气氧合,但也可能加重甚至诱发肺损伤。

1. **氧疗**　氧疗的目的是改善低氧血症,可采用鼻导管、面罩等氧疗方式。ARDS 患儿常低氧血症严重,常规氧疗难以奏效,需要机械通气以提高氧疗效果。

2. **无创正压通气**　无创正压通气(noninvasive positive pressure ventilation, NPPV)不经人工气道(气管插管或气管切开)进行呼吸支持,可有效降低有创通气的并发症。理论上,NPPV 通过提供压力支持利于维持气道通畅,改善肺部顺应性,增加通气量,有效降低呼吸功和改善氧合,缓解呼吸肌疲劳。但是关于应用无创通气治疗 ARDS 的研究资料很少。有研究显示 NPPV 可改善肺部氧合、增加潮气量、降低神经肌肉驱动力和呼吸做功,缓解呼吸窘迫,并且可降低有创通气并发症如呼吸机相关性肺炎的发生率。尤其是免疫功能受损合并 ARDS 患者,早期首先试用 NPPV,可以减少气管插管和病死率。但是 NPPV 对 ARDS 的治疗作用尚存在很多争议。有研究显示,ARDS 是 NPPV 治疗急性低氧性呼吸衰竭失败的独立影响因素。对成人研究荟萃分析发现,NPPV 治疗 ARDS 的失败率约为 50%,因此使用时应特别小心。临床实践中应注意患者选择,尽量在 ARDS 早期没有发生严重缺氧时使用,注意患者没有重要脏器功能衰竭,如肾衰竭需要透析,血流动力学稳定,没有心律失常,意识清楚,能维持气道通畅。

儿科常用的 NPPV 通气模式为持续气道正压通气(continuous positive airway pressure,CPAP)和双水平气道内正压(bilevel positive airway pressure,BiPAP)通气。儿童一般采用经面罩或鼻罩 BiPAP 模式,小婴儿可采用经鼻塞 CPAP 模式,尽量减少鼻塞及面罩周围漏气。使用 BiPAP 模式时还应注意人机同步情况,对难以达到人机同步的患者可采用 CPAP 模式。一般需要在医护人员经验丰富及监测条件较好的 ICU 内实施,以便严密监测、及时识别病情变化并及时处理。虽然镇静治疗可提高患者对无创通气耐受性,但也抑制患者自主呼吸和降低意识水平,有时甚至导致治疗失败,故无创通气时使用镇静药应小心。

病情危重程度是决定无创通气治疗能否成功的主要因素。经 NPPV 治疗 1~2 小时后患者病情无改善或有恶化趋势如呼吸频率增快、呼吸功增加、气体交换变差和意识水平降低,应及时气管插管行有创通气。还应密切监测无创通气相关不良反应如鼻翼损伤、感染、面部皮肤损伤和胃肠道胀气等,并及时处理。

3. 有创机械通气 ARDS 机械通气指征尚无统一标准,但经吸高浓度氧不能改善低氧血症时,应尽早进行机械通气。轻度 ARDS 可试用 NPPV,无效或病情加重时及时气管插管行有创机械通气。机械通气的目的是维持有效的通气氧合,支持脏器功能。由于 ARDS 的肺部病变为非均一性,部分肺泡病变严重,出现水肿和不张,顺应性下降,不能参与气体交换,只有肺泡病变较轻或无明显病变的肺泡才可以进行气体交换,有效肺容积明显下降,因而 ARDS 患者的肺被称为"婴儿肺"(baby lung),实际上是"小肺(small lung)"。进行机械通气时既要充分利用又要很好地保护尚能气体交换的肺组织。当采用传统的大潮气量通气时,气体容易进入顺应性较好、位于非重力依赖区的肺泡,使这些肺泡过度扩张,从而加重肺损伤;而萎陷的肺泡在通气过程中仍处于萎陷状态,在局部扩张肺泡和萎陷肺泡之间产生剪切力,也可引起肺损伤。因此 ARDS 机械通气时既要使萎陷的肺泡复张并维持开放,以增加肺容积,改善氧合;又要限制肺泡过度扩张和反复关闭所造成的损伤。这就是目前所主张采用的肺保护性通气策略,主要包括小潮气量以限制气道压、肺复张和合适水平的 PEEP。

(1)小潮气量:ARDS 网络小组通过随机对照研究发现:与传统机械通气(潮气量 12ml/kg)相比,小潮气量(6ml/kg)通气使 ARDS 患者病死率降低,而且在不同病因的 ARDS 患者中,小潮气量通气疗效没有明显差异。正常人生理潮气量为 6~8ml/kg,因此控制通气时潮气量应在生理性潮气量范围之内即 5~8ml/kg。成人及儿科临床研究均显示机械通气所用潮气量的大小不仅与患者体重有关,而且与患者尚存留多少可使用的肺容量有关。因此潮气量应根据患者肺部病理生理变化及呼吸系统顺应性调节。对于呼吸系统顺应性较差的患者,潮气量甚至应在 3~6ml/kg。机械通气时气道压力与使用的潮气量和呼吸系统顺应性有关,应用小潮气量有利于限制吸气平台压,减少压力伤。为避免呼吸机相关肺损伤,吸气平台压应限制在 28cmH_2O,如同时伴有胸廓顺应性降低,吸气平台压可限制在 29~32cmH_2O。

为保证小潮气量和限制吸气平台压,允许一定程度的 CO_2 潴留和呼吸性酸中毒,即允许性高碳酸血症。虽然 $PaCO_2$ 的合理范围不清楚,但只要 pH>7.20 对人体影响不明显。如果 CO_2 潴留是逐渐发生的,机体可通过肾保留碳酸氢盐来部分代偿,pH 降低不明显,患者能很好地耐受。另外,高碳酸血症本身可通过减轻肺部炎症等作用来减少肺损伤。由于高 $PaCO_2$ 对心肌收缩力有直接抑制作用和脑血管扩张作用,因此,允许性高碳酸血症策略禁用于心功能严重受损、血流动力学不稳定、颅内高压和严重肺动脉高压患者。

（2）肺复张：使用小潮气量通气限制吸气平台压不利于 ARDS 萎陷肺泡的复张，甚至会出现进行性肺泡萎陷，导致肺不张；而 PEEP 维持肺泡开放的功能依赖于吸气期肺泡膨胀的程度。吸气期肺泡膨胀越充分，PEEP 维持肺泡张开的可能性越高。肺复张手法是在可接受的气道峰压范围内，间歇性给予较高的复张压，以促使萎陷的肺泡复张进而改善氧合。

采用何种肺复张方法更好一直存在争论。临床应用比较成熟的是控制性肺膨胀法（sustained inflation，SI）和缓慢 PEEP 递增法。SI 是将气道压升至 $30\sim40cmH_2O$ 并持续 $30\sim40$ 秒，使萎陷肺泡迅速复张，增加肺容量，改善氧合及肺顺应性。成人研究显示 SI 效果与肺部病变类型和肺顺应性有关，对肺部病变主要表现为肺泡萎陷和肺泡炎性水肿的患者效果较好。由于很难预计每个患者对肺复张的反应，并且缺乏儿科相关研究资料，目前不推荐将 SI 用于儿童 ARDS。研究显示通过缓慢 PEEP 递增法进行肺复张，对改善儿童 ARDS 肺部氧合有效并且安全。缓慢 PEEP 递增法的实施是将通气模式调整为压力控制通气，设定气道压上限，一般为 $35\sim40cmH_2O$，然后将 PEEP 每 2 分钟递增 $5cmH_2O$，直至 PEEP 达 $25cmH_2O$，随后每 2 分钟递减 $5cmH_2O$，直至复张前水平。因为增加 PEEP 时，气道峰压也随之增加，当超过气道压上限时应降低有效通气压。

施行肺复张的主要并发症为血流动力学波动和气压伤等。因此对血流动力学不稳定的患者实施肺复张时应格外谨慎，应首先保证血容量充足。实施过程中出现血压下降、经皮氧饱和度降低和心律失常时，应及时停止肺复张。

（3）呼气末正压：设置 PEEP 的目的是防止肺泡在呼气时萎陷而在吸气时又开放。ARDS 肺复张后，只有应用适当的 PEEP 才能维持肺泡开放，防止复张的肺泡再次塌陷。PEEP 过低，不足以维持肺泡的开放状态，使肺泡再塌陷；PEEP 过高使部分正常通气的肺组织过度膨胀，加重肺损伤，并且 PEEP 增加胸内压，减少回心血量，对血流动力学有影响。目前认为，最佳 PEEP 是既应能维持复张肺泡的开放，同时又能防止非依赖区肺泡的过度膨胀。

ARDS 最佳 PEEP 的选择仍存在争议。理论上最佳 PEEP 应根据肺静态压力 - 容量曲线低位拐点压力（P_{flex}）确定。研究显示将 PEEP 设定在 $P_{flex}+2cmH_2O$ 可有效减轻肺损伤。但由于测定危重患者的肺静态压力 - 容量曲线非常困难，因此临床使用很少。此外还有最大顺应性法、FiO_2-PEEP 法和氧输送法等。目前尚无足够证据支持何种方法选择最佳 PEEP 更为合适，还需要依赖于临床医师的经验。

最佳 PEEP 设置应遵循个体化原则，综合考虑患者呼吸力学、肺部氧合及血流动力学等情况。对于重度 ARDS 需要设定在 $10\sim15cmH_2O$，甚至更高。

4. 高频振荡通气　高频振荡通气（high-frequency oscillatory ventilation，HFOV）用于临床已有 30 余年历史，但对其疗效存在很大争议（见下文）。HFOV 时采用肺复张策略使萎陷的肺泡重新张开，用合适的平均气道压保持肺泡张开，使振荡通气在最佳肺容量状态下进行。由于产生潮气量较小，肺内压力变化小，减少肺泡因闭合张开产生的剪切力。理论上，该通气方法比较符合 ARDS 的肺保护性通气策略，但临床研究结果很不一致。有些研究显示可以改善肺部氧合，降低病死率，但有些研究得出相反的结果。

目前对于常频通气时平台压超过 $28cmH_2O$ 的中 - 重度 ARDS 推荐使用 HFOV。由常频通气转换 HFOV 时，预设平均气道压一般较常频通气时高 $2\sim6cmH_2O$，然后根据经皮氧饱和度情况，逐步调节平均气道压，维持合适的肺容量以保证肺部氧合，同时监测血流动力学状态。振荡压力及振荡频率应根据胸壁振动幅度进行调节。

5. **俯卧位通气** ARDS 患者肺部表现为弥漫性肺间质水肿,但是肺内的病变并不是均匀一致的。以重力依赖区(在仰卧位时靠近背部的肺区)最重,通气功能极差,而在非重力依赖区(仰卧位时靠近胸部的肺区)的肺泡通气功能基本正常,介于两者之间的部分通气相对正常。基于以上病理特点,俯卧位通气改善氧合的可能机制主要为:①背侧通气改善,肺内通气重分布,通气血流灌注比值(V/Q)更加匹配;②血流及水肿的重分布;③功能残气量增加;④减少心脏的压迫。另外,俯卧位时局部膈肌运动改变及俯卧位更利于肺内分泌物的引流,可能也是改善氧合的原因之一。

尽管有很多研究显示严重低氧血症患者采用俯卧位显著改善了氧合功能,但前瞻性对照研究显示俯卧位通气并没有提高 ARDS 患者存活率,也没有缩短机械通气天数和肺部恢复时间。荟萃分析也显示俯卧位通气改善低氧性呼吸衰竭患者的肺部氧合,甚至降低呼吸机相关性肺炎发生率,但对病死率无影响。进一步分析发现,俯卧位通气能降低 PF 比值 <100mmHg 的严重低氧型呼吸衰竭患者的病死率,但对 PF 比值 >100mmHg 的低氧型呼吸衰竭患者的病死率无影响。因此,不推荐俯卧位通气常规用于所有 ARDS 治疗,但可用于严重低氧的重度 ARDS 患者。

严重低血压、休克、室性或室上性心律失常、颜面部创伤、近期有过腹部手术、有未处理的不稳定骨折和脊柱损伤等为俯卧位通气的相对禁忌证。另外,体位改变过程中可能发生气管导管、中心静脉导管和各种引流管意外脱落,应注意预防。

【一氧化氮吸入】

内源性一氧化氮(nitric oxide,NO)是一种非胆碱能、非肾上腺素能神经递质,广泛分布于生物体内各组织中,对心脑血管、神经、免疫调节等方面有着十分重要的生物学作用。吸入外源性 NO 治疗 ARDS 的机制与 NO 特性及 ARDS 病理生理特点有关。NO 吸入后,进入肺内通气良好的区域,弥散入肺循环,产生扩张气道和肺循环的作用,从而降低肺血管阻力和肺动脉压,增加该肺区血流,改善通气较好的肺泡的通气/血流比例,同时减轻右心后负荷,改善右心功能。而通气较差的肺泡儿乎无 NO 进入,因而无血流量增加,其结果是重新分配经肺部的血流量。原通气较差的肺泡的血流量被窃血至通气较好的肺泡周围,整个肺部的通气/血流比例趋于合理,氧合效率提高,从而降低所需吸入气氧浓度,提高动脉血氧分压,逆转低氧血症,达到治疗 ARDS 的目的。吸入 NO 由肺泡弥散进入体循环后,立即与红细胞内血红蛋白结合,形成亚硝酸基血红蛋白而失活。亚硝酸基血红蛋白在有氧条件下,被氧化成高铁血红蛋白,后者最终转化为硝酸盐排出体外。因此,NO 无全身血管扩张作用,是一种选择性肺血管扩张药。

多个临床研究评价了吸入不同浓度 NO 对肺部氧合和肺动脉压的影响,均发现吸入 NO 数分钟后 PaO_2/FiO_2 明显升高,而肺动脉阻力和平均肺动脉压明显降低。并且有研究发现,NO 浓度为 1~20ppm 时肺部氧合改善,而高于 20ppm 时肺部氧合反而下降。随后进行了多个前瞻性对照研究以观察 NO 吸入对 ARDS 预后的影响,结果均令人失望。多个荟萃分析显示 NO 吸入并没有降低 ARDS 的 28 天病死率和总病死率,也没有缩短机械通气时间。NO 吸入改善氧合的时间维持很短,通常在使用后的 24 小时内,并且 NO 吸入增加肾衰竭的危险。

对于 NO 吸入能够改善 ARDS 的肺部氧合,但为什么没能降低 ARDS 的病死率呢?原因可能是多方面的,一个基本的原因是 ARDS 真正死于低氧血症的很少,多器官功能不全是 ARDS 死亡的最常见原因。短时间改善氧合对患者存活无明显影响。而且吸入 NO 改善肺部氧合的同时，也会改变肺血管阻力，而后者的意义可能更重要。吸入 NO 后肺部对其敏感性会增高，但多数对照研究没有使用剂量 - 效应曲线来修正每天最佳治疗浓度，而是使用相同浓度的 NO。这可能使患者吸入相对过高浓度的 NO，从而产生一系列的不良反应。

目前并不推荐常规使用 NO 吸入治疗 ARDS，但是对于伴有明确肺动脉高压或严重右心功能不全者可考虑使用。也可用于重度 ARDS 的抢救性治疗或作为体外膜氧合治疗的过渡。一旦使用应密切评估其疗效，并监测其不良反应。

【肺泡表面活性物质】

ARDS 发病过程中内源性肺泡表面活性物质（pulmonary surfactant，PS）系统发生变化，包括合成不足、组分改变及活性降低。PS 含量降低和组分改变是导致难以纠正的低氧血症的重要原因之一。外源性表面活性剂替代治疗对新生儿呼吸窘迫综合征有效已经得到肯定，人们尝试着将 PS 应用于儿童和成人 ARDS 患者。

多个临床观察研究显示 PS 可迅速改善 ARDS 的肺部氧合，改善肺功能，缩短机械通气时间和入住 ICU 时间。但随后多个前瞻性随机对照研究结果非常不一致，有的显示 PS 可改善肺部氧合，降低病死率，但并不能缩短机械通气时间；有的显示 PS 可改善肺部氧合，但并不能降低病死率；有的显示 PS 并不能改善肺部氧合，更不能降低病死率。外源性 PS 的治疗效果不同可能与研究对象的肺损伤程度、治疗时机、使用 PS 种类、给药剂量、给药方式及 PS 是否均匀分布于肺内等因素有关。鉴于研究结果的不一致，目前不推荐将 PS 作为 ARDS 的常规治疗方法。但由于多数研究显示 PS 可以改善肺部氧合，有一些研究也显示可改善预后，因此，有必要对 PS 的适合患者、给药剂量和给药方法等问题进行进一步研究。

【体外膜氧合技术】

体外膜氧合（extracorporeal membrane oxygenation，ECMO）也称体外生命支持（extracorporeal life support，ECLS），是将静脉血从体内引流到体外，经膜式氧合器（膜肺）氧合后再用驱动泵将血液灌入体内，进行长时间心肺支持的技术。ECMO 最早用于对常规治疗无效的新生儿严重呼吸衰竭，并取得良好效果。以后逐渐用于治疗新生儿、儿童和成人的呼吸、心脏及多器官功能衰竭。在新生儿和成人均有高质量的临床研究支持 ECMO 用于治疗严重呼吸衰竭，但儿童尚缺乏类似研究资料。尽管缺乏明确有力证据，ECMO 仍然在全世界广泛用于治疗儿童 ARDS。

ECMO 适用于治疗肺部病变可逆的重度 ARDS 或者是准备行肺移植的患者，但是很难确定遴选患儿的统一标准。一般在常规保护性通气策略不能维持有效气体交换时即可考虑使用。但应注意，ECMO 仅仅是一种非常复杂的支持治疗措施，并可伴有很多额外风险，这就需要结合患儿病史、病情变化趋势、其他脏器功能、可能生存质量、经济能力及家庭状况等情况进行动态系统评估，以确定施行 ECMO 的必要性。合并不可控制的出血或禁用抗凝药的活动性出血、慢性病终末期和中枢神经系统严重损伤的患者不适合施行 ECMO。

应根据患者心功能状况选择 ECMO 类型，如患儿心功能良好，可选择静脉 - 静脉 ECMO，其仅替代肺脏气体交换功能，是治疗 ARDS 的常用模式。如同时合并心功能不全，应选择静脉 - 动脉 ECMO，可同时支持替代心脏泵血和肺脏气体交换功能。ECMO 的建立、管理及并发症的处理是复杂的工作，需要医生、护士和其他相关人员的密切配合。ECMO 运行后应注意评估治疗效果，包括 PaO_2、$PaCO_2$、动脉血压、末梢循环、尿量、超声心动图等。

一旦患者心肺功能好转，血流动力学平稳，肺顺应性增加，X 线胸片显示肺部病变好转，可逐渐降低 ECMO 流量并逐渐降低膜肺氧浓度。当流量降至正常血流量的 10%～25% 后，仍能维持血流动力学稳定，血气指标满意，可考虑停机。出现下列情况应终止 ECMO：①不可逆严重脑损伤；②其他重要器官严重衰竭；③顽固性出血；④肺部出现不可逆损伤。

【液体管理】

ARDS 的特征性表现是肺毛细血管通透性增高所引发的肺水肿，血管外肺水增多，引起肺部氧合障碍。血管外肺水增加与预后不良直接相关。ARDS 患者的液体管理目标是必须保证液体入量以维持足够血容量、器官组织灌注和氧输送，同时减少血管外肺水和减轻肺水肿。多个临床研究观察显示，急性肺损伤患者的液体正平衡导致机械通气时间延长、氧合下降、住 ICU 时间延长及病死率增加。液体正平衡是影响 ARDS 患者预后的独立因素；通过限制性液体管理策略减少液体输入及用呋塞米利尿，使液体成平衡或负平衡，有助于减轻肺水肿严重程度、缩短机械通气时间和降低病死率。但是大部分 ARDS 患者由全身性感染引起，在早期均存在低血容量状态，为减轻肺水肿而减少液量输入可能进一步降低血管内血容量。研究已经证实，对于此类患者早期进行积极的液体复苏能够改善患者的预后，而不恰当限制液体输入会恶化血流动力学指标及导致器官功能障碍，增加病死率。因此，对于存在血流动力学不稳定的 ARDS 患者，早期应行积极液体复苏；当血流动力学稳定后，应评估监测患者的液体平衡状况，实行目标指导的限制性液体策略，保持液体平衡或负平衡，防止体内液体过多。

ARDS 患者采用晶体液还是胶体液进行液体复苏一直存在争论。研究显示与血浆蛋白正常者比较，低蛋白血症者更易发生 ARDS，并且一旦发生，其病死率也明显增加。理论上，提高胶体渗透压有利于减轻肺水肿。但由于 ARDS 时肺毛细血管通透性增加，输注白蛋白提高血浆胶体渗透压的同时，白蛋白可通过破损的内皮细胞渗出到间质，从而增加间质胶体渗透压，加重肺水肿的形成。临床研究也得出不一致的结果。有研究显示应用白蛋白进行扩容治疗和使用盐水治疗并没有明显的差异。但也有研究显示，对于存在低蛋白血症 ARDS 患者，在补充白蛋白等胶体溶液的同时联合应用呋塞米，有助于实现液体负平衡，并改善氧合。

连续性血液净化已被证实为治疗 ARDS 有效措施，它可以去除血液循环中的炎性介质，实现液体负平衡，降低肺血管压，减轻肺水肿及改善氧合。但使用时机尚存在争论。有研究显示，施行 CRRT 时液体超载越严重，病死率越高。因此对存在液体超载的 ARDS 患者可考虑尽早实施。

【镇静肌松】

为使 ARDS 患者更好的耐受机械通气治疗，降低呼吸功，减少氧消耗，应使用适当的镇静治疗。适宜镇静及镇痛治疗可减少患儿的痛苦和躁动，有利于改善人机同步性，改善氧合，减少氧耗，减轻应激反应，减少呼吸机相关性肺损伤发生，从而改善患儿的预后。

机械通气患者的镇静目标是维持患者安静但对疼痛刺激有反应，但在 PICU 内常存在镇静过度。如果镇静不充分可能导致气管导管及血管内导管意外脱出危险，但长时间镇静过度可导致撤机延迟、医源性戒断综合征。为达到比较合适的镇静及镇痛效果，需应用适合于儿科特点的量表评估患者疼痛和躁动状态。儿科常用的镇静评估量表包括 Ramsay 评分和 Comfort 评分。疼痛评估方法包括自我评估、面部表情评估和行为学（包括生理学）评估。使用量表时要根据患者临床情况及所施行的诊疗操作，鉴别临床症状变化（如血压升高、呼吸心率频率增快等）是由于情绪紧张和疼痛所致，还是因为疾病本身病理生理改变所引起的。

应根据患儿病情制订个体化治疗方案,使用镇静过程中,应间断停用镇静药施行每日唤醒计划。有研究显示,与持续镇静相比,施行每日唤醒计划可缩短机械通气时间、入住ICU时间和总住院时间,减少镇静药的使用总剂量和降低治疗费用。当生理指标逐渐稳定时,应定期将镇静药减量,唤醒患儿评估其自主呼吸能力。

有些 ARDS 患者即使在深度镇静时仍然存在明显的人机不同步,使用肌松药可提高人机同步性,降低呼吸肌氧耗,减少呼吸机相关性肺损伤。但应注意,使用肌松药后有可能延长机械通气时间,导致肺泡萎陷和增加呼吸机相关肺炎的发生。使用肌松药时应监测肌松水平以调整用药剂量,并实行每日停用一段时间,以评估患者镇静深度和运动情况。

【营养和代谢支持】

应尽早开始营养支持,提供充足的营养物质,满足机体代谢需要,以促进疾病恢复。需根据患者的胃肠功能情况,决定营养途径。如果胃肠能耐受,首选肠内营养,不但可提供比较全面的营养,而且利于维持肠黏膜的完整性和功能。如果肠内营养不能在 72 小时内满足机体需要,应考虑进行肠外营养。

四、常见问题和误区防范

(一)高频振荡通气治疗 ARDS 是否有效

高频振荡通气(high frequency oscillation ventilation,HFOV)用于临床已有 30 余年历史,其应用效果一直存在争议。

1. **高频振荡通气机制** 高频振荡通气(high frequency oscillation ventilation,HFOV)是在一密闭的系统中,用小于解剖无效腔的潮气量,以较高频率的振荡产生双相的压力变化,从而实现有效气体交换的机械通气方法。此时气体振荡是由活塞泵或扬声器隔膜产生。吸气时,气体被驱入气道,而在呼气时,气体被主动吸出。氧气提供与二氧化碳排出均由偏置气流完成。活塞或隔膜振荡所产生的压力变化称为振荡压力幅度,它是叠加于平均气道压之上的。每次振荡时活塞或膜运动所引起的容积变化称为振荡容量(oscillatory volume 或 stroke volume)。与其他高频通气相比,HFOV 的基本特征是双相压力波形所导致的主动呼气,这可以减少肺内气体滞留。

由于 HFOV 时通过实施肺复张策略使萎陷的肺泡重新张开,并用合适的平均气道压保持肺泡张开,使振荡通气在最佳肺容量状态下进行,产生的潮气量很小,为 1~3ml/kg。理论上,HFOV 是一种理想的肺保护性通气模式,因为临床医师可以通过调节适当的平均气道压使肺容积处于压力 - 容量曲线的"安全窗"范围内,使更多的肺泡复张,振荡产生的小潮气量又避免肺过度扩张。这既可以改善肺部通气和氧合,又利于减少肺损伤。

2. **HFOV 对新生儿呼吸窘迫综合征的治疗效果** 用 HFOV 治疗新生儿呼吸窘迫综合征最早于 1981 年报道。数十年来就 HFOV 与常规机械通气对早产儿呼吸窘迫综合征的治疗效果进行了广泛研究。1989 年首先进行的一次多中心研究,包括 673 例早产儿,得出令人失望的结果。该研究显示与常规机械通气相比,HFOV 并没有降低慢性肺疾病(chronic lung disease,CLD)的发生率,并且 HFOV 治疗组患者的脑室内出血及气漏的发生率更高。后来分析可能与使用 HFOV 过程中未使用肺复张策略有关。Ogawa 等报道 HFOV 虽然改善肺部氧合,但两组患者的 CLD、脑室内出血、气漏的发生率、通气时间及存活率均无显著差异,因此认为 HFOV 并不增加新生儿呼吸窘迫综合征患儿的并发症。Gerstmann 等的研究结果亦得出 HFOV 可降低急性及慢性肺损伤的发生、降低病死率、减少治疗费用的结论。各组研究结果不一致可能与所选患者的严重程度、应用 HFOV 的时机、通气策略及各个研究中心对患者的处理措施不同有关。目前一般认为 HFOV 越早用越好。最近一篇包括 19 个随机对照研究、4096 例早产儿的荟萃分析显示，与常规机械通气对比，HFOV 使早产儿的慢性肺疾病的发病率稍微下降，但增加发生急性气漏的危险性及两组病死率无显著差异；其中一些研究观察到 HFOV 对短期神经系统功能有影响，但总体看差异不显著。对长期神经系统功能的影响也无显著差异。

新生儿使用 HFOV 所获得的经验教训对以后在儿童及成人的使用提供了宝贵经验。

3. 对儿童 ARDS 的治疗效果 使用 HFOV 治疗儿童呼吸衰竭的时间明显晚于新生儿。Arnold J 等于 1993 年报道用 HFOV 治疗儿童急性呼吸衰竭观察性研究结果。7 例因弥漫性肺泡疾病和气漏综合征导致的急性呼吸衰竭患者，经常频机械通气治疗无效后改用 HFOV，最后 6 例存活。随后有多个病例队列研究观察了 HFOV 对儿童急性呼吸衰竭的效果，存活率在 40%~90%。但至今为止只有 2 个随机对照研究比较了 HFOV 和常频通气对儿童 ARDS 病死率的影响。其中一个为多中心随机对照研究，共有 58 例患者，结果显示，与常规机械通气相比，HFOV 可以改善肺部氧合、减少压力损伤和改善预后。另一个单中心研究纳入 16 例 ARDS 患者，结果显示 HFOV 组的存活率（71%）明显高于常规机械通气组（44%），并且发现可溶性细胞间黏附分子 1 是很好的预后预测指标。但是这两个随机对照研究的常规机械通气组并没有实行小潮气量的肺保护性通气策略，因此目前尚不能很好地判定 HFOV 对儿童 ARDS 的真实效果。

4. 对成人 ARDS 的治疗效果 1997 年 Fort 等发表了 HFOV 在 17 例成人重型 ARDS 中的应用效果的观察性研究，发现 HFOV 能提高氧合指数并降低 FiO_2 的需要，患者总存活率为 47%。并发现死亡患者施行 HFOV 前用常规机械通气时间更长，因此建议 ARDS 患者应尽早使用 HFOV。随后进行的多项研究显示，早期使用 HFOV 对 ARDS 有较好疗效。2010 年一篇包括 8 个随机对照研究、419 例患者的荟萃分析显示，HFOV 可改善氧合和降低病死率，且副作用未增加。但进一步分析发现，该荟萃分析所包括的 8 个研究样本量均较小，并且在其中的 3 个研究中，常规机械通气组未实行肺保护性通气策略。因此对其结论提出质疑，认为 HFOV 对 ARDS 的治疗效果仍需要大规模的多中心随机对照研究来确定。

2013 年 2 月新英格兰杂志上发表了两篇关于 HFOV 在成人 ARDS 中应用的文章，即 OSCILLATE 和 OSCAR。两项研究均比较 HFOV 与常规肺保护性通气策略在成人中重度 ARDS 中的应用效果。在 OSCILLATE 研究中，因为数据监测委员会的建议，试验被提前终止，最终共有 548 例入组，其中 HFOV 组 273 例，CMV 组 275 例，两组基本特点无明显差异，院内病死率 HFOV 组为 47%，CMV 组 35%。与 CMV 组患者比较，HFOV 组患者接受更高剂量的咪达唑仑，更多患者接受神经肌肉阻滞剂和血管活性药物，并且使用血管活性药物的时间更长。作者得出结论，与小潮气量联合较高水平 PEEP 通气模式比较，HFOV 并不降低成人中重度 ARDS 院内病死率，甚至可能增加，只在常规通气时仍存在顽固性低氧血症时作为补救性措施使用。在 OSCAR 研究中最终有 795 例参与了试验，在主要试验终点事件病死率方面两组无统计学差异。和 CMV 组比较，HFOV 尽管可以改善氧合，但并没有使生存率等受益，所以作者建议 HFOV 不作为治疗 ARDS 的常规方案。这两项关于 HFOV 在成人 ARDS 中应用的多中心随机对照前瞻性研究的结果令人失望。由于该两项研究的样本量大，在随后进行的多个荟萃分析均显示高频振荡通气与传统机械通气相比不会显著改善成人 ARDS 患者的生存率。

从肺保护性通气策略和动物实验结果均支持 HFOV 是一种理想的肺保护性通气模式，但临床研究似乎得出不同的结论。出现这种情况是由于 HFOV 这种通气方法本身无效甚至有害所致，还是因为在使用方法上存在问题而导致的呢？目前尚无定论。但通过分析上述2 个大规模多中心研究，有学者提出了一些可能导致 HFOV 疗效不好的原因。平均气道压设置对 HFOV 能否取得好的疗效特别重要，理想的平均气道压应该使肺容量位于"安全窗"范围内。如平均气道压设置不合适，有可能导致肺复张不充分或肺过度扩张，导致肺损伤；平均气道压过高还可影响血流动力学，导致回心血量下降，右心室功能异常，心肌功能受抑制；而血流动力学异常可引起其他脏器功能异常甚至衰竭。ARDS 患者真正死于顽固性低氧血症的比例不高，大多数是死于多器官功能衰竭。另外振荡频率的设置对 HFOV 时的潮气量影响比较明显，频率越快，潮气量越小，越有利于肺容量处于"安全窗"范围内。如振荡频率设置过低，实际产生的潮气量可能明显超过所预计的值，从而导致肺过度扩张，出现肺损伤。另外实行 HFOV 时常常需要较深镇静，甚至使用肌松药，这有可能会延长机械通气时间，增加不良反应。

关于 HFOV 治疗 ARDS 的争议仍将继续。有赖于进一步的临床研究以确定可能获益的 ARDS 人群，制定更合适的通气策略及可行的参数设置方法。

（二）糖皮质激素可用于小儿 ARDS 治疗吗

ARDS 是全身炎症反应综合征在肺部的特殊表现。炎症反应和免疫调节失控引起多形核白细胞、肺泡巨噬细胞等炎症细胞激活，引起促炎细胞因子释放，并通过细胞间的信号传导，进一步放大炎症反应，导致肺泡水肿和出血等。其主要病理特征是由于肺微血管通透性增高，肺泡渗出增加，形成肺水肿和透明膜，并伴有肺间质纤维化。

糖皮质激素具有抗炎、抗纤维化、提高机体应激能力等作用。激素通过激活上皮细胞上的钠泵，加速肺泡液吸收，保护肺泡毛细血管膜完整性，减轻肺间质水肿和弥散障碍，减少肺泡萎缩所致的肺内分流；降低促炎症细胞因子水平表达，减轻或缓解免疫损伤，维持或恢复脏器功能稳定。抑制纤维原细胞的生长和胶原蛋白沉积来发挥抗纤维化作用。激素可能导致机体炎症反应信号通路的改变，能下调 ARDS 患者炎症因子及趋化因子的转录，从而减轻炎症反应，减轻肺纤维化程度，改善氧合，降低病死率。

激素在 ARDS 治疗中的应用由来已久，但对其应用时机、剂量、疗程及效果一直存在争议。已证实大剂量糖皮质激素不能起到预防 ARDS 发生和发展的作用，反而增加感染的并发症。成人研究显示，小剂量糖皮质激素治疗早期 ARDS 可改善氧合、缩短机械通气时间并降低病死率，提示早期使用小剂量糖皮质激素对 ARDS 患者可能有利，但仍需要随机对照研究进一步证实。持续的过度炎症反应和肺纤维化是导致 ARDS 患者晚期病情恶化和治疗困难的重要原因，有学者提出应用糖皮质激素防治晚期 ARDS 患者肺纤维化。但研究发现 ARDS 发病已 14 天的患者应用小剂量糖皮质激素后病死率显著增加，提示晚期 ARDS 不宜应用糖皮质激素治疗。两篇对成人研究资料所作的荟萃分析也得出相互矛盾的结果。一篇分析认为激素治疗 ARDS 无效，另一篇认为使用小剂量长疗程可以降低病死率和缩短机械通气时间。

至今为止，尚缺少评估激素治疗小儿 ARDS 疗效的随机对照研究，有限的资料均来自病例观察研究。因此 2015 年发表的共识中激素未被推荐为儿童 ARDS 的常规治疗方法。但是在实际临床工作中又确实存在经常使用激素治疗儿童 ARDS 的现状，因此需要对其有效性、剂量及疗程进一步研究。

五、热点聚焦

关于 ARDS 诊断标准的变迁

尽管已经确认 ARDS 的病理生理过程是弥漫性肺泡损伤导致的严重低氧血症，但其诊断标准却经历了不断发展完善的过程。

1. **早期的成人呼吸窘迫综合征的概念** 1967 年，Ashbaugh 等观察到 12 例危重患者在原发病的治疗过程中均出现类似的急性呼吸衰竭表现：①严重呼吸困难；②呼吸急促；③低氧血症；④肺顺应性下降；⑤X 线胸片早期为双肺斑片状浸润影，随病情进展，浸润阴影进一步扩大。最后 9 例患者死亡，其中 7 例尸检发现肺重量明显增加，肺脏变硬，切面类似肝。光镜检查显示肺毛细血管充血、扩张，广泛肺泡萎陷，并有大量中性粒细胞浸润，肺泡内有透明膜形成。部分尸检标本有明显的间质纤维化。肺部充血、不张，间质及肺泡出血及水肿，肺透明膜形成。患者的低氧血症不能被吸氧等传统治疗手段纠正，但呼气末正压能够部分纠正低氧血症。

根据患者的上述临床表现、病理结果和治疗反应，Ashbaugh 将其归结为"成人呼吸窘迫综合征（adult respiratory distress syndrome，ARDS）"。诊断标准主要着重于临床症状的描述：①突发呼吸困难、气促、发绀且吸氧不能纠正；②X 线胸片显示弥漫性肺泡浸润影而心脏形态大小正常；③肺泡-动脉氧分压差增大。无具体的数值指标。

2. **Murray 肺损伤评分** 为了更准确地做出诊断，许多学者分别制订了不同的 ARDS 诊断标准。1988 年 Murray 等提出肺损伤程度评分法，根据 PaO_2/FiO_2 比值、PEEP 值、X 线胸片中受累象限数及肺顺应性变化，对 ARDS 的肺损伤程度进行量化分析（表 2-5），并率先提出急性肺损伤（acute lung injury，ALI）概念，将 ARDS 定义为 ALI 的严重阶段。最后得分为总分除以计分项目数，0 分为无肺损伤，0.1~2.5 为 ALI，>2.5 为 ARDS。该评分标准强调肺损伤从轻至重的连续发展过程，对肺损伤做量化评价，在临床上获得广泛应用，该评分方法对重症医学产生了深远影响。

表 2-5　Murray ALI 评分标准

项目	分值	项目	分值	项目	分值	项目	分值
X 线胸片浸润影（象限数）		低氧血症（PaO_2/FiO_2，mmHg）		呼吸系统顺应性（机械通气时）(ml/cmH_2O)		PEEP（机械通气时）(cmH_2O)	
无	0	≥300mmHg	0	>80	0	≤4	0
1	1	225~299	1	60~79	1	5~6	1
2	2	175~224	2	40~59	2	7~8	2
3	3	100~174	3	20~39	3	9~11	3
4	4	<100	4	≤19	4	≥12	4

但由于其肺顺应性和 PEEP 未考虑儿科因素，因此仅适用于成人。1997 年 Newth 等将其改良为适用于儿科患者的 ALI 评分标准（表 2-6）。

3. **AECC 标准** 至 20 世纪 90 年代，由于存在多种 ARDS 诊断标准，不同国家和地区所使用的标准不一致，这导致不同研究所得出的发病率和治疗效果等差异很大，并且缺乏对比性。因此客观上要求统一诊断标准，规范 ARDS 的诊断。

表 2-6 改良 ALI 评分标准

项目	分值	项目	分值	项目	分值	项目	分值
X线胸片浸润影（象限数）		氧合指数（PaO₂/FiO₂, mmHg）		呼吸系统顺应性（机械通气时）(ml/cmH₂O·kg)		PEEP（机械通气时）(cmH₂O)	
无	0	≥300mmHg	0	>0.85	0	≤4	0
1	1	225～299	1	0.75～0.85	1	5～6	1
2	2	175～224	2	0.55～0.74	2	7～8	2
3	3	100～174	3	0.30～0.54	3	9～11	3
4	4	<100	4	<0.3	4	≥12	4

1992 年，欧洲及北美的危重病专家和呼吸病专家召开了 ARDS 欧美联席会议（AECC）。会议认为 ARDS 不仅发生在成人，儿童亦可发生，因此"成人呼吸窘迫综合征"这一名称并不适合，并根据 ARDS 的急性起病特点，决定将 ARDS 中的"A"由成人（adult）改为急性（acute），称为"急性呼吸窘迫综合征"。同时认为 ALI 和 ARDS 是这种综合征的两个发展阶段，早期表现为 ALI，而 ARDS 为最严重的阶段。经讨论提出一个新的 ALI/ARDS 诊断标准（表 2-7）。

表 2-7 AECC ALI/ARDS 诊断标准

指标	ALI	ARDS
起病情况	急性起病	急性起病
X 线胸片	后前位 X 线胸片提示双侧肺浸润影	后前位 X 线胸片提示双侧肺浸润影
PaO₂/FiO₂	≤300（无论 PEEP 值多少）	≤200（无论 PEEP 值多少）
PAWP	≤18mmHg 或临床上无左心房高压的证据	≤18mmHg 或临床上无左心房高压的证据

AECC 关于 ARDS 的诊断标准得到广泛接受，其不但为 ARDS 流行病学调查提供了统一标准，也利于不同临床研究结果进行比较，并且使多中心协作研究得以实行。

4. 柏林标准 尽管 AECC 的 ARDS 诊断标准被广泛应用，但该标准仍有一些缺点，在使用过程中也存在一些争议。主要争议集中在以下几个方面：①关于急性起病的时限，标准中无明确规定，但从一些研究提示急性起病是指原发病起病后 1 周内出现 ARDS；② X 线胸片上双肺浸润影的存在对 ARDS 的特异性不够，其判断受个人临床经验的影响，不同医师阅片结果往往会出现差异；③由于气道压力及容量复苏影响，ARDS 可以与左心房压增高并存；④ PEEP 水平会影响 PaO₂/FiO₂ 值。另外，对一些大规模多中心研究结果分析发现，根据 AECC 标准诊断的 ARDS 患者之间存在较大的不一致性，这可能对一些研究结果产生影响。因此有学者提出应对 ARDS 的诊断标准进行重新修订。

2011 年在德国柏林，由欧洲危重病学会发起，联合美国胸科学会、美国危重病学会，成立了一个全球性专家小组，共同修订了 ARDS 标准，提出了 ARDS 新定义，称为 ARDS 柏林标准（表 2-8）。与 1992 年 AECC 标准对比，ARDS 柏林标准包含了几项重要改变：①取消 ALI 诊断，将 ARDS 分为轻度、中度和重度进行诊断；②需要最低为 5cmH₂O 的呼气末正压（positive end-expiratory pressure，PEEP）；③由于肺动脉导管应用减少，心力衰竭的确定变得更加主观。但是该标准与 AECC 标准仍有良好的兼容性。

表 2-8　ARDS 柏林标准

项目	标准
起病时间	起病 1 周内具有明确的危险因素或在 1 周内出现新的或突然加重的呼吸系统症状
肺水肿原因	呼吸衰竭不能完全用心力衰竭或液体过负荷解释
	如无相关危险因素，需行客观检查（如多普勒超声心动图）以排除静水压增高型肺水肿
胸部 X 线片 [a]	两肺透光度减低影，不能用渗出、小叶/肺不张或结节影来解释
氧合状况 [b]	
轻度	在 CPAP/PEEP≥5cmH$_2$O 时 [c]，200mmHg<PaO$_2$/FiO$_2$≤300mmHg
中度	在 CPAP/PEEP≥5cmH$_2$O 时，100mmHg<PaO$_2$/FiO$_2$≤200mmHg
重度	在 CPAP/PEEP≥5cmH$_2$O 时，PaO$_2$/FiO$_2$≤100mmHg

注：CPAP：持续呼吸道正压；a：胸部 X 线片或胸部 CT 扫描；b：若海拔高于 1000m，可以用以下校正公式：PaO$_2$/FiO$_2$×当地大气压/760；c：轻度 ARDS 患者，可用无创 CPAP

为了检验新标准的可靠性和有效度，专家小组柏林标准的 ARDS 分度对经 AECC 标准诊断的 3670 例 ARDS 进行系统分析发现，ARDS 病死率轻度为 27%（95%CI 为 24%～30%），中度为 32%（95%CI 为 29%～34%），重度为 45%（95%CI 为 42%～48%）。三者比较差异有统计学意义（$P<0.001$）。与 AECC 标准进行对比发现，柏林标准对预测 ARDS 病死率具有更高的有效度。

虽然柏林标准制订后就得到广泛认可，但尚未经过临床实践的检验。对其是否适合儿科使用也有待于临床应用研究而定。

5. **儿童诊断标准**　虽然成人和小儿 ARDS 在病理生理方面有类似之处，ACEE 和柏林 ARDS 诊断标准主要针对成人肺部损伤，用于儿科时有一定缺陷。比如定义中规定需要直接测定动脉血氧分压，但儿科动脉血气采集有时较困难，并且由于脉搏血氧仪使用增加，动脉血气测定正逐渐减少，有时未能测定动脉血氧分压，这可能低估儿科 ARDS 的发病率。另外使用 PaO$_2$/FiO$_2$（PF）比值评价肺部氧合亦存在一定缺陷，除了需要测定 PaO$_2$ 外，该比值明显受气道压力的影响。虽然柏林标准中规定需要最低为 5cmH$_2$O 的 PEEP，但是对 PEEP 的设定受很多因素的影响，并且呼吸机的其他参数设置同样可影响该比值。因此临床实践模式不同可影响 ARDS 的诊断，尤其是在 PICU 中呼吸机参数设置的可变性比成人 ICU 中大。这使得部分儿科医师除了使用 PF 比值和 OI 评估肺部氧合外，对未能测定动脉血氧分压的患儿，还使用 SF 比值和 OSI 来评价儿童肺部氧合。而且小儿 ARDS 的危险因素、病因、病理生理、并发症和预后与成人亦不一样，但 AECC 和柏林 ARDS 诊断标准中均未予考虑。

由于柏林 ARDS 诊断标准在儿科的使用存在一系列的不足，2012 年儿科急性肺损伤委员会联合多个国家的重症医学会针对儿童 ARDS 的危险因素、病因及病理生理等特点，重新制订儿童 ARDS 诊断标准（表 2-3），对儿童 ARDS 的治疗方法进行推荐，并对有可能发展为 ARDS 的患儿进行了定义（表 2-9）。

表 2-9　儿童急性呼吸窘迫综合征的危险因素

年龄	排除围产期相关肺疾病
时间	7 天内明确的临床损害
水肿的原因	不能完全用心功能不全或液量超载来解释的呼吸衰竭
胸部影像	胸部影像显示肺部有新浸润的急性实质性病变

续表

肺部氧合	无创机械通气		有创机械通气
	经鼻 CPAP 或 BiPAP	经面罩、鼻导管吸氧	需要给氧才能维持 $SpO_2 \geq 88\%$；但 OI<4 或 OSI<5
	需要 $FiO_2 \geq 40\%$ 才能维持 $SpO_2 \geq 88\% \sim 97\%$	至少需要以下氧流量才能维持 $SpO_2 \geq 88\% \sim 97\%$： <1 岁：2L/min 1～5 岁：4L/min 5～10 岁：6L/min >10 岁：8L/min	

（曾健生）

第三节　呼吸机相关性肺炎

培训目标

1. 掌握呼吸机相关性肺炎的定义。
2. 掌握呼吸机相关性肺炎的临床诊断标准。
3. 了解呼吸机相关性肺炎的病原学诊断方法。
4. 了解呼吸机相关性肺炎的治疗原则。

一、概述

呼吸机相关肺炎（ventilator-associated pneumonia，VAP）是指气管插管或气管切开患者在接受机械通气 48 小时后发生的肺炎。撤机、拔管 48 小时内出现的肺炎，亦属 VAP。VAP 是导致患者病死率、住院时间及费用增加的重要原因，是重症医学十分关注的问题之一。

【病因及发病机制】

VAP 的发生与多种因素有关。可归纳为病原菌侵袭机会增多和宿主免疫防御机制减弱两方面的原因。

1. **人工气道的建立**　气管插管被认为是导致 VAP 最重要的因素，气管插管或切开使呼吸道自然防御功能破坏，削弱了气道纤毛清除功能和咳嗽反射，使口咽部细菌能够直接侵入下呼吸道引起感染。

2. **机械通气（mechanical ventilation，MV）的生物伤**　呼吸机治疗的正压通气对肺泡的牵张和周期性剪切力会导致肺泡上皮细胞和血管内皮细胞损伤，从而导致强烈的炎症反应，增加 VAP 发生的概率。

3. **胃肠道细菌的移位与误吸**　胃肠逆蠕动、胃食管反流使得胃肠道细菌迁移至口咽部定植，误吸进入下气道。胃液 pH 是影响胃内定植菌，特别是革兰阴性杆菌定植的主要因素。另外，气囊上滞留物经气管与球囊间的间隙亦可进入下呼吸道造成 VAP 的发生。

4. **呼吸机管道及其附件的污染**　呼吸机管道内的冷凝水、湿化器等被致病菌污染也是影响 VAP 的重要因素。

5. **医源性交叉感染**　医护人员手卫生、医院环境卫生及医务人员在护理、操作过程中未严格执行消毒隔离措施,导致细菌直接种植,增加 VAP 的感染率。

6. 气管导管内细菌生物被膜(biofilm,BF)的形成 细菌寄殖在气管导管内,并在管腔局部形成了利于细菌生长繁殖的微生态环境,即 BF。寄殖于 BF 内的细菌既逃避了宿主的免疫监视,又增加了抵抗抗生素的能力。随着气管导管内气体和液体的流动,吸痰时吸痰管的碰撞,含有大量细菌的 BF 碎片不断进入下呼吸道,引起反复感染。因此气管导管内 BF 起了病原菌的庇护所和放大器的作用,为 VAP 发病的另一病原来源。

【流行病学】

由于受患者的病因、基础状态、临床操作、药物使用及住院时间、MV 时间、ICU 环境等多种因素影响,不同国家、地区 VAP 的流行病学特征存在差异。国内报道 VAP 发病率在 4.7%～55.8% 或(8.44～9.3)例 /1000 机械通气日,病死率为 19.4%～51.6%。国外报道,VAP 发病率为 6%～52% 或(1.6～52.7)例 /1000 机械通气日,病死率为 14%～50%;若病原菌是多重耐药菌或泛耐药菌,病死率可达 76%,归因死亡率为 20%～30%。VAP 导致 MV 时间延长 5.4～14.5 天,ICU 留治时间延长 6.1～17.6 天,住院时间延长 11～12.5 天。在美国,VAP 导致住院费用增加超过每次住院 4000 美元。在儿童,Foglia 等报道 VAP 是 NICU 和 PICU 第二位常见的院内感染,有 3%～10% 的 PICU 患儿发生 VAP。

二、临床表现

VAP 与社区获得性肺炎(CAP)的临床表现类同,可以概括为呼吸系统症状和全身症状。

1. 呼吸系统症状 主要表现为:①咳嗽增多、呼吸增快、呼吸困难,严重者可以出现胸壁吸气性凹陷、鼻翼扇动、发绀等;②气道分泌物增加或性状改变;③肺内出现新的干湿啰音或管状呼吸音或喘鸣音。

2. 全身症状 包括:①体温改变,发热或体温不增;②小婴儿可以出现心率改变,增高或降低;③感染中毒症状,如精神反应弱、严重呼吸窘迫、循环障碍等。

VAP 与 CAP 不同,机械通气参数需求的增加也是可以参考的间接指标。

广义的临床表现还包括影像学和必要的临床检验,这部分内容下面有进一步阐述,这里就不再重复。

三、诊断与鉴别诊断

【诊断】

有关 VAP 的诊断标准一直以来备受争议,及时准确诊断 VAP 仍是危重症救治中面临的一个难题。

1. "金标准" 通过经皮肺穿刺活检或开放性肺活检,进行肺组织病理学和微生物学培养,准确性高,被认为是诊断 VAP 的"金标准"。由于是创伤性检查,并发症相对较多,一般仅用于经初始治疗无效,用其他方法均未能明确诊断,且患者病情允许的情况下,故可作为早期诊断的指标。临床诊断及病原学诊断仍是目前常用的诊断方法。

2. 临床诊断

(1)美国胸科学会(American thoracic society,ATS)推荐的诊断标准提出:MV≥48 小时的患者,胸部 X 线可见新发生的或进展性的浸润阴影,如同时满足下述至少 2 项考虑诊断 VAP:①体温 >38℃或 <36℃;②外周血白细胞计数 >10×10⁹/L 或 <4×10⁹/L;③气管支气管内出现脓性分泌物。需除外肺水肿、急性呼吸窘迫综合征、肺结核、肺栓塞等疾病。

（2）临床肺部感染评分（clinical pulmonary infection score，CPIS）：综合 VAP 的临床、影像学、微生物学情况进行量化评分，有助于 VAP 的诊断。CPIS 包括体温、血白细胞计数、气管分泌物的量与性质、氧合指数、X 线胸片表现及气管分泌物培养及革兰染色涂片 6 项指标，每项计 0～2 分，以 CPIS＞6 分作为诊断标准。2003 年 Luna 等对 CPIS 进行修订，去掉了气管分泌物培养 1 项，称为简化 CPIS，更利于早期评估（表 2-10）。

表 2-10　临床 CPIS 系统

项目	0分	1分	2分
体温（12小时平均值，℃）	36.0～38.0	38.0～39.0	＞39.0 或＜36.0
白细胞计数（×10⁹/L）	4～11	11～17	＜4 或＞17
分泌物（24小时吸出物的性状、数量）	无痰或少许	中～大量痰，非脓性	中～大量痰，脓性
气体交换指数（PaO₂/FiO₂，kPa，12小时平均值）	＞33		＜33［急性呼吸窘迫综合征（ARDS 时为 0）］
X线胸片浸润影	无	斑片状	融合片状

$$白细胞计数（×10^9/L）$$

$$气体交换指数（PaO_2/FiO_2，kPa，12小时平均值）$$

2005 年美国胸科协会（ATS）和感染病协会（IDSA）在医院获得性肺炎（HAP）和 VAP 指南中提出，CPIS 可以用于协助肺部感染的诊断和指导抗生素的调整。2011 年发表的 Meta 分析认为，CPIS 诊断 VAP 敏感性为 65%，特异性为 64%，诊断强度属于中等。

（3）儿童诊断标准：结合儿童不同年龄阶段特点，将临床症状、体征、反映脏器功能的指标更加细化，逐一列出。

1）13 岁以上儿童 VAP 诊断标准：①机械通气 48 小时以上。②排除其他原因引起的发热（＞38℃）。③外周血白细胞＜4×10⁹/L 或≥12×10⁹/L 或实测值比原基数值明显增加。④以下指标至少符合 2 项：a. 新出现脓痰或痰性状改变或气道分泌物增加，需增加吸痰次数；b. 新出现咳嗽、呼吸急促、呼吸困难或这些症状加重；c. 肺部细湿啰音或管状呼吸音；d. 换气功能恶化（动脉血氧饱和度降低），吸入氧浓度增加，机械通气参数需求增加；e. 实验室检测支持 VAP 诊断。⑤连续胸部 X 线检查（至少 2 次），以下条件至少符合 1 项：a. 新的或持续加重的肺部浸润灶；b. 肺部实变；c. 肺部新发空洞。

2）1～12 岁儿童 VAP 诊断标准：①机械通气 48 小时以上。②以下条件至少符合 3 项：a. 排除其他原因引起的发热（＞38.5℃）或低体温（＜37℃）；b. 外周血白细胞＜4×10⁹/L 或≥15×10⁹/L 或实测值比原基数值明显增加；c. 新出现脓痰或痰性状改变或气道分泌物增加，需增加吸痰次数；d. 新出现咳嗽、呼吸急促、呼吸困难或这些症状加重；e. 肺部细湿啰音或管状呼吸音；f. 换气功能恶化（动脉血氧饱和度降低），吸入氧浓度增加，机械通气参数需求增加。③连续胸部 X 线检查（至少 2 次），以下条件至少符合 1 项：a. 新的或持续加重的肺部浸润灶；b. 肺部实变；c. 肺部新发空洞。

3）＜12 个月婴儿 VAP 诊断标准：①机械通气 48 小时以上。②换气功能恶化（动脉血氧饱和度降低），吸入氧浓度增加，机械通气参数需求增加。③以下条件至少符合 3 项：a. 体温不稳定，排除其他原因所致；b. 血白细胞＜4×10⁹/L 或≥15×10⁹/L 及杆状核白细胞＞10%；c. 新出现脓痰或痰性状改变或气道分泌物增加，需增加吸痰次数；d. 呼吸暂停，呼吸急促，鼻翼扇动伴有胸凹陷或呻吟；e. 哮鸣音，水泡音或干啰音；f. 咳嗽；g. 心率＜100 次／分或＞170 次／分。④连续胸部 X 线检查（至少 2 次），以下条件至少符合 1 项：a. 新的或持续加重的肺部浸润灶；b.肺部实变；c.肺部新发空洞或肺大泡。

3. 病原学诊断 对拟诊 VAP 患者经验性使用抗菌药物前应留取标本行病原学检查。病原学诊断技术主要包括下气道标本的采集和实验室检测两部分。标本的采集分为无创（不应用纤维支气管镜）和有创（应用纤维支气管镜）两种，实验室检测分为定性和定量培养。

（1）经气管导管内吸引（endotracheal aspiration，ETA）分泌物定性及定量培养（quantitative culture，QC）：经人工气道插入无菌吸痰管采集下气道分泌物进行定性分析是目前临床上应用最广泛的技术。其优点是操作简单、无创、快速、费用低，患者耐受性较好，对血气影响小；缺点是易被上气道定植菌污染。为进一步鉴别致病菌与定植菌需进行 ETA-QC，常将分离细菌菌落计数≥10^5cuf/ml 作为阳性界值。不同研究报道其敏感性和特异性变化较大，Vani Venkatachalam 等回顾儿童 VAP 文献 ETA-QC 的敏感性为 31%～69%，特异性为 55%～100%，与尸解肺组织培养病原菌结果一致率达 50%～76%。因此，该方法在儿童早期经验性治疗、指导抗生素的选择和治疗过程中动态监测方面有参考价值。

（2）非指引式支气管肺泡灌洗法（nonderected bronchial lavage，NBL）：应用无菌吸痰管，经气管导管注入生理盐水，回收灌洗液行定量培养。Vani Venkatachalam 等回顾儿童 VAP 文献该方法敏感性为 11%～90%，特异性为 43%～100%，与尸解肺组织培养病原菌结果一致率达 52%～90%。可见，NBL 亦是适合儿童 VAP 诊断的有效选择。

（3）纤维气管镜引导保护性毛刷（protected specimen brush，PSB）：应用一带保护塞的套管毛刷，在直视下送到感染部位刷取分泌物。尽管有严格的操作规范，完全避免污染也相当困难，结合细菌 QC，以分离细菌菌落计数≥10^3cfu/ml 为阳性界值，其敏感性为 38%～62%，特异性为 79%～97%。

（4）纤维气管镜引导支气管肺泡灌洗（bronchoalveolar lavage，BAL）：该方法较 PSB 采集标本的区域扩大，且以肺泡为主，能获得更多的分泌物，能提高敏感性，但回收灌洗液时也更易污染。定量培养以分离细菌菌落计数≥10^4cfu/ml 为阳性界值，其敏感性为 54%～74%，特异性为 71%～91%。

目前的研究表明，与 ETA 相比，通过 PSB 和 BAL 留取标本做定量培养是更准确的病原学诊断方法。但上述有创检查需要特殊器械，操作相对复杂，治疗费用增加，有并发症（如低氧血症、肺出血、气胸等）的风险，因此在儿科没有广泛应用。

（5）气道分泌物涂片检查：细胞学涂片鳞状上皮细胞＜10 个/低倍视野，白细胞＞25 个/低倍视野，为合格的下呼吸道标本分泌物。进行革兰染色涂片检查可初步快速鉴别革兰阳性菌和革兰阴性菌。以≥2% 的白细胞内有微生物吞噬为阳性标准，分泌物涂片具有较高的敏感性和特异性。O'Horo 等对相关研究进行 Meta 分析发现，对发病率在 20%～30% 的 VAP，与分泌物培养相比，分泌物涂片对 VAP 诊断的敏感性和特异性分别为 79% 和 74%，其中阳性预测值为 40%，阴性预测值超过 90%。因此，分泌物涂片阳性对 VAP 微生物学诊断的参考价值有限，而分泌物涂片阴性，对除外 VAP 更有意义。

综上所述，目前 VAP 的诊断技术各有优劣，仍不完善，MV 患者病情复杂多变，故需结合临床和病原学情况综合分析。ETA 定性培养仍是指导最初经验治疗的参考依据，定量培养则改善了细菌学结果的可信度。在儿童无创检查仍是目前作为一线的病原学诊断手段，当临床 VAP 征象持续存在，而一线诊断技术为阴性结果时，有创检查可能会提供帮助诊断的循证依据。另外，对诊断技术的评价，不应仅局限于技术本身，其意义在于努力提高 VAP 诊断的特异性，指导抗生素合理应用，改善患者的预后。多数研究认为，VAP 的治疗结果可能更取决于最初经验治疗的正确性,而较少取决于诊断取材的类型。因此,选择何种检测方法应结合医院、患者的情况综合考虑。

4. 生物标志物在 VAP 诊断中的意义

(1) C 反应蛋白(CRP):CRP 水平在非感染性疾病中也常升高,单独使用 CRP 对 VAP 早期诊断无明显价值。

(2) 降钙素原(PCT):其水平升高常提示机体存在细菌感染,且随着细菌被清除,PCT 的水平下降。目前认为治疗过程中动态监测 PCT 的变化有助于指导抗菌药物的使用,由于缺乏高质量的 RCT 研究,还无证据表明单独使用 PCT 有助于 VAP 的诊断。

(3) 人可溶性髓系细胞触发受体(soluble triggering receptor expressed on myeloidcells-1,sTREM-1):其水平的表达认为是肺炎非常强的独立预测因素,但是否有助于 VAP 的诊断,研究结果差异较大,甚至相反。目前临床尚未推广使用。

(4) 1,3-β-D 葡聚糖(BG)和半乳甘露聚糖(GM):是目前协助临床诊断侵袭性真菌感染常用的生物标志物,但其能否作为 VAP 病原学鉴别的生物标志物尚需更多的研究。

【鉴别诊断】

VAP 的鉴别诊断主要是病原学的鉴定。VAP 的病原菌中,以细菌为主,真菌感染占有一定比例。病毒和非典型微生物多是混合感染的病原体之一。目前 ICU 病房 VAP 的致病菌,尤其是迟发 VAP,多重耐药或全耐药细菌感染率高,包括鲍曼不动杆菌、铜绿假单胞菌、MRSA 及超广谱 β- 内酰胺酶(extended spectrum beta-lactamases,ESBLs)的大肠埃希菌或肺炎克雷伯菌等。

四、治疗策略

【早期经验性治疗】

指临床诊断 VAP 24 小时内即开始抗感染治疗。此时病原菌尚未明确,有药物未能覆盖致病菌的风险。但多项临床研究显示,如临床诊断超过 24 小时或等待病原学结果后开始给药,即使治疗恰当,因延迟抗感染治疗,仍可使 VAP 病死率升高。

在初始经验性抗感染治疗时,各国指南均要求考虑以下几个因素:① VAP 发生时间,早发 VAP(MV≤4 天),且无多重耐药菌感染风险,可选择单一抗菌药物;晚发 VAP(MV≥5 天),可能由多重耐药病原菌引起,应选择广谱抗菌药物联合应用。②本地区、本病区病原菌谱及耐药谱的监测资料。③患者是否存在多重耐药菌感染的高危因素,包括:90 天内曾使用抗菌药物,患者存在免疫功能障碍或处于免疫抑制状态,住院时间 5 天以上,所住医疗机构耐药菌高发等。中华医学会重症医学分会在 VAP 的指南(2013)上给出了经验性抗感染治疗抗菌药物选择的建议(表 2-11)。

【后续目标性治疗】

指在获取病原学培养及药敏结果后给予相应的针对性治疗策略。一旦获得病原学证据应及时由经验性治疗转为目标性抗感染治疗。目前耐药菌感染高发,增加了抗感染的难度,指南依据流行病学特点及各国研究资料,提出了常见耐药菌的目标性抗感染治疗策略(表 2-12)。

鉴于危重患者病理生理机制复杂,在制订目标性抗菌治疗方案时,除考虑药物选择外,还应结合药物在体内的药代动力学 / 药效学(PK/PD)特点,确定给药剂量和方式。如果条件许可,治疗过程应监测血药浓度,保证有效的个体治疗。

表 2-11　VAP 常见可能致病菌与初始经验性抗感染治疗抗菌药物选择

可能的病原菌		可选择的药物
早发 VAP（≤4 天）、不存在或低存在多重耐药菌感染高危因素	肺炎链球菌 流感嗜血杆菌 抗菌药物敏感的革兰阴性肠杆菌 　大肠埃希菌 　肺炎克雷伯杆菌 　变形杆菌 　沙雷菌 甲氧西林敏感的金黄色葡萄球菌	广谱青霉素 /β- 内酰胺酶抑制剂（如阿莫西林 - 克拉维酸钾、氨苄西林 - 舒巴坦）或 第二代 / 第三代头孢菌素类（如头孢呋辛、头孢噻肟）或 喹诺酮类（如左氧氟沙星、莫西沙星、环丙沙星）或 窄谱碳青霉烯类（如厄他培南）
晚发 VAP（≥5 天）、存在高发多重耐药菌感染高危因素：①90 天内曾使用抗菌药物；②入院超过 5 天；③居住耐药菌高发的社区或医疗机构；④患者正接受免疫抑制治疗或存在免疫功能障碍	上述病原菌 铜绿假单胞菌 产 ESBLs 肠杆菌科菌（如肺炎克雷伯杆菌） 不动杆菌属 甲氧西林耐药的金黄色葡萄球菌	头孢菌素类药物（如头孢哌酮、头孢他啶、头孢吡肟）或 碳青霉烯类（亚胺培南、美罗培南）或 β- 内酰胺类 /β- 内酰胺酶抑制剂复方制剂（如头孢哌酮 - 舒巴坦、哌拉西林 - 他唑巴坦） 考虑革兰阴性耐药菌感染可联用喹诺酮类（如环丙沙星、左氧氟沙星）或 氨基糖苷类（如阿米卡星、庆大霉素） 考虑革兰阴性耐药菌感染可联用利奈唑胺或糖肽类（如万古霉素、替考拉宁）

注：VAP：呼吸机相关肺炎；ESBLs：超广谱 β- 内酰胺酶

表 2-12　VAP 常见病原菌目标治疗的抗菌药物选择

病原菌	可选择的药物
铜绿假单胞菌	头孢菌素类药物（如头孢哌酮、头孢他啶、头孢吡肟）或 碳青霉烯类（亚胺培南、美罗培南）或 β- 内酰胺类 /β- 内酰胺酶抑制剂复方制剂（如头孢哌酮 - 舒巴坦、哌拉西林 - 他唑巴坦） 可联合使用 抗假单胞的喹诺酮类（如环丙沙星、左氧氟沙星）或氨基糖苷类（如阿米卡星、庆大霉素）
鲍曼不动杆菌	含舒巴坦的 β- 内酰胺类复方制剂（如头孢哌酮 - 舒巴坦、氨苄西林 - 舒巴坦）或 碳青霉烯类（亚胺培南、美罗培南） 可联合使用 氨基糖苷类（如阿米卡星）或 四环素类（如米诺环素、多西环素、替加环素）或 喹诺酮类（如环丙沙星、左氧氟沙星）或 多黏菌素 E
产 ESBLs 肠杆菌	β- 内酰胺类 /β- 内酰胺酶抑制剂复方制剂（如头孢哌酮 - 舒巴坦、哌拉西林 - 他唑巴坦）或 碳青霉烯类（亚胺培南、美罗培南）或 四环素类（如替加环素）
甲氧西林耐药的金黄色葡萄球菌	利奈唑胺或 糖肽类（如万古霉素、替考拉宁）或 四环素类（如替加环素）

注：VAP：呼吸机相关肺炎；ESBLs：超广谱 β- 内酰胺酶

【经气道局部用药】

经气道局部用药是指经气管雾化吸入抗菌药物,提高肺组织药物浓度,减少全身用药不良反应。研究表明,局部用药气管分泌物的药物峰浓度可达到静脉给药的 200 倍,谷浓度在其 20 倍以上,而血浆谷浓度在可接受范围内。VAP 患者感染耐药菌机会多,可选择敏感药物甚少,其 MIC 值也较高,全身抗菌药物效果不佳,局部用药似乎提供了一种治疗选择。但现有证据并不能确定雾化吸入抗菌药物在治疗 VAP 中的疗效,同时在药物种类选择、剂量、疗程等方面各项研究间差异很大。故雾化吸入抗菌药物不作为 VAP 常规治疗,使用时应关注支气管痉挛、气道梗阻、心动过速等不良反应的发生。

【降阶梯策略】

即早期经验性治疗时建议使用强效广谱抗生素,待病原结果出来后,使用针对性强的窄谱抗生素,并停用不合适的抗生素。这种治疗策略已成为重症感染患者抗菌药物治疗的国际共识。研究发现,与持续广谱抗菌药物治疗相比,降阶梯治疗虽不降低病死率,但可有效提高初始经验性治疗抗菌药物选择的合理率及降低肺炎复发率,因此,降阶梯治疗同样适用于 VAP 患者。

【疗程】

没有统一标准,一般 7～10 天,结合患者免疫状态、感染严重程度、有无多重耐药菌感染的高危因素及早期经验性治疗效果等可适当延长治疗时间。

【其他治疗】

包括物理疗法,减少气道分泌物阻塞;考虑 BF 因素可以定期更换气管插管,使用抑制 BF 形成的药物;同时原发病的治疗及其他脏器的支持、营养支持等对 VAP 的治疗也十分重要。

五、常见问题和误区防范

(一)如何提高 VAP 早期诊断的准确性

第一,患者乃临床之根本。早期诊断的前提是医生对患者细致入微的查体,一旦患者出现发热、肺部体征、支气管分泌物性状或量的改变,及时发现,及时完善血常规、胸部影像学、病原学等相关检查;同时医生对患者整体病情的掌控也是准确判定 VAP 必不可少的条件。

第二,目前 ETA 仍是儿科采用最多的 VAP 诊断方式,由于其特异性较低,如何判定阳性结果成为 VAP 诊断是否准确的关键一环。先要区分 ETA 标本的两种来源:一种是 MV 患者常规进行的 ETA 监测(各家医院不同,通常每周 2～3 次),另一种是患者临床出现病情变化时(如发热、痰量增加、脓性痰等)取的 ETA。前者菌种变异大,多为定植菌;后者两次以上为同一菌种,再结合临床考虑致病菌可能大。需注意的是,定植菌可成为致病菌,因此动态监测菌种及药敏情况仍有其意义。

第三,任何诊断方式、评估手段都各有其优劣,使用单一指标准确率受限,但临床指标、CPIS 评分、病原学分析、PCT 等生物学指标联合使用可以扬长避短,提高 VAP 诊断的特异性。

总之,VAP 的诊断要避免陷入"重化验轻临床"的误区。

(二)如何解读早期经验性治疗

目前早期诊断 VAP,早期实施恰当的经验性治疗是改善 VAP 预后的唯一出路,评价指标主要包括两方面:"早期"与"恰当"。

"早期"实质上反映了 ICU 医生对 VAP 的警觉程度。有经验的医生会在患者出现临床体征变化的第一时间开始经验性治疗，并不一定需要等待病原学的结果。CPIS 评分及儿童诊断标准在临床诊断的基础上，增加了氧合指标，体现了对脏器功能变化及综合判断的重视。对年轻医生而言，认真仔细查看患者的基础上，借助 CPIS 评分等工具，每日评估患者 CPIS，或许对提高 VAP 诊断的敏感性有帮助。

"恰当"实质上是强调经验性用药准确的同时又避免过度治疗，两者的平衡也正是"恰当"的难点。目前多重耐药菌感染泛滥，ICU 又多为感染的高危患者，"重拳出击"、"降阶梯治疗"已经成为共识。然而，我们必须清楚地意识到其是以增加抗生素选择性压力和增加耐药为代价，换取临床疗效的策略，实属无奈。也正因如此，临床上经常会碰到目标性治疗时已是无药可选的尴尬境地。MV 患者全程应用广谱抗生素的现象目前仍相当普遍，甚至误认为可以预防 VAP，这是非常错误的。防止过度治疗可能是国内"恰当"治疗中最为迫切的任务。

总之，早期经验性恰当治疗来源于 ICU 医生对 VAP 诊断的深入认识，对患者严密监控及整体病情的正确评估，对本院及 ICU 病原学监测的充分了解，对抗感染药物的全面掌握。

六、热点聚焦

（一）如何实现 VAP 零感染

VAP 零感染，听起来似乎有些不可思议。不过，VAP 零感染的报道不断出现，虽然学术界仍有争议，但积极预防 VAP 的发生，努力实现 VAP 零感染是 ICU 医生不懈追求的目标。

为了降低 VAP 的发病率和病死率，重在预防已是共识，很多国家和地区都提出了有效的预防措施，主要包括非药物预防和药物预防。前者包括：呼吸机的清洁与管道管理，严格的无菌操作，声门下分泌物引流，避免局部细菌定植、误吸，抬高床头，洗必泰口腔护理，经鼻肠内营养，早期康复训练等；后者主要包括：对有消化道出血的高危人群使用硫糖铝、H_2 受体拮抗剂预防应激性溃疡的发生，应用肠内不吸收的抗生素进行选择性胃肠道去污染（SDD）和选择性口咽部去污染（SOD）等。

集束化方案（ventilator care bundles，VCB）有利于 VAP 的预防。VCB 最早由美国健康促进研究所（Institute for Health Improvement，IHI）提出，主要包括以下四点：①抬高床头；②每日唤醒和评估能否脱机拔管；③预防应激性溃疡；④预防深静脉血栓。其中"抬高床头"和"每日唤醒"直接降低 VAP 的发病率，而"预防深静脉血栓"和"预防应激性溃疡"并不直接影响 VAP 患者的结局。荟萃分析显示，预防 VAP 的集束化方案使 VAP 发病率从 2.7～13.3 例 /1000 机械通气日，降至 0.0～9.3 例 /1000 机械通气日。近年来，许多新的措施被加入到集束化方案中，包括口腔护理、封闭式吸痰、清除呼吸机管路的冷凝水、手卫生、翻身等。在遵循循证医学的基础上，可根据本单位具体情况和条件，制订适合自己有效、安全并易于实施的集束化方案。

总之，有效的预防是减少 VAP 发生的重要一环，临床工作中要树立预防意义大于治疗的理念，避免重治疗轻预防的做法。

（二）新的监控方法：呼吸机相关性事件

为监控更大范围的呼吸机相关人群和并发症，美国疾病预防控制中心提出了一个新的呼吸机相关性事件（ventilator-associated events，VAE）监控方法。

纳入范围：年龄≥18 岁，急症、需长期重症监护或行康复治疗的 MV≥3 天的住院患者（常规机械通气效果欠佳的危重患者除外）。

VAE 监控流程及判断：① MV≥3 天，病情稳定或治疗有效后，出现氧合功能持续恶化，认为患者存在呼吸机相关性条件（ventilator-associated condition，VAC）状态；②如患者进一步出现体温 >38℃或 <36℃，白细胞计数≥12×10⁹/L 或 <4×10⁹/L 等感染的一般证据，则提示患者已出现感染性呼吸机相关性并发症（infection-relatedventilator-associated complication，IVAC）；③在 IVAC 状态下，如气管抽吸物、支气管肺泡灌洗液等微生物学检查阳性，则可能或很可能已发展为 VAP。

上述概念虽然针对成人，但也值得儿科借鉴。依据以上流程逐步判断，有助于医护人员对 VAP 高发人群实施动态、持续追踪，从而及时采用各项措施防止其最终发展为 VAP。

（曲　东）

第三章

循环系统危重症

第一节　急性心力衰竭

培训目标

1. 掌握儿童急性心力衰竭的诊断和治疗。
2. 熟悉儿童急性心力衰竭的常见原因。
3. 掌握儿童急性心力衰竭的分级及改良 Ross 评分。
4. 掌握儿童急性肺水肿的处理原则。

一、概述

心力衰竭是儿科常见的一种危急重症，是各种心脏病的严重阶段，小儿各年龄期均可发生，以婴幼期最常见且多呈急性经过，如不及时控制，往往威胁生命。急性心力衰竭是由于突然发生心脏结构和功能异常，导致短期内心排血量明显下降，器官灌注不足及受累心室后向的静脉急性淤血。重症病例可发生急性肺水肿及心源性休克，是导致死亡的重要原因。

【定义】

心力衰竭（简称心衰）是指由于心脏的泵功能（心肌收缩或舒张功能）减退，即心排血量绝对或相对不足，不能满足全身组织代谢需要的病理状态。

【病因】

儿童不同时期心衰病因不同，早产儿常见于液体过多、动脉导管未闭、室间隔缺损、支气管肺发育不良、心肌炎及遗传性心肌病；足月儿则见于缺氧性心肌病，动静脉畸形，左心梗阻性疾病（主动脉狭窄、左心发育不良），大的心脏缺损（单心室、永存动脉干），心肌炎及遗传性心肌病；婴幼儿常见原因是左向右分流先心病（如 VSD）、血管瘤（动静脉畸形）、异常左冠状动脉、遗传性或代谢性心肌病、急性高血压（溶血尿毒综合征）、室上性心动过速、川崎病、心肌炎；年长儿则以后天原因居多，如风湿热，急性高血压（急性肾小球肾炎），心肌炎，甲状腺功能亢进，含铁血黄素沉积症，癌症治疗（放疗、化疗药物），镰状细胞性贫血，心内膜炎，囊性纤维化（肺心病），少见遗传性或代谢性心肌病（高血压心脏病、扩张型心肌病等）。

【发病机制】

可以将心脏看做一个泵，泵出的血量取决于心肌收缩力、心室的充盈容量及阻力。正常情况下心室舒张末期容量增加时心排血量增加达到最大量，此时根据 Frank-Starling 定律心排血量不能再增加，这种方式增加的每搏排血量是依赖于心肌纤维的伸展获得的，但同时导致心室壁张力增加，会导致心肌氧耗增加。不同心肌功能下导致不同的 Frank-Starling 曲线，心肌收缩力损害情况下需要更大程度的心室扩张来增加每搏排血量，但不能达到正常心脏一样的最大心排血量。如果心脏腔室由于异常前负荷增加（如左向右分流先天性心脏病或瓣膜关闭不全），此时进一步通过增加容量和心排血量的机制就减弱了。另外，某些异常导致心脏后负荷增加（主动脉或肺动脉狭窄，主动脉缩窄）也会减弱心脏功能，导致心肌容量心排血量关系异常的状况。未成熟的心脏对前负荷增加后心排血量增加不如成熟心脏，因此相比于足月儿，早产儿如果存在左向右分流更容易发生心衰。氧转运取决于心排血量和血氧含量，因此，任何影响心排血量的因素都会导致氧转运的下降，导致组织缺氧，进而引起脏器功能障碍，心力衰竭也就是心泵衰竭，最终会导致组织器官缺血缺氧。心衰后机体会调动各种代偿机制来增加心排血量，比如通过儿茶酚胺分泌增加可增加心率及心脏收缩力等。

二、诊断与鉴别诊断

【病史】

存在引起心衰的原发病和诱因，如先天性心脏病、风湿性心脏病、心肌炎或心肌病、心律失常、肺炎、毛细支气管炎、哮喘、肾炎、高血压、贫血、输液过多过快等。

【临床表现】

除原发病的原有表现以外，有心肌功能障碍的表现，有体循环淤血（右心衰竭）和动脉系统供血不足及肺淤血（左心衰竭）的表现。

1. **心肌功能障碍**　①心脏扩大。②心动过速。③心音改变，包括心音低钝、奔马律。奔马律常为心力衰竭的重要体征。④外周灌注不良，脉压窄（<25%），少数患儿可出现交替脉，四肢末端发凉。

2. **肺淤血**　①呼吸急促：间质性肺水肿所致，如进展导致肺泡和支气管水肿，则呼吸频率更加增快，重者可有呼吸困难与发绀。新生儿与小婴儿心力衰竭最显著的临床表现是呼吸急促。②肺部啰音：肺泡水肿可出现湿啰音；支气管黏膜水肿或肺动脉和左心房扩大压迫支气管可出现哮鸣音。③咯泡沫血痰：肺泡和支气管黏膜淤血所致，但婴幼儿少见。

3. **体循环淤血**　①肝大：肝由于淤血，短时间内（几小时至 1 天）出现肿大伴触痛。正常婴幼儿的肝虽可于肋下触到 1～2cm，如肿大超过此范围，尤其是短期内改变，更有临床意义。②颈静脉怒张：可见颈外静脉膨胀（半坐位），压迫肿大的肝时，颈静脉充盈更明显（肝颈静脉回流征）。但婴儿由于颈部较短，皮下脂肪较丰满，此征常不明显。③水肿：小婴儿水肿可以是全身性（尤其是眼睑与骶尾部），极少表现为周围性水肿（四肢）。

若伴四肢末端发凉、外周脉搏消失、中央脉搏减弱、血压降低，则考虑同时伴心源性休克。

心衰的临床表现在不同的年龄组有所不同，如年长儿与成人相似，表现为劳累后气急，乏力，食欲减退，腹痛，咳嗽，左心或右心衰竭比较明确；而婴幼儿常见的症状为呼吸急促，喂养困难，哭声弱，烦躁，多汗，精神萎靡，体重增长缓慢，水肿及颈静脉怒张等不明显，而且左心或右心衰竭不易区分，两者常同时存在或相继发展为全心衰竭。

【辅助检查】

1. **胸部 X 线**　心影多呈普遍性增大，心脏搏动减弱，肺纹理增加，肺门阴影增宽，急性肺水肿时肺野呈云雾状阴影，肺透光度减低，有时可见叶间积液及肋膈角变钝。

2. **心电图** 多有窦性心动过速，心室、心房肥厚，ST-T 段改变或心律失常，有助于病因判断。

3. **心功能检查** 可采用超声心动图、放射性核素心脏造影、磁共振成像、心血管造影等技术检测心脏收缩功能。因超声心动图简便、快捷、可床旁检查且患儿易耐受等特点，在急性心力衰竭时被广泛应用。射血分数（EF）是最常用的指标，通常左心室 EF≤45% 为收缩功能不全，在急性心肌病变合并急性心力衰竭时，EF 多有减低。除心肌收缩力的减低可导致 EF 降低外，心室前、后负荷的改变也可导致 EF 降低。测量左心室舒张末期容量指数及左心室收缩末期室壁应力，可分别反映左心室前、后负荷的状况。婴幼儿心力衰竭以先天性心脏病为多见，大多数 EF 在正常范围，这是与其心力衰竭不是心肌收缩力减低而是心脏负荷过度有关。应用超声心动图检查可同时了解心脏血管结构、瓣膜功能、估测肺动脉压力和心排血量，对心力衰竭病因有诊断价值。

4. **其他血流动力学监测** 中心静脉压增高，肺毛细血管楔压及心室充盈压升高，重者动脉血压下降，外周血管阻力一般增加，可采用有创及无创方法测定（如心导管、超声、阻抗法或核素心肌灌注扫描、PiCCO 等）。

5. **心脏生物学标志物检测** 在心力衰竭时血浆去甲肾上腺素、利钠肽、内皮素、心肌蛋白（肌球蛋白、肌钙蛋白）均可升高。目前的研究表明，脑钠肽（BNT）和氨基末端脑利钠肽前体（NT-proBNP）对于心力衰竭具有较高的诊断价值，特异性和敏感性均较高，有助于心衰与单纯性肺源性因素所致急性呼吸困难的鉴别。B 型利钠肽（BNP）及其 N 末端 B 型利钠肽原（NT-proBNP）的浓度增高已成为公认诊断心衰的客观指标，也是心衰临床诊断上近几年的一个重要进展。其临床意义如下。①心衰的诊断和鉴别诊断：如 BNP < 100ng/L 或 NT-proBNP < 400ng/L，心衰可能性很小，其阴性预测值为 90%；如 BNP > 400ng/L 或 NT-proBNP > 1500ng/L，心衰可能性很大，其阳性预测值为 90%。急诊就医的明显气急患者，如 BNP/NT-proBNP 水平正常或偏低，几乎可以排除急性心衰的可能性。②心衰的危险分层：有心衰的临床表现、BNP/NT-proBNP 水平又显著增高者属高危人群。③评估心衰的预后：临床过程中这一标志物持续升高，提示预后不良。

6. **其他** 严重者累及其他脏器，出现肝、肾功能的改变，动脉血气分析提示低氧血症、酸中毒、电解质紊乱等。

【诊断标准】

1．安静时心率增快，婴儿 > 180 次 / 分，幼儿 > 160 次 / 分，年长儿 > 120 次 / 分，不能用发热或缺氧解释者。

2．呼吸困难，发绀突然加重，安静时呼吸频率达 60 次 / 分以上。

3．肝大达肋下 3cm 以上，或在密切观察下短时间内较前增大，而不能以横膈下移等原因解释者。

4．心脏扩大、心音明显低钝，或出现奔马律。

5．突然烦躁不安，哭闹、厌食、多汗、面色苍白或发灰，而不能用原有疾病解释者。

6．尿少，下肢水肿，体重增加。

7．血压偏低、脉压变小、四肢末梢凉、皮肤发花。

8．急剧增多的肺内水泡音。

9．其他检查 上述为临床诊断的主要依据，尚可结合下列 1～2 项检查进行综合分析：①胸部 X 线检查；②心电图检查；③超声心动图检查。

临床上上述指标应结合不同年龄特点，综合分析判断，不可机械照搬，以免延误诊治。如某些充血性心衰可无明显心率增快，不能据此说患儿无心衰，而不予以强心治疗，而要结合患者有无气促，肺部水泡音，心脏有无明显扩大，肝的大小等综合判断。

【心功能分级】

1. **婴幼儿** 0级：无心衰表现；Ⅰ级：轻度心衰，每次哺乳量<105ml，或哺乳时间需30分钟以上，呼吸困难，心率>150次/分，可有奔马律，肝大达肋下2cm；Ⅱ级：中度心衰。每次哺乳量<90ml，或哺乳时间需40分钟以上，呼吸频率>60次/分，呼吸形式异常，心率>160次/分，肝大达肋下2～3cm，有奔马律；Ⅲ级：重度心衰。每次哺乳<75ml，或哺乳时间需40分钟以上，呼吸频率>60次/分，心率>170次/分，有奔马律，肝大达肋下3cm以上，末梢灌注不良。

2. **年长儿** Ⅰ级：心功能代偿期，仅有心脏病体征，无心衰症状，活动不受限；Ⅱ级：活动量较大时出现症状，活动轻度受限；Ⅲ级：活动稍多即出现症状，活动明显受限；Ⅳ级：安静休息时即有症状，完全丧失活动能力。

改良的Ross分级适用于所有年龄段儿童，是一种半定量方法（表3-1），以Ross评分≥3分确诊心力衰竭，Ross评分0～2分为无心衰。Ross评分3～6分轻度心衰，7～9分为中度心衰，10～12分为重度心衰。

表3-1 改良的Ross评分

年龄标准	0	+1	+2
病史			
出汗	仅头部	头部和躯干（活动时）	头部和躯干（安静时）
呼吸急促	无	较多（活动时）	常有（安静时）
查体			
吸气三凹征	无	存在（轻度）	存在（重度）
呼吸次数（次/分）			
0～1岁	<50	50～60	>60
2～6岁	<35	35～45	>45
7～10岁	<25	25～35	>35
11～14岁	<18	18～28	>28
心率（次/分）			
0～1岁	<160	160～170	>170
2～6岁	<105	105～115	>115
7～10岁	<90	90～100	>100
11～14岁	<80	80～90	>90
肝大（cm）	<2	2～3	>3

【鉴别诊断】

1. **急性左心衰竭** 需与各种引起呼吸困难的疾病相鉴别，如肺炎、喉炎、哮喘ARDS等；也要与中枢性呼吸困难相鉴别，如脑炎、颅内高压、颅内出血、颅内占位等；此外，某些遗传代谢病引起的代谢性酸中毒导致呼吸增快也需考虑鉴别。

2. 急性右心衰竭　则需与各种引起水肿的疾病相鉴别,如肾炎、肾病、尿毒症,低蛋白血症、过敏等。

三、治疗决策

【病因治疗】

控制和解除引起心衰的基本病因和诱因是治疗心衰的重要环节,如抗感染,抗风湿,纠正电解质紊乱,治疗贫血或维生素 B_1 缺乏,控制高血压,手术治疗先天性心脏病等。对于先天性心脏病患者,内科治疗往往是术前的准备,而且手术后亦需维持治疗一个时期。

【一般治疗】

1. 休息、镇静　轻者限制体力活动,重者需绝对卧床,体位应采取头高足低位,床头抬高 15°～30°,年长儿可取半坐(半卧)位。尽力避免患儿烦躁、哭闹,必要时可适当应用镇静药,可用水合氯醛、苯巴比妥、地西泮和吗啡等,常能取得满意效果,但需警惕呼吸抑制。

2. 饮食　少食多餐,以易消化、富有营养的低盐饮食为主。

3. 吸氧　严重发绀或呼吸困难者应给予吸氧,可用鼻导管、面罩或头罩吸氧,必要时机械通气。有肺水肿者应给予吸入酒精氧(连氧的水封瓶中加入 50%～70% 的酒精)。

4. 水、电解质及酸碱平衡　要限制输液量及速度,婴幼儿 60～80ml/(kg·d),年长儿 40～60ml/(kg·d),要把全日量用输注泵均匀输入,心衰时奶量应减少,尤其静脉输液量要控制到最低程度。另外,要维持钾、钠、钙、镁等在正常范围。有酸中毒、低血糖时应及时纠正。

5. 改善心肌代谢　能量合剂、极化液、抗氧化剂、1,6-二磷酸果糖、左卡尼丁等。

【增加心肌收缩力】

1. 洋地黄类药物　迄今为止,洋地黄仍是儿科临床上广泛使用的强心药物之一。洋地黄作用于心肌细胞上的 Na^+-K^+-ATP 酶,抑制其活性,使细胞内 Na^+ 浓度升高,通过 Na^+-Ca^{2+} 交换使细胞内 Ca^{2+} 升高,从而加强心肌收缩,使心室排空完全,心室舒张终末期压力明显下降,从而使静脉淤血症状减轻。近年更认识到它对神经内分泌和压力感受器的影响,洋地黄能直接抑制过度的神经内分泌活性(主要抑制交感神经)。除正性肌力作用外,洋地黄还兼有负性传导,负性心率等作用。洋地黄对左心瓣膜反流、心内膜弹力纤维增生症、扩张型心肌病和某些先心病等所致的充血性心衰均有效。尤其对合并心率增快、房扑、房颤者更加有效。而对贫血、心肌炎引起者疗效差。洋地黄制剂不适用于原发性心室舒张功能障碍,如肥厚型心肌病、限制型心肌病、高血压、主动脉瓣狭窄等。

(1)药物及用法:儿童常用的洋地黄制剂有地高辛、毛花苷 C(西地兰),一般首选地高辛,必要时亦可用毛花苷 C,使用时应注意心肌情况和个体差异,一般使用原则是洋地黄化后给予维持量治疗。洋地黄类药物常用剂量和用法见表 3-2。

对于轻症可口服或一开始即给予维持量,对重症则病初给予洋地黄化量静脉治疗,以后根据不同疾病决定维持量使用时间。如原发病是肺炎、肾炎等则不需使用太长时间,而原发病若为心内膜弹力纤维增生症、心肌病或先心病则使用较长时间维持。需注意维持量也可达到治疗作用,或达到一定时间也可达到化量。毒毛旋花子苷 K 由于毒性太大已不推荐使用。一般需长期维持者多用地高辛口服。

(2)使用洋地黄注意事项:①用药前应了解患儿2～3周内洋地黄使用情况;②心肌炎、心肌缺血时剂量应减小,洋地黄化宜慢;③早产儿、新生儿肝、肾功能相对较差,剂量亦小;

表 3-2 洋地黄类药物的临床应用

洋地黄制剂	给药途径	洋地黄化总量（mg/kg）	每日平均维持量	效力开始时间	效力最大时间	效力完全消失时间	用法
地高辛	口服	<2 岁 0.05～0.06 >2 岁 0.03～0.05	1/4～1/5 洋地黄化量，分 2 次在化量后 12 小时给予	2 小时	4～8 小时	4～7 天	首次给化量的 1/3～1/2，余量分 2～3 次，间隔 4～8 小时
	静脉	口服量的 1/2～2/3	同上	10 分钟	1～2 小时		
毛花苷 C（西地兰）	静脉	<2 岁 0.03～0.04 >2 岁 0.02～0.03	在化量后 12 小时给予	15～30 分钟	1～2 小时	2～4 天	首次给化量的 1/3～1/2，余量分 2 次，间隔 4～6 小时

④注意电解质紊乱，尤其是低钾、低镁血症，应慎重使用钙剂，尽量在血药浓度高峰以后使用（4～6 小时后）。

（3）中毒及处理

1）中毒反应：①心律失常：常见有窦性心动过速，异位心律（婴幼儿以房早、房速、房颤多见，年长儿以室早多见，有时呈二联律，三联律），非阵发性交界性心动过速，房室或窦房结传导阻滞，少数有室速。②胃肠道症状：厌食、恶心、呕吐、腹痛、腹泻。③神经系统症状：精神不振，嗜睡，头痛，头昏，严重者抽搐和昏迷。有患儿可出现视觉改变，如黄视、绿视和复视。

2）处理原则：①停用洋地黄。②停用利尿药和激素等一切排钾药。③补钾：轻者口服 10% 氯化钾 1～2ml/（kg·d）或按 0.1g/（kg·d），分 3 次口服，重者静脉滴注氯化钾，10% 葡萄糖稀释成 0.3% 浓度静脉滴注，每小时 0.03～0.04g/kg 静脉滴注，总量不超过 0.15g/kg。④纠正心律失常：参见心律失常的治疗。

2. 非洋地黄类正性肌力药物

（1）儿茶酚胺类正性肌力药物（β 肾上腺素能兴奋剂）：常用的有多巴胺[5～10μg/（kg·min）]及多巴酚丁胺[2～10μg/（kg·min）]。严重低血压使用上述药物效果不佳者，可使用肾上腺素和去甲肾上腺素，但有增加心脏负担的不良反应。

（2）非洋地黄、非儿茶酚胺类正性肌力药物：目前主要指磷酸二酯酶抑制剂，用于儿茶酚胺或洋地黄疗效不佳或中毒者。氨吡酮（氨联吡酮，氨利酮）每次 1～4mg/kg，每日 3 次口服，逐日加量，静脉注射时以每次 0.75～3mg/kg，用生理盐水稀释后 5 分钟内滴完，必要时 30 分钟内重复，然后用 5～10mg/（kg·min）静脉滴注，长期用药可导致血小板减少，肝功能受损。米力农（二联吡啶酮）：每次 25～75μg/kg 静脉注射，可持续静脉滴注 0.25～0.75μg/（kg·min），正性肌力作用为氨吡酮的 10～20 倍。此外还有钙增敏剂如左西孟旦，主要用于各种急性心力衰竭及心源性休克、脓毒症休克时左心功能不全和先天性心脏病围术期心力衰竭的治疗。负荷量 12μg/kg 静脉滴注（>10 分钟），以后 0.05～0.20μg/（kg·min），一般用 6～24 小时。

3. 利尿 水钠潴留为心力衰竭的一个重要病理生理改变，故合理应用利尿药为治疗心力衰竭的一项重要措施，可减轻心脏前负荷和脏器淤血。常用利尿药有排钾类药，包括双氢克尿噻、氯噻嗪等，保钾类药物包括螺内酯、氨苯蝶啶，髓袢利尿药有呋塞米、利尿酸，此类药物作用强而迅速，系强利尿药，但因排钾，故用利尿药时要注意水、电解质紊乱。

4. 扩血管 近年来应用血管扩张药治疗顽固性心衰取得了一定疗效，尤其是对心脏贮备能力较差的婴幼儿，降低心脏后负荷的治疗效果有时不亚于正性肌力药。但对于显著低血压或持续血压下降的患者应慎重，尤其对急性心衰患者。常用的扩血管药物可分三大类（表3-3）：①以扩张动脉为主的有肼屈嗪、酚妥拉明等。适用于心排血量减低、外周血管阻力增高的患者，主要是减轻心脏后负荷；②以扩张静脉为主的有硝酸盐类，如硝酸甘油、硝酸异山梨酯，适用于肺淤血为主者，主要为减轻心脏前负荷；③即扩张动脉亦扩张静脉者有硝普钠、哌唑嗪、卡托普利等，此类药物同时减轻前后负荷。扩血管药物对顽固性心衰和急性肺水肿患者有良好效果，尤其对左心室充盈压增多的患者疗效最好，可有效增加心搏出量。左心室前负荷不足时用药可使心搏出量减少，故须严格掌握适应证，谨慎使用，并严密监测血压、心率、呼吸、面色、肢温和尿量等，根据疗效和反应及时调整剂量。使用静脉滴注血管扩张药应从小剂量开始，逐渐加量，需长期维持者可换用口服制剂，血容量不足，血压偏低者应慎用。目前临床最常用的是血管紧张素转化酶抑制剂，除血管扩张作用外，尚能抑制醛固酮分泌从而减少水、钠潴留。用法：卡托普利（巯甲丙脯酸）剂量为每日 0.4～0.5mg/kg，分 2～4 次口服，首剂 0.5mg/kg，以后根据病情逐渐加量，可加至 2mg/kg，主要不良反应有粒细胞减少、蛋白尿、皮疹和低血压等。使用该药后可不用同时口服保钾利尿药，因为该药本身有保钾作用。依那普利（苯脂丙脯酸）剂量为每日 0.05～0.1mg/kg，一次口服。

新活素（脑钠肽）具有利尿、降压减轻负荷等综合作用，近年也被用于心衰的治疗。

表3-3　常用血管扩张药的作用部位、用法与剂量

药物	作用部位	用法	剂量	疗效持续时间
酚妥拉明	小动脉	静脉推注 静脉滴注	0.1～0.3mg/kg 2.5～15μg/（kg·min）	5～10 分钟
肼屈嗪	小动脉	静脉滴注	1～5μg/（kg·min）	3～5 小时
硝普钠	均衡扩张小动脉、小静脉	静脉滴注	0.5～8μg/（kg·min）	10 分钟
卡托普利	均衡扩张小动脉、小静脉	口服	0.5～1mg/kg	6～8 小时
硝酸甘油	小静脉	静脉滴注 口服	1～5μg/（kg·min） 0.5mg/（kg·d）	短暂
硝酸异山梨酯	小静脉	静脉推注	0.5～20μg/（kg·min）	短暂

【人工机械辅助装置】

机械辅助的目的是暂时支持生命，等待心肺功能恢复或心脏移植。临床常用体外膜肺氧合（ECMO）和离心泵心室辅助装置（CVAD）、主动脉球囊内反搏等。目前儿科主要用于经药物治疗心力衰竭难以控制的患者，如心脏病术后、急性暴发性心肌炎、终末期心脏病、等待心脏移植等患者。

【心衰合并心律失常的处理】

心衰与心律失常之间的关系较复杂，可由一个病因（如心肌炎、心肌病）同时引起心衰与心律失常，也可由心衰引起心律失常或心律失常引起心衰。心衰猝死患儿半数伴有心室颤动、室性心动过速、三度房室传导阻滞等。心衰合并心律失常的药物治疗原则为：①非持续性心律失常可不用抗心律失常药；②持续性室性心动过速、心室颤动、室上性心动过速，

应使用抗心律失常药;心室颤动、无脉性室速应立即给予电除颤,室上性心动过速合并循环障碍者首选同步电复律治疗;③Ⅰ类和Ⅱ类抗心律失常药减弱心功能,不宜使用;④Ⅲ类抗心律失常药中的胺碘酮不影响心功能,可以使用,负荷量为 5～7mg/kg,1 小时内静脉滴注,维持量为 5～15μg/(kg·min);⑤三度房室传导阻滞需安装起搏器;⑥寻找原因,如血压过低、心肌缺血、低钾血症或低镁血症等,应及时纠正。

【急性肺水肿的处理】

(1)酒精氧气吸入:有抗泡沫作用。

(2)半卧位或坐位:双足下垂,减少回心血量和肺血液量。

(3)镇静:吗啡每次 0.1～0.2mg/kg,皮下、肌内或静脉注射,但小婴儿、呼吸衰竭、休克、昏迷者慎用。

(4)利尿:呋塞米每次 1～2mg/kg,静脉注射,可每隔 4～6 小时重复使用 1 次。

(5)快速洋地黄化:静脉注射毛花苷 C。

(6)扩血管:常用酚妥拉明每次 0.5～1.0mg/kg,每隔 15～30 分钟重复 1 次,根据病情延长间隔,每次总量＜10mg。

(7)氨茶碱:按每次 3～5mg/kg,加入 10% 葡萄糖液内静脉注射,可扩张冠状动脉,降低肺动脉压力,也有强心作用。

(8)肾上腺皮质激素:减少血管渗透性,使回心血量减少,并改善心肌代谢,常用地塞米松或氢化可的松。

(9)血液滤过:用于上述治疗后疗效不佳者,血液滤过可迅速清除体内多余的液体。

(10)机械通气:肺水肿,影响通换气功能,低氧血症难以纠正者,可予以机械通气。

四、常见问题和误区防范

(一)婴幼儿心衰为什么常被误诊为呼吸道疾病

婴幼儿心衰有时误诊为其他呼吸系统疾病。比如心衰时可有呼吸增快、呼吸费力、三凹征及鼻翼扇动、发绀等,听诊肺部可有湿啰音、喘鸣音,严重者还有咳嗽、咯血,X 线胸片显示肺充血、肺水肿甚至片状影或肺不张等,因此有些患者被当做肺炎、支气管炎或哮喘等,因此全面询问病史、详细查体、仔细解读辅助检查对鉴别很重要。病史上常有不爱吃奶、体重不增、爱出汗、烦躁易激惹、哭声弱等。查体发现心界大、心音低钝、心率快甚至奔马律。有些心脏病可有心脏杂音,辅助检查如 X 线胸片可见心胸比增大,心脏超声检查可提示功能或结构的异常,生化检查如脑钠肽显著升高,心肌酶谱显著升高提示心肌损害,这些都会提示心力衰竭的诊断,而呼吸道的症状多是由于心衰所致。

(二)使用正压通气会加重心衰吗

正压通气会增加胸腔压力,导致回心血量减少、心排血量下降,严重者血压下降,因此过去的观点认为心衰或休克时不应使用正压通气。机械通气在各种原因致呼吸衰竭的抢救治疗中的重要地位是毋庸置疑的,而其在其他危重症抢救当中的作用逐渐被大家所认识。心衰或休克是一组以急性循环功能衰竭为主要表现的临床综合征。循环系统功能改变及循环功能支持是多年来对休克研究与治疗的主要内容。但是,当氧输送的概念出现并应用于临床后,提高氧输送成为对几乎所有类型休克治疗的基本原则。这个原则不仅将氧作为一种特殊的诊断监测指标用于反馈性指导临床治疗,而且以更大的可能性调节了不同器官或系统在治疗中的平衡关系。不仅使对休克的治疗从理论和实际操作上都上升了一个层次,而且使对危重病治疗向整体化更迈进了一大步。众所周知，循环功能衰竭时呼吸系统难以保持正常功能。对心衰合并肺水肿使用正压通气是必要的，对低心排血量心衰患者使用正压通气可以通过减少呼吸做功显著减少机体氧消耗，并帮助纠正高碳酸血症，因此对于严重心衰使用正压通气的益处实际上远超过可能的不良作用，因此目前正压通气实际上广泛用于心衰甚至休克的抢救，成为危重患者整体治疗的一部分，已超出了单纯呼吸支持的作用。对小儿感染性休克及暴发性病毒性心肌炎、心力衰竭呼吸机的成功运用都提示呼吸机已不仅用于呼吸衰竭的治疗。当然机械通气对中枢神经系统、消化系统、肾等器官及组织的保护和功能支持也是不言而喻的。医学理论的发展和机械通气技术的进步，打破了人们对机械通气曾有的心理障碍，使人们有机会和可能在更高层面上进行新的探索。

（三）先天性心脏病合并肺炎药物疗法效果不佳时可先手术治疗吗

病因治疗对控制急性心衰很重要，如 PDA、巨大 VSD、房室隔缺损等先天性心脏病很容易合并肺炎心衰，由于左向右分流，且肺充血严重，肺炎心衰不易控制，呼吸机也不容易撤离。多年来的经验是先治疗肺炎和心衰，肺炎和心衰治愈后再手术治疗先心病。但部分患儿肺炎和心衰症状药物不易控制，即使能控制，肺炎和心衰也会反复发作，无适当手术治疗机会。近年来，随着心脏微创手术的开展及其手术技术的提高和术后监测技术的发展，以及心脏介入疗法的开展和提高，当左向右分流型先天性心脏病经药物治疗心衰不能控制时，可及早行手术或介入治疗，先根治先天性心脏病，肺炎和心衰就较容易控制，临床上经常有带着气管插管进行心脏手术的患者。

五、热点聚焦

（一）脑利钠肽辅助治疗心衰

该药近几年刚应用于临床，属内源性激素物质，与人体内产生的脑钠肽（BNP）完全相同。国内制剂商品名为新活素，国外同类药名为奈西立肽（nesiritide）。其主要药理作用是扩张静脉和动脉（包括冠状动脉），从而减低前、后负荷，在无直接正性肌力作用情况下增加 CO，故将其归类为血管扩张药。实际该药并非单纯的血管扩张药，而是一种兼具多重作用的治疗药物；可以促进钠的排泄，有一定的利尿作用；还可抑制肾素-血管紧张素-醛固酮系统（RAAS）和较高神经系统兴奋性，阻滞急性心衰演变中的恶性循环。该药临床试验的结果尚不一致。晚近的两项研究（VMAC 和 PROACTION）表明，该药的应用可以带来临床和血流动力学的改善，推荐应用于急性失代偿心衰。国内一项Ⅱ期临床研究提示，rhBNP 较硝酸甘油静脉制剂能够显著降低肺毛细血管楔压（PCWP），缓解患者的呼吸困难。应用方法：先给予负荷剂量 1.5μg/kg，静脉缓慢推注，继以 0.0075～0.015μg/（kg·min）静脉滴注；也可不用负荷剂量而直接静脉滴注。疗程一般 3 天，不超过 7 天。该药不良反应有低血压、头痛、恶心、心律失常，尤其是与 ACEI 同时使用时，更易导致低血压。

（二）急性心衰时血液净化治疗

血液净化不仅可维持水、电解质和酸碱平衡，稳定内环境，还可清除尿毒症毒素（肌酐、尿素、尿酸等），细胞因子，炎症介质及心脏抑制因子等。治疗中的物质交换可通过血液滤过（超滤）、血液透析、连续血液净化和血液灌流等来完成。本方法对急性心衰有益，但并非常规应用的手段。出现下列情况之一可以考虑采用：①高容量负荷，如肺水肿或严重的外周组织水肿，且对襻利尿药和噻嗪类利尿药抵抗；②低钠血症（血＜110mmol/L）且有相应的临床症状如神志障碍、肌张力减退、腱反射减弱或消失、呕吐及肺水肿等，在上述两种情况应用单纯血液滤过即可；③肾功能进行性减退，血肌酐＞500μmol/L 或符合急性血液透析指征的其他情况。

（三）关于急性心衰时应用洋地黄制剂的争议

洋地黄是第一个治疗心衰的药物，在多种药物进行神经体液阻断治疗心衰的今天，地位有所下降，但并未被完全抛弃。洋地黄制剂有增强心肌收缩、减慢心率、扩张血管和利尿的作用，这些均对减轻心衰起到良好作用，但也存在明显问题：一是正性肌力作用弱，效果有限，尤其对于婴幼儿其正性肌力作用更为有限；二是过去采用的负荷量法，增加了严重不良反应，尤其是室性心律失常和死亡的危险，这种状况直至晚近改用维持量法才得以显著改观。采用地高辛治疗心衰的 DIG 试验为阴性结果，随着神经激素阻断理论的应用，洋地黄在心衰治疗中逐渐失宠，不再被视为一线用药，并从作为治疗低 EF 值心衰（HFREF）的首选用药推荐中降级。2001 年后，洋地黄治疗心衰的随机对照试验（RCT）终止。2005年 ACC/AHA 心衰治疗指南将洋地黄使用定位为 IIa 类推荐，并沿用至今。国外指南提出，除有禁忌证外，地高辛可以用在 HFREF 的心衰患者。《中国心力衰竭诊断和治疗指南2014》中明确，地高辛适用于慢性 HFREF 已经应用利尿药、ACEI 或血管紧张素受体拮抗剂（ARB）、β 受体阻滞剂和醛固酮受体拮抗剂、LVEF≤45%，仍持续有症状的患者，伴有快速房颤患者尤为适合。已经应用地高辛者不宜轻易停用。心功能 NYHA 分级 I 级患者不宜应用地高辛。因此，从成人治疗心衰的实践看，洋地黄类药物已经不作为心衰的首选药物。

在儿童，有关洋地黄制剂的应用同样存在争议，近年来有学者提出急性心衰不用地高辛。儿科常见急性心衰的原因：重症婴幼儿肺炎、重症心肌炎、左向右分流型先心病并心衰、心内膜弹力纤维增生症（多数为慢性心衰，亦有部分患儿心衰急性发作）。地高辛是治疗心内膜弹力纤维增生症合并心衰的主要药物。急性心肌炎并心衰使用地高辛也有良好疗效，2005 年出版的《*Pediatric Heart Failure*》一书中，急性心肌炎并心衰时将地高辛作为治疗的主要药物之一，但应使用小剂量。当前争议的焦点是左向右分流型先心病（如 VSD、ASD、PDA）合并心衰是否应使用地高辛。有些学者认为这些患儿为高心排血量性心衰，心肌收缩力不减弱，应用地高辛无效；部分学者甚至认为使用地高辛可使心脏收缩力加强，左向右分流量增加，右心负荷更重，因此，不应使用地高辛。有学者认为这种情况下应用地高辛并非应用其强心作用，而是利用其减弱交感神经的兴奋性，从而减轻后负荷，同时地高辛也有较强的利尿作用，可减轻前负荷。国内有学者提出利尿药＋地高辛＋血管紧张素转化酶抑制剂（ACEI）三联疗法治疗心衰效果好，尤其是左向右分流型先心病合并心衰。1999 年 Seguchi 报道 41 例有巨大 VSD 的 2～12 个月的婴儿，应用地高辛可直接抑制交感神经兴奋性，又可恢复压力感受器功能。大量临床实践也证明了地高辛对急性心衰的疗效，包括左向右分流型先心病并心衰。2004 年心脏病的权威杂志《*Pediatric Cardiology*》的主编 Abdulla 指出，很多学者怀疑地高辛在治疗心衰时是否仍有应用指征，尤其对左向右分流型先心病，更应强调使用减轻后负荷药物和利尿药，而对地高辛的应用持怀疑态度。但Abdulla 仍继续使用作为正性肌力药的地高辛，并相信地高辛作为一种正性肌力药物对先心病并心衰仍有应用指征。

综上所述，急性心衰应用地高辛仍存在争议，需大样本、有科学对照及血流动力学改变作基础的科学研究，以明确其应用指征。从多年的临床实践及近年来的研究结果来看，地高辛及毛花苷 C 仍是治疗儿童急性心衰的一线药物，虽部分患者疗效不显著，但绝不是使用禁忌证。但需根据病情需要同时使用利尿剂和减轻心脏后负荷药物。在使用地高辛的同时,使用 ACEI 可减少左向右分流,并改善体循环灌注,对左向右分流型先心病并心衰时的疗效更显著。

（刘春峰）

第二节　严重心律失常

培训目标

1. 掌握并能独立对严重心律失常进行诊断和治疗。
2. 掌握心电图在严重心律失常中的应用。
3. 熟悉严重心律失常射频消融治疗及安装起搏器的指征。

一、概述

严重心律失常(life-threatening arrhythmia),也称致死性心律失常或恶性心律失常,是指可导致明显血流动力学障碍、使心排血量骤减甚至出现循环中断,进而发生心力衰竭、心源性休克、晕厥或猝死的一类心律失常。心律失常对于个体的影响,取决于患儿的心功能状况、频率快速或缓慢的程度、持续的时间、对血压和心肌灌注的影响、年龄和精神状态等。因此,正确识别和判断心律失常的危重性,并选择合理、及时的治疗措施,是挽救危重心律失常患儿生命的关键。

二、快速评估

【有休克甚至心搏骤停的表现】

患儿精神反应差、可有意识障碍、面色苍白或发绀、呼吸频率增快、脉搏增快或减慢、脉搏强度正常或减弱、肢端温度降低、毛细血管再充盈时间延长、尿量减少、血压正常或降低等表现。最严重者呼吸心搏均停止。

【快速心电图分析】

紧急情况下不必描记标准 12 导联心电图,可选择任意导联或利用心电监测仪显示的心电图进行分析,重点观察 QRS 波频率和时限,同时观察 P-QRS-T 的关系,注意特征性心电图表现。

心室率(QRS 波频率)快速计算方法:心室率＝300/RR 间期大格数。

QRS 时限判断:QRS 波时限≤0.1 秒(2.5 小格),考虑窦性或室上性节律;QRS 波时限＞0.1 秒(2.5 小格),首先考虑室性心律失常。

【寻找病因和诱发因素】

边抢救边快速查找可能的病因。常见于先天或获得性心脏疾病、药物中毒、胸或头部创伤、颅内高压、严重酸中毒和电解质紊乱。

三、诊断、鉴别诊断与治疗

【分类】

根据脉搏,将严重心律失常分三类:快速、慢速恶性心律失常和无脉性心律失常(也称失律)。

【快速致死性心律失常】

快速致死性心律失常，常见窦性心动过速（窦速，nodal tachycardia）、室上性心动过速（室上速，paroxysmal supraventricular tachycardia，PSVT）、室性心动过速（室速，ventricular tachycardia，VT）、心房颤动（房颤，auricular fibrillation，Af）、心房扑动（房扑，atrial flutter，AF）。

（一）窦性心动过速

1. 病因 窦性心动过速是一种正常的代偿性反应，出现在发热、哭闹、激动、疼痛、运动或情绪紧张时，在血容量不足、缺氧、休克时也会出现。若发生在睡眠时，则应详细检查其原因，如贫血、慢性传染病、先天性心脏病、心肌炎、风湿热、心力衰竭及甲状腺功能亢进，以及应用肾上腺素或阿托品等。

2. 诊断 婴儿心率在140次/分以上，1～6岁分120次/以上，6岁以上在100次/分以上，P波为窦性，为窦性心动过速。心电图特征（图3-1）：心率婴儿常<220次/分，儿童常<180次/分。QRS波时限正常，节律规则。P波为窦性（Ⅰ、Ⅱ、aVF导联直立）。

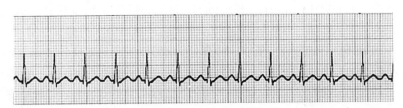

图3-1 窦性心动过速

3. 鉴别诊断 婴儿在烦躁、哭闹时，窦性心动过速可达220次/分，心电图可出现T波与P波重叠或融合，需与阵发性房性心动过速相鉴别。但窦性心动过速的频率为逐渐增快的，P-P间期略有不匀齐，刺激迷走神经、压迫颈动脉窦可使心率稍减慢，而阵发性房性心动过速有突发、突止的特点，P-P间期十分匀齐，压迫颈动脉窦则终止发作或无效。如能见到发作时的房性过早搏动，其形态与窦性P波不同，可资鉴别。

4. 治疗 可根据病因治疗或加用镇静药。对心力衰竭所致的窦性心动过速，洋地黄类药物可控制心力衰竭而减慢心率，而对其他原因所引起的窦性心动过速则无效。普萘洛尔对甲状腺功能亢进所致的心动过速效果较好。

（二）阵发性室上速

1. 病因 阵发性室上速（PSVT）是小儿最常见的危重心律失常，可见于任何年龄，以婴幼儿发病率最高。常无明确病因。本病患儿有60%～70%无器质性心脏病，少数病例合并先天性或后天性心脏病或原有预激综合征。常有反复发作史。PSVT可分为两大类：即由异位节律点自律性增高所致的PSVT（异位性PSVT）和折返所致的PSVT（折返性PSVT）。与成人不同，小儿异位性PSVT较多见。

2. 发病机制 心脏电生理研究提示多系折返引起，少数因冲动起源异常和触发活动异常。

（1）冲动起源异常：冲动频率的加速可发生于具有正常自律性的细胞，也可发生于原来无自律性的细胞在病理情况下转变为有自律性的细胞，故临床上见于：①原位的自律性增高，如不恰当窦性心动过速；②异位的自律性增高，如某些类型的房速。

（2）触发活动异常：此类心动过速多为复极过程的紊乱所致的后除极电位，当后除极电位达到一定的阈值，就产生动作电位。如多源性房速等。

（3）折返机制：心脏电生理学的研究结果证实，绝大多数室上速的机制为折返。折返可发生在窦房结、心房内、房室结及房室旁路，其中以房室旁路及房室结折返最常见。它可由解剖上的折返环、功能上的折返环或两者同时存在，造成折返激动。一般认为形成折返激动需要同时存在以下条件：①至少存在有两条或以上功能性（或解剖上）的传导途径，并在近端和远端形成闭合环；②其中一条具有单向传导阻滞；③有足够长的传导时间，使得单向传导阻滞的径路不应期得以恢复其应激性。常见的折返性室上速有房室结折返性心动过速（AVNRT）、房室折返性心动过速（AVRT）、持续性交界区折返性心动过速（PJRT）及房扑等。

3. **临床表现** 临床特点为阵发性发作，突然发作及突然停止。可见于任何年龄，婴儿较多见，新生儿及胎儿期最后 1 个月也可发生。婴儿以房室折返多见，较大儿童以房室结折返为多见。4 个月以内男婴多见。发作时心率加速，儿童达 160 次 / 分以上，婴儿可达 250～325 次 / 分，频率恒定，一次发作可持续数秒钟乃至数日之久，但一般只持续数小时，很少超过 2～3 天。发作时患婴常有拒食、呕吐、不安、气促、出汗、苍白、四肢凉、发绀等心源性休克的表现，儿童患者自诉心悸、心前区不适、心绞痛及头晕等。如发作持续较久，达 24 小时以上，则多出现心力衰竭。6 个月以内的婴儿心率超过 200 次 / 分者，更易并发急性心力衰竭，其症状为呼吸困难、心脏扩大、肝大、肺部出现喘鸣音等。X 线检查心影轻度扩大及肺淤血，也可有发热、白细胞增多及呼吸急促，可误诊为重症肺炎，但发作一旦停止，心力衰竭即控制，患儿安适如常。胎儿室上速可致严重心力衰竭，胎儿水肿。预激综合征者常复发。反复持续发作可致心动过速性心肌病。

4. **诊断** 除结合临床表现外，明确诊断仍需做心电图检查。心电图特征（图 3-2）：①快而规律的 QRS 波群，时限正常，节律绝对匀齐。②频率可达 150～300 次 / 分，多在 160～250 次 / 分，婴儿常 >220 次 / 分，儿童常 >180 次 / 分。③P 波形态多变，可见直立或倒置的异位 P 波，或难以辨认，常在Ⅱ、Ⅲ、aVF、V₁导联见逆行 P 波。④部分病例 ST 段可下移，T 波低平或倒置。

当阵发性室上速伴室内差异性传导时或原有完全性束支传导阻滞时或在预激综合征基础上发生的逆传型室上速，QRS 波群常呈宽大畸形，酷似阵发性室性心动过速，应注意鉴别。

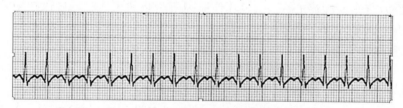

图 3-2 室上性心动过速

5. **鉴别诊断** 典型病例诊断不困难，但在婴儿期需与窦性心动过速鉴别，其心率亦可达 200 次 / 分以上，但 R-R 间隔非绝对匀齐。常见难以鉴别的有：①当阵发性室上速伴室内差异性传导时，或原有完全性束支传导阻滞时，或在预激综合征基础上发生的逆传型室上速，QRS 波群常呈宽大畸形，酷似阵发性室性心动过速，应注意鉴别。②心房扑动伴 2 : 1 房室传导，在Ⅱ、V₁导联寻找房扑波（F 波）的痕迹有助于诊断。食管导联心电图可见呈 2 : 1 房室传导的快速心房波，对心房扑动的诊断有较大帮助。③当 AVRT 表现逆向折返或室内阻滞时可表现为宽 QRS 波心动过速，易与室性心动过速混淆，参考平时窦性心律心电图可有帮助。鉴别要点见表 3-4。

表 3-4　常见快速心律失常的鉴别要点

	窦性心动过速	室上性心动过速	房性扑动	室性心动过速
临床	发热、休克、感染	多数心脏正常	多数心脏正常	多数有心脏疾病
发作与终止	逐渐发生与终止	突发突止	突发突止	突发突止
复发	无	常有	可有	可有
心率	通常<230次/分	60%>230次/分,平均240次/分,婴儿260～325次/分	心房率250～500次/分,心室率1:1或4:1传导	通常230次/分
心电图				
节律	轻度不齐	绝对匀齐	房室传导1:1,2:1或3:1,心室率变动	轻度不齐
P波	正常窦性	半数可见逆行P波,紧接QRS波后	扑动波Ⅱ、Ⅲ、aVF、V₁导联明显	窦性P波,房室脱节
QRS波	正常窦性	多数正常,室内差传及逆向性房室旁路折返则增宽	多数正常,可有室内差传	宽大,畸形,呈R、RS、QS等
室性融合波	无	无	无	常有
等电位线	有	有	无	有
刺激迷走神经	心率稍减慢	终止发作或不变	房室传导由1:1变为2:1或3:1	无效

6. 治疗　根据病因、发病机制、持续时间、心功能状态而定。

（1）终止治疗：分为以下两种情况：

1）无心力衰竭或轻度心力衰竭、血压尚正常者可采用以下方法：①刺激迷走神经法：常用于年长儿。a. 刺激咽部,用压舌板或手指刺激患儿咽部,使之产生恶心、呕吐,或使患儿深吸气后屏气。b. 压迫颈动脉窦法,以 a 方法无效时可试用此方法。在甲状软骨水平处触到颈动脉搏动,以大拇指向颈椎方向压迫,先压迫右侧,每次 10～20 秒。如无效可用同样方法再试压左侧,但禁忌同时压迫两侧。一旦心律转为正常,便停止压迫。c. 潜水反射法,可用于年长儿和婴儿。将 5℃左右冷水毛巾敷于面部 15 秒左右。年长儿可嘱其吸气后屏气,将面部浸入 5℃冷水,未终止者可停数分钟后重复。②药物复律：可采用普罗帕酮,作用快、复律高、不良反应小,可首选,剂量 1.0～1.5mg/kg 加入 10% 葡萄糖 10～20ml 中 3～5 分钟内静脉推注,如无效,10～20 分钟可重复,一般不超过 3 次。ATP 或腺苷,高效复律快,初始剂量 50～100μg/kg,弹丸式快速静脉推注,无效加倍,最大剂量 250～300μg/kg。该药不良反应较多,如呼吸暂停、窦性停搏、消化道症状等,对小婴儿应慎用。洋地黄能控制大部分类型的 PSVT,转复率约为 60%,由于其终止心动过速所需的时间较长（药物作用高峰时间在给药后 2 小时,持续时间 3 小时）,目前已较少作为首选药物。可选用毛花苷 C 静脉推注,10μg/kg 稀释后静脉缓慢推注,1～2 小时无效时重复 1 次。普萘洛尔 0.1mg/kg（每次用量≤3mg）,加入 10% 葡萄糖 10～20ml 中 5～10 分钟静脉推注。艾司洛尔是一种静脉用短效（半衰期 2～9 分钟）的 β 受体阻滞剂,先给予负荷量：0.5mg/kg,1 分钟内静脉注入,而后按 50μg/(kg·min)维持 4 分钟。胺碘酮 2.5～5.0mg/kg 稀释后缓慢静脉推注。维拉帕米应用时须谨慎,每次 0.1～0.2mg/kg,稀释后缓慢静脉推注,同时应有血压及心电监测。③电复律：直流电复律电能量 0.5～1.0J/kg，正在使用洋地黄类药物者禁用。食管心房调搏超速起搏或心房程序刺激终止 PSVT，对 SSS 合并 PSVT 患儿较为适宜。

2）伴心力衰竭、血压不稳定或降低者可采用以下方法：①无论婴幼儿或年长儿，主要采用直流电复律或食管心房调搏。②升压药物：如去氧肾上腺素每次 0.1～0.25mg/kg 和甲氧胺 1mg/kg。③药物复律：由于胺碘酮具有扩血管、减慢心率、改善心肌缺血的作用，在心功能不全的患儿可作为首选。用法：2.5～5.0mg/kg 稀释后缓慢静脉推注。洋地黄类药物：可选用毛花苷 C 静脉推注，10μg/kg 稀释后静脉缓慢推注，1～2 小时无效时重复 1 次。

（2）预防复发：反复发作者口服相应的药物如地高辛或普萘洛尔，单独或联合应用 6 个月至 1 年。也可用普罗帕酮或胺碘酮。

（3）根治治疗：旁路或房室结折返及异位房性兴奋灶所致发作频繁的 PSVT 可行射频消融，以根治 PSVT。

（三）室性心动过速

1. 病因　室性心动过速（VT）是一种严重的快速心律失常，可发展为心室颤动，引起心脏性猝死，小儿 VT 不多见，常见于心脏疾病、酸中毒、电解质紊乱、药物中毒及使用抗心律失常药物的患儿。患儿常有器质性心脏病，多见于严重心肌疾病，如心肌炎，扩张型心肌病，致心律失常性右心室发育不良，肥厚型心肌病，心肌普肯耶细胞瘤是婴儿室性心动过速的常见病因。近年由于心内手术的开展及诊断技术改善，发病率有上升趋势。心室切开术后，特别是年长儿法洛四联症根治术后晚期，可发生室速，甚至猝死。阵发性室性心动过速偶见于完全性房室阻滞、冠状动脉起源异常及川崎病并发心肌梗死患者。药物中毒（洋地黄、锑剂、肾上腺素等），抗心律失常药物（奎尼丁、氟卡胺、胺碘酮等），酸中毒，缺氧及先天性肾上腺皮质增生症引起的高钾血症等心外因素均可导致室性心动过速。此类阵发性室上速多数起自折返激动，少数可能由于晚期后除极引起的自主活动。

小儿心室率较快，为 200～250 次 / 分，婴幼儿心室率可达 300 次 / 分，小儿 QRS 波宽大的心动过速 90% 以上为 VT。VT 可分为持续性和非持续性。持续性 VT 指发作延续 15 秒以上。非持续性 VT 多不引起明显症状。持续性 VT 的临床症状取决于 VT 的频率和心脏功能。部分出现严重的血流动力学障碍，有的症状轻微，所以症状轻重不是诊断 VT 的指标。

2. 临床表现　患儿在心脏病的基础上发生 PVT 呈持续发作，婴儿心肌普肯耶细胞瘤往往引起无休止的室性心动过速。PVT 患儿心率加快，150～250 次 / 分，婴儿可达 300 次 / 分以上，多有烦躁不安、心悸、胸闷、头晕等症状，重者发生心力衰竭、心源性休克、晕厥甚至猝死。预后取决于基础心脏病的严重程度。新生儿 PVT 与窒息、感染及母亲用药有关，消除病因多数可自行恢复，预后较好。

3. 诊断

（1）阵发性 VT（图 3-3）：连续出现 3 次或 3 次以上的快速室性搏动，心室率 150～200 次 / 分，心律大致规则。QRS 波群呈宽大畸形，伴继发性 ST 及 T 波改变。如见 P 波，其频率较心室率慢，且与 QRS 波群无固定关系。如 P 波传入心室，形成心室夺获或室性融合波，有助于明确诊断。

（2）特发性 VT：多见于无器质性心脏病的青少年，症状轻微，耐受好，预后较佳。右心室特发性 VT 多起源于右心室流出道，呈左束支阻滞图形，多为运动或异丙肾上腺素诱发；左心室特发性 VT，起源于左后分支，呈右束支阻滞图形。

（3）儿茶酚胺敏感型自律性 VT：多无器质性心脏病，常发作于剧烈运动或情绪激动时，可被异丙肾上腺素或运动负荷试验诱发。VT 的 QRS 波群多呈左束支阻滞图形。不能被程序刺激诱发和终止,应用 β 受体阻滞剂有效,维拉帕米无效。

(4)尖端扭转性 VT(图 3-4):系指 VT 发作时心电图 QRS 波群尖端围绕等电位线向相反方向往返扭转。这种 VT 往往发生于 Q-T 间期延长如家族性 Q-T 间期延长综合征,药物尤其是抗心律失常药如奎尼丁、普鲁卡因胺、胺碘酮,甚至包括利多卡因均可能诱发。临床上低血钾、低血镁、心动过缓、心肌缺血或炎性反应、急性中枢神经病变均可能为诱因。

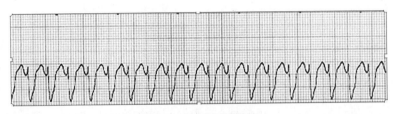

图 3-3　室性心动过速

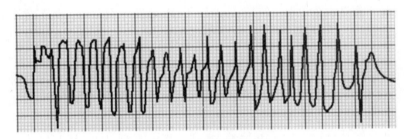

图 3-4　尖端扭转型室速

4. 鉴别诊断　阵发性室性心动过速应与非阵发性室性心动过速区别,后者是一种加速的室性自主心律,其心室率与窦性心律接近或略快于窦性心律,多不引起血流动力学改变,患儿常无症状,PVT 与 PSVT 伴宽 QRS 波的鉴别见前已述及的 PSVT 章节。

5. 治疗　出现严重血流动力学障碍的 VT,必须立即行直流电转复(电复律方法见技术篇),不宜先试用抗心律失常药物。在转复为窦性心律后可酌情用药维持并预防近期复发。只有当血流动力学稳定时才可用药物试行控制 VT。

(1)终止治疗

1)阵发性 VT:血流动力学稳定时,应用利多卡因,其半衰期短,作用发生与消失均很迅速,对血流动力学也无明显影响,使用安全,是紧急情况下治疗 VT 的首选药物。应先予负荷剂量 1～2mg/kg,每 5～10 分钟 1 次,总量不超过 3mg/kg。开始就维持静脉给药 20～50μg/(kg·min)。静脉注射和静脉滴注结合给药可迅速提高血药浓度达到治疗水平。还可选用普罗帕酮、胺碘酮或苯妥英钠(尤其用于洋地黄中毒)。普罗帕酮:1.0～1.5mg/kg 加入 10% 葡萄糖 10～20ml 中 3～5 分钟内静脉推注,如无效,10～20 分钟可重复,一般不超过 3 次;胺碘酮:5mg/kg,稀释后 10 分钟静脉或骨髓内注射。无效可原剂量重复 2 次,最大 15mg/kg 或 300mg;苯妥英钠 2～4mg/kg 溶于 5% 葡萄糖溶液中静脉缓慢注射,无效可在 5～10 分钟后重复 1 次。对运动或窦性心动过速伴交感张力过高时易发的 VT,普萘洛尔、美托洛尔等可能控制其发作。血流动力学不稳定时,首选电除颤,然后再用利多卡因等上述药物维持。

2)特发性 VT:选用维拉帕米。

3)茶酚胺敏感型自律性 VT:选用普萘洛尔、维拉帕米、普罗帕酮、胺碘酮。

4）尖端扭转性 VT：长间隙依赖型，选用异丙肾上腺素，可加快窦性心律，缩短 Q-T 间期，有利于夺获心室，减少发作，静脉滴注 1～4μg/(kg•min)，以小剂量开始，用药期间要监测血压、心电图，使心率稳定在 90～100 次 / 分为宜。肾上腺素依赖型可选用 β 受体阻滞剂或苯妥英钠、硫酸镁。硫酸镁：25～50mg/kg，最大 2g，10～20 分钟静脉或骨髓内注射。

紧急处理后病情稳定，或病情较轻的 VT 可选用口服药如美西律、普罗帕酮、普萘洛尔、胺碘酮等。苯妥英钠和胺碘酮对先天性心脏病术后发生的 VT 疗效较好。Q-T 间期综合征并 VT 常用普萘洛尔治疗及预防，顽固反复发作的 VT 可选用胺碘酮。

（2）根治治疗：射频导管消融（RFCA）或心内复律器。

（四）心房颤动

1. 病因 心房颤动（Af）简称房颤，是室上性心律失常最严重的类型。心房颤动在小儿并不多见，分阵发性及持续性两类，多见于器质性心脏病，如严重的风湿性二尖瓣病变、先天性心脏病伴有心房扩大，如房间隔缺损、爱博斯坦（Ebstein）畸形等。预激综合征、甲状腺功能亢进、洋地黄中毒也可出现心房颤动。

2. 临床表现 患儿自觉心悸、气短、胸闷、头晕，心跳不规则，心室率较快时，症状更为明显，常引起心力衰竭。体检可发现心律完全不规则，心音强弱也时有变异，原有心脏杂音也可减弱或消失，心室率 100～150 次 / 分。由于心律不规则，每次心室收缩心搏量均有显著差异，其中部分心搏血量甚少，以致桡动脉摸不到，故脉搏强弱不一，且脉搏次数较心率少，有脉搏短绌现象，心率愈快，脉搏短绌愈大。心脏病并发心房颤动，一般预示病情较重，特别心室率快时易导致心力衰竭。

3. 诊断 心电图特征（图 3-5）：P 波消失，代之以一系列大小不同、形态各样、间隔极不规则的颤动波（f 波），频率 350～700 次 / 分。QRS 波群形态多为室上性型；心室律不规则。

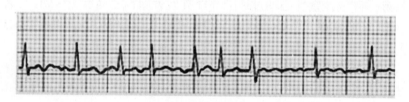

图 3-5 心房颤动

4. 治疗 最终目的是恢复并维持窦性心律。如不能纠正，则应控制心室率保持适当的心排量。

（1）阵发性 Af：时间短，无症状，无须特殊治疗，休息和镇静即可；若时间长或有血流动力学影响时，应争取恢复窦性心律，首选直流电转复，其次是药物，如胺碘酮、普罗帕酮等。奎尼丁是较有效的复律药物，用前需先予适量的洋地黄制剂，以减慢房室传导。

（2）持续性 Af：去除诱因后常可明显好转。可长期口服洋地黄制剂，当心室率加快或心力衰竭加重时，需分析药量是否不足或过多，可检测血清地高辛水平。协助药物治疗，如维拉帕米或普萘洛尔。持续 Af 一般不行急诊直流电转复，需全面检查，权衡病程、心脏大小、心房大小、有无血栓和栓塞及长期预防复发等多方面条件后才能做出是否转复窦性心律的决定。

（五）心房扑动

1. 病因 小儿心房扑动（AF）简称房扑，从胎儿期到各年龄组均可发病，虽不多见，但病情较重,应及时治疗。与成人不同,小儿心房扑动较心房颤动多见。心房扑动可发生在正常心脏的小儿,多见于婴儿、新生儿甚至胎儿,其产生机制可能因心房肌及传导系统发育不完善,冲动在心房肌内或经房室旁路产生折返引起。大多数患儿有器质性心脏病,以先天性心脏病为主,尤其多见于大动脉错位经 Mustard 或 Senning 手术后的患儿,心内手术创伤,瘢痕组织的形成,可能为产生折返激动提供基础条件。其他有心肌炎,扩张型心肌病,风湿性心脏病,病态窦房结综合征及心外因素如洋地黄中毒、低钾血症等电解质紊乱。

2. 临床表现 正常心脏新生儿及婴儿 AF 常呈持续发作,少数为阵发性。房室传导可为 1:1,心室率极快,达 250 次/分以上,易致快速心律失常性心肌病,发生心力衰竭。如房室传导为 2:1 或 3:1,患儿常可耐受,症状不明显,多于 1 岁之内自行消退,预后良好。AF 伴有器质性心脏病者,多有头晕、心悸、乏力,严重者发生心力衰竭、晕厥或心脏性猝死,预后取决于心脏病的严重程度、左心房大小及药物治疗能否控制 AF 发作。通常扩张型心肌病和心脏复杂畸形、左心房内径扩大达正常高值的 150% 及 AF 难于控制的患者死亡率高。

3. 诊断 心电图特征(图 3-6):①P 波消失,代之为一系列大小相同、形态如锯齿样的扑动波(F 波),频率为 300~400 次/分,节律匀齐;②QRS 波群呈室上性型;③室律规则,房室传导可按不同比例下传,如 2:1、3:1、4:1 等传导。

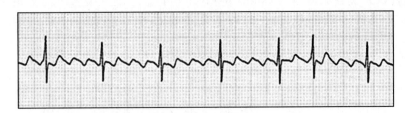

图 3-6 心房扑动

4. 治疗 由于洋地黄中毒、电解质紊乱引起的 AF,首先应消除病因。

(1)药物治疗:正常心脏新生儿或婴儿 AF,1:1 房室传导,心室率极快,或持续发作,易致心肌病,发生心力衰竭,选用地高辛可减慢心室率并加强心肌收缩力,使症状改善和控制心力衰竭,偶有转复为窦性心律。未转复者加用奎尼丁,转复后仍需用地高辛和(或)奎尼丁维持量,以防复发。如房室传导为 2:1~3:1,心室率在 150 次/分以下,患儿无明显症状,则无须用药,多数有望于 1 岁左右自行缓解。

伴有心脏病或 AF 呈持续性的患者,应及时终止发作,除选用地高辛加奎尼丁外,尚可用心得安、异搏定、心律平、索托洛尔、胺碘酮等,但疗效较差。预激综合征并发 AF 禁用地高辛,有导致严重室性心律失常,发生心脏性猝死的危险,病态窦房结综合征并发 AF 用药物复律,可致心脏停搏,这点也需要注意。

(2)电击复律:同步直流电击复律效果好,用于新生儿、小婴儿无明显心脏病者更佳。接受地高辛治疗的患者,进行电击复律可引起严重室性心律失常,术前 1 天宜停服地高辛,如需紧急电击复律,应于术前静脉注射利多卡因 1mg/kg,以预防发生室性心动过速,电能量 1.0~2.0J/kg。新生儿 5~10J,最大量不超过 20J,婴幼儿 10~20J,最大量不超过 50J,儿童 20~50J,最大量不超过 100J,每次治疗,电击不宜超过 3 次。复律后,用地高辛和(或)奎尼丁维持量 6~12 个月,以防复发。病态窦房结综合征患儿不宜电击复律。

(3)心房起搏:右心房内起搏或经食管心房起搏,以超速抑制法或短阵快速刺激(burst)

终止 AF。开始起搏周长为心房扑动周长的 90%，随后每次重复起搏周长以 10% 递减，直至心律转复或出现心房不应期，每次起搏时间 5～20 秒。如未转复，可延长起搏时间再重复。经食管心房起搏设备简单，安全易行，除起搏期间患者诉前胸烧灼感外，无不良反应，据报道成功率达 73%。

（4）射频消融术可用于难治病例。

【慢速致死性心律失常】

慢速致死性心律失常，常见有窦性心动过缓（sinus bradycardia）简称窦缓、Ⅱ 或 Ⅲ 度房室传导阻滞（atrioventricular heart-block，AVB）、严重的病态窦房结综合征（sick sinus syndrome，SSS）简称病窦。

（一）窦性心动过缓

1. **病因** 窦性心动过缓可见于健康小儿，运动员，也可见于严重缺氧、心脏疾病、药物中毒、克汀病、伤寒、阻塞性黄疸病等。在颅内压增高的疾病，如脑出血、脑肿瘤和结核性脑膜炎及应用洋地黄、利血平时，心率也可缓慢。持久性心动过缓，可为病态窦房结综合征之早期症状，应密切观察，详见病态窦房结综合征内容。

2. **诊断** 婴儿心率每分钟在 100 次以下，1～6 岁每分钟 80 次以下，6 岁以上每分钟在 60 次以下即可认为窦性心动过缓（sinus bradycardia）。严重过缓常出现交界性逸搏。心电图特征（图 3-7）：RR 间期延长，QRS 时限正常，P-QRS-T 顺序出现，P-R 间期正常。严重缺氧、心脏疾病、药物中毒。

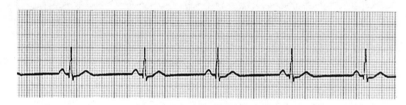

图 3-7　窦性心动过缓

3. **治疗**

（1）伴有灌注不良的窦缓：立刻开始心肺复苏。积极查找并治疗可逆性病因。

（2）不伴有灌注不良的窦缓：阿托品 0.01～0.02mg/kg，静脉注射。单次最小剂量为 0.1mg，最大剂量为儿童 0.5mg，青少年 1mg。

（二）高度房室传导阻滞

心脏传导阻滞可发生于传导系统上的任何一处，包括窦房结与心房之间、心房肌、房室交界区、房室束及其左右束支、普肯耶纤维网及心室肌。儿童时期较常见的为房室传导阻滞，心房激动在房室交界区、房室束及其分支内发生阻滞，不能正常传到心室。房室传导阻滞可分为完全性及部分性传导阻滞。部分性又可分为一度和二度两种，完全性又称三度房室传导阻滞，呈暂时性，永久性或间歇性发作。

1. **病因**

（1）部分性房室传导阻滞：属于先天性者较为少见。其主要病因为风湿性心脏炎、心肌炎、心肌病、白喉或其他病毒传染病，以及洋地黄、奎尼丁、普鲁卡因酰胺等药物中毒、低钾血症及迷走神经兴奋等。

（2）完全性房室传导阻滞可分为先天性和后天性两种：

　　1）先天性完全性房室传导阻滞：活产新生儿发病率为 1/22 000，患儿合并先天性心脏病，以大血管错位、单心室多见。70% 为孤立性，无心血管畸形。病因：a. 自身免疫疾病，母亲孕期患自身免疫病，常见为系统性红斑狼疮，可处于无症状期；类风湿关节炎、皮肌炎及干燥综合征则较少见。b. 房室交接区胚胎发育畸形，多并发先天性心脏病，房室传导系统连接中断。

　　2）后天性完全性房室传导阻滞：多发生于心内手术创伤、急性感染、病毒性心肌炎、心肌病及 Kearns-Sayer 综合征（外眼肌麻痹、色素性视网膜变性及线粒体肌病）。洋地黄中毒、低血钾症等也可发生房室传导阻滞。其临床表现除原发疾病外，有心率缓慢，常有乏力、胸闷、嗜睡等，严重者可发生阿 - 斯综合征、心力衰竭或猝死。

　　2. **诊断**　心电图特征如下。

　　（1）二度房室传导阻滞：QRS 时限正常，P 波顺序出现，P-R 间期逐渐延长（莫氏Ⅰ型，图 3-8）或不变（莫氏Ⅱ型，图 3-9），QRS 波有脱落。

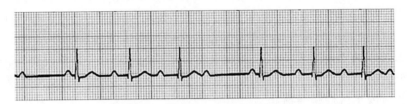

图 3-8　莫氏Ⅰ型二度房室传导阻滞

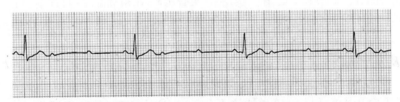

图 3-9　莫氏Ⅱ型二度房室传导阻滞

　　（2）完全性房室传导阻滞完全性（三度房室传导阻滞）：是指所有来自心房的激动均不能下传至心室而引起房室脱节，心房与心室的活动分别有各自的起搏点，两者无关系。QRS 波的形态和频率视起搏点而异，起搏点在希氏束分支以上时 QRS 波形态正常，频率较快，40～60 次 / 分，新生儿 80 次 / 分，起搏点在希氏束分支以下时，水平越低，QRS 波宽大畸形越明显，频率也越慢。心电图显示：QRS 时限正常（逸搏心律起搏点在希氏束，图 3-10）或增宽（逸搏心律起搏点在心室，图 3-11），节律规则或不规则。P 波规则出现，穿行于 QRS 波之中，房室分离。

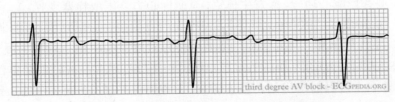

图 3-10　三度房室传导阻滞伴希氏束逸搏心律

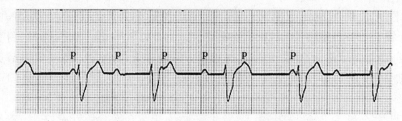

图 3-11　三度房室传导阻滞伴室性逸搏心律

3. 治疗

（1）伴有灌注不良：立刻开始心肺复苏。

（2）不伴有灌注不良：阿托品 0.02mg/kg，静脉注射；或异丙肾上腺素 0.05μg/（kg·min）静脉输注。先天性三度房室传导阻滞，无症状且心率＞55 次／分时不需治疗。如心率较慢可服阿托品、异丙肾上腺素或麻黄碱，如夜间心率缓慢可在睡前服药。

（3）药物治疗无效：考虑安装起搏器。置入永久性起搏器的指征：①发生阿 - 斯综合征或心力衰竭；②心室率显著减慢，新生儿＜55 次／分，婴儿＜50 次／分，儿童＜40 次／分；③运动耐受量过低，不能适应日常生活；④阻滞部位在希氏束内或分支以下；⑤发生室性心律失常。后天性三度房室传导阻滞，如严重心肌炎引起者，应使用大剂量静脉用丙种球蛋白和激素治疗。如合并室性心律失常导致阿 - 斯综合征者可先用利多卡因、美西律等治疗，疗效不佳可安装临时或永久性起搏器。

（三）病态窦房结综合征

病态窦房结综合征（SSS）是由于窦房结和心房传导系统的器质性病变，使其起搏频率降低或发生传出阻滞。窦房结失去了心脏起搏主导作用，因而产生各种心律失常，并有心、脑、肾供血不足的临床症状，称为病态窦房结综合征。

1. 病因及发病机制　心肌炎、心包炎、其他全身疾病所致的心肌病，心内手术创伤等均可引起本病。常发生在心脏手术之后，如大血管错位的 Mustard 矫治术及房间隔缺损修补术等，多于术后数周内发生，也可长达十余年。心内手术中，上腔静脉插管、切开心房或手术缝合时损伤窦房结，造成出血、坏死及窦房结动脉栓塞等，终致窦房结脂肪变性及广泛纤维化。先天性心脏病可伴发窦房结畸形如单心房等，另外，先天性心脏病的血流动力学改变，使窦房结受压、牵拉或低氧血症也可导致窦房结功能障碍，经手术纠治后，窦房结功能可恢复。尚有部分病例病因不明，心脏检查正常，仅具有本病特异的心电图改变，因此，有人认为本病是特殊类型以心房及心脏传导系统病变为主的心肌病。

2. 临床表现　本病起病隐缓，病程迁延，短者数月至 1～2 年，长达 10 年以上。通常以持久性心动过缓为主要症状。由于心动过缓或窦性静止，可引起心、脑、肾、胃肠等器官供血不足的症状，轻者有疲乏、头晕、胸闷、心悸、纳呆、记忆力减退，重者可发生阿 - 斯综合征，甚至猝死。由于小儿交界性逸搏心律的频率较快，故症状较轻，不易被发现。少数病例因快速性异位心律影响心功能，而发生休克，充血性心力衰竭或栓塞现象。

3. 诊断　病态窦房结综合征心电图可表现为严重的窦性心动过缓、窦性停搏或窦房阻滞（图 3-12）。窦性停搏和二度Ⅱ型及三度窦房传导阻滞在心电图上均呈一段长间歇，既无P 波也无 QRS 波群，它们的区别在于前者心电图长间歇不是 P-P 间期的简单倍数。在临床诊断中，为消除自主神经对窦房结功能的影响，常做阿托品试验和运动试验，有助于本病的诊断。24 小时动态心电图需常规描记。

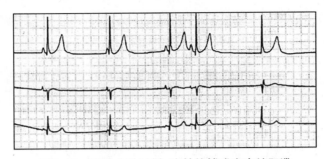

图 3-12　窦性心动过缓、窦性停搏或窦房结阻滞

4. 治疗

（1）药物提高窦房结频率：阿托品每次 0.01～0.03mg/kg 静脉注射或应用异丙肾上腺素。

（2）安装心导管临时起搏：消除诱因和给予药物后心率不增快，仍有心排血量不足或心功能不全的表现时，宜经皮静脉穿刺送入起搏导管，留置于右心室心尖部进行起搏。临床起搏一般不超过 7 天，病情即可好转；若超过 2 周仍不缓解，则应考虑安置永久心脏起搏器。

【无脉性心律失常】

无脉性心律失常：包括心室扑动、心室纤颤、无脉性室性心动过速或心脏停搏。发生此类心律失常时，心脏已失去有效的收缩，心排血量锐减甚至为零，血液循环中断，患儿常出现阿 - 斯综合征，如不及时抢救终因心脑等生命器官缺氧缺血而死亡。部分病例如经及时、积极处理也可转为窦性心率，转危为安。

1. **诊断**　患儿心音及脉搏消失，血压降低至零，突然发生意识丧失然后抽搐、面色发绀、瞳孔散大。此时需紧急描记心电图以便准确判定为哪一种心律失常。

（1）心室扑动（图 3-13）：心电图呈匀齐、快速、连续、比较高大的正弦样曲线，频率 150～300 次 / 分，而多在 180～250 次 / 分，QRS 及 T 波已无法辨认，无等电位线，P 波消失。

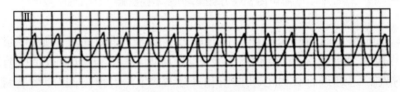

图 3-13　心室扑动

（2）心室纤维颤动（图 3-14）：P 波和 QRS-T 波完全消失，代以不规则、形态各异、电压不等的颤动波，无等电位线，频率多在 250～500 次 / 分。

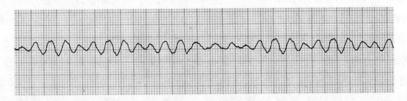

图 3-14　心室纤颤

（3）无脉性室速：QRS 时限增宽，呈规的室速波形，不能触摸到脉搏（图 3-15）。

（4）心脏停搏或无脉性电活动：如 P 波和 QRS 波均已消失，心电图呈一直线则为心脏停搏（图 3-16）。在临床上有时可见患儿心音和脉搏虽已消失，但在心电图上仍可见到电压较低极缓慢的室性自主心搏，有时呈多形性，把此称为心电 - 机械分离现象（图 3-17）。可见除室颤或室速外的其他心电活动，窦缓较常见，但摸不到脉搏。

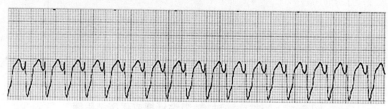

图 3-15　无脉性室速
心电图呈室速波形，但摸不到脉搏

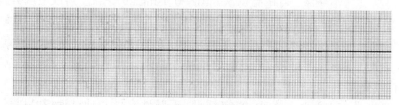

图 3-16　心脏停搏

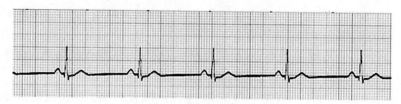

图 3-17　无脉性电活动
心电图表现为窦缓，但摸不到脉搏

2. 治疗　在临床上遇到此类心律失常时应分秒必争，即刻处理，预后除取决于原发病的性质、严重程度及全身状况外，能否给予及时、正确的心肺复苏抢救也是极为重要因素。

（1）一般措施：迅速进行体外心脏按压和开放气道、人工呼吸，尽早气管插管呼吸机辅助呼吸，以重建循环和呼吸。

（2）电除颤或药物：如心电图显示为心室扑动、心室纤颤、无脉性室速时首选电除颤，一般按 2～3J/kg，无效时可依次递增到 4～6J/kg，最大不超过 10J/kg。应尽快建立静脉给药通道。在准备除颤前或除颤后未复律者可予利多卡因每次 1～2mg/kg 加在 5%～10% 葡萄糖溶液 10～20ml，5～10 分钟内静脉推注，必要时 15～20 分钟重复给药 1 次，累积剂量不应超过 5mg/kg。如无效可改用溴苄铵每次 1～5mg/kg 稀释后静脉缓注。

（3）药物或电起搏：心电图显示心室或心脏停搏者可首选肾上腺素每次 0.01mg/kg 稀释后静脉推注，3～5 分钟可重复，每 2 分钟评估心律 1 次；也可用异丙肾上腺素每次 0.3～0.5mg/kg 静脉推注，有效后再予静脉滴注维持。无效者可安置心脏临时起搏器或经食管心房或心室调搏法起搏。

（4）病因治疗：针对引发心室扑动、心室纤颤和心脏停搏的病因给予积极处理，如对重症心肌炎、心肌病等心血管疾病进行综合治疗，改善心肌缺氧缺血，纠正水电解质紊乱及酸碱失衡，对药物中毒的恰当处理等。

四、常见问题和误区防范

（一）如何做到安全应用抗心律失常药物

抗心律失常药物和其他药物一样，作用有二重性，既有治疗效应又有不良反应，尤其是抗心律失常药物的作用靶器官是心脏，如用药不当可导致生命危险，因此安全用药更为重要。严重心律失常时，患儿病情较危重，急救用药多需静脉注射或滴注，以期迅速发挥药效。静脉给药初始剂量应偏小，无效时再增加剂量。除个别药物（如 ATP）外，绝大多数药物注射速率要缓慢，并应在心电监测下进行。在静脉注射药物前需做好心肺复苏的思想、人员及物质准备，如备齐除颤器及相关急救药品，以防发生意外措手不及。

应用抗心律失常药物时应全面考虑、评估患儿的状况，包括患儿的全身状态，心、肝、肾等脏器的功能及电解质变化，特别是心血管功能状态对应用急救药物有较大的影响。如患儿已有心力衰竭、心源性休克、窦房结功能低下和严重的房室传导阻滞时就应禁用那些具有负性变力、负性变时、负性变传导的药物，若必须应用也要谨慎，之前最好先用一些正性变力、正性变时的药物，以防加重病情。

联合用药时应注意药物间的相互影响及协同作用。一般情况下，很少同时应用两种或两种以上的抗心律失常药物，因联用时不良反应常常加重。对顽固性心律失常必须合用时应各自减量。有些药物合用应列为禁忌：如 β 受体阻滞剂（普萘洛尔）与钙拮抗剂（维拉帕米）不能同时应用，否则负性变力、负性变时、负性变传导作用更加显著，甚至可引发心脏停搏；普罗帕酮应避免与维拉帕米、胺碘酮及地高辛合用，否则会诱发或加重传导阻滞；普萘洛尔与胺碘酮合用可发生窦性停搏；对已用普萘洛尔者再加用 ATP 时应慎重，因合用会加重对窦房结和房室结的抑制。

小儿对抗心律失常药物的治疗反应存在着个体差异，应通过治疗观察寻求一个既安全又有效的用药剂量。多数药物的疗效和不良反应与血药浓度相平行，如有条件可做血药浓度检测，以指导临床用药。

（二）警惕抗心律失常药物的致（促）心律失常作用

近年来发现，应用抗心律失常药物时可使原有的心律失常加重或诱发出新的心律失常，因此，在用药过程中应加强监测，密切观察心率、心律的变化，做到及时发现、正确处理。

五、热点聚焦

重视心律失常患儿的综合治疗

应用抗心律失常药物实质上是一种对症治疗，它只是综合治疗的一部分，与此同时应加强病因治疗，针对原发病给予相应处理。对重症心肌炎引起的高度和三度房室传导阻滞，以及房室内阻滞可应用短程大剂量糖皮质激素及静脉注射丙种球蛋白，常取得良好效果。大剂量维生素 C、1,6-二磷酸果糖、磷酸肌酸钠、左卡尼汀等心肌代谢赋活药可保护心肌，改善心功能，有助于消除严重心律失常。如存在缺氧、酸中毒、水电解质紊乱等情况，也应积极加以纠正。

（孙正芸）

第四章

神经系统危重症

第一节　惊厥及惊厥持续状态

培训目标

1. 掌握惊厥的常见病因、鉴别诊断及治疗。
2. 掌握惊厥持续状态的定义及处理。
3. 熟悉难治性癫痫治疗时常见的问题和防范。

一、概述

惊厥（convulsion），俗称惊风、抽风，发生率为 3%～5%，惊厥是小儿时期常见的危急症，必须立即处理，否则可致严重的脑功能损伤，甚至引起心搏呼吸骤停。多数小儿惊厥预后良好，10%～15% 的患儿反复、持续发作，甚至成为惊厥持续状态，难以用止痉药控制。

惊厥和癫痫（epilepsy）有一定的区别。惊厥是指全身性或身体某一局部肌肉运动性抽搐，是由骨骼肌不自主地强直或阵挛而引起；癫痫是指慢性的、反复的、与发热或急性中枢损害无关的惊厥。惊厥是一次发作，而癫痫是重复多次的发作。

【病因】

常将小儿惊厥分为热性惊厥和无热惊厥，或分为感染性与非感染性惊厥，以便临床的鉴别诊断。非感染性惊厥一般不发热，常由原发性癫痫、全身性代谢紊乱、缺氧、中毒等引起；而感染性惊厥常伴发热。但非热性惊厥与热性惊厥无绝对界限，有些无热惊厥可因感染而诱发，如癫痫；某些感染性惊厥小儿又因年龄、体质不同而无发热，如新生儿及严重营养不良患儿在感染时可不发热。以下为小儿惊厥的常见病因。

（一）感染性惊厥

1. **颅内感染**　各种病因引起的脑炎，脑膜炎、脑膜脑炎、脑脓肿、脑寄生虫病、瑞氏综合征等。

2. **颅外感染**　如败血症、中毒性菌痢、重症肺炎等导致的中毒性脑病。

3. **热性惊厥**　是儿科最常见的惊厥类型，占儿科各类惊厥的 30%；多发生在上呼吸道感染或其他传染病初期，当体温骤然升高时出现惊厥，热性惊厥初发年龄在 1 个月至 6 岁，尤以 6 个月至 3 岁多见。

（二）非感染性惊厥

1. **颅内非感染性疾病**　原发性癫痫，颅脑外伤，胸腹严重挤压伤，产伤，颅内畸形血管或动脉瘤破裂，血液病（如脑型白血病、血友病、血小板减少性紫癜、再生障碍性贫血等）致脑实质弥漫性内出血，血肿或蜘蛛膜下腔出血，颅内肿瘤，脑积水等。

2. **颅外非感染性疾病**

（1）脑缺氧缺血性损伤：心搏呼吸骤停、窒息、溺水、呼吸衰竭、重度休克、癫痫持续状态、严重贫血、一氧化碳中毒或氰化物中毒等。

（2）高血压脑病：急性肾小球肾炎、慢性肾盂肾炎、肾血管畸形、铅中毒等所致的高血压脑病。

（3）代谢异常及水电解质平衡紊乱：常见的有低钙血症、低血糖症、高钠或低钠血症、低镁血症等；少见的有代谢性疾病如半乳糖血症、果糖血症、苯丙酮尿症等。

【发病机制】

惊厥发病机制目前尚不完全清楚，目前认为可能是脑内兴奋与抑制过程失衡，大脑运动神经元的异常放电所致，多种病因使脑神经功能紊乱而导致这种病理性放电。凡能造成神经元异常过度放电的因素，均可导致惊厥。惊厥产生的机制可能有以下三个方面：①病灶处神经细胞减少，神经胶质细胞增加，树突分支减少和变形，传入减少，导致神经型过敏，产生重复放电；②轴突末梢放电使神经细胞的活动增加；③细胞外离子浓度的改变，使神经细胞的兴奋性发生变化。

影响小儿惊厥性放电的因素如下：

1. **解剖及生理因素**　儿童特别是婴幼儿大脑皮质正处于不断发育完善的过程，其分析鉴别、抑制功能较差；加之神经髓鞘尚未完全形成，绝缘和保护作用差，受刺激后，兴奋性冲动传导易于泛化而致惊厥；血-脑屏障功能差，各种毒素易透入脑组织。

2. **遗传因素**　近年来发现，儿童癫痫的发生与遗传有关，基因克隆方法的发展可能进一步解释儿童癫痫的发病机制。某些特殊疾病如脑发育缺陷和先天性遗传代谢性异常也易出现惊厥性放电。

3. **生化因素**

（1）神经递质紊乱：乙酰胆碱、谷氨酸、门冬氨酸等兴奋性递质能使细胞内外电位差减少，使膜去极化，产生兴奋性突触后电位，使兴奋扩散而致惊厥发作。抑制性递质如氨基丁酸（GABA）、多巴胺、5-羟色胺等，使膜发生超极化，产生抑制性突触后电位，使膜更加稳定，可减少惊厥发作。

（2）内环境紊乱：①血中钙离子正常浓度可维持神经肌肉兴奋性，当浓度降低时，使神经和肌膜对钠离子通透性增加，容易发生除极化，导致惊厥发作。②细胞内外钠离子的相对浓度可影响大脑的功能和惊厥阈值。血清钠降低时，水由细胞外进入细胞内，使神经细胞水肿，颅内压增高，重者可致惊厥。③脑神经细胞能量代谢障碍，可引起神经元功能紊乱，常见于缺氧、低血糖。如缺氧时可产生大量自由基，产生过氧化脂质，使神经细胞破坏变性，通透性增高产生异常放电。过氧化脂质又能抑制突触膜钠-钾ATP酶，使之失活引起突触膜除极化致惊厥发作。低血糖最容易引起神经元能量代谢障碍。此外，高热使中枢神经过度兴奋，对内环境刺激的应激性增高，或者使神经元代谢率增高，氧及葡萄糖消耗增多而含量降低，使神经元功能紊乱而引起惊厥。

二、临床表现

1. **惊厥的一般表现**　惊厥发作前可有先兆，但多数突然发作，意识丧失，两眼凝视，斜视或上翻，头后仰、面肌及四肢呈强直性或阵挛性抽搐；可伴喉痉挛，呼吸暂停甚至青紫。

惊厥后常昏睡,少数抽搐时意识清楚如手足抽搐症。

凡一次惊厥发作持续 30 分钟以上,或反复发作而间歇期意识模糊超过 30 分钟,称为惊厥(或癫痫)持续状态,这往往表示病情严重。

2. 难治性癫痫持续状态 难治性癫痫持续状态是指足够剂量的初始抗癫痫药物(antiepileptic drugs, AEDs),如苯二氮䓬类药物后续另一种 AEDs 仍无法终止的癫痫持续发作和(或)脑电图持续性放电。

3. 热性惊厥 热性惊厥的临床表现是先有发热,随后发生惊厥,惊厥出现的时间多在发热体温骤升之时,突然出现短暂的全身性惊厥发作,伴有意识丧失,抽搐常呈全身性、强直阵挛性,持续数秒至数分钟,抽搐后常神志清醒或出现短暂的昏睡。惊厥的严重程度并不与体温成正比,一般一次发热中惊厥一次者居多。热性惊厥的发生与年龄相关,一般 6 个月至 3 岁发病,发病率为 4%~10%,有一定的家族倾向。热性惊厥可分为单纯型热性惊厥和复杂型(非典型性)热性惊厥。单纯型热性惊厥多数呈全身强直阵挛性发作,持续数秒至10 分钟,发作 1~2 次,发作后患儿除原发疾病表现外,一切恢复如常,不留任何神经系统体征。复杂型热性惊厥是指抽搐持续超过 10 分钟,在 24 小时内反复发作 2 次以上或数天内反复发作 5 次以上、属局灶性抽搐。热性惊厥发展成癫痫的概率约占 9%,危险因素包括:癫痫的阳性家族史、首次发病年龄小于 9 个月、持续时间长或复杂型热性惊厥、生长发育延迟和神经系统检查的异常发现。

三、诊断和鉴别诊断

【诊断】

1. 病史 既往有无热性惊厥史,现病史有无发热,对惊厥的频率与惊厥形式的变化、家族史、生产史、用药情况及惊厥的伴随情况等均应详细询问。此外惊厥的诊断与年龄因素有关,新生儿期主要以产伤,窒息为主,婴幼儿期主要以各种感染多见,学龄期以外伤和肿瘤多见。

2. 体格检查 观察惊厥时的具体表现,包括惊厥的形式和频率、是否存在神经系统症状或体征;全身仔细检查包括皮肤淤点,局部感染灶,脑膜刺激征和颅内高压症等。血压及眼底检查等均可能有助于病因诊断。

3. 实验室、脑电图和影像学检查 对相关检查正常的患儿,可测定血糖、钙、镁及电解质;当怀疑惊厥与蛛网膜下腔出血、脱髓鞘病变及感染有关时,应进行脑脊液检查。

脑电图检查对小儿惊厥的诊断有较好的辅助作用。临床有抽搐而常规脑电图检查见阵发性放电者,提示有癫痫;但脑电图正常也不能排除癫痫。患儿正在服用抗惊厥药而需做脑电图时,不需停药,以免引起癫痫持续状态。对复杂型热性惊厥及治疗效果较差的患儿,可用视频脑电图的方法进行研究,这对抽搐不太频发患儿的诊断及癫痫分类有较大意义。

头颅 CT 及 MRI 检查在初次热性惊厥且神经系统检查正常的患儿阳性率很低,故常将这些检查限于怀疑有颅内损伤或临床症状及神经系统检查有异常发现者。对复杂型部分惊厥(complex partial seizure)、在惊厥发生及发作后有神经系统异常体征、抽搐的频率与严重性增加、抽搐形式的变化、有颅脑损伤和颅内压增高迹象、在青少年时出现首次抽搐者等,宜进行 MRI 检查。

【鉴别诊断】

1. 惊跳或抖动 常见于新生儿或小婴儿,因外界刺激可出现惊跳或抖动,是一种大幅度、高频率及有节奏的运动，不伴有异常的眼或口颊运动，易于安抚。惊厥常伴有异常的眼或口颊运动。

2. **屏气发作**　常因情绪反应引起，多在 6～12 月龄起病，大多在 3 岁后消失。发作前先有哭闹，哭闹十几秒左右即在呼气时屏气，后出现青紫、全身强直、角弓反张及尿失禁，偶见短暂的全身抽搐，发作多于 1 分钟左右自然终止，呼吸恢复后意识即恢复，并再次啼哭，脑电图无异常。

3. **抽动障碍**　是一种以肌肉抽动为主要特点的行为障碍，抽动表现为不自主的、突然发生的、迅速而过重复刻板的无规律、无目的的动作或发声，有时可用意志克制一段时间，在无聊时明显，而在专注学习时减少，在睡眠中减少或消失。脑电图正常，氟哌啶醇治疗有效。

4. **癔症**　发作前多有精神因素诱发，常有胸闷、心悸等各种不适，"惊厥"表现无规律，发作时有短暂的意识障碍，瞳孔无变化，对光反射存在，无大小便失禁，脑电图正常。暗示疗法有效。

四、治疗决策

对单纯型热性惊厥主要以原发病治疗为主，而长时程惊厥发作或惊厥持续状态除需止痉治疗外，还应给予预防性治疗。

【一般治疗】

在急诊处理小儿惊厥时，首先应努力保持患儿的呼吸道通畅，清除气道分泌物，必要时用开口器；应用牙垫或裹有纱布的压舌板以防舌咬伤；患儿应平卧，头偏向一侧，以免异物吸入；惊厥时应防止坠床或外伤，应给吸氧。保证良好的通气和氧合，控制血压，保证脑组织血流灌注，积极治疗脑水肿，控制颅内高压。纠正水电解质紊乱。

【病因治疗】

积极治疗原发疾病。对于感染性因素引起的惊厥，要针对性抗感染治疗。对于头部创伤、颅内出血和肿瘤等情况，需神经外科医师及时手术治疗。对于中毒患儿，应尽快清除未被吸收的毒物，防止毒物吸收，促进解毒和排泄，对症治疗。

热性惊厥患儿在急诊处理时有发热者，应予药物或物理降温。用退热药控制体温，临床常用的退热药有布洛芬，对乙酰氨基酚及中成药等。

【抗惊厥治疗】

小儿惊厥或惊厥持续状态，必须立即控制，否则每一次惊厥都将加重脑水肿甚至引起脑疝和死亡，常用控制惊厥的药物如下（表 4-1）。

表 4-1　小儿惊厥急诊处理的常用药物用法

药名	首剂量	维持量
地西泮	每次 0.1～0.3mg/kg	
咪达唑仑	每次 0.1～0.3mg/kg	1～5μg/(kg·min)
苯巴比妥钠	每次 10mg/kg 最大剂量每次 400mg	5mg/(kg·d)，每 12 小时给药 1 次
丙戊酸钠	每次 10～15mg/kg	0.6～1.0mg/(kg·h)

1. **安定（地西泮）**　安定属苯二氮䓬类药物，脂溶性，能很快通过血 - 脑屏障进入脑组织而控制惊厥，为控制惊厥的首选药物，用法：每次 0.1～0.5mg/kg，静脉推注，地西泮导致呼

吸抑制的情况与静脉推注速度和个体差异有关,静脉推注速度应控制在 0.5~1mg/min。

2. **咪唑安定(咪哒唑仑)** 咪达唑仑属苯二氮草类药物,与地西泮比较,该药具有镇静催眠、抗惊厥、抗焦虑的作用,作用比地西泮强 2~4 倍,加之注射部位无疼痛,不引发静脉炎,配制稳定,易保存,近年来广泛应用于脑水肿、惊厥持续状态的患儿。用法:每次 0.1~0.2mg/kg,或 1~5μg/(kg·min)维持。

3. **苯巴比妥钠** 是应用最早,也是应用最广泛的长效巴比妥类镇静药,随着剂量的增大依次产生镇静、催眠、抗惊厥及麻醉作用,显效时间 0.5~1 小时,作用持续 6~8 小时,通常首剂给予 5~10mg/kg 静脉注射,以后用 5mg/(kg·d)静脉注射或分 2 次口服维持。

4. **丙戊酸钠** 为广谱抗癫痫药,静脉注射对大多数癫痫状态有效,开始负荷量是 10~15mg/kg,而后可给予 0.6~1.0mg/(kg·h)的速度静脉滴注。有肝功能损害者慎用。年龄小于 2 岁的患儿肝功能损害发生率高。

各种抗惊厥药物的使用必须严密监测呼吸、脉搏、血压和血氧饱和度,以免抑制呼吸。

五、预防

对长时程惊厥发作或惊厥复发者,应采用抗癫痫药物预防性治疗,疗程至少 1~2 年,没有发作者,逐渐减量停药。

六、常见问题和误区防范

(一)引发难治性癫痫的常见原因是什么

难治性癫痫持续状态(refractory status epileptics,RSE)是儿童最常见的神经系统急危重症,严重者可导致死亡,即使存活也可能伴随难治性癫痫或认知障碍。引发难治性癫痫的常见原因如下。

1. **抗癫痫药物初始治疗剂量不足** 苯二氮草类药物及后续另一种抗癫痫药物(anti-epileptic drugs,AEDs)的初始治疗失败,是癫痫持续状态(status epileptics,SE)转变为 RSE 的重要因素。而初始治疗失败又与 AEDs 药物的首剂负荷量不足和(或)后续维持量不足或缺如相关。几乎所有的止痉药物均存在呼吸、循环抑制等不良风险,临床医师在使用止痉药物时常常因担心出现药物不良风险,而使用的首剂负荷量不足,引起终止癫痫发作的药物疗效下降,导致治疗的最佳时机被延误。需要注意的是,多数 AEDs(特别是苯二氮草类药物)随着癫痫持续时间的延长,神经细胞突触后膜上的 γ-氨基丁酸(GABA)受体亚单位很快因胞膜内吞作用而被移至细胞内,使抑制性电位产生减少;兴奋性谷氨酸受体迅速从胞质内转移至轴突附近,使兴奋性电位产生增加;结果对 AEDs 快速耐受,SE 很快转变为RSE,增加了治疗的难度。因此,应根据患者的年龄、病因、重要器官功能等,选择最为合适的药物、最为合理的用药方式和足够的剂量,以尽快达到安全有效终止 SE 的目的。

2. **应用麻醉药物治疗时间延误** 一旦 SE 初始治疗失败,RSE 诊断成立,必须迅速开始麻醉药物治疗。但是大多数临床医师仍期望 RSE 能在抗癫痫药物作用下逐步缓解或担忧麻醉药物的不良药物反应,而不愿启动麻醉药物治疗,造成麻醉药物治疗的延误。实际上已有研究证实即便是经规范的 RSE 麻醉药物治疗,无论传统的麻醉药物(硫喷妥钠)还是新型的麻醉药物(咪达唑仑或丙泊酚),仍有 28.5%~65.2% 的 RSE 不能早期(<48 小时)终止,18%~26% 的 RSE 不能最终终止。

因此,要加强 SE 初始治疗后癫痫发作的监测,一旦 RSE 成立,应立即开始麻醉药物治疗。但必须注意的是,此类患者需住 ICU 监测和治疗,在使用麻醉药物前,需要做好气管插管、机械通气准备,并建立快速静脉输液通道,以应对麻醉药物带来的呼吸、循环抑制等不良反应。

3. **忽视病因治疗**　引起癫痫的病因多种多样,应积极查找、尽快明确病因。在积极进行抗癫痫药物治疗和(或)麻醉药物治疗时,不能忽视对病因的治疗。快速控制炎性反应,有效减轻脑水肿,迅速恢复脑血流、彻底清除颅内血肿及占位等病灶。加强病因治疗,能帮助控制癫痫发作。相反,忽视病因治疗,一味加强止痉,有可能将患儿的治疗引入歧途。

(二)脑电监测在癫痫持续状态治疗中起什么作用

在应用 AEDs 后,SE 的终止不仅要看到临床抽搐发作的终止,还需观察到脑电图痫性放电的终止。至少 14% 的非惊厥性癫痫持续状态(nonconvulsive status epilepticus,NCSE)发生在临床抽搐征象消失之后,此时应用脑电图监测仍可发现痫性放电在持续,这是临床抽搐复发的最大潜在危险。一旦 SE 复发,将增加治疗的难度,并很有可能发展成为 RSE。因此,SE 的终止不能仅以临床抽搐停止为标准,还需要看到脑电图上无痫性放电至少持续24～48 小时。

目前多数临床医师对 SE/RSE 患者进行脑电监测的意识不强,另外部分医院也存在脑电监测设备缺乏的问题。解决这些问题的关键是提高临床医师对 SE 患者治疗时进行脑电监测必要性的认识;其次要加大投入,增加脑电监测设备在 ICU 的配置;同时还要重视脑电监测技术人才的培养,充分发挥脑电监测在 SE 及 RSE 治疗中的作用。

七、热点聚焦

(一)不同抗惊厥药物的疗效和不良反应比较

目前在国内可以初始使用的 AEDs 静脉药物只有地西泮、咪达唑仑丙戊酸和苯巴比妥。国内关于抗癫痫药物在儿童癫痫持续状态中应用疗效和不良反应的临床随机对照研究较少,成人的相关研究可供参考。国内成人领域一项地西泮与丙戊酸钠比较的研究发现:只要负荷量和维持量足够,丙戊酸钠的 SE 终止率(50%)与地西泮(56%)相当,呼吸抑制率(0)和循环抑制率(0)明显低于地西泮(5.5% 和 5.5%),但是这两种药物 SE 终止率均不理想。2014 年,国内另一项刚刚结束的将苯巴比妥与丙戊酸钠比较的研究发现:只要苯巴比妥(静脉推注)的负荷量和维持量足够,SE 终止率可高达 81.8%,是丙戊酸钠控制率(41.9%)的近 2 倍;但苯巴比妥推注治疗中呼吸抑制率(6.1%)和循环抑制率(15.2%)均高于丙戊酸钠(0),因此必须采用呼吸机机械通气支持、循环支持治疗。

目前在儿童难治性癫痫治疗中咪达唑仑通常作为治疗的首选。巴比妥类药物常常作为咪达唑仑治疗失败之后的选择,常在难治性癫痫状态发生 66 小时之后开始应用,达到脑电图暴发抑制的目标所需的时间平均为 22.6 小时。在咪达唑仑治疗无效的患者中,巴比妥类药物输注治疗有效率为 65%。

(二)麻醉药物的使用时机

RSE 难以控制的原因在于频繁癫痫发作和神经元丢失时,脑神经环路发生重构,包括突触效能改变、现有连接丢失及新的连接生成,从而永久地改变癫痫易患性。2012 年,美国神经重症学会"癫痫持续状态评估与处理指南"推荐:临床和(或)脑电图癫痫发作 5 分钟以上开始 SE 初始治疗;1 小时发作仍未终止,开始麻醉药治疗。实际临床工作中面对难治性癫痫持续状态很少有医师会如此迅速的使用麻醉药物进行治疗。SE 初始治疗时间延长,麻醉药治疗启动过晚，是另一导致 SE 转变为 RSE 的重要因素，可导致后续 RSE 治疗困难和不良预后。儿童麻醉药物应参照相关指南，在初始 AEDs 治疗效果不佳时及时启用，以避免脑神经环路发生重构，更好地控制癫痫发作。

有研究回顾性检索和分析了儿童难治性癫痫治疗情况，发现在咪达唑仑和巴比妥类首选药物治疗失败之后，一般会选择吸入性麻醉药物，氯胺酮和低温治疗，通常是在癫痫发作之后几天才开始治疗。可见儿童难治性癫痫治疗中麻醉药物干预仍然滞后。

（三）咪达唑仑在儿童癫痫持续状态中的应用现状

咪达唑仑具有起效快，对血压、心律和呼吸的抑制作用比地西泮小等优点，是目前在 PICU 中止惊和抗癫痫的常规用药。咪达唑仑在儿童癫痫持续状态治疗中显示了良好的疗效。

有研究发现，当采用咪达唑仑作为儿童难治性癫痫初始治疗药物时，临床癫痫的控制率为 76%，平均达到症状控制的时间为 41 分钟。当咪达唑仑与持续性脑电监测一起使用时，达到癫痫控制所需的时间更短，平均所需的药物剂量为 $10.7\mu g/(kg \cdot min)$；而不采用脑电图监测的研究中，所需药物剂量更低为 $2.8\mu g/(kg \cdot min)$；这表明持续脑电图监测为治疗提供了额外的治疗靶点。但是研究没有提示不同剂量咪达唑仑治疗后，难治性癫痫的复发情况。

有采用咪达唑仑肌内注射在入院前治疗难治性癫痫的研究报道。该研究中对于体重大于 40kg 的儿童和所有成人，采用 10mg 咪达唑仑（肌内注射）或 4mg 劳拉西泮（静脉注射），对于体重 13～40kg 的儿童，采用 5mg 咪达唑仑（肌内注射）或 2mg 劳拉西泮（静脉注射），结果发现与劳拉西泮相比，肌内注射咪达唑仑既缩短了开始用药的时间（1.2 分钟 *vs.* 4.8 分钟），保持了良好的控制率（73.4% *vs.* 63.4%）；且并未增加呼吸、循环抑制的发生率（14.1% *vs.* 14.4%）。研究表明在院前给癫痫持续状态患者肌内注射咪达唑仑至少和静脉推注劳拉西泮一样安全有效。

另外，成人领域研究发现，使用咪达唑仑高剂量[$0.4mg/(kg \cdot h)$]持续静脉输注治疗难治性癫痫状态是安全的，与传统低剂量[$0.2mg/(kg \cdot h)$]治疗方案相比，癫痫发作率和患者死亡率更低。虽然在高剂量组中患者出现低血压的情况更多，但是与患者不良预后无关。最新发表的儿童抗癫痫研究发现咪达唑仑对癫痫持续状态治疗有效率为 90.3%；在治疗成功的 SE 中，21.9% 的 SE 在给予咪达唑仑首次剂量≤0.2mg/kg 后就治疗成功，另外，78.9% 的 SE 在后续给予持续静脉输注咪达唑仑 0.2～1.2mg/(kg·h)[平均剂量 $0.4mg/(kg \cdot h)$]后抽搐终止。可见在治疗癫痫持续状态时，当咪达唑仑治疗效果不佳时应该考虑使用剂量是否足够。

（许 峰 符跃强）

第二节 昏 迷

培训目标

1. 掌握昏迷的概念。
2. 掌握昏迷的程度判断和昏迷评分。
3. 熟悉导致昏迷的病因。

昏迷（coma）是指脑的高级神经活动严重抑制和衰竭的一种特殊病理状态，是意识障碍的最严重阶段，临床表现为短暂性或持续性的意识活动丧失、觉醒状态丧失及运动、感觉和反射等功能障碍。

一、概述

【病因】

昏迷的病因很多，既可由中枢神经系统病变引起（占70%），又可以是全身性疾病的后果，如急性感染性疾病、内分泌及代谢障碍、心血管疾病、中毒及电击、中暑、缺氧、高原病等。一般可分为全身性疾病和中枢神经系统疾病，亦可分为感染性疾病或非感染性疾病。儿童昏迷以中枢神经系统感染最多见。

（一）按病变部位分类

1. 中枢神经系统疾病

（1）中枢神经系统感染性疾病：最常见，如细菌、病毒、真菌、寄生虫等病原微生物所致的各种脑炎、脑膜炎、脑膜脑炎、脑脓肿等。

（2）中枢神经系统非感染性疾病：脑血管疾病：脑出血、脑栓塞等；颅脑损伤如新生儿缺血缺氧性脑病、颅内出血、新生儿胆红素脑病、脑外伤等；脑占位性病变如脑肿瘤、脑水肿、脑疝等；癫痫大发作。

2. 全身性疾病

（1）急性重症感染：如脓毒症、重症肺炎、斑疹伤寒等引起的中毒性脑病。

（2）内分泌代谢性疾病：如低血糖症、高血糖症、糖尿病酮症酸中毒、甲状腺功能减退症及甲状腺危象等；尿毒症、高氨酸血症、肝性脑病、肺性脑病、胰性脑病等；严重缺氧如窒息、阿-斯综合征、高山性昏迷等；水电解质和酸碱平衡紊乱如高钠血症、低钠血症、严重高氯性酸中毒、严重低碱性碱中毒、低钙血症等。

（3）中毒及意外：镇静药、解热镇痛药、抗精神病药、阿托品、颠茄类、吗啡、酒精等过量或误服；工业毒物如一氧化碳、氰化物、苯中毒等；杀虫剂如有机磷、有机氯等；植物及其种子如曼陀罗、白果、苦杏仁等中毒；蜂蜇、蛇咬中毒等。意外包括热射病、溺水、触电、雷击、异物窒息等。

（4）其他：如高血压、瑞氏综合征、惊厥后昏迷、法洛四联症等。

（二）按发生方式分类

1. 突然发生的昏迷

（1）暴发性感染：中毒性菌痢、暴发性流行性脑脊髓膜炎等。

（2）头部外伤：脑震荡、颅骨骨折、颅内出血等。

（3）脑血管意外：脑血管栓塞、血栓形成、脑出血等。

（4）急性中毒：镇静药、麻醉药、有机磷、一氧化碳、食物中毒等。

（5）其他：心律失常、心源性脑缺氧综合征。

（6）气温改变：中暑或寒冻。

2. 逐渐发生的昏迷

（1）中枢神经系统疾病：各种原因的脑炎、脑膜炎、脑脓肿、癫痫等。

（2）代谢性疾病：糖尿病、低血糖等。

（3）肝肾功能不全、尿毒症、肝性脑病、电解质紊乱等。

（4）其他疾病晚期：如白血病、恶性肿瘤等。

（三）按发病年龄分类（表4-2）

表4-2 不同年龄昏迷常见病因

婴儿	幼儿	学龄期儿童
中枢神经系统感染	脑外伤	脑外伤
急性中毒性脑病	惊厥后	急性中毒性脑病
瑞氏综合征	中枢神经系统感染	瑞氏综合征
脑外伤	急性中毒性脑病	中枢神经系统感染
惊厥后	瑞氏综合征	代谢性脑病
代谢性脑病	代谢性脑病	各种中毒
各种中毒	各种中毒	

【发病机制】

人体觉醒状态的维持主要依靠大脑皮质的正常意识活动及位于延髓、脑桥、中脑及丘脑网状结构的上行性网状激活系统的正常运行。研究证实，大脑一侧或局限性大脑病变一般不会引起昏迷，只有严重的广泛的大脑受损，颅内外各种病变累及上行网状激活系统的任何环节才可引起意识障碍，严重者导致昏迷。在昏迷早期，中枢神经系统可能仅有生化改变，随病情进展，结构性损害则愈加明显，出现明显脑充血和水肿，颅内压增高，甚至发生脑疝。各种病因导致脑细胞能量代谢障碍和神经元细胞膜通透性障碍在昏迷的发生发展中具有重要影响。

二、诊断与鉴别诊断

【临床表现和诊断】

（一）判断昏迷程度

1. **意识障碍** 嗜睡是最轻的意识障碍，是一种病理性倦睡，患者陷入持续的睡眠状态，可被唤醒，并能正确回答和做出各种反应，但当刺激去除后很快又再入睡。意识模糊：是意识水平轻度下降，较嗜睡为深的一种意识障碍。患者能保持简单的精神活动，但对时间、地点、人物的定向能力发生障碍。昏睡：是接近人事不省的意识状态。患者处于熟睡状态，不易唤醒。虽在强烈刺激下（如压迫眶上神经、摇动患者身体等）可被唤醒，但很快又再入睡。醒时答话含糊或答非所问。

2. **浅昏迷** 是指意识大部分丧失，无自主运动，对声、光刺激无反应，但对疼痛刺激可出现退缩反应或痛苦表情，角膜反射、瞳孔对光反射、眼球运动、吞咽、咳嗽反射等可存在。

3. **中昏迷** 是指对周围事物及各种刺激均无反应，对于剧烈刺激可出现防御反射。角膜反射减弱，瞳孔对光反射迟钝，眼球无转动。

4. **深昏迷** 是指全身肌肉松弛，对任何刺激均无反应，深、浅反射均消失（表4-3）。

（二）进行昏迷分期

临床上，根据上述标准诊断颇为困难，美国耶鲁大学制定的小儿昏迷分期标准（4期）对评定患儿昏迷程度更为简便实用。①Ⅰ期，轻刺激时自发运动增多，但对简单命令无任何发言；②Ⅱ期，对疼痛刺激有躲缩动作，虽不能唤醒，但有自发动作；③Ⅲ期，自发性或剧痛时

表 4-3　昏迷程度判断

昏迷程度	对外界的刺激反应	自发动作	生理反射	生命体征
浅昏迷	对周围事物及声、光等刺激反应,对强烈疼痛刺激可有回避动作及痛苦表情,但不能觉醒	有较少无意识自发动作	角膜反射、瞳孔对光反射、眼球运动、吞咽、咳嗽反射等可存在	无明显改变
中昏迷	对外界的正常刺激均无反应,对强烈刺激的防御反射减弱	自发动作很少	角膜反射、瞳孔对光反射减弱,大小便潴留或失禁	稍有改变
深昏迷	对任何刺激均无反应	全身肌肉松弛,无任何自主运动	眼球固定,瞳孔散大,各种反射消失,大小便多失禁	明显改变,呼吸不规则,血压或有下降

出现去大脑(伸展)姿势,对光反射仍然可保持;④Ⅳ期,四肢松软,对疼痛刺激无反应,无深腱反射及瞳孔对光反射,无自主呼吸。

(三)对昏迷进行评分

国内儿科临床常根据改良的 Glasgow 昏迷评分法分度。按照评分标准:15 分,正常;低于 7 分,昏迷;低于 3 分,脑死亡。13～14 分,轻度昏迷;9～12 分,中度昏迷;<8 分,重度昏迷(表 4-4)。

表 4-4　改良的 Glasgow 昏迷评分法

功能测定	<1 岁	≥1 岁		评分
睁眼	自发	自发		4
	声音刺激时	语言刺激时		3
	疼痛刺激时	疼痛刺激时		2
	刺激后无反应	刺激后无反应		1
最佳运动反应	自发	服从命令动作		6
	因局部疼痛而动	因局部疼痛而动		5
	因痛而屈曲回缩	因痛而屈曲回缩		4
	因疼痛而呈屈曲反应(似去皮质强直)	因疼痛而呈屈曲反应(似去皮质强直)		3
	因疼痛而呈伸展反应(似去大脑强直)	因疼痛而呈伸展反应(似去大脑强直)		2
	无运动反应	无运动反应		1
最佳语言反应	0～23 个月	2～5 岁	5 岁	
	微笑,发声	适当的单词,短语	能定向说话	5
	哭闹,可安慰	词语不当	不能定向	4
	持续哭闹,尖叫	持续哭闹,尖叫	语言不当	3
	呻吟,不安	呻吟	语言难以理解	2
	无反应	无反应	无反应	1

【鉴别诊断】

昏迷的鉴别诊断,首先应解决是不是昏迷? 昏迷的病因是什么? 故昏迷的鉴别诊断包括了昏迷状态的鉴别和昏迷病因的鉴别。

（一）昏迷状态的鉴别

1. 假性昏迷 是意识并非真正丧失，但不能表达和反应的一种精神状态。它包括癔症性不反应状态、木僵状态、闭锁综合征。

（1）癔症性不反应状态：①患者常伴有眼睑眨动，对突然较强的刺激可有瞬目反应甚至睁眼反应，拉开眼睑有明显抵抗感，并见眼球向上翻动，放开后双眼迅速紧闭；②感觉障碍与神经分布区域不符，如暴露部位的感觉消失，而隐蔽部位的感觉存在；③脑干反射如瞳孔对光反射等存在，无病理反射；④脑电图呈觉醒反应；⑤暗示治疗可恢复常态。

（2）木僵状态：①睁眼存在；②可伴有蜡样屈曲、违拗症等，或谈及患者有关忧伤事情时，可见眼角噙泪等情感反应；③夜深人静时可稍有活动或自进饮食，询问时可低声回答；④脑干反射存在；⑤脑电图正常。

（3）闭锁综合征：①睁眼反应存在，能以睁眼或闭眼表示"是"或"否"和周围人交流；②第Ⅴ脑神经以上的脑干反射存在，如垂直性眼球运动、瞳孔对光反射存在；③脑电图多数正常。

2. 醒状昏迷 是觉醒状态存在、意识内容丧失的一种特殊的意识障碍。临床表现为语言和运动反应严重丧失，而皮质下的大多数功能和延髓植物功能保存或业已恢复，自发性睁眼反应及觉醒 - 睡眠周期等都存在。可见于去皮质状态、无动性缄默及植物状态。

（1）去皮质状态：临床表现为意识内容完全丧失，患者对自身及外界环境毫不理解，对言语刺激无任何意识性反应，常伴有去皮质强直、大小便失禁。觉醒 - 睡眠周期保存或紊乱，觉醒时患者睁眼若视，视线固定有瞬目，或眼球无目的转动，茫无所知。皮质下植物功能的无意识活动存在，咀嚼、吞咽动作、呼吸、循环功能正常，角膜反射、瞳孔对光反射不受影响。可伴有不自主哭叫，对疼痛刺激有痛苦表情及逃避反应。

（2）无动性缄默症：主要表现为缄默不语，四肢不能运动，疼痛刺激多无逃避反应，貌似四肢瘫痪。可有无目的睁眼或眼球运动，睡眠 - 觉醒周期可保留或有改变，如呈睡眠过渡状态。伴有自主神经功能紊乱，如体温高、心搏或呼吸节律不规则、多汗、皮脂腺分泌旺盛、尿便潴留或失禁等，无锥体束征。一般肢体并无瘫痪及感觉障碍，缄默、不动均由意识内容丧失所致。

（3）植物状态：①对自身或环境毫无感知，且不能与周围人接触。②对视、听、触或有害刺激，无持久的、重复的、有目的或自主的行为反应。③不能理解和表达语言。④睡眠 - 觉醒周期存在。⑤丘脑下部和脑干功能保存。⑥大小便失禁。⑦脑神经（瞳孔、眼脑、角膜、眼 - 前庭、咽）和脊髓反射保存。

3. 晕厥 是一种急起而短暂的意识丧失，常有先兆症状，如视觉模糊、全身无力、头昏眼花、出冷汗等，然后晕倒，持续时间很短，一般数秒钟至 1 分钟即可完全恢复。

4. 失语 完全性失语尤其伴有四肢瘫痪时，对外界的刺激均失去反应能力。如同时伴有嗜睡，更易误认为昏迷。失语患者给予声光及疼痛刺激时能睁开眼睛，能以表情等来示意其仍可理解和领悟，表明其意识内容存在，或可见到喃喃发声，欲语不能。

5. 发作性睡病 通常不易入睡的场合下，如行走、进食、上课或某些操作过程中，发生不可抗拒的睡眠，每次发作持续数秒钟至数小时。发作时瞳孔对光反射存在，且多数可被唤醒。

（二）综合判断

昏迷的病因诊断与鉴别诊断有赖于充分的病史询问、详细的体格检查及结合准确的实验室数据、影像学检查综合分析与判断。通常根据昏迷患儿病史、伴发症状、体征等可做出昏迷程度的评定和原发病诊断，然后根据意识障碍功能定位生理解剖知识按照定位诊断步骤，综合分析可以观察到的体征来确定昏迷患儿的病灶所在，再结合实验室检查诊断可明确。

1. **病史询问** 详细询问患儿家属现病史非常重要，包括：①昏迷起始及被发现时间；②昏迷的现场所见；③昏迷发生年龄与季节；④既往史（有无癫痫及其他慢性病或目前正在治疗的其他疾病）；⑤有无药物过敏史或中毒（药物品种、剂量及误服等）；⑥有无颅脑外伤。

2. **伴随症状和体征** 应注意体温（低体温、超低体温或发热），呼吸形式、脉搏（快慢、节律、强弱等），皮肤（苍白、发绀、黄疸、出血点、瘀斑、皮疹、外伤等），血压，瞳孔（大小、形状及对光反射），眼底改变等。常见疾病伴随症状可见：①昏迷伴发热，先发热后意识障碍见于重症感染性疾病；先意识障碍后发热，见于脑出血、蛛网膜下腔出血、巴比妥类药物中毒等。②昏迷伴有肢体瘫痪、瞳孔不等大及病理反射阳性，多为脑血管疾病、颅内血肿等。③昏迷伴有瞳孔缩小，见于有机磷中毒、脑干出血、巴比妥类药物及吗啡、海洛因等中毒；昏迷伴有瞳孔扩大，见于颠茄类、酒精、氰化物等中毒及癫痫、低血糖、颅内高压、脑疝晚期或阿托品类中毒。④昏迷伴有脑膜刺激征，见于脑膜炎、蛛网膜下腔出血等。⑤昏迷伴有低血压、心律失常，多见于休克、内脏出血、心肌梗死等。⑥昏迷伴有口腔异味，如糖尿病酮症酸中毒有烂苹果味，尿毒症有尿味，肝性脑病有肝臭味，有机磷中毒为大蒜味，酒精中毒为酒味。⑦昏迷伴皮肤黏膜改变，出血点、瘀斑和紫癜等可见于严重感染和出血性疾病；口唇呈樱桃红色提示一氧化碳中毒。患儿肌张力、颅内压改变、神经系统定位体征、反射等可鉴别原发性颅内疾病与全身性疾病所致昏迷（表4-5）。进一步还可根据症状与体征对颅内疾病的昏迷患儿按照下表进行水平定位（表4-6）。

3. **实验室检查** 根据病史、体格检查提供的线索，进行必要的相关实验室检查，如血常规、尿液分析、大便常规、CRP、PCT、脑脊液检查、血气分析、血糖、血氨、电解质、尿素氮、肝功能、凝血功能、串联质谱、气相色谱-质谱检查血、尿代谢产物、心脏彩超、脑电图、头颅CT、MRI、脑血管造影等。

表4-5 原发性颅内疾病与全身性疾病昏迷的判断

	原发性颅内疾病	全身性疾病
神经定位体征	有	无
肌张力、腱反射	异常	减弱
病理反射	存在	不明确
颅内高压症	存在	早期无，晚期可出现

表4-6 昏迷的水平定位

	大脑	皮质下	中脑	脑桥	脑延
意识	正常或无动性缄默（双侧扣带回）	昏睡（丘脑）	昏迷	昏迷	清醒
呼吸	正常或过度换气后呼吸暂停	嗜睡（下丘脑）	中枢性过度换气	深长吸气、丛状呼吸	呼吸节律失调
瞳孔	正常	小，有反应	核性：中位固定单侧扩大，固定	针尖大	Horner综合征

续表

	大脑	皮质下	中脑	脑桥	脑延
静止时眼球运动	眼球漂动或凝视麻痹（向病灶侧）	眼球漂动或凝视麻痹（向对侧）	眼球向下向外	凝视麻痹（向对侧）	
玩偶眼和热刺激	有	有	无或异常反应	无或异常反应	
运动	偏瘫	去皮质大脑强直	去大脑强直	去大脑（脑桥旋转）强直	四肢瘫痪

三、治疗决策

昏迷时常有生命体征的急剧变化，生命已危在旦夕，必须分秒必争地进行急救。多种生理参数（心、肺功能、体温、脑电图、肾功能及各种生理反射等）的监测是必不可少的。首要的是针对病因积极治疗，预防并发症，保护心、肺、肾及中枢神经系统功能，有的患者需先进行心肺复苏。随时记录体温、呼吸、脉搏、血压、瞳孔反应、出入量等，以便有针对性地进行治疗。

1. 对症治疗

（1）保持气道通畅，吸氧，有呼吸衰竭者给予气管插管和呼吸支持治疗。

（2）颅压高者给予降颅压药物，控制脑水肿，给予 20% 甘露醇、呋塞米、甘油果糖，必要时使用侧脑室穿刺引流。惊厥发作时用地西泮、苯妥英钠、苯巴比妥等。

（3）有休克者维持有效血容量，动态监测血压。根据引起高血压的原因选择合适的降血压药物。

（4）高热给予积极物理及药物降温处理。

（5）纠正水、电解质紊乱，及时补充营养。

2. 病因治疗

（1）考虑感染者给予针对全身感染或颅内感染的抗感染治疗。

（2）糖尿病酮症酸中毒积极控制血糖，积极补液及适当纠正酸中毒。

（3）中毒采取对症及解毒、血液净化治疗。

（4）肿瘤、脓肿和某些出血者及时施行外科手术治疗。

（5）促进脑细胞功能恢复和促醒。

（6）根据不同病因和治疗监测，有脑死亡可能时，可以按照儿童脑死亡标准进行判断，开展器官捐赠。

3. 护理

（1）体位及肢体护理：平卧位、头转向一侧以免呕吐物误入气管。翻身采用低幅度、操作轻柔、使肌肉处于松弛状态，以免肢体肌关节挛缩，以利功能恢复。适当的保护性约束。

（2）呼吸道护理：患者肩下垫高，使颈部伸展，防止舌根后坠，保持呼吸道通畅。准备好吸痰器、吸氧用具等。

（3）口腔护理：每日清洁口腔与牙齿 2 次，防止因吞咽反射差、分泌物聚积引起感染。黏膜破溃处可涂溃疡膏，口唇干裂有痂皮者涂液体石蜡，张口者应将消毒纱布沾湿温水盖在口鼻上防止呼吸道感染。鼻饲富有营养的流质。

（4）眼睛护理：有分泌物时用热毛巾或 1%～2% 温硼酸脱脂棉擦净。眼闭合不全者每日用生理盐水洗眼 1 次，并涂抗生素眼膏，再用消毒凡士林纱条覆盖加以保护。

（5）泌尿道护理：尿失禁者酌情留置导尿管，定期开放和更换。保持会阴部清洁、干燥，防止尿路感染和压疮发生。

（6）皮肤护理：定时翻身、按摩防止发生褥疮，每 2 小时 1 次。保持皮肤清洁干燥，有大小便失禁、呕吐及出汗等应及时擦洗干净，保持床铺清洁干燥、平整、无碎屑，被褥应随湿随换。

四、常见问题和误区防范

（一）昏迷都是神经系统疾病引起的吗

昏迷可以由神经系统疾病引起，也可由非神经系统疾病引起。可以引起昏迷的非神经系统疾病如下。

（1）内源性代谢性脑病：包括缺氧、尿毒症，低血糖、糖尿病酸中毒、肝衰竭、二氧化碳麻醉、电解质失衡、高血压脑病、内分泌性脑病和低体温，患者常无脑局灶性体征。

（2）外源性中毒性脑病：包括有机磷农药、酒精、镇静药、麻醉药、水杨酸过量引起的脑昏迷。特点是检查患者时多数可见到肌痉挛性跳动，分布不一的肌束急速收缩，可引起关节的活动，瞳孔对光反应存在。

（3）系统性疾病：包括肝性脑病、肺性脑病、肾性脑病（尿毒症及透析性脑病）、糖尿病高渗性昏迷、糖尿病酮症酸中毒、低血糖、甲状腺危象、垂体性昏迷、肾上腺危象等。

（4）感染：中毒性菌痢、伤寒、败血症等。

（5）物理性缺氧性损伤：中暑、一氧化碳中毒、溺水等。

（6）其他：心脏停搏、严重心律失常、休克、水电解质与酸碱平衡失调等。

（二）昏迷患儿都需要脱水治疗吗

昏迷的治疗主要包括病因治疗和对症治疗，不是所有昏迷患儿均需要脱水降颅压治疗。只有对因各种原因所致脑水肿、颅内压增高者需给予脱水、降颅压治疗；如为脑出血或其他颅内占位性病变所致颅内压增高应积极予以外科手术治疗。

五、热点问题聚焦

脑电监测在昏迷患者诊治中有哪些作用

脑电监测是一种非侵入性，动态评估脑功能状态的方法，是昏迷患儿常用脑功能监测方法之一，近年已越来越多的用于儿科 ICU 危重患者，尤其是昏迷患者的监测。通过持续脑电监测可以：①了解脑功能损害程度。②实时判定昏迷深度及昏迷动态演变过程，客观的指导临床救治。③有助于发现非惊厥性癫痫持续状态，并确定意识障碍患者的发作特征。据报道 8%～48% 的 ICU 昏迷患者可有非惊厥性癫痫持续状态，单纯临床观察不能发现。由于隐性惊厥的间断发作特征，持续性脑电监测的检出率高于常规脑电图，及时发现非惊厥性癫痫持续状态并给予相应处理，可以避免或减轻继发性脑损害。④协助判断镇痛镇静深度，双频指数（BIS）操作简便，更多用于镇痛镇静深度的监测。⑤有助于发现缺血、出血等局灶病变。⑥协助临床判断预后，包括脑死亡的诊断。

（祝益民　钱素云）

第三节　脑水肿与颅内高压综合征

培训目标

1. 掌握急性颅高压的临床表现,能独立进行诊断。
2. 掌握不同类型脑疝的临床表现和处理方法。
3. 掌握常用降颅压药物的特点和用法。

一、概述

颅内高压综合征(intracranial hypertension)是指脑实质液体增加引起的脑容积和重量增多所致的一系列临床表现。在病理学上,脑细胞组织间隙中游离液体的积蓄称为脑水肿,而脑细胞内液体的增多则称为脑肿胀,但在实际临床工作中两者难以区分,或为同一病理过程的不同阶段,到后期往往同时存在,故常统称为脑水肿(encephaledema)。明显而持续的脑水肿引起颅内高压,在某些儿科疾病,尤其是急性感染性疾病中比较多见。早期诊断和及时治疗颅内高压,是控制脑水肿、预防脑疝形成、降低病死率和致残率的重要措施之一。

【病因】

颅内高压综合征分为急性和慢性两类。本节主要叙述急性颅内高压,引起小儿急性颅内高压的病因主要是脑水肿,包括因素如下。

1. 急性感染

(1)颅内感染:各种病原引起的脑炎、脑膜炎、脑膜脑炎、脑脓肿、耳源性颅内感染等,是引起小儿急性脑水肿最常见的原因,感染后24小时即可发生脑水肿。

(2)颅外感染:如中毒性痢疾、重症肺炎、脓毒症、急性重型肝炎等。

2. 脑缺氧　严重缺氧数小时,即可发生脑水肿。如颅脑损伤、心搏骤停、窒息、休克、心力衰竭、呼吸衰竭、肺性脑病、癫痫持续状态、严重贫血、溺水、溺粪等。

3. 颅内出血　如颅内畸形血管或动脉瘤破裂、婴儿维生素 K 缺乏症、脑型白血病、血友病、血小板减少性紫癜、再生障碍性贫血等均可致颅内出血,偶见颅内血管炎引起的血管破溃出血。

4. 中毒　一氧化碳或氰化物中毒,铅、汞或其他重金属,食物,农药(如有机磷),兽用药(如硝氯酚),酒精,药物(如维生素 A、维生素 D)等中毒。

5. 水电解质平衡紊乱　急性低钠血症、水中毒、各种原因所致酸中毒等。

6. 颅内占位病变　脑肿瘤及较大的颅内血肿,颅内寄生虫病(脑型囊虫病、脑型血吸虫病、脑型肺吸虫病、脑型疟疾、阿米巴原虫所致的脑脓肿)等。

7. 其他　如高血压脑病、瑞氏综合征及一些代谢性疾病等。

【脑水肿的分类】

脑水肿的分类方法很多,根据其发生机制可分为如下。

1. 血管源性脑水肿　主要因血 - 脑屏障受损所致。脑血管壁受损后内皮细胞破坏或紧密连接处开放,血-脑屏障通透性增加,与血浆成分相似的渗出液漏至细胞外间隙,从而形成脑水肿。白质区的细胞排列较灰质疏松、细胞间隙较大、阻力较小,故水肿更为明显。该类脑水肿常见于脑外伤、中枢神经系统感染、脑肿瘤、脑脓肿、脑出血或梗死。由于水肿脑组织与脑室间有静水压差,部分液体可通过室管膜进入脑室系统,并随脑脊液循环而被吸收,这是水肿液消散的主要途径。

2. **细胞性脑水肿**　其特点为液体积聚在细胞内。常见于脑缺血、缺氧、各种颅内炎症、化学制剂中毒、瑞氏综合征等。脑组织不能利用脂肪和蛋白质,葡萄糖是脑组织唯一的能量来源。1mmol 的葡萄糖有氧氧化生成 38mmol ATP,以维持脑细胞的正常生理功能,当各种病理情况引起脑缺氧时,1mmol 葡萄糖无氧酵解只能产生 2mmol ATP,使脑细胞能量供应不足,钠泵不能运转,钠离子不能从细胞内转移到细胞外,导致脑细胞内钠离子堆积,膜电位功能不能维持,神经冲动传导暂时停止。带负电荷的氯离子能自由通过细胞膜,与钠离子结合成氯化钠,细胞内氯化钠增多导致渗透压增高,水分大量进入脑细胞,以保持细胞内外渗透压的平衡,使脑细胞肿胀,体积增大,细胞外间隙缩小,甚至细胞破裂。无氧代谢使乳酸堆积,细胞内 pH 下降,细胞膜通透性增强,胞质内蛋白质亲水性增强,更促进脑细胞内水肿的发生和发展。此型脑水肿在白质和灰质均有,水肿液中不含蛋白质,钠及氯离子含量颇高。常见于急性中毒、严重脓毒症、各种原因引起的脑缺血缺氧(休克、窒息、心搏呼吸骤停)等。

3. **渗透性脑水肿**　各种致病因素引起脑细胞外液渗透压降低,使细胞内含水量增加而发生的脑水肿。常见于急性水中毒、低钠血症、糖尿病酸中毒及抗利尿激素分泌增加时。此型脑水肿的水肿液就是水,水分主要聚集在白质及灰质神经胶质细胞内,以白质更明显。水肿区域内钠离子浓度略低,钾离子浓度明显降低。

4. **间质性脑水肿**　见于各种病因引起的交通性或非交通性脑积水,又称脑积水性脑水肿。主要由于脑脊液分泌、吸收失调或循环障碍,使脑脊液过多地聚集在脑室内,扩大的脑室内压力增高,室管膜受压使细胞变扁平,甚至撕裂,脑脊液通过脑室壁进入脑室周围的白质中,引起间质性脑水肿,故其水肿液是脑脊液。严重脑积水时,脑脊液可散布至整个白质,使细胞与神经纤维分离,并有胶质增生,水肿组织内毛细血管正常。脑室周围毛细血管可吸收外渗的脑脊液,故颅内压有时正常,有时增高。脑室扩大持续时间过久,可使脑皮质受压变薄,甚至脑萎缩。

在临床工作中上述几种脑水肿常同时存在,难以截然分开,很难对脑水肿做出准确分类。如结核性脑膜炎患儿极易发生颅高压,其原因是综合性的。脑膜充血、水肿、炎性渗出物可直接增加颅腔内容物;若脉络膜丛受累,脑脊液分泌增多,累及蛛网膜颗粒时,脑脊液回吸收减少,可致交通性脑积水;如为颅底粘连或脑室膜炎引起脑室内梗阻,使脑脊液循环阻塞,可引起非交通性或交通性脑积水;当合并闭塞性脑动脉内膜炎时,则可因脑缺血、缺氧导致血管源性脑水肿与细胞性脑水肿;而中枢神经系统感染引起的抗利尿激素分泌增多,又可致水潴留、低钠血症而引起渗透性脑水肿。

【发病机制】

有关脑水肿的发生机制目前存在多种学说。

1. **微循环和血-脑屏障学说**　血-脑屏障作为机体的一个重要屏障系统,可阻止多种物质通过;同时脑血管内皮细胞对某些物质有特异的转运作用,该作用受多种因素调节;此外脑血管内皮细胞上还有多种酶系统，具有酶屏障作用。由于脑血管内皮细胞的阻挡，水不能自由通过毛细血管壁，水的转移受血流动力学和生化因素的影响；还取决于毛细血管内外静水压、血-脑屏障的完整性等。由于脑组织对缺血、缺氧等均很敏感，当体内外有害因素刺激超过大脑的调节能力时，就会出现脑微循环障碍、毛细血管通透性增加等一系列病理变化，引发脑水肿。

2. 氧自由基损害学说 在脑创伤、缺血缺氧和出血等病理条件下，体内存在的一系列天然抗氧化剂和防御氧毒性的酶系统被破坏，氧自由基大量产生，过多的自由基不能及时被清除而产生毒性作用。

3. 细胞内 Ca^{2+} 超载 钙离子对神经细胞的损害起决定性作用。在正常生理状况下，细胞外 Ca^{2+} 浓度约为细胞内浓度的 1 万倍。在脑外伤、脑缺血等病理情况时，Ca^{2+} 大量内流，呈现"钙超载现象"。过多的 Ca^{2+} 激活膜磷脂酶 A2 和磷脂酶 C，兴奋多价不饱和脂肪酸，钙泵活性减退，线粒体 ATP 能量产生不足，促发突触膜末梢兴奋性氨基酸递质大量释放，激活突触后膜 NMDA 受体操纵的 Ca^{2+} 通道，使 Ca^{2+} 浓度进一步持续升高，导致神经元水肿死亡。同时 Ca^{2+} 内流增加更多自由基生成，致使更多溶酶体溶解和酶的释放，加重磷酸盐和蛋白酶对膜的破坏，最终导致脑细胞完全损坏。钙离子还可进入脑的小动脉壁内，引起小动脉痉挛而加重缺血与缺氧。

4. 其他学说 其他还有如兴奋性氨基酸大量释放学说、水通道蛋白学说、酶屏障系统受损学说等。

二、诊断

【临床表现】

急性颅内高压的临床表现与引起颅内压增高的原发病部位、性质、病情进展速度及并发症等诸多因素相关。早期临床表现缺乏特异性，晚期常合并生命体征改变，发现过晚则死亡风险增加。主要表现包括如下。

1. 头痛 颅内压增高时脑膜、血管及脑神经受到牵拉及炎性变化刺激神经而致头痛。开始为阵发性，逐渐发展为持续性，以前额及双颞侧为主，轻重不等，常于咳嗽、打喷嚏、用力大便、弯腰或起立时加重。婴幼儿常不能自述头痛，多表现为烦躁不安，尖声哭叫，甚至拍打头部。婴儿因前囟未闭和颅骨缝裂开，可部分缓解颅高压，故头痛多不如成人严重。

2. 喷射性呕吐 颅内高压刺激第四脑室底部及延髓的呕吐中枢而引起喷射性呕吐，很少伴恶心，呕吐与饮食无关，清晨较重。

3. 头部体征 婴幼儿前囟膨隆紧张，骨缝裂开，头围增大，头面部浅表静脉怒张，破壶音阳性等体征为亚急性或慢性代偿机制，与该年龄段小儿颅骨骨缝尚未完全闭合、颅骨骨质软及有一定弹性有关。此种代偿机制常使早期症状不典型。

4. 意识障碍 颅内高压引起大脑皮质广泛损害及脑干上行网状结构损伤，使患儿发生程度不等的意识障碍、躁动或狂躁。如不能及时控制脑水肿，意识障碍会迅速加深而进入昏迷状态。

5. 血压升高 颅内压增高时，延髓的血管运动中枢代偿性加压反应使血压增高，收缩压可上升 20mmHg 以上，且脉压增宽，血压音调增强。

6. 肌张力改变及惊厥 颅内高压压迫脑干、基底节、大脑皮质和小脑某些锥体外系，可使肌张力明显增高。多表现为阵发性或持续性上肢内旋、下肢呈伸性强直，有时出现伸性痉挛或角弓反张，为去大脑强直的表现。若中脑以上受压，则表现为一侧或两侧上肢痉挛，呈半屈曲状态，甚至两臂在胸前交叉，伴下肢伸性痉挛的去皮质强直。脑缺氧或炎症刺激大脑皮质时，可致抽搐甚至癫痫样发作。

7. 呼吸障碍 脑干受压或轴性移位，可引起呼吸节律不齐、呼吸暂停、潮式呼吸、下颌运动等（图4-1、图4-2），多为脑疝的前驱症状。

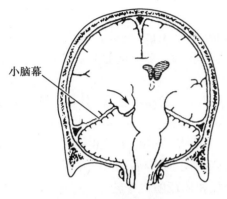

图4-1 小脑幕切迹疝

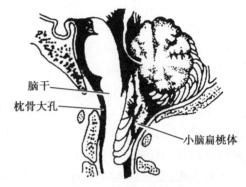

图4-2 枕骨大孔疝的侧面

8. 循环障碍 颅内高压影响神经组织压力感受器，使周围血管收缩，表现为皮肤及面色苍白、发凉及指（趾）发绀。脑干移位时引发缺氧，可致缓脉。

9. 体温调节障碍 因下丘脑体温调节中枢受压，加之肌张力增高时产热增加，以及交感神经受损，泌汗功能减弱使体表散热不良等因素刺激，患儿短期内体温可急剧升高，呈持续性、难以控制的高热或超高热。体温急剧升高时常同时伴有呼吸、循环和肌张力的改变。

10. 眼部表现 出现眼部改变时多提示中脑受压。具体表现：①眼球突出，颅内压增高时通过眶上裂作用于眼眶内海绵窦，眼眶静脉回流受限，故可出现双眼突出。②复视，展神经在颅内的行程较长，容易受颅内高压的牵拉或挤压而出现复视，但婴儿不能表达。③视野变化，表现为盲点扩大和向心性视野缩小，但急性颅内高压症患者多有意识障碍，故多不能检查视野。④眼底检查，急性脑水肿时视盘水肿少见，为慢性颅内压增高的表现，系眼底静脉回流受阻所致。有时视网膜反光度增强，眼底小静脉淤张，小动脉变细。严重的视盘水肿可致继发性视神经萎缩。

意识障碍、瞳孔扩大及血压增高伴有缓脉，称为 Cushing 三联征，为颅内高压危象，常为脑疝的先兆。

【脑疝的临床表现】

1. 小脑幕切迹疝 为颅中凹的颞叶海马沟回疝入小脑幕裂隙内，并压迫中脑。可为单侧或双侧。位于中脑的动眼神经核受压引起瞳孔忽小忽大，两侧大小不等，对光反射减弱或消失。动眼神经还支配部分眼肌，受损后可见一侧或两侧眼睑下垂、斜视或凝视等。中脑的呼吸中枢受压，则出现双吸气、抽泣样或叹息样呼吸、下颌运动及呼吸暂停等中枢性呼吸节律紊乱。小脑幕裂隙处硬脑膜受牵扯，可引起显著的颈强直。一侧或两侧中脑及大脑脚锥体束受压时，出现单侧（脑疝对侧）或双侧的锥体束征和（或）肢体瘫痪。

2. 枕骨大孔疝 为后颅凹的小脑扁桃体疝入枕骨大孔所致。急性弥漫性脑水肿所引起的脑疝，多先有小脑幕切迹疝，而后出现枕骨大孔疝；有时脑水肿迅速加重，临床未能观察到前者的表现，而以枕骨大孔疝表现为主。患儿昏迷迅速加深，双侧瞳孔散大，对光反射消失，眼球固定，常因中枢性呼吸衰竭而呼吸骤停。幕上占位性病变所致枕骨大孔疝多发生在小脑幕切迹疝之后，但幕下占位性病变易直接造成枕骨大孔疝。

【诊断】

1. 病史中存在导致脑水肿或颅内压增高的原因。

2. 颅内高压的相关症状与体征 小儿颅内高压时常缺乏主诉，婴儿在颅内压增高时可通过前囟膨隆、骨缝裂开进行代偿，临床症状常不典型。因此，必须全面分析病情、体征及辅助检查结果综合判断确诊。

虞佩兰提出小儿急性脑水肿临床诊断的主要指标和次要指标各五项，具备一项主要指标及 2 项次要指标时即可诊断。主要指标包括：①呼吸不规则；②瞳孔不等大或扩大；③视盘水肿；④前囟隆起或紧张；⑤无其他原因的高血压（血压大于年龄 × 0.20 + 99.75mmHg）。次要指标包括：①昏睡或昏迷；②惊厥和（或）四肢肌张力明显增高；③呕吐；④头痛；⑤给予甘露醇 1g/kg 静脉注射 4 小时后，血压明显下降，症状和体征随之好转。

3. 脑疝的诊断

（1）小脑幕切迹疝：在颅内高压的基础上，出现双侧瞳孔大小不等和（或）呼吸节律不整的一系列中枢性呼吸衰竭的表现。

（2）枕骨大孔疝：在颅内高压基础上，瞳孔先缩小后散大，眼球固定，中枢性呼吸衰竭发展迅速，短期内呼吸骤停，之前可有小脑幕切迹疝的表现。

4. 辅助检查

（1）测定颅内压：利用生物物理学方法，直接测量颅腔内压力，是诊断颅内高压较准确的方法。因这些方法多为有创性，感染、脑损伤往往难以避免，但脑出血罕见，临床应用时要权衡利弊。注意测定颅内压力时必须嘱小儿处于安静状态，放松颈、胸与腹部，使之均不受压，而后记录读数才比较可靠。包括腰椎穿刺测脑脊液压力、侧脑室穿刺引流测压、直接颅内压监测法等。

（2）影像学检查：慢性颅内高压颅骨摄片上可见指压迹征，骨皮质变薄，骨缝裂开，脑萎缩等。急性颅内高压上述表现不明显。急性颅内高压 CT 扫描表现为脑组织丰满，脑沟回变浅，外侧裂缩小或消失，脑室受压缩小，中线结构移位等。慢性颅内高压时，CT 可见外部性脑积水、脑萎缩。磁共振成像检查脑内含液量的变化较 CT 扫描敏感，并可观察到脑疝的形成。出现脑水肿时，T_1 和 T_2 加权像值均延长，因此在 T_1 加权像上呈长 T_1 低信号或等信号，在 T_2 加权像上呈 T_2 高信号。

（3）经颅多普勒超声（transcranial doppler，TCD）检查：通过无创、动态监测颅底 Willis 环大血管（主要检测大脑中动脉）血流速度，了解脑血流动力学改变，可间接判断脑血流灌注情况。颅内高压时 TCD 的主要表现：频谱高尖，流速减低，以舒张期流速降低为主；阻力指数增高。近年研究发现，颅内高压的 TCD 频谱表现虽不够特异，但敏感性好，特别是 TCD 动态监测可协助临床判断颅内高压的程度、治疗效果和预后。

三、治疗决策

因小儿颅内高压最常见的原因是脑水肿,故主要针对脑水肿进行治疗。有学者认为控制颅内压低于15mmHg可改善患儿的预后,低龄儿平均动脉压偏低,颅内压应控制在更低水平。理想脑灌注压范围仍有争议,一般认为婴幼儿应在40~50mmHg,儿童50~60mmHg,青少年则在60mmHg以上。

1. 病因治疗 去除病因是制止病变发展的根本措施。如抗感染,清除颅内占位性病变,纠正休克与缺氧,改善通气状况等。

2. 一般治疗与护理 保持患儿安静,卧床休息,抬高头位30°可在不影响脑灌注压的情况下降低颅内压及颈动脉压。避免躁动、咳嗽及痰堵,以防颅内压突然增高。尽量使患儿保持正常的血压与体温。对昏迷患儿应注意眼、耳、口、鼻及皮肤的护理,防止发生暴露性角膜炎、吸入性肺炎及压疮等。有惊厥发作者必须迅速止惊,常用地西泮、咪达唑仑及苯巴比妥等药物。已有呼吸障碍者需及时行气管插管机械通气。

3. 药物治疗

(1)高渗脱水剂:静脉注射一定量高渗物质,使血浆渗透压骤然增加,形成血-脑、血-脑脊液渗透压梯度,使脑与脑脊液中的水分进入血液中,进而由肾排出,达到脱水和降颅压的目的。常用渗透性脱水剂包括如下。

1)甘露醇:作为降颅压药物已有50余年的临床应用历史,目前仍是多数颅内高压患者的首选药物。甘露醇的分子量为182Da,临床所用20%制剂渗透压为1098mmol/L,是正常血浆渗透压的3.66倍,能产生渗透性脱水作用,将脑组织中的水分吸收到血管中,其降低颅内压的起效时间需要15~30分钟,作用维持1~6小时,血-脑屏障受损时此作用减弱;此外还有减少脑脊液生成、促进脑脊液吸收等作用。注射过快可有一过性头痛、眩晕、畏寒及视物模糊和一过性血尿,久用或剂量过大可导致水电解质紊乱、甘露醇肾病。该药无明确禁忌证,但心功能障碍者慎用,因用药后血容量突然增加,可能导致心力衰竭;肾功能不全者亦不宜使用。一般剂量为每次0.5~1g/kg,每4~6小时1次。脑疝时可加大剂量至2g/kg。长期使用甘露醇利尿后易出现脱水、低钠、低钾、低镁及低钙,乃至低血压,需注意纠正。尽管甘露醇被广泛用于重型创伤性脑损伤伴颅内高压儿童的治疗,但2012年《儿童重型创伤性脑损伤急性期诊治指南》并未对此药进行推荐。

2)高渗盐水:有研究表明高渗盐水能有效降低儿童创伤性脑损伤患儿的颅内压,减少对其他降低颅内压措施的需求,尤其被推荐用于重型创伤性脑损伤急性期治疗。剂量为6.5~10ml/kg,持续输入的有效剂量为0.1~1.0ml/(kg·h),应使用能维持颅内压<20mmHg(低龄儿童应考虑<15mmHg)的最低剂量。采用高渗盐水治疗应监测患儿血浆渗透压。理论上,高渗盐水有导致脑桥外和脑桥中央髓鞘溶解、蛛网膜下腔出血及反弹性颅内高压可能,但在高渗盐水试验人群中未观察到此现象。高渗盐水有诱发肾衰竭的可能,用药过程中应监测肾功能。

3)10%甘油果糖:为复方制剂,每100ml含甘油10g,果糖5g,氯化钠0.9g。有高渗性脱水和营养脑细胞作用。本品静脉注射后2~3小时在体内分布达到平衡,故降低颅内压作用起效较缓,持续时间也较长,临床常与甘露醇交替使用。剂量为每次5~10ml/kg,静脉注射,每日1~2次。大部分甘油果糖代谢为CO_2和水从体内排出。一般无不良反应,偶有瘙痒、皮疹、头痛、恶心、口渴和溶血现象。对有遗传性果糖不耐受患者（如果糖 1，6- 二磷酸酶缺乏症）、高钠血症、无尿和严重脱水者或对本品任一成分过敏者禁用。

4）白蛋白：分子量大，一般不易漏出血管外，因而能较持久地提高血管内胶体渗透压及吸收组织间液，有增加循环血容量和维持血管内胶体渗透压的作用。可用于低蛋白血症伴脑水肿时。常用 20% 白蛋白，每次 0.4g/kg，每日 1～2 次。其脱水与降低颅内压作用缓慢而持久。有研究认为，白蛋白与呋塞米联合使用，既可吸收水分进入血管，使脑组织脱水，又可利尿，比单独使用呋塞米或甘露醇治疗颅内高压的效果更好。

注意应用高渗脱水剂时，每次静脉注射时间为 15～30 分钟，否则不能形成血内高渗状态，达不到脱水的目的。心功能障碍患儿使用脱水剂应慎重，必须用时，一般先给予利尿药，待尿量增加、血容量适当减少后再用，且给药速度应适当放缓。

（2）利尿药：常用呋塞米，通过利尿使全身脱水，达到间接使脑组织脱水的目的；同时有减轻心脏负荷，抑制脑脊液生成的作用。呋塞米静脉注射每次 0.5～1.0mg/kg（用 20ml 的液体稀释），15～25 分钟后开始利尿，2 小时作用最强，持续 6～8 小时。

国内曾有研究认为联用甘露醇与呋塞米可增加降低颅内压的疗效，配伍应用的顺序是先用甘露醇后用呋塞米。但对心功能不全者，则以先用呋塞米后用甘露醇为宜。

（3）肾上腺皮质激素：激素对肿瘤伴随脑水肿有效，地塞米松用量为 0.4～1mg/（kg•d），分 4 次用药，青少年每 6 小时给予 4mg。但对代谢性、外伤后或炎症性脑水肿的作用存在较大争议。国外教科书已不将其作为颅内高压的常用治疗用药。2012 年创伤性颅内高压诊治指南亦不推荐在重型创伤性脑损伤急性期患儿中应用激素治疗。研究表明，地塞米松治疗并不能有效影响重型创伤性脑损伤患儿的颅内压、脑组织灌注压、气管插管时间和预后，反而增加了患细菌性肺炎的风险。成人重型创伤性脑损伤诊疗指南反对使用激素来改善预后或减轻颅内压，甚至警告使用激素与死亡率增加相关。

4. 其他降低颅内压的措施

（1）过度通气：即用呼吸机进行控制性人工通气，使 PaO_2 及 $PaCO_2$ 分别维持于 150mmHg 左右及 25～30mmHg。$PaCO_2$ 下降及 PaO_2 升高可使脑小动脉平滑肌收缩，使脑血容量减少，从而降低颅内压。过去曾强调过度通气降低颅内压，而忽略了过度通气也可使脑血管痉挛、脑血流减少，加重脑缺血缺氧。目前认为过度通气对神经系统预后的弊大于利，故不主张常规使用。如果在难治性颅内高压中采用过度换气治疗，应同时采用高级神经功能监测来评估脑组织缺血情况。

（2）控制性脑脊液引流：是通过前囟穿刺或颅骨钻孔后穿刺，将穿刺针留置于侧脑室，借助颅内压监测控制脑脊液引流速度的方法。无条件监测颅内压时，可通过调整引流瓶位置控制脑脊液流出速度。引流瓶放置位置，应使插入引流瓶的针头高于颅内穿刺部位 80～120mm，若颅内压超过此数，液体即可自行流出，平均引流速度一般为每分钟 2～3 滴，使颅内压维持在 15mmHg 左右。此方法显效迅速而明显，不但能直接放出脑脊液，还可增加水肿的脑组织与脑脊液间的压力差，使水肿液向压力低的脑室方向流动，进一步减少肿胀的脑容积，且可减少其他降低颅内压治疗方式的使用，可以治疗严重的颅内高压患儿，对部分脑疝患儿甚至有起死回生的作用。但颅内占位性病变患儿不宜采用此法，因有发生脑疝的危险。一些严重急性脑水肿患儿，因脑室严重受压后变形、狭小，穿刺常不易成功。

（3）去骨瓣减压术：该方法由于减压速度快、减压充分、清理血肿及时等，能立即有效的降低颅内压，改善脑组织血流，对重型颅脑损伤和急性脑出血患者有一定疗效。当颅内高压患者病情恶化时，适时实施去骨瓣减压术有望降低病死率。但有关手术时机及存活患者的远期预后等目前尚无定论。

（4）低温疗法：目前认为，难治性颅内高压患儿应用亚低温治疗有利于改善预后，亚低温疗法主要用于重型颅脑损伤、脑出血、脑缺血、复苏后脑病、严重的蛛网膜下腔出血及颅内感染等，高热伴严重惊厥的患儿尤为适用。在成人，亚低温疗法通常设置在 33℃，但对于儿童来说，维持理想颅内压的低温条件则变异较大，目前尚无统一标准，一般可选用 32～33℃。低温疗法应尽早使用，研究证明脑损伤患儿入院 24 小时内体温升高（≥38.5℃）对预后不利。重型创伤性脑损伤患儿应于伤后 8 小时内开展 48 小时的亚低温治疗，以降低颅内高压。采用低温治疗后，复温速度应小于 1℃/4h，甚至更慢，由于复温过程中外周血管扩张，故需严密监测血压，若出现血压降低需积极治疗。降温毯由于其降温及复温的可控性强，对人体无创，以及操作简便等特点，已被广泛用于儿科亚低温治疗。

（5）液体疗法：过去认为急性脑水肿患儿应严格限液。近年研究认为，若限液过于严格，导致脑水肿与颅内高压患者的血压与脑灌注压下降则病死率与致残率明显增高。目前主张在应用甘露醇等脱水利尿药时，可不必过分限制液体入量。患儿有休克、重度脱水、利尿后尿多者均应快速补液与缓慢脱水；而患儿有脑疝、呼吸衰竭、心力衰竭、尿少时，则一般快速脱水、缓慢补液补盐，取得了较好的效果。近 10 年国外有关教科书也有相似观点。

四、常见问题和误区防范

（一）2012 年《儿童重型创伤性脑损伤急性期诊治指南》中降颅压治疗为什么不推荐甘露醇

自 20 世纪早期临床就已开始静脉使用高渗物质来降低颅内高压。到 20 世纪 70 年代，甘露醇逐渐取代其他物质在颅高压治疗中广泛使用，目前仍是多数颅高压患者的首选药物。2007 年成人创伤性脑损伤诊治指南推荐，甘露醇 0.25～1g/kg 能有效降低颅内压（Ⅱ级）。尽管甘露醇在重型创伤性脑损伤伴颅高压的患儿中广泛使用，但是缺乏符合 2012 年指南纳入标准的高质量研究，故 2012 年《儿童重型创伤性脑损伤急性期诊治指南》并未对甘露醇做相关推荐，而是推荐应用高渗盐水降颅压治疗。有研究调查了 2001 年 1 月—2008 年 12 月期间高渗盐水及甘露醇在儿童创伤性脑损伤中的使用情况，并分析了 2003 年指南对两种药物使用的影响，结果发现 33% 的患儿使用了高渗盐水，40% 的患儿使用了甘露醇，2003 年指南发表后高渗盐水的使用增加，而甘露醇的使用有所减少。

目前尚缺少高质量、前瞻性有关甘露醇和高渗盐水治疗颅高压疗效的对比研究，多数儿科医生也缺乏高渗盐水治疗颅内高压的临床应用经验。但值得注意的是，JAMA 杂志上发表的一项研究表明，在年龄≥15 岁的重型创伤性脑损伤患者（均不伴有低血容量性休克）中，院前分别使用高渗盐水、高渗盐水/右旋糖酐及 0.9% 的生理盐水治疗，各组患者在 6 个月后的神经转归或存活率没有显著差别。因此，高渗盐水对不同年龄阶段脑创伤患者的治疗作用还需要全面、深入的评估。儿科医师在治疗脑损伤后颅内高压时，需权衡患者的临床情况及自己的经验等选择用药。高渗盐水在儿童重型创伤性脑损伤的治疗中出显示出良好的治疗效果，但临床使用经验相对较少；甘露醇虽缺乏符合 2012 年《儿童重型创伤性脑损伤急性期诊治指南》纳入标准的研究证据来证明其有效性，但临床上长期使用且安全有效，在创伤所致颅高压患儿中并非禁止使用。

（二）颅内高压患儿的液体治疗具体应如何掌握

目前公认急性脑水肿、颅高压患儿应适当限液。以往强调严格限液，即每日入量应限定于 800～1200ml/m² 或 30～60ml/kg。近年研究认为该限液标准过于严格，因液量过低有可能导致循环血量减少、血压降低，若颅内高压患儿的血压与脑灌注压下降则脑供血不足，加重脑缺氧，使病死率与致残率增高。目前主张在应用甘露醇等脱水利尿药时，可不必过分限制液体入量。患儿有休克、重度脱水、利尿后尿多者均应快速补液与缓慢脱水；而患儿有脑疝、呼吸衰竭、心力衰竭、尿少时，则一般快速脱水、缓慢补液补盐，取得了较好的效果。总之，可根据患儿每日尿量、尿比重、血清钾、钠、氯、渗透压及患儿年龄、血压、心肾功能及时调整输液量及输液种类。北京儿童医院一般采用维持液，国外主张用半张液。酸中毒可使血管通透性增强，脑水肿加重，可适当给予碳酸氢钠。纠酸过程中及排尿增加后，需注意血钾浓度，一般 pH 每升高 0.1，血清钾降低 0.6mmol/L。明显的低钠血症时，可用 3% 的高渗盐水。此外，输注速度也非常重要，输液量在 24 小时内匀速滴入疗效更佳。

五、热点聚焦

亚低温疗法用于儿童颅内高压治疗的利弊

早在 20 世纪 30 年代，人们即已认识到低温可降低患儿代谢率，对脑功能具有保护作用，并把降低体温作为减轻中枢神经系统功能损害的手段之一。研究表明，体温每下降 1℃，可使基础代谢率降低 7%，脑血流量减少 6.7%，颅内压下降 5.5%，脑容积减少 1%，从而减少脑耗氧，减轻脑水肿，降低颅内压。在成人，亚低温疗法通常设置在 33℃，但对于儿童来说，维持理想颅内压的低温条件变异较大，目前尚无统一标准，一般可选用 32～34℃。

治疗性低体温对心肺复苏后神经系统的保护作用在成人和新生儿的研究中已被证实。有两项研究显示，儿童心肺复苏后脑病患者接受治疗性低体温也有一定益处，但尚缺乏前瞻性双盲对照研究证实其效果和安全性。因此，2010 年版国际心肺复苏指南推荐：尽管尚无前瞻性双盲对照研究证实治疗性低体温在儿童的作用，基于在成人获得的证据，治疗性低体温（32～34℃）对院外有目击者的室颤所致心搏骤停复苏后仍处于昏迷状态的青少年、心肺复苏后处于昏迷状态的婴儿和儿童可能有益。实现治疗性低体温及复温的理想方法和持续时间尚不能确定。

2012 年《儿童重型创伤性脑损伤急性期诊治指南》推荐，在重型创伤性脑损伤患者中应该避免使用时间仅为 24 小时的早期亚低温（32～33℃）治疗。重型创伤性脑损伤患儿应在创伤后 8 小时内开展 48 小时的亚低温（32～33℃）治疗以降低颅内高压。采用低温治疗后，复温速度不要太快，应避免大于 0.5℃/h。一项Ⅲ期多中心随机临床研究中将 225 名创伤性脑损伤患儿（Glasgow 评分 3～8 分）随机分为低温组和常温组，低温组在伤后 8 小时内采用亚低温疗法（32～33℃）24 小时，随后以 0.5～1.0℃/h 的速度快速复温，结果发现在低体温阶段患儿颅内压降低，但在复温阶段颅内压却明显升高，两组之间比较 6 个月后功能性预后并无差异，但低体温治疗增加了患儿的死亡率风险。另外一项Ⅱ期多中心随机临床研究中对创伤性脑损伤患儿（Glasgow 评分 3～8 分）采用亚低体温疗法（32～33℃）48 小时，随后以每 3～4 小时升高 0.5～1.0℃的速度复温，亚低温治疗组（32～33℃）与常温组相比死亡率、3 个月及 6 个月 Glasgow 评分没有统计学意义，但在低体温治疗的最初 24 小时，亚低温治疗组患儿的颅内压明显降低。

低体温导致的多种并发症不容忽视，如免疫力降低、心排血量下降、心律失常、凝血功能障碍、血糖升高、血小板减少、胰腺炎、低磷、低镁等都有报道。亚低温治疗可明显降低上述并发症的发生。降温毯由于其降温及复温的可控性强，对人体无创，以及操作简便等特点，已被广泛用于儿科亚低温的治疗。

（钱素云）

第五章

急性肾损伤

培训目标

1. 掌握并能独立开展急性肾损伤的诊断、治疗、管理。
2. 熟悉血液净化技术在急性肾损伤中的应用要点。

一、概述

急性肾损伤（acute kidney injury，AKI）既往称急性肾衰竭（acute renal failure，ARF），是由肾疾病或肾外因素导致的肾功能下降，不能维持机体内环境平衡，出现急性少尿或无尿、氮质血症、酸中毒、电解质紊乱，以及相应的临床症状和体征。急性肾损伤可发生于原来无肾疾病的患者，也可发生在原来稳定的慢性肾疾病患者基础上，突然肾功能急剧恶化。儿童危重疾病合并急性肾损伤后抢救难度增加，病死率上升。

【定义】

急性透析质量指南（acute dialysis quality initiative，ADQI）与急性肾损伤网络（acute kidney injury network，AKIN）将急性肾衰竭命名为急性肾损伤，提出了急性肾损伤及 RIFLE 分级诊断标准，定义为：肾功能（肾小球滤过功能）突然（48 小时以内）下降，表现为血肌酐值增加 $\geq 0.3mg/dl$（$\geq 26.5\mu mol/L$），或者增加 $\geq 50\%$（达到基线值的 1.5 倍），或者尿量 $< 0.5ml/(kg \cdot h)$ 持续超过 6 小时（排除梗阻性肾病或脱水状态）。

【病因】

引起急性肾损伤的原因很多，如休克、严重感染、中毒、药物和肾本身疾病等。在儿童危重疾病合并急性肾损伤患儿中，约 50% 以上的病因是脓毒症，其次是肾毒性药物（约占 25%）。心肺转流术（体外循环），肾灌注及肾血流降低（如应激介导的肾小球内皮细胞释放缩血管物质、蛋白激酶、氧自由基及一氧化氮等），实体器官移植，缺血缺氧性损伤后，肿瘤组织溶解及某些综合征（如溶血尿毒综合征等）也是发生急性肾损伤的原因。

儿童不同年龄导致急性肾衰竭的原因有较大差异。新生儿期窒息和泌尿系统先天畸形是主要原因，婴幼儿期急性肾损伤多由脓毒症、急性脱水、药物中毒等引起，年长儿主要原因有急性肾炎或急进型肾炎、肾病综合征、结缔组织疾病或免疫性疾病（如红斑狼疮、过敏性紫癜）等。

【发病机制】

病因不同，急性肾损伤的发病机制也不相同。

缺血性急性肾损伤主要机制是，心排血量（CO）和（或）血压下降，导致肾低灌注和肾血流量（RBF）减少，肾小球滤过率（GFR）下降，引起肾持续缺血导致 ATP 耗竭和能量代谢障碍，发生急性肾小管坏死（ATN）；脱落的肾小管上皮细胞堵塞肾小管，以及原尿经裸露的肾小管壁通过"反流（back-leaking）"机制回吸收入血，导致 GFR 显著下降和肾功能延迟恢复。

脓毒症相关性肾损伤（sepsis associated acute kidney injury，SA-AKI）不同于缺血性肾损伤，主要表现在：① SA-AKI 患者或实验动物模型的 RBF 不一定减少，甚至增加，说明 RBF 减少不是急性肾损伤发病的必要条件。这种"RBF 与肾功能分离现象"可能与肾内分流和出球小动脉舒张存在关联。②肾与全身血流动力学的变化并不总是保持一致。严重脓毒症时全身血管阻力变化不确定，时高时低，特别是儿童脓毒性休克患者血流动力学变化迅速。SA-AKI 则表现为肾血管阻力增加，说明全身性血流动力学参数不能及时反映肾内血流动力学的状况。③ SA-AKI 患者肾组织活检可见肾小球毛细血管内皮受损、广泛的微血管栓塞和肾间质中性粒细胞浸润。动物模型中，采用超氧化物歧化酶清除剂等抗氧化剂或 TLR4 拮抗剂早期阻断炎症反应，在血压没有升高的情况下肾皮质毛细血管灌注、RBF 和 GFR 增加，生存率提高。促炎因子可致肾脏直接或间接损害，早期阻断炎症反应可预防肾损伤。说明全身炎症反应和肾内炎症反应是 SA-AKI 最主要的发病机制。④严重脓毒症可以发生毛细血管渗漏、腹腔内压升高和肾间质水肿，导致肾小球囊内压升高和有效滤过梯度下降，GFR 随之下降，肾功能受损。⑤ SA-AKI 病理改变常见肾小管上皮细胞凋亡，而缺血性肾损伤以 ATN 为主要表现。

二、诊断与鉴别诊断

【临床表现】

儿科遇到或诊治过程中发生的肾功能障碍，可能是独立发生的，更多情况是多器官功能障碍综合征（multiple organ dysfunction syndrome，MODS）的一部分。根据临床过程可分为少尿期、多尿期和恢复期。

1. **少尿期**　此期肾功能严重受损，一般持续 1～2 周，也可更长时间。GFR 保持在低水平。患儿可出现少尿（婴儿尿量<150ml，儿童尿量<300ml，或每日尿量<250ml/m²），或无尿（婴儿尿量<50ml，儿童尿量<100ml，或每日尿量<50ml/m²）。但也有些患者可没有少尿，称为非少尿型肾损伤，随着肾功能减退，出现一系列尿毒症的表现。

（1）消化系统：食欲缺乏、恶心、呕吐、腹胀、腹泻等，严重者可发生消化道出血。

（2）呼吸系统：除感染的并发症外，因容量负荷过多，可出现呼吸困难、咳嗽、憋气、胸痛等症状。

（3）心血管系统：包括高血压、心律失常、低血压、心肌病变、充血性心力衰竭等。急性左心衰竭及肺水肿是常见的死亡原因。

（4）神经系统：可出现意识障碍、躁动、谵妄、抽搐、昏迷等尿毒症脑病症状。

（5）血液系统：可表现为轻至中度贫血，并可有出血倾向。

（6）水、电解质和酸碱平衡紊乱：①代谢性酸中毒，主要是因为非挥发性酸代谢产物排泄减少，肾小管泌酸产氨和保存碳酸氢钠的能力下降所致。②高钾血症，除肾排泄钾减少外，酸中毒、组织分解过快也是主要原因；另外，输入陈旧血制品等因素均可加重高钾血症。高钾血症可出现恶心、呕吐、四肢麻木等感觉异常及心率减慢，严重者可出现神经系统表现，如血钾浓度在 6mmol/L 以上时，心电图可现高尖 T 波，随血钾进一步升高可出现严重的心律失常，直至心室颤动。③水、钠平衡紊乱，少尿期 GFR 下降极易出现体内水、钠潴留，如水过多、大量应用利尿药则可引起低钠血症。此外，还可有低钙、高磷血症。

（7）感染：是急性肾损伤常见的并发症，常见的感染部位包括肺部、泌尿道、腹腔及手术部位等。

2. 多尿期 一旦出现尿量增多，说明病情开始好转。GFR 逐渐恢复正常或接近正常，此期尿量呈进行性增加，部分患者出现多尿，每日尿量超过正常尿量 1.5 倍，通常持续 1～3 周，继而再恢复正常。多尿期由于排钾过多或使用排钾利尿药、摄入减少等造成低血钾，如血清钾 <3mmol/L 时患者可出现疲乏、恶心呕吐、腹胀、肠蠕动减弱或消失、严重者可出现呼吸肌麻痹、定向力障碍及嗜睡、昏迷。心电图可见 T 波宽而低、Q-T 间期延长、出现 U 波，甚至出现心室颤动、心脏骤停。此期需要特别注意体液平衡和防止电解质紊乱。

3. 恢复期 此期血肌酐和尿素氮逐渐恢复至正常。肾小管重吸收功能较肾小球滤过功能恢复迟缓且滞后，多数肾小管功能完全恢复需 3 个月以上，少数患者可遗留不同程度的肾结构和功能损伤。

【实验室检查】

1. 血液检查 可表现为轻、中度贫血。血肌酐和尿素氮进行性上升，如合并高分解代谢及横纹肌溶解引起者上升速度较快，可出现高钾血症（>5.5mmol/L）。血 pH 常低于 7.35，HCO_3^- 水平多呈轻中度降低。血钠浓度正常或偏低，可有血钙降低、血磷升高。

2. 尿液检查 尿常规检查：外观多浑浊、尿色深。尿蛋白多为 -～+，常以中、小分子蛋白为主。尿沉渣可见肾小管上皮细胞、上皮细胞管型和颗粒管型，并可见少许红白细胞等，尿比重常在 1.015 以下。尿渗透压低于 350mOsm/kg，尿与血渗透浓度之比低于 1.1。由于肾小管对钠重吸收减少，尿钠增高，多在 20～60mmol/L；尿肌酐与血肌酐之比降低，常低于 20；尿尿素氮与血尿素氮之比降低，常低于 3；肾衰竭指数常 >1；钠排泄分数常 >1。

3. 生物学标志物 近年来，对急性肾损伤生物学标志物的探讨取得了进展，可以帮助早期发现和诊断急性肾损伤。通常理想的新型标志物应该具备：较血肌酐敏感度和特异性更高、检测简单、有助于病情严重程度和预后判断等优点。已发现并已用于临床协助早期诊断急性肾损伤的血清和尿生物学标志物包括：血清胱抑素 C（cystatin C，Cys C）、中性粒细胞明胶酶相关脂质运载蛋白（neutrophil gelatinase associated lipocalin，NGAL）、肾损伤分子 -1（kidney injury molecular-1，KIM-1）、尿 N- 乙酰 -β- 葡萄糖糖苷酶（NAG）、白介素 -18（IL-18）及多种经近端肾小管重吸收降解的小分子蛋白等。但这些标志物的价值依然需要进行进一步评估与完善。

4. 影像学检查 B 型超声检查最为常用，急性肾损伤时肾体积常增大、肾皮质可增厚，而慢性肾衰竭时肾体积常缩小、肾皮质变薄。此外，超声检查还有助于鉴别是否存在肾后性梗阻，上尿道梗阻时可见双侧输尿管上段扩张或双侧肾盂积水，下尿路梗阻时可见膀胱尿潴留。腹部 X 线片、静脉或逆行肾盂造影、CT 或磁共振成像等通常有助于寻找可疑尿路梗阻的确切原因。

5. 肾活检 是重要的诊断手段，对临床表现典型的急性肾损伤患者一般无须做肾活检。对于临床表现符合肾损伤，但少尿期超过 2 周或病因不明，且肾功能 3～6 周仍不能恢复者，临床考虑存在其他导致急性肾损伤的严重肾实质疾病，均应尽早进行肾活检，以便早期明确病因诊断。

【诊断与分期】

1. 急性肾损伤定义 病程不超过 3 个月的肾结构或功能异常，包括血、尿、肾组织检查或影像学方面的肾损伤标志物异常。

2. 诊断标准 肾功能在 48 小时内突然降低，至少 2 次血肌酐升高的绝对值≥26.5μmol/L；或者增加≥50%（达到基线值的 1.5 倍），或者尿量<0.5ml/（kg·h）持续超过 6 小时（排除梗阻性肾病或脱水状态）。

3. 急性肾损伤分级与分期 为便于急性肾损伤早期诊断与分期治疗，ADQI 分层诊断标准包括以下 5 期：1 期，风险期（risk of renal dysfunction，R）；2 期，损伤期（injury to the kidney，I）；3 期，衰竭期（failure of kidney function，F）；4 期，失功能期（loss of kidney function，L）；5 期，终末肾病期（end-stage kidney disease，ESKD）。见表 5-1。

急性肾损伤根据病因可分为肾前性、肾性和肾后性三类。肾前性肾损伤的常见病因包括血容量减少（如各种原因的液体丢失和出血），有效血容量减少，低心排血量，肾内血流动力学改变（包括肾血管收缩、扩张失衡）和肾动脉阻塞等。肾后性肾损伤的病因主要是急性尿路梗阻（结石和肿瘤压迫等）。肾性肾损伤是指肾实质损伤，常见的是肾缺血或肾毒性物质损伤肾小管上皮细胞（如急性肾小管坏死，ATN），也包括肾小球疾病、肾血管病和间质病变所伴有的肾功能急剧下降。患者所处环境的不同，ATN 的病因多种多样，常有感染、导致有效循环容量下降或血压下降的各种因素、各种肾毒性药物等。肾前性、肾性肾损伤鉴别见表 5-2。

表 5-1 急性肾损伤 RIFLE 诊断标准

分层	内容	肾小球功能指标	尿量指标
1 期（R）	风险期	Scr 升高>1.5 倍 或 GFR 下降>25%	<0.5ml/（kg·h）×6 小时
2 期（I）	损伤期	Scr 升高>2 倍 或 GFR 下降>50%	<0.5ml/（kg·h）×12 小时
3 期（F）	衰竭期	Scr 升高>3 倍 或 GFR 下降>75%	<0.3ml/（kg·h）×24 小时或无尿 24 小时
4 期（L）	失功能期	持续性肾衰竭，肾功能完全丧失>4 周	
5 期（E）	终末肾病期	肾功能完全丧失>3 个月	

表 5-2 肾前性肾损伤与肾性肾损伤的临床和实验室鉴别

项目	肾前性肾损伤	肾性肾损伤
尿比重	>1.020	<1.020
尿渗透压（mmol/L）	>500	<350
尿/血渗透压	>1.5	<1.0
尿素/肌酐（mg/mg）	>20	10~15
尿/血尿素氮（mg/mg）	>30	<10
尿/血肌酐（mg/mg）	>40	<10
尿钠（mmol）	<10	>20
补液试验	有效	无效
利尿试验	有效	无效

【鉴别诊断】

1. 肾前性氮质血症

（1）补液试验：发病前有容量不足、体液丢失等病史，体检发现皮肤和黏膜干燥、低血压、颈静脉充盈不明显者,应首先考虑肾前性少尿,可试用输液(5% 葡萄糖溶液或生理盐水 20ml/kg)和注射襻性利尿药(呋塞米 1~2mg/kg),以观察输液后循环系统负荷情况。如果补足血容量后血压恢复正常,尿量增加,则支持肾前性少尿的诊断。如尿量不见增多,2 小时内尿量<6~10ml/kg,说明肾性急性肾损伤可能性大。注意:补液实验不适应于严重水肿或合并心肺功能不全的患儿。

(2)尿液诊断指标检查:

$$肾衰竭指数(RFI)=尿钠/(尿肌酐/血肌酐)=(尿钠×血肌酐)/尿肌酐$$
$$钠排泄分数(\%)=(尿钠/血肌酐)/(血钠/尿肌酐)×100$$

RFI 正常值在 1 以下,肾性肾损伤时,一般在 1 以上。肾前性肾损伤在 1 以下。

2. 肾后性尿路梗阻 有导致尿路梗阻的原发病如结石、肿瘤等病史;突然发生尿量减少或与无尿交替;年长儿自觉肾绞痛、腹部疼痛;肾区有叩击痛;如膀胱出口处梗阻,则膀胱区因积尿而膨胀,叩诊呈浊音;尿常规无明显改变。超声显像和 X 线检查可帮助确诊。

3. 肾小球或肾微血管疾病鉴别 重症急性肾小球肾炎,急进性肾炎,继发性肾病如狼疮性肾炎、紫癜性肾炎等和肾病综合征大量蛋白尿期亦可引起特发性急性肾损伤。另外,有一部分是由小血管炎,溶血尿毒症综合征所致。根据病史、实验室检查和肾活检可帮助鉴别。

4. 急性间质性肾炎 根据近期用药史,出现发热、皮疹、淋巴结肿大及关节酸痛、血嗜酸性粒细胞增多等临床表现,尿化验异常并有肾小管及肾小球功能损伤等作鉴别。肾活检有助于确诊。

5. 肾血管阻塞 双侧肾或孤立肾肾动脉栓塞或静脉血栓形成均可引起肾损伤,临床上较罕见,可表现为严重腰痛、血尿和无尿等。血管造影能明确诊断。

三、治疗决策

(一)控制原发病因、去除加重肾损伤的可逆因素

急性肾损伤首先要纠正可逆的病因。对于各种严重外伤、心力衰竭、急性失血等都应进行相应的治疗,包括容量复苏,纠正血容量不足、休克和控制感染等。停用影响肾灌注或肾毒性药物。调整药物剂量,如有可能检测血清药物浓度。

(二)维持机体的水、电解质和酸碱平衡

1. 维持体液平衡 在少尿期,患者容易出现水负荷过多,极易导致肺水肿。严重者还可出现脑水肿。应密切观察患者的体重、血压和心肺症状与体征变化,严格计算患者 24 小时液体出入量。补液时遵循"量入为出"的原则。每日补液量 = 显性失液量 + 不显性失液量 − 内生水量。儿童简单计算方法可以是:补液量 = 前 1 日尿量 + 300~400ml/m²(体表面积)。如出现急性心力衰竭,最有效的治疗措施是尽早进行透析治疗。

2. 纠正高钾血症 当血钾超过 6.0mmol/L,应密切监测心率和心电图,并紧急处理:10% 葡萄糖酸钙缓慢静注;11.2% 乳酸钠静脉注射,伴代谢性酸中毒者可给 5% 的碳酸氢钠静脉滴注;25% 葡萄糖 200ml 加胰岛素静脉滴注;应用口服降钾树脂类药物或呋塞米等排钾利尿药促进尿钾排泄。如以上措施无效,尽早进行透析或血液净化治疗。

3. 纠正代谢性酸中毒 如血液 pH<7.25,或 HCO_3^- 低于 15mmol/L,可根据情况选用 5% 碳酸氢钠静脉滴注,对于严重酸中毒患者,应立即开始透析治疗。

4. 纠正低钠血症 血清钠<120mmol/L 时,增加发生脑水肿及中枢神经系统出血的危险,可以选择静脉滴注高张氯化钠(通常浓度是 3%),将血清钠提高至 125mmol/L。一般选

择 3% 氯化钠每次 4～6ml/kg，2～3 小时内静脉滴注。高张盐水的危险性：体液扩张、高血压及充血性心力衰竭。如出现上述情况，考虑血液净化治疗。

（三）控制感染

一旦出现感染迹象，应积极使用有效抗生素治疗，可根据细菌培养和药物敏感试验选用对肾无毒性或毒性低的药物，并按 GFR 调整剂量。

（四）血液净化治疗

血液净化在急性肾损伤的救治中起到关键的作用，常用模式有血液透析、血液滤过和腹膜透析三大基本类型。对纠正氮质血症、心力衰竭、严重酸中毒及脑病等症状均有较好的效果，近年来连续性肾替代疗法（continuous renal replacement therapy，CRRT）的应用使死亡率明显下降。

CRRT 治疗各种原因所致急性肾损伤的适应证选择方面没有很大差别，如 SA-AKI 和其他急性肾损伤患者，如出现进行性氮质血症，容量超负荷，严重电解质紊乱和酸碱失衡等，均可及时进行 CRRT。血流动力学不稳定的 SA-AKI 患儿也可以使用 CRRT 来管理液体平衡，此时 CRRT 优于其他肾替代模式是由于其在容量控制、稳定血流动力学、稳定低灌注时的酸碱平衡等方面的优势。儿童急性肾损伤第 2 期或液体超载量达 10%～20% 时是进行 CRRT 治疗的合适时期。在 ICU，CRRT 的模式已有多种，包括血液透析、高通量血液滤过、血液滤过透析、高分子截留技术（high cut-off hemofiltration，HCO）等。大剂量的 CRRT[35～70ml/(kg·h)]可改善脓毒症合并肾损伤患者的肾功能恢复率和存活率。如果是应用于重症脓毒症、脓毒症休克或 MODS 患者，剂量要更高[50～100ml/(kg·h)]。

CRRT 不同模式选择对于急性肾损伤患者治疗和预后的影响是类似的，起主要作用的是 CRRT 剂量。治疗开始的时机也是影响病死率的重要因素，早期治疗可显著改善患者住院生存率。以往判断预后的指标包括尿量、尿素氮、血肌酐等。新近发现，重症急性肾损伤患者进入 ICU 至 CRRT 治疗开始的时间，是影响住院病死率的独立危险因素。血肌酐升高 2 倍，或 GFR 降低 >50%，尿量超过 12 小时 <0.5ml/(kg·h)可进行 CRRT 治疗是最佳的起始治疗和肾功能损害的折中点。

（五）对症支持治疗

1. **饮食** 早期只给予糖类，供给葡萄糖 3～5g/(kg·d)，情况好转者按 1:3 给予基础代谢热量，低盐饮食，给予优质蛋白[0.5～1.0g/(kg·d)]，少尿期应予以低钾低磷食物。不能口服者予静脉高营养。

2. **胃肠道出血** 可经静脉给予西咪替丁（10～20mg/(kg·d)或奥美拉唑（口服 0.4mg/kg，每日 1 次）。严重出血患儿可给予生长抑素 3.5～5μg/(kg·h)，静脉输入，使用期间注意血糖监测，并尽量选择深静脉使用。

3. **高血压** 限制盐、水很重要。严重高血压时可用硝普钠 1～3μg/(kg·min)静脉注入并评估疗效，最大可至 8μg/(kg·min)。也可迅速用硝苯地平 0.25～0.50mg/kg，舌下含服。高血压不严重者可控制细胞外液量扩张（限制钠盐及水量，应用呋塞米），用 β 受体阻滞剂如普罗帕酮及血管扩张剂常能奏效。

4. **抽搐** 与原发病有关。如狼疮性脑病、低钠血症（水中毒）、低钙血症、高血压或因尿毒症本身所致，治疗须针对原发病变。一般抗惊厥药物如水合氯醛、苯巴比妥、苯妥英钠在尿毒症患者中疗效差。地西泮和咪达唑仑对控制抽搐效果较好。

5. **贫血** Hb 下降至 60g/L 以下时需输血。体液过多的患者，输血可导致体液进一步增加而产生高血压、充血性心力衰竭及肺水肿。缓慢（4～6 小时）输入新鲜血（减少钾入量）10ml/kg 可减少体液扩张，尽量减少输入陈旧库存血。如有严重体液潴留，则须在血液净化过程中矫正贫血。

（六）恢复期治疗

多尿开始时由于肾小球滤过率尚未完全恢复，仍应注意维持水、电解质和酸碱平衡，控制氮质血症，治疗原发病和防止各种并发症。大量利尿后要防止脱水及电解质的丢失，要及时补充。根据肾功能恢复情况逐渐减少透析次数直至停止透析。

四、常见问题和热点聚焦

（一）如何将血容量不足导致的少尿与急性肾损伤鉴别

儿童危重病血容量的判断是难点问题之一。血容量不足或脱水时间过长，可以导致肾前性少尿发展为急性肾损伤。此时过分的限制液体会导致或加重肾功能障碍。

急性肾损伤还是容量负荷不足？当鉴别困难时，可以采用补液＋利尿实验进行鉴别：采用晶体液（如生理盐水、5% 葡萄糖溶液等）20ml/kg 于 30 分钟内输注完毕，如用后出现利尿现象，说明血容量不足，为肾前性少尿。液体治疗以补充血容量、纠正电解质紊乱及酸中毒为主。若无尿，可用 20% 甘露醇 0.2～0.5g/kg 及呋塞米 1～2mg/kg 静脉注射，观察 2 小时，尿量 >40ml 或尿量达 6～10ml/kg，仍考虑为肾前性，可按计划补液，并于 2～3 小时后再使用一次甘露醇或呋塞米利尿，增加毒素排泄；如尿量仍达不到 6～10ml/kg，可重复 1 次呋塞米，如仍不利尿，则不能再输液，应按急性肾损伤控制液体或其他治疗。因补液试验等造成液体超载加重或影响其他器官功能时，可以及时行 CRRT 等措施平衡液体。

（二）小剂量多巴胺是否有肾保护作用

经常使用小剂量多巴胺治疗急性肾损伤，认为其有肾保护作用。临床上对于积极容量复苏或者前负荷已到达最佳状态，仍然难以维持动脉血压的患者，使用升压药物提高平均动脉压，增加肾灌注，可以预防急性肾损伤发生。多巴胺兼有提高血压和扩张小血管作用，成为急性肾损伤治疗常用血管活性药物。但 RCT 和荟萃分析证实多巴胺缺乏肾保护作用。急性肾损伤患者应用小剂量多巴胺可能使肾功能和肾灌注更加恶化。

（三）对急性肾损伤诊断标准的解读

传统急性肾衰竭的诊治主要存在以下问题：①缺乏有效的预防措施，各种治疗措施和大手术的广泛开展，肾衰竭的发病率呈不断上升趋势；特别是危重肾衰竭主要发生于 ICU、外科和肾病科等，但多学科紧密协作的联合抢救模式尚待建立。②缺乏有效的肾衰竭预测和早期诊断指标，错失最佳干预时机。③缺乏肾衰竭的规范化治疗，特别是血液净化方法选择、透析剂量等关键问题均无统一意见。

2005 年，肾病和危重病医学界学者在荷兰阿姆斯特丹联合举办了急性肾衰竭国际研讨会，拟将急性肾衰竭改名为急性肾损伤，提出了急性肾损伤定义和分期的统一标准，建立了急性肾损伤的 RIFLE 标准，围绕其定义、分期及早期诊断的生物学标志物等问题进行了探讨。

RIFLE 标准对判断不同程度急性肾损伤患者的预后具有较好的预测价值。随后有研究发现，患者住院期间的血肌酐较基线值增加 0.3～0.4mg/dl，死亡的危险较血肌酐没有或仅有少量变化者升高 70%。为了提高 RIFLE 标准敏感性，2007 年 AKIN 参照慢性肾疾病（CKD）的分级标准做了适当修改，被称为 AKIN 标准，见表 5-3。AKIN 标准与 RIFLE 标准的不同之处是：将血肌酐绝对值较基线值增加 ≥1.5 倍的患者纳入到 AKIN 的诊断与分级标准中，限制了 AKIN 的诊断时限为 48 小时；并将接受了肾替代治疗的患者划分为 AKIN 3 级（相当于 RIFLE-Failure 级别）。

表 5-3　急性肾衰竭 AKIN 分级诊断标准

分级	血肌酐	尿量
I	升高≥0.3mg/dl，或升高≥1.5 倍，但≤2 倍	<0.5ml/(kg·h)×6 小时
II	升高>2 倍、≤3 倍	<0.5ml/(kg·h)×12 小时
III	升高>3 倍或升高>4mg/dl 伴急性升高≥0.5mg/dl	<0.3ml/(kg·h)×24 小时或无尿 24 小时

五、热点聚焦

（一）急性肾损伤时的血流动力学监测与调控

肾是对血流量和灌注压有双重需求的器官。肾对血流有一定的自我调节能力，休克状态下自我调节能力降低。因此，维持 RBF 和肾灌注压十分重要。优化血流动力学参数对于外科患者术前、术中或术后，维持恰当的心排血量和氧输送，均能降低急性肾损伤的发生风险。脓毒症国际指南建议对脓毒性休克患者将平均动脉压（MAP）维持在 65mmHg（成人）以上。维持较高的 MAP 可降低脓毒性休克患者急性肾损伤的发生率。心脏功能障碍的患者中，中心静脉压（CVP）与肾功能损伤和病死率相关，中心静脉充血伴随着肾脏"后负荷"和肾间质毛细血管静水压的升高，可能导致"充血性肾衰竭"。有研究结果认为，高 CVP 是发生急性肾损伤的独立危险因素，并增加病死率。研究发现急性肺损伤重症患者，较高的 CVP 或肺毛细血管楔压（PCWP）下实施"开放性输液"，与较低的 CVP 或 PCWP 下实施"限制性输液"策略相比，结果"限制性输液"显著降低了急性肾损伤的发生率和肾替代治疗的需求率。液体正平衡导致危重症患者急性肾损伤发生率增加、肾功能延迟恢复和病死率增加。

脓毒性休克是发生急性肾损伤的常见原因，但儿童休克患者血流动力学变化复杂多变。因此，重视和加强血流动力学监测对于急性肾损伤的监测与治疗均十分重要。通过对循环系统血液流动、心脏各腔室压力、体循环、肺循环的压力及阻力，以及肾血流等一系列生理病理变化的指标进行监测，可以了解 CBF 和肾灌注水平。脓毒性休克血流动力学监测以 CVP、心脏指数、血乳酸和 pH 为重要参考依据。近年来发展的无创或有创监测技术，包括中心静脉或混合静脉血氧饱和度（central venous oxygen saturation，$ScvO_2/SvO_2$）、连续无创超声心排血量监测（ultrasound cardiac output monitoring，USCOM）、脉搏指数连续心排血量监测（pulse indicator continuous cardiac output，PiCCO）等。宏观血流动力学、代谢指标和微循环参数构成的血流动力学监测数据网络，通过对各个参数进行分析与整合，可以克服单一参数的局限性。

（二）肾替代治疗开始的时机、剂量和模式

急性肾损伤发展到一定程度的重症患者通常需要肾替代治疗。开始肾替代时机既往肾衰竭患者通常以血清尿素和（或）肌酐，以及尿量为阈值定义"早期"与"晚期"。ADQI 的急性肾损伤 RIFLE 分级诊断标准与 AKIN 分期标准发布后，对急性肾损伤的血液净化治疗方案的选择已成为急性肾损伤治疗的最大进展。

急性肾损伤患者开始肾替代时机的研究很多，由于不同研究人群疾病的严重程度、肾功能的严重程度及"早期"或"晚期"开始肾替代治疗的判断指标存在着较大的差异，因此，

临床很难制定统一的肾替代治疗开始标准。2012年3月,改善全球肾病预后组织(KDIGO)发布了《KDIGO急性肾损伤临床实践指南》,当患者出现威胁生命的水、电解质与酸碱平衡紊乱时,应紧急开始肾替代治疗;如无紧急肾替代治疗指征,应视临床状况而定,考虑的因素包括:有无通过肾替代治疗能缓解的临床状况及实验室检查结果的变化趋势,而不是根据单一的血清尿素和肌酐值决定肾替代治疗的时机。广义上,急性肾损伤肾替代治疗包括腹膜透析、血液透析或连续性血液净化3种基本模式。当前的热点聚焦于连续性血液净化(continuous blood purification,CBP)治疗,也称CRRT。对急性肾损伤重症患者实施的一项回顾性队列研究中发现,RIFLE分级能帮助预测重症患者的28天和90天生存率。一般认为,在RIFLE的Failure(肾损伤程度相当于KDIGO 3级)前阶段实施CBP/CRRT是急性肾损伤重症患者开始血液净化的最佳时机。"早期"开始CBP/CRRT患者的病死率、需要机械通气和入住ICU的时间均显著低于"晚期"开始干预的患者。

CRRT和间隙性肾替代治疗均可以作为急性肾损伤的治疗手段。对于血流动力学不稳定、急性脑损伤、颅内压增高或弥漫性脑水肿合并急性肾损伤患者,建议选择CRRT模式。

(张育才)

第六章

急性肝衰竭

培训目标

1. 掌握儿童急性肝功能衰竭的诊断、治疗。
2. 掌握非生物性人工肝的常用技术。
3. 熟悉肝衰竭的预后判断。

一、概述

肝衰竭是指肝严重损害，导致其合成、解毒、排泄和生物转化等功能发生严重障碍或失代偿，出现以凝血机制障碍和黄疸、肝性脑病（hepatic encephalopathy，HE）、腹腔积液等为主要表现的一组临床综合征，病死率高。

【定义】

目前对儿童急性肝衰竭（acute liver failure，ALF）比较公认的定义为：无已知慢性肝病的患儿出现严重急性肝功能受损的多系统紊乱，伴或不伴与肝细胞坏死有关的脑病。美国每年约有 2000 例患者发生 ALF，而英国的最新统计是每百万人口有 1～8 例发生 ALF。ALF可发生在小儿，其在儿科患者发病率目前尚不清楚。ALF占小儿肝移植患者的 10%～15%。

【病因】

PALF 的病因可大致分为 6 类：代谢性、感染性、中毒性、自身免疫性、血管性和恶性病所导致的 PALF。在发达国家，成人肝衰竭的病因主要是酒精性和药物性肝病，国内则以乙型病毒性肝炎最为常见。但儿童 ALF 有其自身特点，儿童 ALF 病因依不同年龄、不同地区而有所不同。病毒感染和先天性代谢性疾病是新生儿和婴儿 ALF 的两个主要原因。常见病毒有埃可病毒（特别是血清型Ⅱ型）、单纯疱疹病毒，肝衰竭可能是全身病毒播散的症状之一或作为唯一主要症状。腺病毒、细小病毒 B19 和副黏病毒也可导致相关的新生儿 ALF。先天性代谢性疾病包括先天性半乳糖血症、遗传性果糖不耐受、遗传性酪氨酸血症、新生儿胆汁淤积症（citrin 缺陷病）等。新生儿血色病是一种罕见的围生期常染色体隐性遗传性疾病，在新生儿可能会以 ALF 为首发症状。嗜血细胞性淋巴组织细胞增生症临床表现复杂多样，在新生儿可表现为 ALF 为主，大多有家族史，并伴有基因异常。其他如线粒体呼吸链疾病，尤其 mtDNA 缺失综合征新生儿可能以 ALF 为主要表现。青少年和儿童 ALF 则以病毒感染与中毒较为常见。肝炎病毒感染仍然是我国青少年和儿童 ALF 的主要病因。甲型肝炎病毒（hepatitis A virus，HAV）经粪 - 口传播，人群普遍易感，全世界广泛流行，尤其在发展中国家发病率较高，患者人群以青少年和年长儿为主，小婴儿少见。单独 HAV 感染发展为 ALF 的概率较低，但重叠感染 HAV 是乙型肝炎病毒（hepatitis B virus，HBV）、丙型肝炎病毒(hepatitis C virus，HCV)混合感染患者发生肝衰竭的高危因素。HBV 在我国普遍流行，主要通过母婴和血液传播。HBV 感染在不同年龄段占肝衰竭病因比例不同，国内一项研究表明儿童肝衰竭患者中，HBV 感染仅占 25%，而在 35～55 岁的患者中占 74.3%。HCV 感染是欧美及日本等国家终末期肝病的最主要原因，我国发病率相对较低，主要通过血液途径传播，主要转归为肝硬化和肝癌，引起 ALF 相对少见。重症 HBV 感染患者对 HCV 易感性高，合并 HCV 感染可能引发 ALF。丁型肝炎病毒(hepatitis D virus，HDV)是一种缺陷病毒，即亚病毒，必须在 HBV 或其他嗜肝 DNA 病毒的辅助下才能复制增殖。HBV 患者重叠感染或共同感染 HDV 后，在 ALF 的发生中起重要作用，常可表现为急性发作，病情加重，且病死率高。戊型肝炎病毒(hepatitis E virus，HEV)感染为人畜共患病，传播途径类似 HAV，散布于世界各地，急性感染，在成人可导致 ALF，儿童相对较少。此外，EB、CMV、水痘、带状疱疹病毒、腺病毒、人类单纯疱疹病毒等及严重脓毒症都会可能成为肝衰竭的病因。药物性肝损伤是除嗜肝病毒外造成 ALF 的另一大主要原因。其中对乙酰氨基酚中毒是欧美国家小儿 ALF 的首要病因。对乙酰氨基酚是儿科广泛用于临床的解热镇痛药。尼美舒利也是退热药，因为容易导致肝损害在欧美国家已经禁止作为 OTC 销售。其他引起 ALF 的药物包括胺碘酮、异烟肼、苯妥英钠、卡马西平、苯巴比妥和大环内酯类等。除药物外毒蘑菇、生鱼胆、霉变甘蔗等食物中毒也会引起肝衰竭。Wilson 病是目前最常见的导致 ALF 的儿童代谢性疾病。发病以学龄儿童为主，早期以肝损害症状为主，少数可以 ALF 起病，或发展为 ALF，一旦发生肝性脑病，病死率极高。其他次要发病原因，与 ALF 可能相关的血管性疾病包括 Budd-Chiari 综合征、静脉闭塞性血管疾病等。休克、中暑、心力衰竭、发绀性心脏病、缺血缺氧性疾病也有可能发生 ALF。免疫功能失调患儿发生自身免疫性肝炎，也可诱发 ALF。另外 40%～50% 的 ALF 儿童无明确病因。

【发病机制】

导致急性肝衰竭的机制还不甚清楚。仅有 1%～2% 的病毒性肝炎会发展为急性肝衰竭，大量肝细胞的破坏既反映了病毒对肝细胞的直接损伤，也反映了继发于病毒感染后机体的免疫反应。有 1/3～1/2 的乙肝肝衰竭患者发病几天后血清中乙肝表面抗原为阴性，血清中也查不到 HBV 抗原或 HBV-DNA。这些发现提示大量肝细胞坏死可能由超高的过敏反应所致。肝毒性药物产生的代谢物以共价键结合到大分子细胞成分，参与肝损害的过程，如对乙酰氨基酚、异烟肼，肝衰竭常继发于解毒物质如谷胱甘肽耗竭。不管最初肝损害的原因是什么，很多因素加重肝损害，如肝细胞再生能力损害、肝灌注异常、内毒素血症、肝网状内皮系统功能障碍等。不同的先天性代谢疾病导致肝损害的机制不同。肝性脑病的发生与血氨增高、假性神经递质增多、γ 氨基丁酸受体活性增加、内源性苯二氮䓬类样物质增加，以及肝对这些物质清除能力降低导致神经系统异常改变。

二、诊断与鉴别诊断

【临床表现】

1. **进行性肝损害**　病毒性肝炎患儿消化道症状明显加重，如食欲缺乏、恶心、呕吐、腹胀、偶有腹泻；黄疸迅速加深，一般均为中度以上；肝进行性缩小，尤以肝右叶明显，病情加重后肝萎缩进展极快，少数伴有脾增大；儿童较易出现水肿及腹水，严重者呼气有肝臭味，是晚期预后不良的征兆。

2. **肝性脑病**(hepatic encephalopathy)　根据临床表现可将肝性脑病分为 4 期。

（1）前驱期（Ⅰ期）：轻度性格和行为改变，如沉默、淡漠或兴奋、欣快，常无或仅有轻微的神经体征。

（2）昏迷前期（Ⅱ期）：精神障碍比Ⅰ期重，行为反常，计算、定向及理解力减退。神经体征明显，如反射亢进、肌张力增强、病理反射阳性。出现肝臭、扑翼样震颤。

（3）昏睡期（Ⅲ期）：嗜睡，但可唤醒，语言无条理，各种神经体征持续或加重，少数有极度精神或运动性兴奋。

（4）昏迷期（Ⅳ期）：呈昏迷状态，对各种刺激均不起反应。

以上各期分界不能截然分开，前后期临床表现可重叠，病情发展或好转时，表现可加重或减轻，在儿童肝性脑病征象难以分清，且常在肝损伤的晚期出现，因此应多种临床表现结合进行分析。

3. **颅内压增高**　大部分患儿伴有脑水肿，表现为婴儿眼神呆滞、尖叫、烦躁、呕吐、前囟隆起。年长儿可有剧烈头痛、频繁喷射性呕吐、血压增高、惊厥及意识障碍。伴有肢体僵直旋扭，病理反射阳性。由于脑循环障碍产生高热、过高热，周围血管收缩致使皮肤苍白、肢端青紫、发凉。发生颞叶沟回疝时，两侧瞳孔不等大；发生枕骨大孔疝时，双侧瞳孔散大，呼吸节律不齐，甚至暂停。

4. **出血现象**　轻者为皮肤黏膜出血或渗血，鼻出血及齿龈出血较常见。严重时内脏出血，以消化道出血发生最多，可呕血或便鲜血，也可吐咖啡样物及排柏油样便，常因一次出血量很多而导致休克，或加重肝性脑病；也可有其他部位出血如咯血、血尿或颅内出血等，大出血常为致死的直接原因。

5. **低血糖**　患儿肝严重受损时，糖原分解作用减弱，加之呕吐不能进食，肝糖原贮存显著减少，故很易发生低血糖而加重昏迷。低血糖现象又可因同时存在昏迷而被忽略。患儿多在清晨时手足发凉、出冷汗、血压低，或偶尔出现痉挛。

6. **肝肾综合征（HRS）**　HRS 是肝衰竭晚期的严重并发症，患儿的肾组织学检查可完全正常或轻微受损害，如果肝病能逆转，肾功能可改善。HRS 常出现在应用强利尿药，大量放腹水，上消化道出血或感染之后，也有部分无诱因。表现为少尿或无尿，血浆尿素氮和肌酐水平迅速增高，尿常规检查正常或轻微异常，尿 / 血浆渗透压比值 >1.0，尿钠浓度 <10mmol/L，尿 / 血浆肌酐比值 >20，常伴有腹水、稀释性低钠血症、低血压和黄疸，经扩容治疗不能获得持久的改善。

7. **继发感染**　肝衰竭患儿并发感染的发生率较高，以菌血症最常见，也可并发肺炎、胆道感染或泌尿系感染，有时可见真菌感染。患儿临床表现主要为发热，而局灶性症状不易发现，需认真检查，或及时进行血、尿、腹水等体腔液培养，才能明确诊断。

8. **水电解质失衡**　患儿很易出现低钾血症。这是由于呕吐、不能进食，大量应用排钾利尿药及糖皮质激素、醛固酮增多，大量输注葡萄糖等原因引起。钾过低亦可并发代谢性碱中毒，后者有利于氨的产生。因摄入不足、吸收不良，低蛋白血症及应用利尿药等，可出现低镁血症。镁降低可致患儿肌肉兴奋性增强，手足搐搦、谵妄，与低钙症状相似。晚期持续低钠血症，提示细胞溶解坏死，预后不良。水电解质平衡紊乱，也可因补液不当所致。

【实验室检查】

1. **血清学检查**

（1）丙氨酸转氨酶（ALT）和天冬氨酸转氨酶（AST）：明显升高，ALT/AST<1，提示肝细胞严重损伤，另外在终末期可出现酶 - 胆分离现象，即随着黄疸的上升 ALT 逐渐降低，也提

示预后不良。

（2）血清胆红素：血清总胆红素一般均超过 171.0μmol/L（10mg/dl），平均每天增长 17.1μmol/L（1mg/dl）或更多，以直接胆红素升高为主。

（3）血氨：为反映肝性脑病的重要指标之一，血氨明显升高常提示预后不良，应定期检查。

（4）前白蛋白测定：可早期反映肝衰竭，肝衰竭会影响蛋白质合成，白蛋白在体内半衰期约为 20 天，前白蛋白仅为 1.9 天，因而其在患者血中浓度下降出现较早。通过电泳测定进行动态观察，若持续低水平并日渐下降，则提示预后不良。

（5）甲胎蛋白（AFP）阳性：表示肝细胞再生能力旺盛，见于正常新生儿或肝癌患者，肝损伤后有肝细胞再生时 AFP 亦呈阳性，若肝细胞进行性坏死时 AFP 由阴性转为阳性，浓度逐渐升高，提示有肝细胞再生，预后良好。

（6）肾功能检查：可反映肾损害的程度，由于尿素是在肝合成的，在肝严重损伤时，尿素氮可不升高，血肌酐水平可更好地反映肾功能。

（7）电解质测定：有助于及时发现电解质紊乱。

（8）血气分析：可早期发现酸碱失衡和低氧血症，便于及时治疗。

（9）血清胆固醇和胆固醇酯：患儿胆固醇有明显降低，严重者甚至降至测不到，胆固醇酯往往低于总胆固醇的 40%。

（10）血糖：可及时发现低血糖。

2. **凝血象检查**

（1）凝血酶原时间：凝血酶原时间延长或凝血酶原活动度下降：对诊断及估计预后有重要意义：轻症凝血酶原活动度低于 60%，重症常低于 40%，提示预后不良。

（2）弥散性血管内凝血有关检测：红细胞形态异常，呈三角形、芒刺状或有碎片，血小板进行性减少，纤维蛋白原降低，凝血酶原时间延长，均为弥散性血管内凝血早期指标。如发现纤维蛋白降解物（FDP）增加，则有纤维蛋白溶解亢进。

3. **病因和病原学检测**　应用酶联免疫法或放射免疫法检测血清病毒性肝炎相关抗原或抗体，或 DNA 探针杂交检测病毒核酸确定病原，必要时通过肝免疫组化和原位杂交方法检测病毒抗原和病毒核酸。对并发细菌感染或真菌感染应多次进行血培养等检查。对 4 岁以上患儿要做血铜蓝蛋白和角膜 KF 环检测，以除外 Wilson 病。怀疑遗传代谢病可做相应的筛查。总之，根据 ALF 发生时期和临床特点，做相应的病因和病原学检测。

4. **其他辅助检查**

（1）B 型超声检查：可监测肝、脾、胆囊、胆管等器官大小、超声影像，以及有无腹水、肿物等。

（2）脑电图检查：肝性脑病早期，患者即表现出特异性脑电图波形，如慢波、三相波，且持续时间较长，有助于早期发现肝性脑病。

（3）肝活体组织检查：可能对病因诊断有帮助，但是考虑到肝活检会增加出血风险，因此目前倾向于不对 ALF 患儿进行活检。

【诊断】

根据临床表现及实验室检查可以诊断急性肝衰竭，目前多采用国际小儿肝衰竭协作组的诊断标准如下。

1. 伴有或不伴有肝性脑病。

2. 具备以下临床及生化证据。

（1）有急性肝损害的证据，无已知的慢性肝病。

（2）具备以下严重肝功能障碍的生化和（或）临床证据：注射维生素 K 无法纠正的凝血紊乱；有肝性脑病，国际标准化比率（intenational normalized ratio，INR）≥1.5 或凝血酶原时间（prothrombin time，PT）≥15 秒；或无肝性脑病，INR≥2 或 PT＞20 秒。

【鉴别诊断】

急性肝衰竭需要与其他能够引起神经系统症状或有凝血异常的疾病鉴别，尤其是肝损害证据还不明显时。

三、治疗决策

小儿急性肝衰竭病死率高，经积极救治，采用综合治疗措施，防止发生并发症，可使患儿病情稳定存活，儿童较成人预后稍好。国外报道，急性肝衰竭 56%～60% 可恢复健康，肝移植占 16%～31%，13%～24% 死亡。尤其是药物或毒物导致的肝衰竭，如果能早期积极救治，成活率较高。主要措施应针对：①基础治疗；②减少和清除有毒物质；③阻止肝坏死和促进肝细胞修复；④支持疗法和对症治疗；⑤防治各种并发症；⑥人工肝支持系统和肝移植。

【一般治疗】

1. **营养支持** 保证每天足够的热量和补充多种维生素。能进食的患儿给高糖、低脂饮食；蛋白质开始时可按患儿的理想体重 0.5g/（kg·d）直至达到 1.0g/（kg·d），不能进食者可鼻饲或静脉补充。必要时输注白蛋白、新鲜血浆和少量新鲜血，可减少负氮平衡。

2. **调节水、电解质平衡** 有低钾、低钙、低镁者应及时纠正。根据血钠测定，若无明显低钠，则不宜过多补充钠盐，维持生理需要即可，以防脑水肿。禁食期间每天液量应严格限制，输入葡萄糖液以维持营养及供给热量。低钙时，每天以 10% 葡萄糖酸钙 5～10ml 静脉滴注，每输入 200ml 枸橼酸血液，需另补钙 1g（钙剂不宜加入所输血液中）。对有代谢性碱中毒时，给予 25% 精氨酸 20～60ml 静脉滴注。低钾血症易致代谢性碱中毒，诱发或加重肝性脑病，在尿量正常情况下，要及时补钾。

3. **观察病情变化** 密切监测血压、呼吸、脉搏、体温、瞳孔、意识状态及肌张力等。

【病因治疗】

部分明确病因的病例可针对病因进行治疗：对乙酰氨基酚（APAP）过量所致的急性中毒可使用 N-乙酰半胱氨酸（NAC）；明确或怀疑蘑菇中毒导致的急性肝衰竭可给予青霉素 G 和水飞蓟素；酪氨酸血症可用 2-（2-硝基-4-三氟-苯甲基）-1,3 环己烷酮（NTBC）；半乳糖血症可使用无乳糖饮食；EB 病毒等疱疹病毒感染可使用抗病毒制剂如更昔洛韦；自身免疫性肝炎导致的急性肝衰竭可使用糖皮质激素治疗等。

【并发症的治疗】

1. **脑水肿** 甘露醇能提高 ALF 并发Ⅳ期肝性脑病患者的存活率，静脉输注 20% 甘露醇每次 0.25～1.0g/kg，20 分钟内滴完。如有足够的利尿效应，血清渗透压仍然 <320mOsm，必要时可重复给药。另外，在儿童也开始试用亚低温，对降颅压有一定好处。80% 死于急性肝衰竭的患者存在脑水肿。有条件的医院应进行颅内压监测，治疗上应头部抬高 30°，同时须保持平均动脉压在正常范围，以避免脑灌注压不足。机械通气的患儿避免呼气末正压过高，因为高呼气末正压可增加肝静脉压力和颅内压。避免剧烈咳嗽、呕吐、血管扩张药应用等使颅内压升高的诱因，控制发热、高血压及躁动，避免输液过多，纠正高碳酸血症和严重的低氧血症。肝衰竭脑水肿时不主张应用糖皮质激素。

2. 肝性脑病

（1）避免强力利尿，控制感染，控制上消化道出血，禁用镇静药，降低血氨，严格限制饮食中的蛋白质，苯二氮䓬受体拮抗剂氟马西尼至少能暂时减轻昏迷程度。

（2）芳香族氨基酸主要在肝中进行代谢而支链氨基酸主要在肝外组织如骨骼肌和脂肪中代谢，大剂量可作为应急治疗药物单独使用或与葡萄糖合用或作为长期的营养支持。

（3）应用降低血氨的药物谷氨酸钠、精氨酸、鸟氨酸和酪氨酸等，可降低脑细胞内氨的毒性，改善脑的代谢，同时给三磷腺苷及镁盐，效果更佳。但谷氨酸钠会加重脑水肿及水钠潴留，且不能通过血 - 脑屏障，精氨酸则因肝衰竭时肝细胞内精氨酸酶缺乏，鸟氨酸循环障碍而不能起到应有的作用。为减轻血氨升高加重肝性脑病症状，静脉滴注门冬氨酸鸟氨酸注射液 5～10g，每日 1 次，有利于尿素合成，从而降低血氨。

（4）清除肠内毒性物质及控制肠道产氨：口服硫酸镁溶液导泻，以清除肠内毒性产物；口服肠道不吸收抗生素减轻蛋白质或氨基酸的分解，从而防止氨及其他毒性物质的产生；双歧乳酸杆菌奶含有嗜酸性乳酸杆菌，用后可使肠内容物酸化，减轻氨的吸收。乳果糖是治疗肝性脑病的基础药物之一，可以在结肠分解而产生乳酸，酸化肠道环境，减少氨的吸收，促进肠蠕动，加快肠道有毒物质的排出，减少肠源性毒素吸收。

3. 消化道出血的防治

（1）补充凝血因子：注射维生素 K_1 5～10mg，每日 1～2 次。输注凝血酶复合因子对由凝血因子减少所致之出血为较有效的措施。制剂系正常人血浆提取物，含浓缩Ⅱ、Ⅷ、Ⅳ、Ⅹ因子，以适量生理盐水稀释后静脉滴注；因其半衰期短，需 6～8 小时注射 1 次始能控制大出血。

（2）输新鲜血或血浆：用以补充凝血因子及丢失的血容量。

（3）组织胺 H 受体拮抗剂：可用于预防性治疗，还可配合应用 4℃冰盐水 100～150ml 加去甲肾上腺素 4～8mg 洗胃，以收缩血管，减轻出血。

（4）质子泵抑制剂：奥美拉唑静脉滴注，或 5 岁以上患儿应用泮托拉唑静脉滴注。

（5）止血药物：巴曲酶 1000U，静脉滴注。血管收缩药垂体后叶素 5～10U 加 10% 葡萄糖液 50～100ml 缓慢静脉滴注，必要时 3～4 小时后可重复。生长抑素静脉滴注也可减轻消化道出血。

4. 防治继发感染

肝衰竭患儿很易发生继发感染，国外报道发生率为 25%，多发生于肝衰竭 2 周后。常见原因是机体免疫功能低下、肠道微生态失衡、肠黏膜屏障作用降低及侵袭性操作较多等。多见原发性腹膜炎、肺炎、泌尿系感染、胆道感染等，感染的常见病原体为大肠埃希菌、葡萄球菌、肺炎链球菌、厌氧菌、肠球菌及假丝酵母菌等，常为院内获得性感染，除严密隔离、室内定时消毒外，发现感染征兆，应早期选用广谱抗生素，如三代头孢或碳青霉烯类，但应避免应用损害肝肾的抗生素。当细菌培养和药敏结果出来后，应根据药敏结果作相应的调整。发现真菌感染应及时停用广谱抗生素，给予抗真菌治疗。免疫调节治疗胸腺肽可增强抗病能力，减少合并严重感染的机会。免疫球蛋白不仅可调节机体的体液免疫功能，防止继发感染，对部分因免疫损伤引起的肝衰竭可起到封闭抗体、调节或抑制免疫的作用。

5. 防治肝肾综合征（HRS）

主要是去除低血钾、感染、出血等诱因，早期与肾前性肾衰竭不能区别时，可进行扩容治疗，扩容后若尿量达 20～30ml/h 以上，或超过补液前尿量，可继续补液。HRS 时可用血管活性药，如山莨菪碱、多巴胺等。早期应用利尿药，一旦发生肾小管坏死,肾衰竭则为不可逆性,有少尿、无尿时,严格限制液体入量,必要时采用血液净化。

6. 呼吸支持 由于肝性脑病、脑水肿、颅内高压等导致呼吸衰竭,或由于肝衰竭导致ARDS,必要时需要气管插管机械通气。

7. 人工肝 肝移植最大的困难是供肝者短缺。鉴于 ALF 患儿的自身肝可能完全恢复,理论上肝支持系统(liver support system)或称人工肝帮助患儿度过恢复期是最好的治疗方法。人工肝是借助一个体外的机械或理化装置,担负起暂时辅助或完全代替严重病变肝的功能,清除各种有害物质,代偿肝脏的代谢功能,直至自体肝功能恢复或进行肝移植。目前根据其组成和性质主要可分为三类:①生物型,将生物部分,如同种及异种肝细胞与合成材料相结合组成特定的装置,患儿的血液或血浆通过该装置进行物质交换和解毒转化等;②非生物型,主要通过物理或机械的方法治疗即血液净化,包括血液透析、活性炭和树脂血液灌注、血浆置换、血液滤过等;③混合型,由生物与非生物型结合组成的具有两者功能的人工肝支持系统。

(1)生物人工肝:指人工培养的肝细胞为基础构件的体外生物反应系统,是由内有大量肝细胞的空心纤维生物反应器所组成,它不仅具有肝的特异性解毒功能,而且具有更高的效能。

(2)非生物人工肝:包括血浆置换、血透、血液滤过、连续性血液净化、联合滤过吸附等。有人将血浆置换与持续性血液透析滤过结合起来治疗暴发性肝炎患者,取得较好效果。血浆置换+血浆灌流,血液滤过+血液灌流,胆红素吸附+血浆灌流等方法已被国内外众多学者采用。连续性血液滤过透析联合治疗与分子吸附再循环系统、连续白蛋白净化系统、血浆成分分离和吸附系统,是近年先后用于急性肝衰竭治疗的新型血液净化技术,它们能全面清除蛋白结合毒素及水溶性毒素、降低颅内压、改善肾功能,有助于脑水肿、肝肾综合征及多器官功能衰竭的防治。分子吸附再循环系统是利用有白蛋白相关结合位点的膜,将患者的血与白蛋白透析液分离开来。分子吸附再循环系统联合血浆置换或血液透析在治疗小儿急性肝衰竭时较间断分子吸附再循环系统效率更高,但该技术应用于儿童的资料较有限。可以预见,把不同非生物型血液净化技术结合构成的人工肝支持方法在临床上的应用会越加广泛。

8. 肝移植 肝移植技术在急性肝衰竭治疗中发挥重要作用。近年来,活体肝移植、劈离式肝移植和部分辅助肝移植等技术的发展有效地缓解了肝源短缺问题。目前,肝移植是儿科患者实体器官移植后存活率最高的一种。在西方国家,有10%～15%的急性肝衰竭患儿进行了肝移植。10年存活率可达70%～80%。1岁以内的患儿肝移植后的10年存活率为65%,而年龄较大儿童的10年存活率为79%。此外,人们还将目光聚焦在干细胞移植方面。肝细胞移植和干细胞移植可成为未来治疗急性肝衰竭的重要手段。

四、常见问题和误区防范

(一)儿童急性肝衰竭为什么常导致误诊

PALF 表现的不典型性是导致误诊的常见原因。PALF 的临床表现与成人不尽相同,并随着病因和发病年龄的不同而不同。儿童,尤其是婴幼儿 ALF 的临床症状不典型,早期不易被发现并诊断。新生儿 ALF 常无特异性表现,有时仅表现为一般情况的改变,如发育停滞、呕吐等。婴儿及年长儿可有不适、恶心和食欲差等前驱症状,继之出现黄疸。部分患儿可能黄疸程度不重，尤其是代谢性疾病和中毒性因素所致 ALF，这使得 PALF 的诊断更加困难。部分 PALF 患儿可出现自发性出血，多累及消化道；此外，由于肝糖原贮存受损、糖异生降低、高胰岛素血症和葡萄糖利用增加等，可引起严重的低血糖而导致惊厥发作，尤其是婴儿组，空腹血糖水平更低。儿童肝性脑病表现特殊，很难判断，儿童可不出现肝性脑病，新生儿在出现昏迷之前可能仅有行为改变；年长儿虽可与成人表现类似，但很少出现典型的扑翼样震颤、肝病性口臭等。PALF 早期常出现肝大，上消化道症状对早期诊断 ALF 很重要；容易出现腹水，合并感染的发生率较高，如自发性腹膜炎等；易出现电解质紊乱，尤其是低钾血症。Salfik Temizel 等报道的 70 例 PALF 中，71.4% 的患儿存在肝性脑病，20% 有腹水，病死率为 65.7%。Sundaram 等报道的 148 例小婴儿（≤90 天）ALF 中，常见的临床症状为嗜睡（49%），发热（20%），恶心或呕吐（20%），常见的体征为肝大（71%），脾大（41%），腹水（39%）和肢端水肿（38%）。因此，对于 PALF 患儿应详细询问病史并仔细查体，如了解有无呕吐，食欲差，发热，神志或情绪改变，黄疸情况，自发出血倾向，肝损害药物或毒物接触史，输血史，肝炎患者接触史，疾病家族史（肝豆状核变性、感染性肝炎及自身免疫性疾病等）。如果有智力发育迟缓或癫痫发作等情况，应行尿筛查、血串联质谱等检查除外代谢性疾病；如既往有瘙痒、腹水或生长迟滞应注意除外慢性肝病。如尿液药物筛查可能未包括所有的肝毒性药物，尤其是很多常见药物和一些环境内存在的毒素；血浆铜蓝蛋白在肝豆状核变性发生 ALF 时的诊断价值偏低，但如果与碱性磷酸酶 / 胆红素的比值和谷草转氨酶 / 谷丙转氨酶的比值相结合，其敏感性和特异性显著提高；胆汁中酯化肉碱浓度是脂肪酸氧化障碍的 ALF 患儿预后不良的标志物；即便评估手段在不断提高，仍有相当比例的患者病因不明。因此，目前迫切地需要多中心的研究以发现新的嗜肝病毒、代谢性疾病、环境毒素及一些 PALF 的潜在病因。所有发生急性肝炎的临床及实验室检查异常的患者均应进行凝血酶原时间检测及肝性脑病的评估，如患者 PT 延长 >14～16 秒或更多（INR≥1.5），同时存在神志障碍，则 ALF 的诊断成立。病史采集需尽量详尽，体格检查应包括神志的评估并仔细查找有无慢性肝病，应早期完善实验室检查以全面评估病情和病因。总之，PALF 是儿童病死率极高的急危重症之一，年龄不同，病因不同，临床表现也不尽相同，病因诊断存在较大的难度，并可能直接关系患儿的预后。提高 PALF 的存活率和生存质量是摆在临床医师面前的严峻考验和挑战。掌握 PALF 的病因及临床表现等特点，全面评估，有助于早期诊治，并为可进行肝移植的患儿争取更多的生存机会。

（二）转氨酶越高肝衰竭越重吗

肝功能损害的指标有多种，但并非都是评估肝衰竭的主要指标，如常用的丙氨酸转氨酶和天门冬氨酸转氨酶，这些转氨酶活力与肝细胞损害程度有时并不平行。重症肝炎时，尽管病情十分凶险，转氨酶却仅有轻度上升，或处于"正常"。反之，转氨酶很高却不一定有肝衰竭。当然发生大量肝坏死时转氨酶反而开始下降，甚至呈现"酶胆分离"现象。小儿 ALF 时，典型特征是肝某些主要功能的衰退，特别是不能维持足够的凝血因子浓度及不能对血液中毒性物质进行解毒，临床上导致凝血紊乱和肝性脑病。因此在众多反映肝功能损害的指标中，凝血障碍和血氨升高在 ALF 中表现最为突出。由于临床凝血因子的检测有一定难度，故常用凝血酶原时间（PT）和凝血酶原时间活动度（PTA）或凝血酶原时间的国际化比值（INR）来评估肝功能受损程度和预后。2000 年由 19 个临床中心成立儿童 ALF 研究组。该研究组通过对 348 例 0～18 岁 ALF 患儿前瞻性研究，提出了国际公认的儿童 ALF 诊断标准：在有证据显示存在急性肝损伤患儿，出现肝性脑病伴凝血功能异常（INR≥1.5 或

PT≥15秒）或仅有严重凝血功能异常（INR≥2或PT≥20秒），且凝血功能异常用维生素K无法纠正。其他指标也在一定程度反映肝细胞坏死程度及预后，如血氨、血胆红素、甲胎蛋白、白蛋白、前白蛋白、血乳酸、血糖等。

（三）肝性脑病治疗上的误区

肝性脑病是急性肝衰竭的严重并发症，是导致不良预后和死亡的重要因素。肝性脑病患儿多存在血氨升高，而血氨升高目前仍被认为是脑病的重要原因之一，因此以降低血氨为目标的治疗策略成为肝性脑病重要的治疗手段：首先应限制饮食中蛋白质摄入，婴幼儿一般进食或鼻饲米粉。传统的观点认为肝衰竭患者应少给蛋白质，但数日的无蛋白饮食可导致患者出现负氮平衡，造成机体衰竭，因此目前的观点是至少应保证每日1g/kg的优质蛋白质供给。所以这里强调的是减少消化道蛋白的摄入，积极控制上消化道出血，适当应用镇静药，以减少外源性血氨增加。传统的降血氨药物疗效不佳，谷氨酸钠会加重脑水肿及水钠潴留，且不能通过血-脑屏障，精氨酸则因肝功能衰竭时肝细胞内精氨酸酶缺乏，鸟氨酸循环障碍而不能起到应有的作用。为减轻血氨升高加重肝性脑病症状，静脉滴注门冬氨酸鸟氨酸注射液5～10g，每日1次，有利于尿素合成，从而降低血氨。乳果糖是治疗肝性脑病的基础药物之一，可以在结肠分解而产生乳酸，酸化肠道环境，减少氨的吸收，促进肠蠕动，加快肠道有毒物质的排出，减少肠源性毒素吸收。口服肠道抗菌药物，如头孢类抗生素，以减少肠道细菌易位或内毒素血症。但肠道内抗生素应用，均可能造成肠道菌群失调，应适当辅以肠道益生菌制剂治疗。目前有肠道不吸收的抗生素如利福昔明上市，对肠道微生态影响也较少，已被列入相关指南。支链氨基酸对于纠正氨基酸失衡，减轻肝性脑病可能有一定作用。另外也可试用左旋多巴200～400mg/d静脉滴注。应避免强力利尿，因为可能导致低钾血症，会加重脑病；控制感染对减轻脑病也很重要。

五、热点聚焦

（一）人工肝在急性肝衰竭中的应用

人工肝支持系统（artificial liver support system，ALSS）能暂时替代部分肝功能，帮助患者度过ALF危险期，为自体肝功能恢复创造条件或作为肝移植的"桥梁"。人工肝根据系统内是否存在肝细胞、组织或器官等生物成分，被分为生物型人工肝装置（biological liver device，BLD）、非生物型人工肝装置（non biological liver device，Non-BLD）和混合型人工肝装置（bio-artificial/hybrid techniques device）三类，前两种尚停留于临床研究阶段，目前广泛应用的仍是Non-BLD。Non-BLD以血液净化技术为基础，通过透析、滤过、吸附、置换等原理替代肝的解毒功能，部分兼有补充体内物质和纠正机体内环境紊乱的作用，已成为急性ALF的重要救治手段之一。传统的方法有血浆置换、血液灌流及血液透析，目前血浆置换使用较多，用于严重凝血功能障碍、严重肝性脑病等情况，若用于凝血病，则应使PT维持在15秒以内（有出血情况）或维持在20秒以内（无出血倾向）。目前连续血液净化也用于肝衰竭的治疗中，常与其他方法联合使用，可以清除炎症介质、血氨、尿素等中小分子毒素，有人还采用高通量血液滤过透析治疗急性肝衰竭，取得较好疗效。其他还有分子吸附再循环（MARS）、普罗米修斯系统［即部分血浆分离和吸附（fractionated plasma separation and adsorption，FPSA）系统与高通量血液透析结合］在儿童应用较少。血液净化应用于PALF疗效肯定，不仅能缓解症状及改善血浆相关异常生化指标，同时为肝病变恢复或肝移植创造时机。不同的血液净化方式在清除肝毒素方面各有侧重，但单独应用均不能全面清除毒素及改善预后。将间断转为持续及不同类型血液净化技术组合,构建适合于不同 ALF 个体化治疗方案,是血液净化发展的基本方向。

（二）急性肝衰竭患儿如何判断预后

ALF 预后分析多数参照成人标准,其中最常用的模型是 King's College Hospital 标准（KCH 标准）。KCH 标准是对 588 例包括成人和儿童 ALF 患者预后影响因素的回顾性研究基础上完成的,是 ALF 预后判断最常用的标准。KCH 标准根据病因将 ALF 分为非对乙酰氨基酚所致和对乙酰氨基酚中毒所致两大类,对于非对乙酰氨基酚导致 ALF,PT > 100秒（或 INR > 6.5）或满足以下任意 3 项:年龄 < 10 岁或 > 40 岁,急性或亚急性起病,PT > 50（或 INR > 3.5）,血清 TBIL > 300μmol/L,病因为非甲非乙型肝炎、药物中毒,提示预后不良,需行肝移植。对乙酰氨基酚导致的 ALF 预后不良的标准为:动脉血 pH < 7.3 或者同时合并以下表现:Ⅲ级以上的肝性脑病、血 Cr > 300μmol/L、PT > 100 秒。由于 KCH 标准主要是针对成人 ALF 预后判定标准,国际儿童肝病专家试图通过多中心、前瞻性调查探讨儿童ALF 的预后评估标准。美国儿童 PALF 研究组对 348 例 0~18 岁 ALF 患儿预后评估分析,TBIL≥85μmol/L,同时 INR > 2.55 和肝性脑病者预后差,需要肝移植。Lu 等通过对 1993—2003 年期间 81 例 ALF 回顾性研究,推出了评估儿童 ALF 的生存风险预测 LIU 公式,LIU公式是以 PT、TBIL 及血氨峰值为预测指标。LIU 分值与疾病严重程度有关,低分值 LIU生存率高,中等或高分值危险性高,短期内死亡的可能性大。该评估分值最大的优点是能对病情动态评估,随时监测病情变化及治疗效果。英国伯明翰儿童医院肝病中心对 97 例ALF 预后因素进行前瞻性、多因素分析,认为 PT 延长（> 55 秒）,胆酶分离（ALT≤2384U/L,TBIL > 156μmol/L）,低白蛋白（≤32g/L）,血 AKP 高（> 685U/L）预后差或者需要肝移植,其中 PT 和 ALT 是独立的预测指标。总之,评估 ALF 预后的实验室指标较多,各研究中心由于实验室条件不同测定的指标结果也有差异,但指标 PT、INR、BIL、Cr、血氨等是公认最为重要的预后评估指标。血氨 124μmol/L 被认为是生存与否的界限,敏感度和特异度分别为 78.6% 和 76.3%,准确率达 77.5%。PALF 的预后与肝性脑病的程度、年龄和病因有关,肝性脑病Ⅳ级的患儿预后差。有报道,肝性脑病的严重程度、血糖低于 45mg/dl、血清胆红素> 10mg/dl、pH < 7.35 或 > 7.45 等可能与病死率呈正相关。英国皇家医学院重新修订的诊断标准中,PALF 的预后取决于 4 个因素:①白细胞总数 > 9 × 10⁹/L;②血胆红素≥13.8mg/dl;③年龄 < 2 岁;④ INR > 4。如果符合上述其中 1 个条件,病死率达 76%;符合 2 个条件,病死率达 93%;符合 4 个条件,则病死率为 100%。

（刘春峰）

第七章

脓毒症和脓毒性休克

培训目标

1. 掌握脓毒症、严重脓毒症、脓毒性休克的定义、诊断、治疗。
2. 熟悉血流动力学监测技术在严重脓毒症诊治中的应用和意义。
3. 熟悉2012年新指南的要点。

一、概述

脓毒症（sepsis）是指由感染引起的全身炎症反应综合征（systemic inflammatory response syndrome，SIRS），进一步发展可导致脓毒性休克（septic shock）、严重脓毒症（severe sepsis）或多器官功能障碍综合征（multiple organ dysfunction syndrome，MODS）或多器官功能衰竭（multiple organ failure，MOF），是儿童重症监护病房（pediatric intensive care unit，PICU）患儿死亡的主要原因之一。

【定义】

1991年国际专家对Sepsis提出了新的定义，并提出了SIRS的概念。2001年国际重症医学专家再次修订了Sepsis及其相关的定义。2005年国内外权威杂志相继发表了得到国际儿科专家公认的儿童Sepsis、Severe sepsis、Septic shock及MODS的新定义，至此国内专家将Sepsis的汉译名由"脓毒症"取代了临床沿用已久的"败血症"（新生儿除外），分别更名为脓毒症、严重脓毒症、脓毒性休克。

（一）脓毒症

脓毒症是指感染引起的全身炎症反应，也即是感染同时伴有SIRS表现。感染是指存在任何病原体引起的可疑或已证实的感染，或与感染高度相关的临床综合征。SIRS是指致病因素作用于机体，引发各种炎症细胞过度激活和炎性介质大量释放，从而产生一系列全身性过度炎症反应的病理生理状态。

（二）严重脓毒症

严重脓毒症是指脓毒症导致的器官功能障碍或组织低灌注。

（三）脓毒性休克

脓毒性休克是指严重脓毒症患者在给予足够液体复苏后仍持续组织低灌注和心功能障碍。

【病因】

（一）感染病原

脓毒症的致病微生物是各种细菌、病毒、真菌和寄生虫等，而以细菌占多数。引起儿童脓毒症最常见的细菌病原体是 B 型流感嗜血杆菌、肺炎链球菌、奈瑟脑膜炎双球菌和沙门菌属。随着侵入性操作（如静脉置管、手术等）和静脉营养应用日益增多，使表皮葡萄球菌和念珠菌感染率上升。呼吸机广泛应用增加了黏质沙雷、铜绿假单胞菌和不动杆菌的风险。对免疫功能抑制的宿主（如婴幼儿、免疫缺陷、器官移植、有严重基础疾病的患儿）条件致病微生物也可引起脓毒症和严重脓毒症。儿科患者不同年龄对病原体有提示作用，故推断可能的病原体时应考虑年龄因素（表 7-1）。

表 7-1　儿科脓毒症患者常见的细菌病原体

年龄		常见病原体
新生儿期	早期发病	无乳链球菌、大肠埃希菌、克雷伯菌属、肠杆菌属
	晚期发病	凝固酶阴性葡萄球菌、金黄色葡萄球菌、大肠埃希菌、克雷伯菌属、铜绿假单胞菌、肠杆菌属、沙雷菌、不动杆菌属及各种厌氧菌属
婴儿期		流感嗜血杆菌、肺炎链球菌、脑膜炎双球菌、沙门菌属
儿童	非中性粒细胞减少	肺炎链球菌、脑膜炎双球菌、金黄色葡萄球菌、流感嗜血杆菌
	中性粒细胞缺乏	耐药菌株或革兰阴性菌多见，如产超广谱 β 内酰胺酶（ESBLs）的大肠埃希菌、克雷伯菌属、肠杆菌属、多重耐药铜绿假单胞菌、不动杆菌属
		革兰阳性菌逐渐增多，如耐甲氧西林金黄色葡萄球菌（MRSA）、凝固酶阴性葡萄球菌、耐青霉素的肺炎链球菌、肠球菌

（二）感染源

脓毒症可由身体任何部位的感染引起，儿童最常见的感染部位是肺部和血流感染。年龄 <1 岁者以血流感染最多见，其次是肺部感染，而年龄 >1 岁者则是肺部感染最多，其次是血流感染。其他常见感染源包括消化道、泌尿道、腹腔、中枢神经系统和皮肤软组织等。致死率最高的是心内膜炎和中枢神经系统感染。脓毒症也常是严重烧伤、创伤或多发伤、外科手术后等的并发症。

（三）基础状况

据美国报道，脓毒症儿童约 50% 有原发性基础疾病，常见的是慢性肺疾病、先天性心脏病、神经肌肉疾病和肿瘤，而且具有年龄差异，婴儿以呼吸及心血管系统疾病为主，学龄前儿童是神经肌肉疾病，学龄期则是肿瘤，目前国内尚缺乏流行病学的相关资料。

【发病机制】

脓毒症的发病机制极其复杂，迄今尚未明确，但随着研究的不断深入，目前国内外学者普遍认为，脓毒症是感染诱发促炎和抗炎失衡所致机体免疫炎症反应紊乱，也就是促炎细胞因子介导的促炎机制占优势呈现过度炎症反应；抗炎细胞因子介导的抗炎机制占优势则呈现免疫抑制。在脓毒症早期以促炎机制占优势，后期是抗炎机制占优势，期间是促炎和抗炎交替制衡。在整个过程中组织和器官遭受严重的炎性损害，并最终导致器官衰竭。

（一）非特异性（自然）免疫与炎症反应

病原微生物与免疫细胞表面的 Toll 样受体（TLRs）相结合，如 G^+ 菌的肽聚糖和 G^- 菌的脂多糖分别与 TLR-2 和 TLR-4 结合，激活细胞内的信号传导通路，使促炎因子（如 TNF-α、IL-1β）和抗炎因子（如 IL-10）的转录增加。促炎因子上调了中性粒细胞和内皮细胞的黏附分子表达。尽管激活的中性粒细胞可以杀死病原，但其同时释放炎症介质也损伤内皮细胞，增加了血管通透性,导致富含蛋白的液体进入肺和其他组织。同时,激活的内皮细胞可以释放一氧化氮,使血管扩张。一氧化氮被认为是导致休克的重要介质。

(二)特异性(过继性)免疫反应和放大效应

病原微生物激活特异体液和细胞介导的过继性免疫反应,使自然免疫反应效应增大。B 细胞释放免疫球蛋白,后者结合病原体,由抗原提呈细胞提呈给自然杀伤细胞和中性粒细胞杀死病原微生物。脓毒症时辅助 T 细胞 Th1 分泌 TNF-α 和 IL-1、IL-2、IL-6、IFN-γ 等促炎因子,Th2 分泌 IL-4、IL-10、可溶性 TNF 受体和蛋白激酶 C 等抗炎因子。是 Th1 还是 Th2 为主取决于感染的病原体、感染负荷等因素。

(三)促凝和抗凝功能紊乱

脓毒症时促凝因子增加,抗凝因子减少,激活凝血,继而纤维蛋白原转变为纤维蛋白,形成微血栓,加重损伤。抗凝因子(如蛋白 C、蛋白 S、抗凝血酶Ⅲ、组织因子通道抑制物等)起调节凝血作用。凝血酶 α 与血栓调节素的结合,通过结合内皮细胞蛋白 C 受体,激活蛋白 C。活化蛋白 C(APC)作用于Ⅴa 因子和Ⅷa 因子,抑制纤溶酶原激活抑制物 -1(PAI-1)的合成。APC 可减少细胞凋亡、白细胞黏附及细胞因子的产生。脓毒症中蛋白 C、蛋白 S、抗凝血酶Ⅲ、组织因子通道抑制剂等水平均降低。脂多糖和 TNF-α 降低血栓调节素和内皮细胞蛋白 C 受体的合成,从而影响蛋白 C 的活化,使 PAI-1 合成增加,影响纤溶。

(四)免疫抑制和凋亡

脓毒症后期免疫抑制和凋亡,常出现治疗无效、淋巴细胞减少、低体温、院内感染等,是导致脓毒症后期死亡的主要原因。

【流行病学】

根据全球脓毒症联盟(global sepsis alliance,GSA)的报道,欧美发达国家的脓毒症发病数(377/100 000)已超过癌症(331.8/100 000)、脑卒中(223/100 000)、冠心病和心肌梗死(208/100 000),成为世界上最常见的疾病。在过去的 10 多年中,并以每年 8%~13% 的速率在增加。据估计全球每年约有 1800 万的脓毒症患者,其中 20%~40% 的患者需要进入 ICU 治疗,手术后并发脓毒症增加了 3 倍。每年约 800 万人死于脓毒症,病死率已超过心肌梗死。在儿童,美国流行病学调查显示,从 1995—2005 年,儿童脓毒症患病率增加了 60%,每年因严重脓毒症而住院的患儿人数约 7.5 万。欧美发达国家儿童脓毒症病死率为 3%~10%,脓毒性休克发病率可达 15%~30%,发展中国家脓毒性休克病死率更高达 50%。世界卫生组织(WHO)统计 5 岁以下儿童死亡 60% 为严重感染所致,每年新生儿和年幼儿童 600 万死于脓毒症。我国北京和上海分别有多项单中心或多中心研究报道显示,严重脓毒症住院病死率为 31%~45%。同时脓毒症治疗费用昂贵且不断上升,据估计 2008 年美国用于脓毒症住院治疗费用约 146 亿美元,1997—2008 年脓毒症住院治疗费用年均增长 11.9%。在欧洲每例脓毒症治疗费用约 2.5 万欧元。

由于脓毒症的高发病率、高病死率、高治疗费用,已严重危害了人类健康。对此,2001 年欧洲危重病医学会(ESICM)、美国危重病医学会(SCCM)和国际脓毒症论坛(ISF)发起"拯救脓毒症战役(surviving sepsis campaign,SSC)",2002 年欧美国家多个组织共同发起和签署了"巴塞罗那宣言",于 2004 年首次发表了基于循证依据的严重脓毒症和脓毒性休克管理指南(以下简称《指南》),力求降低脓毒症的病死率和并发症。以后于 2008 年、2012 年分别进行了二次修订。《指南》的制定为指导临床医师早期识别严重脓毒症 / 脓毒性休克、及时干预治疗、降低脓毒症的病死率起到积极作用。

【病理生理】

（一）毛细血管渗漏

脓毒症的炎症反应造成内皮细胞损害和全身毛细血管通透性增加，毛细血管内液体和低分子蛋白渗漏，致全身有效循环容量不足，随即出现组织灌注不足，氧输送降低。在脓毒症期间，组织氧需求增高。器官的功能取决于氧输送是否满足组织的需求。当氧输送不能满足组织氧需求时发生氧债和组织缺氧。由于毛细血管渗漏导致组织灌注不足、氧输送降低、组织和细胞水肿，随之出现脓毒性休克、多器官功能障碍或衰竭（如急性肺损伤或ARDS、急性肾损伤或肾衰竭、DIC等）。

（二）心肌抑制

约 50% 的脓毒症患者并发急性心肌抑制或心功能不全，其机制与多种细胞因子释放、缺血 - 再灌注损伤、氧自由基、心肌细胞钙平衡失调、能量代谢异常、心肌细胞凋亡等有关，最终致心肌线粒体损伤而引起心肌功能障碍（又称脓毒症相关性心肌功能障碍或脓毒性心肌损伤）。

（三）血流动力学改变

脓毒性休克主要是分布异常性休克，在儿童常同时伴低血容量性休克。儿童脓毒性休克早期可以表现为"高排低阻"或"低排高阻"的血流动力学状态，前者表现为心排血量正常或增加，而外周血管阻力降低；后者表现为心排血量降低，而外周血管阻力增高，因此休克早期血压可以正常。儿童脓毒性休克多见于"低排高阻"型。休克晚期呈"低排低阻"血流动力学状态，表现为难治性低血压。

脓毒症、严重脓毒症及脓毒性休克是机体一系列病理生理改变及临床病情严重程度变化的动态过程，其实质是全身炎症反应不断加剧、持续恶化的结果。

二、诊断与鉴别诊断

【诊断】

由于儿童脓毒症来势凶猛，病情进展迅速，病死率高。因此早期识别、及时诊断对降低病死率尤为关键。2012 年指南在严重脓毒症、脓毒性休克诊断中加入了血流动力学、组织灌注、器官功能不全等量化指标，能更客观地判断脓毒症及其严重度。

（一）脓毒症诊断

感染诊断依据＋SIRS 诊断标准如下。

1. 感染诊断依据 必须有明确或高度可疑的感染证据，包括原发感染部位的临床表现、影像学检查（X 线、CT、超声检查）或实验室检查（培养、组织染色或 PCR 证实）阳性结果，通常能获得临床与辅助检查一致的感染病灶证据，如正常无菌液体出现白细胞、内脏穿孔，以及 X 线胸片提示为肺炎、瘀斑或紫癜样皮疹、暴发性紫癜等。并非所有脓毒症患者都能获得阳性培养结果，脓毒性休克患者血培养阳性率仅为 30%～50%。为提高培养阳性率及准确性，应抗生素治疗前采集可疑样本。怀疑血源性感染时，至少采集两处血液标本（如从静脉置管处和外周静脉取血），适当增加采血量，掌握采血时机（寒战时），反复多次留取样本和培养是提高血培养阳性率及准确率的有效方法。并根据病情尽可能取得其他适宜的微生物培养标本，如尿液、脑脊液、伤口、呼吸道分泌物或其他可能为感染源的体液以获得病原学依据，同时进行细菌耐药性鉴定。对下呼吸道分泌物可进行革兰染色确定炎症细胞数（>5 个多形核白细胞 / 高倍视野和 <10 个鳞状上皮细胞 / 低倍视野）为判断病原菌培养

结果提供临床意义。指南推荐采用 1,3β-D- 葡聚糖、甘露聚糖和抗甘露聚糖抗体检测鉴别侵袭性真菌病。对感染灶不明确的患者，应注意仔细检查腹部、膈下、肠间隙、脑脊液等部位。与微生物感染相关的炎性指标检测对感染诊断有参考价值，如细菌感染时血清降钙素原（PCT）或 C 反应蛋白（CRP）> 正常值的 2 个标准差。

2. SIRS 诊断标准 需符合以下四项中的至少两项，其中一项必须是体温异常或白细胞计数异常：①肛温 >38.5℃ 或 <35℃；②心动过速，心率超过正常年龄相关值 2 个标准差（低体温者可以无心动过速）；③平均呼吸频率 > 各年龄组正常值 2 个标准差以上，或低氧血症。④白细胞增高（>12×10^9/L）、白细胞减少（<4×10^9/L）或白细胞计数正常，但未成熟白细胞超过 10%（表 7-2）。

表 7-2 各年龄组特定生理参数和实验室变量（低值取第 5 百分位，高值取第 95 百分位）

年龄组	心率（次/分）		呼吸频率（次/分）	白细胞计数（×10^9/L）
	心动过速	心动过缓		
1 周	>180	<100	>50	>34
1 个月	>180	<100	>40	>19.5 或 <5
1 岁	>180	<90	>34	>17.5 或 <5
6 岁	>140	NA	>22	>15.5 或 <6
12 岁	>130	NA	>18	>13.5 或 <4.5
18 岁	>110	NA	>14	>11 或 <4.5

NA：不适用

（二）严重脓毒症诊断

当脓毒症导致器官功能障碍或组织低灌注时，出现以下任一项即可诊断为严重脓毒症。

1. 器官功能障碍诊断

（1）呼吸功能障碍：低氧血症（非肺炎所致的急性肺损伤，PaO_2/FiO_2 <250mmHg；肺炎所致急性肺损伤 PaO_2/FiO_2 <200mmHg）。

（2）循环功能障碍：急性少尿（足够液体复苏后仍尿量 <0.5ml/（kg·h），至少持续 2 小时）。

（3）急性肾损伤：血肌酐增升高 >0.5mg/dl 或 44.2μmol/L。

（4）凝血功能障碍：国际标准化比值 INR >1.5 或 APTT >60 秒。

（5）消化功能障碍：肠梗阻（肠鸣音消失）。

（6）血液系统功能障碍：血小板减少（血小板 <100×10^9/L）。

（7）肝功能障碍：高胆红素血症（血浆总胆红素 >4mg/dl 或 70μmol/L）。

2. 组织低灌注诊断

（1）高乳酸血症（乳酸大于正常值上限）。

（2）毛细血管再充盈时间（CRT）延长（≥3 秒）或皮肤花纹。

（三）脓毒性休克诊断

严重脓毒症患者在给予液体复苏（≥40ml/kg）后仍有以下情况。

1. 低血压（血压小于该年龄组第 5 百分位，或收缩压小于该年龄组正常值 2 个标准差以下（表 7-3）。

表7-3　不同年龄低血压标准（第五百分位）

年龄	收缩压（mmHg）
0～1个月	<60mmHg
>1个月至1岁	<70mmHg
>1岁	<[70+（2×岁）]
>10岁	<90mmHg

2. 需用血管活性药物始能维持血压在正常范围[多巴胺>5μg/（kg·min）]或任何剂量的多巴酚丁胺、去甲肾上腺素、肾上腺素。

3. **具备下列组织低灌注表现中的三条**

（1）心率、脉搏变化：外周动脉搏动细弱，心率、脉搏增快。

（2）皮肤改变：面色苍白或苍灰，湿冷，大理石样花纹。如暖休克可表现为四肢温暖、皮肤干燥。

（3）毛细血管再充盈时间（CRT）延长（>3秒）（需除外环境温度的影响），暖休克时CRT可以正常。

（4）意识改变：早期烦躁不安或萎靡，表情淡漠。晚期意识模糊，甚至昏迷、惊厥。

（5）液体复苏后仍尿量<0.5ml/（kg·h），持续至少2小时。

（6）乳酸性酸中毒（除外其他缺血缺氧及代谢因素等），动脉血乳酸>2mmol/L。

4. **脓毒性休克分型**

（1）冷休克：低排高阻或低排低阻型休克，意识改变、尿量减少，皮肤苍白或花斑纹，四肢发凉，外周脉搏加快、细弱，CRT延长。休克早期血压可正常，晚期血压降低。

（2）暖休克：高排低阻型休克，可有意识改变、尿量减少或代谢性酸中毒等，但四肢温暖，外周脉搏有力，CRT正常，心率增快，血压降低。

5. **脓毒性休克分期**

（1）代偿期：儿童脓毒性休克不一定具备低血压，当患儿感染后出现上述3条或以上组织低灌注表现，此时如果血压正常则诊断为脓毒性休克代偿期。

（2）失代偿期：代偿期灌注不足表现加重伴血压下降，则进展为失代偿期。

6. **难治性休克**

（1）液体复苏无效型休克：液体复苏量≥60ml/kg，休克未改善。

（2）多巴胺抵抗型休克：静脉输注多巴胺达10μg/（kg·min），休克仍未改善。

（3）儿茶酚胺抵抗型休克：静脉输注肾上腺素或去甲肾上腺素后休克仍未纠正。

（4）难治性休克：已应用正性肌力药、升压药或扩血管药及维持代谢（糖、钙）和激素（甲状腺素、皮质激素）平衡的药物，依然难以纠正的休克。

【鉴别诊断】

（一）与非感染性疾病鉴别

根据指南标准脓毒症诊断并不困难，但容易与以炎症反应为特点的免疫性疾病或血液肿瘤疾病相混淆，特别在疾病初期，以发热、外周血白细胞和C反应蛋白增高为主要临床表现的疾病，如川崎病、特发性幼年型类风湿关节炎和白血病等。应该详细了解病史和体格检查，监测病程的进展，完善影像学检查，并结合特异性的免疫指标或骨髓细胞学等检查，以明确诊断。

（二）与低血容量性和心源性休克鉴别

无论何种原因导致的休克，均会出现组织灌注不足及心血管功能障碍。低血容量性休克往往有明确的液体摄入不足或液体丢失过多导致的绝对有效循环血量不足，且对液体复苏反应良好，休克较容易纠治。脓毒性休克是毛细血管渗漏、血流异常分布造成相对有效循环血量不足，且儿童脓毒性休克常与低血容量性休克同时存在，其组织低灌注情况更严重，如果炎性反应持续存在，液体复苏往往难以纠治，此时需要临床医师应用无创或有创血流动力学监测手段，密切监测液体复苏和血管活性药物的反应性。儿童脓毒性休克易与心源性休克相混淆，如重症心肌炎患儿，前期常有感染史，往往缺乏正确或特异的主诉，休克发生突然，需要通过细致的体格检查，尤其是心肺听诊（如心音低钝、奔马律及肺部细湿啰音和肝脏肿大等），结合心电图（尤其电压、T 波、ST 段）、X 线胸片（心影、肺水肿）和心脏超声等检查结果，可以明确诊断。但严重脓毒症本身也会引起心肌抑制、心功能不全，特别是有基础疾病的患儿，可出现脓毒性休克合并心源性休克，这给液体复苏方案的实施带来极大挑战，需要通过各种有创或无创的监测手段，持续或反复评估血管容量状态及心脏功能，以避免容量超负荷导致不良预后。

三、治疗决策

脓毒症因炎性反应致全身毛细血管渗漏，有效循环容量和组织灌注不足、氧输送降低、继而发生器官功能障碍和休克。为及时纠正组织低灌注和提高组织对氧的输送，可以通过液体复苏达到最佳心脏前负荷、正性肌力药以增强心肌收缩力、升压药或扩血管药以达到适宜的心脏后负荷；通过输注红细胞提高血红蛋白浓度和携氧能力、氧疗或呼吸支持治疗以提高动脉氧饱和度；从而尽早达到足够的心排血量和动脉氧含量以维持足够的氧输送。氧输送的决定因素与脓毒性休克时要达到最佳氧输送的干预措施之间的关系见图7-1。

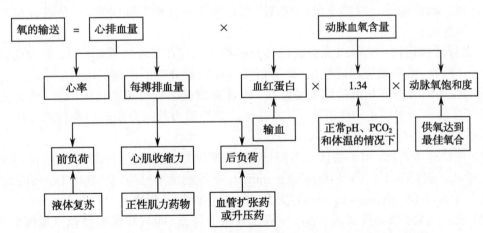

图 7-1 氧输送的决定因素与脓毒性休克时达到最佳氧输送的干预措施

（一）治疗目标

脓毒症是全世界范围内儿童死亡的主要原因之一，早期有效的治疗是降低其死亡率的主要手段。2001 年 Rivers 等提出早期目标导向治疗（early goal-directed therapy，EGDT），对降低脓毒症病死率具有里程碑意义。《指南》推荐在诊断脓毒性休克后立即给予 EGDT 的集束化治疗方案，在早期（6 小时内）达到：CRT≤2 秒，血压正常（同等年龄），脉搏正常且外周和中央搏动无差异，肢端温暖，尿量 >1ml/(kg•h)，意识状态正常，中心静脉压（CVP）8～12mmHg，中央静脉混合血氧饱和度（ScvO$_2$）≥70%，心脏指数（CI）3.3～6.0L/(min•m^2)，初始液体复苏时动脉血乳酸增高者复查至正常水平。

（二）EGDT 集束化治疗策略

EGDT 集束化治疗包括液体复苏、血管活性药物输注、抗感染治疗、氧疗和最佳通气治疗等。

1. 液体复苏 是恢复循环容量（心脏前负荷）的有效措施。首剂首选等渗晶体液（常用0.9% 氯化钠或林格液）20ml/kg（如体重超重的患儿，按理想体重计算），5～10 分钟静脉输注。然后评估组织灌注改善情况（意识、心率、脉搏、CRT、尿量、血压等）。若组织灌注改善不明显，则再予第 2、3 次液体，可按 10～20ml/kg，并适当减慢输注速度，1 小时内液体总量可达 40～60ml/kg。如仍无效或存在毛细血管渗漏或低蛋白血症可给予等量的 5% 白蛋白。目前液体复苏不推荐应用羟乙基淀粉，因有致急性肾损伤和需要肾替代治疗增加的风险。接近成人体重的患儿液体复苏量为：每次晶体液 500～1000ml 或 5% 白蛋白 300～500ml，30 分钟内输入完毕。液体复苏期间严密监测患儿对容量的反应性，如出现肝大和肺部啰音（容量负荷过度）则停止液体复苏并利尿、甚至持续血液净化治疗（见后）。液体复苏时血管通路的建立尤为重要，应在诊断休克后尽早（建议 5 分钟内）建立静脉通路（2 条静脉），如果外周血管通路难以快速获得，应尽快建立骨髓腔（IO）通路，并经 IO 快速输液。继续和维持输液：由于血液重新分配及毛细血管渗漏，脓毒性休克的液体丢失和持续低血容量可能持续数日，因此需要继续和维持输液。继续输液可用 1/2～2/3 张液体，根据血电解质测定结果进行调整，6～8 小时内输液速度 5～10ml/(kg•h)。维持输液用 1/3 张液体，24 小时内输液速度 2～4ml/(kg•h)，24 小时后根据情况进行调整。在保证通气前提下，根据血气分析结果给予碳酸氢钠，使 pH >7.15 即可。根据患儿白蛋白水平、凝血状态等情况，适当补充胶体液，如白蛋白或血浆等。继续及维持输液阶段也要动态观察循环状态，评估液体量是否恰当，随时调整输液方案。

2. 血管活性药物 当经过充分的液体复苏后仍然存在低灌注或低血压，需考虑以下情况：微循环障碍、心肌细胞功能受损、血管舒张和血容量分布不均造成心排血量的改变。应用血管活性药物可提高和维持组织灌注压，改善氧输送。有时患者病情危重，液体复苏开始阶段低血容量尚未纠正的情况下，可同时应用正性肌力药或升压药以维持灌注压。可根据血流动力学状态选择药物（表 7-4）。

（1）正性肌力药物：用于心排血量降低（低排型休克）而血压正常的严重脓毒症或脓毒性休克患儿。多巴酚丁胺 [5～10μg/(kg•min)]、中等剂量多巴胺 [5～9μg/(kg•min)] 和小剂量肾上腺素 [0.05～0.3μg/(kg•min)] 是儿童一线正性肌力药物。

（2）升压药物：当心排血量增加、外周血管阻力降低（即高排低阻型休克或暖休克）时可选用去甲肾上腺素 [0.05～1.0μg/(kg•min)]，当需要增加药物以维持血压时，建议加用肾上腺素或肾上腺素替换去甲肾上腺素。当心排血量、外周血管阻力均降低时（即低排低阻型休克）给予多巴胺 [≥10μg/(kg•min)] 或肾上腺素 [0.3～2.0μg/(kg•min)] 或多巴酚丁胺加去甲肾上腺素。

（3）扩血管药物：当血流动力学监测提示心排血量降低、外周血管阻力增加、血压尚正常时（即低排高阻型休克）应给予正性肌力药物加用扩血管药物，可降低心室后负荷，有利于心室射血和心排血量增加。正性肌力药物可选用多巴酚丁胺或中等剂量多巴胺。扩血管

表 7-4　脓毒性休克常用药物

药物	临床作用	剂量
多巴胺	增加心排血量,正性肌力,增加心率,提高动脉血压	$2 \rightarrow 10\mu g/(kg\cdot min)$,静脉滴注
肾上腺素	增加心率,增加每搏量和心排血量	$0.05 \rightarrow 1.0\mu g/(kg\cdot min)$,静脉滴注
去甲肾上腺素	收缩血管,提高平均动脉压	$0.05\sim1.0\mu g/(kg\cdot min)$
米力农	增加心肌收缩力,扩张动脉和静脉,降低前负荷,降低全身血管阻力	负荷量 $25\sim50\mu g/kg$ 维持量 $0.25\sim1.0\mu g/(kg\cdot min)$
血管加压素	增加全身血管阻力和收缩血管	$0.03\sim2mU/(kg\cdot min)$
氢化可的松	抑制炎症因子,增加心血管系统对儿茶酚胺的敏感性,改善心肌收缩力、每搏量和全身血管阻力;内源性类固醇激素不足的替代治疗	$2\sim50mg/(kg\cdot d)$
氯化钙	提高血钙水平	$10mg/kg$
葡萄糖酸钙	提高血钙水平	$100mg/kg$
葡萄糖	提高血糖水平	<2 个月:12.5% 葡萄糖 $2\sim4ml/kg$ >2 个月:25% 葡萄糖 $2\sim4ml/kg$

药物一般用短效制剂,如硝普钠 $0.5\sim8\mu g/(kg\cdot min)$。磷酸二酯酶抑制剂 III 具有增加心肌收缩力和扩血管作用,也可用于此类低排高阻休克患儿,如米力农负荷量 $25\sim50\mu g/kg$(>10分钟,静脉注射),维持量 $0.25\sim1.0\mu g/(kg\cdot min)$ 持续静脉输注。

（4）血管活性药物应用注意事项和监测:血管活性药物输注应通过中央静脉通路,在获得中央静脉通路前可先采用外周静脉通路输注,以避免为获得中央静脉而延迟血管活性药物的应用。血管活性药物应用期间除密切监测临床体征(如外周和中央脉搏、肢端温度、尿量、意识等)变化外,还需要监测动脉收缩压(或平均动脉压)、中央静脉混合血氧饱和度($ScvO_2$)及应用有创或无创技术监测每搏量和心排血量。

3. 抗感染治疗　对严重脓毒症和脓毒性休克患者,在积极液体复苏或血管活性药物输注同时,尽早给予正确的抗感染治疗。

（1）早期及时抗感染治疗:如果考虑细菌感染导致的严重脓毒症或脓毒性休克,应在诊断后的 1 小时内静脉使用有效广谱抗生素;尽可能在应用抗生素前获取血培养(深静脉置管处、外周或中央各 1 份)或其他感染源培养(如尿、脑脊液、呼吸道分泌物、伤口、其他体液等),不能因获取感染源培养困难而延误抗生素治疗。如病毒感染所致的严重脓毒症,应尽早抗病毒治疗。

（2）抗生素应用原则:初始治疗时需依据流行病学特点选择覆盖疑似病原菌的经验性治疗。抗生素选择时需考虑以下因素:①感染病灶相应的致病菌谱;②患者年龄、临床状况、基础疾病、免疫状态、近期抗生素应用情况、既往感染及药敏情况、有无用药限制因素如肝肾功能不全等、药物过敏史等;③患者所在社区、医院或病区的微生物流行病学资料及耐药情况。在综合上述情况后采用全面覆盖可能致病微生物(如细菌或真菌)并能渗透到感染部位的抗感染药物。一般采用广谱抗生素单药治疗,在一些特殊情况下,如泛耐药菌感染、多重耐药的铜绿假单胞菌、不动杆菌等感染、重症感染等需采取联合用药。每日评估抗感染治疗是否有效,经验性治疗≤3～5 天。一旦可靠的病原学培养及药物敏感试验结果明确后(一般 48~72 小时后),应换用药敏相应的窄谱抗生素(降阶梯目标性治疗)。抗感染疗程取决于病情严重度、病原体、原有基础疾病和对治疗的反应。一般推荐至少 7~10 天。对于耐药致病菌引起的严重感染、病情改善缓慢、感染病灶无法通畅引流、免疫缺陷包括粒细胞缺乏的患者,可延长至 14 天或更长疗程。严重脓毒症 / 脓毒性休克患者由于大量液体复苏和体内液体的再分布导致抗生素分布容积发生变化,因而抗感染药物应足量应用,甚至适当增大剂量。对于伴有肝肾功能异常的患者,选择药物时应注意药物的不良反应,需要时可调整用药剂量和用法以减少脏器损害,推荐监测血药浓度以确保安全有效地用药。

(3)去除感染源:去除或引流感染病灶是控制感染的关键。初期复苏成功后,尽早采取控制感染源措施,如脓胸、疖肿、脓肿或局部感染灶的穿刺引流、感染坏死组织的清除、可疑感染植入物的去除、感染的静脉置管拔除等。

4. 氧疗和最佳通气 脓毒性休克患儿需高流量鼻导管供氧或面罩氧疗。如无效则予以无创正压通气或尽早气管插管机械通气。在插管前,如血流动力学不稳定应先行适当的液体复苏或血管活性药物输注,以避免插管过程中加重休克。如果脓毒性休克对液体复苏和正性肌力药物输注没有反应者也应积极机械通气治疗。

(三)血流动力学监测

在实施 EGDT 集束化治疗策略时除密切监测临床体征(如 CRT、外周和中央脉搏、肢端温度、尿量、意识等)变化外,如有条件应监测与氧输送相关的一些指标,对指导治疗和疗效判断尤为重要。

1. CVP 监测 治疗目标 CVP 至少达到 8mmHg,机械通气患者需达到 12mmHg。CVP 数值本身并不能反映患者实际的液体前负荷,而当补液过程中,CVP 数值的动态变化却能更好地体现液体复苏的反应性。当液体复苏后 CVP 升高不超过 2mmHg 时,提示心脏对容量的反应性良好,可以继续快速输液治疗;反之,机体不能耐受快速补液。

2. 动脉收缩压监测 经集束化治疗后需维持收缩压在同等年龄正常值范围。脓毒性休克患儿需要建立有创动脉血压监测,可获得真实可靠的动脉血压数据,且有利于监测动脉血气。无创动脉血压监测因袖带、体位等因素可能存在较大误差。

3. $ScvO_2$ 和 $P(cv\text{-}a)CO_2$ 监测 混合静脉血氧饱和度(SvO_2)是反映组织氧输送的一个有效指标,但临床上获得该项指标有困难,目前应用 $ScvO_2$ 替代,$ScvO_2$ 达到 70% 反映氧输送良好。混合静脉血和动脉血 CO_2 分压差 $[P(cv\text{-}a)CO_2]<6mmHg$ 也是反映组织灌注良好的指标,可作为 EGDT 目标值的一种补充。目前认为 $ScvO_2$ 与 $[P(cv\text{-}a)CO_2]$ 同时达标更能反映脓毒症患者组织氧合的改善。

4. 每搏量和心排血量的监测 有条件行有创(PiCCO)或无创连续心排血量监测能更精确反映血流动力学的状态,并指导 EGDT 的实施。

(四)MODS 和脏器功能支持治疗

1. ARDS 和呼吸支持治疗 严重脓毒症和脓毒性休克并发急性呼吸窘迫综合征(acute respiratory distress syndrome, ARDS)时使用肺保护性通气策略。推荐小潮气量(6ml/kg)通气,低平台压(≤30cmH₂O),适当高 PEEP(6~8cmH₂O 以上)。对难治性低氧血症,可采用肺复张手法,或加用俯卧位通气。当 ARDS 患儿给予高 PEEP、高气道峰压时会引起静脉回流减少而增加血流动力学不稳定或加重休克,此时可能需要加大液体复苏或升压药物。对难治性脓毒性休克和难治性呼吸衰竭患儿可考虑体外膜肺氧合(extracorporeal membrane oxygenation, ECMO)治疗。

2. **急性肾损伤和肾替代治疗**　脓毒性休克常因组织低灌注导致急性肾损伤（AKI）或急性肾衰竭。在下列情况行连续血液净化治疗（CBP）。

（1）AKI Ⅱ期。

（2）脓毒症至少合并一个器官功能不全时。

（3）休克纠正后存在液体负荷过多经利尿药治疗无效，可予以 CBP，防止总液量负荷超过体重的 10%。

3. **凝血功能障碍和抗凝、DIC 治疗**　严重脓毒症因内皮细胞损伤而诱发凝血功能障碍，尤其易导致深静脉栓塞或动脉栓塞。儿童深静脉血栓的形成往往与深静脉置管有关，肝素涂层的导管可降低导管相关性深静脉血栓的风险。对高危患儿（如青春期前）可应用普通肝素或低分子肝素预防深静脉血栓的发生。普通肝素首剂 75U/kg，静脉推注 >10 分钟，维持剂量 5～20U/(kg•h)，检测 APTT 维持在 60～85 秒。如出现血栓紫癜性疾病（包括弥散性血管内凝血、继发性血栓性血管病、血栓性血小板减少性紫癜）时，给予新鲜冰冻血浆治疗，因血浆含有蛋白 C、抗凝血酶Ⅲ和其他抗凝蛋白，可逆转血栓性微血管病导致的多脏器功能衰竭和进行性紫癜。

4. **胃肠功能障碍治疗**　脓毒性休克常伴有消化道出血或应激性溃疡，可给予 H_2 受体阻滞剂或质子泵抑制剂治疗。对机械通气患儿常需要 H_2 受体阻滞剂或质子泵抑制剂预防应激性溃疡。对肠梗阻或腹高压的患儿除积极原发病治疗和保证组织足够灌注外，还需胃肠减压或腹腔减压，直至胃肠或腹腔功能恢复。

5. **肝损害或衰竭治疗**　脓毒性休克常因肝组织低灌注出现肝损伤。尽可能避免肝损害的药物应用，肝衰竭时可予以血液净化（人工肝）治疗排除代谢毒物。

6. **内分泌 / 代谢功能异常治疗**　严重脓毒症或脓毒性休克可诱发血糖异常（应激性高血糖或低血糖）、肾上腺皮质功能不全和甲状腺功能异常。

（1）血糖异常：脓毒性休克时因胰岛素产生不足或胰岛素抵抗可诱发应激性高血糖，如连续 2 次血糖超过 180mg/dl（10mmol/L），予以胰岛素 0.05～0.1U/(kg•h) 静脉输注治疗，血糖控制目标值 ≤180mg/dl。胰岛素治疗过程中需严密监测血糖以防止低血糖的发生，开始每 1～2 小时监测血糖 1 次，达到稳定后 4 小时监测 1 次。小婴儿由于糖原储备及肌肉糖异生相对不足，易发生低血糖，严重低血糖者可给予 25% 葡萄糖 2～4ml/kg（0.5～1g/kg），婴儿葡萄糖输注速率可控制在 4～6mg/(kg•min)。

（2）肾上腺皮质功能不全：对液体复苏无效、儿茶酚胺（肾上腺素或去甲肾上腺素）抵抗型休克或有暴发性紫癜、慢性病接受皮质激素治疗、垂体或肾上腺功能异常的严重脓毒症和脓毒性休克患儿应及时应用肾上腺皮质激素替代治疗，可用氢化可的松应急剂量 50mg/(m^2•24h)，维持剂量 3～5mg/(kg•d)，最大剂量可至 50mg/(kg•d) 静脉滴注（短期应用）。也可应用甲泼尼龙 2～3mg/(kg•d)，分 2～3 次给予。一旦升压药停止应用，皮质激素逐渐撤离。对无休克的脓毒症患儿、或经足够液体复苏和升压药治疗后血流动力学稳定的脓毒性休克患儿不需要皮质激素治疗。

（3）甲状腺功能异常：对难治性休克患儿可检测血促甲状腺激素（TSH）、甲状腺素（T4）和三碘甲状腺原氨酸（T3）水平。当 TSH 正常、而 T3、T4 明显降低时，可考虑继发甲状腺功能异常，此类患儿病死率高。但是否需要外源性甲状腺激素治疗仍有争议，目前没有循证依据支持的情况下，不推荐甲状腺激素常规治疗。

（4）其他：如有低钙血症（离子钙 <1.025mmol/L 或总钙 <8.5mg/dl），可给予氯化钙 10mg/kg

或葡萄糖酸钙 100mg/kg 纠正。

7. 其他辅助支持治疗

（1）血液制品应用：若血细胞比容（HCT）<30% 伴血流动力学不稳定，应酌情输红细胞悬液或鲜血，使血红蛋白维持 100g/L 以上。当病情稳定后或休克和低氧血症纠正后，则血红蛋白目标值>70g/L 即可。严重脓毒症贫血患儿不建议使用促红细胞生成素。血小板<10×10^9/L（没有明显出血），或血小板<20×10^9/L（伴明显出血），应预防性输血小板；当活动性出血、侵入性操作或手术时，需要维持较高血小板（≥50×10^9/L）。

（2）丙种球蛋白输注：对严重脓毒症患儿可应用静脉丙种球蛋白输注治疗。

（3）镇痛镇静应用：严重脓毒症机械通气患儿应给予适当镇静治疗，可降低氧耗和有利于器官功能保护。因氯胺酮不影响肾上腺轴和心血管功能稳定，故推荐休克患儿气管插管前用氯胺酮镇静较为理想。对伴有严重 ARDS 患儿，人机对抗明显可短期（<48 小时）应用神经肌肉阻滞剂。

（4）营养支持治疗：能耐受肠道喂养的严重脓毒症患儿及早予以肠内营养支持，如不耐受可予以肠外营养。严重脓毒症患儿可因能量代谢处于分解代谢状态、生长停止、机械通气时生理活动所需能量减少及镇静、镇痛药物应用使基础代谢下降，故而能量消耗明显低于健康儿童，所以营养供给不宜过多而增加器官代谢和功能负担，而应适当提高蛋白质量［≥1.5g/（kg·d）］以减少体内蛋白质分解和供给急性反应蛋白合成需要。

（五）脓毒性休克诊治流程

脓毒性休克诊治的具体流程见图 7-2。

四、常见问题和误区防范

（一）如何做到脓毒症早期识别

自 20 世纪 90 年代初对 Sepsis 提出新的定义和发病机制以来，国内外学者对脓毒症进行了大量的基础和临床研究，并建立了以循证依据为基础的脓毒症诊治国际指南，对临床医师有极大的指导意义。但在过去的 20 多年中脓毒症相关的病死率仍居高不下，严重脓毒症依然是儿童重症监护病房（PICU）患儿死亡的主要原因之一，其主要是并发脓毒性休克或MODS 或 MOF。早期识别和早期积极干预治疗，是降低病死率和改善预后之关键。

严重脓毒症和脓毒性休克早期诊断的关键是判断有无感染导致的组织低灌注，最好在发生器官功能障碍前能诊断脓毒症，或发生低血压前能识别休克是否存在。一方面由于不同年龄儿童正常生理值范围变化较大，因此诊断儿童脓毒症所需的临床指标（如心动过速、气促、发热等）往往随年龄而变化；另一方面没有基础疾病的健康儿童一旦全身严重感染，早期往往通过良好的心血管代偿机制，可使低灌注状态维持较长时间，而并不表现低血压。因此儿童严重脓毒症或脓毒性休克早期识别尤为困难，给临床医师带来极大挑战。

Fisher 等（美国）报道，有 21% 患儿在急诊就诊时并未表现休克，而是在诊治过程中发生休克。Launay 等（法国）回顾性研究显示，医师对儿童细菌感染严重程度评估不足和延迟治疗比例高达 38%。Arias 等（美国）研究发现，夜班收治入住 PICU 的休克患儿病死率高，分析认为可能与夜班医师经验不足、延误治疗有关。Han 等（美国）报道，如果能早期识别和治疗儿童脓毒性休克，生存率可增加 9 倍。国内尚缺乏相关研究资料。目前对严重脓毒症和脓毒性休克的诊断很大程度取决于医师对该症的高度认识、临床经验和敏锐的判断力，如果在急诊室忽略了对疑似感染患儿的组织灌注体征的评估，则极易导致误诊或漏诊。

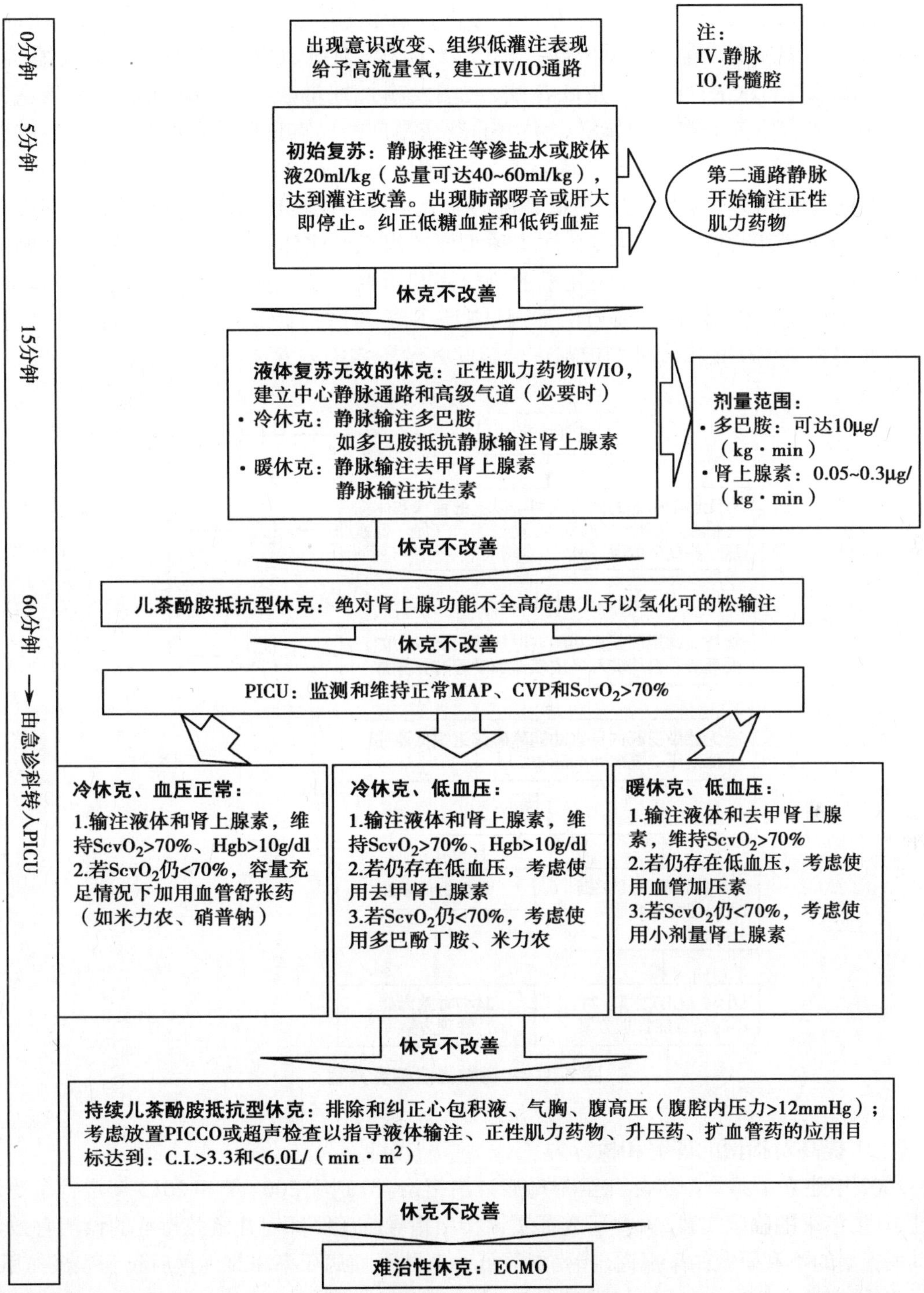

出现意识改变、组织低灌注表现
给予高流量氧，建立IV/IO通路

注：
IV.静脉
IO.骨髓腔

初始复苏：静脉推注等渗盐水或胶体液20ml/kg（总量可达40~60ml/kg），达到灌注改善。出现肺部啰音或肝大即停止。纠正低糖血症和低钙血症

第二通路静脉开始输注正性肌力药物

休克不改善

液体复苏无效的休克：正性肌力药物IV/IO，建立中心静脉通路和高级气道（必要时）
· 冷休克：静脉输注多巴胺
　　　　　如多巴胺抵抗静脉输注肾上腺素
· 暖休克：静脉输注去甲肾上腺素
　　　　　静脉输注抗生素

剂量范围：
· 多巴胺：可达10μg/（kg·min）
· 肾上腺素：0.05~0.3μg/（kg·min）

休克不改善

儿茶酚胺抵抗型休克：绝对肾上腺功能不全高危患儿予以氢化可的松输注

休克不改善

PICU：监测和维持正常MAP、CVP和ScvO$_2$>70%

冷休克、血压正常：
1.输注液体和肾上腺素，维持ScvO$_2$>70%、Hgb>10g/dl
2.若ScvO$_2$仍<70%，容量充足情况下加用血管舒张药（如米力农、硝普钠）

冷休克、低血压：
1.输注液体和肾上腺素，维持ScvO$_2$>70%、Hgb>10g/dl
2.若仍存在低血压，考虑使用去甲肾上腺素
3.若ScvO$_2$仍<70%，考虑使用多巴酚丁胺、米力农

暖休克、低血压：
1.输注液体和去甲肾上腺素，维持ScvO$_2$>70%
2.若仍存在低血压，考虑使用血管加压素
3.若ScvO$_2$仍<70%，考虑使用小剂量肾上腺素

休克不改善

持续儿茶酚胺抵抗型休克：排除和纠正心包积液、气胸、腹高压（腹腔内压力>12mmHg）；考虑放置PICCO或超声检查以指导液体输注、正性肌力药物、升压药、扩血管药的应用目标达到：C.I.>3.3和<6.0L/（min·m^2）

休克不改善

难治性休克：ECMO

图7-2　脓毒性休克的诊治流程

0分钟　　5分钟　　　15分钟　　　　60分钟　→　由急诊科转入PICU

在急诊室，如果疑似患儿严重感染并出现以下表现即考虑有脓毒性休克可能：除体温异常（体温不升或发热）外，还表现为心动过速、呼吸增快、意识改变（早期可仅表现神萎、嗜睡或烦躁不安）、外周扩张（暖休克：皮肤泛红温暖、洪脉、CRT 正常）或外周收缩（冷休克：外周脉搏减弱、CRT＞2 秒、皮肤花纹、肢端发冷）、尿量减少。出现低血压是休克失代偿的表现。现有研究证实上述指标中心率的改变是判断休克早期的良好临床指标，以婴儿心率＞160 次 / 分或≤90 次 / 分、儿童心率＞150 次 / 分或＜70 次 / 分为阈值，超出阈值的心率可能与病死率相关[14]。应注意在低体温时患儿可无心动过速表现。因此，面对感染患儿（尤其合并基础疾病的儿童），高度关注上述重要的组织灌注体征，做到早期筛查、早期实施EGDT，可能是降低严重脓毒症病死率的第一步和重要环节。虽然实验室检查指标对诊断脓毒症有重要辅助作用，但目前指南强调早期识别严重脓毒症或脓毒性休克主要依据临床表现而非实验室生化指标。早期识别可借鉴国外脓毒症筛查方案（图 7-3）。

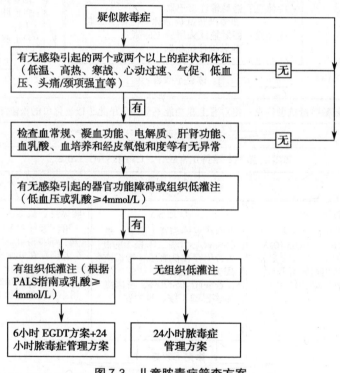

图 7-3　儿童脓毒症筛查方案

（二）提高对指南的理解和执行力

2002 年建立了第一个国际儿童脓毒症诊治指南，分别于 2007 年和 2013 年进行了更新。通过 10 多年来的临床实践，大量研究证实该指南指导临床医师对儿童脓毒症的诊治有效，未见有关指南的不利研究结果报道，指南对降低儿童脓毒症病死率和改善预后起到积极作用。

由于临床一线的儿科医师，尤其是基层医疗机构的医师对该症还缺乏充分的认识，指南的执行率低。Paul 等（美国）研究发现，临床医师对指南的部分执行率为 35%～37%，完全执行集束化方案治疗的仅 19%，而后者可明显缩短住院时间。另一项研究显示，没有应用指南诊治脓毒性休克，每小时死亡风险增加 40%。因此广大儿科医师亟待加强学习和接受系统、规范的培训，提高对指南的执行率。

指南推荐的诊疗意见和建议并不是"金标准",只是对临床医师起到指导和引领作用,在应用指南治疗患儿时(如液体复苏、血管活性药物应用等)需要密切监测患儿各项生命体征和血流动力学指标,针对每个个体的情况进行随时合理调整,即个体化的目标治疗(individualized goal-directed hemodynamic therapy)可能才是真正理想的治疗策略。目前指南推荐的有些治疗措施循证依据级别较低或仅是专家的观点,需要谨慎把握,以对患儿无明显损害风险为原则。在应用和实践指南同时,需要更多的临床多中心随机对照研究获取新的循证依据,以修订和完善指南。

脓毒症诊治需要多学科(内科、外科、急诊科)和多专业(医生、护士、药师、呼吸治疗师、营养师和行政管理人员)团队合作,尤其需要进一步提高医护整体配合,集束化治疗有严格时间界定,需要护士在执行医嘱时高度关注时间节点。在指南指导下,建立诊疗流程和方案,加强培训和进行仿真模拟演练,可以极大提高医护人员对现行严重脓毒症和脓毒性休克诊治理念的认识和对指南的执行率,以达到最大的救治成功率,最终改善预后和成本效益。

五、热点聚焦

(一)有关 EGDT 方案的争议

2001 年 Rivers 等提出了具有里程碑意义的早期目标导向治疗(EGDT)可显著降低严重脓毒症或脓毒性休克成人患者的病死率(30.5% *vs.* 46.5%,$P = 0.009$),其后较多的理论和实践均支持该治疗方案的可行性和对预后的改善。EGDT 的核心是通过集束化治疗(包括氧疗、液体复苏、血管活性药物输注、抗感染及输血治疗等)在 6 小时达到目标值[即 CRT≤2 秒,肢端温暖、脉搏正常(外周与中央脉搏无差异)、血压正常(同等年龄)、尿量 > 1ml/(kg·h)、意识状态正常、$ScvO_2$≥70%、CI 3.3~6.0L/(min·m²)]。

近年来一些研究对 EGDT 提出了不同观点。Gu 等荟萃分析显示成人早期实施 EGDT 能明显减低脓毒症病死率(RR 0.77;95%CI 0.67~0.89;$P = 0.0004$);Levy 等研究显示按指南实施集束化治疗,严重脓毒症和脓毒性休克成人患者死亡风险降低 25%;集束化治疗的执行力(依从性)每增加 10%,住院或住 ICU 时间降低 4%。Paul 等研究显示严重脓毒症或脓毒性休克儿童,液体复苏按指南实施的比例占 37%,正性肌力药物按指南规定输注占 35%,而完全按 EGDT 集束化治疗的比例仅 19%。其中依从性良好的液体复苏组(60 分钟内输注液体 60ml/kg)患儿住院时间明显缩短 57%($P = 0.009$)。2014 年《新英格兰医学杂志》连续刊登了两篇多中心前瞻性随机对照研究(ProCESS 和 ARISE),证实脓毒性休克早期成人患者按 EGDT 方案实施救治并不能降低 90 天病死率,对 EGDT 纳入国际指南指导临床救治提出了质疑。

(二)有关液体复苏的争议

EGDT 集束化治疗的重要一步是液体复苏,但对于选择的液体量、输注速度和液体种类等问题至今争议颇多。目前指南推荐:儿童液体复苏首剂剂量为等渗晶体液 20ml/kg,5~10 分钟静脉输注,总量可达 60ml/kg 或更多。

2011 年 FEAST(Fluid Expansion as Supportive Therapy)的研究结果显示,严重感染儿童快速液体输注明显增加 48 小时和 4 周病死率,静脉推注生理盐水或白蛋白死亡风险明显增加。其原因尚不清楚。但该研究中重症感染患儿以疟疾占多数(57%),且该研究是在非洲医疗条件非常有限的地区(无 ICU、无辅助通气设施,仅以抗感染、维持输液、输血—Hb < 5g/dl、对症

及基本支持治疗为主)进行的多中心随机开放对照试验,由于病种不一致、发病机制不尽相同及医疗条件的差距(支持治疗措施和监测手段缺乏),因此其结论并不适合于医疗技术进步的发达国家和地区。欧洲一项多中心($n=3147/128$ICU)研究显示,大量快速液体复苏明显增加成人患者病死率,ProCESS 和 ARISE 研究也提示相对保守的液体治疗策略对预后有利。因为积极的液体输注可能引起液体过负荷,导致重要脏器组织水肿,加重心、肺、脑、肾等重要脏器功能障碍。如何液体复苏才能获得最佳效果?

根据脓毒性休克发病机制已知其主要病理生理改变是全身毛细血管渗漏,致有效循环血量明显不足,因此早期大量液体复苏旨在尽快恢复脓毒性休克患儿的有效循环血量,避免组织低灌注发生和发展。严重脓毒症患儿常出现低排高阻的血流动力学改变或心肌抑制,此时过多的液体很容易致心功能不全或心力衰竭而加重休克。因此每次液体复苏后需要评估其容量反应性,是否容量足够?是否容量过负荷?如果液体复苏后评估容量反应性差、有低排高阻的血流动力学改变,应加用正性肌力药物或正性肌力药物加扩血管药物;如有明显液体负荷过重则停止液体复苏、加用利尿,甚至 CBP 治疗。

至于液体复苏种类,目前尚无足够循证依据证明液体复苏是晶体优于胶体或胶体优于晶体。指南推荐初始液体复苏选用等张晶体液,当休克进展或对晶体复苏无反应时,可选用白蛋白或其他胶体液。因有多项多中心随机对照研究认为用羟乙基淀粉液体复苏并未显示优于等张晶体液;或显示急性肾损伤发生率显著升高,且需要肾替代治疗时间更长。因此目前指南不推荐应用羟乙基淀粉作液体复苏。

综上所述,在对脓毒性休克患儿不管是实施液体复苏还是整体 EGDT 集束化方案,均需密切监测其对治疗的反应性,包括反复评估临床表现、应用有创或无创血流动力学监测指标和血生化指标,综合分析判断做出个体化的合理治疗。

(王 莹)

第八章

弥散性血管内凝血

培训目标

1. 掌握并能独立开展弥散性血管内凝血的诊断、治疗和管理。
2. 掌握弥散性血管内凝血实验室监测指标的临床意义。
3. 熟悉国际和国内弥散性血管内凝血的诊断评分标准。

一、概述

弥散性血管内凝血（disseminated intravascular coagulation，DIC）是多种因素造成的一种复杂病理生理现象，机体止凝血机制失衡、凝血系统功能衰竭的一种临床综合征。以全身凝血系统的过度激活、纤溶系统紊乱、纤维蛋白沉积及多器官内微血栓形成等为特征，最终可出现广泛出血和多器官功能不全综合征（MODS）。DIC患儿发病的严重程度不一，轻微者可无症状和体征，通过敏感的实验室检查方能发现；严重者发病急，病死率为50%～60%。早期诊断和及时采取综合有效治疗，可明显降低病死率。

【病因】

发生儿童DIC的基础疾病和（或）诱发因素见表8-1。

表8-1　儿童DIC基础疾病和（或）诱发因素

基础疾病	诱发因素	疾病种类举例
全身感染/严重感染	细菌、病毒、支原体、真菌、原虫和立克次体	细菌感染：严重脓毒症、菌痢、大叶性肺炎及泌尿道感染等； 病毒感染：重症病毒性肺炎、暴发型病毒性肝炎、流行性出血热、出血性麻疹及重型水痘等； 其他感染：恶性疟疾、钩端螺旋体病及真菌感染等
创伤	多发创伤、挤压伤、脂肪栓塞和烧伤	烧伤、脑挫伤
血液病		蚕豆病、阵发性睡眠性血红蛋白尿
肿瘤	实体瘤、淋巴瘤和白血病	急性髓性白血病M3
器官损害	休克、窒息、缺氧、寒冷和胰腺炎	各型休克（感染性、失血性或过敏性）、急性呼吸窘迫综合征、肾衰竭、大手术后、体外循环、新生儿硬肿症、早产儿及新生儿窒息
肝损害	急性肝衰竭、胆汁淤积和肝硬化	

续表

基础疾病	诱发因素	疾病种类举例
血管异常	巨大血管瘤、血管内皮瘤和肾静脉血栓	
免疫反应、输血反应、排异反应		血型不合输血、严重输液反应
其他	中毒、蛇咬伤、中暑、溺水、电击和风湿性疾病	

【发病机制】

（一）正常止血机制及过程

正常止血功能由血管、血小板及凝血机制3个环节共同完成，见图8-1。

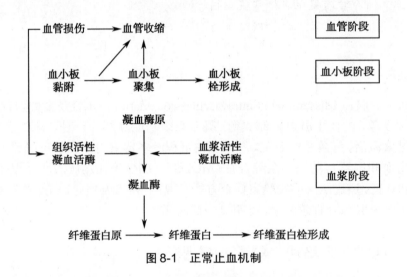

图8-1 正常止血机制

1. **血管因素** 当组织受伤后，受伤部位的血管立即生理性收缩，继之血管内皮粘连，血管破口缩小，血管阻塞。此过程是通过神经反射调节，在15～30秒完成，使出血减慢或停止。

2. **血小板的止血作用** 正常血小板沿血管壁排列成行，具有吸附、聚集红细胞、收缩血块等功能。当血管受伤后，血小板首先黏附于受伤血管内皮细胞和暴露的内膜下胶原纤维上，并发生释放反应，释放5-羟色胺、血小板因子3、二磷酸腺苷（ADP）等促进血小板互相凝集，形成白色血栓，起早期止血作用。

3. **凝血机制的止血作用** 血小板释放第3因子与血浆其他凝血因子及钙离子共同作用形成凝血活酶，使纤维蛋白原降解为纤维蛋白，纤维蛋白单体通过聚合形成纤维蛋白聚合体并进一步形成稳定的纤维蛋白栓，在血管破损处起稳固的止血作用。

以上三个环节不可分割，彼此互相联系、互相促进，任何一个环节功能障碍都不能完成止血过程。

（二）正常的凝血过程

凝血过程可分为三个阶段和两个途径（图8-2）。三个阶段包括：第一阶段凝血活酶前质转化为凝血活酶；第二阶段凝血酶原转化为凝血酶；第三阶段纤维蛋白原分解为纤维蛋白。两个途径包括内源和外源途径。

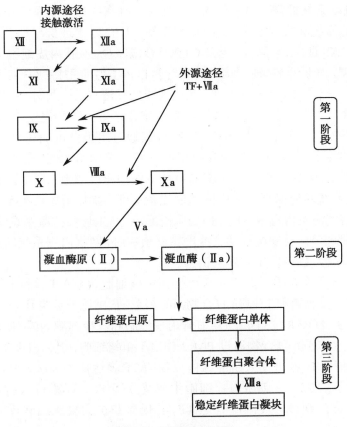

图 8-2　正常凝血过程

（三）DIC 的发病机制

DIC 发生、发展机制十分复杂，至今仍未完全清楚。主要包括触发凝血酶活化，产生大量纤维蛋白，激活血小板；纤维蛋白在微血管沉积，纤溶酶活性不足以完全水解纤维蛋白；血管内形成微血栓和引起出血等病理变化。

1. 组织因子释放，启动外源性凝血途径　大量试验与临床资料表明，绝大多数 DIC 的发生是通过组织因子（TF）途径实现，激活外源性凝血途径。如脓毒症、严重创伤、产科意外、烧伤、急性髓系白血病、恶性肿瘤等在组织损伤及炎症因子作用下，单核细胞、多形核细胞和内皮细胞可表达高活性的 TF。TF/Ⅶa 复合物可促进Ⅸ/Ⅹ因子复合物转变为Ⅸa/Ⅹa 因子复合物，后者可激活Ⅹ因子和凝血酶原生成凝血酶，形成纤维蛋白血栓。

目前认为组织因子释放引起的外源性凝血系统激活是造成 DIC 的主要途径。

2. 内源凝血途径启动　多种致病因素，如细菌、病毒、内毒素、缺氧和酸中毒等可损伤血管内皮细胞，一方面损伤的血管内皮细胞释放大量 TF 并激活凝血系统；另一方面损伤暴露的内皮下胶原等组织直接激活因子Ⅻ或因子Ⅺ导致内源凝血途径激活；最后触发血小板活化，产生黏附、聚集和释放反应，加剧微血栓形成。

3. 血细胞破坏，血小板激活　血细胞破坏释放的 ADP 及凝血酶，能强力地激活血小板。活化的血小板可为激活的凝血因子提供磷脂表面，使凝血因子复合物聚集，形成凝血酶，直接使纤维蛋白原转化为纤维蛋白形成血栓。并通过对凝血因子和血小板等正反馈作用进一步加速凝血过程；另一方面可直接激活纤溶系统，加重凝血紊乱。

4. 生理性抗凝系统抑制　正常情况下，机体凝血系统与抗凝系统（包括纤维蛋白溶解系统、抗凝血活酶系统和抗凝血酶系统）达到平衡。DIC 时生理抗凝调节功能受抑，表现为血浆抗凝血酶Ⅲ（AT-Ⅲ）水平降低，蛋白 C（PC）合成减少，血管内皮细胞可溶性血栓调节蛋白（TM）表达下调，血浆纤溶酶原激活物抑制剂 -1（PAI-1）水平持续升高等。最近证据表明细胞因子和 LPS 可提高血浆 PAI-1 水平，从而造成低纤溶状态。另外，中性粒细胞胞外诱捕网（NETs）可以释放带组蛋白的 DNA、中性粒细胞弹性蛋白酶和组织蛋白酶 G 等以捕捉和杀死病原菌。NETs 广泛存在于脓毒症患者中，其通过组蛋白可加速血管内皮细胞凋亡和血小板聚集。中性粒细胞弹性蛋白酶和组织蛋白酶 G 分解组织因子途径抑制因子（TFPI），加速血栓形成。高迁移率族蛋白 1（HMGB1）从受伤和死亡细胞上释放，加重炎症反应。

5. 网状内皮系统功能降低　体内网状内皮系统可清除血液中已被激活的凝血酶、纤维蛋白、纤维蛋白溶解酶及内毒素等，可抑制血栓形成，与生理性抗凝系统维持动态平衡。长期大量应用免疫抑制剂、反复慢性感染或严重肝疾病时，网状内皮系统功能降低，不能清除过多的凝血因子，成为 DIC 发生发展的诱因。

6. 凝血因子与炎症介质　炎症介质可促使单核细胞、巨噬细胞和中性粒细胞的 TF 表达，而凝血因子（如凝血酶和 TF/Ⅶa 复合物）可激活内皮细胞释放炎症介质。凝血酶通过蛋白酶激活受体 1、3、4（PAR1、3、4）激活血管内皮细胞和巨噬细胞 NF-KB 信号传递通路，引起炎性因子释放。TF/Ⅶa 复合物通过 PAR2 作用于单核细胞，引起白细胞介素（IL-6、IL-8）释放。体外试验证实 IL-6 可使人脐静脉内皮细胞 TF 表达增加 10 倍，IL-10 可抑制这一效应。肿瘤坏死因子（TNF）可刺激内皮细胞生成及分泌 TF、下调 TM、抑制 PC 激活、抑制纤溶系统。IL-1 强烈刺激内皮细胞表达 TF，有促凝和扩大凝血级联反应的效应，最终导致 DIC。

二、诊断与鉴别诊断

【临床表现】

DIC 是由多种不同原因引起的，其产生的病理和临床表现大致相同，主要表现为栓塞、休克、溶血及出血。

（一）出血

出血为 DIC 的常见现象，并为诊断本症的依据之一。表现为自发、广泛和多部位出血，如皮肤瘀斑和出血点、消化道出血、口腔黏膜出血、创面或穿刺部位出血，严重者颅内出血。

（二）多器官功能障碍

DIC 早期高凝状态主要损害是微血管内栓塞，多器官和组织受累，临床表现多样化。

1. **皮肤损伤**　多见，表现为出血点、或大片瘀斑。
2. **消化道损伤**　胃肠黏膜坏死，引起消化道出血。
3. **肾损伤**　可出现血尿、少尿、无尿，甚至急性肾衰竭。
4. **肾上腺损伤**　出血坏死，出现应激能力下降、休克。
5. **肺损伤**　肺出血、大量咯血，甚至急性呼吸衰竭。
6. **脑损伤**　惊厥、昏迷。
7. **肝损伤**　局灶性坏死，可出现黄疸、肝大、腹痛、腹水及转氨酶升高。
8. **胰腺损伤**　可致出血性坏死性胰腺炎。
9. **四肢损伤**　四肢末端发生坏死。

（三）休克

DIC 与休克互为因果，形成恶性循环。DIC 时出现原发病难以解释的休克，如意识障碍、尿量减少、心率增快、皮肤花纹、发绀和代谢性酸中毒，积极抗休克治疗不易纠正。

（四）微血管病性溶血

大量红细胞破坏造成溶血性贫血，临床可见黄疸、血红蛋白尿、发热。大量红细胞破坏产生红细胞素，加重凝血过程障碍和 DIC。

DIC 早期呈高凝状态，主要临床表现是栓塞（尤其脑和肺），可迅速死亡而无出血；中后期因消耗性凝血机制障碍和纤溶亢进才发生出血。

【临床分型和分期】

（一）根据病程进展快慢分型

暴发型（数小时）、急性型（1～2 天）、亚急性型（数日至数周）和慢性型（数月），各型可相互转化。

（二）DIC 积分诊断标准（国际血栓与止血学会 DIC 专业委员会标准）

1. **非显性** DIC（non-overt DIC）　止凝血机制处于代偿状态的 DIC，类似日本标准的 Pre-DIC。

2. **显性** DIC（overt DIC）　止凝血机制处于失代偿状态的 DIC，即临床典型 DIC。

（三）近年新的分型

1. **出血型或纤溶型** DIC　倾向于高纤溶时，出血是最显著表现。此型 DIC 常见于白血病（如急性早幼粒白血病）、产科疾病、主动脉瘤等。

2. **器官衰竭型或高凝型或低纤溶型** DIC　当高凝占主要状态时，器官衰竭即为主要表现。此型 DIC 常见于感染（尤其是脓毒症）患者。

3. **大量出血或消耗型** DIC　当高凝和纤溶亢进均明显时，可大量出血，甚至死亡。此型 DIC 主要存在于大手术或产科疾病后的大出血。

4. **无症状型** DIC **或 pre-DIC**　当凝血和纤溶与其代偿机制基本平衡时，仅有实验室检查异常，但无明显的临床表现。回顾性研究显示此型对治疗效果好。

【DIC 的诊断】

（一）国内 DIC 诊断标准

2001 年全国第 5 届血栓与止血会议标准。

1. **临床诊断**　存在易致 DIC 的诱发因素（详见"病因"），另有下列 2 项以上临床表现。

（1）严重或多发性出血倾向。

（2）不能用原发病解释的微循环障碍或休克。

（3）广泛性皮肤和黏膜栓塞、灶性缺血性坏死、脱落及溃疡形成，或不明原因的肺、肾、脑等脏器功能衰竭。

（4）抗凝治疗有效。

2. **实验室诊断**

（1）一般病例：同时有下列三项以上异常。①血小板计数 $< 100 \times 10^9$/L（肝病、白血病 $< 50 \times 10^9$/L）或进行性下降，或有 2 项以上血小板活化分子标志物血浆水平升高，包括 β- 血小板球蛋白（β-TG）、PF4、血栓烷 B2（TXB2）、GMP-140P- 选择素；②血浆纤维蛋白原含量 < 1.5g/L（肝病 < 1.0g/L，白血病 < 1.8g/L）或 > 4.0g/L 或呈进行性下降；③3P 试验阳性，或血浆 FDP > 20mg/L（肝病 > 60mg/L）或血浆 D- 二聚体水平较正常增高 4 倍以上（阳性）；④凝血酶原时间（PT）延长或缩短 3 秒以上（肝病 >5 秒），aPTT 延长或缩短 10 秒以上；⑤ AT-Ⅲ 活性 <60%（不适用于肝病）或 PC 活性降低；⑥血浆纤溶酶原抗原（PLg：Ag）<200mg/L；⑦因子Ⅷ：C 活性 <50%（肝病必备）；⑧血浆内皮素 -1（ET-1）水平 >80ng/L 或 TM 较正常增高 2 倍以上。

（2）白血病 DIC 实验室诊断标准：①血小板计数 <50×10^9/L 或进行性下降，或有 2 项以上血小板活化分子标志物血浆水平升高（β-TG、PF4、TXB2、GMP-140P）；②纤维蛋白原 <1.8g/L 或进行性下降；③ 3P 试验阳性或血浆 FDP>2.0mg/L 或 D- 二聚体水平升高（阳性）；④ PT 延长 3 秒以上或进行性延长，或 APTT 延长 10 秒以上；⑤ AT-Ⅲ活性 <60% 或 PC 活性降低；血浆 PLg：Ag<200mg/L；⑥血浆凝血因子激活分子标志物（F1+2、TAT、FPA、SFM）水平升高。

（3）肝病 DIC 实验室诊断标准：①血小板计数 <50×10^9/L 或进行性下降，或有 2 项以上血小板活化分子标志物升高（β-TG、PF4、TXB2、GMP-140P）；②纤维蛋白原 <1.0g/L 或进行性下降；③因子Ⅷ：C<50（必备标准）；④ PT 延长 5 秒以上或 APTT 延长 10 秒以上；⑤ 3P 试验阳性或血浆 FDP<60mg/L，D- 二聚体水平升高（阳性）；⑥血浆凝血因子激活分子标志物（F1+2、TAT、FPA、SFM）水平升高。

（4）新生儿期 DIC 诊断条件：①临床上有出血、微循环障碍和（或）休克表现；② 5 项主要实验室指标：血小板计数 <100×10^9/L；出生 4 天内 PT≥20 秒，5 天以上≥15 秒；APTT>45 秒；纤维蛋白原 <1.5g/L；D- 二聚体阳性。3 项以上阳性者诊断成立，仅 2 项阳性时 TT>25 秒才能确诊。

3. pre-DIC 诊断标准

国内标准

（1）存在易致 DIC 的基础疾病。

（2）以下四项中一项以上临床表现：①皮肤黏膜栓塞，灶性缺血性坏死、脱落及溃疡；②原发病无法解释的微循环障碍，如皮肤苍白、湿冷和发绀；③不明原因的轻度或可逆性器官功能障碍；④抗凝治疗有效。

（3）以下实验室检查三项以上：① TF 活性阳性；②可溶性纤维蛋白单体（SFM）阳性；③纤维蛋白肽 A（FPA）升高（>2nmol/L）；④凝血酶 - 抗凝血酶复合物（TAT）升高（>4μg/L）；⑤纤溶产物（PB15-42）升高（>1nmol/L）；⑥纤溶酶 - 抗纤溶酶复合物（PAP）升高（>1mg/L）；⑦ D- 二聚体升高，稀释 1 倍以上（>3mg/L）；⑧ AT-Ⅲ活性降低（<60%）；⑨数天内血小板或血浆 Fib 水平急剧下降及 FDP 剧增；⑩血栓弹力图（TEG）存在高凝、低凝及纤溶亢进等异常状态；⑪ APTT 时间缩短；⑫肝素治疗上述前 9 项改善至恢复正常。

日本标准，日本 DIC 研究委员会建议用以下实验室检查作为 pre-DIC 诊断：① TF 活性阳性；② SFM 试验阳性；③ FPA 升高（>2nmol/L）；④ TAT 升高（>4μg/L）；⑤ PB15-42 升高（>1nmol/L）；⑥ PAP 升高（>1mg/L）；⑦ D- 二聚体升高（>3mg/L）；⑧ AT-Ⅲ活性降低（<60%）；⑨随病情进展，DIC 诊断积分增加，特别是数天内血小板或血浆纤维蛋白原急剧降低及 FDP 剧增；⑩应用肝素后 DIC 积分减少，上述①～⑨项改善甚至正常；⑪ TEG 的 R、K、Ma 改变，表明存在高凝、低凝及纤溶亢进等异常状态，或正常血浆与患者血浆等量混合后 TEG 的 R 缩短及 Ma 增高；⑫由塑料试管检测部分凝血活酶（PTT）缩短。

临床疑诊 DIC，但尚未达到 DIC 诊断标准时，符合上列 3 项以上即可确诊 pre-DIC。

（二）国际评分系统

1. 2001 年国际血栓和止血协会 DIC 分会提出五步诊断规范，计算 DIC 评分，见表 8-2。该诊断系统的敏感性和特异性分别是 91% 和 97%，评分≥5 分符合显性 DIC，每天进行评估；<5 分提示非典型 DIC，1～2 天后重新评估。

表 8-2　国际血栓和止血（ISTH）显性和非显性 DIC 评分系统

	显性（失代偿）DIC	非显性（代偿）DIC
原发疾病		
存在	+2 分	+2 分
不存在	0 分	0 分
血小板计数（×10⁹/L）		
>100	0 分	0 分
<100	+1 分	+1 分
<50	+2 分	
动态观察：升高 -1 分，稳定 0 分，降低 +1 分		
可溶性纤维蛋白单体或 FDP		
未增高	0 分	0 分
中度升高	+2 分	+2 分
明显升高	+3 分	
动态观察：升高 -1 分，稳定 0 分，降低 +1 分		
凝血酶原时间		
延长<3 秒	0 分	0 分
延长 3～6 秒	+1 分	+1 分
延长>6 秒	+2 分	
动态观察：缩短 -1 分，稳定 0 分，延长 +1 分		
纤维蛋白原		
≥1g/L	0 分	
<1g/L	1 分	
特殊检查：AT：正常 -1 分，降低 +1 分		
PC：正常 -1 分，降低 +1 分		
TAT：正常 -1 分，降低 +1 分		
PAP：正常 -1 分，降低 +1 分		
TAF1：正常 -1 分，降低 +1 分		
判断标准：评分≥5 分，符合显性 DIC 诊断，每天重复测定并评分，动态观察		
评分≥2～<5 分，提示非显性 DIC，每天需重复测定评分，动态观察。		

2. 日本危重病医学学会（JAAM）评分标准见表 8-3。

（三）DIC 筛选基本试验的评价

1. PT　PT 延长见于 DIC 患者（>50%）、肝疾病或维生素 K 缺乏患者；15%～30% 危重症出现 PT 异常。但 PT 异常并不是反映内源性凝血障碍的良好指标，通常需同时评估其他凝血指标。只有当血浆凝血蛋白浓度低于 50%，甚至 30%～40% 时才出现明显的 PT 异常。凝血因子浓度达到 25%～50% 时才能有效纠正凝血功能。由于不同实验室 PT 的正常值和异常值变异较大，所以现在多数实验室采用 INR（国际标准比例）代替 PT。

表 8-3　日本危重病医学学会（JAAM）DIC 评分系统

1. SIRS 评分	
≤3	1
0～2	0
2. 血小板计数（×10^9/L）	
<80 小时或 24 小时内下降 50% 以上	3
80～120 小时或 24 小时内下降 30% 以上	1
≥120	0
3. PT 时间（测得值 / 正常值）	
≥1.2	1
<1.2	0
4. 纤维蛋白 / 纤维蛋白原降解产物（mg/L）	
≥25	3
10～25	1
<10	0

≥4 分诊断 DIC；<4 分需反复评估

2. **Ⅷ因子**　大部分 DIC 患者血浆Ⅷ因子水平升高，可能是血管内皮细胞释放 vW 因子所致。

3. **血小板计数**　下降或进行性下降是 DIC 敏感指标（除外骨髓疾病）。

4. **Fib**　是诊断白血病或产科疾病引起的 DIC 非常有用的指标。Fib 是急性期反应蛋白，尽管消耗增加，但在较长一段时间内其血浆水平可能并不下降。DIC 时 Fib 血浆浓度一般低于 30%，Fib 下降通常表示严重的消耗性凝血障碍。

5. **纤维蛋白相关标志物**（FRMs）　包括 FDP，D 二聚体或可溶性纤维蛋白。创伤（80%）、手术、危重病（40% 以上）、出血或静脉栓塞（VTE）（几乎 100%）通常伴随 FRMs 升高。理论上讲血管内可溶性纤维蛋白仅仅来源于血管内纤维蛋白单体，并不受血管外形成的纤维蛋白影响，但目前实验室 FRMs 检测方法（如 FDP、可溶性纤维蛋白等）不能鉴别血管内和血管外来源的纤维蛋白产物，作为 DIC 诊断指标假阳性高，特异性不高，在一些其他非 DIC 情况时亦可以升高，如术后、严重创伤、全身感染、炎症反应或血栓栓塞性疾病等。另外纤维蛋白原裂解产物由肝代谢、肾排泄，因此肝肾功能亦影响其水平。新的试验方法是检测 D- 二聚体，主要检测由纤溶酶降解纤维蛋白原产生的 g 链纤维蛋白，该试验可说明纤维蛋白原降解的产物来源于血管内。D- 二聚体在 DIC 时升高，但静脉栓塞或肺栓塞引起的消耗性凝血病或大手术后亦可升高。

6. **抗凝因子**（如 AT、PC 等）　DIC 患者抗凝因子常下降。检测抗凝血途径的生物活性（包括抗凝血酶系统和活化蛋白 C 系统）可提供消耗性凝血病生物学标志物。50% 的 ICU 患者和 90% 的 DIC 患者出现 AT 或 PC 下降。AT 和 PC 活性亦与肝功能和（或）白蛋白浓度相关。

（1）AT 活性：用于判断肝素作用。AT 是调节凝血酶活性的重要调节因子，在产生凝血酶时迅速消耗。AT 浓度与伴发 DIC 的危重患者死亡高度相关。AT 降低的原因包括进行性消耗、产生减少（负性急性期反应蛋白）和中心粒细胞弹性蛋白介导的蛋白酶抑制剂降解。炎症介质介导的内皮损伤导致血管壁黏多糖层受损，作为天然肝素样结合物，可结合于 AT，诱导 AT 分子构象变化，改变 AT 结合于凝血酶时动能变化，提高 AT 调节凝血酶效率。

（2）PC：消耗性凝血病的标志物。有些细菌（如脑膜炎奈瑟菌等）感染导致的脓毒症可引起 PC 下降，造成暴发性紫癜。内皮细胞功能损伤也是 PC 下降的原因。

7. DIC 时器官衰竭指标 DIC 时 ADAMTS13 活性下降，TM、PAI-1、vW 因子升高，对诊断器官衰竭具有意义。ADAMTS13 下降时可导致血浆 vW 因子升高，加强血小板 - 血管壁结合能力，从而导致血栓性微血管病发生，最终导致器官功能衰竭。

8. 血栓溶解 DIC 时纤溶酶原激活物，尤其组织型纤溶酶原激活物（tPA）和尿激酶型纤溶酶原激活物（uPA）从内皮细胞释放并导致纤溶酶产生。随即纤溶酶产生被 PAI-1 切断。纤溶亢进实验室指标包括纤维蛋白裂解产物（内源性纤溶反应的标志物，凝血激活的强烈标志）、纤溶酶原和 α_2- 抗纤溶酶浓度。α_2- 抗纤溶酶浓度下降，则其他蛋白酶抑制剂（如抗凝血酶、α_2 巨球蛋白、α_1 抗胰蛋白酶、C1 抑制物）即成为有效的纤溶酶抑制剂，因此直接检测纤溶酶 -α_2- 抗纤溶酶复合物（PAP）形成，可提示消耗性凝血病发生。

9. DIC 分子标志物 DIC 患者可通过检测分子生物标志物确定凝血紊乱程度。DIC 时凝血酶原激活肽 F1＋2、活化因子 IX 或 X 所释放的多肽显著升高；凝血酶原向凝血酶转换时凝血酶和抗凝血酶复合物增加；纤维蛋白原活化片段 FPA 浓度可评估纤维蛋白的形成。这些分子生物标志物在轻微的止血激活时就可检测阳性，判断 DIC 敏感性较高，但特异性仅为中等度。

10. DIC 与其他原因止凝血异常实验室指标关系 见表 8-4。

表 8-4　DIC 与其他原因的止凝血异常验室指标的关系

验室指标	DIC	其他原因	DIC 类型
PT	↑	肝功能损害，维生素 K 缺乏，大量失血	OF, BL, MB
FDP, D- 二聚体	↑	静脉栓塞，手术，血管瘤	BL, NS, OF
纤维蛋白原	↓	肝功能损害	BL, MB
血小板计数	↓	骨髓疾病	OF, MB, BL, NS
AT/PC	↓	肝功能损害，毛细血管渗漏综合征	OF
SF/TAT	↑	静脉栓塞，手术	OF, NS, BL, MB
TM	↑	肾功能损害，器官衰竭	OF
VWFpp, PAI-1	↑	器官衰竭	OF
ADATMTS13	↓	肝功能损害，血栓性微血管病	OF
APTT	↑	肝功能损害，肝素使用，大量失血，感染	OF
PPIC	↓	静脉栓塞，手术	BL, MS

OF：器官衰竭型或高凝型或低纤溶型 DIC；MB：大量出血或消耗型 DIC；BL：出血型或纤溶型 DIC；NS：无症状性或非显性 DIC

（四）鉴别诊断

1. 重型肝病 重症肝病患者有多发性出血、黄疸、意识障碍、肾衰竭、血小板和纤维蛋白下降、凝血酶原时间延长，易与 DIC 混淆，但肝病无栓塞表现，3P 试验阴性，FDP 和优球蛋白溶解时间正常，肝功能异常，脾大。

2. 血栓性血小板减少性紫癜 本病是在毛细血管广泛形成微血栓，具有微血管病性溶血性贫血、血小板减少性出血、肾及神经系统损害，类似 DIC。但本病一般凝血酶原时间及纤维蛋白原正常，AT-Ⅲ正常，3P 试验阴性，病理活检可以确诊。

3. 维生素 K 缺乏 本病缺乏维生素 K 导致患者严重皮肤、黏膜或内脏出血表现，实验室检测 PT 延长，aPTT 正常或轻度延长，通常血小板计数正常，可与 DIC 相鉴别。

三、治疗决策

【DIC 的治疗】

DIC 的治疗原则是序贯性、及时性、个体性和动态性。主要包括：①去除产生 DIC 的基础疾病和诱因；②阻断血管内凝血过程；③恢复正常血小板和血浆凝血因子水平；④抗纤溶治疗；⑤溶栓治疗；⑥对症和支持治疗。近年来推荐按上述顺序逐项进行。

（一）治疗基础疾病和去除诱因

DIC 治疗最关键措施是治疗原发基础疾病和消除诱因，如感染性疾病患者进行抗生素或外科引流、恶性肿瘤患者进行抗癌或手术治疗等。部分原发病治疗好转后 DIC 可自然消失，但另有部分 DIC 需对凝血系统进行正确支持治疗。出血型、器官衰竭型和无症状型 DIC 需首先治疗原发病。

（二）肝素治疗

肝素是主要的抗凝治疗药物，是阻断 DIC 病理过程最重要措施之一。肝素在一定程度上可以阻止 DIC 时止凝血机制激活。目前认为肝素对转移性恶性肿瘤、暴发性紫癜和大血管异常等引起的 DIC 和血栓、栓塞并发症治疗有效；在 ICU 常用于预防静脉栓塞。对 DIC 高凝状态和消耗性凝血病伴出血风险时，抗凝治疗尚有争议。临床上常用制剂是肝素或低分子肝素。

1. 肝素抗凝机制 肝素通过激活 AT-Ⅲ 发挥抗凝作用，通常在给药 1～3 小时后约 50% 灭活，4～6 小时即经肾排泄。肝素是一种由硫酸 D- 葡萄糖胺和 D- 葡萄糖醛酸组成的黏多糖，含多种硫酸根，其中的阴离子与抗凝有关。其作用机制：①抗凝血酶作用，肝素的阴离子活性基团与 AT-Ⅲ 的阳离子基团结合，加速抗凝血酶 - 凝血酶复合体形成，从而产生抗凝效应；故在肝素治疗时，必须考虑血浆 AT-Ⅲ 水平。如 AT-Ⅲ 水平过低，即使给予大剂量肝素亦无效。②抗因子 Ⅹa、Ⅸa、Ⅺa、Ⅻa 等作用，由于 AT-Ⅲ 能与各种丝氨酸蛋白酶结合，而因子 Ⅹa、Ⅸa、Ⅺa、Ⅻa 等都具有丝氨酸蛋白酶活性中心，故肝素能与它们结合，使之丧失活性。③对内皮细胞的作用：肝素可使受损内皮细胞的负电荷恢复，防止血小板黏附。④对血小板作用，凝血酶所引起的血小板聚集及随之而发生的释放反应可被肝素所抑制，肝素抑制血小板向胶原黏附。⑤促纤溶作用，静脉滴注肝素可使促组织型纤溶酶原激活物（t-PA）释放，增强纤溶活性，使血清 FDP 含量增高。

2. 适应证 目前对肝素应用的指征看法不一，大多数认为符合用药指征应尽早使用。但也有学者认为肝素不能降低 DIC 病死率，反而加重出血可能。是否用肝素、如何应用主要取决于 DIC 的基础疾病、临床表现及实验室检查。一般认为，DIC 治疗首先针对病因，如病因可迅速去除，可不用肝素或仅选择性应用。对 DIC 疑似病例或仅实验室指标阳性时，应严格掌握指征，可暂时不用肝素。对栓塞症状为主、确认为 DIC 所致，则争取早用，防止病情发展加重。

在下列情况下可用肝素：不合血型输血、肿瘤扩散转移、急性白血病、脓毒症、早期高凝状态、暴发性紫癜及大量替代治疗无效者。对于晚期 DIC，由于 FDP 增多与血小板减少是出血的主要原因，肝素不仅不能纠正出血，反而加重出血。

3. 禁忌证

（1）蛇中毒。

（2）出血性疾病，如血友病和血小板减少症等。

（3）严重肝病，伴有多种凝血因子及血小板减少。

（4）活动性出血者，如严重颅内出血或脊髓出血、肺结核空洞出血、溃疡出血、伴有血管损伤或新鲜创面出血。

（5）DIC 晚期，以继发性纤溶为主者。

4. 用法及用量

肝素用量应根据原发病、DIC 严重程度、高凝或低凝状态而定，即肝素治疗的个体化。肝素在肝代谢，被肝酶破坏而灭活，50% 经肾排出。半衰期为 2 小时，一般体内存留 4～6 小时，主张间歇或连续静脉滴注给药。在有肝肾功能不全时减少肝素用量或延长给药时间。

目前肝素剂量趋于小剂量化，依据是：①肝素 AT-Ⅲ复合物的最初靶点是 FⅩa，在抑制凝血过程中 FⅩa 阶段比抑制凝血酶 FⅡa 阶段所需的量小的多，所需肝素量前者仅为后者的 1/70；②可发挥抗补体作用；③可增加单核 - 巨噬细胞系统功能。对不能控制者，可能由于 AT-Ⅲ减少，需输血或血浆以提高 AT-Ⅲ水平，才能奏效。用小剂量肝素后，血浓度在 15～60 分钟开始上升，1～5 小时达高峰，7 小时后逐渐下降，个体间存在差异。小剂量肝素治疗优点是无出血并发症，不需要实验室监测。

（1）间歇静脉滴注：肝素 60～125U/kg（1mg = 125U），加入生理盐水或 5% 葡萄糖，1 小时内滴注完毕，每 4～6 小时滴注 1 次，3～7 天为 1 个疗程。

（2）持续静脉滴注：急性 DIC 时剂量 1～10U/（kg·h）持续滴注维持；亚急性和慢性 DIC 剂量 400～1000U/（kg·d），加生理盐水或 5% 葡萄糖 24 小时内持续静脉滴注。

（3）间歇皮下注射：pre-DIC 阶段应用小剂量 30～67.5U/kg，每 12 小时 1 次，皮下注射。应注意的是，在小剂量肝素治疗时，鱼精蛋白试验可保持阳性，只要血小板计数和纤维蛋白原维持正常，就不需要增加肝素剂量。

（4）急性早幼粒性白血病（APL）：因早幼粒细胞中嗜苯胺蓝颗粒含有大量组织因子样促凝物质，因而 APL 患者易并发 DIC（发生率 27%～60%）。因而主张在化疗时合并使用小剂量肝素以预防 DIC 发生。全反式维 A 酸（ATRA）对早幼粒细胞诱导分化作用，不具有杀伤作用，故无促凝物质的释放，因此对 APL 应首先积极给予 ATRA 治疗，如治疗过程中出现 DIC，可使用小剂量肝素 0.25～0.5mg/kg（30～67.5U/kg），每 12 小时 1 次，皮下注射，在肝素抗凝基础上同时积极补充血小板和凝血因子。

5. 肝素用药检测

肝素应用期间必须密切观察病情并检测凝血功能，可选择以下指标进行检测。

（1）凝血时间：是指离体静脉血与体外异物表面接触后，体内内源性凝血系统被激活，最后生成纤维蛋白而使血液凝固所需的时间，是判断内源性凝血系统缺陷的筛选试验。DIC 治疗时在每次肝素前测凝血时间（试管法正常值为 5～8 分钟），用药 4 小时后复测，要求凝血时间控制在 20～30 分钟，如 <20 分钟可加大肝素剂量，如 >30 分钟且出血加重者，可能用量过大，应停用，必要时给予鱼精蛋白（鱼精蛋白 1mg 可中和肝素 1mg）加入葡萄糖静脉缓慢注射（3～10 分钟）中和肝素，用量与最后一次肝素用量相等，每次不超过 50mg，每 8～12 小时 1 次，1～2 次后即可纠正。本试验敏感性差，目前基本用 APTT 代替。

（2）APTT：普通肝素治疗检测首选 APTT，反映内源性凝血系统各凝血因子的综合情况。

应用肝素的 1～2 天内，每 4～6 小时检测 1 次。采血时间为：静脉注射或皮下给药者应在两次用药的中点或下一次用药之前；持续静脉滴注者则不受时间限制。肝素治疗的有效安全范围是 APTT 测定值为正常对照值的 1.5～2.5 倍。

（3）TT：凝血酶时间是反映凝血酶使纤维蛋白原转变为纤维蛋白的试验，肝素治疗过程中，安全的 TT 测定值为正常对照值的 2.0～2.5 倍。

（4）血小板计数：肝素治疗可使血小板计数减少，国外报道发生率为 1%～24%。如在肝素治疗过程中，血小板计数逐渐降低应减量肝素或停药。

（5）其他：每日检查尿常规、大便隐血，观察皮肤黏膜及气管分泌物有无出血。

6. 肝素停药指征 诱发 DIC 的原发病已控制或缓解；用药后病情好转，出血停止，血压稳定；凝血酶原时间和纤维蛋白原恢复正常或接近正常（前者一般 24 小时内恢复，后者于 1～3 天恢复），可逐渐减量至停药，不可骤然停药以免复发。血小板的回升和 D- 二聚体恢复缓慢（数天至数周），不宜作为停药指征。一般而言，肝素用药可持续 3～7 天。急性病症如流脑，应用 24 小时即可停药。停药后要随访凝血时间连续 3～5 天，停药 6～8 小时复查，以后每天复查 1 次，以观察凝血紊乱是否消失或 DIC 是否复发。

7. 肝素的不良反应

（1）出血：出血是肝素的主要不良反应。不同剂量的肝素大出血发生率 1%～33%，致命性出血发生率 0.4%～6.4%。

（2）肝素 - 血小板减少 - 血栓形成综合征（HIT）：2.7%～10% 接受肝素治疗的患者可发生肝素治疗相关性血小板减少，其中 10%～89% 并发静脉血栓和（或）动脉栓塞。

（3）高钾血症：接受肝素 1 万～3 万 U 肝素治疗中的患者 7%～8% 可致高钾血症。

（4）骨质疏松：此不良反应少见，一般发生于大剂量（每天至少 20 000U）肝素用药 6 个月或以上，发生机制不明。

（5）血浆 AT-Ⅲ水平下降：无论大剂量或小剂量肝素治疗均可使血浆 AT-Ⅲ水平下降，导致肝素抗凝作用逐渐失效，是否参与血栓形成尚不清楚。

（6）过敏反应：发生过敏反应与肝素制剂不纯相关，极少数出现荨麻疹、发热、寒战、哮喘、结膜炎甚至过敏性休克。

（7）其他不良反应：①阴茎异常勃起，原因不明；②反跳现象，发生在体外循环、血液透析等情况下，手术结束用鱼精蛋白中和肝素后不久，出现肝素引起的出血症状，这是由于鱼精蛋白在体内被降解，肝素从鱼精蛋白的复合物上游离出之故；③脱发，长期使用肝素影响毛囊的黏多糖代谢，停药后可恢复。

8. 肝素治疗无效的原因 肝素抗凝无效者，应尽量寻找或排除以下原因：①基础疾病未控制或诱因未消除；②肝素使用不当，如用药太晚，病情已成为不可逆转、剂量太小或过量及疗程不足等；③病程已进入纤溶亢进期，而抗纤溶治疗弱；④血小板大量破坏，PF4 大量释放于血循环，PF4 有拮抗肝素的作用；⑤休克期过长，有代谢性酸中毒（使肝素丧失活性）或严重并发症等；⑥DIC 过程消耗过多的 AT-Ⅲ，导致肝素作用减弱。

9. 低分子肝素 低分子肝素（LMWH）是一组由标准肝素裂解或分离的低分子碎片，由于裂解的方式不同，所产生的 LMWH 常不均一性，分子量一般为 3～6kD，含 AT-Ⅲ结合位点。

药理特性：①抗因子 Xa 作用更强，其抗因子 Xa 与抗凝血酶活性比例为 4:1，而标准肝素为 1:1。一般认为抗因子 Xa 活性与其抗血栓形成能力密切相关，而抗凝血酶活性则与用药后的出血并发症有关。② LMWH 去除部分与血小板结合之部位，因此用药后诱发血小板减少及功能障碍者相对少见。③用量较小，对 AT 的依赖性较低，且不诱发 AT 水平下降，此点在 DIC 治疗中有重要意义。④皮下注射吸收率高达 90%（标准肝素小于 50%），抗因子Ⅹa 作用可持续 24 小时（标准肝素 0.684 小时），每日皮下注射 1 次即可满足抗凝治疗需要。⑤促进内皮细胞释放 t-PA 作用强，促进纤溶活性高于标准肝素，对早中期 DIC 治疗有利。⑥与内皮细胞的亲和力较弱，诱发 HIT 者较标准肝素少见。⑦与鱼精蛋白结合速度较快，且结合后仍保持其抗因子Ⅹa 之活性。⑧引起骨质疏松的报道迄今尚少见。

适应证及禁忌证：基本同肝素，但尺度可适当放宽。有关 LMWH 治疗 DIC 的资料较少，对某些 DIC 可能有较好的疗效。但低分子肝素可促进纤溶酶原活化剂的释放，增强纤维蛋白溶解作用。另一方面，肝素的抗凝血酶作用是 DIC 治疗的重要部分，低分子肝素抗凝血酶减弱从理论上讲不一定对 DIC 治疗有利，其效果和优越性有待进一步证实。

检测：必须用抗Ⅹa 活性测定（因子Ⅹa 抑制试验）。常规剂量下一般无须严格检测，如用量过大或疑似用药相关出血，可用抗Ⅹa 活性试验进行检测，使其维持在 0.4～0.7U/ml 为最佳治疗剂量。

（三）补充凝血因子和血小板

大量凝血因子和血小板消耗而存在活动性出血时，应补充凝血因子和血小板。替代治疗可能增加纤维蛋白沉积和 MODS 发生，因此必须在充分抗凝基础上进行补充治疗，同时监测各器官功能指标。pre-DIC 阶段，病因去除后无须补充凝血因子。指南推荐活动性出血型 DIC 或接受侵入性介入手术的高出血风险者或预测出血风险极高的患者可用浓缩血小板和新鲜血浆（FFP）治疗，而仅实验室检查凝血指标异常不应输注血浆或血小板。

1. **新鲜冰冻血浆**（FFP）　FFP 是抗凝血 6 小时内将血浆分出并迅速在 −30℃ 以下冰冻和保存的血浆，这种血浆凝血因子的含量基本保持正常，并可保存 12 个月，可补充先天性或获得性凝血因子缺乏。大多数指南推荐仅在出血或有高危出血患者给予输注血浆，不应只根据实验室指标异常来判定血浆的输注。

对 APTT 或 PT 延长（＞正常值 1.5 倍）或纤维蛋白原下降（＜1.5g/L）时需用大量血浆纠正，通常起始剂量为 15～20ml/kg。1ml/kg 的新鲜冰冻血浆可使血液中凝血因子浓度升高 1%～2%，使用推荐剂量血浆可使所有凝血因子提升 30%。

2. **血小板悬液**　输注适应证：血小板计数 ≤50×10^9/L 伴活动性出血；血小板计数（10～20）×10^9/L 伴非出血型 DIC；出血型 DIC。DIC 未控制者，1～3 天可重复应用。

血小板生成减少或消耗增多的患者补充血小板效果良好，但血小板破坏增加（如免疫性血小板减少症）者需要其他治疗，如激素或免疫球蛋白。另有一些血小板减少症需要特殊治疗。

3. **纤维蛋白原**　用于纤维蛋白原（Fib）缺乏造成的大量出血型 DIC。纤维蛋白原正常血浆浓度为 2～4g/L，最低止血浓度为 0.5～1.0g/L，每 1g 纤维蛋白原制剂可升高血浆纤维蛋白原浓度 0.25g/L。首次剂量 2～4g 静脉滴注。因血浆 Fib 半衰期为 96～144 小时，故血浆 Fib 含量 ＞1.5g/L 后，在 24 小时内不再重复使用。

4. **凝血酶原复合物**　凝血酶原复合物含有因子Ⅱ、Ⅶ、Ⅸ、Ⅹ等，如输注血浆容量过大可用其替代治疗，因缺乏因子Ⅴ，可能引起血栓。推荐 20～40U/kg，30 分钟内输注完毕，每日 1～2 次。

5. **冷沉淀**　是 FFP 在 1～5℃ 条件下形成的白色沉淀物，主要含因子Ⅷ、vW 因子和纤维蛋白原等。1 袋冷沉淀不到 15ml，含纤维蛋白原 200mg，因子Ⅷ 80～100U。每 5kg 体重输注 1 袋冷沉淀，可使血纤维蛋白原水平维持在 0.5～1.0g/L。用于出血性患者同时纤维蛋白原低于 1.5g/L 者。

6. 维生素 K 在急性 DIC 时应用价值有限，但是在亚急性和慢性型 DIC 患者，作为一种辅助性凝血因子补充剂有一定价值。

（四）其他抗凝血因子制剂

1. AT-Ⅲ 浓缩剂 在肝素治疗同时需补充 AT-Ⅲ，使其在体内的活性达到 100%。AT-Ⅲ活性低于 50% 时，肝素治疗效果差；低于 30% 时，肝素治疗无效。低分子肝素的作用则不依赖 AT-Ⅲ。但 AT-Ⅲ 浓缩剂的应用仍有争议。19 个国家 211 个中心进行的随机对照试验（KyberSept 研究）发现，高剂量 AT-Ⅲ 较安慰剂组不能改善重症脓毒症患者 28 天病死率，且显著增加出血风险。德国根据 AT-Ⅲ 活性制定的个体化治疗研究也发现，AT-Ⅲ 对外科重症脓毒症患者的预后没影响，反且增加了输血频率。虽然 AT-Ⅲ 不能改善重症脓毒症患者的预后，但可改善脓毒症 DIC 患者的实验室参数，缩短 DIC 持续时间，降低静脉血栓的发生，可能减少器官衰竭的风险，可作为脓毒症的选择性治疗。剂量每次 30U/kg。

意大利 DIC 指南在重症脓毒症／脓毒性休克、妇产科并发症、烧伤或复杂的肝病继发DIC，不推荐使用 AT-Ⅲ。

2. 重组人活化蛋白 C（rhAPC） 蛋白 C 是机体重要的生理性抗凝物质之一，与 DIC 的发病机制密切相关。活化蛋白 C 可通过与共作用因子蛋白 S 结合抑制 V 因子和Ⅷ因子活性，并抑制纤溶酶原抑制物 I 的活性发挥抗凝及促纤溶的作用；同时，蛋白 C 与内皮细胞、中性粒细胞、单核细胞等表面的蛋白 C 受体结合发挥抗炎作用。鉴于脓毒症病人血浆活化蛋白 C 水平低下及蛋白 C 的多种作用机制，推测外源性补充活化蛋白 C 可以改善脓毒症预后。但 rhAPC 用于脓毒症的大型临床研究并未获得有效及安全的结果，仍需更完善的多中心随机对照试验予以证实。

3. 基因重组水蛭素 为强力凝血酶抑制剂，其作用不依赖 AT-Ⅲ，抗原性弱，少有过敏反应，不与血小板结合，极少导致血小板减少，生物学稳定性好，不受体内其他因素影响，以原形从肾排出，毒性低。主要用于急性早期 DIC。试验证明对静脉血栓形成和 DIC 时血栓形成有拮抗作用，进入临床一期试验中。用量与用法：5μg/(kg•h)，持续静脉滴注 4～8 天。

4. 可溶性血栓调节蛋白（TMa） 人可溶性血栓调节蛋白是一种新型抗凝药，凝血酶结合该分子，形成凝血酶 - 血栓调节蛋白复合物，导致凝血酶失活，并进一步激活 rhAPC，裂解和钝化活化的 V 因子和Ⅷ因子。其次，TM 通过凝集素样区域直接调节炎性反应，包括与B1 型高迁移率 DNA 结合蛋白结合并使之失活及增强凝血酶对其的水解作用。

5. 抗 Xa 制剂 推荐用于骨科手术预防深静脉栓塞，但用于危重症患者和其他类型DIC 的资料少见。不推荐用于出血型和大量出血型 DIC 及肾衰竭患者。

6. 组织因子途径抑制物（TFP1） TFPI 是由内皮细胞合成并分泌的天然抗凝药物，为丝氨酸蛋白酶抑制剂，可直接抑制 Xa 及组织与Ⅶa 的结合并调节其在局部的表达，是体内最重要的外源性凝血途径抑制物。

（五）抗纤溶治疗

适应证：①DIC 病因及诱因已去除或基本控制，已行有效抗凝治疗和补充血小板、凝血因子，出血仍难控制；②纤溶亢进型 DIC；③DIC 后期，纤溶亢进致严重出血；④DIC 时，纤溶实验指标证实有明显继发性纤溶亢进。

1. **氨基己酸**（EACA）　DIC 治疗一般用注射剂，每次 4～10g，以 5% 葡萄糖或生理盐水 100ml 稀释，维持剂量 1g/h，小剂量每日 5g 以下，中等剂量每日 10g 以下，大剂量每日 20g。本品快速静脉注射可引起血压下降，休克者慎用。

2. **氨甲苯酸**（抗血纤溶芳酸，PAMBA）　每次 200～500mg 加于葡萄糖液 20ml 中，静脉注射，每日 1～2 次，或加于液体静脉滴注，每小时维持量 100mg。

3. **氨甲环酸**（止血环酸）　DIC 时多用注射剂。用量为氨基己酸的 1/10，每日 1～2 次，或静脉滴注，每小时维持量 0.1g。小剂量 0.5g/d，中等剂量 1.0g/d，大剂量 2.0g/d。

4. **抑肽酶**（aprotinin）　抑肽酶兼有纤溶和凝血双相阻断作用，在理论上最适合于 DIC 的治疗。常用剂量每日 8 万～10 万 U，分 2～3 次使用。或首剂 5 万 U，随后每小时 1 万 U，缓慢静脉注射。

（六）溶栓治疗

溶栓用于治疗 DIC 尚在试验探索阶段。

适应证：①血栓形成为主的 DIC，经前述治疗未能有效纠正者；② DIC 后期，凝血和纤溶过程已基本终止，而脏器功能恢复缓慢或欠佳；③有明显血栓栓塞的临床和辅助检查证据。

1. **尿激酶**　首剂 4000U/kg 静脉注射，随后 4000U/h 持续静脉滴注，连用 3～5 天。

2. **单链尿激酶**　剂量为 80mg 加入 5%～10% 葡萄糖静脉滴注，60～90 分钟滴注完毕。每日 1～2 次，持续用药 3～5 天。

3. **组织型纤溶酶原激活物**（t-PA）　首剂 100mg，静脉注射，之后以 50mg/h 持续静脉滴注，共 2 小时，第 2～3 天可酌情重复。

4. **乙酰化纤溶酶原 - 链激酶复合物**　首剂 30mg，5 分钟内静脉注射，6 小时后可等量静脉滴注。

（七）对症和支持治疗

包括积极治疗原发病；纠正水、电解质、酸碱失衡；保持呼吸道通畅，供氧；维持心血管功能稳定等。

【DIC 治疗总结】

根据 ISTH DIC 诊断标准，四种类型 DIC 的治疗原则见表 8-5。

表 8-5　四种类型 DIC 的治疗原则

治疗	无症状型	器官衰竭型	出血型	大量出血型
原发病治疗	推荐	推荐	推荐	
血制品输注			推荐	推荐
肝素	推荐		不推荐	不推荐
抗 Xa			不推荐	不推荐
合成蛋白抑制剂			推荐	推荐
蛋白抑制剂		推荐		不推荐
抗纤溶治疗	不推荐	不推荐	推荐	推荐

【预防】

纠正 DIC 诱发因素；积极治疗原发病，防止溶血、酸中毒发生和发展；尽早纠正脓毒性休克，改善微循环，尽可能避免应用促进血小板聚集的药物，如肾上腺素、去甲肾上腺素或血管加压素等；防止输液、输血反应；在大手术中尽量减少组织损伤。

四、常见问题和误区防范

（一）关于 DIC 诊断评分系统

20 世纪 80 年代初日本卫生福利部（JMHW）公布 DIC 诊断标准，随后国际血栓和止血协会（ISTH）发布显性 DIC 诊断标准。JMHW 提出的诊断评分系统主要建立于基础疾病、出血、器官衰竭和综合凝血试验的基础上，将基础疾病、出血、器官衰竭及各项凝血指标按权重不同赋值，最后根据总分值判断 DIC 的存在与否。此评分系统被日本官方确定为 DIC 诊断标准，较适用于炎症和创伤性疾病并发的 DIC 诊断。JMHW 和 ISTH 发布的这两个诊断标准均是为检测特异性的凝血疾病，避免过度治疗，所以在 21 世纪初倡导延迟 DIC 初始治疗。为了确定初始治疗的合适时机，日本危重病医学会（JAAM）根据最新的回顾性和前瞻性研究成果公布了新的诊断标准。JAAM 发布新诊断标准另一原因是，脓毒症伴发 DIC 时病死率高达 31.3% 以上，寄希望抗凝治疗可以改善预后。因此，JAAM 标准较 ISTH 和 JMHW 标准对诊断急性 DIC（包括脓毒症、创伤和血管疾病伴发的 DIC 等）敏感性更高，它们共同点为均采用了常规止凝血试验，在临床上易于推广，动态分析了凝血过程，符合 DIC 的动态发展的病理生理过程。JAAM 评分与 ISTH 显性 DIC 评分比较，前者对严重脓毒症及脓毒性休克患者早期 DIC 诊断阳性率显著提高，但对脓毒症严重程度无危险分层及预后的判断价值。

出血型 DIC 可用 ISTH 显性 DIC 评分和 JMHLW 评分，器官衰竭 DIC 可用 JAAM 评分。大量出血（消耗）型 DIC 可用上述 3 个评分标准。此 3 个标准对无症状性 DIC 诊断困难，可用止凝血分子标志物协助诊断。

（二）关于 DIC 诊断相关国际指南

英国血液科标准委员会（BCSH）、日本血栓和止血协会（JSTH）和意大利血栓和止血协会（SISET）分别于 2009 年（英国和日本）和 2012 年（意大利）发布各自的 DIC 诊断和治疗指南。3 个指南大部分相似，但部分 DIC 治疗推荐方案存在差异。英国指南推荐诊断方案是国际血栓和止血委员会（ISTH）显性 DIC 评分，而日本指南推荐诊断方案是 ISTH 显性 DIC 评分和日本危重病学会（JAAM）DIC 诊断评分。有关 DIC 治疗方面英国指南和日本指南截然相反，英国指南推荐在严重病例使用 rAPC，不推荐使用 AT。而日本指南不推荐使用 rAPC，推荐补充 AT。以上两药治疗均无大样本 RCT 研究，仅为小样本 RCT 研究和亚组分析说明它们潜在治疗益处。目前亟待需要全球医务工作者合作和交流，以期早日制定国际通用的 DIC 指南，2013 年 DIC 科学标准委员会发布了"DIC 协调指南"，罗列了目前 DIC 研究、诊治方面所有的标准和差别。

（三）凝血筛查与血制品输注

在侵入性操作前作凝血筛查（PT、APTT、Fib）发现异常，没有证据表明需要预防应用新鲜冰冻血浆纠正凝血指标异常。凝血筛查不能预测出血，而新鲜冰冻血浆亦不可能纠正凝血试验异常指标。目前没有一致观点支持依靠凝血筛查试验结果来指导新鲜冰冻血浆使用，因此也造成临床医师应用新鲜冰冻血浆不一致性。

五、热点聚焦

（一）肝素和低分子肝素的应用现状

最近的研究发现，脓毒症患者使用肝素可有效阻断内毒素引起的 DIC 过程，是有效的辅助治疗手段，可预防血栓并发症，但并不能防止多器官功能衰竭和死亡，其机制不详。可能的原因为：①肝素与其他因子结合（如成纤维细胞生长因子），可能加速某些病理过程的信号传递；②肝素引起组织因子途径抑制物从血管内皮表面脱落，影响微血管内皮功能。对于显性和非显性 DIC，在早、中期使用肝素抗凝较重要。

因低分子肝素抗 Xa 因子作用强于抗凝血酶，生物利用度高，半衰期长，出血倾向较标准肝素少、安全性好，故对 DIC 防治，低分子肝素有取代标准肝素的趋势。但在短期内可能生成大量凝血酶的情况下（如体外循环、羊水栓塞等），仍以标准肝素抗凝为妥。标准肝素抗 IIa/ 抗 Xa 活性比值为 1∶1，低分子肝素为 1∶4；另外低分子肝素半衰期长，不易被鱼精蛋白中和，大剂量应用低分子肝素引起的出血倾向较难控制。

2009 年英国指南建议，对以血栓形成为主导的 DIC，以及合并紫癜及肢端缺血的患者应予以治疗剂量的标准肝素，未合并出血的 DIC 患者建议给予预防剂量的标准肝素。

（二）天然抗凝药和重组抗凝药的应用现状

近期研究表明，凝血和炎症之间存在网络关系，两者的相互作用是发生多脏器功能衰竭的原因。近年发现抗凝药，如天然抗凝药有抗凝血酶 III（AT-III）、组织因子途径抑制物（TFPI）、血栓调节蛋白 a（TMa）等和重组抗凝药（rhAPC）具有抗炎和抗凝双重效应。发生脓毒症 DIC 时，抗凝药应用好处体现在改善实验室指标、缩短 DIC 病程和改善器官功能及生存率，具有潜在的治疗脓毒症诱导 DIC 的优势，但存在以下问题需解决：应用人群、时机、药物选择及剂量、是否联合用药等。而目前所有的抗凝药治疗并没有全部获得非常肯定的治疗效果，因此需大规模前瞻性随机对照研究来评估抗凝药的治疗疗效。

（三）血栓弹力图与肝素应用的监测和调整

血栓弹力图（thromboelastography，TEG/ROTEM）已经上市多年，但近年来备受关注。最新版本的旋转血栓弹力图（ROTEM）用于危重病患者，可快速敏感地监测全凝血的动态过程，快速准确判断患者凝血激活、纤维蛋白原形成、纤溶状况、凝血因子和血小板消耗程度的整个凝血过程，准确解读多种凝血异常的原因，包括血小板功能和血栓溶解潜能，因此 TEG/ROTEM 优于传统凝血因子检测，且其检测到的凝血和抗凝血状态与临床器官障碍和生存率高度相关。但 TEG/ROTEM 用于判断 DIC 临床进程方面还缺乏精确评估，仅在危重病凝血状态评估中有一定作用。目前临床应用肝素和低分子肝素缺乏精确指导，剂量调整往往取决于患者的临床表现和医师的经验判断，临床应用受到大量出血和剂量不足等风险限制。目前临床常规凝血检测只能体现凝血机制的某一独特方面，不能判断 DIC 凝血异常的具体原因。活化部分凝血酶原时间（APTT）常用于检测肝素的治疗和剂量调整，但仅反映内源性凝血异常的单一阶段，未反映凝血整个过程的变化，无法判断凝血异常的原因，同时 APTT 不能监测低分子肝素的抗凝效果。而 TEG/ROTEM 检测对止凝血干预措施疗效判断的敏感性高，可使肝素由经验性应用变为更精确、合理的应用，同时针对 DIC 的其他抗凝治疗从目前的试探性治疗走向目标性治疗，在剂量的调整上有相应的依据。

（王　莹）

第九章

多器官功能障碍综合征

培训目标

1. 掌握多器官功能障碍综合征的概念。
2. 掌握各器官功能障碍的诊断标准。
3. 掌握多器官功能障碍综合征的治疗原则。
4. 了解多器官功能障碍综合征的发病机制。

多器官功能障碍综合征（multiple organ dysfunction syndrome，MODS）是指多种病因引起的一组危重的临床综合征，是儿童重症监护病房发病和致死的主要原因。MODS 是基于多器官功能衰竭（multiple organ failure，MOF）提出的。1973 年 Tilney 等称之为"序贯性系统衰竭"。1975 年 Baue 等将其称为"多发性、进行性或序贯性多系统器官功能衰竭的一个综合征"，具体描述为"严重的、可以导致远处脏器损害的局部病理性损伤"。1980 年，Eiseman 和 Fry 等将其命名为 MOF。1992 年美国胸外科学会和危重病学会（ACCP/SCCM）在芝加哥提出了 MODS 的概念，将其定义为急性疾病导致器官功能改变，不能维持内环境稳定，其发病过程中可表现为失控的全身炎症、高动力循环状态和持续高代谢等全身炎症反应综合征（systemic inflammatory response syndrome，SIRS）。自此，MODS 替代了 MOF，MODS 及其相关术语在国际上开始广泛使用。

一、概述

【概念】

MODS 是指机体受到严重感染、创伤、休克、中毒、烧伤及大手术等急性损害 24 小时后，同时或序贯性出现 2 个或 2 个以上的器官或系统功能障碍甚至衰竭，以致不能维持内环境稳定的临床综合征。MODS 不是一独立疾病，是累及 2 个或 2 个以上器官或系统功能障碍的复杂临床综合征。MODS 是一动态、可逆的状态，包含脏器功能障碍由轻至重、出现脏器功能不全后发生逆转或进展恶化的全过程。MODS 中功能障碍的器官可以未受到直接损伤。

SIRS 是 MODS 的主要发病机制。SIRS 是机体对各种感染或非感染因素所致危重症时全身炎症反应的总称，但目前也有学者认为由于 SIRS 诊断标准存在过于宽泛的原因，导致诊断特异性不高，但本文仍使用 SIRS 的概念（SIRS 临床诊断标准见表 9-1）。细菌、病毒、真菌、立克次体等严重感染和多发性创伤、休克、大手术、急性中毒、急性胰腺炎、烧伤、心肺复苏等非感染性因素是诱发 SIRS 的常见病因。

表 9-1　SIRS 的临床诊断标准

至少出现下列 4 项标准中的 2 项，其中 1 项必须包括体温或白细胞计数异常：

- 中心温度 > 38.5℃ 或 < 36℃
- 心动过速，平均心率大于同年龄组 2 个标准差以上或不可解释的持续性增快超过 0.5 小时（无外界刺激、疼痛刺激或长期使用药物）
- 年龄 < 1 岁出现心动过缓，平均心率小于同年龄组正常值第 10 百分位以下；或不可解释的持续性减慢超过 0.5 小时（无外界迷走神经刺激及先天性心脏病，也未使用 β 受体阻滞剂）
- 呼吸增快，平均呼吸频率大于同年龄组 2 个标准差以上；或因急性病程需机械通气，但无神经肌肉疾病，也与全身麻醉无关
- 白细胞计数升高或下降（非继发于化疗的白细胞减少症）；或未成熟嗜中性粒细胞（杆状核粒细胞）> 10%

［来源：Goldstein B，Giroir B，Randolph A，et al. International pediatric sepsis consensus conference: definitions for sepsis and organ dysfunction in pediatrics. Pediatr Crit Care Med，2005，6（1）：2-8.］

脓毒症、严重脓毒症和脓毒性休克是 MODS 最常见病因。MODS 是严重脓毒症和脓毒性休克高致死率的主要原因；炎症和感染引起 MODS 所致的死亡率可高达 80%，尤其是原发于肺部、胃肠道及中枢神经系统的感染。婴儿 MODS 的常见诱因为感染，如重症肺炎、腹泻伴脱水、中枢神经系统感染等，年长儿的常见病因有重症感染（脓毒症）、创伤、中毒、休克等。

【发病机制】

MODS 的发病机制非常复杂，目前尚未完全阐明，仍存在多种假说。其中炎症反应失控学说、缺血再灌注损伤学说和肠道菌群毒素异位学说得到了较多的公认，而炎症反应失控可能是 MODS 的发生基础。

（一）炎症反应失控学说

该学说认为各种诱因引起的 SIRS 是 MODS 发生的根本原因，过度的炎症反应贯穿于 MODS 发生的整个过程。

正常情况下，机体受到各种刺激（如细菌或内毒素）后，动员防御机制，诱导炎性细胞向局部聚集，清除病原微生物，促进组织修复，保护机体。如机体受到严重感染、休克、创伤或大手术等严重打击，即产生复杂的防御反应和应激反应，单核 - 巨噬细胞系统活化并过度表达，产生和释放大量炎症介质，进入体循环，发生 SIRS，进而发生炎症级联瀑布效应（cascade effect）；同时，机体针对 SIRS 发生抗炎反应。当炎症反应占优时表现为 SIRS；当抗炎反应占优时，免疫功能受抑，机体的感染易感性增加，发生代偿性抗炎症反应综合征（compensatory antiinflammatory response syndrome，CARS）；有的患者可出现两者并存的混合拮抗反应综合征（mixed antagonistic response syndrome，MARS），SIRS 与 CARS 相互作用、彼此加强，最终造成更具损伤的免疫失衡。无论 SIRS 和 CARS 谁占优，均可致 MODS。SIRS 和 CARS 引起 MODS 的发生发展过程分三个阶段：①局限性炎症反应阶段，发生于损伤或感染局部，局部释放炎症介质，诱导炎症细胞聚集，清除异物，促进组织修复，对机体发挥保护作用。②有限全身炎症反应阶段，原发损伤过强，炎症介质进入血液循环发生 SIRS，巨噬细胞和血小板等聚集；内源性抗炎介质释放增加引起 CARS，SIRS 与 CARS 处于相对平衡，此时的炎症反应仍为生理性，可增强局部防御作用。③失控性炎症反应阶段，即 SIRS 和 CARS 失衡，表现为两个极端：一方面大量炎症介质释放入循环，刺激更多的炎症介质呈瀑布样释放，内源性抗炎介质不足以抵销其效应，发生 SIRS；另一方面，内源性抗炎

介质释放过多引起 CARS，免疫受抑制，容易发生感染。因此，MODS 不是细菌和毒素直接作用的结果，而是 SIRS 和 CARS 失衡、炎症反应失控的结果。

（二）氧供与氧耗失衡学说

氧供（oxygen delivery，DO_2）表示代谢增强或灌注不足时血液循环的代偿能力。氧耗（oxygen consumptin，VO_2）表示组织耗氧量，是检测患者高代谢率的可靠指标。生理条件下，氧的动力学为非氧供依赖性 VO_2，即血液通过组织时，主要依靠增加氧摄取来代偿。在病理条件下，如休克、严重感染、SIRS、ARDS 等，由于机体呈高代谢、失代偿状态，微循环及线粒体功能障碍，组织细胞摄取和利用氧发生障碍而出现缺氧，氧利用障碍成为 SIRS 向 MODS 转变的标志。其机制为：①微血管自主调节能力丧失，DO_2 与 VO_2 不匹配；②微血栓使有效毛细血管数量减少；③组织水肿使氧进入细胞内的距离增大、时间延长。MODS 发生时，机体呈高代谢状态，VO_2 随 DO_2 的升高而升高，但 DO_2 不能满足机体需要，导致组织灌注不足，氧运输和氧摄取障碍，此时即使 DO_2 正常或增加，仍然发生氧供依赖性 VO_2。

（三）再灌注损伤学说

再灌注损伤在 MODS 的发生发展中起着重要作用。MODS 发生时，机体的组织器官发生微循环障碍，血流灌注减少，发生缺血损伤，但因此引起的再灌注损伤对组织细胞的损害程度远大于缺血本身。缺血 - 再灌注损伤的发生过程中会产生大量的细胞因子、炎性介质等，参与并加重微循环障碍，促进 MODS 的发生发展；中性粒细胞趋化至缺血部位，进一步损伤血管内皮细胞，引起出血、水肿并形成微血栓；两者之间的相互作用可逐级放大，发生级联反应，最终导致炎性反应激活，引起组织器官受损。缺血使细胞膜受损，钙离子内流，激活细胞内蛋白酶，黄嘌呤脱氢酶转变为黄嘌呤氧化酶；再灌注启动后，黄嘌呤氧化酶在有氧情况下使次黄嘌呤在向尿酸转变时生成超氧阴离子，故缺血后再灌注可引起大量氧自由基产生和释放；氧自由基释放后，可激活补体、中性粒细胞和单核 - 巨噬细胞，释放更多的氧自由基，而这些氧自由基又可重新损伤内皮细胞。内皮细胞损伤后使毛细血管通透性增高，生成并释放大量炎性介质，血管舒缩功能异常，凝血功能障碍，抗凝与促凝系统失衡，形成微血栓；血管内皮损伤后黏附分子表达上调，与中性粒细胞相互作用而诱导细胞间的黏附，进一步促进炎症反应并损伤细胞。即缺血 - 再灌注损伤产生并释放大量自由基，中性粒细胞与内皮细胞相互作用后加重细胞损伤，促进炎性介质释放并发生级联瀑布效应，最终导致组织和器官受损发生 MODS。

（四）肠道细菌移位学说

肠道是机体最大的细菌和内毒素贮存库，是炎性介质的扩增器和 SIRS 的枢纽器官。肠道细菌移位是指由于严重感染、长期使用广谱抗生素、长期禁食、缺血缺氧、胃肠道黏膜损害等使肠道屏障功能受损、免疫功能受抑制，细菌通过破损的黏膜屏障移位到肠系膜淋巴结和其他远隔器官聚集并繁殖，细菌毒素和炎性介质进入循环。肠道屏障被破坏、肠道内细菌和（或）内毒素移位所引起的肠源性感染可能是那些无明确感染灶的重症患者发生 MODS 的重要原因。肠黏膜缺血、再灌注损伤及肠道营养障碍等所引起的肠黏膜屏障功能受损是发生细菌和内毒素移位的病理基础。肠道还可产生大量的炎性介质；因此，肠道不仅是 MODS 发生过程中的受损器官，同时还是炎症细胞激活、炎性介质释放的重要场地，对启动和促进 MODS 的发生发展起着重要作用。

（五）细胞凋亡学说

细胞凋亡和坏死是细胞死亡的两种基本方式。坏死是细胞被动死亡，细胞坏死后破裂，释放内容物引起机体炎症反应。凋亡是细胞主动死亡，是清除受损和突变细胞并维护自身稳定的重要机制；细胞凋亡的诱导因素启动凋亡程序；凋亡过程不引起机体的炎症反应。MODS 中，细胞凋亡的发生和结束较早，细胞凋亡峰多在细胞坏死峰之前发生。损伤较轻时，凋亡较坏死所占比例大；但如果细胞凋亡程序被过度激活，凋亡细胞过多或清除障碍，可发生继发性坏死；若因各种因素导致细胞凋亡延迟或抑制，可发生细胞坏死而引起炎症反应。脏器血管内皮细胞凋亡增加，微血管通透性增加、炎性细胞聚集、炎症反应加重；肠、肝、心、肾等实质器官凋亡细胞的显著增加，可直接发生器官功能障碍甚至衰竭；胸腺细胞、淋巴细胞等凋亡增加可导致免疫功能低下，对细菌内毒素等易感性增加。

（六）二次打击学说

1992 年，Deitch 提出了二次打击学说。即部分患者表现为一次打击型，严重的损伤引起 SIRS 失控后，迅速发展为 MODS。一部分患者则在首次打击后，激活 SIRS，启动 CARS，提高了组织和细胞对损伤因素的敏感性；如果病情恶化或出现继发感染等，机体受到第二次打击，此次打击的强度可能不及第一次打击，但因破坏了 SIRS 和 CARS 之间的平衡，则发展成 MODS。危重患者可能遭受二次或更多次打击，炎症反应放大失控，很快进入 MODS。我国的胡森、盛志勇等提出了 MODS 发病过程的"双相预激学说"，即创伤后 MODS 发病经历了两次打击和（或）应激过程：缺血—再灌注损伤和失控的炎症反应；首次打击造成的直接器官损伤并非真正意义的 MODS，但由此引起的炎性细胞活化、肠屏障损害、坏死组织残留、体内抗炎机制削弱及过度应激反应等为失控的 SIRS 提供持续刺激，为第二次打击导致的器官衰竭起着预激作用。

以上各种学说之间相互关联、相互重叠。感染、坏死组织的存在（炎症反应）或休克（氧供不足）可直接破坏机体内环境的稳定，肠道屏障功能受损，肠道菌群和（或）内毒素异位，激活单核 - 巨噬细胞系统，产生和释放多种体液介质和炎性因子，器官供血不足，后两者反过来又损伤肠道黏膜屏障，直接或间接引起 MODS。当凋亡程序被激活，凋亡细胞过多或清除延迟，可释放细胞因子引起炎症反应，导致 MODS。多数情况下机体将经历两次打击和（或）应激过程，破坏 SIRS 和 CARS 间的平衡，无论 SIRS 和 CARS 孰优孰劣，均会因炎症反应失控或免疫受抑发生 MODS。因此，各种学说几乎最后都会归结到炎症反应上，是各种细胞因子和炎性介质作用的结果。

MODS 受累系统器官及特点

儿童作为特殊群体，MODS 的发生、发展具有年龄特点。年龄越小，MODS 发生率越高，病情进展越快。在 MODS 的进程中，系统或器官功能障碍的顺序常有一定的规律性，受累脏器越多，病死率越高，MODS 累及 4 个以上器官时，几乎 100% 死亡。婴儿的器官功能障碍发生较早；由于其脏器功能发育不完善，代偿能力不全，多起病急，心肺可同时受累，甚至反流误吸等引起的缺氧窒息也可导致 MODS。肺部和消化道是年长儿常见的受累脏器。

1. **肺**　肺几乎是 MODS 中最早遭受打击的靶器官，也是临床观察到的衰竭发生率最高的器官。MODS 常首先表现为急性肺损伤，出现以进行性低氧血症和呼吸窘迫为特征的 ARDS。

2. **胃肠道**　上消化道的细菌增生可能误吸入肺，引起吸入性肺炎或医源性肺炎；严重脓毒症和脓毒性休克可引起麻痹性肠梗阻；一些医源性因素如麻醉药、肌松药等还可进一步影响胃肠道动力。胃肠道受累的常见表现为喂养不耐受，消化道出血或应激性溃疡，腹胀，严重时可发生腹腔间隙综合征。

3. **心血管系统** 长时间组织缺氧,细菌毒素和各种炎症介质导致心功能障碍。休克时产生的心肌抑制因子是急性心力衰竭的重要原因。心功能障碍的主要表现为心肌收缩力减弱、心排血量和心脏指数降低、肺动脉楔压增高、心肌同工酶升高,严重者可出现心力衰竭甚至心源性休克。

4. **肾** 肾小管坏死是急性肾功能障碍的主要原因。发生脓毒症时,多因素使有效循环容量减少,引起急性肾小管坏死;炎性介质及免疫复合物沉积可导致肾功能不全。患儿表现为少尿或无尿、血肌酐升高、肌酐清除率下降、氮质血症、电解质紊乱等。

5. **肝** 细菌毒素可直接损害肝细胞;合并脓毒性休克时,缺血、缺氧和毒素等可导致肝血供持续性减少,引起肝功能不全,表现为血清胆红素和肝转氨酶升高,凝血功能障碍,毒物清除功能障碍,严重时可出现肝性脑病。肝功能障碍还可导致代谢异常,如糖代谢异常出现低血糖等;产生能量的氨基酸脱氨基化作用障碍,糖类及脂类向能量转变障碍,去除氨的尿素生成能力下降,血浆蛋白合成减少,产生 ATP 的脂肪酸氧化过快导致酮体增加、解毒能力下降。

6. **中枢神经系统** 中枢神经系统功能障碍主要系体循环低血压导致脑灌注压降低引起脑血流量减少,以及炎性介质和毒性介质作用所致。患儿可表现为意识障碍、惊厥、体温不稳定、血管张力改变、血压和心率波动,甚至脑疝;还可伴有周围神经病变,出现运动及感觉障碍。

7. **血液系统** 发生脓毒症时,由于蛋白 C、抗凝血酶Ⅲ及组织因子抑制剂的减少,血管内皮细胞受损,血小板破坏等,引起凝血功能障碍。PT 和(或)APTT 升高,或血小板轻度降低是最常见的血液系统改变,严重时可发生 DIC 及急性贫血危象。

二、诊断

小儿 MODS 的诊断包括存在严重感染、缺氧休克、中毒、创伤等急性致病因素,24 小时后出现序贯性脏器功能障碍。小儿 MODS 器官功能障碍诊断标准见表 9-2。

表 9-2　器官功能障碍标准

心血管功能障碍

1 小时内静脉输注等张液体≥40ml/kg 仍有:
- 血压下降且小于该年龄组正常值 5 百分位或收缩压小于该年龄组正常值 2 个标准差以下
- 或需用血管活性药物才能维持血压于正常范围[多巴胺 >5μg/(kg·min)]或任何剂量的多巴酚丁胺、肾上腺素、去甲肾上腺素
- 具备下列中的 2 项:
  不可解释的代谢性酸中毒:碱缺失 >5mEq/L
  动脉血乳酸增加:为正常上限的 2 倍以上
  无尿:尿量 <0.5ml/(kg·h)
  毛细血管再充盈时间延长:>5 秒
  中心与外周温差 >3℃

呼吸

- $PaO_2/FiO_2 \leqslant 300mmHg$,无发绀型先天性心脏病,发病前也无肺部疾病
- $PaCO_2 > 65mmHg$ 或超过基线 20mmHg 以上
- 需要 $FiO_2 \geqslant 0.5$ 才能维持血氧饱和度≥92%
- 需紧急有创或无创机械通气

神经

- Glasgow 昏迷评分≤11 分
- 或意识状态急性改变伴 Glasgow 昏迷评分较基线下降≥3 分

血液

- 血小板计数＜80×10^9/L
- 或在过去 3 天内从最高值下降 50%（适用于慢性血液病或肿瘤患儿）
- 国际标准化比值 INR＞2

肾

- 血清肌酐为各年龄组正常值的 2 倍及以上,或较基础值增加 2 倍

肝

- 血清总胆红素≥4mg/dl（不适用于新生儿）
- 血清 ALT 为同年龄正常值上限 2 倍及以上

　　[来源: Goldstein B, Giroir B, Randolph A, et al. International pediatric sepsis consensus conference: definitions for sepsis and organ dysfunction in pediatrics. Pediatr Crit Care Med, 2005, 6(1): 2-8.]

三、治疗决策

　　MODS 病因复杂,各器官相互关联相互促进,可互为因果,治疗时矛盾重重,难于取舍。必须采取综合和序贯治疗,防止医疗过度干预,尽力避免或减少治疗对其他脏器的影响,以免医源性因素成为 MODS 发生的推动力。治疗关键在于早诊断,及时合理治疗;治疗过程中,需不断评估脏器功能,包括已出现功能障碍的、功能尚处于代偿状态的及功能正常的脏器,根据病情及时调整治疗方案。

　　总的治疗原则:提高监测水平,早发现、早干预;积极治疗原发病,去除病因;控制感染,合理使用抗生素,彻底清除感染灶;积极液体复苏,合理应用血管活性药,减轻系统、器官的二次打击,切断恶性循环;尽快恢复肠道屏障功能,减少肠道细菌及毒素移位;纠正组织缺氧,降低氧耗,改善氧输送及组织细胞利用氧的能力;支持保护重要脏器,在治疗同时尽量避免对其他脏器的不良影响;合理免疫调控及支持,清除炎症因子,尽量减轻或阻断炎症反应瀑布效应;维持内环境稳定。

　　1. 一般治疗

　　(1)密切监测:凡危重疾病尤其严重创伤、严重脓毒症、脓毒性休克、各种原因引起的严重缺氧等,均应密切观察和监测。包括一般情况监测和脏器系统功能监测。一般情况监测包括意识、营养状态、血压、心率、心律、脉搏、体温、尿量、血尿便常规、C 反应蛋白、血电解质、血糖、血气分析、心电图等。脏器及系统功能监测包括血流动力学、呼吸功能、凝血功能、肝肾及胃肠功能、神经系统和免疫系统监测等。

　　(2)评价器官功能:了解既往史,尤其对那些存在基础病的患儿,应评估其基础病脏器是否存在功能障碍,如先天性心脏病、营养不良、免疫功能低下等,并予以积极支持。可采用小儿 MODS 的评分方法进行评估,包括儿童死亡危险评分法(pediatric risk of mortality scores, PRISM),儿童死亡指数(pediatric index of mortality, PIM)、儿童逻辑回归器官功能障碍评分法(pediatric logistic organ dysfunction, PELOD)、儿童多脏器功能障碍评分法(pediatric multiple organ dysfunction score, P-MODS)等。这些评分方法与 PICU 患儿的死亡率有较好

相关性，可对患儿的病情进行较为客观的评价并指导治疗。但这些评分系统尚需不断更新，并定期对评分系统本身进行再评估；不主张单一使用某一评分系统，可综合数种评分方法以获得更为准确的信息。

2. 治疗原发病，积极控制感染 原发病的治疗是否积极有效，直接决定 MODS 的预后。感染是 MODS 的主要原因之一，应积极控制感染。早期、足量、合理、静脉应用对病灶具有良好穿透力的广谱抗生素，可联合使用抗生素。证实存在严重脓毒症的患儿应在 1 小时内给予抗生素治疗。在使用抗生素前应留取病原学标本，并根据病原学结果予以针对性治疗；治疗中密切监测感染指标，警惕医院内感染。早期需经验性选择抗生素，可根据感染途径，如呼吸道、神经系统、腹腔内或泌尿道等，以及患儿是社区获得性感染还是医源性感染等分析可能的致病菌，给予足量的、有杀菌能力的抗生素；早期多联合用药，并选择广谱抗生素，然后根据血液、体液或其他感染灶的病原学培养结果及药敏试验，针对性选用抗生素。但如果是外科疾病引起的严重感染，彻底清除坏死组织、引流感染灶至关重要。临床资料证实，外科干预过迟可使治疗效果变差，病死率上升。

需注意的是，在使用有效抗生素的同时，应对肠道厌氧菌进行保护，因为这是有效抑制肠道需氧致病菌黏附黏膜并获取入侵位点的生物学屏障。

3. 脏器功能保护及支持治疗

（1）循环功能：休克是 MODS 常见病因，凡严重感染、休克、创伤均应首先保证充足的有效循环血量，早期纠正血容量不足和微循环障碍是防治 MODS 的重要手段。充分有效的液体复苏可维持脏器灌注，提高氧输送，改善组织缺氧，减少肠黏膜缺氧缺血所引起的细菌和毒素移位。但扩容也需审慎，如心源性休克应在改善心功能基础上慎重补充血容量，不能一味地快速扩容。临床常出现多种休克并存的现象，应抓住主要矛盾，边治疗边调整。在扩容基础上应合理使用血管活性药物。

评估应贯穿于液体复苏的始终，观察指标包括血压、心率、尿量、精神状态、皮肤灌注等，了解患者对液体复苏的耐受情况，随时调整输液量、速度及成分。可放置中心静脉导管，监测 CVP 和 $ScvO_2$，使用有创或无创方法监测心功能。常用的血管活性药物包括多巴胺、多巴酚丁胺、去甲肾上腺素、肾上腺素等。感染性休克的复苏治疗终点为：心率正常，CRT < 2 秒，周围动脉和中心动脉搏动正常且一致，肢端温暖，尿量 > 1ml/（kg·min），意识状态正常。

（2）呼吸功能：ARDS 是 MODS 患者中发生率最高、出现最早的综合征之一。因此，MODS 患儿常早期即需呼吸支持（包括无创和有创呼吸支持）改善通换气功能。在气管插管机械通气时，应密切监测病情，及时调整呼吸机参数，尽量减少呼吸机相关肺损伤的发生；抬高床头 30°～45°，采用肺保护性通气策略，部分患者可予俯卧位通气和肺复张手法；保证在维持可接受的氧合前提下尽可能控制吸入氧浓度；实施允许性高碳酸血症，采用最佳呼气末正压通气（positive end-expiratory pressure，PEEP）防止呼气末肺泡塌陷，改善氧合并尽量减少对循环的影响；加强气道管理及无菌操作，减少呼吸机相关肺炎；情况允许时尽早拔管撤机；对没有组织低灌注的 ARDS 患者可采取保守型液体策略；加强镇静镇痛；对于难治性休克和传统治疗方法无法改善的呼吸衰竭可酌情采用体外膜肺氧合技术（extracorporeal membrane oxygenation，ECMO）。

（3）肾功能：维持有效循环灌注及适宜血压，救治休克和 DIC，避免使用肾毒性药物等是防治肾功能不全的重要措施。少尿期应严格控制入量，防止高钾血症，控制氮质血症和酸中毒。多尿期则需注意营养支持和保持水电解质酸碱平衡。当液体负荷过重时，可予利尿药，酌情予床旁持续血液净化治疗。对血流动力学不稳定、ARDS 患儿也可行床旁持续血液净化治疗，能更好地实现液体管理，维持内环境稳定；还可清除过多的炎性介质；改善脓毒性休克患者的血流动力学，减少血管活性药的用量，降低细胞因子水平，改善器官功能，降低死亡率。

（4）肝功能：积极去除病因，维持有效血容量，纠正低蛋白血症，保证足够的热量摄入。合理使用保肝利胆药物；补充凝血因子，如间断输血浆、凝血酶原复合物等；动态监测凝血功能，尤其是 PT、INR、PT%、APTT 等。根据胃肠耐受情况酌情经胃肠喂养，可口服乳果糖等减少胆红素、氨等毒素的肠肝循环。避免使用肝毒性药物，积极防治低血糖和感染。对于肝衰竭患儿还可人工肝治疗。

（5）中枢神经系统：根据病情使用甘露醇、甘油果糖、呋塞米等减轻脑水肿、降颅压，防治脑疝。积极止惊镇静，降低脑代谢，减轻继发性缺氧对脑的进一步损害。维持足够的平均动脉压以保证脑灌注压，避免血压波动过大导致脑缺血或颅内压急剧增高。酌情使用神经节苷脂等药物改善脑细胞代谢，促进脑细胞功能恢复。

（6）胃肠道：尽早开始肠内营养有利于保证能量和蛋白质充分性、促进肠黏膜上皮及绒毛修复、减轻肠道细菌和毒素移位。胃肠道黏膜损害和应激性溃疡需控制感染，纠正酸中毒，改善局部灌注，酌情禁食、胃肠减压及局部止血，给予 H_2 受体阻滞剂、氢离子泵抑制剂等药物；如大出血应积极外科干预。对于机械通气患儿可预防性使用 H_2 受体阻滞剂或氢离子泵抑制剂。腹胀患儿应去除病因，予胃肠减压等；发生严重腹腔间隙综合征者应积极外科干预。

（7）血液系统：监测凝血功能，及时补充凝血因子，如间断输注血浆、血小板、凝血因子等。

4. 营养支持　代谢紊乱、能量危机是造成 MODS 患儿死亡的重要因素。北京儿童医院最近一项关于 PICU 患儿营养状况的调查显示，脓毒症和严重脓毒症患儿营养不良发生率为38.3%。MODS 时，氨基酸作为能量基质而被代谢，尿氮排出增加，可导致严重蛋白分解，故必须注意能量补给、维持氮平衡，并重视营养成分比例。如病情许可，尽早肠内营养有助于胃肠道功能恢复；病危不能进食时，给予胃肠外营养保证营养成分和热量摄入；注意营养成分的比例，尤其是脂肪乳，应监测血脂、血小板计数。密切监测血糖，控制血糖≤180mg/dl，可酌情给予胰岛素，但需预防低血糖。

5. 免疫调控

（1）糖皮质激素：可通过多种途径减轻过度炎症反应，尤其是对脓毒症患者可能有一定的免疫调控作用。严重脓毒症和脓毒性休克患儿出现液体复苏无效、儿茶酚胺抵抗、怀疑或证实存在绝对肾上腺皮质功能不全时，可使用糖皮质激素。应用原则为小剂量［氢化可的松 $50mg/(m^2 \cdot d)$］，中长疗程，共 5～7 天。激素治疗必须以强有力的抗感染治疗为基础。

（2）丙种球蛋白：大剂量静脉注射丙种球蛋白可能有免疫支持和免疫调控双重作用，但尚无确切证据证实其真正有效。

（3）抗炎症介质治疗：MODS 被认为是一种"介质病"，因此针对潜在的启动细胞因子、炎性介质、增效因子和损伤效应器等治疗可能是治疗方法之一。但临床有效性尚未得到证实，故未在临床广泛应用。

6. 中医药治疗　中医应用清热解毒、通里攻下、活血化瘀等治疗法则，通过清除内毒素、保护肠道屏障、拮抗炎症细胞因子、提高机体免疫力、增加器官功能储备等途径，防治 MODS。

四、常见问题和误区防范

（一）MODS 是由于致病因素直接打击受累脏器后才会发生吗

MODS 指机体受到各种致病因素损害 24 小时后，同时或序贯性出现 2 个或 2 个以上的器官或系统功能障碍甚至衰竭，不能维持稳定内环境的临床综合征。功能障碍的器官无须直接受到损伤或罹病，继发受损脏器是远隔原发损害的。所以 MODS 中功能障碍的器官并未受到直接损伤。

（二）误将直接损伤造成的多个脏器损害诊断为 MODS

MODS 的特点为进行性和序贯性，其诊断有重要的时间间隔，即原发损害与发生 MODS 时至少间隔 24 小时，可历时数天至数周。损伤直接引起多脏器同时受累不属于 MODS 的范畴。此外，临终状态的多脏器功能衰竭及一些综合征，如心脑综合征、肺性脑病、肝肾综合征、慢性脏器功能衰竭失代偿期等也不属于 MODS 范畴。发生 MODS 时，各脏器或系统功能障碍的严重程度不一，可表现为功能不全或衰竭，有（或）无临床症状。病前受损脏器功能基本正常，其功能障碍是可逆的。

五、热点聚焦

SIRS 的诊断标准已经过时了吗

既往的研究发现，至少 30% 的 SIRS 患者存在或即将发展为 Sepsis，由此引起的 MODS 是死亡率显著升高的主要原因。在过去的数年里，SIRS 广泛用于临床试验的纳入诊断标准；然而，围绕其敏感性和特异性的争论一直存在。

Vincent 等认为 SIRS 的诊断标准过于敏感，几乎所有入住 ICU 的患者均符合其标准；当前的定义无法将那些正常有益的宿主反应从引起器官功能障碍的病理性宿主反应中区分出来；很难界定感染在炎症反应中的作用并识别由非炎性损害引起的类似炎症反应。他们认为，Sepsis 的诊断标准中应涵盖器官功能障碍，可将其定义为由感染引起的、可导致一定程度器官功能障碍的全身炎症反应。MacCallum 等对心脏术后患者进行回顾性分析发现，入住 ICU 24 小时内的患者中 96.2% 符合 SIRS 诊断标准中的 2 项，但病死率仅为 2.78%，且对于是否发生 MODS、ICU 住院时间及病死率等并无预测功能；而符合 3～4 项 SIRS 标准的患者的预后预测准确性有所增加，其病死率分别为 4.21% 和 10.2%；如果连续 6 小时判定符合 2 项 SIRS 标准可能对脏器功能不全、病死率和 ICU 住院时间方面有较好的预测功能。因此作者认为，SIRS 的概念对心脏术后患者的评估仍有效，做适当的修正可显著提高其诊断特异性；符合至少 3 项标准，或连续 6 小时评估符合 2 项或 2 项以上标准者，可能提示这类患者存在预后不良；作者建议将这些标准作为心脏术后患者全身炎症反应临床试验的调查工具。

Kaukonen 等对 2000—2013 年期间澳大利亚和新西兰的 172 家 ICU 的数据进行了分析，他们将伴有感染和器官功能衰竭的患者分为两组：符合 2 项或 2 项以上 SIRS 标准组（SIRS 阳性严重脓毒症组）和低于 2 项 SIRS 标准组（SIRS 阴性严重脓毒症组），然后对比两组患者的特征和预后，并分析将 2 项 SIRS 标准作为阈值时的死亡风险情况；结果显示，1 171 797 例患者中，有 109 663 例出现感染和器官功能障碍；其中 96 385 例（87.9%）是 SIRS 阳性严重脓毒症，13 278 例（12.1%）为 SIRS 阴性严重脓毒症；14 年中，两组病死率的变化一致（SIRS 阳性严重脓毒症组从 36.1% 降至 18.3%，SIRS 阴性严重脓毒症组从 27.7% 降至 9.3%，$P < 0.001$），

校正基线值后结果仍一致；在校正分析中发现，每增加 1 项 SIRS 标准，病死率呈线性增加（每增加 1 项标准的 OR 为 1.13，95% 置信区间为 1.11～1.15，$P < 0.001$），而以 2 项 SIRS 标准作为阈值时无任何风险增加；作者认为这项研究提示，必须符合 2 项或 2 项以上 SIRS 标准才能诊断严重脓毒症时，将有相当大一部分存在感染和器官功能障碍的 ICU 患者被除外；而 SIRS 阴性严重脓毒症患者也有较高的病死率。因此作者认为，在过去的十余年里，流行病学数据和变化主要针对 SIRS 阳性严重脓毒症患者，两组患者在相同的条件下呈现不同表型；应该对两项 SIRS 标准作为阈值进行适当调整，寻找新的截点，该研究结果是对 ICU 患者诊断严重脓毒症需符合 2 项或以上 SIRS 标准的敏感性、表面效度和结构效度的挑战。也有学者认为，SIRS 标准虽然特异性不高，但至少是目前为止能够用于床边且简单易行的诊断方法；早期的 SIRS 标准建立在临床表现和生化指标异常的基础之上，几乎可用于所有临床实践活动。

随着定义的进一步细化和调整，理想的 SIRS 标准应在保持其高度敏感性的同时，具有一定程度的特异性，以提高其诊断能力。

（王　荃　钱素云）

第十章

急性中毒

第一节 急性中毒的诊断与治疗

培训目标

1. 掌握儿童中毒的诊断步骤。
2. 掌握儿童中毒治疗的 5 项基本步骤。
3. 熟悉儿童中毒血液净化时机及方法的选择。
4. 熟悉某些中毒特定解毒药的使用方法及注意事项。

一、概述

随着我国经济的快速发展,人民生活水平和公共卫生条件得到很大改善,营养不良和感染性疾病造成的儿童死亡已得到了有效控制,意外伤害成为 0~14 岁儿童死亡的首要原因。儿童常见的意外伤害包括道路交通伤害、溺水、跌伤、中毒和烧烫伤。WHO 全球疾病负担项目数据显示,2004 年急性中毒导致 20 岁以下的儿童和青少年中有 45 000 人死亡,占总中毒死亡病例的 13%。在 15~19 岁年龄组,中毒位于死因排名的第 13 位。16 个中高收入国家的意外伤害流行病学调查显示,在 1~14 岁年龄组,中毒的死因排名位于交通意外、火灾、溺水之后,居第 4 位。

小儿中毒不同于成人。成人的中毒大多与职业有关,慢性中毒居多。小儿的中毒则与周围环境密切相关,以急性中毒为主,1~5 岁年龄段最易发生。据美国 2008 年中毒控制中心协会关于国家中毒数据系统(NPDS)第 26 届年会报道,急性中毒患者中年龄在 20 岁以下者占 65.03%,其中 1~2 岁者占 33.49%;女性略多于男性;位于前 5 位的毒物为镇痛药(13.3%)、化妆品(9.0%)、家用清洁剂(8.6%)、镇静安眠药(6.6%)、玩具等其他混杂物(5.2%);95.58% 的毒物接触发生在家中;经消化道摄入者占 77.7%,呼吸道吸入者占 7.8%;无意接触者占 82.8%,包括意外、误用、食物中毒、职业接触、环境污染;有意接触者占 13.5%,其中自杀占 8.7%。据国内报道,儿童中毒以农药、药物和灭鼠药为主,共占 73.03%;中毒原因以误服误食为主,占 76.13%;病死率达 4.38%,因接触灭鼠药致死者占首位,达到死亡病例的 70.27%;中毒致残率为 6.07%[2]。目前我国尚缺乏有关儿童急性中毒的大规模、多中心调查的流行病学数据。

【小儿易发生急性中毒的原因】

①年幼无知,缺乏生活经验;②婴幼儿往往拿到东西就放入口中;③幼儿期常误将药片当作糖丸;④学龄前期活动范围更广,接触毒物机会增多;⑤青春期儿童情绪不稳定,学习

压力大，自杀发生率有上升趋势。

【小儿中毒方式】

①摄入中毒，最为多见。②接触中毒，小儿皮肤较薄，表面脂质较多，故接触脂溶性毒物易于吸收，发生中毒；眼结膜、鼻黏膜吸收均较快，故新生儿期用药物滴眼或滴鼻都可造成中毒。③吸入中毒，是气体中毒的主要途径。由于肺泡面积大、吸收快，故多为急性中毒。④注入中毒，包括误注射药物、蜇伤、咬伤中毒。⑤直肠吸收，在小儿常由灌肠引起。

【毒物在人体内的分布】

主要在体液和组织中。影响分布的因素有：①毒物与血浆蛋白的结合力。②毒物与组织的亲和力。③毒物通过血-脑屏障、胎盘屏障的能力，如儿童易患铅性脑病；吗啡对新生儿的毒性也比成人大3~10倍。

【毒物在人体内的代谢、转化】

肝是毒物在人体内转化的主要场所，其他如肾、胃、肠、心、脑、脾、肺及各组织的网状内皮细胞也进行代谢转化。

毒物的排泄：①经肾排泄，即通过肾小球滤过和肾小管分泌。毒物经肾小球滤过后，在肾小管内或被重吸收，或经尿液排泄。后者与 pH 有关，一般碱性物质在酸性尿中易被排泄，反之亦然。如苯巴比妥中毒时，可口服碳酸氢钠，使尿呈碱性，以加速其经肾排泄。②经胆道排泄，经胃肠道吸收的毒物先经门静脉系统进入肝，在肝内转化后，其代谢产物或毒物本身由肝细胞分泌入胆汁，再进入肠内被排泄。一部分毒物在肠内可被再吸收形成肝肠循环，导致从体内延缓排泄。③其他排泄途径，小肠和大肠的黏膜可排出一些重金属及生物碱。小量毒物可经汗腺、唾液腺排至体外，有害气体则经肺排出，有些毒物还可分泌至乳汁中而引起婴儿中毒。

【中毒的机制】

①干扰酶系统：毒物通过抑制酶系统，与酶的辅因子或辅基相反应或相竞争，夺取酶功能所必需的金属激活剂，生成配位化合物。②阻抑血红蛋白的携氧功能。③变态反应：由抗原抗体作用在体内激发各种异常的免疫反应。④直接化学性损伤。⑤麻醉作用。⑥干扰细胞膜或细胞器的生理功能。

二、常见中毒综合征的临床表现

常见中毒综合征的临床表现见表 10-1。

表 10-1　常见中毒综合征的临床表现

中毒综合征	临床表现
胆碱能药物（有机磷、氨基甲酸酯、毛果芸香碱）	腹泻、出汗、排尿、瞳孔缩小、心动过速、支气管分泌物、呕吐、流泪、嗜睡、流涎
抗胆碱能药物（抗组胺药、三环抗抑郁药、阿托品、甲磺酸苯扎托品、吩噻嗪类、东莨菪碱、山莨菪碱）	高热、脸红、皮肤干燥、瞳孔散大、谵妄、幻觉、心动过速、尿潴留
拟交感类药物（可卡因、苯丙胺类、麻黄碱、伪麻黄碱）	瞳孔散大、心动过速、高血压、高热、惊厥
阿片类药物（海洛因、吗啡、可待因、美沙酮、芬太尼）	瞳孔缩小、心动过缓、低血压、低通气、昏迷

续表

中毒综合征	临床表现
戒断表现	腹泻、瞳孔散大、鸡皮疙瘩、心动过速、流泪、高血压、打哈欠、痛性痉挛、幻觉、惊厥（乙醇和苯二氮䓬类戒断）
烟碱	瞳孔散大、心动过速、无力、震颤、肌束震颤、惊厥、嗜睡

三、急性中毒的诊断

急性中毒的诊断又易又难。患儿或家长如能告知中毒经过，则诊断极易；否则，由于中毒种类极多，症状与体征往往缺乏特异表现，加上小儿不会陈述病情，诊断有时极为困难。遇有下列情况当疑及中毒：①集体同时或先后发病，症状相似的患者。②临床遇到病史不明，症状与体征不符，或各种病象不能用一种病解释的患者。③起病急骤，突然出现多器官受累或意识明显变化而诊断不明者。④患者经过"认为是有效治疗"而收不到应有效果时。⑤患者具有某种中毒的迹象。⑥有自杀动机或既往有自杀史，或家长曾训斥患儿。

中毒的诊断步骤：对疑为中毒的患儿，按以下步骤进行诊断，多数中毒患儿经过详细询问病史、认真体格检查及必要的实验室检查即可确立诊断，还有少部分中毒患儿需做毒物筛查、综合分析，有时需做现场调查方能明确诊断。

【病史】

病史是判断急性中毒的首要环节。详细询问患儿发病经过，有无毒物接触史，包括病前饮食内容，生活情况，活动范围，家长职业，环境中有无有害物品，特别是杀虫药、毒鼠药，家中有无慢性病患者长期服药，经常接触哪些人，同伴小儿是否同时患病等。对于明确中毒的患儿，应取得毒物名称、产品或药品说明，用量及经历时间，发现中毒后经过的处理。口服中毒者应询问是否发生过呕吐、呕吐距服毒时间、呕吐量等，用以估计毒物存留、吸收和排泄情况。对疑似中毒的大龄儿童，需注意患儿可能隐藏病史，或服用多种药物时只说一种，同时提醒家长寻找有无自杀便条。

【体格检查】

体检时要注意有诊断意义的中毒特征（表10-2），同时还需留心衣服或皮肤上是否有毒物，口袋中是否留有毒物。认识某些常见的中毒综合征（表10-1），有助于将怀疑范围逐步缩小并及时给予针对性治疗。

表10-2　有诊断意义的中毒征象

临床表现	常见中毒种类
生命体征	
心动过速	抗胆碱能药、拟交感神经药物（可卡因、咖啡因）、抗组胺药、苯丙胺类、酒精、茶碱、三环类抗抑郁药、甲状腺激素
心动过缓	洋地黄、镇静催眠药、β受体阻滞剂、钙离子通道阻滞剂、麻醉药、抗胆碱酯酶和拟胆碱药、可乐定、夹竹桃、蟾蜍、锑、奎宁、钡剂
心律失常	抗胆碱能、三环类抗抑郁药、有机磷、吩噻嗪类、地高辛、β受体阻滞剂、一氧化碳、氰化物、茶碱
呼吸增快	苯丙胺类、百草枯、肺炎（化学性）、水杨酸盐、一氧化碳
肺水肿	有机磷、麻醉药、水杨酸盐、安宁、苯巴比妥、毒蕈、百草枯、吸入、淹溺

临床表现	常见中毒种类
呼吸减慢	镇静催眠药、巴比妥类、酒精、阿片类药物、大麻
呼吸停止	肉毒中毒、有机磷及任何可引起呼吸减慢的药物（见上）
喘鸣	有机磷和碳氢化合物
体温升高	抗胆碱能药、拟交感药物、抗组胺药、三环类抗抑郁药物、吩噻嗪类、可卡因、苯丙胺类、水杨酸盐、尼古丁、茶碱
体温降低	镇静催眠药、一氧化碳、酒精、酚噻嗪类、三环类抗抑郁药、可乐定、口服降糖药、胰岛素
高血压	拟交感药物、抗胆碱能药、苯丙胺类、可卡因、咖啡因、茶碱、甲状腺激素
低血压	镇静催眠药、麻醉药、三环类抗抑郁药、吩噻嗪类、可乐定、β受体阻滞剂、钙离子通道阻滞药、灭鼠剂（含砷、氰化物）、
神经系统检查	
昏迷	麻醉药、镇静催眠药、巴比妥类、酒精、一氧化碳、三环类抗抑郁药、抗胆碱能药、有机磷
共济失调	苯妥英、苯二氮䓬、有机溶剂、乙醇和巴比妥盐
惊厥	氟乙酸钠、氟乙酰胺、有机磷、抗组胺药、三环类抗抑郁药、吩噻嗪、可卡因、苯丙胺类、茶碱、樟脑、铅、水杨酸类、异烟肼、丙氧芬、士的宁
肌肉震颤、抽动	有机磷、滴滴涕、氯丹、钡、汞、烟碱、异烟肼、巴比妥类
肌肉麻痹	有机磷、氨甲酸酯类、肉毒杆菌、河豚、蛇咬、野芹、钩吻、乌头
幻视、幻听、乱语、癫狂	抗胆碱能、氯丙嗪、异丙嗪、毒蕈、酒精、樟脑、大麻等
张力障碍反应（眼球转动危象）	吩噻嗪、甲氧氯普胺和氟哌啶醇
眼	
瞳孔缩小	镇静催眠药、巴比妥类、麻醉药（哌替啶除外）、酚噻嗪类、有机磷、氨基甲酸酯、毛果芸香碱、毒蕈
瞳孔扩大	拟交感药物、抗胆碱能药、可卡因、苯丙胺类、甲醇、铅、氨茶碱
眼球震颤	苯妥英、巴比妥类、卡马西平、乙醇、格鲁米特、苯丙胺类、一氧化碳
失明	奎宁、甲醇、一氧化碳、氯仿
色视	山道年、洋地黄、大麻
皮肤、毛发	
皮肤干热	抗胆碱能药、抗组胺药、磷化锌
出汗	有机磷、拟交感神经药、苯丙胺类、可卡因、巴比妥类、毒蕈、砷、汞、野芹、666、氯丹、水杨酸盐、吡唑酮类、
大疱	巴比妥类和其他镇静催眠药、咬伤（蛇和蜘蛛）
充血或潮红	抗胆碱能、醇类、烟酸、甲状腺及血管扩张药
口唇和面颊樱桃红	一氧化碳、氰化物等
发绀而无明显呼吸困难（吸氧无效）	高铁血红蛋白血症：亚硝酸盐、吡唑酮类、苯胺染料、磺胺类、非那西丁、氨苯砜等；硫血红蛋白血症：含硫化合物
呼吸困难而无明显发绀	一氧化碳、氰苷及氰酸、砷、汞
痤疮样皮疹	溴化物、氯代芳香族碳氢化合物

临床表现	常见中毒种类
脱发	铊、砷、麦角、环磷酰胺
见光部位水肿	植物日光性皮炎
肠道	
肠梗阻	抗胆碱能药物和麻醉药
剧烈呕吐	茶碱、腐蚀剂、氟化物、水杨酸盐、铁剂和食物中毒
尿潴留	抗胆碱能药物
呼吸气味	
水果味	丙酮、甲醇、异丙醇、水杨酸盐、亚硝酸异戊酯
杏仁味	含氰苷及氰酸类
大蒜味	无机磷、有机磷、砷、硒、碲、铊等
硫臭(臭鸡蛋味)	含硫化合物
异味	煤油、酒精、碳酸、煤酚(来苏儿)、烟草、有机氯、氨水、乙醚等

【辅助检查和实验室检查】

1. **血清浓度** 对有明确或已确定有可能为某种特殊毒物,应测其血浓度。

2. **其他血液检查** 严重中毒患儿应采血检查全血细胞计数、凝血酶原时间、血电解质、BUN、肌酐、血糖、血气分析和血清渗透压。

(1)计算阴离子间隙:阴离子间隙 $= Na^+ - (Cl^- + HCO_3^-)$,正常范围 $8 \sim 12mEq/L$。阴离子间隙增大的代谢性酸中毒包括以下疾病或中毒,可简单记为"MUD PILES":甲醇(methanol)、尿毒症(uremia)、糖尿病酮症酸中毒(diabetic ketoacidosis)、副醛(paraldehydes)、铁剂(iron)、异烟肼(isoniazid)、乳酸酸中毒(lactic acidosis)、乙醇(ethanol)、乙二醇(ethylene glycol)和水杨酸盐(salicylates)。

(2)血气分析能提供患儿酸碱平衡状态的重要信息,如急性水杨酸盐中毒时出现的呼吸性碱中毒和代谢性酸中毒等。

(3)先以公式得出计算渗透压($2 \times Na +$ 血糖 $/18 + BUN/2.8$),然后以测定渗透压 - 计算渗透压得出渗透压差(正常值 <10),若渗透压差超过正常值,提示甲醇、乙二醇、糖尿病酮症酸中毒(丙酮)、异丙醇、乙醇等中毒。

3. **毒物筛查** 对怀疑中毒患儿,可留血液、呕吐物、灌洗液和尿标本作毒物筛查。由于毒物代谢产物在吸收后 $48 \sim 72$ 小时持续从尿液排出,送检尿液做毒物筛查更有价值。目前多数地区设毒物筛查中心,有些地区可借助公安局毒物鉴定部门进行毒物检测和鉴定。应注意毒物筛查并非万能,亦可出现假阳性及假阴性(药物半衰期短且未及时送检标本),应结合临床综合分析。在缺乏条件时,某些简单的化验可帮助判定毒物(表10-3)。

表 10-3　几种中毒的简单化验

中毒类型	方法
一氧化碳	取血数滴加入水中呈红色(正常黄色) 取血数滴加入水 10ml 加 10% NaOH 数滴呈粉红色(正常绿棕色)
变性血红蛋白	取血呈暗红色,放于空气中,15 分钟不变色,5～6 小时后变鲜红色(正常 15 分钟变为鲜红色,用氧气吹变色更快)。硫血红蛋白 5～6 小时后仍不变色

中毒类型	方法
无机磷	尿或呕吐物放置黑暗处有荧光
碘	呕吐物加淀粉变为蓝色
曼陀罗，阿托品	尿滴猫眼能散瞳
有机磷	血液胆碱酯酶活性减低
砷、汞	呕吐物 10ml 或含毒食物 10g 加 6% 盐酸 50ml 煮沸数分钟，加铜片 1～2 片再煮 15 分钟，铜片未变色为无毒，变灰黑色为砷，变银白色为汞
铅	血涂片有点彩红细胞，尿卟啉阳性
水杨酸盐	吐物或尿放在试管中煮沸加酸，然后加数滴 10% 三氯化铁变为红葡萄酒色
氯丙嗪	取尿液 1ml，加浓磷酸 4ml 轻轻摇匀，集成显紫色
吗啡	取少许残渣置于白磁板上，加浓硝酸 2 滴即出现红色，随即变为红黄色
亚硝酸盐	取一滴检液，置白磁板上，加联苯胺冰醋酸饱和液 1 滴即出现棕红色

4. X 线检查 对伴有呼吸窘迫的患儿应拍 X 线胸片以观察是否有吸入性肺炎或肺水肿。以下毒物 X 线不透光，可通过腹部 X 线检查发现：水合氯醛、一些含铁制剂、重金属（铅、砷、汞）、酚噻嗪、碘化物、缓释或肠溶剂型药物。

【现场调查】

当患儿临床上难以找到诊断依据时，现场流行病学调查十分必要，尤其是群体发病时。例如通过对患儿生活、学习的地方及中毒地点进行仔细调查，寻找有无可疑的化学品、环境中有无造成中毒的物理化学特征等。

【诊断性治疗】

当临床怀疑某种毒物中毒，但问不出病史或毒物筛查尚未得出结论前，可针对该毒物选择不良反应较小的特效解毒剂进行试验性治疗，通过治疗效果，进一步验证或否定该诊断。

四、急性中毒的治疗

儿童急性中毒的治疗强调综合处理，一般分为五个步骤：①稳定生命体征；②尽快清除未被吸收的毒物；③防止毒物吸收；④促使已经吸收的毒物解毒和排泄；⑤对症治疗。治疗时应根据每个的具体情况，灵活安排治疗次序。急性中毒的治疗原则是：抢救分秒必争，诊断未明以前积极稳定生命体征和脏器功能，诊断一旦明确，尽快应用特效解毒剂。

（一）一般急救处理

【生命体征的稳定】

1. 一般原则 无论是接触还是摄入毒物，对危重患儿都应立即按以下 ABC 步骤进行复苏治疗。复苏措施最好在解毒或洗胃治疗之前实施。

（1）气道和呼吸（airway and breathing）：对中毒患儿首要的救护措施是建立良好气道和足够的通气。如果出现气道梗阻或呼吸衰竭，行气管插管（最好使用带有气囊的插管）并实施机械通气。

（2）循环（circulation）：如果出现循环灌注不良或循环衰竭，应静脉输入 20ml/kg 的生理盐水，可重复使用直到患儿病情稳定，必要时使用血管活性药。

2. 昏睡患儿 除上述一般原则，对昏睡患儿还应采取以下措施。

（1）建立静脉通道，采血测血糖，若存在低血糖，按 0.5～1.0g/kg 静脉给予葡萄糖。如有效，再以葡萄糖溶液持续静脉滴注。

（2）纳洛酮：除葡萄糖外，对怀疑阿片类中毒患儿，可考虑纳洛酮静脉推注（<20kg 按 0.1mg/kg；>20kg 按 2mg）。若无效，每 2～5 分钟可重复使用，总量不超过 10mg，若无反应，则诊断可能有误。如需反复使用纳洛酮，可按 5～20μg/（kg·h）持续静脉滴注，根据患儿反应调节剂量。

（3）实施心电监测，并做心电图检查确定是否有心律失常。

（4）对血、尿和最初的胃内容物作毒物分析，并采血测血气、血电解质、血糖、血氨、肝肾和凝血功能。

（5）应考虑其他可能导致昏迷的原因：如外伤、中枢神经系统感染、缺氧缺血性损伤和瑞氏综合征。

【清除未被吸收的毒物】

1. 对接触中毒的处理 应立即脱去污染的衣服，用肥皂和清水清洗被污染的皮肤，特别注意毛发及指甲部位。对不溶于水的毒物可用适当溶剂清洗，也可用适当的拮抗剂或解毒剂冲洗（表 10-4）。但强酸、强碱等腐蚀性毒物忌用中和剂，因为化学反应可加重损伤。对于深入皮肤或黏膜的毒物颗粒，应该完全清除。毒物溅入眼内，应以室温生理盐水或清水冲洗至少 5 分钟，然后送眼科处理。

表 10-4　毒物局部拮抗剂及其应用

毒物	局部拮抗剂	作用性质
腐蚀性酸	弱碱（如 4% 氧化镁、氢氧化镁、石灰水上清液），牛奶、豆浆，蛋清	中和作用
腐蚀性碱	弱酸（如稀醋，1% 醋酸），果汁，橘子汁，牛奶，豆浆，蛋清	中和作用
生物碱类	1∶5000 高锰酸钾液洗胃	氧化作用
砷	2% 碳酸氢钠液洗胃	沉淀作用
	活性炭	吸附作用
	硫代硫酸钠 2～10g	形成硫化物
	豆浆，牛奶，蛋清	沉淀作用
	12% 的硫酸亚铁，20% 的氧化镁等量混合液	形成不溶解的砷酸铁
汞	牛奶，豆浆，蛋清	沉淀作用
	2% 碳酸氢钠洗胃	
	5% 甲醛次硫酸钠洗胃	
	硫代硫酸钠 5～10g	
铅	硫酸钠或硫酸镁	沉淀为硫酸铅
无机磷	2% 硫酸铜洗胃	沉淀为磷化铜
	1∶5000 高锰酸钾液洗胃	氧化作用
	3% 过氧化氢溶液洗胃	氧化作用
钡盐	2%～5% 硫酸钠或硫酸镁溶液	沉淀成硫酸钡
含氰化物	硫代硫酸钠 5～10g	形成无毒硫氰化物
铁	碳酸氢钠	生成碳酸亚铁
	去铁敏 5～10g	生成络合物
氰化物或草酸盐	牛奶，石灰水上清液，1% 乳酸钙或葡萄糖酸钙或氯化钙等	生成氟化钙或草酸钙

毒物	局部拮抗剂	作用性质
甲醛	0.1 氨水，1% 碳酸铵或醋酸胺	生成无毒物
石碳酸	植物油	延缓吸收
碘	1%～10% 面糊或米汤	使无活性
高锰酸钾	维生素 C	还原作用
不明性质毒物及其他	活性炭成人 30～50g 加于 250～500ml 水中，制成糊状，儿童 10～30g 加于 100～300ml 水中，制成糊状	吸附多种毒物

2. 对吸入中毒的处理　应立即移离有毒场所，呼吸新鲜空气，保持气道通畅，必要时吸氧或进行人工通气。

3. 对口服中毒的处理　对于经口中毒者，摄入毒物 1 小时内胃清除是最有效的，之后清除效果减低。在有效时间采用催吐、洗胃、导泻或洗肠，以清除毒物。

（1）催吐：是排除胃内毒物最简便的方法。下列情况禁用催吐方法：强酸、强碱中毒；汽油、煤油及油脂类毒物；惊厥、昏迷及没有呕吐反射的患儿；麻醉药、镇静药中毒；樟脑、士的宁等易致惊厥的药物中毒；心血管功能不稳定或严重的心血管疾病患儿；6 个月以内的婴儿中毒。催吐的方法有以下两种。

1）刺激引吐：用压舌板、匙柄、筷子、笔杆或手指，刺激咽部和咽后壁，使之呕吐，若食物过稠，可嘱患者喝适量微温清水、盐水或选用的液体，然后再促使呕吐，如此反复行之，直至吐出液变清无味为止。危重患者或年幼小儿往往不合作，可用胃管将水灌入，然后拔出胃管，再行探咽催吐，或不拔胃管径直洗胃。

2）吐根糖浆催吐：由于吐根糖浆可能出现延迟呕吐，清除胃内毒物作用有限；呕吐时间延长会影响活性炭的使用，而活性炭对胃的净化作用优于催吐；有可能带来不必要的不良反应，如吸入肺炎、水电酸碱紊乱、横膈膜破裂、胃破裂、食管黏膜撕裂等，鉴于上述原因美国儿科学会不再推荐使用吐根糖浆抢救中毒，也不再作为家庭中毒治疗的常规措施，而用活性炭替代吐根糖浆治疗摄入中毒患儿。仅在以下情况谨慎考虑使用：家庭用品中毒或摄入相对无毒物质时；服用了活性炭不能吸收的毒物（如铅、铁和锂），且预计到达救援单位需时较长（>1 小时）。该药的口服剂量为：6～12 个月：10ml；1～12 岁：15ml；>12 岁：30ml。服用吐根糖浆后应给 5ml/kg 的液体口服，最大剂量 240ml。1 岁以上患儿，重复使用 1 次比较安全。一般在 20 分钟内可诱发呕吐，最多可清除 1/3 胃内容物。

（2）洗胃（gastric lavage）：洗胃应尽早进行，一般在服毒后 1 小时内最有效。摄入腐蚀性物质或石油馏分时，不能洗胃。毒物性质不明时，一般采用生理盐水洗胃。洗胃液温度 25～37℃，用量按每次 5～10ml/kg，反复多次洗胃直至水清无味为止。

洗胃注意事项：①兴奋剂中毒时，应在用镇静剂后再行洗胃，以免引起惊厥。②昏迷、惊厥或失去咽反射的儿童，洗胃前须插入带气囊的气管导管保证气道通畅。③洗胃时让患者侧卧，头呈稍低位。合作病儿可经口插入大孔胃管，不合作或昏迷患儿可经鼻孔插入。若此时已插有带气囊的气管导管，插胃管前应将气囊放气，以免造成食管损伤。胃管插入后，应确认置于胃内，先尽可能抽出胃内容物，再将洗胃液灌入。④洗胃完毕拔除胃管前，将活性炭、泻剂和解毒剂由胃管灌入。拔胃管时要将胃管上端压紧，以免管内液体外流进入气管。

（3）活性炭（active carbon，AC）：是最常用和最有效的胃肠道净化剂，可吸附毒物，减少毒物的吸收。活性炭应当在毒物摄入后尽早使用，1 小时内作用最大。对中毒病史不明或摄入时间不明确者，活性炭是首选的胃肠道净化方法，即使延迟使用也有效。活性炭对酸、碱、氰化物、碳氢化合物、醇类（甲醇、乙醇、异丙醇）、农药滴滴涕（DDT）、重金属（铅、铁、锂、钾、镁）无效。

活性炭用量与摄入毒物量的比例通常是 10∶1，推荐剂量为 1g/kg（最大量 50g），按 1g 加 10ml 水制成糊状，口服或胃管注入，继续给予泻药导泻。某些药物（表 10-5）可通过多次给予活性炭，提高进入肠肝循环药物的清除，可每 2～4 小时用活性炭 0.5g/kg，在前 2～3 次使用活性炭同时给予小量泻药，以后不用泻药，直至排出有活性炭的大便为止，一般持续 24～48 小时。

活性炭应用注意事项：①不能与吐根糖浆同时使用，若使用吐根糖浆已诱发呕吐，应于 30～60 分钟后给活性炭；②不能在 N- 乙酰半胱氨酸之前使用，因为它可能吸附这类药物并使其失活；③应用 AC 时，需注意保护气道，并除外胃肠道不完整和肠梗阻；④用 AC 加用盐类泻剂应注意电解质平衡。

表 10-5　重复使用活性炭有效的中毒

卡马西平	十氯酮	右丙氧芬
环类抗抑郁药	氨苯砜	地高辛
纳多洛尔	苯巴比妥	水杨酸盐
茶碱	索他洛尔	甲丙氨酯

（4）导泻（purgation）：毒物进入肠道，应服泻药，以使毒物尽快排出。泻药的选择以对胃肠道黏膜刺激性小而能减少毒物吸收者为佳。临床最常用的是硫酸镁或硫酸钠，以 250mg/kg 配成 10% 溶液口服，硫酸钠较硫酸镁安全。25% 山梨醇或 20% 甘露醇 2ml/kg，内服在肠内不吸收，泻下作用甚好。除苯酚中毒外，一般不用油剂导泻，苯酚中毒时，应先服蓖麻油 30～60ml（成人量，小儿酌减），然后再服硫酸钠。

（5）洗肠（enema）：中毒时间稍久（一般超过 4 小时），毒物主要存留在小肠或大肠，而又需尽快清除时，需作洗肠；有些中毒可使肠蠕动减弱，泻药不能发挥很好作用时，也需洗肠。存于小肠的毒物，最好用"Y"形管以大量液体作高位连续灌洗。洗肠液可用温盐水，1% 肥皂水或清水，也可加入活性炭。国外多采用等渗的聚乙二醇电解质溶液，不易产生腹泻或电解质紊乱。对小年龄儿童，剂量 100～200ml/h；青少年，剂量 1～2L/h。灌洗过程是连续的，直至直肠流出的液体清亮为止，需 4～6 小时。灌肠期间记录出入量，并注意电解质平衡。对服腐蚀性毒物者或患儿极度虚弱时，禁忌导泻及洗肠。

【防止毒物吸收】

1. **对皮下、肌内注射中毒或蛇咬、蝎螫中毒的处理**　注射处近心端用止血带结扎，以不让止血带远端的脉搏消失和不让止血带产生搏动感为适度，每 15 分钟放松 1 分钟。若毒物注入不久，可于注入部位注射 1∶1000 肾上腺素 0.3～0.5ml，或局部放置冰袋，以使血管收缩，延缓吸收。若强毒注入，应作切开吸引和冲洗。

2. **对口服中毒的处理**　在催吐、洗胃当中或其后，应给予拮抗剂（见表 10-4）直接与未被吸收的毒物发生作用，以减低毒性或防止吸收。常用的方法有：

（1）中和解毒：强酸中毒可用弱碱（4% 氧化镁、氢氧化镁、石灰水上清液、肥皂水）中和，强碱中毒可用弱酸（1% 醋酸、稀醋、果子水、橘子汁、5% 枸橼酸）中和，以减低或失去毒性。牛奶、豆浆、蛋清也都有中和酸、碱的作用。碳酸氢钠虽为最常见的弱碱，因其与酸作用后产生二氧化碳气体，用于中和胃内强酸腐蚀中毒时，有导致胃穿孔或破裂的危险，故忌用。

（2）氧化解毒：应用氧化剂洗胃，可使多种毒物氧化解毒。如 1∶5000 高锰酸钾溶液可使多种生物碱、有机毒物、无机磷等氧化，0.3% 过氧化氢也有同样作用。

（3）沉淀解毒：牛奶、蛋清及钙剂，能分别与不同毒物发生沉淀作用，从而解毒或延缓吸收。

（4）吸附解毒：最常用的是活性炭，可吸附多种生物碱、药物和化学物质。

（5）转变为无毒化合物：利用毒物的化学性质与另外一种物质转变为无毒的化合物。如砷或氰化物中毒时，用硫代硫酸钠生成无毒的硫砷化物或硫氰化物；氟化物或草酸盐中毒时，应用钙剂使转变为无毒的氟化钙或草酸钙。

（6）保护黏膜，延缓吸收：牛奶、豆浆、蛋清、面糊、米汤、脂肪（油类）等内服后，可以混裹毒物，减少毒物与胃肠黏膜接触，起到保护胃肠黏膜、延缓吸收的作用。选用拮抗剂要根据毒物种类而定（见表 10-4）。豆浆、牛奶、蛋清可作为金属毒物的抗毒剂；活性炭和稀释碘酒对抗生物碱的效果好；硫代硫酸钠能与砷、汞、锑、铅、氰化物等形成无毒的硫化物。对中毒物质不明的患儿可给予 0.45%～0.9% 盐水以稀释毒素。

【促使已吸收的毒物排泄】

毒物吸收后，较多由肝解毒，或由肾随尿排出，或经胆管随粪便排出，少数毒物可由肺脏、汗腺排出。因此，促使毒物排泄多从以下几方面着手。

1. 利尿排毒 补液并使用利尿药清除体内毒物。应用利尿药的先决条件是：毒物必须经肾脏排泄，血液中药物浓度较高，循环和肾功能良好。碱化尿液可促进弱酸性毒物的排泄，如水杨酸盐、苯巴比妥、百草枯等中毒。可用 5% 碳酸氢钠 2～3ml/kg 配成等渗溶液于 1～2 小时内静脉滴注完毕，期间检查尿 pH，维持尿 pH 7.5～8 为标准。

2. 血液净化疗法（blood purification therapy） 自 1955 年 Schreiner 首次报道用血液透析治疗急性水杨酸中毒患者以来，血液净化疗法经过 50 多年的发展，已经成为急性中毒救治的重要手段。血液净化疗法是将人体的血液引出体外，利用吸附、透析、滤过、亲和层析、膜分离等原理，清除血液中异常溶质和代谢产物，然后再将净化后的血液回输体内，其不仅可以从血液中直接而迅速地清除药物或毒物，终止其对器官的毒理作用，同时还有替代重要脏器功能、维持内环境稳定的作用。

【高压氧疗法】

在高压氧情况下，血中氧溶解度增高，氧分压增高，促使氧更易于进入组织细胞中，从而纠正组织缺氧。所以高压氧疗法适用于各种中毒引起的严重缺氧。一氧化碳与氧竞争和血红蛋白结合，前者结合力大于后者 20～30 倍，在一氧化碳中毒时，应用高压氧治疗，可以促使一氧化碳与血红蛋白分离。

（二）对症治疗

对症治疗非常重要，因为中毒患者自身解毒或应用特效药解毒都需要一定时间，而各种严重症状如惊厥、呼吸困难、循环衰竭等，若不及时对症治疗，随时可危及生命，使病人失去解救时机。所以针对症状采取适当对症治疗，是抢救中毒的重要一环。特别是中毒原因不明或没有特效解毒药治疗的情况，有时全靠积极对症治疗，支持患者度过危险期。医护人员必须细致观察，抓住早期症状，及时治疗。

（三）特殊治疗

有些中毒有特效解毒药。对这些中毒，临床上一旦诊断明确，就应尽快应用特效解毒药。表10-6说明了中毒种类和特效解毒药物的名称、用量和用法。

表10-6　常见毒物的解毒剂名称、剂量和用法

中毒种类	有效解毒剂	剂量、用法	不良反应及注意事项
砷、汞、金、锑、铋、铜、铬、镍、钨、锌	二巯基丙醇（BAL）	每次2.5～5mg/kg肌内注射，最初2天每4小时1次，第3天每6小时1次，第4天以后改为12小时1次，7～14天为1个疗程	局部注射部位疼痛，无菌性脓肿，恶心，呕吐，发热，流涎，肾中毒
	二巯基丙磺酸钠	5%溶液每次0.1ml/kg，皮下或肌注，第1天3～4次，第2天2～3次，第3日以后每日1～2次，共3～7天，总剂量30～50ml	可有恶心，心动过速，头晕
	二巯基丁二酸（DMSA）	对酒石酸锑解毒力很强，每次10mg/kg，每8小时口服1次，共5天；然后每12小时口服1次，连服14天，停服2周，33天为1个疗程。根据病情，一般应用2～3个疗程	恶心、呕吐，转氨酶升高，中性粒细胞减少
	硫代硫酸钠	每次10～20mg/kg，配成5%～10%溶液，静脉注射或肌内注射，每日1次，3～5天。或10～20ml口服，每日2次（口服只能作用于胃肠道内未被吸收的毒物）	静注过快，可有血压下降
铅、锰、铀、镭、钒、钴、铁、硒、铜、铬、汞、镉	依地酸二钠钙（CaNa$_2$EDTA）	每次15～25mg/kg，配成0.3%～0.5%溶液静脉滴注，需1小时以上滴完，每日2次，每个疗程不超过5天，疗程间休息2天，总治疗量以患者反应而定	恶心，呕吐，发热，高血压，关节痛，过敏反应，局部炎症及肾中毒
	促排灵（CaNa$_2$DTPA）	每次15～30mg/kg，配成10%～25%溶液肌内注射，或以生理盐水稀释成0.2%～0.5%溶液静脉滴注，每日2次，3天为1个疗程，间隔3天再用第二个疗程	同上
	去铁胺	治疗铁中毒，每次50mg/kg肌内注射，每6小时1次，一次量不超过1～2g，每天总量不超过6g，严重中毒时静脉滴注速度不超过15mg/(kg·h)	低血压（避免输液过快）
	青霉胺	治疗慢性铅、汞中毒，每日100mg/kg，分4次口服，5～7天为1个疗程	个别有发热，皮疹，白细胞减少，口服前应做青霉素皮试
高铁血红蛋白血症、亚硝酸盐、苯胺、非那西丁、硝基苯、安替比林、氯酸盐类、磺胺类	亚甲蓝（美蓝）	每次1～2mg/kg，配成1%溶液，静脉注射，或每次2～3mg/kg，口服，若症状不消失或重现，1小时后可再重复以上剂量治疗，同时给以氧气吸入	恶心、呕吐、头痛、眩晕
	维生素C	每日500～1000mg加在5%～10%葡萄糖溶液内静脉滴注，或每日口服1～2g（作用比亚甲蓝慢）	

续表

中毒种类	有效解毒剂	剂量、用法	不良反应及注意事项
氢氰酸或氰酸化合物： 桃仁 杏仁 李子仁 樱桃仁 枇杷仁 亚麻仁 木薯	亚硝酸异戊酯	吸入剂用时压碎安瓿，每1~2分钟吸入15~30秒，反复吸入至亚硝酸钠注射为止	高铁血红蛋白血症
	亚硝酸钠	6~10mg/kg，配成1%溶液静脉注射，3~5分钟注入，每次注射前要准备好肾上腺素，当血压急剧下降时应注射肾上腺素	高铁血红蛋白血症。静脉注射过快可引起血压骤降
	硫代硫酸钠	每次0.25~0.5g/kg配成25%溶液，静脉缓慢注射（10~15分钟注射完毕）	见前
	亚甲蓝（美蓝）	每次10mg/kg配成1%溶液，静脉缓慢注射，注射时观察口唇，至口唇变暗紫色即停止注射	见前
	以上3种药，最好先注射亚硝酸钠，继之注射硫代硫酸钠，或先注射亚甲蓝，继之注射硫代硫酸钠，重复时剂量减半，注意血压下降时应给注射肾上腺素		
	4-二甲基酚（4-DMAP）	是高铁蛋白形成剂，能迅速消除氰化物的毒害，使被氰抑制的细胞色素氧化酶恢复活性，较亚硝酸钠快，不良反应小。用量是10% 4-DMAP 2ml肌内注射，继以50%的硫代硫酸钠25ml静脉注射。小儿用4-DMAP（剂量酌减）后，继用25%硫代硫酸钠1.6ml/kg静脉缓注	高铁血红蛋白血症。用本药不能用亚硝酸钠
有机磷化合物 1605 1059 3911 敌百虫 敌敌畏 乐果	碘解磷定、氯磷定	每次15~30mg/kg，配成2.5%溶液静脉缓慢注射或静脉滴注，严重患者2小时后可重复注射，并与阿托品同时应用，至肌肉颤动停止，意识恢复 氯磷定可肌内注射，剂量同上	注射过快有眩晕、视物模糊，恶心，呕吐，心动过速，严重者有阵发性抽搐、呼吸抑制。氯磷定较轻
其他有机磷农药	双复磷	每次15~20mg/kg皮下、肌内或静脉注射均可	注射过快有发热，口干，颜面潮红，少数患者有头麻、心律失常、口舌麻痹。应避光保存
	阿托品	严重中毒：首剂量0.05~0.1mg/kg，静脉注射，以后每次0.05mg/kg，5~10分钟1次，至瞳孔开始散大，肺水肿消退，改为每次0.02~0.03mg/kg，皮下注射，15~30分钟1次，至意识开始恢复改为每次0.01~0.02mg/kg，30~60分钟1次。中度中毒：每次0.03~0.05mg/kg，15~30分钟1次，皮下注射，减量指征同上。轻度中毒：每次0.02~0.03mg/kg，口服或皮下注射，必要时重复。以上治疗均为瞳孔散大后停药，严密观察24~48小时，必要时应再给药。同时合并应用解磷定比单用阿托品效果好，阿托品的剂量也可以减小	心动过速，口干，颜面潮红，瞳孔散大，眩晕，兴奋，惊厥

续表

中毒种类	有效解毒剂	剂量、用法	不良反应及注意事项
	解磷定	成人首次 0.5～1 支，肌内注射或静脉注射，小儿酌减	口干，心跳加快，面红，瞳孔散大，过量时有烦躁不安
烟碱、毛果芸香碱、新斯的明、毒扁豆碱、槟榔碱、毒蕈	碘解磷定，氯磷定或双复磷	对烟碱、新斯的明、毒扁豆碱中毒有效，剂量同上	同上
	阿托品	每次 0.03～0.05mg/kg，皮下注射，必要时 15～30 分钟 1 次	
氟乙酰胺	乙酰胺（解氟灵）	每天 0.1～0.3g/kg，分 2～4 次肌注，可连续注射 5～7 天，危重病例第 1 次可注射 0.2g/kg，与解痉药和半胱氨酸合用，效果更好	肌内注射有局部疼痛
芳香族碳氢化合物（苯、甲苯、酚等）	葡萄糖醛酸内酯（肝泰乐）	0.05（5 岁以下）～0.1g（5 岁以上）/次，口服，每日 3 次。肌内注射 0.1g/次，每日 1 次，严重中毒亦可加用大剂量静脉滴注	
阿托品 莨菪碱类 曼陀罗 颠茄	毛果芸香碱（匹罗卡品）	每次 0.1mg/kg，皮下或肌内注射，15 分钟 1 次。本药只能对抗阿托品类引起的副交感神经作用，对中枢神经中毒症状无效，故应加用短作用的巴比妥类药物，如戊巴比妥钠或异戊巴比妥等	有毒蕈碱样症状，流涎，流泪，恶心，呕吐，面红，心律失常，瞳孔缩小，视物模糊，对光反应消失。重者呼吸困难，肺水肿、呼吸衰竭，肌肉震颤，眩晕
	水杨酸毒扁豆碱	重症患儿用 0.02mg/kg 缓慢静脉注射，至少 2～3 分钟；如不见效，2～5 分钟后再重复 1 次，一旦见效（显著好转则停药）。复发者缓慢减至最小用量，每次 30～60 分钟 1 次。能逆转阿托品类中毒引起的中枢神经系统及周围神经系统症状	同上
四氯化碳 草酸盐	葡萄糖酸钙	10% 溶液 5～10ml 加等量 5%～25% 葡萄糖溶液静脉缓慢注射	应缓慢静脉注射
氟化物	氯化钙	3% 溶液 10～20ml 加等量的 5%～25% 葡萄糖溶液静脉缓慢注射	同上
麻醉药 阿片 吗啡 可待因 海洛因	纳洛酮	每次 0.01mg/kg，静脉注射，若无效，可给 0.1mg/kg，必要时每 2～3 分钟重复用药，至麻醉药的抑制消失。可持续静脉滴注给药，按 5～20μg/（kg·h）	持续静脉滴注药物应在 24 小时内使用，超过 24 小时的药物应丢弃 可致急性撤药综合征
哌替啶 美沙酮 其他阿片类	丙烯吗啡	每次 0.1mg/kg，静脉、皮下或肌内注射（成人每次 5～10mg），需要时，隔 10～15 分钟再注射 1 次，总量不超过 40mg	眩晕、瞌睡
苯二氮䓬类（安定类）	氟马西尼（易梦醒）	与安定竞争苯甲二氮䓬受体，达到解毒。每次 0.01mg/kg（最大量 0.2mg），缓慢静脉注射。若需要间隔 1 分钟重复给药，最大累积剂量 1mg。需持续静脉输注时按每小时 2～10μg/kg，根据反应调整，最大剂量为每小时 400μg	恶心、呕吐、头痛、眩晕、惊厥，不用于其他镇静药中毒

中毒种类	有效解毒剂	剂量、用法	不良反应及注意事项
氯丙嗪（冬眠灵）	苯海拉明	每次 1~2mg/kg，口服或肌内注射，只对抗肌肉震颤	有口干，恶心、瞌睡，眩晕，疲乏
苯丙胺（安非他明）	氯丙嗪	每次 0.5~1mg/kg，肌内注射或静脉注射，每 6 小时 1 次，若已用巴比妥类，剂量应减少	注射大剂量引起低血压，锥体外系统反应如震颤，运动障碍，静坐不能
一氧化碳（煤气）	氧气	100% 氧气吸入，最好放入高压氧舱	
肉毒中毒	肉毒抗毒素	婴儿型肉毒中毒一般情况下不使用，在毒素型别未确定之前，可同时使用 2 个或 3 个型的抗毒素。采用肌内注射或静脉滴注，第一次注射 1 万~2 万 U（指 1 个型），一次静脉注射不应超过 40ml，儿童按体重不应超过 0.8ml/kg，以后视病情可每 12 小时注射一次，病情开始好转或停止发展，即可酌情减量或延长间隔时间	
对乙酰氨基酚（泰诺等）	乙酰半胱氨酸	20 小时静脉给药方案：总量为 300mg/kg，20 小时内分 3 次给药。第 1 阶段，按 150mg/kg 加入 3ml/kg 的 5% 葡萄糖 15 分钟内输入；第 2 阶段按 50mg/kg 加入 7ml/kg 的 5% 葡萄糖 4 小时内输入；第 3 阶段按 100mg/kg 加入 14ml/kg 的 5% 葡萄糖中 16 小时内输入 口服给药方案：首剂 140mg/kg，随后每 4 小时给 70mg/kg，口服，共 17 剂	恶心、呕吐
甲醇	乙醇	用 5% 或 10% 乙醇，首剂 750mg/kg，于 30~60 分钟给入，以后 80~150mg/（kg·h）输注	恶心、呕吐，镇静
钙拮抗剂 降血糖药 β受体阻滞剂	高血糖素	0.05~0.15mg/kg，最大剂量 10mg，静脉注射，接着以 0.05~0.1mg/（kg·h）持续输注	高血糖，恶心，呕吐
异烟肼	维生素 B_6	按服用量 1g 对 1g	

五、常见问题及误区防范

（一）如何保持对急性中毒的敏感性

对任何急性起病、不明原因的惊厥、突发多器官受损及意识障碍；起病及临床过程难以用一种疾病解释；正规治疗未取得应有疗效的患者，均应考虑急性中毒的可能。此时应特别注意询问病史的完整性及技巧，寻找特征提示意义的体征及中毒综合征，以期获得诊断线索，并做相关检查来确认自己的分析及判断。分析病情时应注意：①根据毒物的作用性质、剂量 - 效应关系的原则，结合接触和发病的时间因素等主要指标，综合分析，以明确病因（毒物）和疾病（急性中毒）的因果关系，作为诊断的主要依据。②应根据职业史、现场劳动卫生学调查、生物材料检测等，明确接触毒物品种、现场条件及侵入途径、吸收的估计剂量等确定病因；如同时接触一种以上毒物或其他危害因素，应考虑联合作用的影响。③应从临床表现、辅助检查等,明确疾病性质及严重程度。④在综合分析时,应考虑影响急性中毒临床表现的各种其他因素,如患者性别、年龄、健康及营养状态、过敏体质等。也应注意毒物中含有杂质或接触毒物在某些条件下,发生化学反应而产生另一种毒物等情况。⑤在有些情况下,致病毒物品种不够明确,或缺少毒物作用的资料,必要时可做现场模拟试验或毒理试验等,以提供诊断依据;死亡者应尽可能争取做尸检,以获得病理诊断;尸检时尽可能测定主要脏器中毒物含量。⑥如果调查分析发现跟常见中毒不一样时,要考虑人为因素在其中所起的作用。如考虑中毒,但病例分布不符合一次暴露引起的中毒暴发,应警惕人为投毒(少量、多次)的可能性。

(二)对不熟悉的中毒如何处理

对不熟悉的中毒,应及时查阅相关书籍、文献或咨询当地毒物控制中心,明确毒物的发病机制、主要受累脏器、有无特效的解毒药、治疗的关键措施及预后,根据药代动力学特点选择合适的血液净化时机及方案,做好病情的预判及交代,以期取得最佳的临床预后,避免医疗纠纷。

六、热点聚焦

(一)国内儿童急性中毒的监测现状

目前急性中毒已经成为急诊及重症医学发展的重要分支,掌握儿童急性中毒的流行病谱及救治现状和预后,具有重要的社会经济学和学科发展意义。尽管国家对食品药品安全、突发公共卫生事件及传染病高度重视,要求依法上报相关数据,而中毒监测方面,仅涉及群体事件时才会按法定程序上报,尚缺乏个例中毒的数据。医院急诊科接诊的急性中毒病例绝大部分为散发个体病例,无论是地方还是全国,对其疾病谱及流行病学情况至今无权威数据发布。因此迫切希望我国能在国家中毒控制中心的指导下,建立多中心合作网络,定期发布权威的急性中毒现状报告,指导针对性政策的制定和实施、临床科研的攻关方向。相信随着医院信息化技术的不断发展和完善,全国急性中毒的监测亦将逐步走向现代化,有力促进相关学科的发展。

(二)急性中毒时血液净化的时机和模式

1. **血液净化时机** 急性中毒后 3 小时内是进行血液净化的最佳时机,此时血液中毒物(药物)浓度达到最高峰,12 小时后再进行治疗则效果较差。在没有绝对禁忌证时,应争取尽早选择血液净化治疗。临床上血液净化用于中毒救治的时机可参照 Winchester 制定的标准:①临床中毒症状严重并出现深度昏迷,同时伴有多种生命体征异常,如低血压、低体温、低通气或呼吸暂停、低血氧等;②经积极对症处理和常规解毒措施无效,病情仍有进行性加重;③伴有严重肝、肾等解毒脏器的功能障碍;④服用未知种类、数量、成分及体内分布情况的药物或毒物而出现深度昏迷者;⑤已知产生延迟性毒性的毒物中毒,尚未出现严重临床中毒症状、晚期才出现生命危险,若治疗延误,则可能失去抢救机会者,如毒蕈类、百草枯中毒者;⑥根据药物毒性大小及既往经验,毒性大、预后差的毒物中毒;⑦血药浓度达到或超过致死量,或两种以上药物中毒。

2. **血液净化模式** 包括血液灌流(HP)、血液透析(HD)、血浆置换(PE)、腹膜透析(PD)、连续血液净化(CBP)等。模式的选择主要根据:①药物或毒物的药代动力学参数。对于能被活性炭吸附的药物或毒物,尤其是分子质量较大、脂溶性高和蛋白结合率高者,HP 的清除率高于 HD,对于小分子水溶性药物或毒物,HD 优于 HP。对与血浆蛋白结合率高(>60%),

又不易被 HD 或 HP 所清除的药物、毒物可选用 PE。对中毒原因不明者,可采用 HP 或与 HD 串联应用。②患儿的状态和当地医院的条件。小婴儿、并发多器官功能衰竭及循环不稳定的患儿宜采用连续血液净化或 PD。HP 设备要求及操作简单,适用于基层医疗单位和现场急救。在没有其他血液净化条件而又不能转院的紧急情况下,可采用最简单的换血疗法。

(周 涛)

第二节 有机磷农药中毒

培训目标

1. 掌握有机磷中毒的发病机制及临床表现。
2. 掌握特效解毒剂的种类及其应用方法。

一、概述

有机磷农药(organophosphorus pesticide)种类众多,根据大鼠口服半数致死量(mg/kg),分为剧毒($<10mg/kg$)、高毒($10\sim100mg/kg$)、中毒($100\sim1000mg/kg$)、低毒($1000\sim5000mg/kg$)四类。①剧毒类包括:甲拌磷(3911)、内吸磷(1059)、对硫磷(1605)、特普、乙拌磷、八甲磷、苯胺磷、乙磷铝、速灭磷、毒鼠磷等;②高毒类包括:甲基对硫磷、三硫磷、苯硫磷、敌敌畏、甲基内吸磷(甲基 1059)、氧乐果、磷胺、硫特普、二氯磷、久效磷、乙硫磷、谷硫磷、杀螟威、毒虫畏、百治磷、乙基谷硫磷、苯腈磷、蚜灭多、蝇毒磷、异丙磷、地虫吸磷、杀扑磷、水胺硫磷、丰丙磷;③中毒类包括:乐果、敌百虫、二溴磷、倍硫磷、二嗪皮、茂果、乙基稻丰散、稻丰散、亚胺硫磷、杀螟松、杀螟腈、稻瘟净、乙基倍硫磷、甲基乙拌磷、乙酰甲胺磷、嘧啶氧磷、喹硫磷、伏杀磷、毒死蜱、乙嘧磷、达净松、二甲硫吸磷、三唑磷、哌草磷、异丙稻瘟净、克瘟散、定菌磷、除线磷、异氯磷、氯硫磷、溴氯磷;④低毒类包括:马拉硫磷(马拉松4049)、双硫磷、虫螨磷、稻瘟宁、仓贮硫磷、辛硫磷、灭蚜松、皮蝇磷、乙烯磷、草甘磷。

近来有机磷制剂很多,其毒理作用大致相同,也有部分有机磷农药出现迟发性神经症和中间综合征。人体对有机磷的中毒量、致死量差异很大。由消化道进入较一般浓度的呼吸道吸入或皮肤吸收中毒症状重、发病急;但如吸入大量或浓度过高的有机磷农药,也可迅速发病,甚至致死。

【中毒原因】

有机磷农药可因食入、吸入或经皮肤吸收而中毒。小儿中毒原因多为:误食被有机磷农药污染的食物(包括瓜果、蔬菜、乳品、粮食及被毒死的禽畜、水产品等);误用沾染农药的玩具或农药容器;不恰当地使用有机磷农药杀灭蚊、蝇、虱、蚤、臭虫、蟑螂及治疗皮肤病和驱虫,母亲在使用农药后未认真洗手及换衣服而给婴儿哺乳;用包装有机磷农药的塑料袋做尿垫,或接触喷过有机磷农药的土壤而中毒;儿童亦可由于在喷洒过农药的田地附近玩耍,引起吸入中毒。年长儿也有因自杀服用后中毒。

【发病机制】

人体大部分传出的胆碱能神经(包括运动神经,交感、副交感神经的节前纤维,副交感神经及部分交感神经的节后纤维)的传导,靠其末梢在与细胞连接处释放的乙酰胆碱发挥效应；中枢神经系统的某些部位如大脑皮质感觉运动区，特别是皮质深部的锥体细胞、尾核、丘脑等神经细胞间冲动的传递，也有乙酰胆碱参与。胆碱能神经传递必须与胆碱能受体结合产生效应。胆碱能受体分为毒蕈碱型及烟碱型，前者分布于胆碱能神经节后纤维所支配的心肌、平滑肌、腺体等效应器官，后者分布于自主神经节及骨骼肌的运动终板内。在正常情况下，释放的乙酰胆碱于完成其生理功能后，迅速被存在组织中的乙酰胆碱酯酶分解而失去作用。

当有机磷进入人体后，以其磷酰基与酶的活性部分紧密结合，形成磷酰化胆碱酯酶而丧失分解乙酰胆碱的能力，以致体内乙酰胆碱大量蓄积，与相应受体结合，表现一系列症状和体征：①毒蕈碱样症状，胆碱能神经节后纤维的毒蕈碱受体兴奋，导致空腔脏器收缩和腺体分泌亢进，出现瞳孔缩小、流泪、流涎、出汗、支气管分泌物增多、呕吐、腹痛、腹泻、尿失禁等。②烟碱样症状，神经肌肉接头烟碱型受体兴奋，出现肌肉纤维震颤或抽搐（痉挛），重度中毒或中毒晚期，转为肌力减弱或肌麻痹，甚至呼吸机麻痹；自主神经节、节前纤维和肾上腺髓质兴奋，早期可致心率增快、血压升高，晚期则因血管麻痹发生循环衰竭。③中枢神经系统，细胞触突间胆碱能受体兴奋，N-甲基-D-天冬氨酸受体参与，增加乙酰胆碱浓度，共同导致中枢神经系统先兴奋（烦躁不安、谵语、抽搐）后抑制（昏迷、呼吸中枢麻痹）的表现。

二、诊断与鉴别诊断

【临床表现】

包括急性期的胆碱能兴奋或危象及其后可能发生的中间综合征（inter mediate syndrome，IMS）和迟发性周围神经病（organo phosphate induced delayed poly neuropathy，OPIDPN）。

1. **急性期胆碱能兴奋或危象**　潜伏期因中毒途径、毒物种类和量而异。经口中毒为5～20分钟，经呼吸道进入约为30分钟，皮肤污染中毒为2～6小时。毒物种类不同，潜伏期长短不一，如特普、对硫磷数滴入口即可致死；乐果需氧化后才有毒性，潜伏期可长达72小时。一般有机磷中毒症状高峰在8～12小时，死亡病例多在发病后9小时左右。

初始中毒表现为极度活跃的毒蕈碱样反应，所引起的临床综合征被称为SLUDGE或DUMBELS综合征（表10-7），表现为胆碱能神经节后纤维兴奋所致的空腔脏器收缩和腺体分泌亢进，包括瞳孔缩小、流泪、流涎、支气管黏液外溢、支气管痉挛、胃肠道痉挛、呕吐、腹泻和尿失禁。心动过缓是毒蕈碱效应的典型表现，但交感神经节前纤维兴奋（烟碱效应）增加去甲肾上腺素释放，可能导致心率正常甚至心动过速。弥漫性出汗由交感神经的节前烟碱受体和副交感神经的节后毒蕈碱受体共同介导。威胁生命的毒物效应为支气管痉挛和支气管黏液外溢，容易导致通气障碍和呼吸困难。

毒物的烟碱样效应包括肌肉痉挛和肌束震颤，继而出现肌肉疲劳、麻痹，联合支气管痉挛和分泌物增加，共同导致呼吸衰竭。中毒所致的中枢神经系统症状总体为最初的兴奋到最终的抑制状态，包括头痛、焦虑、躁动、言语含糊不清、意识混乱、共济失调、惊厥、昏迷、中枢性呼吸衰竭。

临床表现因中毒途径而异，吸入中毒患者，呼吸道及眼部症状出现较早，口服中毒常先发生胃肠道症状，皮肤接触中毒则以局部出汗和邻近肌纤维收缩为最初表现，敌敌畏与皮肤接触处多出现红斑样改变，渐成水疱，患儿有瘙痒、烧灼感。与成人有机磷中毒不同，儿童有机磷中毒，尤其是婴幼儿，更多表现为意识障碍的改变，而非经典的DUMBELS征象。一项37例年龄1个月至11岁有机磷农药中毒的回顾性分析发现，最常见的临床表现包括瞳孔缩小（73%）、过度流涎（70%）、肌肉乏力（68%）、昏睡（54%），有近 49% 患儿出现心动过速，只有 8 例（22%）出现肌肉震颤，7 例（19%）出现心动过缓。

表 10-7　SLUDGE 综合征或 DUMBELS

SLUDGE 综合征	DUMBELS 综合征
流涎（S, salivation）	腹泻 / 出汗（D, diaphoresis/diarrhea）
流泪（L, lacrimation）	排尿（U, urination）
尿失禁（U, urination）	瞳孔缩小（M, miosis）
排便（D, defecation）	心动过缓 / 支气管黏液溢 / 支气管痉挛（B, bradycardia/bronchorrhea/bronchospasm）
胃肠道痉挛（G, GI distress）	呕吐（E, emesis）
呕吐（E, emesis）	流泪（L, lacrimation）
	流涎（S, salivation）

2. **继发性综合征**　除急性期表现外，还有 2 种继发综合征在急性有机磷中毒恢复期出现。

（1）中间综合征（inter mediate syndrome，IMS）：急性有机磷中毒后 2～4 天（偶为 7 天），可发生一种以肌肉麻痹为主的疾病，因其发病时间在有机磷中毒胆碱危象消失后，而在迟发性周围神经病变之前，故称为中间综合征。患者表现为不能抬头、眼活动受累、肢体不同程度的软弱无力，呼吸困难以至呼吸麻痹，有时需数周的通气支持。主要病理改变是突触后神经肌肉接头点功能障碍，可能与病初胆碱酯酶复能剂的应用不充分或过早停药有关。

（2）迟发性周围神经病（organo phosphate induced delayed poly neuropathy，OPIDPN）：多起病于急性有机磷农药重度中毒后 2～3 周，常先感手足发麻、疼痛、下肢酸疼，进而出现下肢乏力和腱反射减弱，是一种远端的运动性神经病变，脑神经和呼吸肌一般不受累，6～12 个月后恢复。与有机磷农药抑制神经组织中神经病靶酯酶并使之老化，或干扰钙离子 / 钙调蛋白激酶 Ⅱ，使神经轴突内的骨架蛋白分解，导致轴突变性有关。

【诊断】

多数情况下通过详细询问病史，细致检查有机磷农药中毒的特异征象，即可明确诊断。病史询问包括患儿的食（哺乳）、宿、衣着、接触物及游玩场所等。许多有机磷农药可刺激皮肤，出现红斑或水疱。某些有机磷农药具有特殊的蒜臭味或芳香味。对临床可疑、但又不能确诊的病例，可通过实验室检查和试验性治疗加以明确。

1. **实验室检查**

（1）薄层层析法可查出呕吐物、胃内容物、皮肤、衣物、大小便内有机磷。

（2）测定尿中的有机磷分解产物，可作为接触毒物的指标，帮助早期诊断。

（3）测定血浆胆碱酯酶活力，如胆碱酯酶活力降低至正常人的 80% 以下，即有诊断意义，并可据此数值估计中毒程度及作为用药参考。在农村和抢救现场，采用简便适用的溴麝香草酚蓝纸片比色法，可在 20 分钟内判定胆碱酯酶活性。

2. **试验性治疗**　对临床可疑病例，注射常规剂量阿托品，若未出现颜面潮红、瞳孔散大、心动过速、口鼻干燥等阿托品化现象，提示有机磷中毒；若出现阿托品化现象表明非有机磷中毒，或仅为轻度中毒。静脉注射碘解磷定，若为有机磷中毒，病情应有所改善。对昏迷患儿试验性治疗往往反应不敏感，易致错误判断。

3. **中毒分级**　根据症状轻重和血液胆碱酯酶活力降低的程度，临床可分为 3 级。

（1）轻度中毒：出现头昏、头痛、恶心、呕吐、流涎、多汗、视物模糊、四肢麻木等早期症状。血清胆碱酯酶活力下降至正常的50%～70%。

（2）中度中毒：除轻度中毒症状外，尚有轻度意识障碍、步态蹒跚、言语含糊不清，并有瞳孔缩小、肌肉震颤、流泪、轻度呼吸困难、支气管分泌物增多、肺部有干湿啰音、心动过缓、腹痛、腹泻、发热、寒战、多汗、血压轻度升高等。血清胆碱酯酶活力下降至正常的30%～50%。

（3）重度中毒：除上述症状体征外，患者多呈昏迷，常有心动过速、房室传导阻滞、心房颤动等心律失常，血压升高或下降、呼吸困难、发绀、肺水肿、惊厥、大小便失禁或尿潴留、瞳孔极度缩小、对光反应消失、四肢瘫痪、反射消失等，可因呼吸麻痹或循环衰竭而死亡。血清胆碱酯酶活力下降至正常的30%以下。

【鉴别诊断】

有机磷中毒与阿托品中毒的鉴别见表10-8。

表10-8　有机磷中毒与阿托品中毒的鉴别

	有机磷中毒	阿托品中毒
神经系统	精神萎靡、昏迷或抽搐	有精神兴奋症状，如谵妄、躁动、幻觉、抽搐等
抽搐特点	腓肠肌、上臂肌震颤、蜷曲样痉挛性抽搐	面部肌肉抽动、四肢肌肉痉挛、僵硬、强直性惊厥
皮肤	不潮红	潮红、干燥
瞳孔	多缩小	极度扩大
体温	一般无高热	高达40℃以上

三、治疗决策

【急性期处理】

主要针对三个目标：①去污染；②支持治疗；③解毒药物的使用。

1. **去污染措施**　应始于院前急救，防止毒物进一步吸收和后继毒性，注意医务人员的保护。①对皮肤接触中毒者，去污染措施尤为重要。立即使病儿脱离中毒现场，脱去被污染的衣物、鞋袜等，放于密封良好的塑料袋中。彻底清洗污染的皮肤、毛发、外耳道、手部（先剪去指甲），必要时剃除头发，再洗头皮。一般用生理盐水或肥皂水（敌百虫中毒时禁用）清洗，继用微温水冲洗干净。如眼睛受污染，除敌百虫污染需用清水冲洗外，其余均可先用2%碳酸氢钠溶液冲洗，再用生理盐水彻底冲洗，至少持续10分钟，之后滴入1%阿托品溶液1～2滴。②经口中毒者，若神志尚清，立即引吐并洗胃。洗胃要早，反复、彻底进行，直至无农药味为止。因多数有机磷酸酯类在碱性溶液中分解失效，酌情选用2%碳酸氢钠溶液或1∶5000高锰酸钾溶液洗胃。敌百虫中毒时，忌用碳酸氢钠等碱性溶液洗胃，因可使之变成比它毒性大10倍的敌敌畏。对硫磷、内吸磷、甲拌磷、马拉硫磷、乐果、杀螟松、亚胺硫磷、倍硫磷、稻瘟净等硫代磷酸酯类忌用高锰酸钾溶液等氧化剂洗胃，因硫代磷酸酯被氧化后可增加毒性。故凡农药中毒种类不明者，最好采用生理盐水或清水洗胃，洗胃后由胃管灌入活性炭1g/kg，继之用甘露醇或硫酸钠导泻，禁用油脂性泻药。食入时间较久者，可作高位洗肠。对重症有机磷中毒，条件许可时，可尝试应用血液灌流联合血液透析，对清除毒物、炎症介质，维护脏器功能和内环境稳定有一定帮助。强调早期进行，中毒后4～6小时效果最佳，不超过中毒后12小时。血液净化治疗需同时配合使用阿托品及胆碱酯酶复能剂。

2. **支持治疗** 死亡主要源自气道梗阻、肺水肿和呼吸衰竭,支持治疗的重点主要针对气道管理,包括及时清理分泌物和呕吐物,必要时给予气管插管和机械通气。发生惊厥时选用短效镇静药,如安定、咪达唑仑、水合氯醛,及时处理脑水肿,维护脏器功能和内环境稳定。因可能增加有机磷农药的毒性,禁止使用琥珀酰胆碱、吗啡、咖啡因、氨茶碱、吩噻嗪类药物。

3. **解毒药物的应用** 常用的特效解毒剂有两类:一类是胆碱能神经抑制剂,即阿托品类;另一类是胆碱酯酶复能剂,常用药物为氯磷定、碘解磷定及双复磷。阿托品作用机制:拮抗乙酰胆碱的毒蕈碱样作用,解除平滑肌痉挛,减少腺体分泌,使瞳孔散大,防止血压升高和心律失常,同时也能解除部分中枢神经系统的中毒症状,兴奋呼吸中枢,减少惊厥发作,但对烟碱样作用无效,也无复活胆碱酯酶的作用。复能剂作用机制:使被抑制的胆碱酯酶恢复活性,减轻和消除烟碱样症状,但对毒蕈碱样症状效果差,也不能对抗呼吸中枢的抑制,故应与阿托品合用,取得协同作用。具体用药方案表10-9。

表 10-9 有机磷中毒常用解毒药物剂量表

药名	用药说明	轻度中毒	中度中毒	重度中毒
阿托品	开始剂量	0.02～0.03mg/kg,肌内注射,必要时2～4小时重复1次,直至症状消失为止	单用阿托品每次0.03～0.05mg/kg,肌内注射或静脉注射,根据病情30～60分钟重复1次	阿托品每次0.05～0.10mg/kg,静脉注射,病情特别危重者,首次可用0.1～0.2mg/kg静脉注射,以后改为每次0.05～0.10mg/kg,10～20分钟1次,必要时5分钟1次。至阿托品化(瞳孔散大、肺水肿消退)
	阿托品化后		逐渐减少药物剂量及延长给药时间	阿托品化后改为每次0.02～0.03mg/kg,15～30分钟1次,直至意识开始恢复,改为0.01～0.02mg/kg,30～60分钟1次
氯磷定	水溶性好,疗效高,不良反应小	每次10～15mg/kg,静脉缓慢注射(10分钟)或用5%葡萄糖稀释成2.5%溶液,静脉滴注,2～4小时重复1次	每次15～30mg/kg,静脉缓慢注射或静脉滴注,每2～4小时重复15mg/kg,一般2～4次即可	每次30mg/kg,静脉缓慢注射或静脉滴注,若症状无改善,于0.5小时后重复15mg/kg,以后根据病情,每2～4小时重复1次,逐渐延长给药时间和减量
碘解磷定	水溶性低,不稳定,已逐渐被氯磷定替代	每次10～15mg/kg,静脉缓慢注射(10分钟)或用5%葡萄糖稀释成2.5%溶液,静脉滴注,2～4小时重复1次	每次15～30mg/kg,静脉缓慢注射或静脉滴注,每2～4小时重复15mg/kg,一般2～4次即可	每次30mg/kg,静脉缓慢注射或静脉滴注,若症状无改善,于半小时后重复15mg/kg,以后根据病情,每2～4小时重复1次,逐渐延长给药时间和减量
双复磷	治疗作用强,不良反应大,剂量过大可影响心律,不作为常规用药	每次5～10mg/kg,肌内注射或静脉缓慢注射,视病情3小时重复1次	每次5～10mg/kg,肌内注射或静脉缓慢注射,视病情3小时重复1次	每次10～20mg/kg,肌内注射或静脉缓慢注射,视病情30分钟至3小时重复1次,病情好转后延长给药时间或减量

注:阿托品与复能剂合用时,第二次注射量应减半

【中间综合征和迟发性周围神经病变的治疗】

中间综合征病情凶险，死亡率很高，一旦发生肌肉麻痹、呼吸衰竭现象，立即进行气管插管、机械通气，直至自主呼吸稳定，同时应用氯磷定突击量治疗，成人首日剂量约为 10g，给予氯磷定 1g/ 次肌内注射，每 1～2 小时重复 1 次，直至患者自主呼吸恢复后，改为每 4～6 小时重复 1 次，以后根据病情可延长注射时间，延续 2～3 天。氯磷定能直接对抗胆碱酯酶抑制所致的神经肌肉接头阻断，故能尽早恢复呼吸，疗效甚好，也较安全。迟发性周围神经病变的治疗：早期可应用糖皮质激素，泼尼松 1～2mg/（kg•d），1 周后逐渐减量，其余为支持辅助疗法，如锻炼及应用营养神经药品维生素 B_1、B_6、B_{12} 等，常在 6～12 个月可恢复。

四、常见问题和误区防范

（一）阿托品使用的注意事项

（1）应根据病情灵活掌握，须早期、足量和反复用药，直至"阿托品化"为止。以后根据病情决定用量和间隔时间。"阿托品化"指标：瞳孔较前扩大、不再缩小、颜面潮红、皮肤干燥、口干、心率加快、肺部啰音显著减少或消失、轻度躁动不安、中毒症状好转等。

（2）判断阿托品化必须全面分析，不可只根据 1～2 个指标进行判断，如偶见有机磷中毒者瞳孔不缩小，呼吸循环衰竭可致心率增快，若误认为已经阿托品化，则可造成阿托品用量不足而影响治疗。反之，眼部污染者，用阿托品后瞳孔可不散大，循环衰竭者，颜面可不潮红，还有的患者虽然阿托品用至中毒量，瞳孔仍不散大，皮肤仍苍白，若误认为阿托品用量不足而盲目加大剂量，则可导致阿托品过量中毒。

（3）阿托品不能复活胆碱酯酶，对烟碱样症状无效，故中到重度中毒时，应与复能剂联用。阿托品与复能剂合用时，剂量应适当减小。

（4）阿托品减量或停药不能过快，口服中毒者，胃肠道可能有残留的毒物继续不断吸收，故在病情缓解后，若减量或停药过快，病情可能反复，甚至发生致命性的肺水肿和呼吸衰竭，一般达阿托品化后，仍需维持用药 1～3 天，以后逐渐减少剂量及延长给药间隔时间，待中毒症状消失，瞳孔大小正常，不再缩小，可观察停药，观察 12 小时病情无反复时，方可完全停药，停药后仍需继续观察，若有复发征象，立即恢复用药。

（5）警惕阿托品中毒，区别阿托品中毒与有机磷中毒（表 10-8）。出现阿托品中毒表现，立即停用阿托品，并用毛果芸香碱解毒，不宜使用毒扁豆碱。若兴奋症状过于强烈，可选用地西泮、水合氯醛等药，但剂量不宜过大。

（二）使用复能剂的注意事项

（1）根据病情程度重复用药直至肌颤消失或血胆碱酯酶活性恢复至正常的 60% 以上酌情减量或停药。

（2）急性中毒 2～3 天后及慢性中毒者，因其胆碱酯酶已老化，复能剂无效，仍须以阿托品治疗为主。

（3）复能剂对各类有机磷农药中毒疗效不尽相同：氯磷定和碘解磷定对内吸磷、对硫磷、甲拌磷、硫特普、1240、特普等疗效显著，对敌百虫、敌敌畏等效差，对乐果、马拉硫磷疗效可疑，对二嗪农、谷硫磷等中毒无效且有不良反应。双复磷对敌敌畏及敌百虫中毒效果优于碘解磷定。

（4）复能剂在碱性溶液中不稳定，易水解成剧毒的氰化物，故禁与碱性药物配伍使用。

（5）复能剂均有毒性，切勿两种以上同时应用，且用量过大、注射太快或未经稀释，均可产生中毒，故须稀释后缓慢静脉注射或静脉滴注为宜。

五、热点聚焦

（一）血液灌流在有机磷中毒治疗中的应用现状

近年来国内倾向对有机磷中毒患者行血液灌流，主要理由有：①有机磷农药大多有较高的脂溶性，用活性炭进行血液灌流可获较高的清除率。②市售的有机磷农药含有杂质三烷基硫代磷酸酯及溶媒苯、酚，被认为是造成有机磷中毒迟发死亡的因素之一。但国外对有特效解毒治疗的有机磷中毒，并不主张血液净化治疗。综合目前国内的文献报道，倾向对重度有机磷中毒建议行血液灌流，宜早期进行（中毒后 12 小时内），灌流时间 2~3 小时，病情反复或严重者必要时可 12~24 小时重复 1 次。亦有建议血液灌流联合透析治疗，可取长补短，既清除毒物，又清除炎症介质，纠正水电酸碱紊乱及液体滞留。由于血液灌流时可同时吸附解毒剂，应注意继续应用阿托品及胆碱酯酶复能剂，以维持阿托品化，行血液灌流后，因毒物的清除，应调整解毒剂的用量。

（二）治疗有机磷中毒的新药——长托宁（盐酸戊乙奎醚）

最近研究发现，长托宁相较于阿托品治疗有机磷中毒有更多优势。长托宁是一种新型胆碱受体阻断药，对外周 M 受体和中枢 M、N 受体均有作用。但选择性作用于 M 受体亚型，对心率无明显影响，较阿托品作用强，有效剂量小，作用时间更长，不良反应少。长托宁有较强的抗胆碱作用，还可解除血管平滑肌的痉挛，降低外周血管阻力和心脏前负荷，可以解除气管平滑肌的痉挛，减轻气道内腺体分泌。对比长托宁与阿托品治疗有机磷中毒的临床疗效时发现，在用药次数、症状消失时间、胆碱酯酶恢复时间、平均住院时间方面长托宁效果更明显。文献报道的用药方案：盐酸戊乙奎醚 0.04mg/kg 肌内注射，以后每 6 小时肌内注射 0.02mg/kg，根据病情逐日减量或延长用药间隔时间，待中毒症状消失，血胆碱酯酶活力恢复至 50%~60% 时，可暂时停药观察。如果中毒症状消失，血胆碱酯酶活力在 50% 以下，应维持"阿托品化"至血胆碱酯酶活力恢复至 50% 以上，盐酸戊乙奎醚维持"阿托品化"的剂量为 0.01~0.02mg/kg。

（周　涛）

第三节　毒蕈中毒

培训目标

1. 掌握不同类型（早发、迟发、缓发）毒蕈中毒的临床特点及发病机制。
2. 掌握不同类型毒蕈中毒的治疗关键点。
3. 熟悉血液净化在毒蕈中毒中的应用。

一、概述

毒蕈是指有毒的野生蘑菇，是许多地区常见的临床急症。毒蕈种类繁多，世界上有毒蕈 200 余种，我国已发现有 190 多种，食用后能致死的达 30 多种，其中引起人严重中毒的主要有 10 种，它们是白毒伞、褐鳞小伞、肉褐鳞小伞、褐柄白毒伞、毒伞、残托斑毒伞、毒粉褶蕈、秋生盔孢伞、包脚黑褶伞和鹿花蕈。毒蕈中毒一年四季都有发生，但以八九月份阴雨季节最为多见，是常见的食物中毒之一。

【病因】

某些毒蕈生长形态及其外观与可食野生蕈颇为类似，易被误食中毒；有时食用干毒蘑菇也可中毒。另外，在一些突发事件中，如洪灾发生时，由于正常食品供应渠道不畅，容易造成灾民食用野生的有毒蘑菇，引起突发的毒蕈中毒事件；亦有敏感体质患者食入蕈类导致中毒。

【发病机制】

毒蕈所含的毒素纷繁复杂，往往一种毒素存在于几种毒蘑菇之中，而一种毒蘑菇又可能有多种毒素。多数毒素的毒性较低，但也有些毒性极高者，可迅速致人死亡。目前已知的毒蕈毒素有 150 余种，主要有以下数种。

1. 胃肠毒素类 含有胃肠毒素的毒蘑菇很多，广泛分布于各个不同的属中，其毒性成分可能是类树脂物质，酚类、甲酚类化合物，蘑菇酸，胍啶。主要蕈种有毒粉褶菌、毒红菇、虎斑菇、红网牛肝菌、墨汁鬼伞、毒光盖伞等，典型代表为摩根小伞，毒性作用可能与从摩根小伞中分离出的热不稳定蛋白有关。加热不能完全将其中的热不稳定蛋白灭活。临床以胃肠道症状为主。

2. 神经、精神毒素类

（1）毒蕈碱：含有此种毒素的蘑菇主要有杯伞属，最常见的有黄丝盖菌、污白丝盖菌、白霜杯菌等。此毒素作用机制似乙酰胆碱，但不能被乙酰胆碱酯酶降解，不能通过血-脑屏障，故出现外周胆碱能神经毒性样反应，包括流涎、流泪、尿失禁、胃肠道不适、支气管黏液分泌过多、支气管痉挛、腹痛、心动过缓、瞳孔缩小等。不能兴奋骨骼肌的乙酰胆碱受体和自主神经系统。

（2）异唑衍生物：典型代表有蝇蕈碱类和豹亚科。毒素为耐热的异唑：鹅膏蕈氨酸和蝇蕈醇。鹅膏蕈氨酸类似谷氨酸，能兴奋中枢谷氨酰胺能受体。而蝇蕈醇类似 γ-氨基丁酸（GABA），能兴奋中枢 GABA 受体而产生毒性作用。

（3）致幻毒素：代表菌属包括锥盖伞属、裸伞属、斑褶菇属和裸盖菇属，其毒素为吲哚生物碱，如二甲-4-羟色胺磷酸酯和二甲-4羟色胺。目前毒性作用机制不明，可能与脑内 5-羟色胺浓度改变有关，对中枢神经系统的作用与麦角酸酰二乙胺的作用相仿，只是作用较弱。

3. 一甲基肼化合物 含有此种毒素的菌类主要有鹿花菌属。毒素为鹿花菌素，高温、干燥可部分灭活，化学结构是甲基肼类化合物。后者结构和异烟肼很像，在体内可以和维生素 B6 起反应生成腙，可导致谷氨酸脱羧酶降低活性，减少抑制性神经递质 γ-氨基丁酸的形成，引发惊厥发作。还可导致肝坏死和细胞色素 P450 的活性下降，引起溶血性贫血、胃肠炎症及肝脾肿大、急性肾衰竭。

4. 环肽类毒素 是引起致命中毒的主要种类之一，主要为三个种属：鹅膏属、盔孢伞属和环柄菇属，鹅膏菌属中的鬼笔鹅膏是毒性最强的含环肽类蘑菇，而盔孢伞属毒性最低。环肽被分为三类高分子量多肽：鹅膏毒肽、鬼笔毒肽和毒伞肽。鹅膏毒肽是毒性最强的环肽，通过灭活 RNA 聚合酶Ⅱ，抑制蛋白合成，引发迟发性的肝衰竭。鬼笔毒肽毒性发作很快，不会大量吸收，通过破坏消化道黏膜细胞的完整性而引发消化道中毒症状。

5. 致肾毒性的毒素 含有此种毒素的蘑菇主要有丝膜菌属和鹅膏菌属。丝膜菌属含有奥莱毒素和奥林毒素，化学结构被认为和嘧啶类除草剂如百草枯和杀草快类似，可导致急性肾衰竭，但作用机制不明。鹅膏菌属氨基酸类肾毒素（正亮氨酸）比丝膜菌属肾毒素更快产生肾小管损害症状。

6. 双硫仑样反应毒素 代表性种类是黑色鬼伞属，也被称为酒精墨汁鬼伞。此类蘑菇含有 4- 甲氧甲苯醌和氨基磺丙醇毒素，能抑制乙醛脱氢酶，引起酒精摄入后产生的双硫仑样乙醛中毒反应。

还有一些蘑菇，可能包含有对人体有害的毒素，而未明确研究。如黑木耳、大白菇、硫黄菌等，可能因为含有抗原，导致易感人群的自身免疫性溶血性贫血。

二、诊断与鉴别诊断

【临床表现与分型】

国内学者习惯将蘑菇中毒分为胃肠炎型、神经精神型、溶血毒素型、中毒性肝炎型、急性肾损害型和混合型。新近国外研究者按摄食后起病时间不同，分为早发型（<6 小时）中毒、迟发型（6~24 小时）、缓发型中毒（>24 小时）（表 10-10）。每型再按不同表现分成若干亚型，据此做出预后的判断，并提出相应的诊治措施。

1. 早发型中毒（<6 小时） 初发症状在进食蘑菇后 6 小时内出现，通常在 30 分钟至 3 小时，主要包括神经毒性、过敏性、胃肠道毒性和混杂毒性。

（1）含毒蕈碱的蘑菇（外周胆碱能神经毒性）：包括白色杯伞属、杯伞属中的其他种类及丝盖伞属中的多种。症状出现早，通常在摄食后 30 分钟至 2 小时，可引起胆碱能中毒综合征样表现，包括流涎、流泪、尿失禁、胃肠道不适、支气管黏液分泌过多、支气管痉挛、腹痛、心动过缓、瞳孔缩小等，持续数小时。

（2）鬼伞属类（双硫仑样反应）：代表性种类是黑色鬼伞属，也被称为酒精墨汁鬼伞。所含毒素为 4- 甲氧甲苯醌和氨基磺丙醇毒素，其对乙醛脱氢酶的抑制作用延迟达 30 分钟至 2 小时，故进食含有 4- 甲氧甲苯醌蘑菇同时饮酒，在 2 小时内可引起心动过速、颜面潮红、出汗、胸痛、恶心、呕吐等双硫仑样反应。中毒症状仅持续短暂的数小时。

（3）含鹅膏蕈氨酸和蝇蕈醇蘑菇：代表性种类是蝇蕈碱类和豹亚科，毒素为异唑衍生物。常由于颜色鲜艳而被儿童误食或因其致幻觉效应而被有意识的食用。中毒症状出现于摄食后 30 分钟至 3 小时，将出现蝇蕈醇介导的 GABA 能作用，包括共济失调、嗜睡、谵妄、烦躁和幻觉，以及鹅膏蕈氨酸介导的谷氨酰胺能兴奋作用，包括反射亢进、肌阵挛和癫痫发作，这些效应可通过静脉注射地西泮逆转。中枢神经系统中毒效应较短暂，死亡罕见。

（4）致幻蘑菇：代表菌属包括锥盖伞属、裸伞属、斑褶菇属和裸盖菇属，毒素为吲哚生物碱。在摇头音乐会或其他场合，青少年会娱乐性地摄入这类蘑菇。中毒的特征性表现为谵妄、幻视、精神异常和古怪行为，查体可发现瞳孔散大、高血压、心动过速、面色红、呕吐、震颤，但惊厥很少见。治疗为对症支持，可将患者置于安静的暗室以减少刺激，使用地西泮镇静。

（5）胃肠刺激型蘑菇：是最常见的蘑菇中毒，共有的中毒表现是消化道症状，包括消化道不适、上腹痛、恶心、呕吐、腹泻等。不同于迟发型蘑菇中毒，这类蘑菇的胃肠道症状大多数在摄食后 3 小时内出现。

（6）免疫性溶血综合征：本症罕见，常见于反复摄入卷缘网褶菌后，首先于摄入 30 分钟至 3 小时后出现恶心、呕吐、上腹痛和腹泻，继而出现溶血性贫血，免疫复合物肾炎，患者出现血红蛋白尿、少尿、无尿和急性肾衰竭。在该类中毒患者的恢复期血清中，通过血细胞凝聚抑制试验发现了卷缘网褶菌提取物的免疫球蛋白 G 抗体。本症可采用血液灌流或血液透析及其他对症治疗，目前死亡病例罕见。

（7）过敏性肺炎综合征：马勃病（lycoperdonosis）是一种急性过敏性支气管肺炎，发病与霉菌毒素产物无关，也不同于肺芽生菌病和组织浆菌病等全身性真菌病。此病非真正意义上的中毒，表现为一种急性支气管肺炎综合征。无意或有意的吸入或吹入各种马勃菌的孢子，都会引起马勃病。马勃菌在秋天常可食用，但到冬季时便干枯并且腐烂，在春天和夏天时，当它们被扯碎或踩烂时可释放出大量的孢子悬浮微粒。在民间，马勃菌悬浮微粒常被用来医治哮喘和气管炎，或被青少年用作致幻觉性实验，还有被爱开玩笑的人用来当作"地雷"和"手榴弹"玩耍。马勃病特异性表现为急性发作的恶心、呕吐和鼻咽炎，之后有几天的发热、不适、呼吸困难和炎症改变。X 线胸片上显示为弥散网状结节浸润影。经皮质激素和抗真菌药（如两性霉素 B）治疗病人常能康复，并且没有慢性支气管肺部后遗症。某些病例因呼吸衰竭而需使用机械通气。

2. 迟发型中毒 症状出现时间在摄食后 6 小时以上，主要表现为肝脏毒性和肾毒性。

（1）含环肽类蘑菇：是引起致命中毒的主要种类之一，主要为三个种属：鹅膏属、盔孢伞属和环柄菇属。环肽中毒可被划分为三个时相：第一相由鬼笔毒肽引发，中毒表现包括恶心、呕吐、腹部绞痛和水样便，于摄食后 6～24 小时出现，胃肠道症状出现的时点可与大多数胃肠刺激型蘑菇中毒相鉴别。第二相出现于摄食后 18～36 小时，特征性表现为亚临床的肝酶升高和暂时的临床症状改善（肝炎假愈期），此时病儿可能会离院。第三相出现于摄食后 2～6 天，通常为 3 天，表现为黄疸、肝转氨酶进行性升高和暴发性肝衰竭，常在食入后 1 周死亡。

（2）含甲基肼的蘑菇：主要为含鹿花毒素的鹿花菌属，常被误认为羊肚菌而食用。与含环肽类蘑菇相似，该类蘑菇的消化道症状出现于摄食后 6～12 小时，常见症状有恶心、呕吐、腹痛和腹泻，并可出现肝衰竭及癫痫发作。在肝损迹象出现后 1～3 天可能出现血管内溶血、高铁血红蛋白血症和急性肾衰竭。

（3）进行性急性肾衰竭：食用鹅膏菌属（amanita proxima）后 30 分钟至 12 小时内，出现食欲缺乏、不适、恶心、呕吐、腹部绞痛、腹泻、出汗和眩晕，1 周内出现少尿或无尿，血尿素氮和肌酐水平升高，呈现进行性急性肾功能不全。另外，血清丙氨酸转移酶和乳酸脱氢酶也常升高，而其他肝酶和肝功能实验室检查结果常为正常。由于摄食后很快出现严重的中毒表现，不同于其他蘑菇的一般规律。主要治疗措施为血液透析，一般不遗留慢性肝或肾损伤。

（4）红斑性肢痛病：日本、法国相继报道杯伞属蘑菇中毒呈现红斑性肢痛病表现。食入该类蘑菇 1 天后出现手指和脚趾及其周围的麻木、烧灼痛、感觉异常和淡红色水肿，而没有伴随消化道症状，血清电解质和肝酶都正常。大多数病例夜间疼痛厉害，遇热加剧，浸入冰水中则缓解。肢端酸 A-E 是引起红斑性肢痛病的毒物成分，主要采取对症治疗。

3. 缓发型中毒 缓发型中毒的发病时间≥1 天，包括丝膜菌属奥莱和奥林毒素引起的肾毒性，口蘑属和红菇属引起的横纹肌溶解症，以及 Hapalopilus rutilans 引起的神经毒性。

（1）肾衰竭：丝膜菌属含有奥莱毒素和奥林毒素，可致肾损害。症状出现时间较迟，于摄食后 24～36 小时内出现食欲缺乏、头痛、恶心、呕吐、胃炎和寒战。在初始症状出现数天至数周内，发展为因间质性肾炎和肾小管坏死及随后出现的纤维化所导致的少尿性肾衰竭。

尽管大多数患者经短期血液透析治疗后，肾功能可恢复到接近正常，但是 40%～60% 的丝膜菌属中毒患者可能会发展为慢性肾衰竭，并需要长期血液透析治疗或肾脏移植。

（2）中枢神经系统损害：食用红盖多孔菌 24 小时后，可出现视力减退、嗜睡、虚弱和言语行动乏力，实验室检查显示电解质紊乱和肝肾功能损害，动物模型研究发现，3,6- 二苯基 -2,5- 二羟基对苯醌（一种二氢乳酸脱氢酶抑制剂）是红盖多孔菌的毒素成分。治疗为清除毒素、对症支持疗法。

（3）横纹肌溶解症：摄入黄色马口菌后 24～72 小时，可出现疲劳、肌肉乏力和近端肌肉疼痛，继而肌肉乏力加剧，尤其是四头肌，伴有面部红斑、恶心但无呕吐、出汗，血清 CPK 水平明显升高，肌电图提示肌肉损伤而无周围神经损伤，四头肌活检结果与直接的肌肉损伤相符，提示严重横纹肌溶解。部分病例出现急性心肌炎。马口菌的毒性成分仍有待鉴定。对该类中毒患者应监测血清 CPK，水化、碱化尿液维护肾功能，护心及激素对症治疗。

【诊断】

毒蕈中毒有误食野生蕈史，发病以一家或同一地区数家同时患病，病情的严重程度与进食毒蕈量呈正相关等特点，再结合临床表现，诊断多无困难。

【鉴别诊断】

临床上应注意将神经精神型与中枢神经系统疾患、精神分裂症，胃肠炎型与细菌性食物中毒、急性胃肠炎，溶血型与其他引起溶血性贫血等疾病进行鉴别诊断。

三、治疗决策

【清除毒物】

只要明确进食了毒蕈，不论有无症状，均宜早期催吐（限神志清醒者），尽早洗胃，洗胃液可使用生理盐水或 1:5000 高锰酸钾溶液。洗胃可不必受 6 小时生理排空时间的限制，洗胃后注入活性炭吸附毒素，小儿按 1g/kg（最大量 50g），用水调配成 10%～15% 的混悬液服用或从胃管灌入，然后继续给予泻药导泻。某些症状严重者可 2～4 小时后重复半量。

【对症与支持疗法】

积极纠正脱水、电解质紊乱及酸碱失衡；对有肝损害者给予保肝治疗；血管内溶血注意碱化尿液，维护肾功能；有贫血者，及时输血；有精神症状、惊厥或抽搐者应予镇静或抗惊厥治疗，对鹿花毒素所致惊厥，同时静脉注射维生素 B_6（50mg/kg）；症状性高铁血红蛋白血症可使用亚甲蓝治疗；合并脑水肿者积极脱水降颅压。

【特殊药物治疗】

1. **阿托品**　对含毒蕈碱的毒蕈中毒，可用阿托品拮抗毒蕈碱的毒性作用。凡出现胆碱能神经兴奋症状者均应及早使用。儿童每次用 0.03～0.05mg/kg，一般为每 0.5～6 小时 1 次，必要时可每 15～30 分钟注射 1 次，直至瞳孔散大、皮肤干燥、心率增加为止。

2. **巯基络合剂**　目前国际上尚无证明完全有效的解毒剂。对环肽类蘑菇中毒，可使用含巯基的解毒药，作用机制可能为含巯基的化合物可以和双环类毒素结合，打断毒素分子中的硫醚键，使其毒力减弱。对肝损害型毒蕈中毒有一定疗效，对处于肝炎假愈期的患者，也可早期使用此类药物。可采用 5% 二巯基丙磺酸钠，每次 0.1ml/kg，肌内注射，第 1 天 3～4 次，第 2 天 2～3 次，第 3 天以后每日 1～2 次，共 3～7 天，总剂量为 30～50ml。亦可用 10% 葡萄糖稀释后静脉注射。

3. **青霉素 G 静脉注射和益肝灵（水飞蓟宾）**　目前最常用的治疗肝衰的药物为青霉素

G 静脉注射［30 万～100 万 U/（kg•d）和益肝灵（20～50mg/（kg•d）］，作用机制可能是减少肝细胞摄取毒伞肽。

4. 肾上腺皮质激素 适用于严重毒蕈中毒，特别是鹿花菌属中毒引起的溶血性反应，其他毒蕈中毒引起的中毒性心肌炎、中毒性脑病和肝损害等。

【血液净化疗法】

血液透析可治疗严重水、电解质及酸碱代谢紊乱（如高钾血症、代谢性酸中毒）和急性肾衰竭。针对环肽类毒蕈第三相暴发性肝衰竭的血液净化治疗，包括血浆置换、持续血液滤过透析、人工肝等，可考虑作为肝移植的过度治疗。目前已有肝移植在此类中毒性肝衰竭成功的病例报道。毒蘑菇的分类见表 10-10。

表 10-10　毒蘑菇的分类

类别	代表	起病时间	毒素	临床表现
早发型（<6 小时）				
含毒蕈碱的蘑菇	白色杯伞属	30 分钟至 2 小时	毒蕈碱	外周胆碱能中毒综合征
鬼伞属类	墨汁鬼伞	30 分钟至 2 小时	4- 甲氧甲苯醌和氨基磺丙醇	乙醇双硫仑反应
含鹅膏蕈氨酸和蝇蕈醇蘑菇	蝇蕈碱类和豹亚科	30 分钟至 3 小时	鹅膏蕈氨酸和蝇蕈醇	谷氨酰胺能兴奋作用，包括反射亢进、肌阵挛和癫痫发作；γ- 氨基丁酸能作用，包括共济失调、嗜睡、谵妄、烦躁和幻觉
致幻蘑菇	锥盖伞属、裸伞属、斑褶菇属、裸盖菇属	<3 小时	二甲 -4- 羟色胺磷酸酯和二甲 -4- 羟色胺	谵妄、幻视、精神异常和古怪行为，瞳孔散大、心动过速、面色红、呕吐、震颤，惊厥少见
胃肠刺激型蘑菇	许多种类	<3 小时	胃肠毒素	恶心、呕吐、腹痛、腹泻
免疫性溶血综合征	卷缘网褶菌	30 分钟至 3 小时	免疫反应	胃肠道症状后出现溶血、免疫复合物肾炎及肾衰
过敏性肺炎综合征	马勃菌	即刻	过敏反应	过敏性支气管肺炎，急性发作的恶心、呕吐、鼻咽炎、呼吸困难
晚发型（6～24 小时）				
含环肽类蘑菇	鹅膏属、盔孢伞属、环柄菇属	6～24 小时	鹅膏毒肽、鬼笔毒肽和毒伞肽	胃肠道症状后出现肝毒性
含一甲基肼的蘑菇	类羊肚菌	6～12 小时	鹿花毒素、一甲基肼、N- 甲基 -N- 甲酸基肼	胃肠道症状后出现癫痫发作、肝脏损害、血管内溶血、高铁血红蛋白血症和肾衰竭
肾毒性	*鹅膏菌属 amanita proxima	30 分钟至 12 小时	正亮氨酸	摄食后很快出现消化道症状，一周内出现肾脏损害及肾衰
红斑性肢痛病	杯伞属	1 天	肢端酸 A-E	摄食 1 天后出现肢端麻木、烧灼痛、感觉异常和淡红色水肿

续表

类别	代表	起病时间	毒素	临床表现
缓发型(≥1天)				
肾毒性	丝膜菌属	24 小时至 2 周	奥莱和奥林毒素	胃肠道症状后出现肾毒性
中枢神经系统损害	红盖多孔菌	>24 小时	3,6-二苯基-2,5-二羟基对苯醌	摄食 24 小时后出现视力减退、嗜睡、虚弱和言语行动乏力
横纹肌溶解症	马口菌	24～72 小时	不明	摄食后 24～72 小时出现肌肉疼痛及无力,CPK 升高,部分病例合并心肌炎和肾衰竭

注:*:不符合危及生命的蘑菇一定有症状出现延迟的一般规律

四、常见问题及误区防范

(一)对各型毒蕈中毒的临床表现及特点不熟悉,造成漏诊及误诊

对有明确误食野生蘑菇病史,集体同时或先后发病,病情严重程度与进食毒蕈量呈正相关,应考虑毒蕈中毒,此时应结合症状出现的时间,做出早发、迟发、缓发的基本判断,并结合主要临床表现,推测具体的某一种中毒类型,做出正确的治疗决策及预后判断。一般而言,毒性较重、可能危及生命的毒蕈,症状往往出现较迟,通常在 6～24 小时出现症状,某些在 24 小时至 2 周才出现症状,而低毒性的种类通常在摄食后 30 分钟至 3 小时出现症状,因此对蘑菇中毒,应特别重视出现初始症状的时间。应该强调,由于采食者可能同时食用多个品种蘑菇,而且导致肾损害的鹅膏菌属亦可在早期出现胃肠道症状,故发现早期症状并不能排除严重中毒的可能,应动态观察病情的演变,病情交代应特别注意。此外,对有进食毒蕈史而处于假愈期或潜伏期的患者,要特别提高警惕,注意监测,切不可轻视。当临床遇到病史不明,起病突然,症状与体征不能用一种病解释,突然出现多器官受累或明显精神、意识变化而诊断不明,尤其是肝、肾功能的损害,应考虑毒蕈中毒的可能,此时应注意病史询问的技巧。

(二)低估特殊类型毒蕈中毒的凶险程度,病情交代缺乏预见性

在所有毒蕈中毒中,毒性最大、预后最差者当属环肽类蘑菇中毒。在国外,随着脏器支持手段的不断完善,环肽类中毒的死亡率已从 50%～60% 降至 5%。但在国内受不同地域医疗水平差异的影响,病死率仍居高不下。一项回顾性研究发现,发病最初 4 天内肝酶和凝血酶原时间的动态演变对预后有良好的预测价值。另一项回顾性研究表明,1996—2009 年间 144 例环肽类蘑菇中毒患者的死亡率为 9.7%,影响死亡的相关因素包括:低平均动脉压、脑病、黏膜出血、低血糖、低血钠及以下指标的升高,包括尿素氮、转氨酶、总胆红素、LDH、PT、APTT、INR。鹿花毒素中毒患者多数可恢复,在美国,因鹿花毒素致死的病例几乎为零,而在欧洲,鹿花毒素仍是致死的常见原因。在美国尚未发现奥莱毒素所致的中毒病例,在欧洲某些区域,奥莱毒素则是常见的致死原因,且摄食后症状出现时间越早,预后越差,轻微的肾功能不全可在数月后恢复正常,但亦有 40%～60% 的病例发展成为慢性肾衰竭。毒蕈碱及致幻毒素中毒患者预后较好,很少出现死亡病例。

五、热点聚焦

（一）环肽类蘑菇中毒患者的救治

早期诊断及救治是改善环肽类蘑菇中毒患者预后的关键，摄食后给予多次活性炭和包括液体复苏及肝脏移植的重症监护成为了标准的环肽毒素中毒治疗方法。寻找特效的解毒剂一直是研究的热点，目前报道的解毒药物均缺乏严格的对照研究，有效性尚不肯定。已经报道过的干预措施包括大剂量青霉素G、大剂量西咪替丁、N-乙酰半胱氨酸、水飞蓟宾等。具体作用机制如下：水飞蓟宾和青霉素G能干扰肝对毒素的摄取，早期应用是发挥临床效应的关键。西咪替丁通过抑制毒伞肽的细胞色素P450代谢而产生肝保护作用。N-乙酰半胱氨酸含有谷胱甘肽的前提物质，具有很强的自由基清除能力和抗氧化作用。在毒蕈中毒的鼠动物模型中，以上治疗对肝酶水平的影响较对照组无明显改善，同样肝坏死的组织学改变亦无明显改善。一项关于环肽类中毒救治的回顾性分析显示，单用青霉素G或者与其他药合用是最普遍的药物治疗方法，但显效甚微。生存分析显示，单用水飞蓟宾或与其他药合用，单用N-乙酰半胱氨酸是最有效的治疗方案。其他治疗如糖皮质激素、维生素C、胡黄连苷（kutkin）及硫辛酸等既往亦有报道，但并无明显疗效并不再推荐。活性炭血液灌流及血液透析在清除毒物方面同样无效，因为毒素一旦形成可快速经肾排泄。血浆置换有成功病例的报道，但仍缺乏严格的对照研究。分子吸附再循环系统（molecular absorbent regenerating system，MARS）采用白蛋白透析液清除蛋白结合的毒素，已经显示可改善患者存活率。费森尤斯公司研制的普罗米修斯系统（prometheus system）采用AlbuFlow滤器，能透过白蛋白而血细胞和大分子蛋白不能透过，两个吸附装置吸附白蛋白结合的毒素，游离的白蛋白重新进入血液循环。该系统是基于血浆分离、吸附和高通量透析的强大体外肝解毒系统，不但能清除蛋白结合的毒素，还可显著改善血清胆红素、胆汁酸、氨、肌酐、尿素氮等水平，使部分病例避免肝移植。

（二）毒蕈中毒肝脏移植的适应证

文献报道的毒蕈中毒肝脏移植适应证包括：①肝性脑病Ⅲ期；②血清胆红素水平大于4.6mg/dl；③给予新鲜冰冻血浆后，PT仍延长＞100秒。其他考虑的因素包括：①年龄＜12岁；②血清肌酐水平＞1.4mg/dl；③出血；④休克；⑤酸中毒；⑥低血糖；⑦V因子缺乏，低于正常参考值的10%。具有以上指征的患者，原位肝移植可能是挽救生命的唯一手段，因此应在毒蕈中毒的早期，在Ⅲ期肝性脑病、黄疸或肾衰竭发生之前，尽早转至当地的肝移植中心。对有休克、酸中毒、低血糖、凝血功能障碍并出血、肝酶显著升高的患者，即使无肝性脑病、氮质血症和高胆红素血症，亦可考虑肝移植。

（周　涛）

第四节　毒鼠强中毒

培训目标

1. 掌握毒鼠强中毒的临床表现、诊断与鉴别诊断。

2. 掌握毒鼠强中毒的治疗关键点。

3. 熟悉血液净化技术在毒鼠强中毒中的应用。

一、概述

毒鼠强（tetramine）简称四二四、TEM，化学名称为"四亚甲基二砜四胺"，非法商品名有：没鼠命、闻到死、王中王、灭鼠王、一扫光、三步倒等。早在2003年我国颁布法规禁止该药使用，但受利益驱使仍有不法商贩在生产和销售，导致中毒事件时有发生。北京协和医院对媒体网络2000—2012年报道过的毒鼠强中毒事件进行分析，发现在此期间共有148件中毒事件，其中2000—2003年95件，2003年以后53件，总计3526人受害，225人死亡，中毒事件多数为人为投毒。中毒事件自2006年后急剧下降，地域分布以中国中部地区如河南、江苏多见，高发月份为4月和9月。

【病因】

误服被其污染的食物或毒死的家禽、牲畜均可致中毒，小儿常因误食毒鼠食饵发病，亦可为人为投毒。

【发病机制】

毒鼠强是一分子量为248Da的小分子有机氮化合物，纯品为白色粉末，无味，化学性质稳定，不易降解。毒物经消化道和呼吸道吸收入血，很快均匀分布于各组织、器官中，具有高分布容积和代谢慢的特点，主要以原形从尿液和粪便中排泄，有报道某中毒患者6个月后尿中仍能测出毒鼠强。

毒鼠强的毒性为氟乙酰胺的3～30倍、氰化钾的100倍，砒霜的150倍。小鼠口服的LD50为0.2mg/kg，人口服致死量为0.1～0.2mg/kg。

毒鼠强是一种强烈中枢神经系统兴奋剂，对周围神经、骨骼肌及神经-肌肉接头无明显影响，具有强烈的致惊厥作用。其毒性作用主要通过拮抗γ-氨基丁酸（GABA）而实现，GABA是脊椎动物中枢神经系统的抑制性物质，对中枢神经有强力而广泛的抑制作用。毒鼠强可逆性阻断GABA与GABA受体的结合，GABA作用受抑后中枢神经呈现过度的兴奋而致惊厥。由于毒鼠强对GABA的拮抗作用是可逆性的，因此中毒后患者常在数天内出现连续多次的反复抽搐、癫痫样发作。有报道指出，毒鼠强还可直接作用于交感神经，导致肾上腺能神经兴奋症状，以及抑制体内某些酶的活性，如单胺氧化酶和儿茶酚胺氧化甲基移位酶，使其失去灭活肾上腺能和去甲肾上腺能的作用，导致兴奋增强，同时其本身有类似酪氨酸衍生物胺类作用，使肾上腺素作用增强。

二、诊断与鉴别诊断

【临床表现】

毒鼠强中毒潜伏期很短，多在数分钟至半小时开始出现症状。轻到中度中毒表现为头痛、头晕、乏力、恶心、呕吐、腹痛，烦躁、易激惹、肌肉震颤、视听幻觉，以及心动过速或过缓。严重中毒表现为惊厥持续状态、昏迷和多器官功能衰竭。中枢神经系统损害一般为可逆性，不留后遗症，但重度中毒者可遗留不可逆性脑损伤。

【辅助检查】

1. **毒物检测** 呕吐物、胃内容物、血、尿、剩余食物中可检出毒鼠强。目前常用检测方法包括气相色谱法或质谱法，GC/MS法检测结果的准确性更高。报道的中毒和致死血药水平分别为0.002～0.369μg/ml和0.64～5.49μg/ml。

2. **脑电图** 主要表现弥漫性慢波伴癫痫样放电，能辅助判断中毒程度及预后。中毒越严重、临床症状越明显，脑电图异常程度越高，恢复时间越长，随着临床症状好转，脑电图也逐渐恢复。

3. **心电图** 可见心动过速或过缓，还可见室性期前收缩及心肌损伤或缺血表现，如 ST 段抬高或下移，T 波低平或倒置，QT 延长。

4. **其他** 部分患者 CK、CKMB、LDH 增高，以前两项升高为主，病情越重，升高越明显，主要与骨骼肌痉挛、脑组织缺氧损伤有关，与心肌受损关联度低。其他可有外周血 WBC 升高，血钾、血糖降低、肝功能异常等非特异性表现，少数患者血尿素氮偏高。

【诊断与鉴别诊断】

诊断依据：①有误服或接触鼠药史，尤其进食后集体发病更有意义；②以阵发性抽搐、惊厥为主要表现，可伴有精神症状及脑、心、肾、肝、胃肠等功能损害；③血、尿、呕吐物、胃液毒物鉴定测出毒鼠强。

鉴别诊断时，要排除以抽搐为主要表现的其他疾病，如中枢神经系统感染、颅脑外伤、脑血管病、精神病、代谢障碍性疾病等。还需与神经毒性杀鼠剂氟乙酰胺中毒相鉴别，后者潜伏期较长，为 2～12 小时，毒物鉴定可帮助确诊。

三、治疗决策

治疗原则：尽早彻底清除毒物，迅速控制癫痫样大发作，积极防治呼吸衰竭与脑水肿，保护心、脑、肝等重要脏器功能。

（一）清除毒物

口服中毒患者应尽早催吐、洗胃、导泻。尸检证实，中毒后 8 小时内胃肠道黏膜毒物浓度最高，故洗胃应尽早在此时期内完成，以减少毒物吸收。中毒患者多有意识障碍，因此应留置胃管反复洗胃。洗胃后注入活性炭吸附毒素，小儿按 1g/kg（最大量 50g），用水调配成 10%～15% 的混悬液从胃管灌入，然后继续给予泻药导泻。值得注意的是，毒鼠强中毒后中枢神经系统兴奋性明显增高，洗胃刺激可诱发或加重患者阵挛性抽搐。因此洗胃时应将患者安置在安静、较暗的环境中，尽量减少不良刺激。同时建立静脉通路，做好相关急救准备。如已出现惊厥，洗胃应在惊厥控制后进行，对有意识障碍及呼吸衰竭者，应在气管插管、呼吸机通气准备或支持下进行。

（二）控制惊厥

惊厥控制是挽救患者生命、减少并发症、提高抢救成功率的关键。动物实验结果 [2] 表明早期使用苯巴比妥钠可竞争 GABA 受体，从而发挥对毒鼠强所致惊厥的拮抗作用，因此止惊药应以苯巴比妥钠为首选。提倡早期使用，先予负荷量 10～15mg/kg，负荷量 12 小时后给维持量 5mg/(kg•d)，每 12 小时给予 1 次。一般应用时间 1～2 周，减量太快或维持时间太短，易造成病情反复。惊厥难以控制时，可再给予 1～2 剂负荷量，前提是有呼吸支持作保障。单药难以控制时，可联合应用咪达唑仑，负荷量 0.15mg/kg 静脉注射后，先以 1μg/(kg•min) 速度持续静脉滴注，每 15 分钟增加 1μg/(kg•min)，直至惊厥控制或者达到最大量 5μg/(kg•min)。维生素 B$_6$ 是氨基酸脱羧酶的辅酶，能催化谷氨酸生成 GABA，静脉注射维生素 B$_6$ 可增加抗惊厥药的疗效，具体剂量参照异烟肼中毒时的 50mg/kg。

（三）血液净化治疗

该疗法是目前国内毒鼠强中毒的标准治疗。文献报道，血药浓度 70μg/dl 的毒鼠强患者，24小时仅代谢毒物60μg，48小时代谢80μg，而在血药浓度100μg/dl的中毒患者，一次血液灌流即可清除毒物1mg。具体方法包括：血液灌流（HP）、血液透析（HD）、血浆置换（HE）、连续性静脉-静脉血液滤过（CVVH）、连续性静脉-静脉血液透析（CVVHD）等。HP临床最常用，治疗后可使患者症状缓解、脑电图向正常恢复、疾病严重度评分（APACHE Ⅱ评分）显著降低。研究发现，毒鼠强中毒患者经1次HP治疗后，体内毒物浓度可降低30%～50%，毒鼠强浓度越高，效果越好；而1次HE治疗后，血中毒物浓度只下降10%～30%。进一步研究发现，首次血液净化后24小时，血液中毒鼠强浓度有一定幅度的回升，这是因为毒鼠强进入人体后均匀分布于各脏器、组织中，血液毒鼠强浓度下降后，毒物在体内再次重新分布而释放入血。动物实验证实这一周期大约8小时。因此往往需要多次治疗，2次治疗时间间隔宜在8～24小时。有报道称，在HP后继续进行CVVH或CVVHD能达到持续清除血中毒鼠强的目的，前者尤可有效防止反跳现象。孟新科认为各种血液净化治疗方法中以HP＋HD效果最好，这是因为联合HD治疗可清除血中炎症介质及氧自由基，减少发生多脏器功能衰竭综合征（MODS）的可能性。据报道CVVH也有相同作用。临床上用活性炭灌流较多，也有报道树脂灌流疗效更优。

（四）防治呼吸衰竭与脑水肿

呼吸衰竭是毒鼠强中毒的主要死因，对昏迷、频繁抽搐、使用大剂量镇静药无效的患者，要尽早气管插管、机械通气，以避免误吸，并利于气道管理及抗惊厥药物的使用。同时需注意脑水肿、颅内高压的判定及施救，尽早使用甘露醇，或与呋塞米、地塞米松交替使用，同时给予β-七叶皂苷钠、吡拉西坦（脑复康）、γ-络氨酸等药物。

（五）脑损伤治疗

毒鼠强中毒引起的反复抽搐可导致严重低氧血症和脏器的缺氧损伤，其中以脑缺氧损伤最明显，治疗策略首选高压氧疗。高压氧治疗应该在有效控制抽搐之后进行。一般为1～3个疗程（10天为1个疗程），对于个别损伤严重者可适当延长治疗周期。

（六）综合治疗

积极防治感染和维持水电酸碱平衡；应激性溃疡时，给予制酸及黏膜保护剂，尽早实行胃肠内营养，恢复胃肠道微生态平衡。对心率明显减慢者，先用阿托品治疗，无效则考虑行体外起搏。必要时给予护心、护肝治疗。

四、常见问题及误区防范

（一）不注重中毒相关病史的询问及技巧，贻误诊治

对进食后无明显诱因在较短时间内（数分钟至半小时）即出现头晕、头痛、消化道症状及无热抽搐者，应考虑毒鼠强中毒的可能，此时应注意采集病史的技巧，如有无群体发病、家中有无相关的药物，仔细询问患者发病前的饮食内容、生活情况、活动范围及家长职业，以期发现重要线索。对青春期儿童，还应注意有无情绪不稳定及自杀动机的可能。必要时行毒物筛查来确定是否存在中毒。

（二）对中毒表现不熟悉，误诊为其他疾病

毒鼠强中毒后潜伏期短，发病快，以中枢神经系统过度兴奋症状为主要特征，临床表现和脑电图改变类似一般癫痫大发作，病情进展迅速，严重者可因呼吸衰竭而于短期内死亡，病死率极高。临床上易与其他毒物中毒、心脑血管急症、癫痫持续状态等混淆。其中有机氟类鼠药（氟乙酰胺，氟乙酸钠）中毒仅从临床表现上难与毒鼠强中毒鉴别，其区别在于有

机氟类中毒一般发病较晚,口服后有 2～12 小时的潜伏期,生化检查可有血、尿氟及血柠檬酸升高,必要时可做毒物鉴定以资鉴别。

(三)洗胃准备工作不充分,病情突变猝不及防

毒鼠强中毒后中枢神经系统兴奋性明显增高,洗胃刺激可诱发或加重患者阵挛性抽搐。因此,洗胃时应将患者安置在安静、较暗的环境中,尽量减少不良刺激;同时建立静脉通路,做好相关急救准备。如已出现惊厥,洗胃应在惊厥得到控制后进行,禁忌催吐。对有意识障碍及呼吸衰竭者,可考虑在气管插管、呼吸机通气支持下进行洗胃。

(四)低估病情的凶险程度,抢救措施不及时

毒鼠强毒性甚剧,对人的致死量为 0.1～0.2mg/kg,毒性为氟乙酰胺的 3～30 倍、氰化钾的 100 倍,砒霜的 150 倍。它起效快,在口腔和咽部黏膜就可被迅速吸收,口服后 3 分钟即可致死,但多数在半小时内死亡。因此,抢救毒鼠强中毒必须争分夺秒,尽快清除毒物,控制抽搐,保护中枢神经系统功能,维持呼吸及循环功能,防止病情恶化。否则患者常可在短期内病情急剧恶化,痛失抢救机会。

五、热点聚焦

(一)如何规范应用抗惊厥药物

鉴于毒鼠强毒性剧烈,理化性质稳定,难以生物降解,体内排泄缓慢,易二次中毒,故应用抗惊厥药物时应早期、适量、重复应用;减量宜缓、维持宜久。使用时要掌握好各种抗惊厥药物的用量和方法,谨防呼吸抑制。首选苯巴比妥及苯二氮䓬类药物,对难以控制的抽搐可在机械通气的基础上使用硫喷妥钠全身麻醉。抽搐控制后应继续维持治疗,停药过早或减量太快往往出现病情反复。一般要持续 1～2 周,少数重症患者需持续用药 30 天以上。只有当中毒症状消失、血及尿中毒鼠强成分消失及脑电图恢复正常后,方可考虑停药。

(二)毒鼠强中毒的治疗进展

关于毒鼠强中毒特效解毒药,目前尚缺乏统一认识。早期动物实验研究表明,巯基类化合物(二巯基丙磺酸钠及二巯基丁二酸钠)能一定程度地延长惊厥潜伏期,使中毒动物的中毒症状减轻,存活时间延长,病死率降低。但进一步研究发现,上述药物要在染毒前 20 分钟给予才有效,而与毒鼠强混合后给小鼠灌胃,未见任何保护作用。临床研究方面,结果也是类似,早期研究未得出明显的疗效,但近年的一些临床观察,尤其是二巯基丙磺酸钠与维生素 B_6 联用的情况下得出了阳性结果,值得关注,但确切结论尚需设计严谨的 RCT 研究方能得出。

关于难治性惊厥的控制是临床救治的另一关键要点,首选苯巴比妥及苯二氮䓬类药物,若上述治疗仍难以控制惊厥,可试用苯妥英钠、丙戊酸钠、硫喷妥钠、氯胺酮等药物。其中氯胺酮控制难治性惊厥的有效性已在动物实验及临床研究中得到证实,可降低谷氨酸对中枢的兴奋效应,对其他通过阻断 NMDA 钙通道产生作用的兴奋性神经递质亦有抑制作用,与传统的抗惊厥药联合使用,可产生协同及叠加效应。目前已有使用该药成功抢救毒鼠强中毒患者的个案报道。

(周 涛)

第五节 百草枯中毒

培训目标

1. 掌握百草枯中毒的临床表现、诊断和严重程度判断。
2. 掌握百草枯中毒的紧急处理和救治方法。
3. 熟悉、理解百草枯中毒的流行病学、病因和发病机制。
4. 了解百草枯中毒的专家共识要点。

一、概述

百草枯（paraquat，PQ）是一种接触性快速除草剂，有一扫光、克芜踪等多种商品名，化学名 1，1′-二甲基 -4，4′-联吡啶阳离子盐，一般为其二氯化物或二硫酸甲酯。目前市售 PQ 多为 20% 的溶液。因其接触土壤后即迅速分解，极少残留，对周围环境无害，在全球广泛使用。但 PQ 对人畜具有很强毒性，因误服或自服引起急性中毒近年呈上升趋势，发展中国家更为突出，已成为最常见的农药中毒和中毒致死的主要原因之一。

PQ 中毒累及全身多个脏器，严重者致多器官功能不全综合征，病死率高达 60%～80%。肺是 PQ 中毒的主要靶器官，早期表现为急性呼吸窘迫综合征（acute respiratory distress syndrome，ARDS），后期则出现肺纤维化，是致死的主要原因。

【流行病学】

由于其对人畜的毒性，欧盟等发达国家已禁用 PQ。但在亚洲国家，PQ 中毒仍是严重的公共卫生问题。据估计，亚洲国家急性 PQ 中毒每年大约为 2000 例，病死率在 60%～70%。美国 1985—1990 年的资料显示，PQ 中毒病例数占农药中毒的 0.34%，但其导致的死亡却占总死亡病例的 13%。我国尚缺乏 PQ 中毒全面的流行病学资料。张宝兰等通过中国期刊全文数据库等检索 1991—2008 年间国内医学专业期刊发表的有关百草枯中毒的文献，共报告病例 8370 例。其中男性 3096 例（36.99%），女性 5274 例（63.01%）。口服中毒剂量最小 0.5ml，最大 1000ml，多超过 5ml。从接触 PQ 至开始抢救时间最短 0.17 小时，最长 480 小时。病死率为 49.68%。中毒者年龄最小 2 岁，最大 84 岁，以青壮年居多。非生产性中毒占 99.06%，生产性中毒仅占 0.94%。非生产性中毒者中，97.69% 为自杀，1.37% 为误服。中毒途径以口服中毒最常见，占 98.91%，其他依次为皮肤接触中毒和经呼吸道中毒。时间分布显示逐年增多，1991—1995 年仅有 118 例，至 2006—2008 年则高达 5161 例。地域分布以河南省最多，占总数的 29.88%，其后依次为四川（17.44%）、山东（12.27%）、河北（11.89%），四省 PQ 中毒者占总人数的 71.48%。中国疾病预防控制中心中毒控制中心的数据显示：自 2002—2011 年，该中心的 PQ 中毒咨询热线共接到 PQ 中毒报道 1571 例，病死率为 38.08%。其中 18 岁以下者 221 例，占 14.07%。报道病例数在 2002—2004 年为数十例 / 年，2005—2009 年为 100 余例 / 年，2010 年陡升至 438 例，2011 年稍有下降，但仍达 371 例。发病高峰季节为 6～8 月。地域分布前 4 名分别为河北、河南、山东和安徽，均超过 100 例，四省病例数占全部病例的 43.86%。中毒途径 81.29% 为口服，15.34% 为皮肤黏膜接触中毒，3.37% 为吸入中毒。中毒原因以自杀最多，占 73.65%，其他依次为职业接触（13.56%）、误服（7.64%）、意外接触（4.84%）、误用（0.32%）。张顺等报道 357 例 PQ 中毒，占同期收治农药中毒患者的 60.2%，病死率为 58.5%。中毒者职业主要为农民（54.3%），其次为学生（21.6%）、待业人员（14.6%）。其他流行病学特征与前述报告相似。儿童尚未见大样本的流行病学调查资料，古吉燕等报道 68 例儿童 PQ 中毒，病死率 32.26%。农村儿童占 94.12%，男女比例为 2.58∶1，年龄 7 个月至 16 岁，97.6% 为口服中毒，皮肤接触中毒仅占 2.4%，无吸入中毒病例。

【发病机制】

PQ 纯品为白色结晶，易溶于水，微溶于低分子量的醇类（如酒精）及丙酮，不溶于烃类，在酸性及中性溶液中稳定，可被碱水解，对铁、铝等金属有腐蚀作用。PQ 可经消化道、皮肤黏膜和呼吸道吸收引起中毒。以口服引起的消化道吸收中毒最常见，皮肤黏膜接触中毒次之，呼吸道吸收中毒少见。也有极少数注射 PQ 引起中毒的报道。孕妇中毒后可致胎儿 PQ 中毒，引起流产、死胎、早产或出生后发生呼吸窘迫和慢性肺疾病。

（一）PQ 的毒物代谢动力学

PQ 是一种高度极化和具有腐蚀性的物质。经呼吸道吸入或结构完整的皮肤接触 PQ 时仅少量吸收。经口摄入后吸收迅速但不完全，主要吸收部位在小肠，吸收率为 5%～15%，大部分经粪便排泄。PQ 分布容积为 1.2～1.6L/kg，口服后 0.5～4.0 小时血浆浓度达峰值，在血浆中蛋白结合率很低，迅速分布到各个器官，大约 6 小时后组织浓度达峰值。细胞膜上的转运体如亚精胺/腐胺转运体等可主动摄取 PQ，使 PQ 在肺、肾、肝和肌肉组织中的浓度增高。肾脏是中毒开始浓度最高的器官，也是主要的排泄器官。PQ 主要以原形从肾排泄，在肾小管中不被重吸收。少量口服时，90% 被吸收的 PQ 在 12～24 小时内经尿排出。但严重 PQ 中毒时，由于 PQ 对器官的毒性，其毒物代谢动力学有巨大变化，最初的 PQ 清除半衰期为 6 小时，随着肾功能受损，PQ 清除率则明显下降，若患者生存超过 24 小时，其清除半衰期可延长至超过 100 小时。随着肺组织主动摄取，PQ 在肺组织富集，口服后约 15 小时，肺组织 PQ 浓度达峰值，为血浆浓度的 10～90 倍。富含血液的肌肉组织中浓度也较高。肺和肌肉成为毒物储存库，达峰值后可缓慢释放进入血液。

（二）PQ 中毒的毒理学机制

目前认为主要是产生自由基和氧化应激反应，导致严重的炎症反应，基因表达和信号传递系统异常也起一定的作用。PQ 进入体内后，其代谢在还原型辅酶Ⅱ-细胞色素 P450 还原酶、黄嘌呤氧化酶、还原型辅酶 I-辅酶 Q 氧化还原酶等多种酶参与下进行，生成单阳离子游离基 PQ$^+$。在细胞内，PQ$^+$ 迅速再次氧化为 PQ^{2+}，并在这一过程中，接受来自辅酶Ⅱ的电子，生成超氧阴离子，进一步在超氧化物歧化酶作用下生成羟基自由基。超氧阴离子还可与一氧化氮自由基生成氧化活性更强的过氧亚硝酸盐。这些高活性氧和亚硝酸盐通过脂质过氧化，使还原型辅酶Ⅱ氧化、激活核因子 κB 等，引起线粒体、细胞功能障碍和细胞凋亡。

经数小时或数日，这些病理生理过程即可导致多器官功能衰竭。最常受累的是那些血流丰富、氧分压高、能量需求大的器官，特别是肺脏、心脏、肾脏和肝。尽管曾在脑脊液中检测到 PQ，但由于 PQ 很难透过血-脑屏障，因此脑部受累并不常见。

由于肺组织的主动摄取，PQ 在肺组织的浓度最高，因而 PQ 中毒最严重的病理损害发生在肺部。PQ 在肺部最初的靶细胞为肺泡上皮细胞。在急性期，Ⅰ型和Ⅱ型肺泡上皮细胞均出现水肿、空泡形成、线粒体和内质网破坏，表现为肺泡炎。随病情进展，进一步导致肺泡萎陷、血管充血，被激活的血小板和多形核白细胞黏附在血管内皮细胞，导致毛细血管内皮损害，引起渗出和肺水肿。随后进入增殖期，肺泡内充满前成纤维增殖细胞，在数日或数周内,前成纤维增殖细胞分化为成纤维增殖细胞,进入肺纤维化期,最终导致肺纤维化。

肾脏近端肾小管上皮细胞在 PQ 中毒后也出现空泡形成,并最终导致肾小管上皮细胞坏死。肝脏的损伤与肝细胞粗面和滑面内质网脱颗粒及线粒体损伤有关。这些改变可在中毒后数小时内出现。

二、临床表现和诊断

【临床表现】

PQ 有局部毒性和全身毒性,对所接触皮肤、黏膜的局部毒性呈浓度依赖性,全身毒性则主要呈剂量依赖性。其临床表现依中毒途径不同有所区别,但不论经何种途径中毒,严重者均可引起 ARDS 导致死亡。

(一)经口摄入中毒

是最常见的中毒途径。经口摄入中毒时临床表现取决于摄入 PQ 的量。多数认为致死量在 $20\sim40$mg/kg,大约相当于体重 70kg 的成人摄入 20% 水溶液 $7.5\sim15$ml。

1. 轻度中毒 摄入的 PQ 量 <20mg/kg 时,患者往往无症状,或仅有轻微消化道症状,如恶心、呕吐等消化道刺激症状,通常无或仅有轻微肝肾功能损害,早期常有肺部一氧化碳弥散能力降低,但罕有发展为肺纤维化者。患者可完全康复,不留任何后遗症。

2. 中至重度中毒 摄入 PQ 量在 $20\sim40$mg/kg 的患者,临床多呈亚急性经过,最初往往以消化道刺激症状最突出,随之出现肾脏和肝功能损害,数日或数周后出现肺纤维化,病死率约为 50%。其典型临床表现可分为 3 个阶段。

第一阶段:在口服摄入后的 $12\sim48$ 小时内,突出表现为由 PQ 局部刺激或腐蚀作用导致的消化道症状。患者常于口服后很快出现舌、口腔、咽部、食管、上腹部、胃等部位的烧灼感和疼痛,也可有恶心、呕吐、腹部绞痛、腹泻等其他消化道刺激症状。多数逐渐出现特征性的 PQ 舌(表现舌部充血、肿胀),患者可完全失声或不能吞咽。纤维食管胃镜检查可见黏膜损害,通常为浅表性损伤,但也有少数出现食管或胃黏膜溃疡导致穿孔或消化道大出血。内镜检查通常应在摄入后 $4\sim8$ 小时进行,由于腐蚀性病变可能较晚出现,若检查结果为阴性,应在 36 小时复查。部分患者可有肺水肿、出血,多发生在摄入后 $24\sim48$ 小时。

第二阶段:时间大致为摄入 PQ 后 $2\sim5$ 天,突出表现为肾衰竭和肝功能损害。急性肾衰竭发病率可高达 50% 以上。部分原因是由于消化道摄入不足和液体丢失所致的低血容量引起。PQ 本身也有肾毒性,表现为近端肾小管损伤为主的肾小管坏死。这种肾小管损伤可完全康复,不留任何后遗症。尽管肾衰竭多数情况下并不严重,但肾是 PQ 的主要排泄器官,肾功能障碍使 PQ 排泄减少,可能是病死率增加的危险因素。在摄入后第 1 天监测血清肌酐、尿素氮、胱抑素 C 可及早发现此类病例,并对判断预后有帮助。PQ 导致的肝损害为小叶中心型肝细胞坏死和胆汁淤积,常为轻至中度,表现为肝酶学指标和胆红素升高。

第三阶段:突出表现为肺纤维化,是中至重度急性 PQ 中毒者预后不良的最主要原因。常发生于摄入 PQ 后 $1\sim2$ 周,典型表现是进行性的肺纤维化,临床表现为进行性加重的呼吸困难和低氧血症。X 线胸片或肺部 CT 亦有相应的影像学改变,但有时与临床表现并不一致,可滞后于临床表现。肺功能检查可在动脉血氧分压降低前即出现异常,有助早期发现肺纤维化。尽管多数病人肺纤维化逐渐进展,并最终导致死亡,但若患者存活,在 1 个月后肺纤维化有可能缓慢恢复,$3\sim12$ 个月后,肺实变及一些局灶性病变可能消失,肺功能也会缓慢改善,多需数年才能恢复正常。

3. **极重度或暴发性 PQ 中毒**　摄入量＞40mg/kg（相当于 70kg 成人口服 20% PQ 溶液超过 15ml）时，表现为暴发性多器官功能衰竭，迅速出现肺水肿、心力衰竭、肾衰竭、肝功能衰竭，神经系统受累则出现惊厥、昏迷。就诊时往往有低氧血症、休克、代谢性酸中毒，在数小时或数日内死亡。

（二）局部接触中毒

少量接触时主要表现为接触性皮炎和黏膜化学烧伤，接触部位的皮肤出现红斑、水疱、溃疡等，黏膜如眼结膜、角膜灼伤可形成溃疡，甚至穿孔。大量长时间接触，特别是会阴或阴囊被污染及皮肤有破损时，可出现全身损害，甚至危及生命。

（三）吸入中毒

迄今为止，PQ 吸入中毒的报道较少。杨玉琼等报道 10 例在运输 PQ 过程中吸入中毒病例，接触时间均在 30 分钟以上，表现为全身出汗、头昏、恶心、乏力、咽部不适、阵发性心悸、胸闷、时而出现视物模糊，1 例有咳嗽、咳痰，经治疗全部存活。王洁茹等报道 3 例在喷洒 PQ 过程中发生的吸入中毒，表现为咳嗽、咳痰、胸闷等，1 例死于 ARDS，2 例存活。

（四）注射中毒

注射中毒罕见，多为自杀，其表现与其他途径中毒有所不同。其特殊表现为注射部位周围皮肤损害和血管炎，皮肤损害和血管炎症状常早于全身中毒症状，表现为皮肤红斑、水疱。也可出现恶心、呕吐等胃肠道症状。全身中毒症状较口服中毒出现早、进展快，病情更凶险。

【诊断与鉴别诊断】

（一）诊断依据

1. **PQ 口服或接触史**　应详细询问病史，尽可能确定是否有 PQ 接触史及接触的方式、途径和量。临床最常见为口服中毒，多为自服或误服。一般情况下，完整的皮肤能够有效阻止百草枯的吸收，但长时间接触、阴囊或会阴部被污染、破损的皮肤大量接触，仍有可能造成全身毒性。吸入中毒较少见，多在运输、使用过程中出现。注射中毒多见于自杀。

2. **PQ 中毒的临床表现**　当患者有确定的 PQ 接触史和前述 PQ 中毒的临床表现，可诊断为 PQ 中毒。临床怀疑 PQ 中毒，但无明确 PQ 接触史者，应尽早查 PQ 血浆、尿浓度。

3. **辅助检查**

（1）毒物鉴定：剩余毒物、胃液、血浆、尿 PQ 定性和定量分析可确定诊断，血浆、尿 PQ 浓度还可协助判断中毒的严重程度和预后。不论 PQ 接触史是否明确，怀疑 PQ 中毒者均应尽快行毒物鉴定。需特别注意的是，PQ 的血浆、尿浓度与接触 PQ 后的时间关系极为重要，利用 PQ 血、尿浓度判断中毒严重程度时，必须结合取得血、尿标本距接触 PQ 的时间综合考虑。

（2）肺部影像学检查：胸片和肺部 CT 可协助了解肺部病变的范围和严重程度。需注意的是，胸部 X 线表现可滞后于临床表现，并随病程进展而改变。肺部 CT 改变的特征依中毒程度不同而表现各异。轻度中毒者仅表现为肺纹理增多、散发局灶性肺纤维化、少量胸腔积液等，随时间迁移，病灶可完全吸收。中重度中毒呈渐进性改变，中毒早期（1 周内）表现为肺纹理增粗、叶间裂增宽，以肺底及外带为主的渗出性改变或实变，可有胸腔积液，中毒后 1～2 周为快速进展期，呈向心性进展，肺渗出样改变或毛玻璃样改变范围迅速扩大，如不能终止，可侵犯全肺。极重度中毒以渗出为主，数天内即可侵犯全肺野。

（3）其他辅助检查：血气分析可协助判断肺功能受损的严重程度。血生化检查可协助判断 PQ 中毒引起的肾、肝、心脏功能损害及电解质和酸碱平衡紊乱。

（二）鉴别诊断

百草枯中毒主要应与临床表现与其类似的疾病进行鉴别。对于出现不明原因的胃肠道症状伴有呼吸系统损害者，应特别注意百草枯中的可能性。百草枯接触史是鉴别诊断中最重要的依据，对可疑病例及时进行毒物鉴定可协助诊断。其他疾病如严重脓毒症或脓毒性休克并发 ARDS 时，其临床表现有与百草枯中毒相似之处，但此类病例没有百草枯接触史，毒物鉴定也无异常发现，有助两者鉴别。

三、治疗决策

目前尚没有 PQ 中毒的特效解毒药，对其救治仍处于探索中。国内外多名学者先后分别总结 PQ 中毒的文献，提出了急性 PQ 中毒的治疗方案。这些方案均肯定了尽早清除进入体内的毒物是成功救治急性 PQ 中毒的基础，其他包括肾上腺皮质激素和免疫抑制剂的使用、抗氧化治疗、呼吸支持、维持内环境稳定等。Gawarammana 等推荐的急性 PQ 中毒治疗见表 10-11。

表 10-11 急性 PQ 中毒的推荐治疗意见

治疗 / 检查项目	适应证	说明
清除毒物	如果可能，应在接触后 2～4 小时内进行	使用活性炭或漂白土
放置鼻胃管	有咽部 / 食管烧伤或尿 PQ 阳性	尽早放置，时间延长会导致置管困难
连二亚硫酸盐法测定尿 PQ 浓度	全部患者。若结果为阴性，24 小时内复查	可提示预后，阴性提示存活可能。应结合血浆 PQ 浓度判断
血浆 PQ 浓度	全部患者	可提示预后
血电解质、尿素氮、肌酐、全血细胞计数、血气分析	若临床需要，至少每日 1 次	异常者注意查找可逆转的病因。其变化对判断预后有参考意义
监测液体平衡情况	全部患者	若尿量减少，注意维持液体平衡，并及早发现急性肾衰竭
静脉补液	不能吞咽或低血压	
血液灌流 / 血液透析	2 小时内开始。不伴肺炎的急性肾衰竭	尽早使用，极重度中毒、中毒晚期使用不能降低病死率
监测呼吸频率和氧饱和度	全部患者。避免吸氧	注意查找可治疗的病因（例如感染、气胸）。早期出现肺炎、晚期出现肺纤维化提示预后不良
监测心血管功能状态	全部患者	液体复苏无效的低血压提示预后极差
监测意识状态	全部患者	若低氧血症 / 酸中毒导致中枢神经系统损害，提示预后极差
缓解疼痛和镇静	全部患者	根据需要选用阿片类药物镇痛、苯二氮䓬类药物镇静
气管插管和机械通气	急性期使用，指征与其他疾病类似	大量摄入导致的急性肺炎和肺纤维化时避免使用
试验性治疗	临床研究中取得患者知情同意后使用	动物实验研究结果多数支持使用地塞米松、水杨酸盐和 N- 乙酰半胱氨酸，但尚无临床证据证明其效果

中国医师协会急诊医师分会于 2013 年发表了《急性百草枯中毒诊治专家共识（2013）》，其要点如下。

（一）现场处理

PQ 中毒的现场处理主要是尽快清除毒物并减少毒物的吸收，现场处理后应立刻将中毒者送至医院进一步治疗。

经口摄入者立即催吐，可用小勺、筷子或手指刺激咽喉部引发呕吐，并饮用洁净的清水，饮水后再刺激咽喉部引发呕吐，反复多次，直至呕吐物无绿色。催吐时注意让患儿侧卧或俯卧，头部位置放低，以免误吸。催吐后使用吸附剂以减少 PQ 吸收，口服无机矿物质吸附剂对减少 PQ 吸收可能有益。由于 PQ 接触土壤后即自动灭活，现场无特殊吸附剂时，口服中毒者可饮服以干净纱布等过滤的泥浆水。

皮肤、黏膜沾染 PQ 或被口服者的呕吐物污染时，应立即脱去衣服，用肥皂水或清水反复冲洗。冲洗时避免使用粗糙毛刷等反复擦洗，以免伤害皮肤，增加 PQ 经皮吸收。眼睛接触 PQ 时，使用温水或生理盐水反复冲洗 15～20 分钟。吸入接触者应立刻脱离吸入接触的环境。

（二）院内救治

1. 复苏治疗 对极重度 PQ 中毒患者，目前的所有治疗都不能挽救患者生命，一旦确诊，应只给予缓解治疗（palliative therapy），以减少患者痛苦。非极重度 PQ 中毒患者则应根据临床情况和复苏指南，给予标准的复苏治疗。

PQ 中毒者的气道梗阻常由 PQ 的黏膜毒性所致黏膜水肿或呕吐物阻塞气道引起。黏膜水肿所致者应及早建立人工气道，呕吐物引起的气道梗阻则应立刻清除呕吐物。

呼吸频率增快和（或）低氧血症可由代谢性酸中毒、吸入和急性肺泡炎引起。吸氧可加重 PQ 中毒者的氧化应激反应，虽然尚无人类研究的证据，但动物实验研究显示吸氧可增加病死率[22]，因此，对轻至中度低氧血症者，吸氧不作为常规治疗。多数学者建议将 $PaO_2 <$ 40mmHg（5.3kPa）或 ARDS 作为急性 PQ 中毒者开始氧疗的指征。

PQ 中毒者早期的低血压常由低血容量引起，应予等渗晶体液 15～20ml/kg，15～30 分钟内输入。必要时原剂量重复，维持尿量 1～2ml/(kg·h)。由于急性肾衰竭常发生于中毒后 24 小时内，因此必须严密监测液体平衡状态和肾功能。

PQ 中毒者通常无意识障碍。一旦出现意识障碍，提示同时存在其他毒物中毒或 PQ 中毒导致的严重低氧血症、代谢性酸中毒、低血压。需注意的是，若为后者引起的意识障碍，气管插管、机械通气常常无效。

2. 阻断毒物吸收 包括催吐、洗胃与吸附、导泻、清洗等措施。

患者送达医院后应尽快洗胃。洗胃液首选清水，也可用肥皂水或 1%～2% 碳酸氢钠溶液。上消化道出血不是洗胃的禁忌证，有上消化道出血者可用去甲肾上腺素冰盐水洗胃。洗胃尽可能彻底，成人洗胃液常需不少于 5L，直至洗出液为清亮、无色、无味为止。洗胃完毕后，经胃管注入活性炭 2g/kg（最大剂量 100g），或 15% 漂白土溶液 15ml/kg（最大剂量 1000ml）。部分患者呕吐剧烈，可在呕吐缓解后少量频服漂白土或活性炭，以吸附进入肠道的毒物。

导泻常用 20% 甘露醇、硫酸钠或硫酸镁。洗胃结束后，胃管内注入或口服 25% 硫酸钠或硫酸镁 250mg/kg（最大量 50ml），或 20% 甘露醇 2ml/kg（最大剂量 100ml）导泻，促进肠道毒物的排出，减少吸收。此后，可连续口服漂白土或活性炭 2～3 天。

3. 促进毒物清除

（1）补液利尿：急性 PQ 中毒患者都存在一定程度的脱水，适当补液的同时给予静脉注射利尿药，常用呋塞米，维持适当循环血量与尿量，可能有利于 PQ 排泄和维护肾功能。但补液利尿过程中需监测心肺功能及尿量情况。

（2）血液净化：PQ 中毒首选血液灌流（hemoperfusion，HP）还是血液透析（hemodialysis，HD）尚存争议。虽然尚无足够的循证医学证据，但 HP 清除 PQ 的作用已获得大部分学者的认可，推荐口服中毒后尽量在 2～4 小时内开始 HP。理论上，PQ 属水溶性、小分子物质，更适合于行 HD，但 PQ 自身肾脏清除率（170ml/min）远大于 HD，建议 HD 用于合并肾功能损伤的 PQ 中毒患者。连续静脉 - 静脉血液滤过（continuous veno-venous hemofiltration，CVVH）适用于清除中毒后产生的大量炎性因子和炎性介质，但其临床疗效仍有待研究。由于 PQ 在血液中血浆蛋白结合率极低，几乎全部以游离状态存在，因此不推荐血浆置换（plasma exchange，PE）用于急性 PQ 中毒。

4. 药物治疗

目的主要是防治靶器官肺损伤，常用肾上腺皮质激素、免疫抑制剂、抗氧化剂等。

（1）肾上腺皮质激素：常用甲泼尼龙静脉输入。常用剂量和疗程为第 1～3 天 15mg/（kg•d），4～5 天 7.5mg/kg，6～7 天 3.75mg/kg，总疗程为 7 天。用药期间注意监测感染指标，适当补充钙剂。可用等效剂量的其他肾上腺皮质激素替代甲泼尼龙，如氢化可的松、地塞米松。

（2）免疫抑制剂：常用环磷酰胺，剂量为 15mg/（kg•d）静脉输注，3 天为 1 个疗程。近年亦有应用环孢素 A 治疗的报道，但其疗效有待进一步研究证实。

（3）抗氧化剂：理论上可清除氧自由基，有助减轻 PQ 中毒所致肺部损害。临床常用谷胱甘肽、N- 乙酰半胱氨酸、维生素 C、维生素 E 等。虽然这些药物在动物实验中显示有效，但多数临床研究未能证实其效果。最近有研究表明，PQ 中毒患者血清总抗氧化状态与预后无关，这与临床对抗氧化药物疗效的研究结果一致，因此，抗氧化剂能否改善 PQ 中毒的预后值得进一步研究。

（4）其他药物：有报道应用乌司他丁、水杨酸盐、中药剂（如血必净、丹参、银杏叶提取物制成的静脉注射制等）治疗急性 PQ 中毒，但其疗效仍待进一步研究证实。

5. 对症和支持治疗

频繁呕吐者可给予 5- 羟色胺受体拮抗剂或吩噻嗪类止吐药，避免使用多巴胺拮抗剂，如甲氧氯普胺等。消化道黏膜损伤者，可用黏膜保护药和抑酸药。皮肤或黏膜灼伤疼痛严重者，可予阿片类镇痛剂如吗啡。烦躁者可给予咪达唑仑等镇静。目前尚无证据表明机械通气能增加存活率，故一般不推荐使用，但若有条件准备行肺移植，机械通气和体外膜肺氧合（ECMO）可延长存活时间，为肺移植赢得时间。急性 PQ 中毒常有消化道黏膜损伤，其最佳进食时机尚不清楚。若患者不能经消化道进食或经消化道进食量不能满足，可予肠外营养，但其对预后的影响尚不清楚。

四、常见问题和误区防范

（一）诊断急性 PQ 中毒中需注意哪些问题

（1）PQ 除常见的百草枯、克芜踪等商品名外，还有许多其他的商品名。因此不能仅根据商品名判断是否为 PQ，要尽量找到原包装或说明书查看其化学名。

另有一些除草剂分子结构与 PQ 类似，常见如敌草快（diquat），化学名 1, 1'- 亚乙基 -2,2'- 联吡啶二溴盐，其中毒机制、临床表现和治疗均与 PQ 中毒相似。

（2）有明确 PQ 接触史，特别是口服途径接触，但没有毒检证据；或无明确 PQ 接触史，但血、尿中检出百草枯，即使临床表现不典型，均可确定为 PQ 中毒。

（3）若患者有早期化学性口腔炎、上消化道刺激和腐蚀症状、肝肾功能损害、随后出现肺部损伤等典型 PQ 中毒表现，但没有明确接触史，也缺乏血、尿毒物测定等证据，可诊断为疑似 PQ 中毒，并按 PQ 中毒进行治疗。

（二）血、尿 PQ 测定结果为阴性能否除外 PQ 中毒

血、尿中检测到 PQ 可确定为 PQ 中毒。若血、尿未检测到 PQ，则必须结合病史和临床表现综合判断。

首先要考虑取得检测标本距接触 PQ 的时间。由于肾的清除作用，血、尿百草枯浓度随时间推移逐渐降低，若取得标本距接触 PQ 的时间过长，则血、尿 PQ 可能为阴性。

除取得标本距接触 PQ 的时间会影响检测结果外，还要注意测定的方法。不同测定方法的敏感度不同，能够检出的最小浓度不同。在解读阴性结果时需特别注意，若取得标本距接触 PQ 时间延长，或接触 PQ 的量小，血、尿 PQ 的浓度小于最小检出浓度，则检测结果为阴性，因此不能单独根据血、尿 PQ 测定为阴性即排除 PQ 中毒。

常用方法及最小检出量如下：①放射免疫测定法：PQ 最小检出量血浆为 6ng/ml，尿为 30ng/ml；②固相提取和硫代硫酸钠浓缩后分光光度测定法：所需样本量最低 5ml，最小检出量血浆为 45ng/ml，尿为 250ng/ml；③碱和硫代硫酸钠试管法测定尿 PQ：为半定量检测法，最小检出量约为 2mg/L；④碱和连二亚硫酸盐法测定尿 PQ：为半定量法，最小检出量约为 1mg/L。

（三）如何判断急性 PQ 中毒的预后

PQ 的全身毒性呈剂量依赖性，影响预后的最关键因素是摄入的剂量。PQ 致死量为 20～40mg/kg，大约相当于体重 70kg 的成人摄入 20% 水溶液 7.5～15ml。也就是说，成人喝入一口足以致死。但在实际工作中，特别是儿童，往往无法确定患者到底喝入了多少。加之 PQ 中往往加入臭味剂、又具有刺激性，患者喝入口中后往往会吐出，或因消化道刺激出现呕吐等，很难确定患者到底喝入了多少。所以，及时测定血浆、尿 PQ 浓度是及早判断预后、决定治疗措施的关键指标。对于各种原因未能测定血浆、尿 PQ 浓度者，患者的临床表现和脏器功能指标亦可作为判断预后的参考，但由于脏器功能损害往往在一定时间后才出现，因此多不适用于早期判断，且其准确性不及血浆、尿 PQ 浓度测定。

1. 摄入量与预后的关系 目前尚无儿童摄入量和预后关系的报道。成人摄入量＜10ml 者几乎全部存活，10～20ml 者存活率为 80%～90%，20～40ml 者为 50%～60%，40～50ml 者为 10%，超过 60ml 者存活率＜1%。随着摄入量不同，其死亡发生时间和直接死亡原因也不同。摄入量超过 100ml 者，在摄入后 24 小时内死亡，直接死亡原因多为心搏骤停。摄入量为 50～100ml 者，多在 7 天内死亡，直接死亡原因主要为呼吸衰竭合并或不合并肾衰竭。摄入量在 15～40ml，死亡多发生在 2～4 周，直接死亡原因均为呼吸衰竭。

2. 血浆 PQ 浓度与预后的关系 血 PQ 浓度与预后呈负相关。依检测标本不同，可分为血清和血浆 PQ 浓度测定，以血浆 PQ 浓度检测最常用。Proudfoot 等对 79 例 PQ 中毒患者的研究表明，摄入 PQ 后 4 小时、6 小时、10 小时、16 小时和 24 小时血浆 PQ 浓度分别≤2.0mg/L、0.6mg/L、0.3mg/L、0.16mg/L 和 0.1mg/L 者存活可能性大。Gil 等对 375 例急性 PQ 中毒者血浆 PQ 浓度与预后的研究表明，存活者最高血浆 PQ 浓度摄入后 2 小时为 3.44µg/ml、3 小时为 2.64µg/ml、4 小时为 1.75µg/ml、5 小时为 1.31µg/ml、8 小时为 1.2µg/ml、24 小时为 0.16µg/ml；

死亡者最低血浆PQ浓度分别为摄入后2小时0.92μg/ml、4小时0.54μg/ml、5小时0.12μg/ml、12小时0.02μg/ml、24小时0.01μg/ml。为直观起见，这一结果可用图10-1表示。除判断中毒严重程度外，这一结果的意义在于针对不同的患者确定治疗策略。对于某一特定时间点PQ血浆浓度高于存活者最高血浆浓度的患者，即使给予所有积极治疗，患者仍无存活可能或存活的几率极端微小，应向家属说明情况，取得理解后，以缓解治疗为主。对在某一特定时间点PQ血浆浓度介于存活者最高血浆浓度和死亡者最低血浆浓度之间的患者，积极治疗可降低病死率，应及时给予血液净化等积极治疗。对于某一特定时间点血浆PQ浓度在死亡者最低血浆浓度以下的患者，则应结合临床情况决定治疗措施，避免过度积极。同时需注意，由于病例数偏少，少数临近界限值的患者可能会有例外，须结合每例患者的临床情况综合判断。

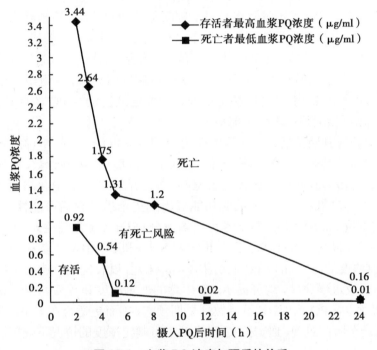

图10-1 血浆PQ浓度与预后的关系

Hong等通过对2136例PQ中毒者血浆PQ浓度与预后的关系进行分析，提出了根据特定时间点血浆PQ浓度预测患者生存率的计算公式，可根据某特定时间点的血浆PQ浓度，比较准确地预测患者的生存率，并将结果绘制成图，简单、直观、实用，可供临床使用。

3. 尿PQ浓度与预后的关系 虽然血PQ浓度测定是判断预后的可靠指标，但其检测技术复杂，需要特殊的设备，成本高，限制了其临床应用。尿PQ半定量检测技术简单，不需特殊设备，成本很低，更容易普及。尿PQ测定的基本原理是：首先在尿标本中加入过量的碱性液，使尿液呈碱性。然后加入还原剂，在碱性环境下，还原剂使PQ发生还原反应，生成蓝色物质，尿液的颜色即发生改变。根据颜色改变的程度可大致判断尿PQ含量。碱性液常用氢氧化钠或碳酸氢钠，还原剂可选择连二亚硫酸钠、硫代硫酸钠、连二硫酸钠，以连二亚硫酸钠最为常用。研究证实PQ标准品加入不同浓度过量的氢氧化钠和不同浓度过量的连二亚硫酸钠对显色均无明显影响。提示检测过程中添加碱性液和还原剂不必非常精确，只要确保过量即可。因此更适宜作为快速检测在床旁使用。

较早的研究显示，服毒 24 小时内尿 PQ 浓度＜1mg/L 者预后较好，＞1mg/L 者则有死亡风险，超过 100mg/L 提示预后极差。另一项研究则表明，若在接触 PQ 后 34.5 小时内尿 PQ 转为阴性，提示预后良好。刘尊齐等应用尿 PQ 半定量法，对 179 例服毒至入院时间在 24 小时内的急性 PQ 中毒患者尿 PQ 检测结果和预后的关系进行了研究。具体测定方法为：取患者尿液 10ml，加入碳酸氢钠 2g，轻摇混匀。然后加入连二硫酸钠 1g，搅拌混匀，静置后与标准比色板对照确定尿浓度。判定标准：尿液未变色为阴性，提示尿中无 PQ 或 PQ 浓度＜3μg/ml。尿液稍变色或呈绿色为 +，PQ 浓度为 3～10μg/ml；尿液变为浅蓝或蓝色为 (++)，PQ 浓度为 10～30μg/ml；尿液变为深蓝色为 (+++)，PQ 浓度为 30～100μg/ml；尿液呈紫黑或黑色为 (++++)，PQ 浓度＞100μg/ml。结果全部病例尿 PQ 半定量测定均为阳性，且尿 PQ 浓度与临床严重程度呈正相关，++++ 组病死率为 73.7%，+++ 组为 40.0%，++ 组为 4.3%，+ 组则全部存活。说明尿 PQ 半定量测定可用于判断急性 PQ 中毒者的预后。

需要注意的是，相对于血浆 PQ 浓度，对尿 PQ 测定与预后关系的研究尚少，样本量小，其精确性也不及血浆 PQ 浓度，并且尿液 PQ 浓度受血浆浓度和肾功能的双重影响，还与尿液浓缩、稀释程度有关。若肾功能受损，则 PQ 排泄速度明显减慢，组织浓度相应增高，其浓度高峰将延迟至 15～20 小时之后甚至更长。若要连续监测尿 PQ 浓度，则需持续导尿。对无尿的患者则因不能取得标本而不能检测。

4. 根据临床表现判断预后　Lee 等的研究表明，除 PQ 摄入量外，存活者和死亡者年龄、呼吸频率、血 pH、动脉血二氧化碳分压、血红蛋白浓度、白细胞计数、血尿素氮水平、血淀粉酶水平和发生衰竭的器官数均有显著差异。认为低年龄、非消化道摄入、接触 PQ 量少、淋巴细胞增多程度低、肾及肝和胰腺功能障碍则提示患者存活可能性大。近年也有报道提示，血尿酸浓度、乳酸浓度、序贯器官衰竭评分 (SOFA)、急性生理和慢性健康评估Ⅱ (APACHE Ⅱ) 评分、简化急性生理学评分Ⅱ (SAPS Ⅱ) 和 PQ 中毒严重指数 (SIPP)［即接触 PQ 至检测 PQ 血浓度的时间 (h)×PQ 血清浓度 (mg/L)］，以及定期行胸部 CT 扫描分析肺部病变的性质、范围及进展速度，均可提示 PQ 中毒的严重程度和预后。但这些方法复杂，预测的准确率不及血、尿 PQ 浓度，且不能做到早期预测，因而更适合在无条件测定 PQ 血、尿浓度，或患者被送至医院过晚，血、尿 PQ 浓度低于可测定浓度的情况下使用。

五、热点聚焦

（一）有关血液净化的时机、模式、剂量、疗程和效果

尽管目前尚无足够的确切证据证明血液净化可降低 PQ 中毒的病死率，但血液净化已作为 PQ 中毒的常规治疗。对血液净化的时机、模式的选择和疗程仍处于探索之中。

1. 血液净化的时机　PQ 的毒物动力学研究表明，口服 PQ 后其血浓度在 0.5～4.0 小时血浆浓度达峰值，并迅速分布到各个器官，由于组织的主动摄取，大约 6 小时后组织浓度达峰值，尤以肺组织浓度最高。其后随着肾排出或血液净化，血浓度降低后，组织中的 PQ 向血中缓慢释放。由于血液净化仅能清除血中的 PQ，理论上血液净化应及早进行，以减少 PQ 由血液向组织的转移，降低 PQ 的组织浓度，才能减轻 PQ 的毒性作用。临床研究结果支持这一推断。Hsu 等报道重度百草枯中毒患者 4 小时内开始 HP 者 30 天生存率为 53.8%，4 小时后开始者为 29.9%。另一项关于 HP 开始时间与预后的研究显示，6 小时内行 HP 者病死率为 42.31%，6～12 小时行 HP 者为 53.33%，＞12 小时者为 91.67%。说明及早血液净化可

降低病死率。因此，多数学者认为 PQ 中毒者到达医院后应尽快行血液净化，最好在接触 PQ 后 2~4 小时内开始。

2. 血液净化的模式、剂量和疗程 HP 是目前临床治疗 PQ 中毒应用最多的血液净化模式。PQ 属中小分子物质，不与血浆蛋白结合。HP 能够有效吸附百草枯，同时可以吸附部分炎症因子，减轻炎症反应，保护重要脏器功能。一项对 2013 年 5 月之前有关 HP 治疗 PQ 中毒文献的 Meta 分析显示，内科常规治疗 + HP 者病死率为 43.9%，仅内科常规治疗者为 67.2%，提示 HP 可提高 PQ 中毒者的生存率。HP 治疗时可根据血液毒物浓度或口服量决定每次使用 1 个或多个灌流器，血流速多设置在 150~250ml/min，持续时间多为 2~5 小时，每日 1 次，疗程为 3~7 天。为提高治疗效果，有研究者采用每日 2 次或 3 次 HP 治疗 PQ 中毒，也有学者提出"强化灌流"的概念，即在 PQ 中毒 24 小时内开始 10 小时或更长时间的 HP。但对其疗效尚存争议。许鸣华等的研究认为，服毒量 <50ml 及 >100ml 者的病死率并不因灌流次数和开始灌流时间不同而发生变化；服毒量 50~100ml 者病死率随灌流次数的增加明显下降，且开始灌流时间越早，病死率越低。

尽管 HP 可降低 PQ 中毒的病死率，但接受 HP 治疗的 PQ 中毒病死率仍然很高。因此许多学者探索联合应用其他血液净化模式，期望进一步降低病死率。

HP + HD 是常用的组合之一，但其效果尚需进一步研究。薛兰芬等将 67 例 PQ 中毒患者分为对照组（常规内科治疗）、HP + HD 组（常规内科治疗 + HP 2 小时串联 HD 4 小时 1 次）和强化 HP + HD 组（常规内科治疗 + HP 串联 HD 每日 2 次），统计其 30 天生存率分别为 20.8%、30.2%、37.0%，表明 HP + HD 可提高患者生存率，强化 HP + HD 可进一步提高患者生存率。另一项荟萃分析[36] 也显示，HP + HD + 常规内科治疗较单纯常规内科治疗可提高百草枯中毒的生存率。目前尚缺乏单独使用 HP 与 HP + HD 疗效的对比研究报道，上述研究也均未对比单纯 HP 和 HP + HD 的治疗效果，因此目前尚无证据显示 HP + HD 疗效优于单纯 HP。

HP + CVVH 是另一常用组合。百草枯吸收入血后分布容积大，后期可出现血液浓度反弹，故有学者提出"序贯性血液净化"，即先采用血液灌流迅速降低血中百草枯浓度，再采用 CVVH 持续清除毒物同时清除炎性介质、稳定内环境，希望能降低 PQ 中毒的病死率。但一项最近发表的随机对照研究不支持 HP + CVVH 能较单纯 HP 进一步降低病死率。研究期间共收治 1185 例 PQ 中毒患者。501 例因非口服摄入、接触 PQ 至入院时间超过 24 小时、拒绝加入研究和未完成治疗被排除。剩余 684 例纳入研究，随机分为 HP 组（458 例）和 HP + CVVH 组（226 例），两组其他治疗相似。结果 HP 组病死率为 57.4%，平均生存时间为（5.1±2.3）天；HP + CVVH 组病死率为 58.4%，平均生存时间为（8.6±3.1）天。统计分析显示，尽管 HP + CVVH 组平均生存时间显著延长，但两组病死率无显著差异。表明与单纯 HP 相比，虽然 HP + CVVH 能够延长患者的生存时间，但并不能降低病死率。

尽管有少量研究表明血浆置换、血浆灌流等血液净化方法可降低 PQ 中毒者的病死率，但与 HP 相比，并无明显优势，且技术更复杂、成本更高，因而未广泛应用。

（二）肾上腺皮质激素和免疫抑制剂的剂量、疗程和疗效

糖皮质激素具有稳定细胞膜、降低毛细血管通透性、抑制过度炎症反应并减少炎症介质释放从而保护机体的作用。常用的糖皮质激素为甲泼尼龙、地塞米松及氢化可的松。常用免疫抑制剂为环磷酰胺，其他药物包括环孢素 A、秋水仙碱、长春新碱等也有相应报道。环磷酰胺有广泛免疫调节作用，能抑制细胞和体液免疫，减轻炎症反应，同时环磷酰胺可致白细胞降低，从而减轻了白细胞诱导的肺部炎症。Afzali 等对 45 例百草枯中毒患者分组治疗，对照组使用常规治疗，治疗组在对照组的基础上加用甲泼尼龙联合环磷酰胺冲击治疗，发现对照组死亡率为81.8%，治疗组死亡率为33.3%，其死亡原因均为 ARDS，提示激素联合环磷酰胺可减轻肺损伤。近年有两项关于糖皮质激素和环磷酰胺治疗 PQ 中毒效果的 Meta 分析均显示糖皮质激素联合环磷酰胺可降低急性 PQ 中毒的病死率。

目前，多数临床研究对糖皮质激素和环磷酰胺等免疫抑制剂持肯定看法，认为能提高百草枯中毒患者的生存率，并建议对非暴发型中重度百草枯中毒患者进行早期治疗，虽然应用糖皮质激素及免疫抑制剂救治急性百草枯中毒已成为主流观点，但对其剂量、疗程尚无成熟方案，对其不良反应也缺乏关注。Afzali 等使用的剂量为甲强龙 1g/d 连用 3 天，环磷酰胺 15mg/（kg•d）连用 2 天，同时给予巯乙磺酸钠 15mg/（kg•d）连用 4 天预防环磷酰胺导致的出血性膀胱炎等不良反应。Agarwal 等在进行 Meta 分析时，对 1980—2006 年的文献进行检索，结果共有 12 篇关于糖皮质激素和环磷酰胺治疗 PQ 中毒的研究。免疫抑制剂均使用环磷酰胺，糖皮质激素单独使用地塞米松或甲强龙者，也有序列使用甲强龙和地塞米松者。12 项研究均显示可降低 PQ 中毒的病死率。但究竟何种剂量和疗程最佳，目前并无相关研究。且 12 项研究中仅有 2 项为随机对照研究，6 项为非随机历史对照研究，4 项研究既非随机，也无对照。显示目前对糖皮质激素和免疫抑制剂治疗 PQ 中毒仍无公认的剂量和疗程，是今后需重点研究和解决的问题。

（高恒妙）

第十一章

意外与非意外伤害

第一节 多 发 伤

培训目标

1. 掌握多发伤、多处伤和复合伤的区别。
2. 掌握多发伤的评估和快速处理流程。
3. 了解多发伤、多处伤和复合伤不同的病理生理变化。
4. 了解多发伤处理的难点和重点。

一、概述

多发伤是指在同一机械致伤因素作用下机体同时或者相继遭受两种以上解剖部位或器官的较严重损伤,至少一处损伤危及生命或并发创伤性休克。多发伤不是各种损伤的简单加和,具有损伤机制和病理生理复杂、休克发生率高、早期易发生低氧血症、并发症多、诊断困难等特点。儿童与成人不仅在身体发育上有所不同,对创伤的身心承受力也有很大差别,易发生创伤后压力综合征(PTSD)。这里要强调几个容易与多发伤混淆的概念。多处伤是指同一部位或同一脏器的多处损伤,如腹部肝脾损伤、小肠多处穿孔等,列为多发伤者不属多处伤,多处伤伤情不一,轻者不需处理,重者可致死。复合伤是指两种以上不同的致伤因素同时或相继作用于人体造成的损伤,如机械性损伤合并有辐射、烧伤、化学和生物武器伤等。

【病因及发病机制】

多发伤最易发生的地点是户外,学校和家庭次之。致病因素主要有交通事故伤、坠落伤、挤压伤。坠落伤是婴幼儿和学龄前儿童最常见的受伤原因,交通事故尤其是行人事故是学龄儿童多发伤的主要原因,机动车辆相关的事故是10～19岁儿童的主要致伤原因。儿童身体各部位均可发生损伤,头颅和四肢是最易受伤的部位,脊髓损伤较少,头颅伤在婴幼儿中尤为常见。具体有头颅伤、颈部伤、胸部伤、腹部伤、泌尿生殖系统损伤、复杂性骨盆骨折、脊椎骨折、脱位伴脊髓伤、上肢肩胛骨、长骨骨折、下肢骨骨折、四肢广泛皮肤撕脱伤等。

除了对机体的直接损伤,多发伤还会引起一系列复杂的病理生理变化,且与致伤机制、损伤部位、救治时机等有关。

1. 神经内分泌应激反应 疼痛、失血、低温、精神紧张等产生强烈的神经内分泌应激反应,兴奋交感神经 - 肾上腺髓质轴、下丘脑 - 垂体 - 肾上腺轴、肾素 - 血管紧张素 - 醛固酮系统,释放大量的儿茶酚胺、促肾上腺皮质激素、抗利尿激素、糖皮质激素、生长激素、内啡

209

肽、肾素等，进而调节心血管功能、维持重要脏器的血供、有利于机体对抗出血、增强免疫功能，同时增强糖、蛋白质和脂肪的代谢，胰岛素水平受抑制，具体表现为高血糖，负氮平衡、游离脂肪酸和三酰甘油浓度升高、胆固醇浓度下降等。高血糖一方面为脑组织提供了能量，另一方面会增大伴有颅脑损伤患者的死亡风险，并会影响其预后。新生儿中，葡萄糖消耗迅速，可能导致低血糖。此反应短期内对机体有利，若伤情得不到及时纠正，组织在长期的低灌注状态下形成毒性物质，如缓激肽、5- 羟色胺等，使毛细血管通透性增加，导致循环体液进一步丢失。又由于缺氧、ATP 减少、钠泵衰竭，使细胞内液增加，造成严重容量不足、外周循环灌注减少，导致血流动力学不稳定。

2. **全身炎症反应综合征**（SIRS） 多发伤引起炎症反应，刺激细胞、组织释放多种炎症介质，如组胺、5- 羟色胺、前列腺素等物质，可以介导血管和白细胞的变化。补体系统增加血管通透性，对中性粒细胞和单核 - 巨噬细胞的功能起调理作用。血小板活化因子引起血小板聚集、低血压、血管通透性增高和支气管收缩等，此时免疫细胞处于激发状态。病情稳定后，炎症反应消退，损伤组织得以修复。如促炎和抗炎反应系统失衡，可引起 SIRS，过度的炎症反应可导致急性肺损伤、急性呼吸窘迫综合征、多器官功能障碍综合征和脓毒症等。SIRS 的出现，常预示预后不良，增大患者的相对死亡风险。

【流行病学】

意外伤害已成为美国儿童死亡的首要因素。多发伤作为严重的意外伤害，由于各地经济发展水平不同，其发生率差异大，目前无具体流行病学资料。多发伤以青壮年为主，儿童中的发生率相对较低，但死亡率较高，有 50% 的患儿死亡于创伤现场。男童的发生率高于女童。每年的高温炎热季节是创伤的高发期。多发伤合并颅脑伤的发生率约在 60% 以上，其死亡率高达 35%～40%，而单纯颅脑损伤仅为 10%，不含颅脑伤的多发伤为 20%；有颅脑伤的多发伤，其休克发生率高达 26%～68%，而单纯颅脑伤仅为 2%～3%。

二、诊断与治疗

【诊断与治疗】

对儿童多发伤的诊断应简捷、快速、全面，采用先处理后诊断，边诊断边处理的原则，可结合其损伤机制，尽早做出诊断。

多发伤常表现为外伤与隐蔽性外伤同时存在，因此容易漏诊。加拿大迈克尔创伤研究中心统计的多发伤漏诊发生率为 8.1%，所有漏诊病例中 43.8% 是不可避免。Chan 报道 387 例多发伤早期误诊率为 12%；天津医院报道的 1590 例多发伤漏诊率为 8.9%。儿童在身体结构上不同于成人，且配合能力差，检查和治疗时不合作，主诉不准确，更容易漏诊。Williams 等对Ⅱ级创伤的多发伤儿童进行漏诊的回顾性研究发现漏诊率和过去 10 年比较变化不大，多发伤伤情越重，越容易漏诊，儿童易下肢漏诊，提出应该多加注意多发伤儿童的下肢。

为防止漏诊，体格检查可以概括为 CRASH PLAN 方案，即对循环（C）、呼吸及胸部（R）、腹部（A）、脊柱脊髓（S）、头颅（H）、骨盆（P）、四肢（L）、动脉（A）和神经（N）等多系统多部位的全面检查。这样可在数分钟内对各系统作一初步的检查，然后再按各部位伤情轻重缓急安排先后抢救顺序。

（一）初步评估与处理

现场或急诊可对患儿进行初级评估，重点是气道、呼吸和循环等威胁生命的损伤，评估时遵循 ABCD 的原则。在短时间内迅速检查气道、呼吸、循环、神经功能、患儿身体，即

Airway（A）：维持呼吸道通畅和保护颈椎；Breathing（B）：维持呼吸和换气功能；Circulation and Control hemorrhage（C）：维持循环及控制出血；Neurologic status and Disabilities（D）：评估神经状态；Exposure and Examination（E）：裸露伤患及防止失温。迅速评估有无危及生命的损伤存在，致命性损伤应尽早诊断并加以处理，尤其注意通气、循环障碍和大出血。

1. 气道和颈椎　儿童头部相对较大而颈部应力增加，多处钝挫伤患儿首先应考虑是否存在颈椎损伤，另外，儿童颈部肌肉相对较弱也使颈部韧带损伤的风险增加。为防止进一步脊柱损伤，目前的标准处理是将患儿置于硬板床，用硬衣领，头部条带或者衣服横放在患儿前额、躯体及大腿，以制动颈椎（胸椎及腰椎）使其保持在中立位置。气道梗阻可表现为打鼾、发出哼哼声、声音嘶哑、喘鸣和（或）呼吸音减弱（甚至呼吸费力）。由于儿童的口腔及鼻腔小、舌体相对较大、扁桃体和腺样体组织较多，声门开口靠上靠前，且喉咙与气道较狭窄，因此他们比成人更容易发生呼吸道梗阻。严重头部创伤患儿中，气道梗阻是常见症状，部分由于肌张力下降后舌体后坠阻塞气道。下颌骨或面骨的骨折、血液或呕吐物等分泌物、喉部和气管的挤压伤及异物吸入等也可导致气道梗阻。若患儿处于昏迷状态，可建立口咽气道以防止下颌组织向后移位导致的气道梗阻。半昏迷的患儿可能对口咽气道有抵抗反应，但可耐受鼻咽气道。怀疑筛骨骨折时应禁止使用鼻咽气道。若经上述措施处理及吸痰处理后仍然不能使气道保持通畅，应行经口气管插管。若气管插管困难时，可用喉罩气道临时替代。仅有<1%的创伤患儿需要紧急气管切开。

2. 呼吸　除观察患儿发绀及外周血氧饱和度外，通过计数呼吸频率、观察胸壁运动的对称性、深度及辅助呼吸肌的使用、听诊双侧呼吸音来估计患儿呼吸情况。若通气不足，应立即使用100%纯氧进行面罩通气，然后再行气管插管。颅脑损伤是呼吸功能不全最常见原因，严重颅脑损伤昏迷患儿可能存在多种呼吸异常表现，包括潮式呼吸、缓慢不规则呼吸及呼吸暂停。张力性气胸及大量血胸不常见，但可立即危及患儿生命。患儿可表现为发绀，呼吸暂停，胸廓不对称抬高，气管向对侧偏移，同侧呼吸音减弱（呼吸音低于对侧）以及休克的征象。胸腔穿刺及置管引流有助于诊治。血胸往往由于损伤肋间血管、肺、心脏或者大血管所致。当患者气体交换正常后，随着胸腔气体及血液的排空应及时补液，因为大量的血液通过胸导管流出可能导致休克。

3. 循环　创伤最容易导致的休克类型为出血性休克。休克早期由于心率增加及外周血管阻力增加的代偿作用，血压可维持正常。一些患儿直到丢失30%血容量后血压才开始下降。失血量>40%血容量可导致严重的低血压，若持续失血，则病情不可逆转。应尽快建立静脉通路，必要时可建立骨髓通路，所有的药物和液体可通过骨髓通路输注。对休克患者尽早积极实施液体复苏可防治病情恶化。根据患儿具体情况决定是否采用损伤控制手术或限制性液体复苏。

4. 神经系统障碍　神经功能状态可通过对意识水平、瞳孔大小和对光反应进行简单评估。意识水平评估可使用帮助记忆的AVPU分类法：A. 意识清醒；V. 对语言指令有反应；P. 对疼痛刺激有反应；U. 无反应。

原发性脑损伤是指在短暂数秒内发生的不可逆的直接脑损伤。继发性损伤是由后续的缺氧或缺血引起。颅脑创伤处理目标是通过保证足够的氧合、通气和灌注，维持正常颅内压（ICP），尽量减少继发性损伤。严重神经损伤患儿，如GCS评分≤8分，应行气管插管。若患者有神经系统症状进展和有小脑幕切迹疝表现等ICP增加表现应立即干预。对于严重颅脑创伤患者，与甘露醇相比，高张盐水可有效控制ICP增加，降低病死率。

5. 暴露和环境控制 应剪掉患者身上的全部衣服以暴露所有损伤，操作时应动作迅速，尽量减少对患者不必要的移动。由于儿童的体表面积相对较大，儿童创伤患者常会出现低体温。因此可应用辐射热、加热毯或静脉液体对患儿进行保暖。

（二）二次评估与处理

二次查体时医生应进行从头到足详细的体格检查。

1. 头颅创伤 每位有明显头颅创伤的患儿都应给予 GCS 评分。GCS 评分也可进行神经功能障碍评估，以及连续动态评估以确定病情改善或恶化。头颅 CT 平扫已经成为急诊判断头颅损伤类型的标准检查。严重颅脑创伤患者，尤其是 GCS 评分低于 8 分或头颅 CT 平扫提示异常的患者，强烈建议给予颅内压监测。必须积极控制缺氧、高碳酸血症、低血压等防止继发性脑损伤。

2. 颈椎创伤 颈椎损伤占儿童钝性创伤的 3%，而在 GCS 低于 8 分的患者中风险显著增高，因此具有较高的病死率。8 岁以下的患者颈椎损伤主要发生在 $C_1 \sim C_4$。而年长儿颈椎上段和下段发生损伤的几率均等。颈椎上段损伤的死亡率显著增高。若患儿颈椎平片和 CT 平扫正常，而存在神经系统症状，须考虑脊髓损伤而无放射影像（椎体）异常（SCIWORA）的表现，应行脊髓 MRI 检查。研究证明，在损伤后 8 小时内开始大剂量静脉注射甲基泼尼松龙可改善患者的运动功能，故脊髓损伤必须尽快诊断。应向患者和随行医务人员询问，来急诊室前是否有神经系统的症状和体征，如无力或感觉异常等表现，进行仔细的神经系统查体，明确创伤机制。通过病史、体格检查或创伤机制提示患者为颈椎创伤者，在初始复苏治疗后就应该进行影像学检查。颈椎 CT 平扫作为基本的诊断工具，特别是对于那些 GCS 评分异常和（或）特别损伤机制的患者，CT 对骨损伤的检测比 X 线平片更敏感。

3. 胸部创伤 肺挫伤常见于儿童钝性胸部创伤。儿童胸壁相对较柔软，外力作用于胸廓时缓冲力较小，因此更容易传递到肺部。损伤后 24 小时内可表现为呼吸窘迫或呼吸困难进行性加重。严重外力作用时可造成肋骨骨折；此多见于严重创伤患者，死亡率较高。

4. 腹部创伤 钝性外伤导致的腹内脏器损伤以肝脾挫裂伤、血肿和撕裂伤等较常见。因肾、胰腺及十二指肠在腹膜后，损伤几率相对较小。病情稳定的患儿应尽早做增强 CT，以快速了解腹部脏器结构和功能异常。增强 CT 对脾、肝和肾损伤具有非常好的敏感性，而对膈、胰腺和肠道损伤敏感性差。少量的游离液体、空气或肠系膜血肿可能是肠道损伤的唯一标志。

5. 骨盆创伤 儿童骨盆骨折比成人少见的多，约占严重钝伤患者的 5%。骨盆骨折通常由强大的外力（高速机动车或行人）所致，常合并腹内脏器损伤和（或）血管损伤。骨盆自身形成圆环，而高冲击力可使骨盆环中断。当多处骨盆环中断时，如耻骨联合和骶髂关节，该环变得不稳定而发生移位，就有可能造成骨盆大血管损伤而导致大量失血。可通过挤压 - 分离试验判断骨盆骨折的稳定性。若不稳定，须直接给予骨盆外固定支架或床单进行固定。骨盆稳定无压痛，无瘀斑、擦伤、流血，亦无尿道出血的患儿，发生骨盆骨折的风险较小。

6. 下泌尿生殖系统创伤 下泌尿生殖系统创伤患者应检查会阴，并对盆骨的稳定性进行评估。男性尿道损伤较常见。阴囊或阴唇瘀斑、尿道口流血、肉眼血尿及直肠肛诊对前列腺检查（适用于青少年男性）可帮助尿道损伤诊断。有些骨盆骨折也可增加泌尿生殖系统损伤的风险。逆行性尿道膀胱 X 线片和骨盆和腹部 CT 扫描可帮助确定损伤程度。

7. 四肢创伤 多发伤儿童必须对肢体进行全面的检查，因为这些患者的四肢骨折最常被遗漏。检查肢体是否有畸形、肿胀、擦伤、触痛压痛；评估主动和被动运动的范围及感觉功能和灌注情况。疑似骨折和脱位应给予固定和镇痛药后再行影像学检查。股骨骨折行夹板固定有助于缓解疼痛，并可减少血液丧失。若患儿出现骨筋膜室综合征、神经血管障碍、开放性骨折和大部分外伤性截肢时，应立即请骨科医生会诊。

8. 影像学及实验室评估　专家建议对创伤患者在急诊时需要做的检查包括：颈椎侧位片、胸部正位片、骨盆正位片、动脉血气分析、血乳酸测定、血细胞计数、电解质测定、血糖、血尿素氮测定、血清肌酐、淀粉酶和脂肪酶测定、肝功能、凝血酶原时间和部分凝血酶原时间测定、血型和交叉配血及尿液分析。对严重创伤患者进行标准化评估，可以减少医生决策时的个人倾向，尽快对患者进行治疗。

【并发症处理】

多发伤急救处理后主要是脏器功能支持保护和感染的预防，尤其是创伤后的感染。多发伤患儿易出现感染，应根据创伤情况选用药物预防感染，并及时处理原发伤，及时换药，注意各种管道的无菌操作，加强呼吸道管理，早期开始肠内营养。多发伤后严重感染常表现为严重脓毒症，全身治疗是降低严重脓毒症病死率的基础。必要时采用呼吸支持及血液净化治疗。

严重多系统创伤可能会对患者和家庭带来长期心理和社会问题，而重症头颅创伤尤为明显。和成人一样，创伤儿童也有发生抑郁症状和创伤后精神紧张性障碍的风险。患儿在抢救室救治时，应由部分复苏小组成员负责回答患儿或家属疑问，并给予他们支持。

【手术治疗原则】

儿童多发伤急诊手术的首要目的是维持生命而不是彻底解除病因。严重多发伤患儿，机体受全身性反应和环境影响易发生致死三联征，即低体温、酸中毒、凝血功能障碍，一旦出现上述三联征就表明患者机体处于生理功能耗竭的极限状态。应力求在伤后1小时内制定合理的处理顺序。此外全身麻醉和外科的过度干预会进一步加重创伤反应。所以基于上述原因提出损伤控制性手术原则。损伤控制手术的第一阶段强调简化手术，控制出血和腹腔感染，快速关闭腹腔，防止进一步损伤；第二阶段是重症监护室的复苏，纠正凝血障碍、复温和呼吸支持，避免致死三联征；第三阶段实施确定型手术，取出腹内填塞，彻底修复损伤脏器。对于严重颅脑外伤、大量出血、脑疝形成患儿需紧急处理，出血量少、中线结构没有明显移位的颅脑外伤患儿可随访观察；除心脏、大血管和气管支气管断裂的胸部创伤者外，其余胸部创伤患儿均以非手术治疗为主。腹部外伤患儿，只要血流动力学稳定，几乎所有儿童肝脾肾外伤均可非手术治疗，密切随访，而血流动力学不稳定、保守治疗失败、肾蒂损伤、膀胱损伤等需手术治疗。对开放性骨折易发生感染，导致骨不连应急诊手术，病情危重不能耐受手术时可先行清创缝合，病情稳定后行二期手术。股骨干骨折合并脑外伤患儿，早期外固定可避免一些风险。

三、常见问题和误区防范

（一）我国儿童多发伤诊治中存在的问题

创伤急救疗成败的关键在于时间和技术水平。由于我国不同地区经济和医疗水平发展不平衡，目前多发患者在抢救中存在一些问题，儿童多发伤救治中的问题更明显，具体有以下几点：①创伤急救网络不健全，通讯、运输工具落后，很多患者错过了抢救的黄金时间。在欧美等发达国家，救护车上能开展各种急救手术，提高了抢救成功率。②缺乏专业化创伤救治中心。在我国儿童专科医院少，即使儿童专科医院也很少有创伤救治中心。因此目前儿童多发伤的救治工作大部分由成人创伤中心承担。儿童和成人在创伤病因、损伤机制、解剖结构等方面有一定的区别，势必影响多发伤救治的效率和最终结果。③缺乏专业的创伤急救人员。多发伤并不是单一损伤的简单叠加，患者经常会出现多个器官和系统损害，严重者甚至危及生命，这就涉及多个学科的知识和技能。临床医学各专科都在向纵深发展，并高度趋向专业化，专业分工越来越细纵然促进了本专业的进步，但也不可避免地限制了向专科以外发展的能力，造成了对统一的有机整体的分割，易导致诊断不明、漏诊，或因暂不必要的检查耽误手术时机，更甚者因多学科相互推诿延误救治时机。④创伤急救模式不完善，救治缺乏整体性和连续性。由于目前各地院前急救水平差异，转运条件的限制，救治水平参差不齐等，导致没有完善又符合国情的创伤急救模式。⑤多发伤救治理论和技术的发展程度。死亡三联征（低体温、酸中毒、凝血功能障碍），损伤控制手术，限制性液体复苏技术等理论和技术的提出与发展为多发伤的救治提供了新的理论基础和技术支持，大量的文献报道表明上述理论和技术的应用提高了多发伤救治的成功率，但在实际临床应用和技术推广中存在一些问题，比如损伤控制手术适用指征和时机，限制性液体复苏适用指征、液体种类等需具体明确以更好地提高临床可操作性。

（二）多发伤救治的时效性和整体性

实现多发伤救治的时效性和整体性，才能有效提高严重创伤的救治成功率，降低伤残的数量和程度。首先要充分认识黄金时间的重要性。黄金时间主要包括院前和院内救治两部分，多发伤救治的"黄金时间"是从创伤到手术室内给予确定性处理的"理想"时间，多数要求控制在伤后 1 小时内，包括紧急呼救、现场抢救、转运到医院、急救部复苏和紧急手术等。多发伤患者有三个死亡高峰：第一死亡高峰是伤后数分钟，约占 50%，主要死因为脑、脑干、高位脊髓的严重创伤或心脏、主动脉等大血管撕裂，常常来不及抢救；第二死亡高峰出现在伤后 68 小时以内，约占 30%，主要死因为脑内血肿、血气胸、肝脾破裂等，如抢救及时，大部分可免于死亡；第三个死亡高峰约在伤后数天或数周出现，约占伤亡人数的 20%，主要死因为严重感染和器官功能衰竭。健全创伤救治体系，缩短严重创伤救治的时间和空间，在"黄金时间"内给予正确处理，有望使这部分患者死亡率下降到 10%。

其次重视院前急救。在创伤死亡患者中，约 50% 死于院前。对于院前伤员救治的成功与否，关键在于伤员能否得到及时的基本生命支持和高级生命支持，探讨任何可能的方式，缩短急救半径，加快报警和反应速度。

探索有效的急救模式。在急救模式尚不完善，建立儿童创伤中心受种种限制的条件下，探索实际情况下儿童创伤救治更有效的急救模式。在目前院前和院内急救还不能有机统一的情况下，院前急救队伍提前向收治院方预报病情，以利院方提前准备，到达医院后由急救科医师主导抢救，外科各专科协同，紧急组成临时创伤急救团队，缩短创伤救治时间，制定个体化的救治方案，可提高救治成功率。

加快儿科创伤急救队伍的人才培养和建设。大力培养训练有素的、有多学科急救知识的创伤专科医师，树立并强化时效观念，应用整体性救治的方法以提高多发伤救治水平。此外普及基础生命支持，提高 CPR 水平，构建确切有效的急救"生存链"，对于院前急救很重要。重视多发伤救治理论和技术的发展。多发伤病理生理过程复杂，各脏器之间的生理平衡破坏，从现场急救、原发伤处置至并发症的防治面临诸多挑战。新技术和新理论的发展可为临床救治提供更好的手段和理论基础。损伤控制手术、死亡三联征、限制性液体复苏等技术和理论的临床应用提高了救治成功率，但仍需要多中心、大样本的研究数据支持。

四、热点聚焦

（一）限制性液体复苏的概念

液体复苏是多发伤救治的重要措施之一，传统的复苏方法是早期快速大量地输入液体，短时间内恢复有效循环血量，尽可能将血压恢复到正常水平，维持重要脏器的灌注，防止休克的进一步发展，直至出血被制止，这一理论被称为充分液体复苏。然而目前随着对创伤和休克病理生理的研究发现，传统的液体复苏可造成凝血因子释放、延迟凝血块形成或凝血块脱落，从而导致失血加速、血液过度稀释而加重低体温、酸中毒、凝血功能障碍，即出现"死亡三联征"。

Cannon 等于 1918 年在 JMAM 上发表的一篇文献中，首次提出限制性液体复苏的理念，Spinella 等将其概括为：对于多发伤合并失血性休克的患者，应做到维持机体最低血压的一个平衡点，但这个血压平衡点低于正常血压范围内，并能够维持机体重要器官组织的基本血流灌注，这样可有效防止血栓形成及减少出血，并提出限制性液体复苏可有效防止机体血压过高，引起血凝异常，血管内压力增高，导致无效血栓形成引起出血部位加重出血或再次出血。限制性液体复苏又称低血压性复苏或延迟性复苏，其实就是维持机体的一个最低血压，而这个血压值既能保证机体重要器官组织的基本血流灌注，又不至于因过度输液，而引起机体诸多不良反应。大量研究表明限制性液体复苏在维持血液灌注和氧供的同时，减少了对机体代偿机制及内环境的干扰，有效降低了创伤性休克患者并发症的发生率，提高了救治成功率。

（二）限制性液体复苏争议点

大量的实验医学和临床医学均证实了限制性液体复苏在创伤失血性休克抢救中的价值，但目前为止仍然有些争议点：复苏阶段临界值血压是多少？什么时间开始液体复苏？使用何种液体比较理想？适应证和禁忌证等。

1. 限制性液体复苏适应证　限制性液体复苏适用于出血未控制的创伤失血性休克患者术前治疗，尤其是胸腹贯通伤、穿透伤患者，最适用于不伴有其他并发症的年轻患者。多发伤往往有严重颅脑外伤，对于这种情况存在一定的争议，因颅脑外伤后颅内压明显升高，若机体血压低，则会因脑血流灌注不足而继发脑组织缺血性损害，进一步加重颅脑损伤。限制性液体复苏作为一种急救复苏策略，需要我们在临床中结合患者情况积极探索，充分掌握其适用条件，将其最大限度地应用于临床。

2. 复苏液体选择　临床上常用于复苏的液体主要有晶体液和胶体液两大类，晶体液包括生理盐水、林格液、乳酸林格液及高渗盐水等；胶体液体主要有右旋糖酐、明胶、羟乙基淀粉、血浆和血液等。复苏时选择晶体液还是胶体液已经争论了多年，但是基本观点没有改变，主张晶体液复苏的理由是费用低，能纠正脱水和低钠血症，扩充细胞外液的数量，有良好的肾功能保护作用，一般无不良作用；反对的理由是晶体液扩容效果差，半衰期短，需要大量液体输入，可以引起血中白蛋白、凝血因子、血小板等有效成分过度稀释，增加肺水肿、出血等并发症的发生。赞成使用胶体液的理由是胶体液在血管内的扩容能力强，停留时间长，扩容效果好；反对的理由是胶体液可以降低肾小球滤过率，抑制凝血和免疫功能，有一定的变态反应发生率。高渗氯化钠溶液用于失血性休克早期复苏也得到了中华医学会《低血容量休克复苏指南（2007）》及美国心脏学会（ASA）/美国卒中学会（AHA）《自发性脑出血治疗指南（2007）》推荐。2008 版高级创伤生命支持（ATLS）指南主张乳酸林格液作为创伤复苏的一线用药。从临床来看，早期使用血液制品能治疗创伤引起的凝血异常和避免晶体液输入导致的稀释性凝血障碍。有的学者认为晶体与胶体按 1.5∶1 配比可能更符合病理生理。晶胶混合液的发展，给临床应用提供了可能，但目前仅在动物实验中有报道而并没有广泛应用于临床。

3. 复苏阶段临界值血压 临界血压直接关系到限制性液体复苏的效果，因为脑、心脏和其他脏器的临界血压各不相同，血压过低或持续时间过长，容易导致多器官功能障碍。2006 年在巴黎举行的休克国际协商会议建议，对出血未控制的创伤失血性休克患者在手术止血前控制 MAP 在 40mmHg。但临床证实 MAP 维持在 40mmHg 时不足以维持脑细胞代谢。Geeraedts 等认为，出血未控制的失血性休克应维持 MAP 在 60～80mmHg。Jonatlan 等认为，对不伴有脑外伤的创伤休克患者，应复苏到获得明显的桡动脉搏动，相当于收缩压 80～90mmHg，在恢复正常血压之前维持低压时间不超过 1 小时。最近的文献显示，对于以下 3 种情况的收缩压可作为其液体复苏终点：①穿透伤 60～70mmHg；②无颅脑外伤的顿性伤 80～90mmHg；③有颅脑外伤的顿性伤 100～110mmHg。

临床病情复杂多变，对于人体重要器官的临界灌注压需要有严格的控制，各个系统的器官临床灌注压都有各自的特异性，每个患者所需的液体量及血压维持水平亦不同，想要将血压数值固定在一个理论数值，这在临床上并不合理，尤其对于合并颅脑损伤的患者，需要临床医师综合考虑寻找一个既能保证器官不缺血又能不致出血的平衡点。

4. 复苏监测指标 血压、心率、中心静脉压、血细胞比容、心排血量、尿量及格拉斯哥昏迷评分等传统指标作为复苏监测指标，其动态变化更具指导意义。目前，又有许多更敏感地反映休克时组织灌注的指标被认识和利用。乳酸水平和碱缺失直接反映无氧代谢、低灌注和休克的严重程度，可用于观察复苏效果。混合静脉氧饱和度及中心静脉血氧饱和度也是组织氧利用的很好指标，在判断病情上比血乳酸水平更敏感、更早、更有意义。组织血氧饱和度是休克严重程度的一个指示器，在评价严重躯干创伤患者灌注不足和预测 MODS 发生方面有一定的价值。传统指标易于获得和方便观察，但不能真实地反映机体组织灌注的情况和改善程度，敏感指标受到客观条件和技术水平的限制。此外限制性液体复苏不是复苏的"终点"。因此限制性液体复苏无独立的监测指标，需结合患者情况，运用不同的指标指导创伤早期复苏。

儿童多发伤发展快、病情重，其诊断、救治和护理需要多科的共同合作，快速、高效、有序进行。目前国内外没有儿童的标准化程序和创伤指南，大部分研究和临床实践针对成人，虽然可以借鉴，但鉴于儿童身体构造的特殊性，不管是基础理论研究还是新技术实践，都需探索和积累，进而提高儿童多发伤的救治成功率。

（陆国平）

第二节 溺 水

培训目标

1. 掌握溺水的定义、诊断和治疗。
2. 掌握溺水的发病机制。
3. 熟悉导致儿童溺水的原因。

一、概述

【定义】

溺水是指呼吸道持续淹没或浸泡于液体中并产生呼吸道等损害的过程。过去使用的溺水定义包括多种含义,水淹后当即死亡者称溺死(drowning),经抢救脱险后存活24小时以上称溺水(near drowning)。并根据是否有吸入进一步将溺水进行区分为湿性溺水和干性溺水。这些定义将溺水的特点、病理生理情况及预后混合在一起,导致在使用上出现混乱和困难。同时由于缺乏统一的数据收集格式,使溺水的研究变得困难,且阻碍了不同国家和不同背景科研工作者之间的交流。

2002年在荷兰阿姆斯特丹市举办的世界溺水大会上,与会专家一致推荐溺水(drowning)的定义为:淹没或浸入液体中导致呼吸障碍的过程。溺水结局分死亡、病态和非病态。溺水过程以气道低于液体平面(淹没)或液体覆盖面部(浸入)出现呼吸障碍为起点。任何没有呼吸障碍证据的淹没或浸入不能称为溺水。世界卫生组织已采纳了这一新定义。过去常用的wet、dry、active、passive、silent、secondary等溺水术语均建议摒弃。在溺水数据收集和报道方面,会议建议使用最新修订的Utstein格式。

【病因】

根据国际疾病分类法第10版本(ICD-10),溺水分为故意性、非故意性和意图不确定3类。故意溺水包括用淹溺和沉没方式故意自害、用淹溺和沉没方式加害;非故意性溺水包括意外淹溺和沉没、自然灾害和水上运输事故;意图不确定溺水。

儿童发生溺水的因素复杂,既有环境因素,也有儿童本身的因素、家庭因素,还有社会经济因素。

1. **儿童自身因素** 儿童年龄或身心发育水平与溺水的发生密切相关。国内外大部分数据均表明,5岁以下儿童溺水死亡率最高,其次为青春期儿童。1~4岁儿童溺水高发,原因与此年龄段儿童的生长发育进程有关,学会走路后的幼童,独立性不断增强,对周围的世界充满了好奇和探索的欲望,好动好跑,爱玩水;另一方面,由于生理发展的限制,幼儿还不能很好地控制和调节自身的行为;同时,由于幼儿的能力有限,缺乏知识和经验,缺乏识别和躲避风险的能力,常常因成人疏于监护而发生溺水。青春期儿童富于尝试和冒险、独立性增强,与开放性水体接触机会增多,增加了溺水事故发生的风险。游泳能力与溺水发生有关。青春期少年儿童独立性增强,有好奇、冒险心理,经常在课余和假期与同学结伴去江、河、水塘等开放性水体边玩耍或游泳,没有意识到水体的危险性,对自己的游泳能力也没有足够认识,迫于同伴压力或喜欢尝试冒险而发生意外。

2. **环境因素** 儿童溺水死亡最重要的危险因素是暴露于"危险"的水体。在中低收入国家,大多数儿童溺水死亡发生在嬉戏、洗涤等日常活动接触的开放性水体中,甚至发生在儿童涉水上学的路途中。这些水体包括水井、池塘、水库、湖泊、江河等。居民家中浴缸、水桶、水缸等蓄水容器,是婴幼儿发生溺水的高危场所,溺水往往因使用与婴儿年龄不相称的过大浴盆或浴缸而发生,或家长在给孩子洗澡时因接电话、开门、取物品等,把婴儿单独留在浴盆或浴缸里发生。

3. **监管因素** 诸多研究显示,监护不当是儿童溺水最常见的原因,婴儿和学龄前儿童溺水的发生与家长看护的连续性有关,即家长常不能自始至终把注意力放在近水婴幼儿身上。十几岁的儿童则与看护质量有关,即儿童未得到很好的监护。低龄儿童的溺水多发生在家中或家附近,婴儿的溺水多发生在家中,学步期儿童多发生在离家近的水域。看护人因素在儿童溺水的各影响因素中占很大比重,儿童在游泳或水边玩耍时,看护人严密的监管和看护人良好的身体健康状况,对预防儿童溺水起到积极作用。

【发病机制】

当溺水患者不能保持气道通畅,水进入口腔会引起屏气,但持续时间一般不超过1分钟。当吸气冲动强烈时,水被吸入气道,导致呛咳。部分患者出现喉痉挛,但因大脑缺氧喉痉挛很快终止。如果未得到营救,水被吸入气道,导致患者出现低氧血症并迅速出现意识丧失和呼吸暂停。心律变化多先出现心动过速,随后是心动过缓和无脉性电活动,最后为心电静止。从淹没或浸入到心搏停止的整个溺水过程一般为数秒或数分钟。但是在低温或冰水中,该过程可持续近1小时。

如果溺水者被救活,随后的临床经过主要与吸入肺内水量多少及其引起的反应有关。水进入肺泡会引起肺泡表面活性物质功能障碍,也会冲洗、稀释肺泡表面活性物质,引起肺不张。吸入海水或淡水均会导致肺损伤,使肺泡毛细血管膜的完整性受到损害,通透性增加,引起肺水肿,肺出血,使肺部气体交换障碍。

溺水者热量散失迅速,因此低温很常见。低温导致肌肉乏力、房颤、室颤及凝血功能异常。但低温能降低大脑的氧耗,延缓脑细胞缺氧和ATP耗竭,对大脑有一定的保护作用。低温降低脑电和代谢活动呈温度依赖性。在37~20℃,温度每下降1℃,脑耗氧大约降低5%。

溺入淡水与吸入海水的血电解变化不同。溺入淡水导致轻至中度低钠血症,而溺入海水可导致中度高钠血症和高氯血症,有时还可见高镁血症。多数溺水者血容量变化并不明显。

【流行病学】

在全球范围内,溺水是儿童伤害的第二位死因,而在东南亚国家,溺水是儿童伤害死亡的首要原因。全世界每年有17.5万名0~19岁儿童青少年因溺水死亡,其中97%发生在中低收入国家。溺水是导致我国人群意外伤害致死的第3位死因,是0~14岁年龄组的第1位死因。我国儿童溺水死亡率为8.77/10万,0~14岁儿童占总溺死人数的56.04%。0~4岁儿童主要溺死在室内脸盆、水缸及浴池,5~9岁儿童多因在水渠、池塘、水库中嬉水落水致死,而游泳死者多见10~14岁儿童。溺水发病率表现为男孩比女孩高,南方比北方高,农村比城市高,夏秋季比冬春季高。

二、诊断与鉴别诊断

【诊断】

根据有明确的溺水过程,溺水的诊断并不困难,重要的是判断溺水后患儿病情的轻重以采取不同的抢救措施。溺水者的临床表现有:轻者面色苍白、口唇青紫、恐惧、神志清楚,呼吸心搏存在;重者面部青紫、肿胀、口鼻充满泡沫或污泥、藻草等,皮肤黏膜苍白和发绀、四肢冰冷、腹部隆起、昏迷、抽搐、呼吸心搏先后停止。

【鉴别诊断】

对溺水患者要积极抢救,首先应恢复并稳定生命体征。在生命体征相对稳定后应寻找溺水原因。有些是意外落水,有些是原有基础性疾病如癫痫、心律失常和服用特殊药物等,正好在游泳或水边时疾病发作,导致溺水。虽然初始抢救措施相同,但有类似基础疾病对调整后续的救治措施很重要。还要注意是否合并外伤,如颅脑损伤、腹腔脏器损伤和骨折等情况。

三、治疗决策

1. 现场抢救　一旦发现溺水者,应尽快通过各种方法施救,将其救出水面。但应强调:施救者一定要保证自身安全,最好不要贸然下水。只有首先保护好自己,才有可能成功救人。否则非但救不了人,还有可能葬送自己的生命。

一旦溺水者被救助上岸,及时有效的现场急救对挽救其生命至关重要。上岸后只顾倒出吞入胃内的水或争分夺秒转送医院的做法都将贻误最佳抢救时机。由于一些溺水者发生喉痉挛或屏气,根本未吸水入肺。即使吸入一些水到肺内也会很快被吸收入循环系统,没有必要采取各种方法(倒立或挤压腹部)试图将吸入气道的水清除。应将溺水者仰卧,迅速检查患者反应和呼吸。如果神志不清但有自主呼吸,清理口鼻异物,将患儿置于侧卧位。如果无自主呼吸,应立即给予人工呼吸。与原发性心脏骤停不同,溺水者可以出现喘息样呼吸和呼吸暂停,但心跳仍存在。这类患者只需要人工呼吸即可。如果没有明确的跳水、使用滑水板情况和外伤体征,溺水患者颈椎损伤的发生率非常低(0.009%)。虽然抢救时应尽量保持颈部和躯干呈一直线,但不必要的限制颈椎活动会影响气道开放,延迟心肺复苏时的通气治疗。因此在没有明显证据提示颈椎损伤的情况下,不推荐常规采用限制颈椎运动的措施。但是对有明显的颈椎受损证据如跳水或非目击溺水者,救治时应考虑颈椎固定。

溺水时心搏骤停原因是缺氧,最重要的抢救措施是改善通气纠正缺氧。因此溺水时心肺复苏步骤应按照传统的 ABC(开放气道 - 人工呼吸 - 胸外按压)顺序进行,而不是 CAB 顺序。开放气道与人工呼吸方法与一般呼吸心搏骤停者相同。开放气道后,立即给予 2 次有效人工呼吸。为保证通气有效性,欧洲心肺复苏指南推荐首先连续进行 5 次人工呼吸。如人工呼吸后检查未触及脉搏,立即行胸外心脏按压,并按照常规人工呼吸与胸外按压比例进行,直到自主循环恢复。专业急救人员用复苏囊正压通气及给氧有利于循环恢复。胸外按压或正压通气时患者可能出现呕吐,应将患者头转向一侧并用手指清除呕吐物,防止误吸进一步损伤肺部。

只要经过任何复苏措施的溺水者,即使意识清楚且心肺功能看似正常,也均需送至医院进行评估和监测。

2. 急诊室处理　急诊室对溺水者的救治主要是保证通气氧合、稳定循环、神经系统评估和复温。对神志不清、不能维持气道通畅、通气不足或经皮氧饱度低于 90% 者行气管插管、吸氧。对不需要气管插管患儿,应吸氧维持经皮氧饱和度 >94%。建立静脉通道,有低血压者进行补液,持续低血压者需输注血管活性药物。用儿童 Glasgow 昏迷评分量表评估神经系统功能,动态评估可判断对治疗的反应,也对判断预后有助。对抽搐者使用抗惊厥药物如地西泮、苯巴比妥等。多数溺水者出现代谢性酸中毒,一般经改善通气及循环可自行纠正,不推荐常规用碳酸氢钠纠酸。放置胃管排空胃内容物,摄胸片了解肺部情况,对持续昏迷者需行毒物筛查及头颈 CT 检查。对溺水者应积极保暖复温,最简单的复温措施是加温输注液体、红外线加热器、温化机械通气气体。对体温明显降低者可采用温热液灌洗胃、膀胱或腹腔,或体外循环复温。

详细询问溺水者病史非常重要,一些溺水是由外伤所致或伴随基础性疾病,如癫痫和心律失常等。这些病史对治疗抉择会有影响。

有异常症状体征的患者应持续监测至症状体征好转,必要时住院治疗。无症状患者一般应严密观察约 8 小时,这期间如生命体征、经皮氧饱和度和包括 X 线胸片在内的辅助检查结果均正常,可以离院。但应交代出现异常情况及时复诊。

3. 重症监护室 治疗主要是保护脏器功能,维持内环境稳定。对机械通气的呼吸窘迫综合征患者需采用肺保护性通气策略,吸气峰压尽量限制在 2.5kPa(25cmH$_2$O)以下,潮气量 6～8ml/kg,设置合适呼气末正压,可试用高频振荡通气,必要时施行体外膜肺(ECMO)。由于溺水患者肺部损害是由于局部因素所致,因此肺部病变多恢复较快。但即使肺部通气氧合情况良好,为了防止病情反复,最好不要在 24 小时内撤机。吸入污染水质可引起吸入性肺炎,应监测体温、血白细胞和肺部浸润片影变化,选择合适抗生素。对怀疑肺内吸入异物患者可行纤维支气管镜检查。持续输注血管活性药物纠正心功能和周围血管阻力异常,维持正常血压及脏器灌注。

神经系统功能恢复是治疗重点。由于没有确切方法可以逆转神经细胞损伤过程,主要是支持性治疗,目的是维持正常血糖、血氧分压和二氧化碳分压等,避免任何增加脑代谢异常的因素。维持适当治疗性低温(32～34℃),持续 24～48 小时对保护脑功能有利。需要注意的是,溺水后的低温可能由于淹没时间较长所致,是预后不良的表现,尽快复温有利于心肺复苏;但是在复苏成功后,诱导性低温治疗对脑有保护作用。

溺水预后与脑损害程度紧密相关,但难以预测。非目击溺水、淹没时间长、未及时施行心肺复苏、心肺复苏持续时间长和持续昏迷均是预后不良的表现。反复神经系统评估是判断预后的基础。一些辅助检查如头颅 CT、MRI、经颅多普勒超声、脑电图及脑干诱发电位对判断预后有一定作用。

四、常见问题和误区防范

(一)为溺水者施行心肺复苏前需要先控水吗

控水也称为排水,是指在实施心肺复苏前先要把淹溺者体内的水排出的措施。心肺复苏前是否先要控水? 长期以来传统的教科书、一些科普资料和媒体都在宣传控水是抢救淹溺者的第一项措施,但这种做法在当前的医学界受到了越来越多的质疑。2010 年国际心肺复苏和心血管急救指南指出:"没有证据表明呼吸道的水与其他堵塞物相同,因此不要浪费时间去清除它"。因此新的溺水复苏观念中,并不提倡控水。

那么,为什么一直会存在需要控水说法呢?

1. 主张控水的理由 既往主张控水的理由是:淹溺者吸入的水阻塞了呼吸道,影响气体交换,因此需要先将呼吸道的水排出。咽入消化道的水也应该控出,否则淹溺者胃内大量的水引起腹胀,膈肌升高,影响通气,也使胸内压增高,势必影响静脉回流,减少回心血量,进而影响心排血量。另外胃内水在复苏过程中有可能吐出,影响抢救。

2. 主张不控水的理由 目前主张不需在心肺复苏前控水的理由有:①无水可控,对于干性淹溺来说,淹溺者因声门闭锁未吸入水,因此无水可控。②水少不值得控,对于湿性淹溺来说,从发病率来看绝大多数的淹溺者属于低渗淹溺(淡水淹溺),这部分淹溺者即使通过呼吸道吸入了大量水,这些水也已经进入血液循环,同时根据呼吸道体积计算,呼吸道如果灌满水,充其量仅有 150ml(成人),而这点水根本不值得控。2005 年国际心肺复苏和心血管急救指南指出:"进入淹溺者呼吸道的水量通常不是很多,而且少量水也会很快被吸收",故对于已脱离水体环境的淹溺者来说,呼吸道的水并不是阻塞呼吸道的严重因素。在临床实践中,平时控出来的水是胃里的水,而胃里的水不需要排出。③控水的伤害,很多文献报道,控水时容易引起胃内容物反流和误吸,反而会堵塞呼吸道,还可以导致肺部感染。

尤其不主张用腹部冲击法控水。2011年国际红十字会现场急救和复苏指南指出："Heimlich腹部冲击法在排出呼吸道内的固体异物时有确定的疗效。然而，在液体导致的窒息时，反复使用上述方法，直到没有水或是流动的液体从伤病员的嘴里流出时，可能增加患者内脏反常活动或血管反应的可能性"。④使复苏时间推迟，实施控水措施势必使心肺复苏的时间延后，进而使淹溺者丧失最佳复苏时间。这是反对控水者最有分量的理由。心肺复苏成功的关键因素之一就是尽快展开高质量的心脏按压，建立被动的血液循环，恢复各个重要脏器的供氧，而控水势必耽误一定的时间（通常是数分钟），使心脏按压的时间延后，这将使原本还有一线希望的淹溺者丧失了生还的可能。

总之，从目前的认识看，溺水救治应立即进行有效的心肺复苏，不要浪费时间进行控水，延误心肺复苏。

（二）溺水后患者血电解质一定会发生变化吗

溺水后患者的血电解质浓度会发生一定程度的变化。一直以来，人们都认为淹溺者血清电解质浓度的变化依吸入的液体类型或含量不同而不同，即吸入淡水会导致低钠血症和高钾血症，而吸入海水则会引起高钠血症和高氯血症。因为淡水为低渗液体，当进入肺内迅速吸入体内时使血容量短暂增加，稀释血液，使血清钠、氯和钙等离子水平降低，而由于血渗透压降低使红细胞溶解破坏，钾离子释放入血，导致高钾血症。而海水内钠和氯含量高，吸入体内后导致血钠及血氯增高。

但是在溺水存活者中，无论是溺淡水还是溺海水，很少见到明显电解质异常的情况。动物实验和临床研究均显示无论淡水还是海水淹溺，血清电解质仅有轻度异常，并且不是主要的临床问题。溺水后血清电解质变化的确与所吸入水的性质有关，但更与吸入水的量有关。动物实验显示，吸入淡水或海水量在22ml/kg以下时并不引起明显的电解质改变。吸入量超过该数值时才可导致细胞外电解质改变，并且可以出现明显血容量改变。吸入淡水时血容量增加，而吸入海水时血容量减少。但对溺水后还能够复苏过来的患者是不可能吸入这么多水分的，在溺水后死亡者中也只有15%吸入了这么多的水。对溺水患者血清电解质进行的检测表明，大多数溺死者血清电解质浓度都在正常范围，不正常者也很少因此对机体造成生命威胁，而急性窒息、低氧血症和代谢性酸中毒才是溺水者的常见死亡原因。

因此，无论淡水还是海水淹溺，在初始处理患者时均可使用0.9%氯化钠溶液进行补液，而不用考虑溺水性质。然后监测血电解质情况，再根据检测结果选择合适的液体。尽量避免使用低张液体。

五、热点聚焦

溺水的特殊心肺复苏程序

2010年国际心肺复苏指南对心肺复苏的顺序进行修改，将以往的A（开放气道）、B（人工呼吸）、C（人工循环）顺序改为当前的C-A-B顺序，将胸外按压、建立人工循环作为复苏策略的重中之重。而对于溺水这一特殊情境下的心脏骤停患者，心肺复苏指南推荐仍沿用A-B-C的复苏顺序，即依然强调开放气道、人工通气的重要性。

溺水时复苏程序与一般复苏程序不同的原因，主要与溺水时导致心跳停止的病理生理有关。溺水时肺部通气障碍导致机体缺氧，并迅速出现意识丧失和呼吸暂停，心搏一过性增快。如通气障碍未得到及时缓解，则逐渐出现心动过缓，最后心搏停止。心脏骤停的根源在于缺氧，因而开放气道，保证通气，纠正缺氧对恢复循环至关重要，应摆在心肺复苏的首位。

复苏时，首先开放气道后，立即给予 2 次有效人工呼吸。为保证通气有效性，欧洲心肺复苏指南推荐首先连续进行 5 次人工呼吸。如人工呼吸后检查未触及脉搏，立即行胸外心脏按压，并按照常规人工呼吸与胸外按压比例进行，直到自主循环恢复。

由于气道内有水，因此开始进行正压通气时需要较高的压力才能保证有效通气。如有专业急救人员用复苏囊正压通气并提供高浓度氧有利于循环恢复。

（曾健生）

第三节　非意外伤害

培训目标

1. 掌握儿童非意外伤害的定义。
2. 了解儿童非意外伤害的发生原因及危险因素。
3. 掌握儿童非意外伤害的临床处理流程。

一、概述

儿童伤害是儿科医生，尤其是急诊、外科和重症监护病房（PICU）医生常见的临床问题之一。按伤害发生意图，可以分为意外伤害、非意外伤害两大类。临床上，儿童意外伤害关注较多。相对而言，对非意外伤害的临床研究较少。近年来，儿童非意外伤害案件频繁曝光，国家为此也修订了相关法律。本文围绕儿童非意外伤害的相关概念与标准、流行病学、发生原因及危险因素、早期诊断等展开阐述。

【相关概念】

1. **儿童伤害诊断标准**　目前多采用如下标准，若有下列三种情况中任何一项，考虑为儿童伤害：①受伤后到医院诊治，诊断为某种损伤；②受伤儿童需要紧急医疗救治；③因伤害请假半日以上。

2. **儿童意外伤害**　是指突然发生的事件造成的儿童损伤，可由多种因素（物理、化学和生物因素）导致。在国际疾病分类（ICD-10）中，儿童意外伤害被单独划分为一类，包括窒息、中毒、烧伤、跌落、溺水、动物咬伤、交通事故或他杀等。

3. **儿童非意外伤害**　是指存在主观故意，造成儿童各个时期的生理或心理不健康的状态。儿童非意外伤害包括躯体虐待、情感虐待、性虐待、忽视、体罚、校园暴力、自杀、自伤等。

4. **儿童不当对待**　包括儿童虐待（child abuse）与儿童忽视（child neglect）。儿童虐待是指在身体、性、心理或精神对儿童的伤害。儿童忽视（child neglect）是指未能妥善照顾儿童，包括未能提供足够的食物、住所、衣物或适当的监督，也包括未能提供充分的教育（教育疏忽）或医疗保健（医疗疏忽），还可能包括酒精和其他物质滥用。

【流行病学】

儿童非意外伤害发生率很难获得准确的数据。根据美国 *Pediatrics* 2016 年 3 月版的对 2015 年儿童暴力的全球流行状况系统综述和最小估计报道：有研究使用世界上大约一半的国家人口基础数据证实，年龄在 2～17 岁儿童中，超过 10 亿的儿童在过去的 1 年中经历了暴力。WHO 也指出，在世界各地约有 4000 万年龄为 0～14 岁的儿童遭受虐待与忽视。在美国,每年超过 650 000 名儿童受到身体、性或情感虐待,其中,约 4500 例患儿需要住院治疗。Khan 等对因非意外伤害前往儿科急诊就诊的状况进行了调查,共纳入 30 937 例患儿,其中 41.8% 例(12 931 例)存在儿童伤害。69.4% 的患儿(8978/12 931)伤害发生意图可被甄别,其中,28.4%(2551/8978)为非意外伤害。总体来看,儿科急诊的非意外伤害占总急诊病例 8.2%(2551/30 937)。Gallaher 等对儿科急诊的非意外伤害病例进行了单中心回顾性分析,24 365 例创伤患儿中,1976 例(8.1%)为非意外伤害。

我国儿科门急诊非意外伤害病例分布情况尚未见确切资料。但是,我们不能因为缺乏数据或者数据不准确而忽视这个问题,或者将此列为不重要的问题。

二、发生原因及危险因素

国外许多学者对儿童非意外伤害问题做了比较深入的研究,并提出了一些理论和模型。在不同的社会和文化背景下,风险因素有所不同,产生渊源也各异。但是正如图 11-1 生态系统理论模型提示的那样,儿童非意外伤害不是单纯的医学问题,均存在深刻的社会文化背景,是多种因素参与作用的综合结果。儿童非意外伤害发生的危险因素也如图 11-1 所提示,包括如下。

1. **个体因素** 男童好发;15～19 岁儿童死亡率最高,1～4 岁次之;早产、低出生体重、残疾或缺陷、心理 / 精神发育障碍患儿好发;种族;心理状态等。

2. **家庭因素** 包括家庭经济状况、父母文化程度、体罚式教育、父母对儿童虐待的知晓程度、非婚或未成年母亲、父母心理异常、吸毒和犯罪的父母、离异或再婚、单亲或家庭关系紧张、父母的童年受虐史等。

3. **社会因素** 包括社会经济的贫困、法律保障不健全、人口密度大和居住拥挤、社会援助服务缺乏和对虐待行为的容忍态度、邻里的暴力犯罪等。

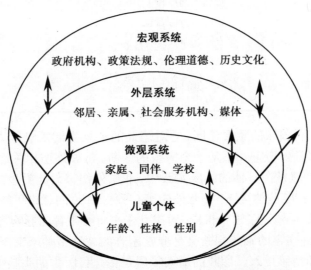

图 11-1 儿童非意外伤害发生的生态系统理论模型

三、及时诊断的重要性

在美国,儿童非意外伤害就诊发现是救助受虐儿童的重要渠道之一。根据 2012 年统计数据,医务人员报告的例数占报告来源的 10.2%,见表 11-1。因此,及时诊断的作用不应忽视。只有及时诊断,才能有效解救受虐儿童。ICD-10 国际疾病编码可推进临床工作的规范化、有序化。儿童非意外伤害相关的国际 ICD-10 编码见表 11-2。

表 11-1　2012 年美国儿童非意外伤害报告来源分布

排名	报告来源	比例(%)
1	法律和执法机构	31.9
2	社会服务者	13.7
3	教育工作者	11.2
4	医务人员	10.2
5	其他亲属	6.1
6	父母	3.9
7	精神卫生专业服务人员	3.3
8	朋友和邻居	3.1
9	儿童日托提供者	0.4
10	寄养提供者	0.3
11	受害者	0.2
12	其他	15.7

表 11-2　儿童非意外伤害相关的国际 ICD-10 编码

国际 ICD 编码	疾病名称	助记码
T74.051	被忽视或遗弃	BHSHYQ
T74.152	受虐婴儿或儿童综合征	SNYEHETZHZ
T74.251	性虐待	XND
T74.351	心理上的虐待	XLSDND
T74.851	其他虐待综合征	QTNDZHZ
T74.852	虐待儿童	NDET
T74.853	混合型虐待	HHXND
T74.951	虐待综合征(未分类)	NDZHZ
T74.953	儿童虐待效应	ETNDXY

非意外伤害是儿科临床的重要诊断,它对患儿的未来生活影响巨大,甚至关系到这个年轻生命的生死。非意外伤害并不是一个完整的诊断,常被外伤相关诊断(骨折、出血、软组织损伤等)所掩盖,但是在具体的临床实践中,非意外伤害是此类患儿就诊的真正原因,外伤只是一种表象。在某些情况下,非意外伤害(身体虐待)的就诊可能为痛苦之中的患儿解救提供一次机会,如果错过了这个机会,对患儿未来身心发育的影响都是巨大的。

尽管如此,非意外伤害的临床判断又是非常困难的。这是临床工作中最困难的课题之一,需要时间、经验和情感投入。诊断的最大障碍是在儿科医生的头脑中存在"情感障碍"。针对儿童非意外伤害,儿科医师是否有足够的警惕?Tenenbaum 等对儿童骨外科医生进行了问卷调查,评估包括对儿童非意外伤害认知水平、临床报告的态度及儿童保护意识。研究队列包括 130 位儿童骨外科医生(62.3% 医生有 10 年或以上的经验,37.7% 的工作年限低于 10 年)。当诊疗疑似非意外情况,81.5% 低年资医师表示会试图找出是什么原因导致的症状,高年资医师仅占 61.2%。

四、治疗策略

可疑遭受非意外伤害的患儿可能存在一系列伤害，伤情从轻微到危及生命。伤情严重的患儿甚至需要高级生命支持后给予再评估。这一初步评估可能需要一个创伤反应小组和儿外科医师。如果就诊医院条件有限且患儿伤势严重，可能需要及时转运。非意外伤害可疑病例的临床处理流程见图11-2。

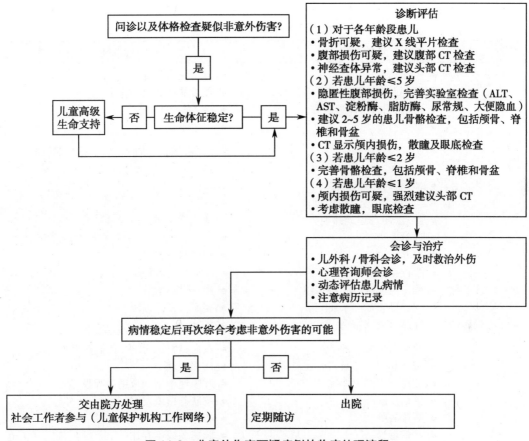

图 11-2　非意外伤害可疑病例的临床处理流程

五、常见问题和误区防范

儿童非意外伤害如何做到早期及时诊断

对于被虐待的儿童，就诊的临床经历可能迥乎不同，可能是社区服务者、教师甚至警察带患儿就医；可能是照顾者因观察到损伤相关症状而带患儿就医；也可能是施虐者因为他们也发现伤害过于严重而带患儿就医。有的情况下，非意外伤害（虐待）确定无疑。可是，有些情况下，外伤的真正原因却扑朔迷离，早期诊断除了需要接诊医生的细心、警觉及责任心外，也需要接诊医生熟知可能存在非意外伤害的临床情况。

（1）问诊中提示可能存在非意外伤害的临床情况：在下列情况下，急诊医生应高度注意可能存在非意外伤害。①患儿监护人解释造成伤害的原因前后不一致，言语搪塞；②患儿亲属间对患儿受伤原因解释不一致；③对患儿受伤原因的解释不合乎儿童发育的一般规律；

④患儿监护人给出的受伤原因无法解释患儿受伤严重程度；⑤患儿外伤或病情严重，但是寻求医疗救治明显滞后；⑥患儿监护人存在人格、智力、情感障碍等；⑦患儿与其监护人的关系表现异常（如疏远、退缩、恐惧等）。

（2）查体要点及阳性体征：非意外伤害的查体要点及阳性体征见表11-3。体格检查中，若有下列发现多提示非意外伤害：①多器官系统损伤；②不同愈合阶段的多发伤；③"图案型"损伤（烟头、指尖掐印、鞭痕、鞋底纹等）；④其他不寻常位置的外伤（耳道、眼底、舌系带等）；⑤无法解释的严重外伤。

表 11-3 非意外伤害的查体要点及阳性体征

部位	查体要点	阳性体征
一般情况	• 生命体征 • 脉搏血氧饱和度 • 身高/体重/体重指数 • 常规检查	• 异常生命体征 • 显著的低体重/超重 • 冷/发汗的皮肤 • 卫生不良
头部	• 头部检查和触诊 • 检查面、耳、颈部 • 检查口腔 • 意识水平，包括GCS • 瞳孔、眼球运动和视力 • 评价发声 • 婴儿的囟门 • 肌肉张力 • 确定运动强度和对称性 • 观察姿态 • 注意疼痛或压痛	• 淤血、擦伤、水肿、其他软组织损伤 • 耳道内血或脑脊液 • 牙齿缺失 • 意识异常 • 瞳孔大小或反应异常 • 高亢、弱、或尖锐的叫声；嘶哑的声音 • 囟门张力增加 • 肌肉松弛或僵硬 • 不对称运动 • 姿态异常 • 疼痛
躯干部	• 检查前后躯干部 • 观察和听诊呼吸 • 注意呼吸用力情况 • 评估皮肤颜色 • 听诊心脏 • 脉搏触诊 • 评价毛细血管充盈时间	• 淤血、擦伤、水肿、其他软组织损伤 • 疼痛表现 • 呼吸速率增加或用力呼吸 • 皮肤苍白或发绀、斑驳 • 心律失常 • 脉搏弱或不存在 • 毛细血管充盈时间增加
腹部	• 腹部视诊 • 听诊肠鸣音 • 腹部触诊 • 上次进餐的时间 • 排便习惯和上次排便日期 • 最近排尿时间和尿液特点	• 腹胀 • 疼痛、压痛或肌紧张 • 淤血、擦伤、水肿、其他软组织损伤 • 恶心/呕吐 • 血便 • 血尿
外阴部	• 检查外生殖器和臀部	• 淤血、擦伤、水肿、其他软组织损伤 • 出血
四肢	• 检查四肢 • 观察步态	• 淤血、擦伤、水肿、其他软组织损伤 • 疼痛 • 骨折或骨关节脱位 • 肢体障碍或跛行

六、热点问题聚焦

如何减少儿童非意外伤害

儿童是社会的未来，儿科医生的工作职责就是保障儿童健康福祉。减少儿童非意外伤害，建议开展以下工作：①在立法、行政管理和宣传教育上，保护儿童的合法权利，防止虐待。为保护儿童的合法利益，我国制定了以《中华人民共和国宪法》为核心，包括《刑法》、《未成年人保护法》、《母婴保健法》和《收养法》等在内的一系列有关儿童保护的法律，形成了较为完备的儿童权益保护的法律体系。2016 年 3 月 1 日施行的《反家庭暴力法》规定，发现家庭暴力须报告。首部《反家庭暴力法》要求学校、幼儿园、医疗机构、居民委员会、村民委员会、社会工作服务机构、救助管理机构、福利机构及其工作人员有及时制止所发现家暴行为的义务。法律要求相关的机构，在工作当中发现了无民事行为能力人，或者限制民事行为能力人遭受或者可能遭受家庭暴力，就有义务向公安机关报告，不报告，要承担相应的法律责任。但是，有法可依、有法必依，依然任重道远。②寻求政府部门的支持，设立儿童虐待和疏忽援助中心，建立儿童保护工作网络，开展监督和监测工作。③进行有关防止虐待儿童的宣传教育，营造一个良好的儿童成长环境。④对儿童进行自我保护教育，使其能够警惕、识别和躲避可能发生的各种暴力事件，以及提供求助和举报方法途径。⑤加强对该领域的科研工作，确定危险因素，提出预防策略。

（钱素云）

第十二章

热 射 病

培训目标

1. 掌握热射病的定义。
2. 掌握热射病的临床表现、诊断和治疗。
3. 熟悉热射病的诱发因素和发病机制。

一、概述

热射病是热相关疾病（heat-related illness）中最严重的类型。热相关疾病是指由于暴露于高温环境对机体造成的一系列损伤，可伴有因环境温度升高使体温调节机制衰竭导致核心温度极度升高。热相关疾病包括一系列异常，从轻微的热应激到伴有多器官功能衰竭的热射病。

人体有完整的体温调节机制使产热与散热过程保持平衡状态，因此在环境温度发生变化时能保持体温相对恒定。正常人体核心温度维持在 37℃ 左右，而皮肤温度大约 35℃，存在使热由中心向周围传递的温度差。正常成人静息状态下的基础代谢产热约每小时 100 千卡，而剧烈运动时的产热量较静息状态增加 20 倍。机体通过 4 种途径与周围环境进行热交换：传导、对流、辐射和蒸发。核心温度升高时，下丘脑的视前核刺激自主神经的传出纤维引起发汗和皮肤血管扩张，使体内热量散失加速。当环境温度高于体温时，蒸发是唯一的散热方式，但是当环境相对湿度大于 75% 时，其效果明显降低。当环境温度超过皮肤温度时，传导、对流和辐射均不能帮助机体散热。

当体温超过临界高温（critical thermal maximum）时，机体出现持续的热相关损伤。临界高温是指机体出现组织细胞损伤前所能耐受的体温升高程度和持续时间。人类的临界高温估计为核心温度 42℃ 持续 45 分钟至 8 小时。

【定义】

热射病（heat stroke）是指因高温引起人体体温调节功能衰竭、体内热量过度积蓄使体温极度升高，导致多系统组织损伤和多器官功能障碍。是严重危及生命的急症，及早识别和积极处理可提高生存率。

热射病以核心温度超过 40℃ 和中枢神经系统功能异常为特征。临床上有两种症状和体征明显不同的热射病：经典型热射病和劳力型热射病。经典型热射病常由于持续暴露于高温环境所致，多见于无能力离开湿热环境的小婴儿或有慢性疾病导致体温调节障碍的患者；而劳力型热射病则因为在湿热环境中剧烈运动导致内源性产热过多且散热机制障碍所致，多见于运动员和新兵训练。两者对机体的损害及治疗方法大体相同。

【危险因素】

劳力型热射病是由于内源性产热过多导致核心温度升高。剧烈运动产热量是休息时的15～20倍，在温暖潮湿环境中长时间剧烈运动具有危险性。大量出汗导致机体脱水增加剧烈运动时发生热射病的可能性。青少年和成人患劳力型热射病比儿童常见。具体原因不明，可能与在出现热损伤之前儿童就因为一些不适而降低运动强度有关，而青少年和成人常忽略这些不适并坚持运动，最终发生热射病。劳力型热射病是可预防的，关键是要制定适合不同年龄的热习服计划，强调运动前后适当补充水分，并根据环境温度的高低安排不同的训练方法和地点。

经典型热射病是由于暴露于过热潮湿环境使机体不能散失基础代谢所产生的热量。婴儿睡觉时所盖衣被过多增加危险性，因为婴儿活动能力有限，出现过热时不能将衣被掀开。将小婴儿紧紧包裹在厚实的褓裸中也可引起。夏季婴幼儿意外留在阳光下直晒或停在温热环境的车内非常危险，即使环境温度只轻微升高，密闭的车内温度可迅速升高，引起热射病。

由于儿童的解剖和生理特点与成人存在差异，对热应激的反应也不一样。这些差异包括：由于基础代谢率高，儿童每公斤体重的产热量比成人多；儿童体表面积相对较大，在高温环境中更易吸收热量；儿童的绝对血容量小，将热量由中心带至周围散失的潜力较小；儿童的发汗能力较差，并且开始发汗的体温较高；在长时间运动中儿童常常不能很好地补充丢失的水分；儿童获得热习服的过程较慢，常常需要10～14天才能完成。小儿热相干性疾病的发生于这些解剖生理特点有一定关系，也与环境温度和湿度有关。若同时合并一些疾病状况，如腹泻、外胚层发育不良、肥胖和发热性疾病时，则更容易发生。

【发病机制】

机体热负荷如超过机体散热能力，可以直接损伤体温调节中枢，导致体温调节机制衰竭。一旦体温调节机制衰竭，核心温度升高，导致多个组织器官病理损害。体温升高引起代谢率增快及氧消耗增加。体温高于42℃时，氧化磷酸化脱耦联，多种酶的功能受影响。高热对细胞膜和细胞膜内结构有直接损伤，可使机体结构蛋白和功能蛋白（包括酶和受体）发生热变性，改变细胞膜性结构的流动性，损伤线粒体等，造成组织细胞的广泛损伤。对血管内皮细胞损伤可导致微循环障碍及弥散性血管内凝血。高温诱导的全身炎症反应在热射病的发展过程中起关键作用。热应激下机体合成、分泌细胞因子增多，在介导和调节热应激相关的炎症反应、组织损伤与修复等过程中发挥重要作用。

体内热蓄积使心排血量与每分钟通气量增加、外周血管床扩张、内脏灌注减少，可能造成急性病理改变，如脱水、循环衰竭、低氧血症、肠内细菌易位等。顽固性低氧血症、突发循环衰竭往往是导致全身炎症反应综合征、急性呼吸窘迫综合征、严重全身感染迅速发展至多器官功能障碍综合征和死亡的关键。

二、诊断和鉴别诊断

【临床表现】

热射病影响多个组织器官，使其功能异常。患者核心温度超过40℃，均有神经系统功能障碍，表现为谵妄、幻觉、共济失调、昏睡、昏迷和抽搐等。由于大量出汗液体丢失、皮肤血管扩张和心功能异常，患者常有低血压，血乳酸增高。但有的患者无汗。高热引起的肺血管内皮损伤、失控的全身炎症反应和弥散性血管内凝血等因素常常诱发急性呼吸窘迫综合征。胃肠受损后胃肠黏膜水肿出血和腹泻，肝脏受损时肝功能明显异常，肝酶多于病程

48～72 小时达高峰,直到病程 10～14 天才逐渐降至正常。横纹肌溶解时会出现红褐色尿,血肌酸磷酸激酶升高。由于血容量减少、横纹肌溶解、弥散性血管内凝血及温度的直接损害,部分患者出现急性肾衰竭,表现为少尿,血肌酐及尿素氮增高。由于高温影响,红细胞寿命缩短,且红细胞膜硬度增加,也增加红细胞破坏,最终出现贫血。

【实验室检查】

热射病患者存在多种实验室检查异常,可以反映全身炎症反应和终末器官损伤程度。

1. **血常规** 发病早期因脱水致血液浓缩可出现血红蛋白(Hb)升高、红细胞比积(Hct)增加,血小板(PLT)发病初期正常,继而迅速下降,尤以发病后 1～3 天为甚,最低可小于 $10 \times 10^9/L$。

2. **动脉血气** 常提示代谢性酸中毒和呼吸性碱中毒,高乳酸血症、低氧血症等。

3. **尿常规及尿生化** 尿色为茶色或酱油色,镜检可见大量颗粒管型和红细胞。尿肌红蛋白增高,Mb 最高可达 50 000ng/ml 或更高。

4. **血液生化电解质** 血肌酐(Cr)、尿素氮(BUN)、尿酸(UC)均出现不同程度升高。AST、ALT、LDH 早期即显著升高,最高可达 5000U/L 以上,总胆红素(TBil)在 24～72 小时后开始升高,最高可达 300μmol/L 以上,可伴有低蛋白血症。肌酸激酶(CK)>1000U/L,最高达 300 000～400 000U/L,CK>5000U/L 表明肌肉损伤严重,CK>16 000U/L 提示与急性肾衰竭相关。肌红蛋白(Mb)明显增高,一般血 Mb>1000ng/ml,最高可达 70 000～80 000ng/ml 或更高。常有高钾、低钠、低氯、低钙、高磷血症,有时出现低血糖。

5. **凝血功能** 凝血功能障碍可在发病第 1 天出现,但更常见于第 2～3 天。实验室检查指标:① PLT<$100 \times 10^9/L$ 或进行性下降;②纤维蛋白原(Fib)<1.5g/L 或进行性下降;③ D- 二聚体升高或阳性,纤维蛋白原降解产物(FDP)>20mg/L,或 3P 试验阳性;④凝血酶原时间(PT)延长 3 秒以上,部分活化凝血活酶时间(APTT)延长 10 秒以上。上述检查有 3 项异常者,即可诊断 DIC。发病早期应每 4～6 小时复查凝血功能。如有条件可行血栓弹力图(TEG)、凝血和血小板功能分析仪(sonoclot)检查。

6. **感染指标** 白细胞(WBC)、中性粒细胞增高,其增高的程度与中暑的严重程度相关,合并感染者明显升高,可伴有 C- 反应蛋白(CRP)、降钙素原(PCT)、白介素 -6(IL-6)升高。

7. **头颅 CT 检查** 发病初期 CT 多无阳性发现,3～5 天后可出现脑实质弥漫性水肿,凝血功能差者可出现蛛网膜下腔出血。

8. **头颅 MRI 检查** 热射病后期 MRI 表现为基底节、苍白球、双侧内囊、壳核和小脑缺血、软化灶。部分患者 MRI 显示双侧小脑、尾状核、皮质下白质异常和海马区均匀增强。严重者会出现小脑的缺血坏死甚至脑萎缩。

【诊断依据】

有暴露过热潮湿环境病史,核心温度 >40℃伴有中枢神经系统功能障碍。需要注意的是有些患者院前已采用了降温措施,到达医院时其体温可能 <40℃。这需要仔细询问病史,防止漏诊。需要强调的是,诊治热射病时需要测定核心温度,如直肠、食管、中心静脉和膀胱温度,口腔、腋下和鼓膜温度不可靠。

【鉴别诊断】

热射病需与以下疾病相鉴别。

1. **感染** 多种感染,尤其是中枢神经系统感染,可导致体温升高和意识障碍。但是,多数情况下,体温一般不超过 41℃。并且存在一些具体感染表现如肺炎、蜂窝织炎和脑膜炎等。

2. **中枢神经系统病变** 一些急性或慢性损害下丘脑的中枢神经系统病变如神经系统感染、脑血管意外和出血等，可导致体温升高和意识障碍。一些脑的先天异常也可以导致体温调节异常引起体温过高。但是在这些情况下，中枢神经异常多发生在体温升高之前。

3. **惊厥持续状态** 任何原因的惊厥持续状态均可以导致高温；导致婴幼儿惊厥持续状态的最常见原因为热性惊厥和癫痫。可合并横纹肌溶解，有时与热射病难以鉴别。

4. **药物中毒** 抗胆碱能药、抗抑郁药、安非他命、单胺氧化酶抑制剂和水杨酸等中毒可导致体温升高，安非他命和抗胆碱药可影响体温调节。

5. **恶性高热** 是一种罕见的基因异常疾病，常常是使用一些特定的药物（如琥珀酰胆碱和氟烷）后出现的体温超高。一些吸入麻醉药（如七氟烷、地氟烷和异氟烷）也可以导致恶性高热。通常于用全身麻醉药后 1 小时内发生，少数可延迟至用药后 10 小时发生。早期临床表现包括肌肉强直（特别是咬肌僵硬）、窦性心动过速、高碳酸血症，以及出现皮肤发绀且有斑纹。数分钟至数小时后，出现明显过热。

三、治疗决策

早期有效治疗是决定预后的关键。有效治疗的关键点：一是迅速降低核心温度；二是血液净化；三是防治弥散性血管内凝血。

1. **降温** 热射病的预后与体温过高及持续时间密切相关，快速降温是治疗的首要措施，降温处理应从院前开始。在湿热环境中活动出现意识障碍时需要考虑热射病可能，应立即将患者由高热环境中转移至阴凉处，并除去所有衣物，采用可及的方法开始降温，如用凉水反复全身擦拭，促进散热，同时配合持续扇风加快蒸发、对流散热。如有冰块可进行头部降温，以及腋下、腹股沟等大血管区域冰敷降温。清醒患者口服 4～10℃生理盐水。院内可采用多种方法进行降温，如降温毯、冰块（置于腋下、颈部和腹股沟）、快速输注低温液体、4℃生理盐水洗胃和灌肠、血液净化等（详见下文），使核心体温在 10～40min 内迅速降至 39℃以下，2 小时降至 38.5℃以下。由于经直肠测定的核心温度降低常常慢于下丘脑部核心温度的实际降低，因此，一旦直肠核心体温降至 38℃时即应停止降温措施以防止体温过低。

研究显示，将成人患者浸入冷水浴中（水温为 15～20℃）可迅速降低劳力型热射病的核心温度，但是可导致寒战、打抖、躁动及攻击等不适。将儿童浸入冷水浴中有可能导致低体温和心动过缓等异常，也影响对患儿的持续监测，对不稳定患者有可能影响复苏抢救措施实行。

为防止降温过程中出现寒战，减少内源性产热，可给予苯二氮䓬类镇静药，如持续静脉滴注咪达唑仑 0.05～0.1mg/（kg·min），也可治疗或预防惊厥发作。氯丙嗪已在成人中被用来防止寒战，但其阻断 α_1 肾上腺素能受体的特性可能加剧热射病患者的低血压，也有可能影响患儿的肌张力，因此，儿童患者应避免使用。

丹曲林主要用于恶性高热治疗，也曾用于热射病高热的处理。该药为一种非特异性骨骼肌松弛剂，其作用通过阻断钙从肌质网的释放。虽然最初的证据表明，丹曲林能缩短成人热射病患者的降温时间，但更多的小规模研究并未确定其益处。因此，丹曲林不是常规使用。一些专家建议对初始降温措施无反应或效果不好的患者可使用丹曲林。

2. **呼吸支持** 热射病患者由于存在中枢神经系统功能障碍，常常出现气道或呼吸异常。注意保持合适体位以维持呼吸道通畅，充分供氧。如患者发生呕吐时立即将患者头部转向一侧，及时清除口鼻腔分泌物，以免发生误吸。对意识障碍程度较深、气道分泌物多且不能主动排痰、出现呼吸衰竭或血流动力学不稳定且对液体复苏反应欠佳的患儿，应及时气管插管机械通气以保证肺部通气氧合。

3. 治疗休克 主要是容量复苏恢复有效循环血量和使用血管活性药物。所有热射病患者均需要建立 2 条可靠的静脉通路。容量复苏量应依据脱水程度确定，既恢复血容量又避免液量过多。一般经典型热射病患儿为轻至中度脱水，初始快补液量为 20～40ml/kg；而劳力型热射病的脱水程度常为中至重度，因此初始补液量需要达 60ml/kg。再根据补液反应确定继续补液速度。补液过程中应监测血压、心率、呼吸频率和脉搏血氧饱和度，每小时尿量及尿液颜色，注意有无肺水肿，必要时监测中心静脉压。如果补足血容量后仍有心功能下降或血压低，可使用血管活性药物。还应注意补充碳酸氢钠碱化尿液，使尿 pH > 6.5。

4. 弥散性血管内凝血防治 由于热射病患者常合并有凝血功能紊乱，易发生弥散性血管内凝血，在有效降温和积极容量复苏的基础上，注意早期先补充凝血因子并适当给予抗凝治疗。凝血因子包括新鲜冰冻血浆、凝血酶原复合物和纤维蛋白原等，将 PT、APTT 恢复至正常水平。血小板明显降低时需补充血小板。抗凝治疗可选用低分子肝素或普通肝素。

5. 血液净化 早期施行血液净化可有效降温，减少肝、肾、脑等重要脏器热损害，尤其是对中枢神经系统的损害，还能有效清除机体热应激后产生的大量代谢产物，如肌红蛋白、肌酸激酶等；有效清除炎症介质和代谢产物，阻断全身炎症反应的"瀑布效应"及多器官功能不全综合征的发展。一般物理降温方法无效且体温持续高于 40℃ > 2 小时、血钾 > 6.5mmol/L、少尿或无尿、难以控制的容量超负荷、难以纠正的电解质和酸碱平衡紊乱、合并多脏器损伤或出现多器官功能不全综合征可作为使用指征。

6. 抗感染 早期预防性使用抗生素，如头孢二代抗生素。如有感染，及时留取相关标本行涂片及培养，增加抗生素级别，必要时加用抗真菌药物。

7. 营养支持 如患者血流动力学及内环境稳定且无消化道出血和麻痹性肠梗阻，应尽早给予肠内营养。不能经口进食者选择管饲途径（鼻胃／鼻空肠）建立肠内营养支持途径。应根据病情、配方种类和输入途径，决定肠内营养的输注方式。肠内营养输注应遵守由少到多、由慢到快、由稀到浓循序渐进的原则。不能行肠内营养者需尽早给予肠外营养。

8. 其他器官功能支持 控制脑水肿，降低颅内压，避免抽搐的发生；发生肝衰竭时，应加强非手术治疗，肝移植对改善预后并无益处。如有横纹肌溶解，应充分补液和碱化尿液，尿量至少保持 2ml/（kg·h），防止肌红蛋白阻塞肾小管，发生急性肾衰竭时给予肾脏替代治疗。

四、常见问题和误区防范

（一）发热性疾病与热射病的体温升高有何不同

发热性疾病和热射病都存在体温升高现象，但体温升高的原因及机理均不同，治疗方法亦不相同。

发热性疾病的体温升高是指在致热原作用下，体温调节中枢的调定点上移而引起的调节性体温升高。当体温上升超过正常体温值得 0.5℃时就成为发热（fever）。发热不是独立的疾病，而是一种病理过程，是许多疾病的临床表现，并常被首先察觉。发热对机体的影响是利弊共存。中等程度的发热可能有利于提高宿主的防御功能，增强机体的抗感染能力。但发热会使机体分解代谢明显增强，持续高热引起机体能量物质过度消耗，器官功能负荷增加，引起一系列内环境紊乱，甚至在原有疾病基础上诱发相关器官功能不全。消除发热病因是治疗发热的根本措施，对高热患者，可使用解热药物如布洛芬、对乙酰氨基酚、水杨酸盐和糖皮质激素等降温；亦可配合物理降温方法，如酒精擦浴和冰帽冷敷头部等。但从发热机制看，单纯物理降温可能效果不好，因为"调定点"未降之前用物理方法强行降低体温，会引起机体更明显的产热反应。

热射病的体温升高是体温调节中枢失调控或调节障碍所引起的一种被动性体温升高，并非是致热因子导致"调定点"上移而引起的体温升高。体温升高的程度可超过"调定点"水平，对机体影响非常大，会导致器官热相关损伤，并且解热镇痛药无效，只能靠物理降温方法降低体温。

（二）诊断热射病时应注意那些问题

首先，诊断热射病需要有暴露过热潮湿环境病史。对于在湿热环境中剧烈运动或训练的青少年，病史比较明确。但对于一些年龄较小的婴幼儿有时不易明确病史，如婴儿睡觉时所盖衣被过多、包裹过厚过紧，可导致患儿过热、大汗、散热障碍，出现高热、脱水。夏季婴幼儿意外留在阳光直晒密闭的车内，由于温度迅速升高，引起热射病。这需要仔细询问病史，防止漏诊。

其次是核心温度 >40℃。需要注意的是，有些热射病患者的体温读数可能不会超过40℃，尤其是在到达医院前已采取降温措施的患者。此外，有些标准体温计的最大读数低于热射病患者有时达到的体温，因此得不到准确信息。评估热射病患者时，必须在高温时用准确的体温计测定核心温度，如直肠、食管、中心静脉和膀胱温度，口腔、腋下和鼓膜温度不可靠。

再次，热射病患者须有中枢神经系统功能障碍。中枢神经系统功能障碍可表现为一系列的症状体征：如定向障碍、头痛、兴奋、嗜睡、昏迷或抽搐。有的患者虽然有在闷热环境运动病史，出现体温升高、乏力、肌痛和横纹肌溶解，但中枢神经系统功能一直正常，不宜诊断热射病。

最后，无任何单独一项诊断试验可以肯定地明确或排除热射病。热射病患者的实验室检查异常可能与由其他疾病导致的高热相重叠。在不清楚过热病因但仍有热射病可能性的情况下，谨慎的做法是在寻求除热射病之外的诊断时开始采取降温措施。

五、热点聚焦

热射病快速降温方法的研究进展

热射病为致命性急症。其预后常与机体高热程度及持续时间相关，快速有效降低核心体温是临床治疗的首要措施。目前，临床治疗中使用的降温方法主要包括通过传导、蒸发、对流等方式进行的物理降温，血液滤过、血管内降温、冰盐水灌胃或灌肠等侵入性体内降温。根据患者病情与身体状况，治疗机构降温设备条件，以及操作者对降温措施和设备的熟练程度，科学合理地选择有效的降温方式对患者的成功救治至关重要。

1. **对流散热降温** 以衣物、电扇等扇风或转移至通风处，从而加快空气流速，增加对流散热。现场救治通常迅速将患者转移到阴凉通风处，脱去患者衣物并喷洒凉水，同时可用衣物等扇风；不带有空调的救护车可打开所有的窗门来增加空气流速。但单独增加空气流速并不能有效降低患者的核心体温，必须同时配合使用其他有效降温方式。

2. **冰袋降温** 将冰袋用毛巾包裹置于枕后及全身大血管表浅处。但单纯冰袋降温速度慢，达不到热射病快速降温的要求，且降温幅度不易控制，低温状态不恒定。局部易冻伤，并要定时更换冰袋及位置，工作量大。因此热射病时冰袋降温往往不单独使用，而是联合其他降温方法或只作为其他降温方法的辅助措施。

3. **蒸发散热降温** 蒸发散热能带走大量的热能,多用于经典型热射病患者的降温。蒸发散热依赖于高的水蒸气压力梯度,传统的蒸发散热多采用20~40℃的温水,直接喷洒或用湿毛巾擦拭患者全身,配合风扇持续扇风。该方法简便有效,可行性强,其降温速度较迅速。

4. **冰水／冷水浴** 将患者浸入冰水(4℃)/冷水(14℃)中降温,保持头部露出水面。冰水浴多用于既往体健的青年人,在发生劳力型热射病最初几分钟时的快速、安全、有效降温。注意保护头部,保持呼吸通畅。经典型热射病多发于老年人、体弱者和小儿,虽冰水／冷水浴能快速降低患者核心体温,但患者多不能忍受冰水／冷水带来的机体不适,因其可能带来严重的寒战、躁动、意识障碍甚至血流动力学紊乱,加重病情。

5. **控温毯** 控温毯作为新一代降温仪器,利用半导体制冷原理,通过主机工作与冰毯内的水进行循环交换,促使冷却的毯面接触皮肤进行传导散热,达到降温目的。患者平卧降温毯上,头戴冰帽或头枕冰枕,对患者进行急速降温。动态监测肛温,同时注意患者有无寒战等不适,根据降温效果随时调整预置温度。由于单独应用无法快速降温,不能立即显效,常需与其他降温方法联合应用。

6. **血液滤过** 血液滤过主要通过大量低温置换液与人体血液进行交换,清除致热源物质,从而快速有效地降低机体体温,尤其是脑部温度,减少高热对机体的损伤。在治疗过程中除增加置换液量和速度外,还可通过调节置换液的温度,更有效地降低核心体温,减轻高热对机体的损伤,防止或减少并发症的发生。

7. **胃灌洗、灌肠** 胃灌洗或灌肠降温时低温灌洗液通过黏膜快速吸收入血,并进入血液循环,血液中的水比热较大,可吸收大量热量而本身温度升高不多,从而将体内的热传导至冷盐水,使体温下降。冷盐水胃灌洗、灌肠降温安全有效,并发症少,在临床上多采用100~200ml 4℃冰盐水进行胃灌洗,或用200~500ml 4℃冰盐水行灌肠降温(深度≥6cm),必要时可反复多次应用。

8. **血管内灌注降温** 指通过快速输注大量冷却液体(晶体或白蛋白)或自身血液来达到降低核心体温的目的,其优点包括:降温快速有效;改善周围循环衰竭,增加机体重要脏器及全身的散热功能,有助于细胞代谢产物的排泄;水、盐、葡萄糖等得以迅速补充。但该降温方法必须加快输注速度,缓慢输入则达不到降温效果。

9. **血管内热交换降温** 近年发展起来的一种新的降温技术,包括具有降温冷却作用的体外机,把冷却液灌注到导管的泵,以及能插入患者下腔静脉的具有热交换作用的导管。该技术具有降温速度快、既定温度维持准确、波动性小及复温速度容易控制等特点,目前广泛应用于急性心、脑血管病及其他脑部疾病的辅助治疗,在热射病的降温治疗中也有使用。

(曾健生)

第十三章

儿童脑死亡

培训目标

1. 掌握儿童脑死亡定义和诊断标准。
2. 熟悉确诊儿童脑死亡的辅助检查方法。
3. 熟悉中国《脑死亡判定标准与技术规范（儿童质控版）》要点。

一、概述

【定义】

脑死亡是指包括脑干在内的全脑功能不可逆转的丧失，也是一种特殊死亡状态。

【概念及演变】

20世纪50年代末，欧洲的神经学专家们注意到借助呼吸机和药物人工维持生命的一种特殊昏迷状态，并称之为超昏迷或不可逆性昏迷。1959年Mollaret首先提出"脑死亡"，但当时还未将脑死亡与死亡完全等同起来。1966年国际上首次制订出脑外伤患者的脑死亡诊断标准。1967年南非实施了世界上第1例心脏移植手术，供体就是1位因车祸所致脑死亡的患者。直至1968年美国哈佛大学的学者经过多年临床观察和研究，首先提出脑死亡就等于死亡，并制订了脑死亡的判断标准，使脑死亡诊断标准逐步规范，正式提出了脑死亡的定义，对传统的心肺衰竭后死亡定义做出了重要的补充，提出了判断脑死亡的"哈佛标准"。

"哈佛标准"包括：①无感受性及无反应性；②无运动或呼吸；③无反射；④脑电图平直。以上4项检查应在24小时后重复，且无变化可判断为脑死亡。实际上以后的脑死亡标准或指南都是在"哈佛标准"的基础上制定并不断完善的，并被越来越多国家和地区的法律所接受。

在此基础上，美国总统委员会于1981年颁布《统一的死亡判定法案》，法案关于死亡的判定是：①循环和呼吸功能不可逆丧失；②全脑包括脑干的所有功能不可逆丧失；且规定必须应用可接受的医学标准来判定死亡。法案提出了脑死亡的判断标准：①无感受性及无反应性；②脑干功能消失，瞳孔、角膜、眼头、眼前庭、口咽反射消失；③无呼吸，$PaCO_2 > 60mmHg$；④无异常姿势或痫性发作；⑤病因明确且为不可逆性，排除可逆性情况（镇静作用、低温、休克及神经肌肉阻滞）；⑥观察时间根据临床判断；⑦当脑干反射无法检查、病因不十分肯定或为了缩短观察时间时可应用脑血流检查。

由于美国总统委员会法案关于死亡尤其脑死亡的判定并没有儿童的标准，因此1987年相关专家制定了儿童脑死亡诊断指南。1995年美国神经学会（ANN）制定了成人脑死亡判定的实践标准,2010年对1995年标准进行了修订,并于2011年对儿童脑死亡标准又进行了修订。

我国在此领域起步较晚,20世纪70年代末方开始探讨脑死亡,1986年在南京草拟了第1个成人脑死亡诊断标准,1989年在丹东制订出第1个小儿脑死亡诊断标准试用草案,但一直未正式发表。2003年,我国原卫生部制定了《脑死亡判定标准(成人)(征求意见稿)》和《脑死亡判定技术规范(成人)(征求意见稿)》;2013年制定了《脑死亡判定标准与技术规范(成人质控版)》;直到2014年在卫生和计划生育委员会脑损伤质控评价中心领导下方制订并发表了正式的《脑死亡判定标准与技术规范(儿童质控版)》。

儿童脑死亡的判定有其独特之处,脑评估及辅助检查均与成人有不同之处。北京儿童医院调查结果显示,脑死亡在PICU的发生率为0.87%,占总死亡患儿数的12.1%,原发病以颅内感染为主。巴西一项7个PICU 1年的调查显示,525例死亡病例中,61例确定为脑死亡(11.6%)。

【病因】

儿童脑死亡的主要病因是颅脑外伤、心搏呼吸骤停后、颅内感染等。原发性脑损伤以脑外伤、出血和占位性病变为主;心搏呼吸停止所致脑缺血缺氧是继发性脑损伤的主要原因。

【发病机制】

原发或继发严重脑损伤均可导致脑细胞代谢异常、肿胀和颅内高压。颅内压超过平均动脉压,颅内血循环停止,脑组织无菌性自溶,是脑死亡的主要病理和生化改变。

二、诊断与鉴别诊断

【临床表现】

1. **基本临床表现** 无论成人还是小儿,必须具备以下几点,方可考虑为脑死亡。①有原发或继发严重脑损伤:原发性脑损伤以脑外伤、出血和占位性病变为主;心搏呼吸停止所致脑缺血缺氧是继发性脑损伤的主要原因。②持续深昏迷:Glasgow评分3分,对任何刺激无反应。③无自主呼吸:排除药物等因素对呼吸的影响。④脑干反射消失:瞳孔反射、角膜反射、头眼反射等均消失。

2. **其他临床表现** 部分脑死亡患儿除具备上述基本表现外,还可出现尿崩症、高血糖、低$PaCO_2$及低体温等特殊表现。美国Dallas儿童医学中心将脑死亡患儿出现的中枢性尿崩症、高血糖、低$PaCO_2$合称"特纳三联征(Turner's triad)"。

(1)中枢性尿崩症:主要因垂体加压素合成或分泌障碍,远端肾小管不能浓缩尿液而致。多数学者认为在肾功能正常的前提下,尿量大于每天正常生理需要摄入量的1.5倍,有高血钠、血渗透压增高等血液浓缩表现,尿比重正常或减低,排除强利尿药的影响为诊断脑死亡合并尿崩症的基本条件。有学者认为应同时排除应用甘露醇、类固醇类皮质激素的患者。因尿崩症诊断标准尚不统一,所以其发生率报道差别较大,为11%～87.5%。北京儿童医院PICU报道发生率为59.0%,并认为使用甘露醇和地塞米松可不作为排除尿崩症的指标,有关小儿脑死亡合并中枢性尿崩症的诊断标准还有待进一步探讨。

(2)高血糖:指输糖速度<4mg/(kg•min)时,血糖仍高于13.8mmol/L。脑死亡高血糖的发生率为49%～77%。脑死亡时血糖升高的确切机制还不清楚,有学者认为与急性脑损伤后血儿茶酚胺含量升高或脑死亡后循环血中胰岛素浓度降低有关,但也有学者认为高血糖系因脑功能受损后脑代谢降低,糖利用减低或消失所致。

（3）低 $PaCO_2$：指接受正常或低于正常通气量的患儿，$PaCO_2$ 仍低于 25mmHg。北京儿童医院报道低 $PaCO_2$ 的发生率约为 59%。有关其发生机制探讨较少，可能与中枢性 CO_2 产生减少有关。部分患儿不发生低 $PaCO_2$ 的原因尚不清楚，肺内感染、气道痰液较多等因素可能影响低 $PaCO_2$ 的发生。

【辅助检查】

1. **脑电图** 脑电图（EEG）提示低电压，呈现电静息。

2. **脑血流** 可采用脑血管造影、放射性核素脑扫描、经颅多普勒超声（transcranial doppler，TCD）等方法检测脑血流。脑死亡患者脑血流显著降低甚至无血流。目前使用 TCD 较多，脑死亡判定血流频谱：①振荡波（reverberating flow），在一个心动周期内出现收缩期正向和舒张期反向血流信号，脑死亡血流指数（direction of flowing index，DFI）＜0.8，DFI＝1－R/F（R. 反向血流速度；F. 正向血流速度）。②收缩早期尖小收缩波（small systolic peaks in early systole），收缩早期单向性正向血流信号，持续时间小于 200ms，流速低于 50cm/s。③血流信号消失。

3. **短潜伏期体感诱发电位**（short latency somatosensory evoked potential，SLSEP） 正中神经 SLSEP 显示双侧 N9 和（或）N13 存在，P14、N18 和 N20 消失。

4. **头部影像学检测** 头颅 CT、MRI 常提示脑损伤的类型、性质及严重程度，对鉴别诊断有重要意义。

【诊断标准】

小儿尤其是婴幼儿因有特殊的神经系统解剖和生理特点，脑死亡诊断标准与成人不尽相同。婴儿特别是新生儿、早产儿，对缺氧性脑损伤的耐受性强于成人，故不少学者认为年龄越小，预后越难判断，留观时间也应延长，有学者主张新生儿应观察 72 小时。到目前为止，小儿脑死亡诊断尚无国际统一公认的诊断标准。

1. **国际标准** 美国 PICU 多采用以下标准：①排除任何可治性昏迷；②无脑皮质及脑干活动的临床迹象；③经脑电图和（或）脑血流检查证实；④至少两位医生（最好一位是神经科医生）的检查结果相同；⑤观察 12~24 小时后临床和（或）辅助检查结果仍与初诊一致。符合上述①、②、④、⑤方可诊断脑死亡。

2. **国内标准** 目前国内诊断儿童脑死亡，主要依据 2014 年国家卫生和计划生育委员会脑损伤质控评价中心制订的《脑死亡判定标准与技术规范（儿童质控版）》。该标准适用于 29 天至 18 岁的儿童，不包括新生儿。主要内容介绍如下。

（1）判定的先决条件：①昏迷原因明确；②排除了各种原因的可逆性昏迷。

（2）临床判定：①深昏迷；②脑干反射消失；③无自主呼吸：靠呼吸机维持通气，自主呼吸激发试验证实无自主呼吸。以上 3 项临床判定必须全部具备。

（3）确认试验：①EEG，显示电静息。②TCD，显示颅内前循环和后循环血流呈振荡波、尖小收缩波或血流信号消失。③SLSEP，正中神经 SLSEP 显示双侧 N9 和（或）N13 存在，P14、N18 和 N20 消失。以上 3 项确认试验任选两项，需同时符合脑死亡判定标准。

（4）判定时间：临床判定和确认试验结果均符合脑死亡判定标准可首次判定为脑死亡。29 天至 1 岁婴儿，首次判定 24 小时后再次复查，结果仍符合脑死亡判定标准，方可最终确认为脑死亡。1~18 岁儿童，首次判定 12 小时后再次复查，结果仍符合脑死亡判定标准，方可最终确认为脑死亡。严重颅脑损伤或心搏呼吸骤停复苏后应至少等待 24 小时以上进行脑死亡判定。

【鉴别诊断】

植物人状态是指脑高级中枢功能丧失或严重抑制,而低级中枢功能(脑干功能)尚存在。植物人状态不属于死亡状态。而脑死亡是全脑功能不可逆丧失,在一定时间内,借助现代化医疗手段,尚可以维持心搏和循环,是特殊死亡状态。故两者之间有本质的不同。

三、脑死亡判定技术规范

依据《脑死亡判定标准与技术规范(儿童质控版)》,技术规范如下。

【先决条件】

1. 昏迷原因明确 原发性脑损伤引起的昏迷包括颅脑外伤、脑血管疾病等;继发性脑损伤引起的昏迷主要为心搏骤停、麻醉意外、溺水、窒息等所致的缺氧性脑病。昏迷原因不明确者不能实施脑死亡判定。

2. 排除各种原因的可逆性昏迷 可逆性昏迷包括急性中毒,如一氧化碳中毒、酒精中毒、镇静催眠药物中毒、麻醉药物中毒、抗精神病药物中毒、肌肉松弛药物中毒等;低温(膀胱温度或肛温≤32℃);严重电解质及酸碱平衡紊乱;休克或持续低血压(收缩压低于同年龄血压平均值两个标准差);严重代谢及内分泌功能障碍,如肝性脑病、尿毒症性脑病、低血糖或高血糖性脑病及先天遗传代谢病等。

【临床判定】

1. 深昏迷

(1)检查方法:拇指分别强力压迫患者两侧眶上切迹或针刺面部,不应有任何面部肌肉活动。

(2)结果判定:格拉斯哥昏迷量表(glasgow coma scale,GCS)评分为3分。

(3)注意事项:①任何刺激必须局限于头面部。②三叉神经或面神经病变时,不应轻率判定为深昏迷。③颈部以下刺激时可引起脊髓反射。脑死亡时枕骨大孔以下的脊髓可能存活,仍有脊髓反射和(或)脊髓自动反射。脊髓反射包括各种深反射和病理反射。脊髓自动反射大多与刺激部位相关,刺激颈部可引起头部转动;刺激上肢可引起上肢屈曲、伸展、上举、旋前和旋后;刺激腹部可引起腹壁肌肉收缩;刺激下肢可引起下肢屈曲和伸展。脊髓自动反射必须与肢体自发运动区别,脊髓自动反射固定出现于特定刺激相关部位,而自发运动通常在无刺激时发生,多数为一侧性。脑死亡时不应有肢体自发运动。④脑死亡时不应有去大脑强直、去皮质强直和痉挛发作。

2. 脑干反射消失

(1)瞳孔对光反射:用强光照射瞳孔,观察有无缩瞳反应。光线从侧面照射一侧瞳孔,观察同侧瞳孔有无缩小(直接对光反射),检查一侧后再检查另一侧。光线照射一侧瞳孔,观察对侧瞳孔有无缩小(间接对光反射),检查一侧后再检查另一侧。上述检查应重复进行。双侧直接和间接对光反射检查均无缩瞳反应即可判定为瞳孔对光反射消失。

注意事项:脑死亡者多数双侧瞳孔散大,少数瞳孔可缩小或双侧不等大。因此,不应将瞳孔大小作为脑死亡判定的必要条件。眼部疾病或外伤可影响瞳孔对光反射的判定,判定结果应慎重。

(2)角膜反射:抬起一侧上眼睑,露出角膜,用棉花丝触及角膜周边部,观察双眼有无眨眼动作。检查一侧后再检查另一侧。双眼均无眨眼动作即可判定为角膜反射消失。

注意事项:即使未见明确眨眼动作,但上下眼睑和眼周肌肉有微弱收缩时,不应判定为角膜反射消失。眼部疾病或外伤、三叉神经或面神经病变均可影响角膜反射判定，判定结果应慎重。

（3）头眼反射：用手托起头部，撑开双侧眼睑，将头从一侧快速转向对侧，观察眼球是否向反方向转动，检查一侧后再检查另一侧。当头部向左侧或向右侧转动时，眼球无相反方向转动，即可判定为头眼反射消失。

注意事项：眼外肌疾病可影响头眼反射判定，判定结果应慎重。颈椎外伤时禁止此项检查，以免损伤脊髓。

（4）前庭眼反射：用弯盘贴近外耳道，以备注水流出。注射器抽吸 0～4℃盐水 20ml，注入一侧外耳道，注入时间 20～30 秒，同时撑开两侧眼睑，观察有无眼球震颤。检查一侧后再检查另一侧。注水后观察 1～3 分钟，若无眼球震颤即可判定为前庭眼反射消失。

注意事项：检查前须用耳镜检查两侧鼓膜有无损伤，若有破损则不做此项检查。外耳道内有血块或堵塞物时，清除后再行检查。即使没有明显的眼球震颤，但可见微弱眼球运动时，不应判定前庭眼反射消失。头面部或眼部外伤、出血、水肿可影响前庭眼反射判定，判定结果应慎重。本检查方法与耳鼻喉科使用的温度试验不同，后者采用 20℃的冷水或体温 ±7℃的冷热水交替刺激，不能用于脑死亡判定。

（5）咳嗽反射：用长度超过人工气道的吸引管刺激受检者气管黏膜，引起咳嗽反射。刺激气管黏膜无咳嗽动作，判定为咳嗽反射消失。

注意事项：刺激气管黏膜时，出现胸、腹部运动，不能判定为咳嗽反射消失。

上述 5 项脑干反射全部消失，即可判定为脑干反射消失。若 5 项脑干反射中有不能判定的项目时，应增加确认试验项目数。

3. 无自主呼吸　判定自主呼吸停止，除根据肉眼观察胸、腹部有无呼吸运动外，还须通过自主呼吸激发试验验证，并严格按照以下步骤和方法进行。

（1）自主呼吸激发试验的先决条件：①膀胱温度或肛温≥35℃。如体温低于这一标准，应予以升温。②收缩压达到同年龄正常值。如存在低血压，应予以升压药物。③动脉氧分压（PaO_2）≥200mmHg。如 PaO_2 低于此标准，可吸入高浓度氧气。④动脉二氧化碳分压（$PaCO_2$）35～45mmHg。如 $PaCO_2$ 低于这一标准，可减少每分钟通气量。慢性 CO_2 潴留者 $PaCO_2$ 可 >45mmHg。

（2）试验方法与步骤：①吸入 100% 氧气 10 分钟。②脱离呼吸机 8～10 分钟。③脱离呼吸机后即刻将输氧导管通过人工气道置于隆突水平，输入 100% 氧气 4～6L/min。④密切观察胸、腹部有无呼吸运动。⑤脱离呼吸机 8～10 分钟，抽取动脉血检测 $PaCO_2$，恢复机械通气。

（3）结果判定：$PaCO_2$≥60mmHg 或 $PaCO_2$ 超过原有水平 20mmHg，仍无呼吸运动，即可判定无自主呼吸。

注意事项：①自主呼吸激发试验过程中可能出现明显的血氧饱和度下降、血压下降、心率减慢及心律失常等，此时须即刻终止试验，并宣告本次试验失败。②自主呼吸激发试验至少 2 名医师（一名医师监测呼吸、血氧饱和度、心率、心律和血压，另一名医师管理呼吸机）和 1 名护士（管理输氧导管和抽取动脉血）完成。

【确认试验】

1. SLSEP

（1）操作步骤：①准备好诱发电位仪、盘状电极或一次性针电极、棉签、95% 乙醇、安尔碘、磨砂膏和导电膏。②开机并输入被判定者一般资料，进入记录状态。③安放记录电极和参考电极。安放盘状电极前，先用 95% 乙醇棉球脱脂，必要时用专业脱脂膏（磨砂膏）脱脂，然后涂抹适量导电膏，使阻达到最小。插入针电极前，先用安尔碘消毒皮肤。④安放刺激电极。刺激部位在腕横纹中点上约 2cm 正中神经走行的部位。95% 乙醇去脂，降低刺激电极与皮肤间的阻抗。刺激电流一般控制在 5～25mA，当某些受检者肢端水肿或合并周围神经疾病时，电流强度可适当增大。刺激强度以诱发出该神经支配肌肉轻度收缩为宜，即引起拇指屈曲约 1cm，每次检测过程中强度指标均应保持一致。刺激方波时程：0.1～0.2 毫秒，必要时可达 0.5 毫秒。刺激频率：1～5Hz。分侧刺激。⑤记录时，平均每次叠加 500～1000 次，直到波形稳定光滑，每侧至少重复测试 2 次。

（2）结果判定：双侧 N9 和（或）N13 存在，P14、N18 和 N20 消失时，符合 SLSEP 脑死亡判定标准。

（3）注意事项：①保持被检测肢体皮肤温度正常（低温可使诱发电位潜伏期延长）。②电极安放部位外伤或水肿、锁骨下静脉置管、正中神经病变、颈髓病变及周围环境电磁场干扰等均可影响结果判定，此时 SLSEP 结果仅供参考，脑死亡判定应以其他确认试验为据。③婴幼儿判定结果需慎重。

2. EEG

（1）操作步骤：①准备好脑电图仪、盘状电极或一次性针电极、棉签、95% 乙醇、安尔碘、磨砂膏和导电膏。②开机并输入被判定者一般资料。检查脑电图仪参数设定。走纸机描记前先做 10 秒仪器校准，将 10μV 方形波输入放大器，各放大器敏感性一致。③安放电极。盘状电极安放前，先用 95% 乙醇棉球脱脂，必要时使用专业脱脂膏（磨砂膏）脱脂，然后涂抹适量导电膏，使电阻达到最小。插入针电极前，先用安尔碘消毒皮肤。④脑电图描记至少 30 分钟，低龄儿童（<2 个月）至少 60 分钟。⑤描记中分别予以双上肢疼痛刺激、耳旁声音呼唤和亮光照射双侧瞳孔，观察脑电图变化（脑电图反应性检查）。⑥描记中任何来自外界、仪器和患者的干扰或变化均应实时记录。⑦描记脑电图的同时描记心电图。

（2）结果判定：EEG 呈电静息（脑电波活动≤2μV）时，符合 EEG 脑死亡判定标准。

（3）注意事项：①脑电图仪必须符合上述参数设置要求。②使用镇静麻醉药物可影响 EEG 判定，此时 EEG 结果仅供参考。③电极安放部位外伤或水肿可能影响 EEG 记录，脑死亡判定应以其他确认试验为据，或条件符合要求后复查。

3. TCD

（1）检查部位：①颞窗：仰卧体位，于眉弓与耳缘上方水平连线区域内，检测双侧大脑中动脉（middle cerebral artery, MCA）。②枕窗或枕旁窗：仰卧体位（抬高头部）或侧卧体位，于枕骨粗隆下方枕骨大孔或枕骨大孔旁，检测椎动脉（vertebra artery, VA）和基底动脉（basilar artery, BA）。③眼窗：仰卧体位，于闭合上眼睑处，检测对侧 MCA 和同侧颈内动脉虹吸部（Internal carotid artery siphon）各段。

（2）血管识别：① MCA：经颞窗，深度为 0～3 个月 25mm；3～12 个月 30mm；1～3 岁 30～45mm；3～6 岁 40～45mm；6～18 岁 45～50mm。收缩期血流方向朝向探头。②颈内动脉虹吸部：经眼窗，深度 40～70mm，血流方向朝向或背离探头。③ VA：经枕窗或枕旁窗，深度 48～80mm，收缩期血流方向背离探头。④ BA：经枕窗或枕旁窗，深度 54～120mm，收缩期血流方向背离探头。

（3）结果判定：①判定血管：前循环以双侧 MCA 为主要判定血管；后循环以 BA 为主要判定血管。②判定血流频谱：a. 振荡波（reverberating flow），在一个心动周期内出现收缩期正向和舒张期反向血流信号，脑死亡血流指数（direction of flowing index，DFI）<0.8，DFI＝1－R/F（R. 反向血流速度；F. 正向血流速度）；b. 收缩早期尖小收缩波（small systolic peaks in early systole），收缩早期单向性正向血流信号，持续时间小于200毫秒，流速低于50cm/s；c. 血流信号消失。

（4）判定次数：每次检查重复2次，间隔30分钟。两次检测颅内前循环和后循环均为上述任一血流频谱，符合TCD脑死亡判定标准。

（5）注意事项：①颞窗透声不良时，可选择眼窗检测同侧颈内动脉虹吸部和对侧MCA。②首次经颞窗检测不到血流信号时，必须排除因操作技术造成的假象，此时TCD结果仅供参考，判定脑死亡应以其他确认试验为据。③某些因素，如脑室引流、开颅减压术可能影响结果判定，此时TCD结果仅供参考，判定脑死亡应以其他确认试验为据。④外周动脉收缩压低于同年龄组2个标准差时，应提高血压后再行检测。

4. 确认试验顺序 确认试验的优选顺序依次为EEG、TCD、SLSEP。

【判定步骤】

脑死亡判定分为以下三个步骤：第一步进行脑死亡临床判定，符合判定标准（深昏迷、脑干反射消失、无自主呼吸）的进入下一步。第二步进行脑死亡确认试验，3项试验中可任选两项。第三步进行脑死亡自主呼吸激发试验，验证自主呼吸消失。上述3个步骤均符合脑死亡判定标准时，判定为脑死亡。

【判定人员】

参与脑死亡判定的人员至少两名，并要求为从事临床工作5年以上的执业医师。

四、常见问题和误区防范

（一）为什么自主呼吸激发试验放在判定步骤的最后进行

诊断脑死亡首先应该临床符合脑死亡标准，其中临床符合脑死亡的几个要素包括深昏迷、脑干反射消失、无自主呼吸，因此从理论上讲首先需通过自主呼吸激发试验来确定确实无自主呼吸后方能临床诊断脑死亡，而临床诊断脑死亡后再进行确认试验比较符合逻辑。但在国内规范当中把自主呼吸激发试验放在了最后，原因考虑自主呼吸激发试验是有一定风险并可能导致病情加重的试验。故先做确认试验符合脑死亡标准后再做无呼吸试验相对更安全，也不会影响或干扰确认实验的实施。美国PICU多中心调查发现，约25%的脑死亡患儿未做呼吸暂停试验，4%的患儿因试验中吸氧不规范造成低氧或低血压。

临床已发现第一次自主呼吸激发试验因面色发绀、心率下降未能成功的患儿，在12～24小时后重复进行有可能成功。

（二）对脑死亡判定标准与技术规范（儿童质控版）中未列出的一些特殊情况如何判断脑死亡

2014版国内儿童脑死亡诊断标准也存在一些不足，考虑到该质控标准是一个行业规范，为减少不必要的其他干扰因素，对一些特殊情况未写入指南当中。如高位脊髓损伤或严重肺损伤、呼吸机参数很高的患者，因安全的原因不能进行相应神经系统检查或自主呼吸刺激试验时如何进行判断？严重颅脑损伤患儿（如严重头面部皮肤损伤、去骨瓣患者）不能进行确认试验时又该如何进行脑死亡判断？第1次检查不能判断脑死亡，第2次检查应间隔多长时间再判断等并未写进质控标准内。对这些患者应结合本指南及国外指南综合研究判定。

五、热点聚焦

（一）我国儿童脑死亡诊断标准与国外诊断指南比较有哪些差别

总体来讲，我国儿童脑死亡诊断标准较国外标准比较更为严格，主要体现在以下几个方面。

1. 关于辅助检查 国外版指南无论是成人还是儿童都强调脑死亡的判定以临床判定为准，除非特殊情况下某些临床试验无法安全进行时方考虑用脑电图或脑血流作为辅助诊断手段。国外指南中辅助检查不是诊断脑死亡所必需的，也不能替代神经系统检查，辅助检查可以帮助临床医生在以下情况下做出脑死亡的诊断：①由于一些临床问题的存在，神经系统检查和无呼吸试验不能安全的进行；②在对临床检查有疑问的情况下；③不能排除药物作用的情况下；④为了缩短观察间隔。而此次国内儿童版脑死亡标准则强调除临床满足脑死亡条件外，必须有确认试验，即必须有脑电、脑血流或短潜伏期体感诱发电位 3 项当中至少具备两项符合脑死亡的条件方可诊断脑死亡。显然国内的标准较国外的标准更加严格，这是考虑到我国的国情及现阶段国内开展脑死亡研究的实际及器官移植的伦理要求等，更加严格的标准更有利于国内规范严谨的开展脑死亡诊断。因此仅有临床诊断脑死亡尚不能宣布脑死亡，需要确认试验，确认试验不满足脑死亡条件，则还需继续观察，间隔一定时间后再作判断。

2. 关于辅助检查的选择 国外儿童脑死亡诊断指南推荐辅助检查通常是脑电图和脑血流，没有明确规定辅助检查都必须符合脑死亡标准方能诊断脑死亡。辅助检查在新生儿或小婴儿无论敏感性或特异性都不如成人或年长儿，相当一部分儿童临床诊断脑死亡，但仍有脑电活动或有脑血流，但最终临床判断往往是准确的，脑电也好、脑血流也好最终都呈现脑电静息或无脑血流状态。对于 30 天以上至 18 岁儿童脑电和脑血流诊断价值是一样的。国内指南根据循证医学及脑死亡研究的成果，选择脑电、脑血流及短体感诱发电位作为确认试验，其中 3 项试验可任选至少 2 项均符合脑死亡的辅助检查方确定为脑死亡，这是因为 3 项试验单独用在判断脑死亡方面均不是非常理想，但不同方法的组合却能显著提高敏感性。其中脑血流检查国内以经颅超声多普勒超声来作为检查脑血流的标准，当然儿童超声多普勒技术规范要求与成人有所不同，如不同年龄探测深度不同。儿童指南虽然与成人指南一样采用了短潜伏期体感诱发电位作为确认试验之一，但由于短潜伏期体感诱发电位在儿童应用于脑死亡的循证医学证据欠充分，尤其是小婴儿更缺少试验证据，因此短潜伏期体感诱发电位用于小婴儿脑死亡诊断时应慎重。反过来即便脑电呈电静息或经颅多普勒超声提示无脑血流，而临床不符合脑死亡标准，也不能诊断脑死亡。

3. 关于年龄分组和两次判定之间的间隔时间 国外指南包括了出生后的足月新生儿，即生后足月新生儿至 30 天婴儿及 30 天至 18 岁两个年龄范围。而本指南考虑到新生儿的特殊性，所以未包括新生儿脑死亡判定，年龄设定范围是 29 天至 18 岁。国外标准中生后足月新生儿到 30 天婴儿两次检查间隔为 24 小时，而 30 天至 18 岁间隔为 12 小时。考虑到小婴儿的特殊性，也为了更慎重起见，国内指南将 1 岁以下婴儿 2 次判断间隔定为 24 小时，而 1 岁以上儿童为 12 小时。

（二）我国《脑死亡判定标准与技术规范（儿童质控版）》与成人质控版比较有何不同

儿童不是成人的缩小版，不仅引起脑死亡的原因有所差异，在神经学评估和辅助检查方面儿童与成人均有不同之处。我国《脑死亡判定标准与技术规范（儿童质控版）》与成人质控版的区别主要体现在以下几个方面：①脑死亡临床判断，尤其是无自主呼吸判断的先决条件之一是患儿血压维持正常，儿童不同年龄组血压正常值不同，故不同年龄组儿童的低血压标准有所不同。②在做经颅多普勒检查时，因不同年龄组儿童头围大小差异较大，故探测不同血管所需的深度、能量与成人有所不同，年龄越小差异越大。③短潜伏期体感诱发电位用于诊断儿童脑死亡缺乏循证医学证据，尤其是小婴儿更缺少试验证据，假阴性或假阳性率可能高于成人，故小婴儿应用短潜伏期体感诱发电位需更慎重。④临床检查和辅助检查结果两次均符合脑死亡表现方可确诊脑死亡。成人两次检查的间隔时间为 12 小时，1 岁以下婴儿 2 次判断的间隔时间为 24 小时，较年长儿和成人判断更为慎重。

（刘春峰　钱素云）

第十四章

危重患儿的营养支持

培训目标

1. 掌握肠内营养的适应证及常用制剂的特点。
2. 掌握肠外营养的适应证、营养液的组成及配制原则。
3. 了解测定能量需求的方法。

一、概述

营养支持（nutrition support）是危重症综合治疗的基础手段之一。各种危重症虽病因不同，临床表现各异，但最终均导致人体营养和代谢紊乱，引起营养不良，降低患儿对疾病的抵抗和修复能力。故对患者营养状况进行及时评估和监测、提供合理营养支持是保证其治疗成功的关键因素之一。

营养支持方法包括肠外营养和肠内营养。与普通食物不同，营养支持所使用的是包括氮源（可以是氨基酸、蛋白质或多肽），糖类，脂肪，电解质，多种微量元素和维生素组成的、营养成分明确的肠外或肠内营养制剂。

（一）肠内营养支持发展史

肠内营养成功应用于临床可追溯至 18 世纪末期，Hunter 以鼻胃管喂养吞咽肌麻痹的患者获得成功。20 世纪 40～50 年代，采用空肠喂养改善了胃部手术后患者的营养状况。随后因宇航事业需要，1957 年美国研制出一种化学成分明确的肠内营养制剂，称为要素饮食。1969 年将其用于严重外科患者作为营养支持，使得患者体重增加，获得正氮平衡。目前已有适用于不同年龄、不同疾病的多种类型和剂型的肠内营养制剂，以满足不同患者的需要。

（二）肠外营养支持发展史

肠外营养的发展晚于肠内营养，1952 年法国外科医师 Robert Aubaniac 首先采用经锁骨下静脉置管从上腔静脉内输注高渗葡萄糖溶液，解决了肠外营养的途径问题。20 世纪 60 年代末，美国外科医师 Douglas Wilmore 和 Stanley Dudrick 用动物实验证明肠外营养同样可使小狗生长发育，同时在临床研究中也证实了肠外营养的有效性。20 世纪 70 年代后，肠外营养支持方法逐步在世界各地推广应用，并随技术和制剂的改进日益广泛地应用于临床。

肠内和肠外营养各有其特点和局限性。由于早期"静脉高营养"和"营养多一些好"的旧观念，使人们一度认为肠外营养优于肠内营养。然而在使用过程中，人们逐渐发现肠外营养本身存在一些难以克服的不足，诸如容易导致肝内胆汁淤积、肠黏膜萎缩、细菌移位等并发症。随着认识的深入，营养支持的重点又重新回到肠内营养。临床医师应根据患儿情况，选择适当时机、方式和方案进行营养支持，并在使用过程中不断评估患儿病情变化和营养支持效果，根据病情及时调整营养支持的方式和方案，才能获得最佳效果。

二、儿童营养代谢特点

小儿营养摄入除需维持生理需要外，还要满足生长发育的需要，故按单位体重计算，小儿所需营养素的量高于成人。

【液体】

按单位体重计算，小儿年龄越小，对液体的需要量越大。生理状态下儿童的液量需要可按表 14-1 计算。ARDS 患者有肺间质水肿、脑水肿、充血性心力衰竭、肾功能障碍等危重患儿需适当限制液量。有呕吐、腹泻、尿崩症、胃肠引流等异常液体丢失的患儿，则需要根据情况相应增加液量。

表 14-1　不同体重儿童每日液体需要量

体重（kg）	所需液量（ml）
1～10	100×体重
～20	1000+50×（体重−10）
>20	1500+20×（体重−20）

【能量】

小儿的能量需求包括基础代谢、生长所需、活动所需、食物特殊动力作用及排泄消耗 5 个方面。3 种营养素所供能量的比例应为：糖类 50%，脂肪 35%，蛋白质 15%。

1. 糖类　为人体最重要的非蛋白质热量，也是主要供能物质。人体可利用的糖类有多种，包括葡萄糖、蔗糖、果糖、乳糖、甘油和山梨醇等，其中以葡萄糖最为经济，又易被人体利用和监测。儿科临床常用的葡萄糖溶液中，5% 葡萄糖为等渗溶液，10%、50% 的葡萄糖溶液的渗透压分别为 505mmol/L、2525mmol/L。静脉输注葡萄糖推荐量见表 14-2。

表 14-2　静脉输注葡萄糖推荐量

	第 1 天（ml）	第 2 天（ml）	第 3 天（ml）	第 4 天（ml）
1～3 岁	6	8	10	12～14
3～6 岁	4	6	8	10～12
>6 岁	3	5	8	<10

2. 蛋白质　小儿合成代谢旺盛，以单位体重计，蛋白质的需要量高于成人。已知组成人体蛋白质的氨基酸约有 20 余种，根据其来源可分为必需氨基酸、半必需氨基酸和非必需氨基酸。小儿因体内氨基酸合成功能不成熟，必需氨基酸种类多于成人。如组氨酸、半胱氨酸、牛磺酸、酪氨酸和精氨酸对成人是非必需氨基酸，而对婴幼儿尤其是早产儿则是必需氨基酸。

虽然蛋白质是人体三大供能物质之一，但其作用主要是参与组织合成，不应视为主要能量来源。对于危重患儿，在供给蛋白质的同时，提供适当的非蛋白质热量可使供给的蛋白质主要用于组织修复，促进康复。对重症患者而言，推荐的热氮比为 130～150kcal/g 氮，提供 1g 氮（每 6.25g 蛋白质含 1g 氮）的同时，供给 130～150kcal 非蛋白质热量，即氮与非蛋白质热量的比值达到 1:（130～150）较为理想。

3. **脂肪**　是重要的非蛋白质热量之一。脂肪酸的氧化代谢在线粒体内进行。长链脂肪酸（long chain triglyceride，LCT）必须在肉毒碱参与下才能进入线粒体，疾病状态下因体内肉毒碱消耗增加可导致脂肪酸利用障碍。中链脂肪酸（medium chain triglyceride，MCT）进入线粒体则不需肉毒碱参与，因而利用率较高，但不能提供必需脂肪酸。故推荐使用含长链和中链脂肪酸的混合制剂。

脂肪产热是糖类的 2 倍，呼吸商相对低（糖类 1，蛋白质 0.9，脂肪 0.7），适当增加脂肪的供给比例，不仅可减少 CO_2 生成，还可以减少液量，有助于危重患儿撤离呼吸机。

不同来源的脂肪制剂具有不同的脂肪酸构成，其临床作用也有所不同。大豆油制成的脂肪乳剂富含长链脂肪酸，能提供足量的必须脂肪酸，但其中多不饱和脂肪酸比例较高，可达 50% 以上，其中的亚油酸（为 ω-6 多不饱和脂肪酸）在代谢过程中可产生白三烯、前列环素、前列腺素和血栓素等炎性因子，加重危重患者的炎症反应，不利于机体康复。近年对长链脂肪酸来源做了改进，主要有两种：加入鱼油或橄榄油。两者的多不饱和脂肪酸含量低，可减少炎症因子生成，减轻肠外营养相关性肝损伤，并能提供必须脂肪酸，有利病情恢复。目前推荐的比例为，鱼油:LCT:MCT = 1:4:5。橄榄油中的长链不饱和脂肪酸主要为 ω-9 单不饱和脂肪酸，在脂肪乳剂中加入橄榄油可降低 ω-6 多不饱和脂肪酸的含量，减少炎性因子的产生，减轻炎症反应。目前已有市售橄榄油为原料的脂肪乳剂，其橄榄油和亚油酸的比例为 80:20。

【维生素】

维生素是维持机体正常代谢所必需的，分为水溶性和脂溶性维生素两大类。儿童肠外营养时维生素推荐摄入量见表 14-3。

表 14-3　中国儿童肠外营养维生素推荐摄入量

维生素	新生儿肠外营养推荐摄入量[d]	婴儿肠外营养推荐摄入量[d]	儿童肠外营养推荐摄入量[e]
维生素 A[μg（U）][a]	150～300（500～1000）	150～300（500～1000）	150（500）
维生素 D[μg（U）][b]	0.8（32）	0.8（32）	10（400）
维生素 E（mg）	2.8～3.5	2.8～3.5	7
维生素 K（μg）	10	10	200
维生素 C（mg）[c]	15～25	15～25	80
维生素 B_1（mg）	0.35～0.5	0.35～0.5	1.2
维生素 B_2（mg）	0.15～0.2	0.15～0.2	1.4
维生素 PP（mg）	4.0～6.8	4.0～6.8	17
维生素 B_6（mg）	0.15～0.2	0.15～0.2	1
维生素 B_{12}（mg）	0.3	0.3	1
泛酸（mg）	1.0～2.0	1.0～2.0	5
生物素（μg）	5.0～8.0	5.0～8.0	20
叶酸（μg）	56	56	140

注：[a]1μg 视黄醇当量（RE）=1μg 视黄醇 =3.33U 维生素 A；[b]10μg 维生素 D=400U；[c]2.8mg α- 生育酚 =2.8U 维生素 E；[d] 示每日每千克体重用量；[e] 示每天用量

【宏量元素】

电解质是机体多种生物化学和生理过程的必需物质。机体所需要的电解质包括：钠 2～4mmol/（kg·d），钾 2～3mmol/（kg·d），钙 0.5～2mmol/（kg·d），镁 0.25～0.5mmol/（kg·d）等阳离子；氯 2～3mmol/（kg·d），磷酸根 1～2mmol/（kg·d）和醋酸根、碳酸氢根等阴离子。在监测危重患儿电解质变化过程中，除应注意钾、钠、钙外，还应注意镁和磷。低镁血症可致神经肌肉兴奋性增加，诱发惊厥。低磷血症则使神经肌肉兴奋性减低，肌肉无力，不利于撤机前后维持呼吸肌功能。

【微量元素】

包括铁、锌、铜、碘、氟、锰、硒、铬、钼等 20 余种。有报道危重患儿常有微量元素尤其是锌和铁缺乏，应注意适当补充。

三、危重患儿的代谢特点和能量需求

危重患儿的消化、吸收和代谢功能在应激状态下均有一定程度的紊乱，某些治疗措施也对上述功能有一定影响。在进行营养支持时，应考虑这些因素，合理选择营养支持的方法、剂量和疗程。2006 年，欧洲肠外肠内营养学会所制订的危重患者肠内营养指南（European Society of Parenteral and Enteral Nutrition，ESPEN）提出，危重患者的营养支持应尽可能接近目标热量。研究证明，目前使用的各种公式多不能准确预测危重患者早期的能量需求，而静息能量是最接近目标热量的"金标准"。

（一）代谢特点

PICU 内的危重患者病情严重、复杂，能量消耗受多种因素影响，如疾病极期使用的机械通气辅助呼吸、感染、脏器功能不全等；考虑到能量代谢的动态变化，以往认为由于创伤、感染、全身炎症反应综合征等多因素打击，危重患者的机体常处于应激状态，而应激状态是机体代谢水平升高的主要因素，所以危重症患者的能量代谢以高代谢为主。但近年来随着对静息能量代谢研究的不断深入，越来越多的学者发现，当机体处于疾病严重打击、脏器功能不全等状态时，出于对自身脏器保护，机体往往处于休眠状态，氧耗水平下降，存在代谢降低的可能。

因此，危重患儿在疾病的不同时期能力需求差异较大，应尽量能够测量其准确的能量需求，根据需要提供能量和营养素，避免过度营养或供给不足。

（二）评估能量需求的方法

公式法因简单易行，在临床上使用最为广泛，现有 130 多个能量预测公式用于计算能量消耗。适合计算儿童基础能量代谢（BMR）参考值的公式包括 Harris-Benedict 公式，联合国食品及农业组织、世界卫生组织、联合国大学（FAO/WHO/UNU）公式及 Schofield 方程。其中 Harris-Benedict 公式是计算 BMR 最常用的方法之一，它是基于 97 名出生后 8 天内婴儿和 239 名 16 岁以上个体的测量值而来，该方程从未在儿童中验证。FAO/WHO/UNU 方程是从 6100 名个体在各种情况下所测得的数据推导而来的。Schofield 方程是在 FAO/WHO/UNU 报道的数据基础上补充了一些数据。但无论是哪种公式，都是根据健康成人/儿童总结得来，只能反映某一群体能量代谢的平均水平，不能准确地反映个体的能量消耗，且存在一定的误差。由于 PICU 患儿在住院期间代谢状态多变，运用这些参考值供给能量可能会引起营养不良或营养过剩。故这些公式计算值仅作参考。常用公式法见表 14-4。

表 14-4　儿童常用计算基础代谢率的公式法

公式	性别	年龄	基础代谢率估算
Harris-Benedict[42]	婴儿		$[22.1+(31.05 \times Wt)+(11.6 \times Ht)]$
	女		$[665.0955+(9.5634 \times Wt)+(1.8496 \times Ht)-(4.6756 \times age)]$
	男		$[66.473+(13.7516 \times Wt)+(5.0033 \times Ht)-(6.755 \times age)]$
FAO/WHO/UNU	女	0～3 岁	$[(61 \times Wt)-51]$
		3～10 岁	$[(22.5 \times Wt)+499]$
		10～18 岁	$[(12.2 \times Wt)+746]$
	男	0～3 岁	$[(60.9 \times Wt)-54]$
		3～10 岁	$[(22.7 \times Wt)+495]$
		10～18 岁	$[(17.5 \times Wt)+651]$
Schofied	女	0～3 岁	$[(16.252 \times Wt)+(10.232 \times Ht)-413.5]$
		3～10 岁	$[(16.969 \times Wt)+(1.618 \times Ht)+371.2]$
		10～18 岁	$[(8.365 \times Wt)+(4.65 \times Ht)+200.0]$
		18～30 岁	$[(13.623 \times Wt)+(2.83 \times Ht)+98.2]$
	男	0～3 岁	$[(0.167 \times Wt)+(15.174 \times Ht)-617.6]$
		3～10 岁	$[(19.59 \times Wt)+(1.303 \times Ht)+414.9]$
		10～18 岁	$[(16.25 \times Wt)+(1.372 \times Ht)+515.5]$
		18～30 岁	$[(15.057 \times Wt)-(0.1 \times Ht)+705.8]$

注：FAO. 联合国食品与农业组织；WHO. 世界卫生组织；UNU. 联合国大学；基础代谢率估计单位：kcal/d；体重（Wt）单位：kg；身高（Ht）单位：cm

（三）测定能量需求的方法

静息能量消耗（resting energy expenditure，REE）是指机体禁食 2 小时以上，在适宜温度下平卧休息 30 分钟后的能量消耗，占总能量的 70%～80%。REE 反映了安静状态下维持人体正常基础生理功能所需要的能量消耗。目前，测定静息能量的方法较多，有测热法、双重标记水测定法、热稀释测定法、心率监测法、公式法等。临床上较为准确衡量静息能量消耗的方法是间接测热法（indirect calorimetry，IC），也是目前测定 REE 的"金标准"。

其基本原理是：根据一定时间内吸入气和呼出气中 O_2 和 CO_2 的体积及浓度差，计算出该时间内氧耗量和 CO_2 排出量，同时计算出吸入 O_2 和呼出 CO_2 的浓度，根据糖、脂肪和蛋白质的氧热价，利用微型计算机计算出人体单位时间内的能量消耗。

近年来，随着技术进步和便携设备的研发，临床上可进行床旁 IC 测量，甚至也可用于机械通气的重症患者。然而，在 ICU 应用时，尚存在一些误差和技术难点，以下情况影响测量的准确性，包括：①气管插管周围漏气；②吸入氧浓度超过 0.6；③使用高呼气末正压（PEEP）；④气体分析器不稳定；⑤无法达到稳定状态等。值得注意的是，设备达到稳定状态后的检测持续时间十分重要，稳态的标准为 VO_2 和 VCO_2 的变异系数小于 10%。此时可通过 IC 法反映患者 24 小时的能量消耗。尽管在大多数病例中，使用 IC 法时最好持续测定 30 分钟，再用以反映 24 小时的能量消耗；然而一些针对机械通气成人和儿童的研究发现，采用简化 IC 方案（即达稳定状态后仅持续测定 3～5 分钟）即可获得可靠、准确的结果。

越来越多的证据表明，ICU 内需要间接测热仪动态监测危重患者静息能量的变化，而不是经验性地提供营养支持。以往的"高代谢、高消耗、高供给"的理念已经受到质疑，不同的疾病状态、不同的疾病时期及不同的疾患个体之间其能量需求存在着较大的差异，危重患儿的营养供给应追求个体化原则，监测静息能量消耗无疑是实现合理营养支持的有力保障。

四、营养不良的判断方法

为确定患儿是否需要及需要什么营养支持，首先应对患儿的营养及代谢状态做出全面分析。在营养支持过程中，反复评定其营养状态，是评价治疗效果、保证营养支持的方法和程度适当、预防医源性并发症的重要手段。

（一）营养状况评估

营养评估（nutrition assessment）是通过人体测量、临床和生化检查等方法，判断人体营养状况，确定营养不良的类型、程度及其所致后果的危险性，并评估营养支持的效果。

1. **人体测量** 为评估营养状况最常用的方法。常用指标包括身长、体重、体重-身长指数和头围，其他有上臂肌围、三头肌皮褶厚度等。

2. **实验室检查** 多用血浆蛋白质作为观察指标。常用指标包括白蛋白、转铁蛋白、前白蛋白、视黄醇结合蛋白和纤维结合蛋白等。其中前白蛋白半衰期短，测定所需设备简单，方法简便，为监测机体营养状态的常用指标。白蛋白虽容易测定，但半衰期较长，血清水平不能反映机体当前状况，因而不是评估营养状态的理想指标。

（二）代谢状态评估

1. **氮平衡** 氮平衡（nitrogen balance）即机体每日氮摄入量和排泄量的差值。氮摄入量小于氮排泄量为负平衡，反之则为正平衡。其他如肌酐排泄量、肌酐-身长指数、3-甲基组氨酸、尿羟脯氨酸指数也反映机体对蛋白质吸收、排泄、合成和分解代谢的过程，有助了解机体蛋白质代谢的动态情况。

2. **呼吸商** 机体代谢过程中，营养物质转变为热能的过程消耗氧气，产生二氧化碳。呼吸商（respiratory quotient）为单位时间内耗氧量和二氧化碳产生量的比值，反映机体利用营养物质的情况，但它只代表了短暂时间内营养物质消耗的平均值和静息时的利用情况。每种营养素的呼吸商不同，脂肪为0.7，糖类为1.0，蛋白质为0.8。正常人生理范围为0.7～1.2。

（三）营养状态的判定

中华医学会肠外肠内营养分会儿科协作组制订的《中国儿科肠内肠外营养支持临床应用指南》提出的营养不良判断标准见表14-5。

表14-5 判定营养不良的标准（中位数百分比）

分级	年龄别体重	年龄别身高	身高别体重
正常	90～110	>95	>90
轻度营养不良	75～89	90～94	80～90
中度营养不良	60～74	85～89	70～79
重度营养不良	<60	<85	<70

五、营养支持方法

应根据患儿的胃肠道功能状态选择营养支持方法。胃肠消化吸收功能良好者选用完全肠内营养；消化吸收功能丧失者选择完全肠外营养（total parenteral nutrition，TPN）；介于两者之间则选择部分肠外营养（partial parenteral nutrition，PPN）。只要胃肠道有部分功能，就应该给予肠内营养，不足部分再以肠外营养补充。

（一）肠内营养

与肠外营养比较，肠内营养（enteral nutrition，EN）有明显的优点，表现为：维持胃肠道结构和功能的完整；降低肠内细菌移位可能；含有更完全的营养素；无肠外营养的某些并发症；容易实施且费用低廉等。

1. 适应证和禁忌证

（1）适应证：①各种原因导致不能经口摄入足够营养素，但仍有一定胃肠功能，如严重口咽疾病、神经性厌食等。②胃肠道疾病，如短肠综合征、胃肠道造瘘、炎症性肠病等。

（2）禁忌证：腹膜炎、肠梗阻、顽固性呕吐、空肠瘘，以及严重吸收障碍患者。

2. 肠内营养制剂　肠内营养的有效实施有赖于临床医师充分了解肠内制剂的类别、组成、特性及制备要求等。目前市售的肠内营养制剂按蛋白质来源可分要素型和非要素型两大类。

（1）要素型（essential diet）：氮源为游离氨基酸或蛋白质水解物短肽，以不需消化或极易消化的糖类、脂肪为能源，含有全面的矿物质、维生素和微量元素。其特点是营养成分全面，营养素极易消化，可被肠道完全吸收，因不含蛋白质和长肽，抗原性小，不易发生过敏反应。但口感欠佳，应尽量采用管饲。

（2）非要素型（non-essential diet）：其氮源为整蛋白。优点是营养全，渗透压低，口感好，对肠黏膜屏障功能有较好的保护作用。用于胃肠功能相对较好的患者。常用如配方奶、匀浆等。厚奶为牛奶烧开加入 3%～7% 的淀粉或糕干粉、藕粉等，使牛奶变稠，适用于习惯性呕吐、胃食管反流和限液又需要增加能量的患儿。

3. 肠内营养通路　若患儿意识清楚，吞咽功能良好，可采用口服方法给予肠内营养。若因各种原因不能口服，则应根据患儿病情和预计肠内营养的时间选择建立肠内通路。具体通路的建立方法见技术篇第十六章。

（1）经鼻或口放置胃管：适用于预计使用管饲肠内营养时间 <4～6 周、胃功能良好的非胰腺炎患儿。优点是操作简单、容易放置、费用低廉。缺点包括鼻咽部刺激和容易发生鼻窦炎、胃食管反流和吸入性肺炎等并发症。

（2）经鼻十二指肠或空肠置管：适用于肠功能正常而胃功能受损、误吸风险较高和重症胰腺炎患儿。常用螺旋式鼻肠螺旋管。

（3）胃或空肠造瘘置管：主要适用于：①预计肠内营养时间超过 2～3 个月且有高度误吸风险者；②因鼻胃管或鼻肠管喂养途径建立困难不能及时给予肠内营养者。

4. 输注方式　管饲（tube feeding）可通过分次注入、间断输注、持续输注进行肠内营养，具体方式的选择取决于患儿的状况、置管位置、胃肠功能等。

（1）分次注入：模拟普通进食，比较方便，但若伴有胃食管反流或胃排空延迟，则可能较难适应。

（2）间歇输注：指使用营养泵按一定速度将营养液缓慢注入，间隔一定时间后再输注。

（3）持续输注：是胃肠功能异常和幽门后置管患者的较好选择。危重患儿持续输注较分次注入更易耐受。如用鼻空肠管或空肠造瘘管，一般以 1～25ml/（kg·h）的速度开始，每 1～2 天进行调整。根据患儿的年龄、体重及前一天的耐受情况确定每日输入量。胃肠功能受损严重者，可先给予 5% 糖水，逐渐过渡到稀释配方、全配方。

5. 输注量的调整 分次注入时，每次注入结束后其胃内残留量小于每次喂养量 50%，则可增加营养量 20%～30%；持续输注时，评估较困难，粗略估计胃内残留 <2 小时喂养量，提示速度较适中。当胃内残留量增加或出现腹胀、腹泻时，考虑减量和减慢输注速度。肠内营养的浓度、喂养量和速率须从低值逐渐调节至能为患者耐受又可满足需要。具体方法参考表 14-6。

表 14-6 肠内营养输入方法和速度

方式	年龄	初始速度	增加速度	最终速度
持续输注	0～12 个月	1～2ml/(kg·h)	1～2ml/kg，每 2～8 小时 1 次	6ml/(kg·h)
	1～6 岁	1ml/(kg·h)	1ml/(kg·h)，每 2～8 小时 1 次	4～6ml/(kg·h)
	>7 岁	25ml/h	2～4ml/kg，每 2～8 小时 1 次	100～150ml/h
间歇输入	0～12 个月	5～10ml/kg，每 2～3 小时 1 次	每次 1～2ml/kg	20～30ml/kg，每 4～5 小时 1 次
	1～6 岁	8～10ml/kg，每 3～4 小时 1 次	每次 30～45ml	15～20ml/kg，每 4～5 小时 1 次
	>7 岁	90～120ml/h，每 4～5 小时 1 次	每次 60～90ml	300～500ml，每 4～5 小时 1 次

6. 肠内营养的监测 监测目的是观察是否可达到营养支持的目标，并及时发现或避免并发症。为防止遗漏重要监测项目，应按下列项目逐一核对。

（1）核对肠内营养制剂名称、量、浓度、速率、预计输注完毕时间。

（2）喂养前必须确认管端位置。胃内喂养可藉吸引胃内容物证实。若管端应在十二指肠或空肠者，则需 X 线片证实。

（3）胃内喂养时，床头抬高 30°～45°。

（4）每次输注的肠内营养制剂悬挂时间不得超过 8 小时。

（5）胃内喂养初始每 3～4 小时检查胃内残留物体积，当肠内营养浓度与体积可满足需要并能耐受时，可每日检查胃残留 1 次。若残留物过多，宜停止输注数小时或降低速率。胃排空延缓者不宜胃内喂养。

（6）监测体重。

（7）记录每日出入量，肠内营养的体积与其他途径摄入的液体分开记录。

（8）每日更换输注管及肠内营养容器；每次间歇输注后，以 20ml 水冲洗喂养管；因其他原因停输后，亦应以 20ml 水冲管。

（9）开始喂养的前 5 日，每日记录热量及蛋白质（氮）摄入量。肠内营养输入恒定后，每周记录 1 次。

（10）喂养开始的第 1 周，每 1～2 天检查血常规及血生化分析，以后每周 2 次。

7. 肠内营养相关并发症及处理

（1）机械性并发症：①喂养管堵塞、脱出，造成喂养管堵塞最常见的原因是膳食残渣和粉碎不全的药物碎片黏附于管腔内，或是药物与膳食混合液凝固。发生堵塞后可用温水、胰酶等冲洗，必要时可用导丝疏通管腔。喂养管固定不牢，或患者躁动、严重呕吐均可使喂养管脱出。置管后牢固固定、加强护理与观察，可减少此类并发症。②鼻咽、食管、胃损伤，可因插管时机械性损伤，或长期留置导管压迫鼻咽、食管、胃黏膜引起。预防的关键是插管时选用质地软、口径细的导管，操作仔细轻柔，遇有阻力查明原因，不可强行插入。③鼻窦炎和中耳炎，主要发生在鼻胃、鼻空肠或十二指肠置管者。由于长期置管妨碍鼻窦口通气引流及压迫咽鼓管开口引起。预防措施是采用质地柔软、口径细的喂养管，注意清洁鼻腔，每日向插管侧鼻孔内滴入润滑剂。一旦发生鼻窦炎或中耳炎，在采取相应治疗措施的同时，及时拔除喂养管改用其他途径喂养，或自另外一侧鼻孔置管继续肠内营养。④误吸和吸入性肺炎，是肠内营养常见且严重的并发症。误吸最容易发生在胃内喂养者，一旦发生，对支气管黏膜和肺组织将产生严重损害。须立即停用肠内营养，并尽量吸尽胃内容物；立即吸出气管内的液体或食物颗粒；积极治疗肺水肿；应用有效的抗生素防治感染。预防措施包括：床头抬高 $30°\sim45°$；尽量采用间歇性或连续性注入而不用一次性注入；定时检查胃残液量；对胃蠕动功能欠佳，易发生误吸的高危患儿，应采用幽门后或空肠置管行肠内营养。

（2）物理性并发症：①恶心、呕吐、腹胀，主要是输注速度过快、乳糖不耐受、膳食有怪味等原因所致，处理时须针对病因采取相应措施，如减慢滴速、加入调味剂或更改膳食品种。②腹泻，是肠内营养最常见的并发症。常见原因有同时应用某些治疗性药物、乳糖酶缺乏、肠腔内脂肪酶缺乏、高渗性膳食、细菌污染、营养液温度过低及输注速度太快。一旦发生腹泻应首先查明原因，去除病因后症状多能改善。必要时可对症给予收敛和止泻药。预防腹泻发生应从以上病因入手采取相应措施。③肠坏死，该并发症罕见但病死率较高，多在喂养开始后 $3\sim15$ 天起病。患者无机械性梗阻和肠系膜血管栓塞，主要与输入高渗性营养液与肠道细菌过度生长引起腹胀，导致肠壁缺血有关。一旦怀疑肠坏死，应立即停止输入营养液，改行肠外营养，同时尽早明确原因，并予以相应处理。

（3）代谢性并发症：肠内营养代谢性并发症的发生率远低于肠外营养。①高血糖症和低血糖症，高血糖常见于接受高热量喂养者，监测尿糖和酮体是发现高血糖的有效方法。低血糖多发生于长期应用肠内营养而突然停止者，故停用肠内营养时应适当补充葡萄糖。②电解质紊乱，预防方法是定期检查血电解质与及时补充不足。③高碳酸血症，摄入大量糖类时，分解后 CO_2 生成增多，若肺功能欠佳，可致高碳酸血症。预防主要是避免糖类摄入过多。④再进食综合征（refeeding syndrome），见于长时间禁食后开始营养支持的患者，主要与饥饿导致的病理生理改变有关，几乎影响全身所有的器官和组织，临床主要为电解质异常和低血糖引起的相关表现，常见为低钾血症、低镁血症、低磷血症。患者可有乏力、贫血等，由于免疫功能受抑制容易发生感染，严重者发生心力衰竭和呼吸衰竭，可致死亡。预防措施是开始营养支持前对患者进行全面评估，主要是全面测定电解质的水平，如有异常予以纠正。开始营养支持时应从低热量开始，逐渐增加，目前尚无资料提示最佳的初始热量，但多认为按预计热量需求的 20%～75% 供给较为适宜。

（二）肠外营养

肠外营养（parenteral nutrition，PN），是指经静脉途径输注多种营养素混合溶液，为患者提供必需的热量和营养素。适用于胃肠消化吸收功能严重受损或基本丧失的患者。

1. 适应证和禁忌证

（1）适应证：若患儿不能经胃肠道摄取营养，或因疾病、手术等造成经胃肠道所摄取的能量和营养素不足时，应予部分或全部肠外营养。

（2）禁忌证：肠外营养的禁忌证包括尚未纠正的休克、严重酸碱平衡失调和电解质紊乱。对有严重感染、严重出血倾向、出凝血指标异常及严重肝肾功能不全者应慎用脂肪乳剂；严重肝肾功能异常者，应使用肝或肾脏疾病专用氨基酸制剂。

2. 肠外营养通路

（1）外周静脉通路（peripheral venous access）：常采用静脉穿刺针或短导管经皮下静脉穿刺，穿刺成功后即可连接肠外营养液输入。其优点是操作简单、容易实行，继发全身感染危险小。但维持时间短；输液速度受到限制；当营养液渗透压超过 600mOsm/L 时会导致静脉炎。因此，经外周静脉输入的营养液葡萄糖浓度不能超过 12.5%，难以提供足够液体和热量，只适用于短时间部分肠外营养支持。若患儿需较长时间的全肠外营养则需建立中心静脉通路。

（2）中心静脉通路（central venous access）：相对于周围静脉，中心静脉具有耐受糖浓度高，维持时间长，液体外渗率低等优点，但操作相对复杂，容易出现严重并发症，限制了中心静脉导管在儿科的广泛使用。为延长置管时间、减少并发症，除普通中心静脉导管外，近年逐渐开发、使用了经外周静脉放置中心静脉导管和隧道式中心静脉置管。预计肠外营养时间超过 7～10 天者应选择中心静脉导管，需中、长期肠外营养者应考虑经周围静脉置入中心静脉导管（peripherally inserted central catheters，PICC）或隧道式中心静脉置管。

3. 肠外营养液的组成

（1）葡萄糖：配制营养液时，除需考虑血管对糖浓度的耐受能力外，更重要的是要关注患儿对输入葡萄糖速度的耐受情况。在不同时输入胰岛素的情况下，葡萄糖输注速率一般可由 3～4mg/（kg·min）开始，随输注时间延长和病情好转，患儿对葡萄糖耐受能力增加，再逐渐提高至 6～7mg/（kg·min）。应激状态下，小儿对葡萄糖的耐受能力降低，应适当降低葡萄糖的输注速率，以维持血糖正常，避免高血糖。加用小剂量胰岛素可改善组织对糖的利用，加快输注葡萄糖的速率。与成人相比，儿童更易出现低血糖，故应在密切监测血糖的条件下使用胰岛素。

肠外营养使用葡萄糖应注意下列事项：①婴儿每日供给葡萄糖不应 >18g/kg。②间断输入 PN 液时，葡萄糖最大输入速率不得超过 20mg/（kg·min）。③开始或停止输入葡萄糖时，需逐渐增加或降低葡萄糖输入速率，以免高血糖或低血糖。④必须监测血糖。

（2）脂肪乳剂：是肠外营养液的组成成分之一，具有体积小，渗透压低，产热多等特点，并提供必须脂肪酸。脂肪乳剂提供的热量占非蛋白热量的 25%～40% 为宜。在肠外营养液中与葡萄糖一起提供非蛋白热量，可促进蛋白质利用，改善氮平衡，降低呼吸商。

目前市售脂肪乳剂按脂肪酸碳链长度有两大类：一类含长链脂肪酸，一类为中链和长链脂肪酸混合制剂，浓度多为 10% 或 20%。危重患者常由于肉毒碱缺乏有不同程度的长链脂肪酸利用障碍，因此最好选用中、长链脂肪酸混合制剂。对足月新生儿和年长儿，亚油酸的供给量应不低于 0.1g/（kg·d）。由于长链脂肪酸和间接胆红素竞争性与白蛋白结合，使游离间接胆红素浓度升高，增加胆红素脑病的风险，故出生后 1 周内的早产儿、高胆红素血症的新生儿最好不用长链脂肪酸制剂，而选用中/长链脂肪酸制剂。近年已有含鱼油或橄榄油的脂肪乳剂，能降低接受肠外营养患儿的炎症反应，可根据病情选用。

剂量从 0.5～1.0g/（kg·d）开始，若患儿耐受良好，可每 1～2 天增加 0.5g/kg，最大剂量不超过 3.5～4.0g/（kg·d）。全天总量输入时间不短于 16 小时，最好 24 小时匀速输入。首次使用脂肪乳剂时，最初 15～20 分钟应缓慢输入，观察患儿是否有过敏反应。10% 和 20% 脂肪乳剂的试验输入速率分别为 0.1ml/（kg·min）和 0.05ml/（kg·min）。小儿最大耐受速率为 1ml/（kg·min）。

（3）氨基酸注射液：不可以成人用氨基酸代替小儿氨基酸制剂。小儿氨基酸溶液的基本要求包括：①氨基酸种类、比例必须适合小儿需要，种类要多于成人，目前一般含 18～20 种氨基酸，且其必需氨基酸和总氮的比值应 >3。②支链氨基酸、酪氨酸、半胱氨酸比例适当高于成人用氨基酸。③芳香氨基酸和硫化氨基酸的比例应适当降低。④应添加牛磺酸。

目前市场上销售的小儿氨基酸注射液有 10 种左右，均为 L- 结晶注射液，浓度多在 5%～7%，含 18～20 种氨基酸，不含电解质和葡萄糖。渗透压 520～620mmol/L，pH 5.5～7.0。

首次用量为 0.5～1.0g/(kg•d)，若患儿耐受良好，每日每公斤体重增加 0.5g，最大剂量可达 2.5～3.5g/(kg•d)。氨基酸应与葡萄糖和脂肪乳剂同时或混合输入。

对重症患儿而言，蛋白供应不足较热量供应不足更为明显和常见。有报道 PICU 患儿在入住 ICU 的最初 10 天内获得的热量和蛋白低于预计需求量的 50%。危重症时蛋白供给不足可加重累积性的蛋白质缺乏，这在 LBM 储备较低的婴儿中更为明显。为危重症患者补充蛋白时，应考虑常量营养素的利用率、蛋白需求的动态变化、营养实施方式的改变及累积性蛋白缺乏。危重患儿推荐氨基酸供给量在 1.5g/(kg•d) 以上。

（4）矿物质：小儿电解质的需要量如下。钠离子 2～4mmol/(kg•d)，常用 0.9% 或 3% 氯化钠注射液提供；钾离子 2～3mmol/(kg•d)，常用 10% 或 15% 氯化钾注射液提供；钙离子 0.5～2mmol/(kg•d)，常用 10% 氯化钙注射液或 10% 葡萄糖酸钙注射液提供；镁离子 0.25～0.5mmol/(kg•d)，常用 25% 硫酸镁注射液提供；氯离子 2～3mmol/(kg•d)，可由氯化钠和氯化钾注射液提供；磷酸根 1～2mmol/(kg•d)，可用甘油磷酸钠提供。微量元素的补充可用微量元素制剂如安达美（体重 >15kg）或派达益儿（体重 <15kg），剂量根据药品说明书决定。

（5）维生素：肠内营养时脂溶性维生素和水溶性维生素分别由特殊制剂提供，如维他利匹特、水乐维他等，剂量可参考药物说明书。

（6）特殊营养素：谷氨酰胺（glutamine，Gln）是人体最丰富的游离氨基酸，既可为蛋白质合成提供氮源，又可氧化提供热量，是肠黏膜细胞和免疫细胞的主要能量来源。谷氨酰胺的来源有内源性和外源性两种途径。正常情况下，以内源性途径为主，饮食中仅提供少量的外源性谷氨酰胺。危重患者谷氨酰胺合成减少，需求增加，加之饮食减少使外源性摄入降低，导致肠黏膜能量不足，引起肠黏膜萎缩，屏障功能减退，细菌移位而易致肠源性感染。但近年有多项荟萃分析显示，肠外营养液中加入谷氨酰胺并未能降低早产儿和严重胃肠疾病患儿的感染率和病死率，也不能降低手术后患者的感染率。因此目前不推荐小儿肠外营养时常规加入谷氨酰胺。生长激素可促进蛋白质合成，有利于合成代谢，在成人中的应用已取得一定效果，但对小儿是否应用及如何应用尚无定论。

4. **营养液的配制与保存** 配制应在无菌清洁的环境中进行，可使用洁净台操作。操作者工作前须严格洗手，戴无菌手套。操作过程要迅速，按规定顺序逐步加入各种营养素。配制好的营养液应立即封闭，保存于 4℃冰箱内，时间不超过 24 小时。

为保持溶液稳定性，营养液中一般不加其他药物。治疗所需药物可通过"Y"形管在营养液进入静脉前并入，同时要考虑药物与营养液之间的配伍禁忌。

5. **营养液的输入** 营养液应在 24 小时内匀速输入。目前一般应用"全合一（all-in-one）"袋，即将所有营养液置于一个袋中，由一个输液泵控制输液速度。若水溶性、脂溶性液体分开输入，则需两台输液泵分别控制输液速度，并将两容器的延长管于近静脉导管处以"Y"形管并入混合，然后连接至静脉导管一起输注。

每种营养素用量要逐渐增加，一般经 7～10 天患儿可获得足够的热量和氮源。热量与液量的比例为每提供 100kcal 热量，供给 100～150ml 液体。非蛋白热量中，葡萄糖提供的热量比例应为 60%～70%，脂肪乳剂为 30%～40%。

6. **肠外营养的终止**　若原发病好转，考虑恢复肠内营养时，须给予胃肠道充分的时间和条件"复苏"。可先经口、胃管等给予等渗葡萄糖溶液，常用 5% 葡萄糖，从每次 1～2ml/kg 开始，每日 3 次。若能够耐受，逐渐增加至每日 8 次。当 24 小时耐受量达 20～30ml/kg 时，再改为 2：1 稀释奶或肠内营养制剂喂养。若耐受良好，可给 1：1 稀释奶或肠内营养制剂，逐渐过渡到不稀释的奶或肠内营养制剂。增加肠内营养量的同时，注意相应减少肠外营养液的量。当经肠道喂养量 >50ml/（kg·d）时，停用肠外营养。此过程约需 1 周。

7. **肠外营养的监测与护理**　及时准确的监测，可以了解患儿营养与代谢状况，及早发现和处理存在的问题，促进患儿尽快康复。但监测项目过多、频率过高会加重患儿负担，因此应根据具体情况决定监测项目和频率。表 14-7 可作为监测项目和频率的参考。

表 14-7　肠外营养的监测项目

监测项目	监测频率	
	第 1 周	1 周后
体检		
体重、身高、头围	每日 1 次	每日 1 次
心率、呼吸、体温	每日 8 次	每日 4 次
实验室检查		
电解质（Na^+、K^+、Cl^-、Ca^{2+}、Mg^{2+}、P^{2-}）	每日 1 次	每周 2 次
尿素氮、肌酐	每日 1 次	每周 2 次
葡萄糖	每日 1 次	每日 1 次
总、直接胆红素	每日 1 次	每周 2 次
转氨酶（AST、ALT）	每周 2 次	每周 1 次
胆固醇	每日 1 次	每周 1 次
三酰甘油、β- 脂蛋白	每周 1 次	每周 1 次
白蛋白、球蛋白	每周 2 次	每周 1 次
血常规（RBC、WBC、Hb、Plt）	每日 3 次	每周 1 次
血气分析	每日 3 次	每周 1 次
前白蛋白、转铁蛋白	每日 1 次	每周 1 次
血渗透压	每日 1 次	每周 2 次
血清氨基酸谱	每周 1 次	每周 1 次
尿糖、比重、pH	4 小时 1 次	每日 1 次
尿渗透压	每日 1 次	每日 1 次
尿尿素氮、尿肌酐	每日 1 次	每日 1 次
总入量	每日 1 次	每日 1 次
总出量	每日 1 次	每日 1 次
24 小时尿量	每日 1 次	每日 1 次
24 小时粪便量	每日 1 次	每日 1 次
24 小时异常丢失量	每日 1 次	每日 1 次

肠外营养的护理应注意：①严格控制输液速度，定时记录实际输入液量，一般每 2 小时记录 1 次。②严格记录出入量。③若营养液未在规定时间内输完，不可在短时间内加快输

液速度。若未到规定时间，营养液已输入完毕，则应按原配方、原速度继续输入。④注意静脉导管的护理，小儿尤其要注意固定好导管，严格无菌操作，避免感染。

8. 肠外营养的并发症 主要有导管相关性并发症（包括机械性和感染性）与代谢性并发症两大类，严重者可危及生命。

（1）插管损伤：多与插管技术不熟练或操作不当有关。可发生气胸、空气栓塞、胸腔积血或皮下血肿、臂丛损伤、纵隔血肿、心脏压塞等，若导管位置不当，还可能发生心律失常、心包积液等。

（2）感染：留置的静脉导管作为微生物侵入路径，可导致静脉入口处感染、细菌栓塞、败血症，其中以败血症最严重，多由微生物在导管内繁殖，使导管周围包裹的纤维蛋白和血液受到感染，常见病原菌为金黄色葡萄球菌、表皮葡萄球菌和白色念珠菌。

（3）低血糖或高血糖：低血糖多因营养液输入突然中断或输入葡萄糖速度过慢所致，严重低血糖可致脑损害。高血糖则多因输入葡萄糖速度过快引起，也可因应激状态下发生"胰岛素拮抗"致使糖代谢紊乱引起。高血糖可导致渗透性利尿，引起水和电解质丢失过多。严重高血糖可致高渗昏迷。

（4）电解质紊乱：常见钾、磷、镁的异常，发现异常应分析原因，确定病因后再决定处理方案。

（5）肝功能异常：表现为肝酶学指标增高，胆红素增高，多发生于开始肠外营养后的2～14天，多数停用肠外营养后逐渐恢复正常。

（6）胆汁淤积：接受肠外营养的患者，不论成人还是小儿，均可发生胆汁淤积。其发生率与肠外营养持续时间呈正相关。有报道肠外营养超过6周，100%发生胆汁淤积。临床表现为肝脏肿大和黄疸。

（7）高脂血症：脂肪乳剂输入量大或速度过快可致高脂血症（hyperlipemia），严重者脂肪在肺毛细血管和巨噬细胞内积聚，表现为发热、黄疸、肝脾大、消化道出血、肺部弥漫性浸润，甚至发生抽搐、休克，称为脂肪超负荷综合征。

（8）高氨血症：与氨基酸制剂输入过多、过快有关。均匀输入氨基酸溶液可预防。

（9）高氯性酸中毒：与市售氨基酸制剂多为盐酸结晶体、氯含量高，所添加电解质液也多含氯有关。

（三）部分肠外营养

部分肠外营养（partial parenteral nutrition, PPN）是临床最常用的方法，是指所需营养素和热量部分来自胃肠途径，部分来自静脉通路。常用于保留有部分胃肠功能或接受完全肠外营养患者逐渐减停的过程中。多数危重患者都保留有一定的胃肠功能，因此，根据胃肠道状态选择适当的肠内营养制剂，在适量给予的基础上，利用静脉途径补充肠内营养的不足部分。应用过程中需注意，部分肠外营养是指部分成分及量的补充，但营养液不应在部分时间内给予，仍需24小时匀速输入，以免发生代谢性并发症。

六、常见问题和误区防范

（一）肥胖儿童如何进行营养支持

肥胖是指体脂肪超标，体质指数（BMI）基于身高校正后的体重，能一定程度表明人体的肥胖程度，计算公式为公斤体重除以身高米的平方：$BMI = 体重(kg)/(身高(m))^2$。BMI不是一种直接测量人体脂肪的方法，但与成人的体脂百分比相关性较强，而与儿童的相关性不够强。成人肥胖的定义是 $BMI > 30kg/m^2$，而 2～19 岁的肥胖定义是根据年龄和性别校正后的 BMI 值大于或等于第 95 百分数。

尽管近 30 年来，儿童肥胖率不断增加，但多数医院缺乏对肥胖患儿营养支持治疗和护理特殊性的应对。肥胖患儿营养支持的特点如下。

（1）肥胖患儿更难获取外周和中心静脉通路：由于肥胖患者脂肪组织厚，很难看清或触摸到静脉。如果放置外周或中心静脉导管有困难时，可考虑使用超声定位。另外要注意的是静脉针的长度，对于部分肥胖患者而言，脂肪组织过厚，标准针头不够长，可能需要使用更长的静脉穿刺针。

（2）肥胖危重患者营养需求计算：无论是成人还是儿童，关于肥胖危重患者的营养需求计算都存有争议。成年重症肥胖患者提倡限制热量摄入，但儿童肥胖患儿的营养支持尚缺乏具体实施方案。重症肥胖患儿有过度饮食的风险，避免过度饮食是十分必要的。这是由于肥胖患儿体重更重且身体成分的变异性更大，使其 BMR 计算结果偏高。而且，不同公式和表格预测的静息代谢率和实际测量值差异较大。使用校正体重可能会低估静息代谢率，而使用应激校正系数又可能引起过度喂养。因此，对肥胖患者而言，用 IC 法仍然是测定 REE 的最准确方法。病程中应严格监测重症肥胖患儿是否能够耐受葡萄糖和蛋白质，并根据需要调整营养支持方式。同时尚需监测患儿是否出现糖尿病前驱症状和高血糖症。肥胖的危重患儿无需限制蛋白质和脂肪的摄入。随着儿童肥胖发病率的日益增高，有必要进行相关临床研究并制定基于循证医学的肥胖危重患儿的营养推荐方案。

（二）幽门后喂养有哪些利弊

1. 幽门后喂养的优点　对于不能通过经胃喂养获得足够 EN 的重症儿童来说，选用幽门后喂养可成功达到目标热量供给，避免使用肠外营养，减少相关费用。据报道幽门后肠内营养耐受性较好，无反流或误吸发生。由于肠外营养的费用几乎是肠内营养的 10 倍，故幽门后喂养所节省费用的意义可想而知。

在一项历时 4 年的回顾性研究中，自第 2 年起，对经胃喂养不耐受或有禁忌证的 PICU 患者，以幽门后肠内营养代替肠外营养。研究期间共计 1636 名患儿入院，其中 240 人（14.6%）接受肠外或肠内营养。整个研究期间，全肠外营养应用率由 15% 降至 5.5%，$P = 0.01$，幽门后喂养作为唯一营养支持方式的应用率由 3.2% 升至 10.5%，$P < 0.05$。虽然全肠内营养和全肠外营养在临床预后上没有显著差异，但每位患者总的营养治疗成本却因选择肠内营养而非肠外营养而下降了约 55%。

2. 幽门后喂养的缺点　尽管研究发现大部分重症患儿对幽门后喂养耐受性较好，且可在肠内营养开始 48 小时内达到目标热量；但幽门后喂养也存在一些潜在的弊端。已经发现，与经胃喂养相比，幽门后喂养可导致肠内营养开始时间延迟、过多接受腹部平片检查及喂养中断等。故需开展更多研究对重症儿童经幽门后喂养进行评估。

在取得更多的证据之前，美国肠内肠外营养协会推荐，对于存在误吸高风险或不耐受经胃喂养的重症患儿，考虑选用幽门后喂养。

七、热点聚焦

（一）肾替代治疗时营养支持有哪些特点

不同的肾替代治疗方法对危重患儿营养状态有不同的影响。

1. 腹膜透析（PD）　是急性肾衰竭儿童透析治疗的常用选择，是新生儿和婴儿优先选择的方法。PD 会造成 $100\sim300mg/(kg\cdot d)$ 的蛋白质丢失，所以需要注意补充丢失的蛋白质。PD 透析液含有葡萄糖，葡萄糖的吸收会增加能量摄入，导致高糖血症。PD 期间葡萄糖的吸收量取决于输入的透析液量、透析液保留时间、透析液葡萄糖浓度及患儿腹膜情况。在制订患儿的营养计划时，必须要考虑从透析液吸收的葡萄糖产生的热量。急性肾衰竭时常常进行连续性腹膜透析，会导致在一定程度上放松液量限制。

2. **血液透析**（HD） HD 会导致水溶性维生素和部分微量元素丢失，需要在肠外或肠内营养配方中补充。维生素 A、维生素 D 和水溶性维生素如氰钴胺（维生素 B_{12}）、维生素 C、叶酸、硫胺素（维生素 B_1）、吡哆醇（维生素 B_6）可被 HD 清除。CRRT 时维生素的需求量与 HD 类似。间断 HD 的主要缺点是重症和血流动力学不稳定患儿不能很好地耐受。持续肾替代治疗（CRRT）常用于重症和血流动力学不稳定的患者，但需要特殊的设备和专业人员。与其他血液净化方式相比，CRRT 的主要优势是可精确控制液体平衡，并可调整超滤量满足急性肾衰竭和重症患者的需求。CRRT 会造成大量的电解质丢失，引起低钾血症、低磷血症，需要频繁监测并在透析液中补充这些电解质和矿物质。CRRT 也会导致补充氨基酸的 $10\%\sim20\%$ 从透析液丢失，在计算营养需求时要考虑这部分损失量。部分与葡萄糖混合的枸橼酸盐（葡萄糖枸橼酸盐抗凝溶液），会进入到体循环并提供额外的能量，也可导致电解质紊乱，特别是低钙血症。

（二）急性胰腺炎患儿早期肠内营养能否获益

传统上认为通过禁食时肠道休息进而实现胰腺休息，可加速急性胰腺炎患儿的痊愈，因此认为急性胰腺炎患儿需禁食并予肠外营养。采取禁食及肠外营养的理由是许多急性胰腺炎患者肠内喂养后腹痛加重且血清淀粉酶及脂肪酶升高。然而，目前已知胰腺炎的一个重要特点是胰液淤积（类似胆汁淤积），即胰腺分泌物排出障碍。有证据显示肠内喂养在多种情况下均可降低 ICU 患者的病死率及发病率，且很少加重胰腺炎发作。肠内营养或可维持肠黏膜屏障的完整性和功能，促进肠蠕动，可预防肠道细菌过度生长和易位。肠内营养亦可减轻急性时相反应。

2009 年的一篇 Cochrane 综述得出的结论是："关于在 PICU 危重患儿的第 1 周内是否有必要提供营养的支持或反对证据都甚少"。该文作者仅找到一篇相关的随机对照临床试验（randomized，controlled trial，RCT）。反之，Mehta 等于 2013 年报道，早期营养治疗可改善危重患儿的 60 天生存率。实施早期肠内营养方案患者的继发感染率较低。Bechard 等对多项关于危重症患儿蛋白平衡检测的研究进行综述后认为，理想的蛋白和能量摄入可实现机械通气患儿的正蛋白平衡。尚无与急性胰腺炎患儿营养支持有关的指南或研究报道。仅有一篇文章报道了 2 例重症 AP 患儿在 PICU 成功使用鼻空肠管喂养，转入普通病房后改为经口喂养。

而关于成人轻至重型胰腺炎营养治疗的对照研究、综述及荟萃分析则较多。Yi 对 8 项比较严重急性胰腺炎患者肠内及肠外营养差异的 RCT 研究进行了综述，共纳入患者 381 例。结果显示肠内营养患者病死率、感染率、手术干预率均较低，且脏器衰竭的发生也较肠外营养少。Mirtallo 等为了制定急性胰腺炎营养治疗的国际共识指南，回顾分析了 8 项国家级报道。他们得出的结论是对急性胰腺炎患者而言，肠内营养优于肠外营养，即使存在胰瘘、腹水及假性囊肿也应将肠内营养作为首选。胃内喂养即有效，幽门后喂养并非必需。持续喂养优于定时喂养。推荐使用小分子短肽为主、含 MCT 油的营养制剂。

Grant 所做的关于急性胰腺炎营养支持的综述认为，早期营养支持（尤其是肠内营养，也包括肠外营养）可减少并发症并提高生存率。早期营养治疗可降低细胞因子反应，并降低胃轻瘫及肠梗阻发病率。为保证疗效，必须在 72 小时内给予营养支持。因为建立完全肠内营养需要数天的时间，故新入住 PICU 的患儿应考虑联合应用肠内及肠外营养支持。肠内营养可减弱炎症反应，减少感染并发症、住院天数及病死率，故 EN 应被视为"可改善胰腺炎患者预后的积极干预措施"。

注意：①血清淀粉酶及脂肪酶升高与肠道内喂养相关，但并不意味病情加重，不能作为停止肠内营养的理由。②约 4% 的患者在肠内营养期间会出现腹痛加重，这类患者需要肠外营养治疗。③约 20% 的患者在向经口喂养过度时会出现腹痛加重，这类患者需暂时恢复特殊的肠内营养，如恢复使用短肽类肠内营养制剂。

（钱素云）

第十五章

镇静镇痛治疗

培训目标

1. 掌握镇痛镇静的常用评估方法。
2. 掌握常用镇痛镇静药物的使用、常见并发症与预防策略。
3. 熟悉国内儿童重症监护病房镇痛和镇静治疗的专家共识（2013 年版）要点。

一、概述

PICU 重症患儿处于强烈的应急环境中，常见原因包括：①自身疾病的影响。自身伤病的疼痛如创伤、手术、缺氧和严重感染等，频繁的各种有创性诊疗操作。②环境因素。PICU 中的患儿常与父母隔离，大量陌生面孔和仪器的出现及对家人的思念使他们更加焦虑和恐惧；噪音和长明灯扰乱饮食睡眠，生物钟被打断。③隐匿性疼痛。气管插管的患儿，由于吸痰和对气管导管的反应，常发生气道痉挛和分泌物增多，而在不适当的镇痛处理下这些症状显得更加明显，常使机械通气中断和（或）发生人机对抗；其他各种插管和长期卧床等。④对自身命运的忧虑。年长儿对疾病预后的担心和对死亡的恐惧。

虽然医护人员一再进行心理上的安慰，并提倡双亲探视等人性化治疗，但通常需要使用镇痛和镇静药物治疗以减轻危重患儿的应激反应。镇痛和镇静治疗是指应用药物手段以消除患儿疼痛，减轻焦虑和躁动，催眠并诱导顺应性遗忘的治疗。使用镇痛和镇静治疗保持患儿安全和舒适是 PICU 治疗中的最基本环节。2014 年中华医学会儿科学会急救学组和中华医学会急诊学会儿科学组共同制订并发布了《儿童重症监护病房镇痛和镇静治疗的专家共识（2013 版）》，为规范儿童重危患者镇静镇痛治疗起到了很大的推动作用。以下为"共识"中的主要内容。

【目的】

重症患儿镇痛镇静治疗的主要目的：①使身体不适和疼痛最小化。尽量消除或减轻患儿的疼痛及躯体不适感，减少不良刺激及交感神经系统的过度兴奋。②控制焦虑，使心理性创伤最小化。帮助和改善患儿睡眠，诱导遗忘，减少或消除患儿对治疗期间病痛的记忆。③控制行为和（或）运动使各种操作安全完成。减轻或消除患儿焦虑、躁动甚至谵妄，防止患儿的无意识行为如挣扎干扰治疗，保护患儿的生命安全。④降低患儿的代谢速率，减少其氧消耗和氧需求，并减轻各器官的代谢负担，起到器官保护作用。⑤促进患儿痊愈，从而安全撤除医疗监测。⑥减轻患儿家长的焦虑，增加医患合作。

【镇痛镇静评估】

在实施镇痛镇静技术时应做到无评估，不镇静，无评估，不镇痛。对交流困难的患儿应根据疼痛相关的行为和生理指标进行评价。因年幼儿多不能用语言来准确描述自己的疼痛感觉，其疼痛更容易被低估。常用疼痛评估方法如下。

（1）疼痛视觉模拟评分法（visual analogue scale，VAS）：该方法与数字疼痛分级法类似。在纸上划一条直线，通常用10cm或100mm标记，线的一端为剧痛，另一端为不痛，让患儿在线上标出疼痛的相应位置，该数字即为疼痛的强度。适用于学龄期儿童。

不痛0————————————————————————————————10疼痛难忍

（2）疼痛脸谱评分法（faces pain scale，FPS）：在标尺刻度旁标有不同程度的微笑、皱眉、哭泣等脸谱示意图，根据患儿面部表情与疼痛表情图谱比较后进行评估，该方法适用于婴幼儿（图15-1）。

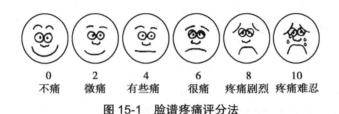

| 0 | 2 | 4 | 6 | 8 | 10 |
| 不痛 | 微痛 | 有些痛 | 很痛 | 疼痛剧烈 | 疼痛难忍 |

图15-1 脸谱疼痛评分法

（3）Ramsay镇静评分：该量表的优势是医生或护士可在床边评估，并易于反复评估，已广泛用于成人及儿童镇静评估及镇静治疗过程中的评估。是儿童患者镇静评估最常用的方法。研究认为Ramsay评分与其他评估方法具有很好的相关性，目前已成为衡量其他评估方法是否准确有效的标准。理想镇静程度因人而异，大多数危重儿Ramsay评分2～4分似乎是理想的临床镇静终点。人工通气支持条件较高的患儿可能需要更深程度的镇静，Ramsay评分可达3～5分。见表15-1。

表15-1 Ramsay评分

分值	临床表述
1	焦虑、紧张、躁动不安
2	合作、安静、良好的定向力、对机械通气耐受良好
3	只对指令有反应
4	对轻叩眉间或巨大声响刺激反应敏捷
5	对轻叩眉间和巨大声响刺激反应迟钝，对疼痛刺激无反应
6	对轻叩眉间和巨大声响刺激无反应

二、常用的镇痛及镇静药物

镇痛治疗的目的就是控制疼痛、改善功能、提高生活质量和避免治疗不良反应。镇静主要是由心理的或作用于中枢神经系统的药物对人体精神活动产生的一种抑制效应。选择镇痛及镇静药物时应充分考虑患儿的年龄特征，年龄不同，镇痛及镇静药物的药代动力学和药效学特征亦有不同。临床上常用的镇痛药物为阿片类镇痛药，镇静药物为苯二氮䓬类（表15-2）。

表 15-2　常用的镇痛及镇静药物的参考剂量

药品	首剂量	维持量
吗啡	每次 100mg/kg，静脉注射	10～40mg/(kg·h)，静脉注射
芬太尼	每次 1～2mg/kg，静脉注射	1～4mg/(kg·h)，静脉注射
舒芬太尼	每次 0.1～0.3mg/kg，静脉注射	0.03～0.05μg/(kg·h)，静脉注射
地西泮	每次 0.1～0.3mg/kg，静脉注射	
咪达唑仑	每次 0.1～0.3mg/kg，静脉注射	1～5μg/(kg·min)，静脉注射

三、常用的镇痛及镇静技术

(一) 常用技术

1. **阿片类药物持续静脉输注**（continuous intravenous infusion of opioid drugs）　对于大部分患儿，虽然镇痛必不可少，但发现抗焦虑和镇静更为效，使用中等剂量的阿片类药物（吗啡）加镇静药物（咪达唑仑）是最常用的方法，临床应遵循镇静必先镇痛，镇静必不可少，不过度镇痛及镇静，个体化镇痛及镇静原则。

2. **患者自控镇痛术**（patient-controlled analgesia，PCA）　是由医护人员确定给药方式，患儿根据疼痛的程度调节给药速度，可以达到最佳的镇痛效果。由于儿童年龄、意识水平和理解能力等因素影响，PCA 在 PICU 中的使用有限。

3. **局部麻醉**　用于小儿外科的清创，动静脉导管的置入，腰穿，胸引导管置入等。局部麻醉最常用的是含有利多卡因的局部渗贴膏，乳膏等。

4. **平衡镇痛法**　是根据手术的部位及大小，选择作用部位及机制各不相同的药物和不同的方法联合应用的镇痛方式，不仅可以使镇痛效果更为确切完善，而且可以减少各种药物的剂量，也减少其不良反应。

5. **多学科综合治疗**　疼痛不仅是医学问题，而且是社会问题。对 PICU 患儿不能只注重抢救患者生命，也需关注患者的心理及精神健康。治疗疼痛成功的标准不仅仅是减少不适，更重要的是要恢复正常生活和自信。因此，各种治疗团队的相互配合更为重要。总之，疼痛的处理是对所有儿童的精致细微的人性关怀，而不仅仅只是镇痛。

(二) 镇痛及镇静药物的撤离

多数镇痛及镇静药物的使用时间不宜超过 1 周，若因病情无法好转或长时间需用机械通气，建议可尝试变换不同种类镇痛及镇静药物以避免单一药物的蓄积与依赖。

当患儿需要撤离药物时，应注意对使用时间超过 1 周的患儿逐步停药，以避免戒断症状，可每日按 15%～25% 的用药剂量递减，同时观察患儿有无烦躁、出汗、病情加重等临床表现，若有，再恢复到上一剂量，以更小的减药幅度撤离，若无，则逐步减量直至完全撤尽。

(三) 常见并发症与预防策略

镇痛镇静治疗常易导致以下并发症。

1. **呼吸抑制**　阿片类药物镇痛效果与呼吸抑制发生呈剂量效应关系，在呼吸抑制发生时，只要立即停止使用吗啡和其他镇静药，同时给氧、呼吸支持和纳洛酮（0.1mg/kg）拮抗，均能迅速控制。阿片类镇痛药的组胺释放作用可能使敏感患儿发生支气管痉挛，故有喘息发作史的患儿应慎用阿片类镇痛药。

苯二氮䓬类药物对呼吸系统有一定的抑制作用，其程度与输注速度和剂量相关。与芬太尼或舒芬太尼合用,可加重呼吸抑制的发生,因而在与这些药物合用时应严密监测血药浓度,并适当减少剂量。咪达唑仑的拮抗剂为氟马西尼。

2. 低血压 血流动力学不稳定、低血容量或交感神经张力升高的患儿应用阿片类镇痛药与苯二氮䓬类药物时均易引发低血压。芬太尼对循环的抑制作用较吗啡轻,故血流动力学不稳定、低血容量的患者宜选择芬太尼镇痛。

3. 戒断综合征 无论镇痛还是镇静药物,在长时间应用后若突然停药或快速减量,均可引起戒断综合征。临床表现为易激惹、抽搐、幻觉或精神错乱。因戒断综合征无特征性的临床表现,临床常难以识别,最易与神经系统疾病混淆。PICU目前尚无有效的评价系统对戒断综合征进行评价。

总之,熟悉、监测、预防并处理镇痛镇静药物可能带来的各种不良事件,是每一个医护人员必须掌握的内容。为将可能出现的不良事件降至最低限度,在进行镇痛镇静时,应严格遵守针对该患儿的个体化治疗方案,密切监测患儿生命体征,定时进行镇痛镇静深度评估,避免过度镇痛镇静是减少并发症最有效的方法。

四、常见问题和误区防范

(一)镇痛不足

疼痛是应激的重要来源,对患儿的心理和生理均可造成严重的伤害。对危重病患儿在进行镇痛镇静治疗时,需要注意先镇痛,再镇静;在恰当镇痛的基础上进行镇静治疗。但是,实际临床工作中医师往往注意镇静治疗,而忽视镇痛治疗,或以过度镇静替代镇痛。镇痛不足在PICU中普遍存在。危重患儿在PICU内频繁地进行伤口敷料换药、引流管安装与拔除、动静脉穿刺、胸腹腔穿刺、气管导管内吸引、有创机械通气和缝合等疼痛性操作,均可引起患儿不同程度的疼痛与不适。而危重病患儿往往因为年龄幼小、气管插管、意识障碍、接受大剂量镇静药甚至神经阻滞药物治疗,无法表达疼痛。这些操作所引起的疼痛并未得到医务人员的普遍重视,造成PICU中疼痛的发生率常常被低估。成人的一项对1381例机械通气患者的研究表明,高达56%的患者经历操作性疼痛,而操作前接受阿片类药物治疗者还不足20%。这种在治疗过程中遭受的疼痛往往难以忍受,是患者认为在ICU内最难以忘记的痛苦。

部分临床医师试图通过使用咪达唑仑等苯二氮䓬类镇静药物让患儿入睡达到缓解疼痛的效果,但是苯二氮䓬类药物完全缺乏镇痛作用,不能根本解除疼痛,不能消除患儿对疼痛的伤害性记忆,也不能消除疼痛造成的应激性伤害。因此,临床医师要重视疼痛,对可能引起患儿疼痛和不适的操作和治疗给予恰当的镇痛治疗。

(二)过度镇静

镇静治疗是缓解危重患儿心理应激状态的有效方法之一,可以提高患儿在PICU治疗期间的舒适性,并且能减轻应激、保护器官功能。近年来,镇静越来越被临床医师所接受,在PICU内的应用日益增多。但是因为担心患儿出现意外拔管、躁动及人机不协调等问题,实际工作中往往给予过度镇静。与此同时,由于缺乏精确的评估体系,临床医师对处于过度镇静状态的患儿也无法做出判定。一项包括25项研究在内的系统性回顾性分析发现,在PICU中儿童镇静过度普遍存在。镇静过度会导致患者血压波动、影响认知功能恢复、机械通气时间延长、呼吸机相关性肺炎发生率增高、深静脉血栓形成、增加医疗费用和院内病死率。长时间的过度镇静容易掩盖患者中枢神经系统病情变化,延误诊治。前述的成人机械通气的研究表明有高达 40%～50% 的患者处于深度镇静状态。

2013 年美国发布的成人 ICU 患者疼痛、躁动、谵妄处理临床实践指南推荐：对 ICU 成人患者在无禁忌时应常规维持浅度镇静水平，而非深度镇静。我国儿童重症监护治疗病房镇痛和镇静治疗专家共识（2013 版）也指出在进行镇痛镇静时，应严格遵守个体化治疗方案，避免过度镇痛镇静。医师在进行镇痛镇静治疗时除了注意以上常见并发症外，必须认识到镇静程度不是越深越好，原则上，以 Ramsay 评分为例，机械通气患儿可将镇静深度维持在 3～5 级，非机械通气患儿可将镇静深度维持在 2～4 级。另外在病情允许下，每日可下调或暂停镇静镇痛治疗进行唤醒，以评估患儿意识状态。

（三）对镇痛镇静的评估和监测不足

对镇痛镇静治疗进行评估和监测是保证和提高镇痛镇静治疗有效性和安全性的重要原则。对 PICU 患儿疼痛和意识状态的评估是镇痛镇静治疗中的首要工作。镇痛镇静不足和过度都将对患儿造成伤害。因此需要及时和定时评估镇静镇痛效果和深度，选择恰当的药物和剂量，保证患者舒适度，同时又能避免镇痛镇静过度。与成人相比，儿童对轻微刺激所产生的生理变化更为明显，且多不能以恰当语言表达疼痛的强度和部位，因此儿科镇静镇痛的评估难度更大。

镇痛镇静药物在改善患者疼痛、焦虑、躁动或谵妄的同时，几乎不可避免地抑制呼吸、循环功能。危重患儿往往存在呼吸、循环功能障碍或衰竭基础，在使用镇痛镇静治疗时，必须严密监测呼吸、血氧饱和度、心率、血压及血气指标变化，保证有效的气道管理手段，以防生命体征出现大的波动，对患儿造成危害。临床医师应该清醒地认识到镇痛镇静药物的潜在风险，避免监测不足。要做到无监测，勿镇痛镇静。

镇痛镇静的治疗应及时和定时评估效果，同时做好监测，以确保危重患儿治疗的有效性和安全性。

五、热点聚焦

（一）为什么说镇痛镇静的治疗有器官功能保护作用

危重患儿由于需要承受频繁地有创操作所带来的疼痛、对疾病和陌生环境的忧虑、睡眠障碍等痛楚及不适，常常处于强烈的病理性应激状态。目前认为应激引起交感 - 肾上腺髓质轴和下丘脑 - 垂体 - 肾上腺皮质轴强烈兴奋可导致脏器功能改变。而镇痛镇静可改变应激状态，保护脏器功能。另外，过度的全身性炎症反应是导致多器官功能障碍综合征（MODS）的重要机制，镇痛镇静有可能通过调控机体炎症反应，对 MODS 起到防治作用。

镇痛镇静治疗能通过减少躁动，防止动脉血压升高，减少脑血流，从而降低颅内压；可以减少脑组织氧耗并降低脑代谢；防治谵妄，控制癫痫，从而起到很好的脑保护作用。平静呼吸时，呼吸肌肉的氧耗占全身总氧耗的 3%～5%，而 ARDS 患者由于存在呼吸窘迫，呼吸肌的氧耗可增至 50% 以上，容易导致机体缺血缺氧，造成肠道、肾等重要脏器功能障碍。镇痛镇静可以降低 ARDS 患者呼吸肌的氧耗，改善机体缺氧，有可能避免重要脏器功能损害；还能够有效保证 ARDS 肺保护性通气的实施，改善人机同步性和降低跨肺压。因此，镇痛镇静治疗对 ARDS 患者有肺保护作用。

由此可见，镇痛镇静除了保证危重患儿治疗的舒适性外，还具有脏器功能保护作用。

（二）新型镇静药物——右美托咪定

镇痛及镇静药物对呼吸和循环抑制的不良反应是每位临床医师必须正视的问题。新型药物的研发和使用，可使镇痛镇静治疗更加有效和安全。右美托咪定是 α_2-肾上腺素受体激动剂，是一种新型的镇静药。区别于其他镇静药，它的镇静是可唤醒的，兼具良好的镇痛作用，没有明显心血管抑制，导致血压下降的风险较小，不产生呼吸抑制。

右美托咪定在成人使用广泛，但药品说明书尚无儿科相关适应证及使用剂量。右美托咪定目前未常规应用于儿童镇痛镇静治疗。但近年来国内关于右美托咪定在儿科患者应用的研究日益增多，显示了较为良好的治疗效果和安全性。一项关于比较右美托咪定和咪达唑仑在儿童先天性心脏病术后使用的研究发现，右美托咪定/芬太尼组和咪达唑仑/芬太尼组在镇静药使用时间长度、机械通气应用和 CICU 住院时间方面没有差异，但是右美托咪定组与咪达唑仑组相比，较少需要额外的镇静镇痛药物，谵妄发生率更低。我们期待更多关于右美托咪定对儿童镇痛镇静治疗有效性和安全性的研究，以供儿科临床医师参考。

（许　峰　符跃强）

下 篇

技 术 篇

第十六章

气管插管术

培训目标

1. 掌握气管插管的适应证。
2. 掌握气管插管的操作方法。
3. 了解气管插管的并发症和处理方法。

【概述】

气管插管术是将特制的气管导管经口腔或鼻腔插入患者气管内的一种急救技术，是建立人工气道和保持上呼吸道通畅的最可靠手段，也是一种气管内麻醉和抢救患者的方法，尤其是心肺复苏时紧急建立有效气道的重要措施。

【目的】

迅速建立人工气道，保持患者气道开放，有助于呼吸道分泌物的清除、呼吸道给药、人工辅助呼吸及机械通气。

【适应证】

1. **心肺复苏** 心搏呼吸骤停时的高级生命支持。

2. **上呼吸道梗阻** 口鼻腔及喉部软组织损伤、异物或分泌物潴留均可以引起上呼吸道梗阻，威胁患者生命。

3. **气道保护性机制受损** 正常时通过迷走神经等生理反射对呼吸道发挥保护作用，依次存在咽反射（恶心和吞咽反射）、喉反射（声门关闭及会厌覆盖声门）、气道反射（异物或分泌物刺激气道引起咳嗽）及隆突反射（隆突受刺激而引发的强烈咳嗽）。患者意识改变（特别是昏迷）及麻醉时，正常生理反射受到抑制，导致气道保护性机制受损。

4. **气道分泌物潴留** 正常气道黏膜纤毛运动到达大气道，大气道受刺激后发生咳嗽反射，将分泌物咳出。咳嗽反射受损时，会使分泌物在大气道潴留，易导致肺部感染及呼吸道梗阻。虽然可以经鼻腔或口腔将吸痰管插入咽部及上气道，但效果很差，刺激性较大，患者不易配合，严重时还可以引起鼻咽部出血及诱发严重的心律失常。

5. **呼吸衰竭** 需实施有创机械通气时，首先必须进行气管插管，提供与呼吸机连接的通道。尤其是需要长期气管插管者。无创通气无效或存在禁忌时必须建立人工气道，如重要脏器功能衰竭、面部手术或创伤畸形、气道保护性机制丧失排痰障碍、严重低氧血症或酸中毒、近期上腹部手术等。

【禁忌证】

1. **绝对禁忌证** 喉头黏膜下血肿时，气管插管损伤可引起严重出血，除非急救，则禁忌气管内插管。但紧急状态下气管插管无绝对禁忌证，除非患者或家属明确拒绝。

2. 相对禁忌证

（1）主动脉瘤压迫气管者，插管可能导致主动脉瘤破裂。

（2）张口困难或口腔空间小，无法经口插管时，可考虑经鼻气管插管。

（3）不稳定颈椎损伤不是绝对禁忌证，但颈椎必须保持严格的呈线性固定。助手应站在床旁一侧托住患者的头、颈部，使患者双肩保持自然体位。也可考虑经鼻气管插管。

（4）已有部分气管横断的患者。

（5）插管技术不熟练或插管设备不完善时。

【操作前准备】

1. 插管难度评估 不需要紧急插管时，应首先评估插管的难点。插管前常规实施有关检查（鼻腔、牙齿、张口度、颈部活动度、咽喉部情况），是否存在插管困难问题，然后决定选用何种插管途径（经口或经鼻）和麻醉方法（全麻或清醒）。

2. 插管途径选择 有经口和经鼻气管插管两种，各有不同的优缺点。

（1）经口气管插管：操作较容易，导管较粗，便于气道内分泌物清除，急救时常常采用。但会影响会厌功能，对于清醒患者常难以耐受，导管刺激口腔黏膜，分泌物较多，口腔护理困难，导管易移位而脱出，保留时间较短。经口气管插管可减少医院获得性鼻窦炎的发生，鼻窦炎与呼吸机相关性肺炎的发病有着密切关系，故对于短期内能脱离呼吸机的患者，应优先选择经口气管插管。

（2）经鼻气管插管：相对易于耐受、便于固定和口腔护理，导管保留时间较长。但对鼻腔创伤较大，易出血，采用的导管内径偏小，导管弯度较大，吸痰管插入困难，导管易堵塞，不利于气道及鼻窦分泌物的引流。经鼻气管插管技术操作熟练，患者不适于经口气管插管时，需行经鼻气管插管。

3. 困难插管的选择 因上呼吸道解剖因素或病理条件下无法看到声带甚至会厌，无法完成经口或鼻气管插管。可以准备选择普通喉镜清醒插管、应用可视喉镜清醒插管、支气管镜引导插管、逆行引导清醒气管插管及面罩辅助通气下气管切开等措施。

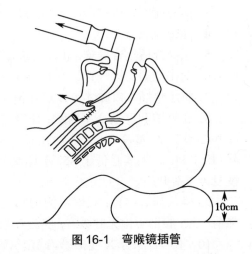

图 16-1 弯喉镜插管

4. 物品准备

（1）合适的喉镜：直接喉镜根据镜片形状分为直喉镜和弯喉镜。直喉镜插入会厌下向上挑即可暴露声门，婴幼儿声门相对较高，位置靠前，采用直镜片暴露效果较好；弯喉镜是插入会厌和舌根之间，向前上方挑，会厌间接被牵拉而暴露声门，适用于年长儿，见图16-1。

（2）合适的气管导管：导管按照内径大小选择，足月新生儿、小婴儿为3mm或3.5mm，1岁以内4mm，1~2岁5mm。也可以通过目测，选择外径与小儿小手指粗细相仿的导管。2岁以上儿童按公式计算：导管内径（mm）=4+年龄（岁）/4。14岁接近成人，成人男性7.0~8.0mm，女性6.5~7.5mm。

（3）其他物品：导引钢丝，插管钳，注射器，牙垫，胶布，吸引装置，吸痰管，简易呼吸器，听诊器，血氧饱和度监测仪，心电监测仪，呼吸末二氧化碳监测装置。

5. **患者准备** 采取仰卧位，肩背部稍垫高，头略后仰。充分吸净口腔、鼻腔中分泌物，检查牙齿是否松动或有无义齿。监测生命体征变化。预充氧和人工通气，应用面罩或复苏囊给患者吸入纯氧及人工通气，避免缺氧和二氧化碳潴留。必要时镇静、镇痛和给予肌松药。

【操作方法】

1. 摆好患者体位，使其口、咽、气管呈一直线。

2. 右手示指和拇指撑开下颌，左手持喉镜自患者右侧口角进入，将舌推向左侧，前置镜片至咽部，暴露会厌。

3. 稍前进镜片使其远端伸入舌根与会厌咽面间的会厌谷，上提喉镜，显露声门。

4. 右手持气管导管从右侧送入口咽，轻轻插入气管内，导管进入声门后边送气管导管边拔导丝。导管上的黑色声门标记应置于声带水平，导管套囊应位于声门下。置入深度（cm）：12＋年龄（岁）/2，14岁接近成人，成人男性 22～24cm，女性 20～22cm。或置入深度（cm）＝导管内径（mm）×3。

5. 置牙垫（口塞）于磨牙间，退出喉镜，用胶布将气管导管与牙垫一并固定。

6. 将气管导管囊内充气，简易呼吸器辅助呼吸，听诊双肺呼吸音。判断双肺呼吸音是否对称，判断导管位置。应用呼吸末二氧化碳监测最准确。

7. 固定带妥善固定气管导管及牙垫，接呼吸机辅助通气。

8. 经鼻气管插管时先将气管导管插入鼻腔至咽部，导管内不需导引钢丝，再使用插管钳夹住气管导管经声门送入气管。

【注意事项】

1. 术前告知并确认已签知情同意书。

2. 掌握气管插管适应证。

3. 插管前留置胃管，尽量抽出胃内容物，减少反流、误吸及窒息。

4. 插管前充分氧疗。

5. 选择合适气管导管，插管前检查气管导管气囊是否完好。

6. 动作轻柔。拔气管导丝时应注意边送边拔。

7. 将牙垫插入口腔才可以退喉镜。

8. 血氧饱和度及心率监测：插管时间宜控制在 30 秒以内。插管时密切观察血氧饱和度和心率变化，心率下降（婴幼儿心率 <60 次 / 分，或持续低于基础心率）或血氧饱和度下降（低于 90%，尤其是低于 85%）明显应暂停操作，应用球囊面罩纯氧通气。待血氧饱和度恢复再重新开始。

9. 确认插管位置：观察双侧胸廓运动是否对称一致；对比两侧胸壁及腋下呼吸音是否强弱一致；腹部听诊无呼吸音；监测呼吸末二氧化碳水平（首选）。

10. 术后行床旁 X 线摄影，确定气管导管位置。气管导管远端应距离气管隆突约 2cm。同时观察肺部情况及是否存在气胸。

【并发症及其处理】

1. **呼吸道损伤** 插管操作技术不规范，可致牙齿损伤或脱落，口腔、咽喉部和鼻腔黏膜损伤引起出血。用力不当或过猛，还可引起下颌关节脱位。应经过严格、正规的培训后，才能够实施气管内插管。气管内插管过程中，必须严格遵循操作常规，特别要避免动作粗暴或用力不当。

2. **过度应激**　喉镜检查会刺激呕吐和胃内容物反流吸入，引起吸入性肺炎。浅麻醉下行气管内插管可引起剧烈呛咳、喉头及支气管痉挛；心率增快及血压剧烈波动而导致心肌缺血。严重的迷走神经反射可导致心律失常，甚至心搏骤停。预防方法：适当加深麻醉，插管前行喉头和气管内表面麻醉，应用麻醉性镇痛药或短效降压药等，减少插管的应激反应。

3. **呼吸道梗阻或肺不张**　气管导管内径过小，可使呼吸阻力增加；导管内径过大，或质地过硬都容易损伤呼吸道黏膜，甚至引起急性喉头水肿，或慢性肉芽肿。导管过软容易变形，或因压迫、扭折而引起呼吸道梗阻。呼吸道分泌物较多，未能及时吸出，时间稍长后在导管内积聚，使导管内径变窄，甚至堵塞导管。应该根据患者性别、年龄和身高，选用与患者气管内径相匹配的气管内导管。怀疑气管内导管已有痰痂不易清除，应更换气管内导管。

4. **插管过深或过浅**　导管插入太深可误入一侧支气管内，引起通气不足、缺氧或术后肺不张。导管插入太浅时，可因患者体位变动而意外脱出，导致严重意外发生。因此，插管后及改变体位时应仔细检查导管插入深度，并常规听诊两肺的呼吸音。

5. **误插入食管**　是气管插管最严重的并发症，可导致胃内容物吸入、高碳酸血症和死亡。误插入食管时腹部听诊有呼吸音，上腹部膨隆，血氧饱和度无改善或持续下降。应拔除导管，给予球囊面罩通气，待血氧饱和度上升后再次插管。

（祝益民）

第十七章

中心静脉置管术

培训目标

1. 掌握中心静脉置管术的适应证和禁忌证。
2. 熟悉中心静脉置管术的部位和操作方法。
3. 了解中心静脉置管术的并发症及处理。

【概述】

中心静脉穿刺置管（central venous catheterization，CVC）是目前临床常用的操作技术，是危重患者治疗过程中常用的技术操作。与周围静脉通路相比，具有耐受高渗液体能力强、能够进行血流动力学监测及不易发生渗出、使用时间长等优点。

【目的】

使用人体大静脉，能直接快速输注大量液体进入循环，是危重患者抢救及大手术后患者营养支持的重要治疗手段，同时可对患者血流动力学及心功能进行监测，或作为血液净化治疗的血管通路。

【适应证】

1. 需要开放静脉通路，但又不能经外周静脉置管者。
2. 需要多腔同时输注几种不相容药物者。
3. 需要输注有刺激性、腐蚀性或高渗性药液者。
4. 需要血流动力学监测的危重患者。
5. 需要为快速容量复苏提供充分保障的患者。
6. 需要行血液净化治疗者。
7. 需长期胃肠外营养者。

【禁忌证】

1. **绝对禁忌证**　包括穿刺静脉局部感染或血栓形成。
2. **相对禁忌证**　凝血功能障碍。

【操作前准备】

1. **患者准备**　根据操作摆放相应的体位。若患儿对疼痛有反应，应以2%利多卡因麻醉局部皮肤。

2. **器械准备**　无菌手套，无菌纱布，无菌静脉切开或缝合包，消毒液，肝素盐水、2%利多卡因，3M透明敷料，一次性无菌中心静脉置管套件1套：中心静脉置管套件包括单腔、双腔或三腔中心静脉导管，以及穿刺针，导丝，肝素帽，皮肤扩张器。

3. **操作者资质** 应熟练掌握静脉穿刺并取得相应资质及授权。

4. **消毒准备** 选好穿刺部位,常规消毒穿刺点皮肤,铺巾。

5. **其他** 操作者应严格洗手和遵循无菌操作原则,并采取全面的预防感染措施。

【操作方法】

目前在 ICU 中多采用导引钢丝外置管法(Seldinger 法)。常用的穿刺部位有锁骨下静脉、颈内静脉和股静脉。下面具体介绍相关操作方法。

一、锁骨下静脉穿刺技术

穿刺进针的方法有锁骨下路和锁骨上路两种。

1. **锁骨下路**(图 17-1)

(1)体位:平卧,最好取头低足高位,床脚抬高 15°~25°,以提高静脉压使静脉充盈,同时保证静脉内的压力高于大气压,从而使插管时不易发生空气栓塞。在两肩胛骨之间直放一小枕,使双肩下垂,锁骨中段抬高,借此使锁骨下静脉与肺尖分开。患者面部转向穿刺者对侧,借以减小锁骨下静脉与颈内静脉的夹角,使导管易于向中心方向送入,而不致误入颈内静脉。

(2)穿刺点选择:如选择右锁骨下静脉穿刺,穿刺点为锁骨与第 1 肋骨相交处,即锁骨中 1/3 与外 1/3 交界处,锁骨下缘 1~2cm 处,也可由锁骨中点附近进行穿刺。如选左锁骨下静脉穿刺,穿刺点可较右侧稍偏内,可在左侧锁骨内 1/4~1/3 处,沿锁骨下缘进针。

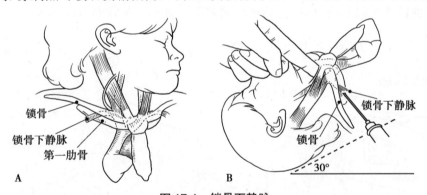

图 17-1 锁骨下静脉

A. 解剖关系;B. 穿刺技术

(3)操作步骤

1)常规消毒、铺巾。

2)局部麻醉后,用注射器细针做试探性穿刺,针头与皮肤呈 30°~45°向内向上穿刺,针头保持朝向胸骨上窝的方向,紧靠锁骨内下缘徐徐推进,边进针边抽动注射器使管内形成负压,当针头进入锁骨下静脉时,即有大量的血液流入注射器,此时,再继续前进 0.2~0.3cm 即停止进针,以防止刺伤锁骨下动脉。如果以此方向进针已较深但仍不见回血时,不要再向前推进,以免误伤锁骨下动脉,应慢慢向后撤针并边退边抽回血。在撤针过程中仍无回血,可将针尖撤至皮下后改变进针方向,使针尖指向甲状软骨,以同样的方法进针。

3)试穿确定锁骨下静脉的位置后,即可换用穿刺针置管,穿刺针方向与试探性穿刺相同,一旦进入锁骨下静脉的位置后即可抽得大量回血,此时再轻轻推进 0.1~0.2cm,使穿刺针的整个斜面在静脉腔内,并保持斜面向下。将导丝自穿刺针尾部插孔缓缓送入,使导丝前端达上腔静脉，退出穿刺针。需用静脉扩张器的导管，可通过导丝插入静脉扩张器扩张皮下或静脉。退出扩张器，将导管引入中心静脉后退出导丝。抽吸与导管连接的注射器，如回血通畅，说明导管位于静脉内。

4）取下注射器将导管与输液器连接。妥善固定导管，敷贴覆盖穿刺部位。

2. 锁骨上路

（1）体位：同锁骨下路。

（2）穿刺点选择：在胸锁乳突肌的锁骨头外侧缘，锁骨上缘约 1.0cm 处进针。以选择右侧穿刺为宜，因在左侧穿刺容易损伤胸导管。

（3）进针方法：穿刺针与身体正中线呈 45°，与冠状面保持水平或稍向前呈 15°，针尖指向胸锁关节，缓慢向前推进，且边进针边回抽，当针头进入锁骨下静脉时，即有大量的血液流入注射器。然后穿刺针由原来的方向变为水平，使穿刺针与静脉的走向一致。

（4）基本操作：同锁骨下路。

二、颈内静脉穿刺术

颈内静脉穿刺的进针点和方向可分为前路、中路、后路 3 种。最好选择右侧颈内静脉。

1. 前路（图 17-2A）

（1）体位：患者仰卧，头低位，右肩部垫起，头后仰使颈部充分伸展，面部略转向对侧。

（2）穿刺点及进针：以示指和中指在胸锁乳突肌前缘正中触及颈动脉，穿刺针与冠状面呈 30° 插入胸锁乳突肌前缘中点，然后针头对着同侧乳头沿矢状面方向插入血管。

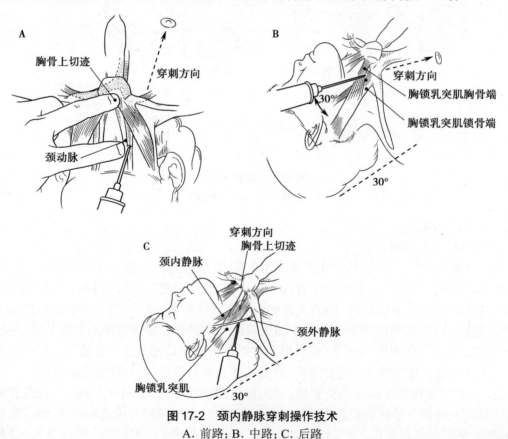

图 17-2　颈内静脉穿刺操作技术
A. 前路；B. 中路；C. 后路

2. **中路**（图 17-2B）

（1）体位：同前路。

（2）穿刺点与进针：确认锁骨与胸锁乳突肌的胸骨端、锁骨端所形成的三角形，穿刺针从三角形顶点与冠状面呈 30° 的方向插入，然后针头对着同侧乳头方向进入血管。如果未进入血管，撤回针头，再对着同侧肩部方向进入。临床上目前一般选用中路穿刺。因为此点可直接触及颈总动脉，误伤动脉的机会较少。另外，此处颈内静脉较浅，穿刺成功率高。

3. **后路**（图 17-2C）

（1）体位：同前路，穿刺时头部尽量转向对侧。

（2）穿刺点与进针：将穿刺针在胸锁乳突肌后缘的中下 1/3 的交点刺入胸锁乳突肌胸骨端，针头直接对着胸骨上切迹。

4. **基本操作**　同锁骨下静脉穿刺。

三、股静脉穿刺术（图 17-3）

1. **体位**　患者取仰卧位，膝关节微屈，臀部稍垫高，髋关节伸直并稍外展外旋。

2. **穿刺点选择**　从腹股沟韧带下一指、股动脉正中处用套管穿刺针刺入。

3. **进针方法**　右手持穿刺针，针尖朝脐侧，斜面向上，针体与皮肤呈 30°～45°。沿股动脉走行进针。一旦进入股静脉后即可抽得大量暗红色回血，此时可再轻轻推进 0.1～0.2cm，同时下压针柄 10°～20°，以确保导丝顺利进入。

4. **基本操作**　同锁骨下静脉穿刺。

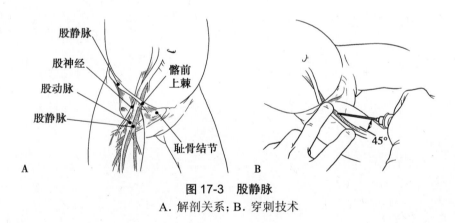

图 17-3　股静脉

A. 解剖关系；B. 穿刺技术

【注意事项】

1. 严格无菌操作，避免污染导致感染。

2. 穿刺时，穿刺针针尖的落点有时可偏在一侧；或者穿刺针进入过深，顶于血管的对侧壁，可抽得回血，但导丝或外套管推进会有困难。此时不能用暴力强行推进，可将穿刺针连接注射器慢慢地边抽吸边退出导管，直至回血畅通，再重新置入导丝或外套管。

3. 外拔导丝时，若遇阻力，不可用力外拔，应将导管和导丝同时拔出 1～2cm，再试图拔除导丝。

4. 掌握多种进路，不要片面强调某一进路的成功率而进行反复的穿刺。

5. 有时需用 X 线片来检查导管顶端的位置。导管尖端理想的位置应在上腔静脉与右心房交界处。

6. 认真压迫止血,防止局部血肿。

7. 操作后观察患者呼吸、心率、血压、操作侧肢体皮肤颜色变化。

【并发症及处理】

1. **空气栓塞**　空气经穿刺针或导管进入血管,多发生在经针孔或套管内插入导引钢丝或导管时,常在取下注射器而准备插管前 1～2 秒,大量空气经针孔进入血管。患者取头低位穿刺,多可避免此种意外。

2. **气胸、胸腔积血**　穿刺后患者出现呼吸困难、同侧呼吸音减低,应考虑到此并发症的可能,及早完善 X 线胸片,必要时行胸腔减压。

3. **血肿**　由于动静脉紧邻,操作中误伤动脉的机会必然存在。尤其在用抗凝治疗的患者,血肿形成就比较多见。

4. **感染**　当临床上出现不能解释的寒战、发热、白细胞数升高、局部压痛和炎症等表现,应考虑拔除导管并做导管尖端细菌培养。

5. **心脏压塞**　患者突然出现发绀、面颈部静脉怒张、胸骨后和上腹部痛、呼吸困难,继而低血压、脉压变窄、奇脉、心动过速、心音低远,都提示有心脏压塞的可能。遇此紧急情况应:①立即中断静脉输注;②降低输液容器的高度,使之低于患者的心脏水平,利用重力尽量吸出心包腔或纵隔内积血或液体,然后慢慢拔除导管;③如经由导管吸出的液体很少,病情未得到改善,应考虑做心包穿刺减压。

6. **血栓形成**　对疑似深静脉血栓形成者,可对导管周围的肢体制动,然后行彩色多普勒超声检查。

（许　峰）

第十八章

中心静脉压监测术

培训目标

1. 掌握中心静脉压监测术的适应证。
2. 熟悉中心静脉压监测术的操作方法。
3. 了解中心静脉压监测术的并发症和处理。

【概述】

中心静脉压（central venous pressure，CVP）是指右心房及上、下腔静脉胸腔段的压力。通过上、下腔静脉或右心房内置管测得，它反映右心房压，是临床观察血流动力学的主要指标之一。它受右心泵血功能、循环血容量及体循环静脉系统血管紧张度三个因素影响。正常值为 $0.49\sim1.18$kPa（$5\sim12$cmH$_2$O）。

【目的】

通过 CVP 监测了解、判断危重患者的容量状态、心功能情况。

【适应证】

1. 急性循环衰竭患者，测定中心静脉压，借以鉴别是否血容量不足或心功能不全。

2. 严重创伤、各种休克等患者需要大量补液、输血时，借以监测血容量的动态变化，防止发生循环容量超负荷的危险。

3. 拟行大手术的危重患者，借以监测血容量维持在最适当水平，更好耐受手术。

4. 血压正常而伴少尿或无尿时，借以鉴别少尿为肾前性因素或肾性因素。

【禁忌证】

1. 局部皮肤感染。

2. 凝血功能障碍。

3. 患者不能耐受操作或不配合操作者。

4. 穿刺静脉局部感染或血栓形成。

【操作前准备】

1. **患者准备**　向患儿家长解释此项操作的目的、意义及可能出现的并发症，征得患儿家长同意并签字。清醒患儿操作前应取得其配合，并给予适当镇静、镇痛药物。

2. **器械准备**　包括消毒物品、中心静脉穿刺包、无菌纱布、肝素盐水、局麻药品、治疗盘、测压管、测量尺、三通接口、肝素帽、敷贴等。

3. **操作者资质**　应熟练掌握中心静脉穿刺并取得相应资质及授权。

4. **消毒准备** 选择穿刺静脉，解剖定位，用碘酊沿穿刺点由内向外环状消毒，半径不小于15cm。

5. **其他准备** 操作前应充分评估患儿情况，做好相关准备以及时有效处理操作过程中出现的问题及并发症，包括心电监测仪、除颤仪及抢救药品等。

【操作方法】

1. **穿刺置管方法** 见中心静脉置管术部分。

2. **测压方法**

（1）换能器测压：应用换能器测压可连续记录静脉压和描记静脉压力波形（图18-1）。①置管成功后，通过三通管连接换能器、中心静脉导管及输液器。②接通换能器电极与心电监测仪，同时调节心电监测仪在中心静脉压测定界面。③肝素盐水预冲管路，排净空气。④测定中心静脉压时将换能器置于右心房水平（平卧时取腋中线第4肋间）。⑤换能器与大气相通，调零。⑥接通换能器与中心静脉导管，行中心静脉压测定。

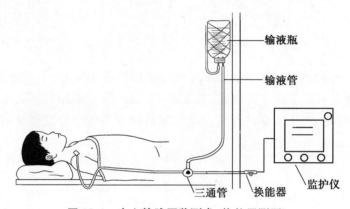

图 18-1 中心静脉压监测术（换能器测压）

（2）水压力计测压：由于结构简单、使用方便且经济，一般医疗单位均可实施（图18-2）。①输液器接生理盐水，排液后连接三通管及测压管。②测压管上端与大气连通，前端接三通并排气。③消毒中心静脉导管接口后与三通管连接。④检查导管畅通情况并冲管，将测压管

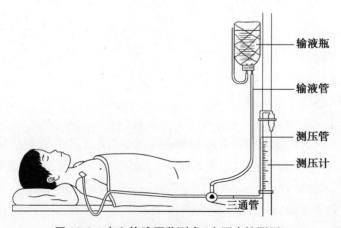

图 18-2 中心静脉压监测术（水压力计测压）

固定在测量尺上。⑤调零点：将测量尺的零点对准患儿的腋中线第4肋间，相当于右心房水平。⑥转动三通，关闭输液通路，开放测压通路，使测压管与中心静脉导管相通。⑦待测压管内液面自然下降至有轻微波动而不再下降时，测压管上的读数即为中心静脉压（cmH_2O）。⑧测压结束，关闭并撤出测压装置，开放输液通路，若无液体输入则用肝素盐水封管。

【注意事项】

1. 穿刺置管相关位置注意事项详见中心静脉置管部分。

2. 确定导管位置正确。

3. 正确调节零点。

4. 注意胸膜腔内压的影响。

5. 保持管道畅通、无空气。

6. 操作后观察患儿呼吸、心率、血压及血氧饱和度变化。

7. 观察操作局部出血情况。

【并发症及处理】

1. **感染**　置管后可并发局部感染，严重者也可引起脓毒症。

（1）无菌操作技术欠妥，又经多次穿刺，污染的机会就增加；局部组织损伤、血肿亦增加局部感染的机会。

（2）所需用物必须经灭菌处理。

（3）定期消毒更换敷料常可达到预防感染的目的。

（4）加强临床监测，一旦发现导管感染迹象应立即拔除导管，并做导管尖端微生物培养，换用敏感抗生素。

2. **心脏压塞**　留置中心静脉导管的患者突然出现发绀、颈部静脉怒张、恶心、胸骨后和上腹部痛、呼吸困难，继而低血压、脉压变窄、奇脉、心动过速、心音遥远，都提示有心脏压塞的可能。遇有上述紧急情况应立即进行如下操作。

（1）立即中断静脉输注。

（2）降低输液容器的高度，使之低于患者的心脏水平，利用重力尽量吸出心包腔或纵隔内积血或液体，然后慢慢地拔除导管。

（3）如经由导管吸出的液体很少，病情未得到改善，应考虑行心包穿刺术减压。

3. **气胸**　小的气胸可自行吸收，但若穿刺后患者应用机械通气，则有可能引起张力性气胸。当穿刺后患者出现呼吸困难、同侧呼吸音减低伴血氧饱和度下降，应及早行胸腔穿刺术抽气减压，必要时行胸腔闭式引流。

4. **血胸、胸腔积液**　穿刺过程中若将血管壁撕裂或穿透，同时又将胸膜刺破，血液经破口流入胸腔，则形成血胸。若中心静脉导管误入胸腔或纵隔，液体注入上述部位，就引起胸腔积液或纵隔积液。X线胸片有助于诊断。

5. **空气栓塞**　深吸气时静脉可为负压，空气经穿刺针或导管进入血管。多发生在经针孔或套管内插入导引钢丝或导管时。患者取头低位穿刺，多可避免。

6. **血肿**　由于动静脉紧邻，操作中误伤动脉的机会必然存在，必要时可在超声引导下行穿刺置管。在用抗凝治疗的患者，血肿形成的机会较多，穿刺置管应慎重。

7. **中心静脉血栓**　多因血管壁损伤、血液黏稠度高、输入高渗液体、输液缓慢或肝素封管不当引起。可用尿激酶溶栓，如溶栓失败则必须拔除导管。

8. 其他并发症 如心律失常、导管脱出、导管断裂等，多因操作不当引起，应注意规范操作。

（许　峰）

第十九章

动脉穿刺术

培训目标

1. 掌握动脉穿刺术的目的和适应证。
2. 掌握动脉穿刺术的操作方法。
3. 了解动脉穿刺术的并发症和处理。

【概述】

动脉穿刺术（arterial puncture，AP）是指穿刺桡动脉、股动脉或肱动脉的一项常用临床穿刺技术。通过动脉穿刺可以取血进行相关化验检查，也可以进行持续动脉血压监测或动脉造影检查。

【目的】

动脉穿刺的目的包括：取动脉血进行血气分析、建立动脉压监测通路或进行导管或心血管造影检查。

【适应证】

1. 用动脉血进行化验检查：如动脉血气分析。
2. 进行动脉血压监测。
3. 通过穿刺，放入导管进行动脉造影检查和心导管造影检查。

【禁忌证】

1. **相对禁忌证** 全身性纤溶状态，如溶栓治疗后。
2. **绝对禁忌证** 穿刺局部有感染；患者不能耐受操作；尺动脉供血障碍；脉管炎。

【操作前准备】

1. **患者准备** 与患儿或患儿家长就操作的必要性，简单过程及相关并发症进行沟通，并签署同意书。
2. **器械准备** 治疗盘内放置：注射器、针头、抗凝药、试管、注射器针头回收器。
3. **操作者资质** 应熟练掌握动脉穿刺并取得相应资质及授权。
4. **消毒准备** 无菌持物钳浸于消毒溶液罐内，安尔碘消毒液，无菌纱布及罐、消毒棉签。

【操作方法】

1. 检查患儿生命体征，如呼吸、心搏、血压是否平稳，是否有紧张、焦虑情绪，有无出血倾向。
2. 患儿体位：使用桡动脉或肱动脉穿刺，手腕或肘部过伸可使桡动脉或肱动脉更表浅，易于穿刺。使用股动脉穿刺，患儿取仰卧位，下肢伸直略外展外旋，易于穿刺。

3．按选用的优先顺序，依次为：桡动脉，股动脉，肱动脉。

4．如果使用桡动脉，应先行 Allen 试验以明确从尺动脉来的侧支血供（15%～20% 的患者手部侧支循环不充分）。患儿拳头握紧后，在腕部加压以同时阻断桡动脉和尺动脉血流，嘱患儿拳头重复松紧数次，然后张开手掌。此时手部呈现苍白。持续在桡动脉加压，松开尺动脉。如果尺 - 肱动脉代偿充分，手部应在 10 秒内恢复红润。如果 Allen 试验阳性（桡动脉分布区经 10 秒仍然苍白），则不宜行桡动脉穿刺。

5．如果使用股动脉，应用 NAVEL 的顺序记忆腹股沟区的重要结构排列顺序。在腹股沟韧带下方二横指处，扪及股动脉搏动。从外侧至内侧，这些重要的结构依次为神经、动脉、静脉、空腔、淋巴管（见图 17-3A）。

6．穿刺时常规消毒。左手示指和中指触及动脉搏动最明显处并固定，右手持注射器垂直刺入或者与动脉走向呈 40°刺入。

7．如果未能穿刺到动脉，退至皮下，重新定位。

8．穿刺成功后，快速退出注射器，穿刺部位持续加压至少 5～10 分钟，避免血肿，即使未能抽到血样，同样应如此。

【注意事项】

1．严格执行无菌技术操作原则及查对制度。

2．如采集血气标本，要防止注射器内混入空气，针头拔除后即插入橡皮塞或软木塞，立即送检。

3．股动脉穿刺易致血管痉挛，肢端坏死及髋关节感染可能，应尽量避免采血。

4．穿刺结束必须观察穿刺点的出血情况，检查穿刺点远端循环情况如皮肤色泽、脉搏、毛细血管充盈时间等，注意有无供血不良现象。

【并发症及处理】

1．**局部出血、血肿及淤斑形成**　在穿刺过程中动作要轻柔，进针要慢，边穿刺边观察注射器中有无回血，不可盲目进针，以防穿刺失败动脉破损导致皮下出血。穿刺成功与否穿刺部位都应持续加压至少 5～10 分钟。置管后 3 天内避免在穿刺侧穿刺、测量血压、提重物等增加肢体压力的操作，避免腕关节剧烈过度伸屈活动。

2．**动脉血栓形成**　对血栓栓塞者应先作动脉造影，了解栓塞部位，然后将尿激酶等溶栓剂经导管从栓塞近端灌注。必要时可用导丝或导管通开血栓再灌注溶栓药物。若溶栓失败应尽快作动脉切开取出血栓。

3．**感染**　严格执行无菌技术操作，根据病原学结果选用敏感抗生素。

（许　峰）

第二十章

骨髓输液术

培训目标

1. 掌握骨髓输液术的目的和适应证。
2. 掌握骨髓输液术的操作方法。
3. 了解骨髓输液术的并发症和处理。

【概述】

由于骨髓有骨小梁的支撑，不会发生萎陷。当休克等情况下，外周血管萎陷、建立外周静脉通路困难时，应用骨髓输液术可在紧急情况下快速建立输液、输血、复苏给药的途径，同时可采集标本送检。可作为暂时性应急措施，直至其他静脉通路建立。

【目的】

快速建立给药和采血通路。

【适应证】

1. 复苏时静脉穿刺3次失败或时间超过90秒。
2. 静脉输液困难，而又须快速补液或紧急用药时。

【禁忌证】

存在局部感染、骨盆骨折或穿刺部位肢体近端或穿刺点有骨折者。

【操作前准备】

1. 患儿取仰卧位，大腿放在硬平面上，穿刺侧小腿稍外展，腘窝处略垫高。
2. 穿刺点取胫骨前正中、胫骨粗隆下1～3cm较平坦处。因此处骨髓腔很大且对邻近组织损伤的可能性很小。
3. 无菌操作准备，包括无菌手套、骨髓穿刺包、骨髓穿刺针等。

【操作方法】

1. 确定穿刺部位：摸准胫骨粗隆位置，其下1～3cm的表面或胫骨粗隆下正中一横指内侧平坦处作骨内穿刺。此位置胫骨在皮下，非常表浅。
2. 无菌操作：洗手，消毒穿刺点及附近皮肤，戴手套，铺孔巾。
3. 用左手掌（非优势手）抓住大腿、膝部及穿刺部位上方与侧面，以五指握住膝部固定胫骨近端。
4. 酌情局部麻醉下穿刺。
5. 摸到骨性标记，重新确认胫骨粗隆下内侧胫骨平坦面。
6. 穿刺针穿过皮肤到达胫骨内侧的平坦表面。

7. 通过胫骨近端的骨皮质进针，进针方向垂直于骨的长轴（90°）或略微朝向足趾以避开骨骺板，操作时既轻巧又有力地将针向下旋转或钻入骨髓腔。

8. 进针过程中，当感到阻力突然降低后即停止进针。取出针芯或打开针帽抽取骨髓液以证实。此时穿刺针无须支持即能保持直立。

9. 抽出骨髓后马上注入无菌生理盐水 10ml，以免针管内被骨髓阻塞。同时检查推注时有无阻力，周围软组织是否肿硬。

10. 若注射测试成功，移去注射器，连接输液装置，用胶带固定穿刺针，连接输液管道，用大块无菌敷料包扎支持。一般用输液泵保持一定压力输注液体。

11. 若注射测试未成功（如生理盐水外渗到小腿组织），拔除穿刺针，在另一侧小腿重新穿刺。

【注意事项】

1. 穿刺部位皮肤应绷紧，以免穿刺针滑出骨外引起周围软组织损伤。穿刺方向须避开骺板。外展小腿时不可用力过猛，以免损伤膝、髋关节。

2. 检查穿刺成功与否，以下表现提示穿刺成功：①当穿刺针通过骨皮质进入骨髓腔时，穿刺阻力突然降低；②穿刺针在无其他物品支撑下仍保持垂直状态；③用注射器能抽吸出骨髓；④液体能毫无阻力地注入针内而无皮下渗液表现。

3. 穿刺针被骨或骨髓阻塞且无渗液表现时，可用第二个穿刺针从相同部位再穿刺。若有液体渗出或注射测试失败，应重新在对侧胫骨穿刺。

4. 骨内途径输注药物后，必须用 5ml 无菌生理盐水推注。心脏停搏者立即心脏按压，才能保证药物进入中央循环。液体输入需加压，可用输液泵、压力袋或手控推注。

5. 骨内途径给药和输液只能作为临时、紧急状态时使用，故需同时开放静脉通道，一旦建立，就需更换。

6. 尽量用专用骨髓输液针穿刺，若无专用骨髓输液针，可用 Jamshidi 骨穿刺针代替，通常用 16 号。内芯带有探针的短而宽口径的腰穿刺针不适宜作骨内穿刺（壁薄、容易弯曲）。紧急状况下，若没有其他穿刺针，也可使用这种腰穿刺针。头皮针不适合骨内输注，因其极易被骨和骨髓堵塞。

【并发症及其处理】

1. **感染** 遵循无菌操作原则，洗手，预防感染。

2. **皮肤坏死** 穿刺后做注射测试，输液时注意观察皮肤软组织是否渗液。骨髓输液为暂时性抢救措施，静脉穿刺成功后停止骨髓输液。

3. **胫骨骨折** 操作时应轻巧有力，但动作不能用力过猛。

4. **骨筋膜腔隙综合征** 骨髓输液时注意观察软组织有无渗液。输液后应观察局部有无红、肿、压痛。必要时手术减压。

5. **骨骺损伤** 穿刺时注意垂直进针或略朝向足趾方向进针。

（祝益民）

第二十一章

胸腔闭式引流术

培训目标

1. 掌握胸腔闭式引流术的适应证。
2. 掌握胸腔闭式引流术的操作方法。
3. 熟悉胸腔闭式引流术操作前后的注意事项。
4. 了解胸腔闭式引流术的并发症和处理。

【概述】

相比于开胸引流，胸腔闭式引流术具有操作简单易行，可在床旁迅速完成，是快速排出胸腔内大量气体或液体，并对胸腔内积液、积气持续引流的首选方法。

【目的】

1. 排除胸腔内液体或气体，使肺重新张开而恢复功能，使纵隔恢复正常位置。
2. 感染性胸腔积液时，引流胸腔的液体，有利感染控制。

【适应证】

1. 中等量以上胸腔积液（或积血）影响呼吸、循环功能者。
2. 张力性气胸或气胸经胸穿抽气肺不能复张者，单侧肺压缩>50%者。
3. 脓胸或其他疾病，如恶性肿瘤致胸腔积液需胸腔内灌注药物者。
4. 脓胸需彻底引流者。
5. 持续渗出的胸腔积液。
6. 食管瘘、气管瘘、支气管胸膜瘘。
7. 切开胸膜腔者。

【禁忌证】

1. 病情危重，有严重出血倾向，需要先稳定生命体征，纠正凝血功能，视病情紧急程度决定施术时机。
2. 大咯血。
3. 穿刺部位有炎症病灶。
4. 对麻醉药过敏。
5. 结核性胸腔积液。

【操作前准备】

1. 认真了解病史。
2. 术前行胸部X线、CT和超声检查，确定胸腔内有无积液或积气，并在体表标记穿刺点。

3．开放静脉通路，以备静脉给药和输液。

4．器械与药物准备。

5．穿刺包准备，根据操作需要选择胸穿包、治疗包、深静脉穿刺包。

6．引流管和水封瓶。

7．消毒液，如 0.5% 碘酊。

8．镇静、镇痛药及局麻药物，如咪达唑仑、吗啡、利多卡因等。

【操作方法】

1．根据患儿病情，决定引流管置管位置，可以取半卧位、平卧位。

2．术者戴口罩和无菌手套，助手协助打开胸穿包。

3．胸腔积液可选腋中线第 4～6 肋间引流，气胸引流选锁骨中线第 2～3 肋间。包裹性积液及少量积液者，严重腹胀者，必须于 X 线检查及 B 型超声检查标记定位后穿刺或超声引导下穿刺。

4．按无菌操作常规消毒穿刺部位，术者戴灭菌手套铺巾，局部浸润麻醉壁层胸膜。再进针少许，回抽出气体（气胸）或液体（胸腔积液）。

5．常用的闭式胸腔引流术操作方法

（1）传统的胸腔闭式引流术（硅胶管胸腔闭式引流术）：沿肋间切开直径约 1.5cm 横行切口，依次切开皮肤及皮下组织，用两把弯止血钳，交替钝性分离胸壁肌层达肋骨上缘。于肋间穿破壁层胸膜进入胸膜腔，此时可有突破感，同时切口有气体或液体溢出，立即将引流管顺止血钳送入胸膜腔，侧孔位于胸腔内 2～3cm。切口间断缝合 1～2 针，并结扎固定引流管。以无菌凡士林纱布覆盖切口。引流管接于水封瓶，各接口处必须严密，以防漏气。根据需要引流物的性质，可以置入不同型号的引流管，此操作多为外科大夫执行。

（2）套管针闭式引流术：套管针有两种，见图 21-1。

一种是带针芯的专用胸腔引流管，于麻醉成功后，根据套管针型号，在引流部位切开皮肤 0.5～1cm，左手拇指及示指固定切口周围软组织，右手握住带针芯的套管穿刺针，右手食指固定在预计穿刺到达胸膜的深度，以防刺入过深，穿刺针紧贴肋骨上缘，来回转动使针逐渐刺入，当穿刺针进入胸腔时，感到明显的落空感，再进针 1～2cm，退出针芯，用连接管连接水封瓶，调整引流管深度并固定引流管，术后保留针芯备用。

另一种为三通套管针，麻醉完成后，用尖刀将入针处皮肤沿肋间切开 0.5～1cm，直至皮下；用套管针自皮肤切口沿着下肋的上缘徐徐刺入，直达胸腔；拔除针芯，从侧面套管内迅速置入引流管，退出套管；导管末端侧孔留置在胸腔内约 1cm，硅胶管连接水封瓶；针孔处以中号丝线缝合 1 针，将引流管固定于胸壁上。所置入的细管 6～10F：一般用于排出胸内积液，积气；粗管 16～24Fr 用于引流不太黏稠的液体。

套管针置管与切开法相比，更快速、安全、简单，组织创伤少。当引流管腔被堵塞时，带针芯的套管针可用针芯通管，尤其适用于脓胸引流患者。

（3）有文献介绍的膀胱造瘘管闭式引流术：在穿刺点处切开皮肤 0.5～1cm，取 Y 形膀胱造瘘穿刺针，用手掌撑住穿刺针的针尾，旋转缓慢进针，当有突破感时用手固定外套管，退回穿刺针芯，在 Y 形管的另一管口可见有脓、血性液体或气体溢出，从此分叉管口放置预先剪好侧孔的 F16 或 F18 号导尿管一根，确定放管深度及最佳引流位置，然后边插导尿管，退出穿刺针，固定引流管，以无菌纱布覆盖切口，外接水封瓶。

（4）连接引流瓶：根据患儿病情和引流物的性质选择置管管腔大小和引流瓶。血胸、脓胸需要置入较粗大管腔引流，气胸则可以置入相对细的管道引流。引流瓶选择水封瓶，以水隔绝外界空气与胸腔，可装无菌蒸馏水或无菌生理盐水；长、短两根管分别插入瓶塞孔中；长管应在水面下3～4cm，且保持直立，与胸腔引流管相连，短管作为空气通路（图21-2）。

　　根据对水封瓶引流动力的需求，可以采用单瓶、双瓶、三瓶引流（图21-3）。单瓶引流：适用于大部分病例，可排出胸内积气、积液、积血及脓液。水封瓶放置低于胸腔引流口60～100cm处。双瓶、三瓶排气的动力来自于胸腔的正压和（或）接负压吸引器，适用于胸内肺膨胀不良、残腔较大的病例。如图21-3所示，双瓶的缺点是直接接负压引流器，当负压过大时会牵拉伤肺；3个瓶子中，第一个瓶子是标本瓶，第二个水封瓶的管子插到水平面下移到2cm，胸膜腔的压力就会保持在这个水平以下，最后一个瓶子起到调压的作用，水位通常在8～12cm，在里面放水的目的是控制负压，以保护肺不被拉伤。

【注意事项】

　　1. 严格无菌操作，包括换药、更换引流装置等护理操作。

　　2. 胸膜腔大量积气、积液者，开放引流时应根据胸腔积气、积液的急缓及患者体形大小，酌情调节首次引流量和引流速度。首次引流液体成人勿超过1000ml，儿童勿超过600ml，婴儿勿超过200ml，以防止发生纵隔的快速摆动移位或复张性肺水肿。

　　3. 严重肺气肿、广泛肺大泡者，或病变邻近心脏、大血管者及胸腔积液量甚少者，胸腔穿刺宜慎重。

　　4. 避免选择存在急性化脓性感染的胸壁处穿刺。

　　5. 穿刺针沿肋骨上缘垂直进针，以免损伤肋骨下缘处的神经和血管。

　　6. 局部麻醉应充分，固定好穿刺针，避免刺破肺组织。

　　7. 水封瓶平面低于胸腔引流口平面至少60～100cm，不可倒转，维持引流系统密闭，接头牢固固定，并保持引流瓶的密闭性和引流的通畅性，尽可能避免医源性感染。引流管不要过长，以防折叠。

　　8. 每天清洁消毒创口和换药，胸腔积液漏湿敷料时，除及时更换创口敷料外，还要适当用生理盐水清洗创口，以减小胸腔积液对创口局部皮肤的刺激。

　　9. 观察引流管的水柱波动情况：正常平静呼吸水柱波动4～6cm，伴有气体或液体排出。随着肺的不断膨胀，波动逐渐减少至停止。当发现水柱活动<3cm时应注意检查有无漏气；水柱波动过大，超过6～10cmH$_2$O，提示肺不张或残腔大；水柱平液面，提示胸腔闭式引流有漏气处；水柱在液面以上无波动，提示肺膨胀良好。水柱在水平面下静止不动，提示胸腔内正压，有气胸；深呼吸或咳嗽时水封瓶内出现气泡，提示有气胸或残腔内积气多。水柱波动突然消失，可能是管路不通畅或阻塞。水柱波动逐渐消失是引流管拔除的重要指征之一。

　　10. 观察引流管气体排出情况。漏气可分为3度：患者用力咳嗽、屏气时，引流管内有气泡排出者为Ⅰ度；深呼吸、咳嗽时有气泡排出为Ⅱ度；平静呼吸时有气泡排出为Ⅲ度。若持续有Ⅲ度漏气及出血或感染征象，警惕需要外科处理。

　　11. 定时挤压引流管，保证引流管通畅：当引流液为血性液、脓性液时，需每1～2小时挤压管路1次。

　　12. 胸部皮下气肿多由于肺、气管或胸膜受损后，气体自病变部位逸出积存于皮下所致，为闭式引流常见的并发症，轻者可自行吸收，严重者可并发感染，造成皮下蜂窝组织炎、败血症等。常见原因：①皮肤切口大于胸腔引流管，气体从切口进入皮下；②胸腔引流管滑脱，气体进入皮下；③胸腔压力大，引流不畅，气体沿切口进入皮下；④患者剧烈咳嗽，胸腔压力突然增大,气体进入皮下。

13. 对不能配合治疗的患者给予必要保护性约束,防止意外拔管的发生。

14. 若引流管与引流装置意外分离,立即将引流管远端反折,防止空气进入。

15. 观察记录引流液性质和量:开胸术后引流液为淡红色;引流液出现胃内容物,提示有食管 - 胃吻合瘘;出现乳白色浑浊液体,提示为乳糜胸。术后 5 小时内引流量每小时应少于 100ml,24 小时少于 500ml。若连续 2 小时 >100ml,提示活动性出血,应及时处理。

16. 更换水封瓶时,必须用双钳双向夹管;患儿外出做检查时,应用两把钳子不同方向进行夹管。钳子齿端需包裹纱布或胶套,防止夹管时导致引流管破裂、漏气。对有气体逸出的患者,不可随意夹管。

17. 其他,如排气管堵塞;误将引流管接在排气管上;更换水封瓶时夹管未完全致漏气;引流管损破;水封瓶破裂等,加强培训,密切观察,及时发现异常情况检查处理。

【需要开胸探查的指征】

闭式引流术后,出现以下情况时需开胸探查。

1. 血气胸时,早期闭式引流量 >20ml/kg 或引流血量在 1000ml 以上。

2. 引流出颜色鲜红容易凝固血液,量持续 >7ml/(kg·h)。

3. 引流出血液虽然不多,但已排除其他部位失血,复苏效果差、休克仍然难以纠正者。

4. 胸腔引流管因血块堵塞或血液凝固不能引出,影像学检查提示胸腔积血持续增多者。

5. 胸腔引流术见大量气体持续溢出,经负压吸引无好转,肺不能复张者。

6. 持续负压吸引,始终有气泡溢出,经 1 周后肺复张不满意者。

7. 怀疑存在胸腹联合伤、膈疝者。

【拔管指征和方法】

胸腔闭式引流术后 48~72 小时,引流液少于 50ml,脓液少于 10ml;无气体溢出;胸部 X 线片呈肺膨胀或无漏气,患者无呼吸困难或气促时应考虑拔除胸腔闭式引流管。

拔管时指导患者深吸一口气,吸气末迅速拔管,用凡士林纱布封住伤口,包扎固定。拔管后注意观察患者有无胸闷、呼吸困难症状,切口处有无漏气、渗液、出血和皮下血肿等,拔管后第 2 天应更换敷料。

【并发症及其处理】

1. **胸膜反应** 术中如发生连续咳嗽或出现头晕、胸闷、面色苍白、出汗,甚至昏厥等胸膜反应,应立即测量血压、扩容输液、必要时给予肾上腺素。

2. **出血** 多由于引流的位置靠近肋骨下缘损伤肋间血管所致。给予止血药物,观察有无持续活动性出血。

3. **复张性肺水肿** 对于肺泡萎陷时间较长者,在排放气体或液体时,速度不能过快,交替关闭、开放引流管,可预防纵隔摆动及肺水肿的发生。可以给予呼气末正压促进肺水吸收,防止肺泡萎陷。

4. **管道滑脱** 引流管脱落应及时用手指捏压伤口,消毒后以无菌敷料封闭。根据病情决定是否再次置管。

5. **引流不畅或皮下气肿** 首先寻找原因,如血块堵塞、胸膜粘连堵塞、膨胀的肺脏及升高的膈肌堵塞;引流管过软、被肋间肌夹压闭塞致流通不畅;引流管滑脱,使引流管内口滑入胸壁组织内堵塞;胸腔内段的引流管过长打折扭曲等等。如果为管道堵塞,可通过挤压引流管或用无菌盐水冲管解除堵塞。置管引流血液或者脓液时,选择较粗引流管,在引流端多剪 1～2 个侧孔。护理时勤捏挤引流管以保持通畅，必要时更换引流管。大量气胸时负压吸引术可控制皮下气肿的进展。

6. **胸腔感染**　长时间留置引流管、引流不充分或切口处污染均可引起。严格执行无菌操作，保持引流管通畅。如果有包裹性脓腔形成，可行胸腔镜下清理脓液、置管引流治疗。

（郭琳瑛）

第二十二章

电击除颤术

培训目标

1. 掌握电击除颤术的适应证。
2. 掌握电击除颤术的操作方法。
3. 熟悉电击除颤术操作前后的注意事项。

【概述】

电击除颤术简称除颤,是利用非同步电击终止室颤或无脉性室速,使心脏节律尽快转复为窦性节律的急救方法。

【目的】

终止室颤或无脉性室速,恢复窦性心律。

【适应证】

凡心电图或心电监测显示为室颤或无脉性室速(心电图显示为室速,但不能触及大动脉搏动)者,均需尽快除颤。

【禁忌证】

心电图或心电监测显示为除室颤或无脉性室速之外的任何波形,包括心电图呈等电位线,均不能除颤。

【操作前准备】

1. 除颤仪平时应每日检查,并充电保持电池电量,处于备用状态。导电膏与除颤仪放在一起,并每日检查导电膏剩余量和有效期,发现不足或过期时,及时更换新的导电膏。

2. 一旦发现心搏呼吸骤停,立刻开始心肺复苏,并尽快监测心电图,及早发现需除颤的心电图改变。

3. 根据患儿年龄和现场除颤仪配备情况,选择自动除颤仪(automatic external defibrillator,AED)或手动除颤仪。若现场配有 AED,1 岁以上儿童可选标准型 AED。1 岁以下婴儿首选手动除颤仪,如现场无手动除颤仪,可考虑使用能量衰减型 AED。如两者均无法获得,使用标准型 AED。手动除颤仪适用于任何年龄。

【操作方法】

(一)AED 操作流程

AED 外观见图 22-1。

1. 发现患儿突然心搏骤停,按基础生命支持流程开始心肺复苏。

2. 取来 AED，打开 AED 电源开关。

3. 取出电极片，将电极片按标示部位分别贴在心底和心尖部的胸壁（图 22-2）。

4. 将电极片的导线插头插入 AED 接口。

5. AED 进行心电图分析，按 AED 语音提示，所有人离开患者。

6. 若 AED 分析显示为不可电击心律，会有语音提示，继续心肺复苏。

7. 若 AED 分析显示为可电击心律，AED 自动充电。充电完成后，放电键会有灯光闪烁提示充电已完成。

8. 按下放电键放电除颤，放电时和放电后有语音提示。

9. 除颤结束后立刻开始继续胸外按压。

10. AED 每 2 分钟会自动分析心律并确定是否需再次除颤。

（二）手动除颤操作流程

手动除颤仪外观和各功能键见图 22-3 和图 22-4。

1. 发现患儿突然心搏骤停，按基础生命支持流程开始心肺复苏，并尽快行心电监测。发现心电图呈室颤或无脉性室速时，立刻开始除颤前即刻准备。

2. 取来除颤仪，选择电极板（图 22-5）。估计体重<10kg，用小电极板。估计体重>10kg，选用大电极板。

3. 在电极板上涂导电膏并涂抹均匀。

4. 打开电源开关，调节能量，首次除颤剂量 2J/kg。

5. 按下面板或手柄上两个充电键之一，充电完成后除颤仪面板有显示和声音提醒。

6. 胸外按压者停止按压，除颤者将电极板按标示位置放在胸壁，保证两个电极板之间没有接触，并使电极板和胸壁紧密接触（图 22-6）。

7. 大声提示所有人离开患者。①大家都离开；②检查自己离开；③确认全部离开。

8. 双手拇指同时按下放电键，放电完成后拿开电极板。

9. 立刻继续胸外按压，2 分钟后评估心律是否转复。

10. 若心律未转复，重复上述操作，再次除颤。但每次除颤能量加大至 4J/kg 或更高，最大不超过 10J/kg。

【注意事项】

1. 除颤前持续进行 CPR。使用 AED 者，当 AED 提示分析心律时，再停止按压。使用手动除颤仪者，当除颤仪充电完毕后，再停止按压，将电极板放于胸壁。

2. 若患者胸部有水或大量出汗，首先用毛巾擦干胸部，再放置电极片或电极板。

3. 不论使用 AED 还是手动除颤仪，在分析心律时，所有人均不能接触患者，以避免因干扰造成判断失误。

4. 每次放电前，除颤仪操作者需大声提醒并确认所有参与抢救者与患者脱离接触，避免复苏人员被电击伤。

5. 每次除颤放电后，立刻以胸外按压开始 CPR，2 分钟后再评估心律是否转复。

6. AED 一次使用完毕后，需立刻关闭电源，更换新的电极片，并与 AED 放置在一起，以备下次应用。手动除颤仪除颤结束后，立刻关闭电源，用纱布擦净电极板表面的导电膏后，将电极板放回原位。

【并发症及其处理】

见同步电复律。

（高恒妙）

第二十三章

同步电复律

培训目标

1. 掌握同步电复律的适应证。
2. 掌握同步电复律的操作方法。
3. 熟悉同步电复律操作前后的注意事项。

【概述】

同步电复律简称电复律，是指通过与心电图 R 波同步的电击终止快速心律失常，使其转复为窦性节律，从而恢复血流动力学稳定。

【目的】

终止快速心律失常，使之转复为窦性心律。

【适应证】

1. **阵发性室上性心动过速** 绝大多数不需电复律。少数经药物等治疗无效，发作持续时间长者，可择期电复律；伴血流动力学障碍者，如血压下降、诱发或加重心力衰竭，无论是窄 QRS 还是宽 QRS 型，均应立即行电复律。

2. **室性心动过速（室速）** 经药物治疗无效，或伴有严重血流动力学障碍、频发阿斯综合征者，应紧急行电复律。

3. **心房颤动（房颤）** 有血流动力学障碍或症状严重，药物治疗无效者，需尽快电复律；无明显血流动力学障碍、药物治疗无效者，电复律后可望维持窦性心律，改善心功能，缓解症状，可在充分准备后行同步电复律。

4. **心房扑动（房扑）** 药物治疗通常较为困难，而电复律成功率几乎为 100%。故有人提出电复律是终止心房扑动的首选方法，特别是快速心室率引发低血压、心力衰竭或心绞痛的患者，可立即同步电复律。

【禁忌证】

1. 洋地黄中毒引起的快速心律失常。
2. 室上性心律失常伴高度或完全性房室传导阻滞。
3. 伴有病态窦房结综合征（即快 - 慢综合征）。
4. 近期有动脉栓塞，或超声心动图发现心房内存在血栓、且未接受抗凝治疗者。
5. 房颤患者有下列情况不宜行同步电复律
（1）未用影响房室传导药物情况下，心室率已很缓慢。

（2）心脏超声发现心房血栓者，须先予抗凝治疗。

（3）拟近期接受心脏外科手术者。

（4）电解质紊乱，尤其是低血钾，电复律应该在纠正后进行。

（5）甲状腺功能亢进伴房颤而未对前者进行正规治疗者。

（6）左心功能严重损害者，因转复后有发生急性肺水肿可能。

（7）心脏、心房明显增大者。即便成功转复，维持窦律的可能性不大。

（8）复律后在奎尼丁或胺碘酮的维持下又复发，或不能耐受抗心律失常药物维持治疗者。

（9）伴风湿活动或感染性心内膜炎而未控制的心脏病患者。

（10）房颤为阵发性，发作次数少、持续时间短，预期可自动转复者。

6. 尖端扭转型室性心动过速或多型性室速：伴有低血钾、Q-T 间期延长者，应慎用电复律。

7. 异位起搏点自律性增加所致的快速型心律失常，如房性心动过速、非阵发性交界性心动过速、加速性室性自主心律，电复律疗效较差，即使复律成功后也容易复发，一般不主张用电复律治疗。

上述适应证及禁忌证都是相对的，应结合每个患者的具体临床情况，全面评估获益与风险后，决定是否予以同步电复律。

【操作前准备】

1. 除血流动力学不稳定需紧急电复律外，一般需综合评估（包括体格检查和辅助检查）后，确定是否行电复律。

2. 服用洋地黄类药物者，应在复律前停服 24～48 小时。正在抗凝治疗者，应测定凝血酶原时间和活动度。

3. 电击前 8 小时开始禁食、水，避免复律过程中发生呕吐、误吸。

4. 记录 12 导联心电图，进行心电连续监测，建立静脉通道，监测经皮氧饱和度达 90%以上。

5. 房颤转复前行心脏超声，发现有心房血栓者开始抗凝治疗，暂不行电复律。房颤持续 48 小时以上、或不能确定房颤时间者，常规予抗凝治疗。

6. 复律前抗心律失常药物的应用：常用Ⅰc 类和Ⅲ类抗心律失常药物，目的是建立相应药物的血药浓度以利于复律后窦律的维持，同时明确对药物的耐受性。另外，亦有少数患者用药后可转复为窦律从而免于电击。

7. 电复律前准备好各种复苏设施，如氧气、急救箱、血压和心电监测设备等。患者仰卧于硬板床上，松解患者衣领、腰带。

8. 非紧急电复律者，需予适当镇静和麻醉，保证电复律时患者没有不适和疼痛感，常用丙泊酚或咪达唑仑静脉注射。

9. 患者达到理想的麻醉状态后，暴露胸部，记录心电图，然后开始同步电复律。

【操作方法】

做好前述准备工作后，开始同步电复律，操作流程如下。

1. 选择电极板、涂抹导电膏，同除颤。

2. 打开电源调节能量：剂量为 0.5～1J/kg。

3. 连接监测电极：选择能量后将除颤仪监测电极与患者连接。

4. 按导联选择键，选择合适导联，使除颤仪显示心电图。

5. 按下同步键，除颤仪显示同步键打开。

6. 按下充电键。

7. 将电极板按标示位置放置在患者胸壁，大声提示所有人离开患者：①大家都离开；②检查自己离开；③确认全部离开。

8. 双拇指同时按下放电键，放电完成后拿开电极板。

9. 评估心律是否恢复，若未恢复，可再次同步电复律。

同步电复律也可不用连接除颤仪的监测电极，直接使用电极板作为监测电极。操作方法是选择电极板并涂好导电膏后，将电极板按指定位置放置在患者胸壁，按导联选择键，选择以电极板作为监测电极，此时除颤仪上会显示患者的心电图。然后按下同步键，此后操作同使用除颤仪监测电极相同，但放电完成后不拿开电极板，以便观察心律是否转复。

【注意事项】

1. 电复律后应立即进行心电监测，并严密观察患者的心率、心律、血压、呼吸和神志，监测应持续 24 小时。

2. 观察是否有并发症，如皮肤烧伤、心肌损伤、循环栓塞、肺水肿及各种形式的心律失常等，并予必要处理。

3. 患者清醒 2 小时内避免进食水，防止恶心、呕吐。卧床休息 1～2 天，活动量以不引起心慌、胸闷为度。

4. 饮食应易消化、保证营养素供给，保持排便通畅，避免情绪激动。

5. 指导患者规律服药，避免诱发因素，保持心情舒畅，适当增加活动。心律失常有复发的可能性，告知患者及监护人要有心理准备。

6. 心房功能的恢复可能延迟至恢复窦性心律后 3 周，因此，房颤患者即使复律前未使用抗凝药物治疗，复律后仍需要 4 周抗凝治疗。

【并发症及其处理】

电复律或除颤的并发症可能与原有心脏疾患和所用电能大小有关，常见如下。

1. **皮肤灼伤** 可见局部红斑或水疱，多由于电极板按压不紧、导电糊过少或涂抹不均引起。一般无须特殊处理，严重者按烧伤局部处理。

2. **心肌损伤** 高能量电击后血清心肌酶升高，大多数在 5～7 天恢复正常。少数患者心电图可见 ST-T 段改变，偶见异常 Q 波和高钾性 T 波改变。

3. **低血压** 多发生于高能量电击后，可持续数小时，多可自行恢复。如血压下降明显，可用血管活性药物静脉滴注纠正低血压。

4. **肺水肿及心力衰竭** 由于电复律后左心房机械性功能受到抑制，或受到肺栓塞的影响而出现肺水肿及心力衰竭，可使用扩血管药物及利尿药治疗，必要时予机械通气。

5. **血栓栓塞** 成人患者发生率约为 1.5%，主要见于房颤患者电复律后，多为心房栓子脱落导致外周动脉栓塞。过去曾有反复栓塞史者，尤其是房颤患者复律前，应首先评估，并决定是否给予抗凝治疗。

6. 心律失常 常见房性或室性早搏、窦性心动过缓和房室交界区逸搏，多为暂时性，一般不需处理。原有窦房结功能低下或房室传导系统有病变者，可有窦性停搏、窦房结阻滞或房室传导阻滞，可给予异丙肾上腺素或阿托品，以提高心室率。

（高恒妙）

第二十四章

复苏囊正压通气

培训目标

1. 掌握复苏囊正压通气的适应证。
2. 掌握复苏囊正压通气的操作方法。
3. 熟悉复苏囊正压通气前后的注意事项。
4. 了解复苏囊各部分的组成及作用。

【概述】

复苏囊正压通气是紧急气道管理最重要的技术之一,已成为各种救治场所的必备设备。充分掌握复苏囊正压通气是进行更高级气道处理的先决条件。选择大小适合的面罩、气囊、开放气道、正确放置头颈位置、面罩紧贴面部形成密闭空间是保证有效面罩气囊正压通气的关键因素。

【目的】

快速施行正压通气改善患儿的肺部通气和氧合。

【适应证】

1. 用于呼吸、心搏骤停时或极度呼吸困难时做人工呼吸。
2. 用于机械通气患者吸痰时临时通气。

【禁忌证】

1. 完全上气道梗阻导致呼吸衰竭禁用复苏囊正压通气,应设法解除气道梗阻。
2. 颜面部畸形或外伤,导致无法用面罩形成密闭空间。这种情况应使用喉罩或气管插管。

【操作前准备】

1. 选择大小合适的复苏囊:复苏囊由气囊、进气阀和出气阀组成,并有氧气管和储氧袋连接口。通常使用的气囊多为自动充气气囊,新生儿使用 250ml 气囊,婴幼儿应使用 450~500ml 的气囊,青少年应使用 1000ml 的成人型气囊。

2. 选择大小合适的面罩:面罩以可完全覆盖患者的口鼻部为适宜。

3. 正确连接面罩和复苏气囊,如果要提高吸氧浓度需连接储氧袋及氧气管道。

4. 检查各部位是否完好,包括加压气囊部分回弹是否正常,鱼嘴和压力安全阀工作是否正常,储气袋是否漏气。

5. 对肺部顺应性不好的患者应选用带有呼气末正压调节装置的复苏囊,有助于防止肺泡萎陷,改善肺部氧合。

【操作方法】

1. **保持患者合适体位**　患者仰卧，保持颈部轻度伸展体位，小婴儿可在肩部垫一小枕头，而青少年则应垫在头部。使用仰头提颏手法或推举下颌手法开放气道。怀疑颈椎损伤时尽力避免应用仰头提颏手法开放气道。也可以使用口咽通气道（昏迷患者）或鼻咽通气道（明显头面部损伤时不用）协助开放气道。

2. **固定面罩**　将大小合适的面罩盖住口鼻，避免压迫眼睛及超过下颌（图 24-1）。用C-E 手法固定面罩形成密闭空间并维持气道通畅。单人操作时用非优势手的拇指和示指形成 C 形按压面罩上部，确保面罩与颜面部密闭良好，其余手指以第 5 小指位于下颌角处为基准置于下颌骨（不是颈部软组织），形成 E 形抬起下颌骨（图 24-2）。如果有 2 位施救者，可以由 1 位施救者用双手固定面罩，用双手拇指和示指按压固定面罩，双手其余手指抬起下颌（图 24-3）。

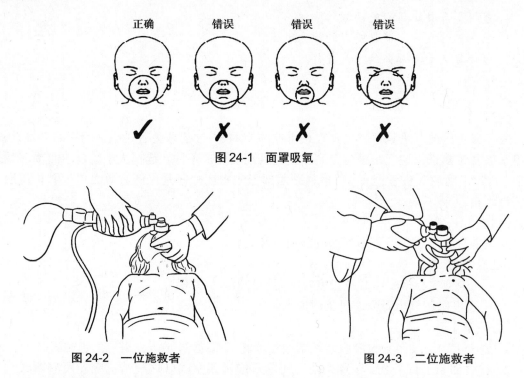

图 24-1　面罩吸氧

图 24-2　一位施救者　　　　　图 24-3　二位施救者

3. **挤压气囊通气**　用一手或双手挤压气囊进行正压通气。按压次数依患儿年龄而定，如小婴儿约 30 次 / 分，学龄前儿童 20～30 次 / 分，学龄期儿童 16～20 次 / 分。心肺复苏时对有心率但无呼吸的患者，通气频率为 12～20 次 / 分。如果是双人心肺复苏时，每胸外按压 15 次进行 2 次面罩气囊正压通气。对于已经气管插管的心肺复苏患者，气囊正压通气的频率为 8～10 次 / 分。每次通气时间约 1 秒。

4. **环状软骨按压**　也称 Sellick 操作法。指用外力按压环状软骨以压迫食管，防止气体进入胃内导致胃膨胀，或者防止呕吐引起误吸。但也有研究对其有效性存在质疑。目前一些指南推荐面罩气囊正压通气和快速诱导气管插管时使用环状软骨按压。操作时拇指和中指置于环状软骨两侧，示指置于环状软骨前面正中部位，轻轻向后推压。按压力度过大或按压方法不正确反而妨碍有效通气。尤其对于婴幼儿，气道比较柔软，用力按压时易导致气道梗阻。

5. 评估通气有效性　观察胸廓起伏程度，听诊双肺呼吸音，监测经皮氧饱和度，观察皮肤颜色及心率情况。

【注意事项】

1. 自动充气气囊的出气单向阀多为鱼嘴式，并不提供持续气流。只有在挤压气囊或面罩与面部形成密闭空间且患者使用很大吸气力量时才能使该单向阀开放。但多数患者是不能产生足够的吸气压力来开放该单向阀，因此不能用自动充气气囊为自主呼吸的患者供氧。

2. 按压面罩力度应合适，使面罩紧贴面部防止漏气即可，避免过度用力。不要挤压面罩边缘，防止面罩变形出现漏气。

3. 抬起下颌的手指应放置于下颌骨上，不能按压颌下或颈部软组织，以免导致气道堵塞。

4. 挤压气囊力量应以产生适度胸廓起伏为度，力量过大易引起过度通气和胃膨胀。如果胸廓不起伏，重新开放气道，检查面罩和面部是否密闭。

5. 多数复苏囊配有压力安全阀，可将压力限制在 $35\sim45cmH_2O$，防止挤压气囊时产生过高吸气压力导致压力损伤。但当患者肺部顺应性降低或气道阻力增高时，吸气压力可能不够，导致肺部通气可能不足，应将压力安全阀关闭。

【并发症及其处理】

1. **通气不足**　需维持气道通畅，适当增加挤压气囊的压力，产生足够的胸廓起伏。

2. **过度通气**　应降低通气次数和减小挤压气囊压力。

3. **胃膨胀**　可引起横膈上抬，限制肺扩张，影响肺通气；增加反流及误吸危险。长时间气囊面罩通气后需放置口胃管或鼻胃管排空胃腔。

（曾健生）

第二十五章

常频呼吸机的应用

培训目标

1. 掌握常频呼吸机的适应证。
2. 熟悉常频呼吸机不同通气模式的特点。
3. 初步掌握常频呼吸机的操作方法。
4. 了解机械通气的常见并发症及处理。

【概述】

机械通气是利用人工呼吸机来替代、控制或辅助自主呼吸的一种通气方式。在呼吸机的帮助下，危重患儿可以维持气道通畅、改善通气和氧合、防止机体缺氧和二氧化碳蓄积，为临床医师治疗基础疾病创造条件。机械通气包括无创通气和有创通气，有创通气又分为常频通气和高频通气，其中常频通气是儿科临床最为常用的机械通气方式。

常频通气就是通过人工气道连接常频呼吸机和患者，开放患者的气道，机器周期性泵气-放气，使患者的胸廓-肺泡交替扩张、回缩，协助或控制患者的通气过程。正压呼吸机操作简单、疗效显著，易于护理和保持呼吸道通畅。

【目的】

为呼吸衰竭患儿提供呼吸支持，以改善通气和氧合。

【适应证】

1. 呼吸停止、反复呼吸暂停。

2. 呼吸衰竭患儿在吸入 60% 氧状态下，$PaO_2 < 60mmHg$，$PaCO_2 > 50mmHg$，$pH < 7.2$。

3. 临界呼吸衰竭：指患儿氧合进行性下降伴或不伴呼吸窘迫（呼吸频率婴儿 >60 次/分、儿童 >40 次/分；三凹征；呻吟；鼻翼扇动），此时患儿血气即使在可接受范围，由于其存在进行性加重倾向，称为临界呼吸衰竭。需早期给予机械通气。

4. 患儿存在严重脑功能衰竭、肝衰竭、感染性休克等脏器衰竭或麻醉手术需保护气道者。

【禁忌证】

机械通气无绝对禁忌证。对一些特殊疾病，应根据情形选择采取一些必要处理才能进行机械通气。但不绝对，病情紧急时，仍需先行机械通气。

1. **肺大泡和肺囊肿**　机械通气可使气道内压及肺泡压升高，肺大泡或肺囊肿可因压力增高而破裂，导致气胸、血胸，甚至发生张力性气胸。

2. **气胸或纵隔气肿**　已经有气胸的患者，要先行胸腔闭式引流后再进行机械通气，否则将加重气胸的程度。若为胸壁外伤所致的气胸，可先行正压通气，同时进行胸腔闭式引流。

3. **气管 - 食管瘘**　气管 - 食管瘘患者行机械通气时，气体可经瘘口进入食管和胃内，导致胃肠膨胀。胃内容物也可反流入气管，造成肺损伤。

【操作前准备】

机械通气前的操作准备，应包括两部分：人工气道建立和呼吸机的准备。

1. **人工气道的建立**　建立人工气道包括气管插管或气管切开两种方法。气管内插管仍是目前最简便、快捷、有效的人工气道方式。经口或经鼻插管见技术篇第十六章。

2. **呼吸机准备**　在呼吸机连接至患者开始机械通气前，需要对呼吸机进行开机自检，一般步骤如下。

（1）连接管路，连接电源、氧气源、压缩空气气源。

（2）开机，选择新生儿、儿童或成人模式，开启呼吸机自检功能。

（3）调节呼吸机参数：根据呼吸模式调节呼吸频率、氧浓度、潮气量、PEEP、吸气流速、吸呼气时间比、吸气压力、触发灵敏度等。

（4）呼吸机报警限的设置：高低压报警限设置范围 $\pm 5 \sim 10 cmH_2O$；潮气量及每分通气量报警限设置范围 $\pm 15\%$；呼吸频率报警限设置范围应接近各年龄段的生理频率。

（5）调节湿化器温度。

（6）连接模拟肺，确定呼吸机的工作状态。

【操作方法】

1. **机械通气模式选择**　初始通气模式建议选择辅助 / 控制（A/C）通气模式，可选压力控制通气（PCV）、容量控制通气（VCV）或压力调节容量控制通气（PRVC）模式；若加重可选高频震荡通气（HFOV）；若减轻可选同步间歇指令通气（SIMV）；撤机时可选择 SIMV、压力支持通气（PSV）、持续气道正压通气（CPAP）或无创通气（NIV）。

初始通气模式选择原则：对熟练掌握机械通气的临床医师而言，原则上初始通气模式无限制，各种控制模式均可使用，尽量用自己最熟悉、最常用的模式。

（1）根据肺力学特征选择：若患儿疾病以肺顺应性降低为主，如肺炎、肺不张、肺水肿、肺出血、ARDS 等疾病，建议优选 PCV，可促进气体由快肺单元向慢肺单元弥散，促进气体均匀分布。若患儿疾病以气道阻力增高为主，如哮喘、毛细支气管炎、急性喉气管支气管炎、气道异物等疾病，建议优选容量控制通气，可提供足够驱动力，克服增高的气道阻力。

（2）根据患儿年龄选择：亦可依据年龄公斤体重进行选择。一般 >10kg 选用容量控制通气，<10kg 选用压力控制通气。

2. **机械通气参数的设置**　机械通气参数设置的原则为用最低的参数设置获得该疾病可以接受的血气结果，避免呼吸机相关性肺损伤。

（1）氧浓度（FiO_2）：初调吸氧浓度可为 100%（非新生儿）或上机前吸氧浓度，以防止及纠正低氧血症，此后应根据 PaO_2 测定结果来调节吸氧浓度，尽快将吸氧浓度调至 60% 以下。通常 100%% 吸氧浓度不要超过 3 小时，80% 不要超过 6 小时，60% 不超过 12 小时。

（2）潮气量（Vt）：潮气量是容量控制通气时设置参数，压力控制通气时监测参数。小儿为 $6 \sim 8 ml/kg$，小婴儿用不带囊气管插管时，可能会出现漏气，应以呼出潮气量作为监测目标。对急性呼吸窘迫综合征患儿须用小潮气量，将潮气量设置在 $3 \sim 6 ml/kg$。应用小潮气量时，需注意密闭式吸痰、人工鼻、延长管均会增加无效腔量，造成有效潮气量不足，应适当增加潮气量以补偿。

（3）流量（Flow）：流量是容量控制通气时设定，目前大多呼吸机已无流量设定，多为呼吸机自动计算给予,按需供给。在特定机型需要设定流量时,一般是先设定潮气量和吸气时间,流量＝潮气量/吸气时间。一般情形下,新生儿流量在 9～13L/min;小儿在 13～33L/min;8 岁以上儿童及成人在 33～200L/min 之间选择。

（4）吸气峰压（PIP）：PIP 是压力通气模式的设定参数,在容量通气模式时其为监测参数。设置压力峰值的"金标准"是先设定目标潮气量,然后调节 PIP 以达到目标潮气量,达到目标潮气量的压力值即为 PIP 的初调值。一般初调参数是：新生儿 15～18cmH$_2$O（肺内轻度病变）或 20～25cmH$_2$O（肺内重度病变）；儿童肺内轻度病变 20～25cmH$_2$O,中度病变 25～30cmH$_2$O,严重病变 >30cmH$_2$O。然后根据潮气量的过高或过低进行调整,但应注意 PIP 不宜太高,尽量避免超过 30cmH$_2$O。

（5）平台压（Pplat）：仅容量控制通气中应用吸气末停顿（屏气）时才存在此数值。是指吸气末屏气后气管插管内压力与肺泡内压力达到平衡后的压力,其数值为肺泡内压力。Pplat 是剔除了气道阻力因素的压力,准确地反映了肺泡内压力,通常以 Pplat 值的高低来衡量肺损伤的程度,并以 Pplat 不宜大于 28～30cmH$_2$O 作为肺保护性通气策略。

（6）呼气末正压（PEEP）：小儿生理性 PEEP 为 3～5cmH$_2$O,故选择 PEEP 时应以 3～5cmH$_2$O 为基础进行调节。原则上,以肺顺应性降低为主的疾病,如肺炎、肺不张、肺出血、ARDS 等,PEEP 应偏高,至少 6～8cmH$_2$O;以气道阻力增高为主的疾病如毛细支气管炎、哮喘等因本身存有肺气肿,PEEP 应偏低,一般不超过 5cmH$_2$O。气漏、气胸必须上机时一般不设初始 PEEP,或当患儿应用正压通气后出现气胸时应降低 PEEP 到最低允许限度,如 1～3cmH$_2$O。若患儿已行胸腔闭式引流后,PEEP 可调回原先数值,其调节可不受气胸限制。注意肺出血、ARDS 时 PEEP 相对较高,根据年龄疾病可达 8～16cmH$_2$O。此后可根据疾病及吸入氧浓度选择调节,更改 PEEP 每次以 1～2cmH$_2$O 为宜。

针对 ARDS,NIH 协作网设定 PEEP 依据相应的吸入氧浓度进行调节（FiO$_2$/PEEP 0.3/5,0.4/5,0.4/8,0.5/10,0.6/10,0.7/10,0.7/10,0.7/12,0.7/14,0.8/14,0.9/14,0.9/16,0.9/18,1.0/18,1.0/20～24）。亦有建议可将 PEEP 设置在 14～16cmH$_2$O,但均为成人设定,对 8 岁以上小儿可照搬,但 8 岁以下小儿只能参照,我们的经验是原则上新生儿最高不超过 12cmH$_2$O,婴儿随月龄增长最高不超过 12～16cmH$_2$O,2～8 岁随年龄增长不超过 16～18cmH$_2$O。

（7）平均气道压（MAP）：MAP 由呼吸机参数如吸气流速、吸气峰压、吸呼气时间比和 PEEP 所决定,由呼吸机自动计算出,不需预先设定。其值的高低在同等顺应性及气道阻力下与氧合正相关。MAP 在 6～10cmH$_2$O 为理想水平。MAP 过高（>15cmH$_2$O）时发生肺损伤和心脏压迫的可能性明显增加,一般应保持在 <15cmH$_2$O,如需更高 MAP 则应行心排血量监测。

（8）通气频率：儿童选择接近小儿正常呼吸频率：一般新生儿 30～40 次/分,婴儿及小儿 20～30 次/分,年长儿 16～20 次/分。

（9）吸气时间、呼气时间与吸呼气时间比：呼吸机一般只调节吸气时间或吸呼比。新生儿 0.3～0.5 秒,婴幼儿 0.5～0.7 秒,年长儿 0.7～1.0 秒。吸呼气时间比通常为 1:1.2～1:1.5。

（10）吸气屏气或吸气平台时间：吸气末屏气或吸气平台时间仅见于容量控制通气。吸气屏气或吸气平台时间占吸气时间 5%～15%,或占整个呼吸周期的 30% 左右,有血流动力学损害或患心血管疾病者,可设在 5%～7%。

（11）同步触发灵敏度：触发灵敏度是指特定的压力或流量水平上,呼吸功能"感知"患儿自主呼吸,并启动通气,可分为压力触发灵敏度和流量触发灵敏度。压力触发一般设定 1～2cmH$_2$O,流量触发一般设定 1～3L/min。

【并发症防治】

机械通气是危重症治疗的重要手段之一，但在机械通气过程中如管理不当可导致严重的并发症，如呼吸机相关性肺炎、通气不足（通气过度）、呼吸机相关性肺损伤、氧中毒、低血压，还有呼吸机故障所致的并发症等。均需逐一对症处理。

（喻文亮　葛许华）

第二十六章

高 频 通 气

培训目标

1. 掌握高频通气的适应证和禁忌证。
2. 熟悉高频通气的操作方法。
3. 了解高频通气的原理。
4. 了解高频通气的并发症及处理。

【概述】

高频振荡通气（high frequency oscillatory ventilation，HFOV）是在一密闭的系统中，用小于解剖无效腔的潮气量以较高频率的振荡产生双相的压力变化，从而实现有效气体交换的机械通气方法。这种通气方法的基本特征是双相压力波形所导致的主动呼气。吸气时将气体送入肺内，呼气时将气体"抽"出，减少肺内气体滞留。

【目的】

改善肺部通气氧合，减少呼吸机相关肺损伤。

【适应证】

1. **急性呼吸窘迫综合征**　主要是用于常频机械通气治疗无效的急性呼吸窘迫综合征患者。

2. **严重的气漏综合征**　如纵隔气肿、皮下气肿和气胸等。

3. **下气道梗阻性疾病**　如哮喘、毛细支气管炎和反应性气道疾病等常因气道阻力增加而出现高碳酸血症。

4. **肺出血**　HFOV 时可通过使用较高的平均气道压以压迫止血，同时又保证有效的肺泡通气，有利于治疗该疾病。

5. **新生儿期疾病**　如新生儿呼吸窘迫综合征、先天性膈疝、新生儿持续肺动脉高压和胎粪吸入综合征等。

【禁忌证】

1. 严重气道阻塞。
2. 难以纠正的低血压。
3. 严重颅内压升高。

【操作前准备】

1. **建立人工气道**　使用 HFOV 时，患者需要气管插管或气管切开，经 X 线胸片或纤维支气管镜确认气管导管位置正确。

2. 确保气道通畅　气管导管的部分堵塞对通气效果影响很大，因此应吸净气道内痰液或血痂，保证气管导管通畅。

3. HFOV　使用 HFOV 时平均气道压较高，对心血管系统有一定影响，因此施行 HFOV 前应保证患者血容量充足。

4. 镇静和肌松　对于烦躁患者应给予镇静镇痛药。肌松药一般不用，因为保留一定程度的自主呼吸有利于肺复张及增加回心血流量。

5. 监测　持续监测心率、呼吸、经皮氧饱和度，有条件应行经皮氧分压和经皮二氧化碳分压监测。

【操作方法】

1. 初始参数设置　当患儿开始施行 HFOV 时，呼吸机参数设置为：吸入氧浓度（FiO_2）1.0；平均气道压较常频通气时高 2~6cmH_2O；偏置气流 20~30L/min；吸气时间 33%；振荡频率小婴儿和新生儿 10~15Hz（赫兹），儿童 8~10Hz；青少年 5~8Hz。振荡压力幅度（ΔP）<10kg 20~30cmH_2O；11~30kg 30~40cmH_2O；>30kg 40~60cmH_2O。

2. 参数调节　在完成吸痰操作后将高频呼吸机管道与患儿连接，注意观察胸廓振荡幅度及各项监测指标以调节各参数。根据经皮氧饱和度调节平均气道压，同时施行肺复张。逐渐增加平均气道压，直到经皮氧饱和度≥90%。然后逐渐降低 FiO_2，并根据氧合情况以 1~2cmH_2O 的幅度增加平均气道压，直至 FiO_2≤0.6 时血氧饱和度≥90%；或 X 线胸片提示肺过度充气；或出现明显的心血管并发症。应严密监测肺顺应性的变化，当肺顺应性改善时即降低平均气道压，以防肺过度扩张。根据胸壁振动幅度调节 ΔP 及振荡频率。振动过强说明肺内振荡压力过高，应适当升高振荡频率或降低 ΔP。

3. 实施肺复张　肺复张方法有以下两种。

（1）持续肺充气（sustained inflation, SI）：将平均气道压快速升高至某一预置值（如 30cmH_2O），或比原平均气道压高 5~10cmH_2O，持续 10~15 秒，一般每隔 20 分钟 1 次。其复张效果取决于肺部疾病性质、SI 前的肺容量、SI 的持续时间及频率、SI 后的平均气道压、是否合并有气漏或气体滞留等因素。

（2）调节平均气道压：通过调节平均气道压来复张肺容量时，首先将调节平均气道压调至比常规机械通气时的平均气道压高 1~2cmH_2O，然后再以 1~2cmH_2O 的增幅逐渐增加，直至达到充分的肺复张。

判断肺复张可根据：①吸入氧浓度<0.6 时 PaO_2>90%；②X 线胸片透亮度及膈面位置确定是否过度充气或充气不良，一般以横膈在第 8~9 后肋水平为宜。

4. 监测　包括通气、换气功能（持续经皮监测 CO_2 和氧饱和度、动脉血气）；肺容量（拍摄 X 线胸片每 8~12 小时 1 次）、定时测量胸围；心血管功能（EKG、血压）；还应对体位、气管插管位置、胸廓振幅给予定期观察。

5. 由 HFOV 向常规机械通气转换　患儿病情好转，应逐渐降低 HFOV 的条件，当达到以下标准仍能维持肺部通气氧合时，可考虑向常规机械通气转换。平均气道压：年长儿 18cmH_2O，小婴儿 15cmH_2O；FiO_2<0.4；ΔP 逐渐降低，能耐受气管内吸痰，无发绀。如果转为常规机械通气，FiO_2<0.5，频率<30 次/分，吸气峰压≤30cmH_2O，能维持肺部通气与氧合，则认为转换成功。

对于小婴儿，也可以直接从 HFOV 撤机。首先将各项参数逐渐降低，ΔP 可降至 0cmH_2O，这时患儿其实只是持续气道正压呼吸支持。如患儿耐受好，可拔除气管插管，改用经鼻持续气道正压呼吸支持。

【注意事项】

1. **掌握时机** 有适应证时及早应用，而不是在应用常频通气出现氧中毒、气压伤或多器官功能不全时才想到应用 HFOV。尤其是新生儿和小婴儿，更应适当放宽应用 HFOV 指征。

2. **充分温化和湿化** 完善的加温湿化和适宜的气道管理是高频振荡通气成功的基本条件。在肺部病变和呼吸机参数无变化的情况下，出现经皮氧饱和度下降或自主呼吸困难等，常提示气道不通畅或插管位置偏移。

3. **呼吸道管理** 注意保持气管导管位置，观察导管是否通畅，主要观察患者胸壁振荡情况和经皮氧饱和度数值，如以上两种情况均良好可不吸痰。但必须注意勿造成痰堵。一旦出现自主呼吸增强，患者烦躁，经皮氧饱和度下降，肺痰鸣音增多，气管可见明显痰液，则提示痰堵的可能性大，需及时吸痰。每次脱机吸痰后会使已经张开的肺泡重新萎缩。因此，吸痰后应行肺复张。

4. **其他** 重症呼吸窘迫综合征时，单纯的 HFOV 难以达到可接受的肺氧合水平，此时应采取联合呼吸支持方式，如 NO 吸入、肺表面活性物质应用和气管内肺通气、可允许性低通气等呼吸支持方法和策略。

【并发症及其处理】

1. **低氧血症** 出现低氧血症时可采用的措施有：提高吸入氧浓度；调节平均气道压、行肺复张；拍摄 X 线胸片观察有无充气过度、气体滞留、气胸等征象。当有过度充气时，适当降低平均气道压可改善肺部氧合。振荡潮气量不足所致低氧血症，则应增加振荡压力幅度、降低振荡频率及增加吸气时间；改善心功能、纠正贫血以提高氧运输能力。

2. **动脉血二氧化碳分压（$PaCO_2$）过低** 说明 CO_2 排出过多。可以：①以 1～2Hz 的幅度逐渐增加振荡频率直至 13～15Hz；②以 $2cmH_2O$ 的幅度逐渐降低 ΔP。

3. **$PaCO_2$ 过高** 若病情平稳患儿 $PaCO_2$ 突然迅速升高，可能原因为气管导管堵塞或气胸。应迅速吸痰通畅气道，拍摄 X 线胸片了解肺部情况，张力性气胸时应行胸腔闭式引流。如果 $PaCO_2$ 持续升高，说明肺部通气不足，可以：①以 $2cmH_2O$ 的幅度逐渐增加 ΔP；②以 1～2Hz 的幅度逐渐降低振荡频率直至 3Hz；③如果气管套囊充气，可将套囊放气使气管导管周围漏气；④施行肺复张使不张的肺张开；如有肺过度扩张时适当降低平均气道压亦有利于 CO_2 排出。⑤腹胀明显者行胃肠减压。

4. **气漏** 当有气胸、间质性肺气肿、纵隔气肿、心包积气等情况时，由于 HFOV 采用高肺容量策略，有可能引起气体滞留导致肺充气过度，加重气漏。为利于气漏愈合，应在能耐受的情况下使用尽量低的平均气道压和振荡压力幅度，以及 1.0 的 FiO_2，使氧饱和度维持在 85% 左右，注意维持心功能以保证足够氧运输。当达到所需的氧饱和度后，应先降低平均气道压。一旦气漏愈合（停止漏气 24 小时），则应优先降低 FiO_2 使其 <0.6，而保持血氧饱和度≥90%，再根据患者耐受情况调整参数。也可采用允许性高碳酸血症通气策略，只要 pH>7.25，大多数患儿都能耐受一定程度的高 $PaCO_2$。

5. **心血管系统并发症** 如平均气道压过高可影响胸腔静脉回流，导致心排血量下降。使用 HFOV 前应补足血容量，使用过程中使用血管活性药物，必要时降低平均气道压。

（曾健生）

第二十七章

呼吸机撤离与拔管

培训目标

1. 掌握撤离呼吸机的指征。
2. 掌握撤离呼吸机的方法。
3. 熟悉撤机失败的原因与处理方法。

【概述】

呼吸机的撤离（weaning of mechanical ventilation），简称撤机（weaning），是指在原发病得到控制，气体交换功能得到改善后，逐渐减少呼吸支持力度和时间，直至患儿完全脱离机械辅助通气的过程。撤机评估与尝试应贯穿于整个机械通气的全过程。

【撤机前评估】

1. **临床判断**　如达到以下标准，则认为患儿具备了撤机条件。

（1）患儿一般情况好转和稳定，导致呼吸衰竭机械通气的基础疾病好转。

（2）氧合良好，无明显呼吸性酸中毒；血流动力学状况稳定[多巴胺、多巴酚丁胺≤5μg/(kg·min)]。

（3）感染控制，X线胸片无新的浸润病灶。

（4）自主呼吸增强，呼吸节律规整。

（5）咳嗽有力，能自主排痰，气道分泌物减少。

（6）降低呼吸机条件时，患儿自主代偿能维持有效通气。

（7）吸痰等暂时断开呼吸机时患儿无明显呼吸困难，无缺氧症状。

（8）电解质紊乱已纠正。

（9）血红蛋白浓度≥80g/L。

（10）无显著腹胀。

（11）12小时内未使用肌松药。

2. **生理指标**　包括呼吸容积和呼吸动力学。

（1）潮气量（Vt/kg）：可反映肺容量水平，>5ml/kg。

（2）呼吸频率（RR）：不超过同年龄正常值上限30%为标准。

（3）呼吸系统顺应性（compliance，C）：C=$\Delta V/\Delta P$，小儿0.8~1.5ml/(kg·cmH$_2$O)。

（4）浅快呼吸指数（RSBI）：RSBI=呼吸频率/潮气量=f/VT（次/L·min），成人为RSBI<80，提示易于撤机；RSBI为80~105，需谨慎撤机；RSBI>105提示难于撤机。>12岁儿童可参照此值。

（5）浅快呼吸指数变化趋势（ΔRSBI）：ΔRSBI＝（RSBI2－RSBI1）/RSBI1 其中 RSBI1、RSBI2 分别为自主呼吸试验（SBT）开始和结束时的 RSBI。

（6）胸腹运动：胸腹部矛盾运动或腹部反向运动，提示存在呼吸肌疲劳。

3. 血气分析方面　符合以下指标提示气体交换功能良好。

（1）$FiO_2 \leq 40\%$ 时 $SaO_2 > 90\%$。

（2）$PaO_2/FiO_2 \geq 450mmHg$，推测肺部病变已完全吸收；若 $PaO_2/FiO_2 \geq 300mmHg$，患儿肺部病变基本吸收，已不能诊断呼吸衰竭。

（3）$FiO_2 \leq 40\%$ 时 $PaO_2 \geq 60mmHg$，$PEEP = 0$。

（4）自主呼吸或相当于自主呼吸时，$pH > 7.3$。

【撤机试验】

患儿经过撤机前的准备及临床判断，确定患儿具备撤机条件后，应立即进行撤机前试验。目前通用的是自主呼吸试验（spontaneous breathing trials SBT）。SBT 的一般操作流程见图 27-1。

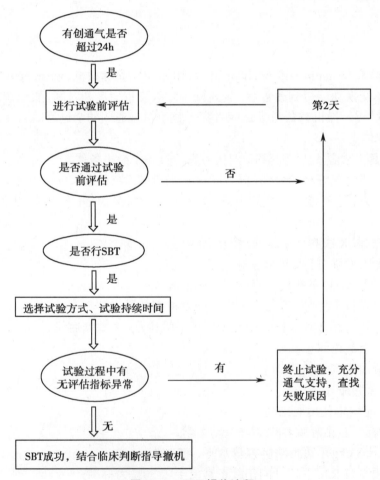

图 27-1　SBT 操作流程

1. 试验前评估　插管上机超过 24 小时，每天早上进行一次试验前评估。如果患儿符合以下条件，即可进行 SBT。

（1）原发疾病得到控制。

（2）$PaO_2/FiO_2 \geqslant 150mmHg$。

（3）$FiO_2 \leqslant 40\% \sim 50\%$，$PEEP \leqslant 5 \sim 8cmH_2O$。

（4）RSBI 进行性降低。

（5）$pH > 7.25$。

（6）血流动力学稳定［多巴胺、多巴酚丁胺 $\leqslant 5\mu g/(kg\cdot min)$］。

2. SBT 方法 SBT 的试验方法有三种，即 T 管试验、低水平（$5cmH_2O$）CPAP 和低水平（$5 \sim 7cmH_2O$）PSV。

（1）T 管试验：是指将 T 管与气管插管直接相连，利用加温湿化装置加温吸入气体，保持 FiO_2 不变，患儿完全处于自主呼吸状态。试验成功者大多数自主呼吸能力较强，其撤机成功率较高。图 27-2 是 T 管试验的示意图。

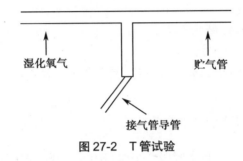

图 27-2 T 管试验

（2）低水平 CPAP：是指将通气模式改为 CPAP，保持气道内正压为 $5cmH_2O$，FiO_2 维持不变。

（3）低水平 PSV：是指将通气模式改为 PSV，压力支持水平保持在气道内正压为 $5 \sim 7cmH_2O$，FiO_2 维持不变。

3. SBT 持续时间 SBT 试验在早上 6：00～7：00 进行，持续时间在 30～120 分钟内。

4. SBT 试验过程的评价

（1）临床评估和主观感觉：患儿神志清楚，未感觉不适，无发汗，无辅助呼吸肌参与呼吸，表情安静，无发绀。

（2）客观监测指标：$SaO_2 > 90\%$；$PaO_2 \geqslant 50mmHg$；$pH > 7.3$；$PaCO_2$ 增加 $< 10mmHg$；心率 < 140 次/分或改变 < 20 次/分；呼吸频率 < 35 次/分或改变 $< 50\%$。

【撤机技术方法】

1. 直接停机法 是患儿不经过任何器械或撤机方法完成整个撤机过程。这种方法一般应用在接受短期机械通气患儿，尤其是外科术后患儿，非常容易拔管和成功撤机。

2. T 管撤机法和 T 管联合 CPAP 撤机法

（1）对于年幼儿多加爱抚，加强生活护理，让其有安全感尽可能配合撤机。对于年长患儿，应告诉其何时开始撤机、撤机的理由及目的。允许患儿随时表达任何担心和感受，并给予解释以减轻患儿的恐惧。

（2）测量撤机前的基础数值，并观察患儿的临床表现，如心率、呼吸、血压、呼吸运动、脉搏氧饱和度等。

（3）保证医务人员留在患儿身边，给予各种安慰及关心，提供患儿一个良好的撤机环境。

（4）避免使用镇静药及肌松药，以保证患儿最大努力地配合撤机锻炼。

（5）如有可能尽量让患儿采取坐位或半坐位。

（6）初始可让患儿在白天先经 T 管自主呼吸 5～10 分钟，再接呼吸机通气 1～2 小时，交替试验锻炼。以后根据病情可逐渐延长用 T 管的时间。用 T 管时应严密监测患儿的生命体征及呼吸功能。

3. 同步间歇指令通气（SIMV）撤机技术　重复 T 管撤机方案中的（1）～（5）步骤，随着自主呼吸功能的改善，逐渐减少 SIMV 频率，达到 5～10 次/分，维持 2 小时平稳可撤机。

4. 压力支持通气（PSV）撤机技术　重复 T 管撤机方案中的（1）～（5）步骤，起始压力以能达到正常潮气量为妥，逐渐减低支持压力（每次降低 2～3cmH_2O），减少呼吸机做功，患儿做功逐渐增加，当 PSV 水平降低到仅用来克服呼吸机管道及气管插管阻力时，结合患儿全身情况可撤机。

【拔管及拔管后的并发症】

1. 气管插管拔除的指征

（1）神志清楚，痰液稀薄，咳嗽有力。

（2）咳嗽反射及吞咽反射正常。

（3）无上呼吸道梗阻表现，如喉梗阻患儿，简易判断方法是呼出潮气量小于吸入潮气量，说明气管周围存在漏气。

（4）耐受 SBT 的呼吸机撤离成功患儿。

（5）生命体征稳定。

（6）在低流量吸氧条件下，自主呼吸 2 小时，$PaO_2 > 60mmHg$；$pH > 7.3$。

2. 拔管前准备

（1）一般要求在上午拔管，以利于观察和处理。

（2）拔管前 30 分钟静脉注射糖皮质激素，减轻气管导管和咽喉部压迫所致的黏膜水肿。

（3）准备好各种抢救设备和药品。

（4）吸尽口鼻腔分泌物，抽尽气管导管气囊内的气体，充分吸痰。

（5）适当增加吸氧浓度。

（6）经鼻气管插管者，沿气管插管的管外壁滴入无菌润滑剂，放松气囊，上下松动插管，防止鼻黏膜撕脱。

（7）拔管前 4 小时禁用肌松药，拔管后 2 小时禁食。

3. 拔管方法

（1）拔管时保证医师在床边，一方面起安慰及鼓励作用，同时可有效避免拔管后并发症的发生。

（2）给予高浓度氧吸入 1～2 分钟后拔出气管导管，继续吸引口、咽部的分泌物，并将头偏向一侧，以防呕吐、误吸。随后给予面罩或无创呼吸支持。

（3）拔管后尽量让患儿坐位或半坐位。合适的体位一方面可增强腹腔脏器对膈肌的压迫，有利于膈肌运动；另一方面在拔管后有利于医务人员对患儿拍背、理疗促进痰液排出。

（4）拔管后严密观察患儿呼吸道是否通畅，有无声音嘶哑，有无缺氧、呼吸困难和发绀。如有嘶哑，可雾化糖皮质激素。

（5）监测血气分析，生命体征，如发现异常紧急处理。

4. 拔管后并发症

（1）上气道梗阻，表现为拔管后立即出现的呼吸困难，尤其是吸气性呼吸困难，伴有尖调气流通过声，或逐渐加重的吸气时喘鸣。发生原因主要是拔管后喉痉挛，喉或声门下水肿。处理方法是适当镇静，给予充足的氧，雾化吸入糖皮质激素，如不能缓解，重新插管。

（2）构声器官损伤，如声带麻痹、勺状软骨脱臼。表现为拔管后虽无呼吸困难，但长时间不能恢复的发声或嘶哑。一般不需要特殊处理，但顽固的脱臼考虑勺状软骨固定术。

（3）气管导管对局部黏膜的机械性损伤，如鼻腔、咽喉部溃疡。一般可以自愈，极少数因肉芽组织增生需手术切除。

（4）气管狭窄，常因气管导管气囊压力过高，黏膜受压过久导致坏死所致，无呼吸困难者不必治疗，严重者可行气管扩张术治疗，无效者需行狭窄段气管切除修补。

【撤机失败的常见原因和对策】

1. 撤机失败的常见原因

（1）拔管失败：撤机后喉头水肿导致上呼吸道梗阻。

（2）仓促撤机：急性喉梗阻者未出现漏气即仓促撤机。

（3）其他：在低辅助条件下长时间通气，如 SIMV 频率≤4 次 / 分或 PSV≤5cmH$_2$O 通气，通气时间超过 6 小时；停机观察时间超过 2 小时或停机时气囊不放气，使患儿在较高阻力的条件下长时间通气，导致呼吸肌疲劳和撤机失败。

2. 避免撤机失败的对策　呼吸机的撤离不是独立阶段，而是从上机、维持到撤离的连续过程，从上机前和上机时及整个通气过程中，皆应考虑撤机问题。及时把握脱机时机，对机械通气患儿主张一旦通气开始，就努力创造条件及时撤机。个体化选择合适的呼吸机模式、参数，患儿是一个独立的个体，自身因素往往使得其对某一种脱机模式较为适宜，因此对脱机模式选择应个体化。

（喻文亮　赵劭懂）

第二十八章

无创正压通气

培训目标

1. 掌握无创通气的适应证。
2. 熟悉无创通气的操作方法。
3. 熟悉无创通气的注意事项。

【概述】

无创通气（noninvasive ventilation，NIV）最早应用于临床是在 20 世纪 40 年代，近 20 年来得到广泛应用，成为呼吸衰竭治疗的重要手段。有充分证据显示 NIV 可有效治疗成人慢性阻塞性肺疾病、心源性肺水肿、急性呼吸衰竭。无创通气在小儿急性呼吸衰竭、新生儿呼吸窘迫综合征等治疗中也发挥重要作用，成为治疗规范的一部分。

【定义】

NIV 是指无需建立人工气道的机械通气方法。主要方式是无创正压通气（noninvasive positive pressure ventilation，NPPV），主要通气模式包括持续气道内正压通气（continuous positive airway pressure，CPAP）和双水平正压通气（bi-level positive airway pressure，BiPAP），后者的实质是压力支持＋呼气末正压（positive end expiratory pressure，PEEP）。

【目的】

NIV 的主要目的是改善通气、氧合、使肺复张。

1. **保持气道通畅，改善通气** CPAP 和 BiPAP 可以抵抗上气道塌陷，稳定胸壁。特别是婴儿喉及气管软骨支撑力弱，易受压塌陷变形，气道炎症产生黏液、水肿等导致气道变窄，产生气道梗阻及呼吸困难，无创通气可有效改善上述状况。

2. **改善氧合** CPAP 和 BiPAP 增加功能残气量，使肺泡扩张，减少肺泡塌陷，肺内气体容积增加，减少肺内分流，改善 V/Q 比。降低肺血管阻力，增加肺泡通气量，减少肺表面活性物质消耗，改善氧合。

3. **改善呼吸力学** 增加肺顺应性，减小气道阻力，提高气体交换效率。

4. **改善呼吸周期** 减少胸腹壁不协调性，减少阻塞性和混合性呼吸暂停。

【适应证】

无创通气通常用于意识清楚、自主呼吸相对较好、循环状态相对稳定的患儿。常见疾病包括如下。

1. 新生儿呼吸窘迫综合征早期。

2. 早产儿、新生儿呼吸暂停。

3. 急性呼吸衰竭。

4. 撤除有创机械通气后过渡性治疗。

5. 先天性心脏病或腹部外科术后。

6. 鉴别发绀性先天性心脏病与肺部疾病。

7. 喉软化、支气管软化和气管软化。

8. 毛细支气管炎。

9. 频繁呼吸暂停、呼吸窘迫症状及 RDS 治疗等。

【禁忌证】

1. 呼吸衰竭进展，$FiO_2 \geqslant 50\%$，不能维持氧合。

2. $PaCO_2 \geqslant 65mmHg$，$pH < 7.25$。

3. 先天畸形，如膈疝、气管 - 食管瘘、后鼻孔梗阻、严重腭裂等。

4. 心血管系统不稳定（低血压和心功能差）。

5. 自主呼吸驱动不稳定，如中枢性呼吸暂停、膈肌无力等。

6. 气道保护性反射不完全或意识障碍。

7. 近期面部、口腔、咽腔、食管及胃部手术后，颌面部创伤。

8. 严重上消化道出血，频繁呕吐。

【操作前准备】

1. 评估患儿是否适于无创通气。

2. 清理上呼吸道。

3. 保护固定无创装置时易受压部位皮肤、黏膜，如鼻孔周围皮肤、面颊、额头皮肤等，预防皮肤压伤、避免漏气。可采用局部贴保护膜方式。

4. 保持气道开放体位，减少气流阻力。

【操作方法】

1. **连接方法**　面罩、鼻罩或鼻塞、头罩。鼻塞是目前常用的连接方法，易于固定，密封良好，注意避免鼻部压伤。面罩无创性良好，但较易引起胃胀气和 CO_2 滞留，注意放置胃管排气，气流量应足够。鼻罩是近年来发展的无创通气连接方法，无效腔较小，应用时注意选择适宜大小鼻罩，注意密封性。

2. **无创通气发生器连接固定**　选择适宜大小的鼻塞、面罩、鼻罩非常重要，否则会产生漏气或局部压伤，造成不适，使患者不耐受。确认连接正确，局部皮肤清洁干燥。有效实施 NIV 的关键是找到漏气与耐受性间的平衡，最重要的是对通气过程中耐受性和漏气的持续监测与评估。

3. **参数设定**

（1）CPAP 参数：①气体流量：新生儿 6～8L/min，婴儿 8～10L/min，幼儿 8～12L/min，儿童 10～15L/min。②CPAP 压力：通常 $5cmH_2O$（$4～6cmH_2O$），一般不大于 $8cmH_2O$。③吸入氧气浓度：FiO_2 21%～100% 可调，根据病情选择，进行血气分析及氧饱和度监测，监测氧饱和度目标值，早产儿及新生儿 90%（88%～92%），报警限值 83%～93%。其他年龄监测氧饱和度目标值 92%（90%～95%）。

（2）BiPAP 参数：①气体流量同 CPAP 设定。②BiPAP 压力：PEEP（EPAP）4～$6cmH_2O$，IPAP 8～$15cmH_2O$，从 8～$10cmH_2O$ 开始，如需要逐步增加，每次增加 $2cmH_2O$，监测潮气量达 5～7ml/kg。③吸气时间：新生儿 0.5 秒，婴儿 0.6～0.7 秒，幼儿 0.75 秒，儿童 0.75～0.85 秒。

（3）压力报警设置：CPAP 压力报警上限大于设定 PEEP 压力 5cmH$_2$O，CPAP 压力报警下限小于设定 PEEP 压力 2～3cmH$_2$O。BiPAP 压力报警上限大于设定 IPAP 压力 5cmH$_2$O，BiPAP 压力报警下限小于设定 EPAP 压力 2～3cmH$_2$O。

（4）同步触发：需连接触发装置，在避免过度触发前提下，尽可能设置较为敏感值。流量触发一般优于压力触发，如果不能消除漏气，也可选择压力触发。注意某些呼吸机触发调节是以灵敏档位实施的，如 1 表示最高灵敏度，5 表示较低灵敏度，或反过来 6 表示较高灵敏度，1 表示最低灵敏度，而非具体流量和压力值。

（5）窒息时间：需要连接传感器，一般设定在 6～12 秒，依呼吸频率而定，最长不大于 15 秒。

（6）加湿器温度：注意设定在无创通气或口罩位置，避免气管插管加温档位。

4. 应用后监测与评估

（1）监测生命指征：SO$_2$、心率、呼吸、血压、毛细血管再充盈时间（CRT）等。

（2）5～10 分钟：评估患者是否适应、可耐受；呼吸环路是否有漏气。

（3）10～15 分钟：评估呼吸频率是否下降、氧饱和度是否上升。

（4）30～60 分钟：复查血气。

（5）60～120 分钟：原肺内过度通气、肺气肿患儿复查 X 线胸片。

（6）其他患儿 24～48 小时内复查 X 线胸片。

（7）每 2～4 小时评估肺内进气情况。

（8）每日复查血气，根据病情和血气分析结果随时调整参数。

（9）病情变化及调整参数后监测血气分析。

（10）每班次评估记录呼吸困难缓解状态，生命指征是否稳定。

（11）每班次评估记录呼吸机工作状态：参数稳定、是否漏气。

【注意事项】

设定参数 - 连接患者前后注意事项。

1. 体位，气道开放体位，年长儿童半卧位。

2. 确认连接无错误。

3. 检查是否漏气。

4. 确认患者舒适度，包括面罩、鼻塞等压力、松紧适度，体位舒适。

5. 设定参数稳定。

6. 肺部进气音清晰、对称。

7. 排气管位置良好、无扭曲、无受压。

8. 放置胃管自然引流或减压，预防、避免胃肠胀气。

9. 适度镇静、必要时适度镇痛，但保持自主呼吸良好。

10. 儿童做好事前沟通与解释，消除紧张焦虑情绪，取得配合。

11. 开始无创通气最初 1 小时，需要高 FiO$_2$ 或 PaCO$_2$ 水平较高，提示无创通气效果不佳。NIV 治疗 1～2 小时后呼吸频率下降、血气分析主要指标 pH、PaO$_2$、PaCO$_2$ 改善，提示治疗成功的可能性大。

【无创通气潜在问题及预防解决方案】

由于存在下述潜在问题，对监测和护理的要求更高。

1. 缺乏对气道的控制　密切监测和观察。

2. **气管内分泌物引流不畅**　加强拍背吸痰，及时清除气道分泌物，必要时配合胸部物理治疗。

3. **面罩或鼻塞等固定不牢靠、脱落、密接不好导致漏气(小儿不配合者更易发生)**　适当镇静、定期评估肺内进气情况。

4. **舌后坠时通气阻力增加**　避免过度镇静、保持气道开放体位。

5. **气道分泌物多、咳嗽、胃胀气**　单次进食不可过多、少量多次进食，及时清理口腔分泌物、胃管自然引流或胃肠减压。

【主要并发症及其预防处理】

1. **皮肤压伤**　用前受压部位粘贴皮肤保护膜，面罩、鼻塞固定压力、松紧适度，每2～4小时评估局部皮肤情况。

2. **胃胀气**　放置胃管自然引流或持续减压，必要时肛管排气。

3. **误吸**　少量多餐，避免饱餐，半卧体位，及时吸痰、清理呼吸道。

4. **其他**　气胸选择好适应证，条件设置适宜，排气管通畅。原有肺过度充气患者，及时评估X线胸片，避免肺过度充气加重。

【NIV疗效欠佳，考虑有创通气指征】

1. 反应及意识状态进一步恶化。

2. 呼吸频率未下降，呼吸困难未缓解，呼吸肌疲劳无改善。

3. 氧合指数无改善或下降。

4. pH下降，血乳酸增高。

5. $PaCO_2$上升，pH下降。

【NIV撤除】

1. 呼吸困难缓解，临床明显改善。

2. 呼吸频率正常。

3. 血气分析正常并保持稳定。

4. 利尿药有效。

5. 逐步减少压力支持水平，每次$2cmH_2O$，或间歇应用并不断延长间歇时间。

NIV的成功应用需要技术团队熟练掌握相关技术、互相配合、不断培训。团队内部随时沟通，及时反馈应用问题及体会，不断改进应用技术并确保安全。

（任晓旭）

第二十九章

体 外 膜 肺

培训目标

1. 掌握体外膜肺的适应证。
2. 了解实施体外膜肺的操作方法。
3. 熟悉体外膜肺运行期间的管理。
4. 了解体外膜肺的工作原理。

【概述】

体外膜肺（extracorporeal membrane oxygenation，ECMO）是一种体外心肺支持措施，它通过以血泵与体外氧交换器为核心组成的体外循环装置，为患者提供连续心肺支持。ECMO治疗的主要对象为严重而可逆的心肺衰竭患者，能提供单纯肺支持（VV-ECMO）或同时进行心肺支持（VA-ECMO）。该治疗属于一种有创临时性支持治疗，大多数治疗周期为 1～2 周，少数患者可长达 2～3 个月或更久。随着治疗时间的延长，并发症风险也会明显增加。

【适应证】

ECMO 适应证主要遵循下列三条原则：其一是重症心肺疾病或衰竭，经非 ECMO 全力治疗无效；其二是原发致死性疾病为可逆性或可纠治性疾病；其三为技术上可行（如体重满足器材的适应范围），无抗凝禁忌证等。全球各 ECMO 中心之间的 ECMO 适应证标准存在微小差别。

（一）新生儿 ECMO 适应证

1. 氧合指数 OI>40（OI=MAP×FiO_2×100/PaO_2）（MAP 平均气道压，FiO_2 吸入氧浓度）。

2. 存在可逆性心肺衰竭：胎粪吸入综合征（MAS），先天性膈疝（CDH），肺炎，脓毒症，肺透明膜病（NRDS），新生儿持续肺动脉高压（PPHN），窒息，先天性心脏病。

3. 胎龄>33 周，体重>2kg，缺血缺氧性脑病（HIE）<Ⅲ级，颅内出血（IVH）<Ⅱ级。

4. 机械通气：持续肺泡气漏；MAP>2kPa，PIP>4kPa。

5. 无法手术纠治的严重心脏畸形。

6. 无致死性染色体病。

7. 无活动性出血或严重出血性疾病。

（二）儿科呼吸系统 ECMO 适应证

1. **任何年龄急性心肺功能障碍**　ARDS，重症肺炎，肺出血，气道意外，创伤。

2. **严重低氧血症**　常频通气，肺泡表面活性物质，高频通气，吸入 NO 等治疗无效。PEEP≥10cmH$_2$O 时，PaO_2/FiO_2<50mmHg。

3. **氧合指标** OI > 40 或持续 > 30。

（三）儿科心血管系统 ECMO 适应证

1. 心肺移植，心脏手术后无法脱离体外分流者。

2. 低心排血量综合征，通过药物等治疗无效。心指数（CI）< 2L/（min·M²）。

3. SvO_2 < 50% 者，以及难治性高乳酸代谢性酸中毒。

4. 暴发性心肌炎伴循环不稳定者（心力衰竭、严重心律失常）。

5. 心包炎或心肌病合并心力衰竭或难治性心力衰竭。

6. 急诊心肺复苏后伴循环不稳定者（病因可逆性）。

（四）ECMO 相对禁忌证

1. 存在不可逆性的心肺功能异常（如慢性病疾病终末期等）。

2. 无法纠治的心脏畸形，主动脉离断，主动脉瓣严重反流。

3. 机械通气持续时间超过 14 天。

4. 多脏器功能衰竭无法控制者。

5. 严重神经功能障碍，脑死亡。

6. 严重凝血功能障碍，创伤多发性活动性出血。

7. 染色体病，晚期恶性肿瘤，致死性先天性畸形或疾病无法纠治。

8. 心肺复苏：CPR > 60 分钟无效者。

【操作前准备】

（一）主机设备

主机及主要硬件单元外形及结构原理见彩图 29-1 和图 29-2。ECMO 设备及附件组成见表 29-1 和表 29-2。如转运 ECMO 还需配置不间断电源及专用转运救护车。使用前检查设备，充电，水箱加蒸馏水。准备各种 ECMO 消耗性材料。

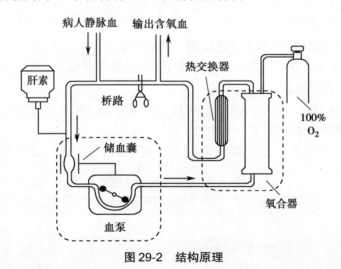

图 29-2　结构原理

（二）患者治疗准备

1. **一般准备工作** 患者临床符合 ECMO 应用适应证，排除反指征。家长签署告知书（镇静镇痛，ECMO，外科置管）。

2. **完成化验检查** 血常规，血型鉴定，凝血功能，血气分析，血生化，X 线胸片（有条件行头颅 CT），心脏超声。

表 29-1 两种 ECMO 系统的设备组成

部件名称（离心泵）	数量	部件名称（滚轴泵）	数量
主机车架（可移动式）	1	主机车架（可移动式）	1
中央控制系统（伺服/控制主机及监测系统）	1	中央控制系统（伺服/控制主机及监测系统）	1
离心泵（附手动摇泵）	1	滚轴泵（附手动摇柄，含 coller 1/2, 3/8, 1/2）	1
加热水箱（附连接管及接口）	1	Bladder 机座（bladder box）	1
空氧混合气（blender）及连管，气体流量计	1	加热水箱（附连接管及接口）	1
便携供气钢瓶（氧，二氧化碳，空气）	3	空氧混合气（blender）及连管，气体流量计	3
监测仪（Hct/SO₂）	1	便携供气钢瓶（氧，二氧化碳，空气）	1
肝素推泵	1	监测仪（Hct/SO₂）	1
其他：管夹，不间断电池，ACT 机，扣带锁	若干	肝素推泵	1
		其他：管夹，不间断电池，ACT 机，扣带锁	若干

Hct：红细胞比容；SO$_2$：血氧饱和度；ACT：活化凝血时间

表 29-2 ECMO 的主要耗材

管路套包（抗凝，成人/儿童）	1（备 1～2 套）
储血囊（Bladder-仅滚轴泵系统）	1
压力监测线及换能器	2～3
Hct/SO₂ 监测接口	1
动/静脉插管（Medtronic 抗凝，10～20F）	若干
储液袋，输液器，连接三通，注射器，ACT 耗材	若干
消毒刀剪，手套，铺巾等	若干
预冲液，血浆，少浆血，蒸馏水	若干
手术置管器材	1

3. **保持 ECMO 以外的生命支持及监测** 镇静镇痛。

4. **患者治疗区域调整** 患者进入专用单间，滚轴泵需要高床（100～150cm）。

（三）ECMO 治疗准备

1. **启动 ECMO 治疗** 外科，ICU/ECMO 医师，ICU-ECMO 护士到位。

2. **管路系统的技术规格配置** 见表 29-3。

3. **外科医师** 负责手术及准备工作（带助手或手术护士 1 名），家属谈话。

表 29-3 管路系统规格配置

患者体重（kg）	<8	8～10	10～20	20～30
血流管路（英寸）	1/4		3/8	
储血囊*	R-14		R-38	
Hct/SO₂ 接口（英寸）	1/4		3/8	
氧合器（面积）	0.8m²	1.5m²	2.5m²	3.5m²
氧合器（血流）	>1.5lpm	>2lpm	>4lpm	>5lpm
静脉导管	10～14F	14～15F	15～17F	17～23F
动脉导管	8～14F	14～15F	15～17F	17～21F

*离心泵不需用

4. **ICU/ECMO 医师** 负责 ECMO 准备事宜：协调患者安置，申请血及检验，生命支持，家属谈话。

5. **ECMO 护士** 负责耗材准备及预冲（带领 1 名助手），准备晶体液、肝素、血液、血浆、白蛋白预冲。

6. **区域辅助医师及护士** 协助 ECMO 准备工作。

（四）药物准备

1. **申请血浆，浓缩红细胞，白蛋白** 肝素，预冲用各种液体。

2. **麻醉用药** 咪唑达伦，芬太尼，万可松，异丙酚。

3. **肝素** 置管前（即导管插入即刻）给予肝素 50～100U/kg 静脉注射，使 ACT＞300 秒。

【操作方法】

（一）ECMO 预冲

预冲液基本配制见表 29-4。根据设备要求完成管路连接并接上预冲液。先分别给予晶体液和白蛋白预冲并排气。进行 ECMO 流量及各点压力校正。最后给予全血预冲并闭环运转，加温，连接氧气源（或混合气源）。最后根据血气分析补给碳酸氢盐，补充钙剂。结束后保持低速闭环运转待命。

表 29-4 ECMO 预冲液配制成分表

预冲程序	成分	婴儿管路套包	成人管路套包
晶体液预冲	生理盐水	3000ml	3000ml
白蛋白预冲	白蛋白	10g	20g
	生理盐水	250ml	500ml
血液预冲	红细胞悬液	2U（300ml）	4U（600ml）
	血浆	100ml	200ml
	5% NaHCO₃	20ml	40ml
	普通肝素	100U	200U
	10% 葡萄糖酸钙	4.5ml	9ml

注：本表预冲配方以 Medtronic ECMO 套包为例
　　血液预冲后查血气分析，纠正低钙及代谢性酸中毒
　　如钙剂用 10% 氯化钙，则剂量分别为 1.5ml 和 3ml

（二）患者麻醉插管及拔管

1. **麻醉** 可在床旁或手术室进行。床旁操作可参考下列镇静麻醉药物，根据镇静深度调整剂量：

（1）咪唑达伦（术前）：首剂 0.1～0.2mg/kg，iv（＜0.5mg/kg）；维持 0.2～0.3mg/（kg·hr），ivgtt。

（2）异丙酚（手术开始即用）：首剂 1～3mg/kg，iv；维持 2～6mg/（kg·hr），ivgtt。

（3）芬太尼：2～3μg/kg，iv；维持 2～5μg/（kg·hr），ivgtt。

（4）万可松：0.1mg/kg，iv；维持 0.05～0.1mg/（kg·hr），ivgtt。

2. **动脉、静脉置管** 根据 ECMO 模式决定，动静脉部位选择见表 29-5。以 VA-ECMO 右颈部血管（小儿常用）切开置管举例：手术由 ECMO 外科医师完成。患儿仰卧，头向左偏，肩部垫高，镇静镇痛。右胸颈部、右面部消毒铺巾。右颈部胸锁乳突肌上方横切口，长约 2～3cm。解剖颈动脉鞘，分离颈动静脉血管，止血。VA 模式：全身肝素化（50～100U/kg）

3 分钟。切开颈总动脉，丝线结扎远端，近端直角血管钳控制血流。插入动脉导管，试轻拔出导管管芯，有血涌出，立即插回管芯。丝线 2 道固定导管，去除气泡。导管顶点放置于主动脉弓与颈总动脉交界处附近（见图 29-3），放置深度约 3～5cm。静脉置管操作方法步骤同动脉类同，导管放置深度以于右心房中上部为佳（见图 29-3），距离皮肤切口约 6～9cm。动静脉置管全部完成后确定并固定导管位置，逐层缝合，皮肤处再一道缝线固定导管。置管中可予心超或 X 线（床旁 DR）进行导管深度定位。ECMO 上机后查心超，胸片或胸腹片确认导管位置。

表 29-5　两种 ECMO 模式及插管位置选择

ECMO 模式	VA-ECMO	VV-ECMO
插管位置选择	颈部：右颈内静脉至右心房；右颈总动脉至主动脉弓	DLC：右颈内静脉
	股部：股静脉（或大隐静脉）至右心房；股动脉至主动脉；主动脉弓（心外科手术患者）	双导管：颈内静脉，股静脉；双侧股静脉（至下腔静脉及右心房）
氧合目标	PaO_2 80～150mmHg；SaO_2 95%～100%	PaO_2 45～80mmHg；SaO_2 80%～90%

注：PaO_2：动脉氧分压；SaO_2：动脉氧饱和度；DLC：double-lumen cannula

3. 拔除 ECMO 导管　适度镇静，去除所有缝线，暴露血管和血管插管；剪开血管壁及结扎线，先退出部分动脉血管套管，在动脉近端预置丝线和直角血管钳。将整个套管全部迅速拔出，同时钳夹血管壁，以防止出血。丝线双重结扎动脉。同样方法处理静脉血管插管。拔出套管时防止空气进入套管侧孔产生气栓。最后分层缝合伤口。

（三）患者上机

1. ECMO 连接患者　暂停 ECMO 运转。打开 ECMO 连接患者端管道消毒包膜。插管手术者用消毒阻断钳夹闭连接消毒导管的两侧，间距 10～15cm。核对并快速分别连接 ECMO 系统引血和回血端与患者的对应导管接口。连接导管时需要同时给予生理盐水滴注协助排气，连接

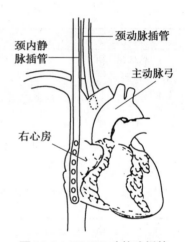

图 29-3　ECMO 动静脉插管

操作时间要求在 30～60 秒内完成。连接完成后先放开两处管钳，并立即开泵，初始流量为 20ml/kg。之后逐步递增，在 5～10min 内增至 100ml/kg/min 左右。上机后观察患者面色、心率及血压情况，以及 ECMO 在线各监测指标。运转稳定后查患者静脉端（引血口）ACT 和血气分析，根据结果给予相应处理（目标值 ACT 180～220sec，SvO_2>65%～70%）ECMO 设定参数见表 29-6。

2. ECMO 运转期间管理

（1）继续原有相关治疗。确保管道固定结实，防止患者躁动。

（2）适度降低呼吸机参数，实现肺保护通气策略目标（PIP<30cmH$_2$O），频率 10～15 次 / 分，PEEP 5～10cmH$_2$O，FiO_2<50%）。

（3）维持 ECMO 正常运转，观察各项 ECMO 监测指标。尤其是凝血功能及血气分析。

（4）静脉氧较低（氧输送不足）时可采取下列措施：提高转流速度，输血提高血红蛋白含量。

（5）部分需要下列药物静脉维持及补充血制品：①芬太尼，1～3μg/（kg·h）；②咪唑达伦，

0.1～0.3mg/（kg·h）维持；③肝素，15～30U/（kg·h）维持；④呋塞米，0.1～0.2mg/（kg·h）维持；⑤多巴胺，5～15U/（kg·h）维持；⑥血制品，全血、血浆、白蛋白、凝血酶原复合物、血小板、冷沉淀物。

表 29-6　ECMO 主要治疗及监测参数

ECMO 治疗参数	VA-ECMO	VV-ECMO
血流量[ml/（kg·min）]	75～100	100～150
转速（离心泵）（转/分）	2000～4000	2000～4000
氧合器供气流量	2×血流量	2×血流量
水箱温度（℃）	38	38
ACT（秒）	180～220	180～220
SvO_2（%）	>65	>75
Hct（%）	30～35	30～35
P1（泵前）（mmHg）	>−30	>−30
P2（泵后/膜前）（mmHg）	<300	<300
P3（膜后）（mmHg）	<250	<250

注：Px：各点压力

（6）ECMO 主要监测参数目标值：Hct>30%；血白蛋白>35g/L；凝血酶原时间及纤维蛋白原水平正常；血小板>80×10⁹/L。

（7）转运 ECMO 在救护车上的时段内，仍需要每小时进行 ACT、血气分析和电解质等床旁监测。ECMO 设备相关压力、血氧等指标监测与非转运 ECMO 相同。

（四）ECMO 撤机

1. 撤机指征

（1）患者原发疾病好转，心肺功能改善。

（2）VA-ECMO：根据病情下调体外循环流速，当减至 20ml/（kg·min）以下，通过常频通气也能维持正常气体交换。

（3）VV-ECMO：根据病情下调膜肺氧流量，当降至 0（FiO_2＝0.21）时，通过常频通气能维持正常气体交换。

（4）ECMO 治疗中，出现 ECMO 治疗禁忌证（如颅内出血、脑死亡、严重出血等）。

2. 撤离方法

（1）VA-ECMO 普通撤离：根据患者血氧及氧输送情况逐步下调 ECMO 流量，同时逐步增加机械通气支持（常需要 1 天至数天逐步推进），直至流速减到 20ml/（kg·min）后，可准备停机拔管。停机后拔除导管前应在局部血管内做抗凝冲洗处理，然后做血管结扎，以防局部血栓形成和脱落引起栓塞。

（2）VA-ECMO 快速撤离：患者在维持全速 ECMO 和最小的通气设置基础上。在数分钟内完成 ECMO 流量回撤，机械通气增加的过程。此法用于有并发症的紧急情况，或病情较稳定，一般情况较好的患者。

（3）VV-ECMO 撤离：撤离 ECMO 时首先增加机械通气设定，在不降低循环血量的基础上逐步调低膜肺氧流量，最后使膜的进入和离开的血氧均为典型的静脉值。待确认患者无失代偿性气体交换后停止 ECMO 循环。

【注意事项】

1. 确保 ECMO 运转期间保持人员不间断看护,因为如一旦机械故障意味患者"心跳呼吸失去功能",如在短时间内不能即时发现,后果可直接导致患者死亡。

2. 运转期间应随时观察血栓、出血等情况,并保持 ACT 在 180～220 秒。

3. ECMO 期间处于低度抗凝水平,ECMO 较慢或停止时可能会出现血栓形成,应注意监测及预防。

4. ECMO 期间严禁肌内注射、胸腹腔穿刺等操作以免引起严重出血。

5. 应尽量避免深度镇静,每日保持患者适度体位变动。

6. 使用滚轴泵 ECMO 系统治疗时,患者与 bladder 之间的高度差应保持在 100cm 以上。

7. 为保持最佳氧输送,应保持 Hct > 30%;静脉引血不足时应给予输血,增加引血插管口径或增加一路静脉引流。

【并发症及其处理】

ECMO 治疗的风险在于其并发症,并发症主要来自于与血凝相关的不良事件和一些机械故障。一些并发症可能会直接导致患者死亡,如机械并发症,颅内出血等。采用改进型 ECMO 设备及耗材,保证 ECMO 系统工作稳定、加强临床管理和及早脱离 ECMO 治疗是降低这些并发症的关键。当 ECMO 治疗持续 2 周以上,并发症发生率会明显增加。表 29-7 是一些常见并发症和处理方法。

表 29-7　ECMO 常见并发症及处理

问题	干预	可能原因
低血压	扩容,输少浆血及血浆为主	出血,低血容量
	增加 ECMO 流速	心血管功能不稳定
	检查 X 线胸片	导管易位,血管撕裂,气胸,心脏压塞
	检查桥路漏血分流	ECMO 自体循环
高血压	降低 ECMO 流速	患者扩容后反应
	评估镇痛镇静水平	操作时患者紧张焦虑
	减少强心药(inotropes)剂量	ECMO 后心血管功能改善
	降低容量负荷	高血容量
SpO₂ 下降	增加 ECMO 流速	氧输送不够
	检查氧合器氧流量	氧合器无氧供
	检查呼吸机连接	呼吸道通气不足
静脉端引血不足(引血管摆动)	扩容	低血容量
	降低 ECMO 流量	流量过载
	检查导管位置	导管未达到右心房
	检查 ECMO 管道	ECMO 管扭转或阻塞
伤口出血	局部压迫或外科处理	伤口渗血
	补充因血因子,或血小板	凝血因子消耗
	调整肝素剂量	抗凝药剂量偏高
机械故障	更换 ECMO 系统或部件	意外事件,设备磨损
	泵故障时先用手动泵维持血流	
	管路破裂时立即夹闭两处插管	

（陆铸今　陆国平）

第三十章

连续性血液净化

培训目标

1. 掌握连续性血液净化技术的适应证。
2. 熟悉连续性血液净化技术的操作方法。
3. 掌握连续性血液净化技术运行期间的管理。
4. 了解连续性血液净化技术的工作原理。

【概述】

血液净化（blood purification）技术是指各种连续或间断清除体内过多水分和溶质方法的总称。其中连续性血液净化技术（continuous blood purification，CBP）又称连续性肾替代治疗（continuous renal replacement therapy，CRRT），其特点为血流动力学稳定、持续、稳定地控制氮质血症及电解质和水盐代谢，持续清除循环中的毒素和中分子物质。

一、分类和常用模式

【分类】

单次治疗持续时间 <24 小时的血液净化治疗称为间断性肾替代治疗（intermittent renal replacement therapy，IRRT），治疗持续时间≥24 小时的血液净化称为 CBP 或 CRRT。

【常用模式】

1. 缓慢连续超滤（slow continuous ultrafiltration，SCUF）。
2. 连续性静 - 静脉血液滤过（continuous veno-venous hemofiltration，CVVH）。
3. 连续性静 - 静脉血液透析滤过（continuous veno-venous hemodiafiltration，CVVHDF）。
4. 高容量血液滤过（high volume hemofiltration，HVHF）。
5. 脉冲式高容量血液滤过（pulse-HVHF，pHVHF）。
6. 连续性血浆滤过吸附（continuous plasma filtration adsorption，CPFA）。

二、设备与原理

【设备】

CBP 的基本设备包括由动力泵（血泵、超滤泵、补液泵），平衡装置，辅助装置（电源、加温装置与安全报警、压力监测装置）和操作面板（参数调控装置、智能记录系统）等构成。血液净化机通过动力泵的转动，驱动血液流经半透膜滤器，经过预先设定的超滤泵和补液泵的参数，调控出入液体的平衡。透析通过弥散原理清除溶质，被清除的主要是小分子物质。滤过通过对流作用清除溶质,可清除中、小分子物质。吸附则可清除特殊溶质和大分子物质。

【适应证】

儿童重症监测病房(PICU)采用 CBP 治疗的目的主要有两大类:一是重症患者并发急性肾损伤;二是非肾疾病或肾功损害的重症状态,主要用于器官功能障碍支持、稳定内环境、免疫调节等。儿科重症医学常见适合采用 CBP 治疗的疾病包括如下。

1. 急性肾损伤。

2. 严重脓毒症合并器官功能障碍或高全身性炎症反应综合征。

3. 多器官功能障碍综合征(MODS)。

4. ARDS 或严重肺水肿。

5. 液体超载或毛细血管渗漏综合征。

6. 急性肝衰竭。

7. 急性中毒。

8. 重症急性胰腺炎。

9. 顽固性心力衰竭。

10. 严重免疫性疾病,包括重症过敏性紫癜、红斑狼疮、噬血细胞综合征、重症肌无力、急性感染性多发性神经根炎等。

11. 严重电解质紊乱,如低钠血症(<110mmol/L)、高钠血症(>170mmol/L)、高钾血症(>6.5mmol/L)经常规治疗效果不明显等。

12. 其他,如挤压综合征等。

【禁忌证】

儿童 CBP 没有绝对禁忌证,相对禁忌证如下。

1. **低血压**　容量性低血压应补足容量,其他性质低血压应行液体补充、血管活性药物及其他措施后,开始 CBP 治疗。感染性休克患儿在容量复苏、呼吸支持,血管活性药物和抗感染等综合抢救基础上,病情未明显改善,甚至低血压等失代偿休克时,也可行紧急 CBP 治疗。

2. **出血倾向**　严重的活动性出血或出现 DIC 者,凝血功能部分纠正后可行 CBP 治疗,或者根据患儿凝血功能情况减少 CBP 时抗凝药应用,可以进行局部抗凝或用枸橼酸体外局部抗凝。严重颅内出血、体内重要脏器出血应止血后再进行 CBP 治疗。

3. **高度过敏体质**　包括对管路和生物膜滤器过敏,治疗过程中所用药品如血浆、肝素、鱼精蛋白等高度过敏者。

4. **疾病终末期**　不可逆转的呼吸衰竭,重度脑水肿,严重全身循环功能衰竭,所有支持治疗手段已无帮助时,不宜进行 CBP 治疗。

三、操作方法

(一)建立血管通路

体外循环回路需要良好的中心静脉通路,通常置入双腔导管以保证足够血流通过。置管方法详见本书技术篇第十七章。

(二)物品准备

1. 机器、滤器、管路。

2. 置换液、透析液。

3．治疗盘、无菌治疗巾、安尔碘纱布。

4．5ml注射器1支，20ml注射器2支（其中一支抽取20ml生理盐水），三通，输液器。

5．生理盐水、抗凝药。

（三）管路和滤器的选择

1．**选择管路和滤器型号**　根据患儿年龄和体重选择管路和滤器（表30-1）。

（1）体外循环回路（管路＋滤器）容量的选择：不应超过患儿血容量的10%。

（2）滤器膜面积的选择：以不超过患儿体表面积为宜。①体重3kg以下婴儿或新生儿：选择膜面积0.1m²的滤器；②体重4～20kg：选择0.3～0.6m²的滤器；③＞20kg：选择0.6m²的滤器；④年长儿童：选择1.0m²的滤器。

2．**选择滤膜**　根据治疗目的选择滤膜。

（1）纤维素膜和修饰纤维素膜因生物相容性差已很少使用。

（2）合成膜具有高通量、筛漏系数高、生物相容性良好的优点，是CBP治疗中应用最多的膜材料。市售商品中有多种合成膜滤器，如聚丙烯腈膜（PAN）、聚砜膜（PS）、聚酰胺膜（PA）、聚甲基丙烯酸甲酯膜（PMMA）、聚碳酸酯膜（PC）等，应用较多的为聚丙烯腈和聚砜材料。

（3）通透性和吸附性：通透性高者更能有效清除炎症介质。吸附作用是清除细胞因子的机制之一，但滤器的吸附作用在一定时间内可达到饱和。市售滤器吸附细胞因子一般3～8小时达到饱和，通常使用不超过24小时。

表30-1　目前国内使用的部分儿科血液净化滤器与规格

生产商	型号	滤器质材	膜面积（m²）	体外循环体积（ml）
金宝	HF6s	Polyamix TM	0.6	57
	Prisma M60	AN69	0.6	84
	Prisma M100	AN69	0.9	107
	Prismaflex M60	AN69	0.6	93
	Prismaflex M100	AN69	0.9	152
旭化成	APF-01D	聚丙烯腈	0.1	12
	AEF-03	聚砜膜	0.3	26
	AEF-07	聚砜膜	0.7	52
费森尤斯	AV400s	聚砜膜	0.75	52
	AV paed	聚砜膜	0.2	18

（四）选择置换液和透析液配方

1．**置换液和透析液配制应遵循以下原则**

（1）无致热源。

（2）电解质浓度应保持在生理水平，为纠正患者原有的电解质紊乱，可根据治疗目标作个体化调节。

（3）缓冲系统可采用碳酸氢盐、乳酸盐或枸橼酸盐。

（4）置换液或透析液的渗透压要保持在生理范围内，一般不采用低渗或高渗配方。

2．**配方选择**

（1）无严重酸碱平衡和电解质紊乱者可选用市售透析液或置换液。

（2）严重酸碱平衡和电解质紊乱者，根据患儿酸碱平衡及电解质情况，配制置换液、透析液或改良 PORTS 置换液。

（3）置换液和透析液有碳酸氢钠、乳酸、醋酸溶液配方，严重乳酸酸中毒及儿童患者建议使用碳酸氢钠配方。

（4）使用碳酸氢钠配方，不能与钙剂配方混合，应 A、B 两液分别同步进入管路。

（五）开机和安装管路及滤器

不同厂家生产的 CBP 设备需使用与其匹配的管路和滤器，安装方法也有所不同。

1. 根据所使用的 CBP 设备和患儿的体重及治疗的目，选择合适的管路和滤器。

2. 连接并打开 CBP 设备电源，机器自动完成自检。

3. 自检通过后，按该设备提供的操作说明书安装管路和滤器。

（六）管路的预冲

1. 安装好管路和滤器，并检查无误后，开始预冲。

2. 根据管路容积、体重及患儿病情选择预冲液对血液管路、滤器、置换液（透析液）管路和超滤液管路进行预冲洗。

（1）常用 5000～10 000U/L 的肝素生理盐水。

（2）体重 <3kg 或体外循环回路容量大于患儿血容量的 10%（8ml/kg）用全血预充。

（3）体重在 3～15kg，多选择白蛋白、新鲜冰冻血浆等胶体液或全血预充。

（4）体重不低于 15kg，则可选用生理盐水或白蛋白、新鲜冰冻血浆预冲。

3. 预冲过程中要注意排净管路和滤器中的空气。

4. 预冲需至少 2 个循环。

5. 预冲完毕后再次检查，确认各个连接处连接牢固，无渗漏。

（七）选择治疗模式及设置治疗参数

预冲完毕后根据治疗目的、患儿体重和病情，选择治疗模式，并设置参数。

1. **选择治疗模式**　以 CVVHDF 最常用。

（1）如仅需清除过多的液体，可选择 SCUF。

（2）主要清除中分子物质和液体，可选 CVVH。

（3）欲同时清除液体、小分子和中分子物质，可选 CVVHDF。

（4）严重脓毒症或脓毒性休克有时选择高通量血液净化模式。

（5）某些特殊中毒或自身免疫性疾病需选择性清除血浆中的某些成分时，可选择 CPFA。

2. **设置治疗参数**　根据患儿病情、治疗目的、体重等设置治疗参数。

（1）血流速度：通常 1～10ml/（kg·min），不低于 20ml/min。但须根据患儿病情适当调整。

（2）置换液 / 透析液流速：CVVH 时置换液流量 20～35ml/（kg·h），CVVHDF 时透析液流量同置换液流量，废液流速（即治疗剂量含置换液和透析液）35～45ml/（kg·h），透析液与置换液量比为 1:1。HVHF 时要求置换液流量达到 45ml/（kg·h）或以上。

（3）部分血液净化机置换液有前置换和后置换模式，需根据患儿临床状况和治疗目的选择前置换、后置换或同时使用前置换和后置换，并分别设置前、后置换的流速。

（4）患者脱水速度：根据患者肾功能和液体平衡状况选择，通常开始为 1～2ml/（kg·h），以后根据患儿液体平衡和血流动力学情况调整。

3. **抗凝**

（1）无出血风险的重症患者行 CBP 时，可采用全身抗凝。常用肝素，首剂 0.25～0.5mg/kg

（肝素 1mg＝125U），维持量 0.05～0.3mg/(kg·h)。根据 ACT（activated clotting time）或 APTT（activated partial thromboplastin time）调整抗凝剂用量，维持 ACT 在 140～180 秒或 APTT 在正常值的 1.5～2 倍。CBP 期间每 4～6 小时监测 ACT 或 APTT 1 次。

（2）对高出血风险的患者，如存在活动性出血、血小板 $<60\times10^9$/L、INR＞2、APTT＞60 秒或 24 小时内曾发生出血者在接受 CBP 治疗时，予以局部抗凝。常用局部枸橼酸盐抗凝法，使用时要注意血泵速度、枸橼酸盐血液保存液及 5% 氯化钙输注速度三者之间的比例关系约为 1（ml/min）：1.3～1.5（ml/h）：0.1（ml/h）。开始治疗后 30 分钟内，进行首次滤器后血液和患儿体循环中血液的离子钙（iCa）浓度测定，随后每小时检测 1 次，根据结果分别调整血液保存液和 5% 氯化钙输注速度，使滤器后血离子钙（iCa）浓度在 0.25～0.45mmol/L，体内血 iCa 浓度在 1.0～1.2mmol/L。

（3）高出血风险的患者无局部抗凝药时，可试用无抗凝血液净化。

（八）连接患者及开始 CRRT 治疗

1. 按无菌操作规程消毒深静脉插管。

2. 用 5ml 注射器抽出 A 管腔内残留的肝素水 2ml，用 20ml 空注射器抽出 A 管腔回血（5 秒钟之内抽 20ml 血没阻力说明 A 管通畅）再将血液注回体内。用 20ml 注射器推 10ml 盐水将 A 端血液冲干净。

3. 用同样的方法将 V 端管腔准备好。

4. 将血滤管路的 A 端与患者深静脉置管的 A 端连接。

5. 开血泵。

6. 当血液引至滤器的 A 端时可在采样口抽血测凝血指标（肝素前凝血时）。

7. 血液引至管路 V 端压力传感器时关血泵连接患者深静脉置管的 V 端。

8. 增加血泵速度过程中，密切观察心律、BP 变化。

9. 当血泵升至所需速度时，再调试补液量、透析液量、除水量（逐渐增加，密切观察心律、BP 变化）。

（九）CRRT 过程中常见报警及处理

1. 动脉压力呈极端负压状态

（1）原因：动脉管道夹住或扭结、动脉采血导管内凝血、导管在静脉内位置偏移、患者身体移动。

（2）处理：检查管路，有无打折。转动插管，观察血流量是否改变。冲洗盐水，检查插管是否通畅。重新摆好体位。

2. 静脉压力报警

（1）静脉压力呈极端正压状态。常见原因：静脉管道扭结、静脉导管内凝血、导管在静脉内位置偏移、V 插管阻塞或有血栓形成、体外循环 V 端凝血、血压升高、血流速度加快、改变体位。

（2）静脉压下降。原因：血压下降、血流速度减慢、A 端插管位置不良、A 管路扭曲或受压、滤器凝血、插管与体外循环管路脱节、血液稀释、血流阻力下降。

（3）处理：针对原因进行处理。血压下降者先停除水，减慢血泵速度。治疗前将插管 A、V 端与管路的 A、V 端连接无误后开泵。治疗期间每小时检查连接处。

3. 跨膜压增高

（1）原因：滤器阻塞或凝血。

（2）处理：先行压力膜复位，若复位后跨膜压恢复正常，为假性跨膜压增高，继续 CRRT。若复位后跨膜压未恢复，且超过 400mmHg，可增加血流速、减低患者每小时脱水量或增加抗凝剂用量。若处理后无法使 TMP 下降：半小时内更换配套或停止治疗。

4. ΔP 增高

（1）原因：管道夹住或扭结，传感器失灵等。

（2）处理：降低血流速不能有效降低 ΔP 时，应在 15 分钟内更换配套或停止治疗。若 ΔP 已达到 250mmHg 并不能有效降低时，请勿回血，以免引起血栓栓塞。

5. 漏血

（1）原因：透析器破膜；漏血检测装置失灵，用白纸比较观察可识别。

（2）处理：小量漏血先回血后更换滤器。大量漏血直接更换滤器。漏血检测装置失灵所致者重置漏血探测器报警。

6. 气泡　处理：在蓝色样品部位以上夹住静脉管道，将连接注射器的针头插进取样口，抽出气泡拔出针头，拔开静脉管道的夹子。重复以上操作，直到空气排尽，然后打开静脉管道，继续 CRRT。

（十）结束治疗

1. 选择回血程序回血时血泵速度。

2. 断开动脉和静脉患者端。

3. 使用 20ml 盐水注射器分别冲净留置管各腔内残留血液，再使用 5ml 注射器抽取 2ml 肝素及 0.7ml 盐水（盐水量根据管腔粗细而定）分别注入留置管动脉端和静脉端内。

4. 最后以无菌肝素帽旋紧动脉端和静脉端口，以无菌纱布包裹备用。

四、注意事项

CBP 是重症医学常用的体外生命支持，治疗进行中需要严密监测，确保安全，主要监测项目如下。

1. **血流动力学**　严重脓毒症患儿 CBP 过程中易发生血流动力学不稳定，需要全过程监测，以便及时给予相应处理。重症患者常伴有体液超载而需负水平衡，必须密切监测血流动力学，防止引发医源性有效容量缺乏导致组织器官的低灌注。根据需要监测神志、心率、血压、中心静脉压（CVP）、毛细血管再充盈时间（CRT）、每小时尿量等指标。

2. **体液量监测**　CBP 过程中监测体液量的目的在于恢复患儿体液平衡和正常分布比率。严重的体液潴留或正水平衡可导致死亡率升高，过度超滤则可引起有效血容量急剧减少。CVP 和尿量监测有助于容量负荷的判断。

3. **凝血功能监测**　CBP 时容易激活凝血，应用抗凝药时则易发生出血。应密切观察患者皮肤黏膜出血点、伤口和穿刺点渗血情况及胃液、尿液、引流液和大便颜色。定期行凝血功能检查，滤器前后压差变化，及时调整抗凝方案，注意 HIT 的出现。无肝素治疗者，随着 CBP 的进行，凝血功能逐渐恢复而导致管路内发生凝血，通过监测凝血功能，可帮助决定是否需要加减抗凝药。

4. **血电解质和血糖监测**　CBP 过程中可能出现电解质、酸碱紊乱，应定期监测。危重病患儿常存在应激性血糖升高，在应用高糖配方的超滤液或透析液时更易发生高血糖。一般每 4～6 小时测定 1 次。

五、并发症及其处理

【CBP 的并发症】

包括以下四类并发症。

1. 抗凝相关并发症 如出血（胃肠道、穿刺点、尿道）和 HIT。

2. 血管导管相关并发症 如全身感染、栓塞、动静脉漏、心律失常、气胸、疼痛、管路脱开、血管撕裂等。

3. 体外管路相关并发症 如膜反应：恶心、过敏反应；气体栓塞。

4. 治疗相关并发症 如低温、贫血、低血容量、低血压；酸碱、电解质异常：低磷血症、低钾血症、酸中毒、碱中毒；代谢失衡；药物动力学改变等。

【常见并发症处理方法】

1. 低血压 低血压是血液透析模式下的常见并发症，CBP 时少见。与膜相关的缓激肽激活、补体系统激活有关，另外过敏反应也是导致低血压的原因之一。这可以采用生物相容性高的滤器或透析器加以避免。CBP 开始 15～30 分钟内采取低血流速率也是预防低血压的方法之一。为避免 CBP 治疗对循环系统可能发生的不稳定，对血流动力学欠稳定的患儿可以同时使用多巴胺[5μg/（kg·min）]等血管活性药物治疗。

2. 感染 严格无菌操作是防止感染的主要措施。管道连接、取样、置换液和血滤器更换是外源性污染的主要原因；最为严重的是透析液或置换液被污染引起严重的血流感染。导管穿刺处的血肿可并发感染。密切监测、及时发现、良好穿刺技术及拔除导管后的有效压迫是降低和防止该并发症的关键。

3. 出血 CBP 过程中可引起血小板降低，通常认为血小板低于 $50 \times 10^9/L$ 即存在出血的风险，血小板 $< 20 \times 10^9/L$ 应严密监测出血发生，$< 5 \times 10^9/L$ 的患者应中止 CBP 治疗。可以根据病情输注血小板以减少出血的机会。ACT > 220 秒时高度警惕出血风险，ACT > 300 秒应暂停治疗。

（张育才 高恒妙）

第三十一章

肠内营养通路的建立及维护

培训目标

1. 掌握不同肠内营养通路的选择方法。
2. 掌握不同肠内营养通路的适应证。
3. 掌握不同肠内营养通路的建立和维护方法。
4. 熟悉不同肠内营养通路的利弊。

【概述】

适当的营养通路是营养支持获得成功的必要保证之一。在确定患儿所需营养支持方式以及能量需求之后，需根据患儿病情、营养支持的方法、预估需要营养支持的时间等因素，建立适当的营养支持通路。

只要患儿胃肠道尚有功能，就应尽可能给予肠内营养。若患儿意识清楚，吞咽功能良好，可采用口服方法给予肠内营养。若因各种原因不能口服，则应根据患儿病情和预计肠内营养的时间选择下列方法建立肠内营养通路。肠内营养通路的选择见图31-1。

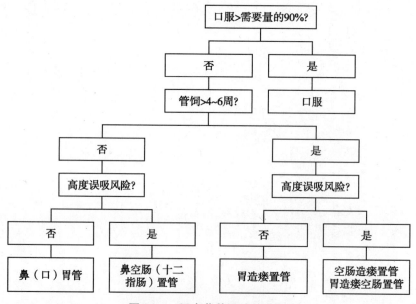

图31-1 肠内营养通路的选择

一、经鼻或口放置胃管

【适应证】

适用于预计使用管饲肠内营养时间<4～6周、胃功能良好的非胰腺炎患儿。优点是操作简单、容易放置、费用低廉。缺点包括鼻咽部刺激和容易发生鼻窦炎、胃食管反流和吸入性肺炎等并发症。

【操作方法】

1. 置管方法

（1）多选用经鼻放置，未出牙的新生儿和小婴儿可经口放置，后鼻孔闭锁或严重狭窄、可疑或确认的颅底骨折患儿必须经口放置。

（2）根据年龄和体重选择适当型号的胃管，预计放置的长度为鼻尖经耳垂到剑突或前额正中发际到剑突的距离。

（3）准备好放置胃管所需器械和润滑剂如液体石蜡。

（4）患儿取仰卧或侧卧位，以润滑剂润滑胃管后，经鼻或口腔将胃管插入。

（5）胃管将要到达咽部时，新生儿或不能配合的婴幼儿可经口喂少量奶或水，年长儿可嘱其做吞咽动作，借助患儿的吞咽动作使胃管进入食管，然后将胃管送入到预定的深度。

操作过程中若出现呛咳、呼吸困难提示胃管进入气管，应立刻拔除胃管。插入过程中动作要轻柔，不可用力过猛，插入困难时不可强行插入。

（6）到达预定深度后，将胃管和注射器连接，抽吸有胃液流出；或用注射器推注空气，用听诊器在胃部听到气过水声则证实胃管顶端在胃内。

（7）用胶布将胃管固定。

2. 维护和护理

（1）妥善固定：以胶布将胃管固定在鼻尖部，胶布应每日更换。各种原因导致局部湿滑影响固定时，要及时更换胶布。常规护理操作或使用胃管前后，要仔细检查胃管的深度有无变化、有无打折、扭曲。移动患儿时要避免牵拉引起胃管脱出。不能配合的患儿应予适当镇静或束缚，以免误将胃管拔除。

（2）保证胃管通畅：每次管饲前应先抽吸胃液，注意胃液的量和性质，确认没有出血、胃管通畅并在胃内后再开始管饲。管饲结束时冲洗胃管，以防食物残渣或凝块堵塞胃管。持续管饲者应匀速灌入。胃管暂时不用时应每4小时用温开水5～10ml冲洗1次。冲洗时用力不可过猛，若有阻力应先回抽胃液，如有胃液抽出表示胃管通畅，可再冲洗。若抽不出胃液、冲洗阻力大，则应更换胃管。

（3）管饲营养制剂温度要适宜，以35℃左右为宜。持续灌入时温度应与室温相同。过热易烫伤胃壁黏膜，过凉易造成消化不良、腹泻。及时清理口、鼻腔分泌物。鼻饲开始时量易少，待患者适应后渐渐加量并准确记录鼻饲量。

二、经鼻幽门后或空肠置管

【适应证】

经鼻幽门后置管适用于肠功能正常而胃功能受损、误吸风险较高患儿，空肠置管适用于上述患儿及重症胰腺炎患儿。常用螺旋式鼻肠螺旋管，该管是由聚氨酯材料制成、具有记忆功能的螺旋式管道。生物相容性好，对机体无明显刺激，最长留置时间可达42天。在置管过程中,鼻肠管通过引导钢丝被拉直;引导钢丝撤除后,由于材料的记忆性能,管道远端呈螺旋状,有利于通过幽门,并能以理想的状态停留在小肠肠腔内。

【操作方法】

1. 置管方法

(1)根据患儿年龄选择合适型号。

(2)置管时清醒患儿采取坐位,因昏迷或其他原因不能取坐位者,可将上身抬高30°～45°。

(3)置管时先将导引钢丝插入鼻肠管内。

(4)按鼻胃管的置管方法将鼻肠管放置到胃内。

(5)胃动力良好者,螺旋式鼻肠管进入胃内后,拔除导引丝,鼻肠管顶端部分可在8～12小时内自行通过幽门,进入十二指肠或空肠。在胃动力障碍的情况下,可用药物如红霉素激发胃肠蠕动,也可在内镜(如十二指肠镜、胃镜)引导下将导管放置在十二指肠或空肠。

2. 维护和护理

(1)置管后常规抽取回抽液查pH,或做腹部B超或拍摄腹部平片确定导管位置。

(2)固定导管,防止导管移位或脱落。保持鼻肠管及鼻腔、口腔清洁。

(3)当导管顶端到达预定位置后可开始管饲肠内营养液。最好采用滴注输液的方式或肠内营养泵控制滴注速率,确保营养液匀速输入。

(4)每次使用前后用10～20ml生理盐水冲洗管道。更换输注容器或怀疑管道位置不正确时应检查管道位置,一天至少检查3次。

(5)每次暂停输液时,用10～25ml无菌生理盐水或无菌水冲洗管道,平时每隔8小时冲洗管道1次。

(6)鼻肠管最好只用于输注肠内营养液。必须经鼻肠管给药时,给药前后应用至少30ml无菌生理盐水冲洗,以防管道堵塞。

三、胃或空肠造瘘置管

【适应证】

适用于:①预计肠内营养时间超过2～3个月,且有高度误吸风险者;②因鼻胃管或鼻肠管喂养途径建立困难不能及时予以肠内营养者。

【操作方法】

1. 置管方法 最初多采用Stamm胃造瘘术或在腹部外科手术同时行胃或空肠造瘘置管术,在行胃或空肠造瘘后直接放置肠内营养管。近年则逐渐较多采用经皮内镜胃造瘘术或腹腔镜胃造瘘术。经皮内镜胃造瘘术的方法是将内镜下至胃部后,先向胃内注入空气使胃膨胀,然后用内镜的光源透照胃和腹壁。在腹壁确定内镜顶端位置后,做一小切口,经切口将穿刺针刺入胃内。将导丝从穿刺针置入胃内,并从口腔拉出,将喂养管固定在导丝上。再将导丝经腹壁拔除,喂养管则留置在胃内。腹腔镜胃或空肠造瘘术则是在腹壁做一小切口,将腹腔镜置入腹腔,在直视下完成胃或空场造瘘术并放置喂养管。

2. 维护和护理

(1)造瘘口局部的护理。术后当时和3天内应观察切口局部有无出血、肿胀、疼痛或皮温升高。用无菌敷料覆盖切口,定时换药,防止感染。

(2)注意切口处有无胃肠内容物渗出。保持局部干燥清洁。每日用2%碘酊消毒造瘘口两次,无菌纱布遮盖胶布固定。

（3）喂养管固定要牢固，避免将喂养管拔除或移位。

（4）术后 24 小时开始从造瘘口注入 50ml 生理盐水，4 小时后再注入 50ml，如无不适，可给营养液。

（5）保持喂养管通畅，注意事项及方法同鼻肠管护理。

（高恒妙）

第三十二章

肠外营养通路的建立和维护

培训目标

1. 掌握不同肠外营养通路的适应证。
2. 掌握不同肠外营养通路的建立和维护方法。
3. 熟悉不同肠外营养通路的利弊。

【概述】

当患儿胃肠道功能完全丧失或大部分丧失，不能经肠内营养满足患儿营养需求时，需行肠外营养。此时应根据不同的病情和需求，建立不同的肠外营养通路。

一、外周静脉通路

【适应证】

适用于预计胃肠外营养时间不超过1周的患儿。

【操作方法】

常采用静脉穿刺针或短导管经皮下静脉穿刺，穿刺成功后即可连接胃肠外营养液输入。

【注意事项】

周围静脉通路的优点是操作简单、容易实行，继发全身感染危险小。但维持时间短；管径细，输液速度受到限制；当营养液渗透压超过600mOsm/L时会导致静脉炎。因此，经外周静脉输入的营养液葡萄糖浓度不能超过12.5%，难以提供足够液体和热量，只适用于短时间部分胃肠外营养支持。若患儿需较长时间的全胃肠外营养则需建立中心静脉通路。

二、中心静脉通路

【适应证】

预计胃肠外营养时间超过7~10天者应选择中心静脉导管，需中、长期胃肠外营养者应考虑经周围静脉置入中心静脉导管（peripherally inserted central catheters，PICC）、隧道式中心静脉置管或置入式输液港。

相对于周围静脉，中心静脉具有耐受糖浓度高，维持时间长，液体外渗率低等优点，但操作相对复杂，容易出现严重并发症，限制了中心静脉导管在儿科的广泛使用。为延长置管时间、减少并发症，除普通中心静脉导管外，近年逐渐开发使用了PICC和置入式输液泵。

【操作方法】

1. **普通中心静脉导管**

（1）置管方法有两种置入方法：经皮穿刺置管和隧道式置管，后者适用于需长期静脉营养的患儿。

1）经皮穿刺放置中心静脉导管：常用 Seldinger 法。穿刺部位可选择颈内静脉、锁骨下静脉或股静脉。操作严格按无菌操作规程进行。根据患儿年龄、体重选择适当型号的中心静脉导管，用肝素盐水预充后备用。先行静脉穿刺，成功后将导丝经穿刺针置入血管内，拔除穿刺针，然后用扩张鞘从皮肤至静脉壁扩出一窦道，拔除扩张鞘，将中心静脉导管在导丝引导下置入中心静脉，到达适当深度后撤出导丝，连接注射器抽血顺利，用肝素盐水冲洗导管后以肝素帽封闭导管，并用贴膜或缝线固定导管后备用。具体操作见技术篇第十七章。

2）隧道式中心静脉导管置入法：置入方法与 Seldinger 法类似，但所用导管为加长、带有袖套样外套的特殊导管，其优点是导管固定好，导管相关性血流感染率低，留置时间比经皮穿刺置管长，可达数月。第一步仍采用 Seldinger 法，置入导丝后，沿穿刺方向切开皮肤和皮下组织约 1cm，拔除穿刺针，扩张鞘扩张皮下，导丝保留在血管内备用。在距离切口 6～7cm 的位置，以另一穿刺针向切口方向穿刺，经皮下组织从切口壁穿出。将导丝沿针尖反方向引出，拔除穿刺针，以扩张鞘扩张至切口段皮下隧道，拔出除扩张鞘，在导丝引导下置入中心静脉导管。以稀释肝素液冲洗并封闭导管，缝合切口，固定导管后备用。置管后常规拍片确定导管位置是否适当。

（2）维护和护理：①保护固定好管道，防止脱管：导管固定要牢固。在各种治疗护理或患者自行活动时，密切观察导管有无移位、脱出、扭曲。患儿衣服应宽松，更换衣服时勿牵拉拖拽导管。昏迷和躁动患者给予适当约束。若导管脱出，则立即拔除。②保持局部清洁干燥：每天更换穿刺点敷料，并用 75% 酒精和碘酊消毒。③确保导管通畅：每次输液前先接注射器回抽，出血顺利则可连接输液器输液。回抽出血不顺者可用肝素稀释液（25U/ml）20ml 冲管后封闭。有堵管倾向者可用尿激酶溶栓。每天输液完毕以正压封管法用肝素稀释液（生理盐水 100ml 加肝素 12 500U）3～4ml 封管。④严格无菌操作，预防导管相关性感染：每天更换全套输液装置，并用 2% 碘酊和 75% 酒精消毒连接处后以无菌纱布包裹。⑤在采用中心静脉导管作为胃肠外营养通路时，禁用该导管测量中心静脉压和输入其他药物或血制品。

2. **经周围静脉放置中心静脉导管** 在一定程度上克服了普通中心静脉导管的上述缺点，是一种较好的长期开放静脉通路的方法。

（1）置管方法：穿刺部位首选贵要静脉，其次为肘正中静脉和头静脉。操作应严格执行无菌操作规程。导管置入长度为从穿刺点沿静脉走向至胸骨切迹的距离减去 2cm。扎止血带使静脉充盈后，用穿刺套管针以 15°～30° 进针。见到回血后将穿刺针外套管送入血管内。松开止血带，抽出穿刺针，用镊子夹住导管尖端，逐渐将导管送入预定的长度，退出导引套管并移去导引丝。用注射器抽吸，证实回血顺利，以生理盐水冲洗导管，连接肝素帽封闭导管，固定后备用。术后常规胸透或拍摄 X 线胸片，以确定导管顶端的位置。若护理适当，留置时间可长达 1 年。

（2）维护和护理：①保持穿刺部位清洁干燥：伤口敷料在置管后 24 小时更换 1 次，以后每周更换 2～3 次，夏季每 2 天更换 1 次。若敷料污染随时更换。肝素帽或正压接头每周更换 1 次。注意观察体温变化及穿刺部位有无渗血、红肿、疼痛等情况。②牢固固定导管：置管时记录导管置入深度、固定情况及 X 线检查的导管顶端位置。每日护理或操作时，首先确认导管置入深度有无改变。若有改变,应复查 X 线片,再次确定导管顶管位置,决定是否保留导管。③保持导管通畅:每天输液前用生理盐水冲管,输液后用肝素盐水或生理盐水以脉冲方式冲管,最后以 0.5～1ml 正压封管。冲洗或封管时不可使用高压注射器,动作要轻柔,以防因冲洗压力过大致导管破损。④严格无菌操作,预防导管相关性感染:每天更换全套输液装置,并用 2% 碘酊和 75% 酒精消毒连接处后以无菌纱布包裹。⑤经周围静脉放置中心静脉导管不可用作测压或采血通路。

3. 置入式静脉输液港 是一种可以完全置入体内的静脉输液器材。置入后只需使用无损伤穿刺针穿刺输液港底座,即可建立起输液通道。护理得当可使用数年。

(1)置入方法:输液港置入应在手术室内完成。置入过程中应严格执行无菌操作规程。先行锁骨下静脉穿刺放置导管,再切开皮肤,于锁骨下窝处建立皮下隧道和皮袋,以埋置输液港的给药盒。最后将导管与给药盒连接,缝合切口,局部用无菌纱布覆盖。输液港置入后即刻行放射检查以确认导管位置,若导管位置正确、局部皮肤无肿胀、回血良好,即可进行输液。

(2)维护和护理:①注意有无切口出血和感染:置入后 3 天内应密切观察置入部位有无肿胀、血肿及红肿热痛。②严格无菌操作:输液前取得患者配合,戴无菌手套。以输液港为中心用安尔碘消毒,半径 >10cm。一手将输液港固定,确定中央为穿刺点。穿刺时使用专用无损针头,进针角度为 90°,勿倾斜或摇摆针头,直达给药盒底部,动作轻稳,稍感阻力即停止进针。两部液体之间要用生理盐水以脉冲方式冲洗输液港。③每次结束输液时,要用生理盐水 20ml 脉冲式冲洗后封管。④静脉连续输液时应每 24 小时更换输液器。穿刺点局部用无菌敷料换药。⑤输液过程中应注意观察注射部位有否出现红、肿或液体外渗的现象。若出现上述现象,立即停止输液,查明原因并采取相关措施。⑥如果输液港在一段较长时间内不使用,则至少每 4 周用无菌生理盐水脉冲式冲洗并封管 1 次。

(高恒妙)

第三十三章

心血管系统的监测

培训目标

1. 掌握心血管功能监测的常用方法。
2. 熟悉超声心动图监测的意义并能正确解读结果。
3. 了解肺动脉漂浮导管监测等有创监测方法。

【概述】

心血管系统是一个封闭的管道系统,由心、动脉、静脉和毛细血管组成,其内有血液循环流动,心脏是动力器官,并具内分泌功能。血管是运输血液的管道。通过心脏有节律性收缩与舒张,推动血液在血管中按照一定的方向不停地循环流动,称为血液循环,包括肺循环和体循环。心血管系统功能的正常依赖于正常的心肌收缩力、最佳的前负荷和后负荷,以及神经体液调节的正常。血流动力学所描述的是心功能、血管压力、阻力及容量之间的复杂关系。任何血流动力学的改变都可能对生理功能产生重大影响,甚至危及生命。心血管功能监测的重点是心脏功能、血流动力学及组织器官灌注状态。

一、体格检查

【心率】

1. 心动过速　是心血管功能代偿的最早体征,可出现在前负荷降低(如脱水、出血)、后负荷增加(如儿茶酚胺过量)及心肌收缩功能障碍(如心肌炎、心脏压塞)、缺氧等疾病状态。需要注意的是,心动过速不是心血管功能恶化的敏感和特异指标。在心功能正常甚至高心排血量情况下,恐惧、发热、呼吸困难及疼痛都可引起心动过速。

2. 心动过缓　可见于窦房结功能异常、房室传导阻滞、药物毒性作用、颅内压升高、或缺氧晚期。窦性心动过缓还可见于运动员、深睡眠状态。分析心率时还应注意年龄别的差异。

【心律】

心律异常反映心脏功能异常更为敏感,但需要心电图确认节律异常类型。

【温度】

肢端冷反映末梢灌注不良,提示心排血量降低、体循环阻力增高。末梢皮肤温度通常以足尖温度为准,正常情况下气温 $20\sim25℃$ 时,足尖温度在 $32\sim34℃$。注意在低体温、低气温($<20℃$)、血管活性药的应用及血管舒张性休克时影响其应用价值。

【毛细血管再充盈时间】

正常情况下毛细血管再充盈时间(CRT)<2 秒。评价 CRT 时应考虑环境温度、光线、年

龄、生理状态及检查的解剖位置等因素的影响。检查部位要高于心脏水平，以避免静脉充血对其数值影响。

【尿量】

正常尿量约 1ml/(k·h)，该值也是休克时液体复苏的目标值。一般情况下，尿量减少反映前负荷、后负荷和心肌收缩力异常所致心排血量降低，以及休克状态下重要器官灌注的减少。但是在有异常利尿情况下，如使用利尿剂、高渗状态（糖尿病）、尿崩、脑性耗盐综合征等情况，可表现为尿量明显增多而导致血管内容量衰竭。而抗利尿激素异常分泌可能引起尿量减少，却存在容量超负荷。

二、心电监测

持续心电监测可用于监测心率及心律的变化，判断心律失常及起搏器的功效，有利于发现电解质紊乱（如高钾血症）和心肌缺血程度及部位，分析心率变异率，识别心源性症状等。

【电极放置】

电极放置部位的基本要求为能够触发心率且及时报警。在进行监测之前应清洁皮肤，在胸腹部皮肤完整处放置电极，且不妨碍抢救、不损伤皮肤，以保证图形清晰。心电监测时电极放置的位置并非做心电图时的标准位置，监测仪所示心电图为综合导联分析所得，不宜用于心电分析报告之用。即便如此，仍应尽量选择合适的电极位置以获得干扰最小的心电监测信号，同时应定期更换电极片及其粘贴位置，加强皮肤清洁，避免皮损和信号衰减。

【报警设置】

功能齐全的监测仪可识别并储存各种心律失常，并启动报警。但仪器的这种识别功能多用于成人，儿童由于年龄差异，各参数变异较大，不易做出统一的诊断标准。因此，应根据患儿年龄、病情等酌情调节报警上限及下限，并始终保持报警在开启状态。

【导联及波幅选择】

一般情况下，选择Ⅱ导联为监测图形，并根据病情酌情调整波幅大小。由于皮肤表面能够监测的心脏电位在 0.5～2mV，信号水平较低，因此心电监测系统必须具备适宜的增益、良好的敏感性和显示系统。

【异常心电及处理】

心电监测有利于及时发现严重心律失常并指导治疗。临床上在发现室颤、阵发性室性心动过速、多源性室性早搏或 RonT 型早搏、极度缓慢的室性心律、严重房室传导阻滞、心搏骤停等情况时，应紧急采取果断措施，如除颤、心外按压、心脏起搏、药物复律或电复律等。当波形难以辨别时，应及时做心电图检查。当发生心肌缺血、缺氧、电解质紊乱等时，心电示波上也可出现 ST 段、T 波等改变，此时可在完善相应检查的同时及时处理。此外，应注意有的监测仪有时会发生数据错误显示，如将高尖 P 波误识别为 QRS 波，导致心率计数翻倍，临床应结合体格检查加以甄别，避免误处理。

【并发症】

心电监测的并发症主要与技术错误或设备故障等有关。如皮肤污垢过多、电极黏附不牢或松脱、导线断开、接头接触不良等均可导致信号减弱、干扰过度、无法有效判断心电情况等。

三、血压监测

血压监测是危重患儿的重要监测手段，可根据患儿的诊断和病情决定监测的方法和频次。测量血压的方法有无创和有创两种。

【无创血压监测】

即间接法，通过充气囊阻断动脉后，在气囊放气恢复血流时测定动脉血压。

1. 普通血压计袖带测量法　将血压计袖套放置在容易触诊的动脉上，充气至脉搏消失，然后放气至脉搏恢复，此时测得的压力为收缩压。可使用触诊和听诊的方法，触诊较听诊更为敏感，有时血压已听不清，但尚可用手指触及收缩压。监测时必须采用比测量肢体直径宽 20% 的袖带；如袖带过窄，所测血压偏高，反之降低。放气速度过快或过慢，都会使测得的血压不准。当心搏出量明显减低，且有血管收缩时，袖带法误差较大。

2. 电子血压计　为自动血压监测仪，屏幕上能显示收缩压、舒张压、平均动脉压及心率。使用时视病情调节测量血压的间隔时间及高低压报警限，可定时自动测量血压，并储存记录。

【有创动脉血压监测】

即直接测压法，通过放置动脉导管直接监测血压，是最准确可靠的方法；可持续监测血压，所测压力一般较间接测压法高 $0.267\sim1.07kPa$（$2\sim8mmHg$）。在低血压状态下可能高 $1.33\sim4.00kPa$（$10\sim30mmHg$）。动脉导管通过管路与压力换能器相连，换能器将机械压力转换为电信号后，显示测得压力值。

监测有创动脉血压时，通常选择的血管依次为桡动脉、尺动脉、足背动脉和股动脉等。同时由于保留动脉置管，便于留取动脉血液标本，有利于监测血气等。

四、中心静脉压监测

中心静脉压（central venous pressure，CVP）是指胸腔内上、下腔静脉内的压力。

【监测意义】

CVP 可直接反映右心舒张末期压力的变化，即右心室的前负荷，也就是体循环静脉回流和心排血量之间的关系；可间接反映肺静脉与左心室压力的变化，但是不宜用 CVP 直接评估左心室前负荷。CVP 与右心室功能、静脉血容量及张力等有关，对输血、液体复苏治疗有指导意义。

【正常值】

CVP 的正常值为 $5\sim12cmH_2O$。吸气时可低至 0 以下，呼气时可达 $7\sim9mmHg$。如果动脉血压降低，$CVP<5cmH_2O$，提示血容量不足或右房充盈欠佳；$CVP>15cmH_2O$，提示右心功能不良（心功能不全或衰竭）或肺循环阻力增高。

【置管方法】

中心静脉导管可经锁骨下静脉、颈内静脉等处入，也可经股静脉置管，新生儿还可经脐静脉置管。股静脉导管长度不足，不足以到达"中心"静脉，但研究发现经股静脉测得的静脉压与 CVP 具有可比性。测压时，放置的导管前端应位于中心静脉，以接近腔静脉入右心房入口处最理想。如置管过深进入心房，吸气时 CVP 多呈负值。置管成功后可直接连接换能器与有压力监测的心肺监测仪进行持续测压。建立 CVP 后还可利用开放的静脉输液给药，进行静脉营养，也可用于监测中心静脉氧饱和度（$ScvO_2$）。

【压力波形变化的意义】

压力波形变化与右心房压力变化有关。典型的 CVP 波形由 3 个正向波（a、c、v）和 2 个负向波（x、y）构成；a 波系心房收缩致房内压升高而形成；c 波是心室收缩初期三尖瓣向右心房移位而产生，即三尖瓣关闭时产生；x 波表示心房压力持续降低，为心室排空牵拉心房底部使 CVP 降低而产生；v 波是三尖瓣关闭后静脉持续回流引起心房内压力增高所致；y 波系三尖瓣开放时形成。

房颤时，a 波消失；在三尖瓣关闭不全反流时，右心房压升高，出现异常 v 波；右心室衰竭时，v 波增大，出现"方形波"；三尖瓣狭窄时，出现大 a 波；肺动脉高压时，右心室顺应性降低，v 波明显。

心电图与 CVP 波形对应的关系，a 波产生于 P 波之后，在 PR 间期；c 波产生于 QRS 波结束时；v 波在 T 波之后形成。

【并发症】

CVP 监测的并发症包括：感染、出血、血肿、空气栓塞、气胸、胸腔积血、神经损伤、血栓栓塞、心律失常（插管过深进入右心室所致）、导管移位等。中心静脉导管留置过程中必须严格无菌操作，如无需要尽早拔管。

五、肺动脉漂浮导管监测

肺动脉漂浮导管又称 Swan-Ganz 导管，是由 Swan 在 1970 年发明的一种肺动脉导管，是 CVP 监测的有效补充，可监测的血流动力学参数包括 CVP、右心房和右心室压、肺动脉压（pulmonary arterial pressure，PAP）、肺动脉楔压（pulmonary arterial wedge pressure，PAWP）、肺毛细血管楔压（pulmonary capillary wedge pressure，PCWP），而且可用热稀释法测定心排血量，计算心指数，并可以从肺动脉留取标本以监测混合静脉血氧饱和度。Swan-Ganz 导管首选经右颈内静脉置管，小儿多由股静脉置管，导管插入上腔或下腔静脉，经由右心房、右心室、肺动脉主干、左或右肺动脉分支，直至肺小动脉。通过该导管，可以监测心脏各部的压力、判断心脏内血液分布情况及左右心功能、计算血流动力学指标、监测混合静脉血氧饱和度、了解氧供和氧耗之间是否平衡，还可早期诊断心肌缺血。因近年无创监测手段应用增加，该方法在儿科临床的应用趋于减少。

六、超声心动图

超声心动图监测无创、可重复进行，结果可靠又较灵敏，已部分替代有创监测。

超声心动图学利用超声回波原理，应用超声波具有穿透性和反射性的特点，显示心脏各部位的结构和功能状态，了解心房、心室收缩及舒张情况与瓣膜关闭、开放的规律，测量主动脉及各瓣膜口的直径，还可通过测定舒张末期和收缩末期左心室内径变化，计算出每搏量，再乘以心率，即为心排血量。此外，超声心动图还能测定心脏收缩时间间期、左心室射血分数、观察瓣膜活动情况及心室壁的异常活动等。

多普勒超声技术可反映心脏及大血管内部的血流性质、方向和速度，从而判断心内分流和瓣膜狭窄处的排血量、心内分流量和瓣膜反流量。

七、心排血量监测

心排血量监测分为无创和有创手段，目前用于临床的无创手段有胸电生物阻抗和多普勒超声两种技术。有创手段目前较多使用容量检测仪。

【无创心排血量监测系统】

无创心排血量监测系统（noninvasive cardiac output monitoring，NICOM）以无创的方式、采用胸电生物阻抗技术连续实时监测心排血量和血流动力学。NICOM 通过接收并分析自身发出的经过被检查者胸部的高频电流的相位变化,来计算出患者的心排血量。经胸廓的电压与电流的比值是所经胸廓的电阻抗,阻抗的变化与心脏在收缩过程中流经胸腔主动脉血流量的变化相关,在舒张期阻抗的变化与胸腔静脉血流量相关。可以获取的指标包括心脏指数、心率、每搏输出量、每搏输出量变异、每搏输出量指数、无创血压、总外周阻力等。NICOM 操作简单,准确性较高,电极安放方便,适用于危重患儿的心功能及血流动力学的持续监测。

【连续多普勒无创血流动力学监测系统】

连续多普勒无创血流动力学监测系统(USCOM)是运用连续多普勒超声技术,测定患儿心功能,并了解其血流动力学的无创监测系统。通过测量主动脉、肺动脉的血流速度再乘以其管腔的横截面积,最后计算出每搏输出量。USCOM 实时提供的参数包括心排血量、每搏输出量、心脏指数、外周血管阻力、血流峰值速度、射血时间等。由于 USCOM 不能观察心脏及大血管结构,不提供射血分数等,不能替代超声心动图;且 USCOM 不能用于严重心律失常患儿。心率过快、机械通气可影响其测量数据。

【容量监测仪】

容量监测仪(pulse indicator continuous cardiac output,PiCCO)是采用热稀释法测量单次的心排血量,通过分析动脉压力波型曲线下面积获取连续的心排血量,是监测危重患儿血流动力学的工具之一。需利用中心静脉导管和动脉通路,无须放置右心导管,是较为适用于儿科的有创监测手段。通常需测定 3 次心排血量,求其平均值来校正。儿童动脉导管置于股动脉,深静脉导管置于上腔静脉或右心房,导管可留置达 10 天。

(何颜霞)

第三十四章

呼吸系统的监测

培训目标

1. 掌握呼吸功能监测的常用方法。
2. 熟练正确解读血气分析结果。
3. 了解经皮血气监测的方法和注意事项。

【概述】

呼吸功能障碍的发生率位居各脏器功能不全之首,严密监测呼吸功能有助于及早判断病情、协助诊治、评估病情进展情况并指导治疗、判断预后。随科学技术进步,各种监测仪器日臻完善,即便如此,临床医师的物理检查仍是根本,且不可替代。

一、体格检查

凡危重病儿均须观察其呼吸频率、节律、呼吸做功、呼吸动度、神志、面色、有无发绀、气管分泌物性状和咳嗽能力,以及双侧胸廓是否对称,呼吸动度是否一致,叩诊有无浊音、鼓音等,双肺呼吸音强弱,有无矛盾呼吸运动及呼吸肌疲劳,以决定是否予呼吸支持和给予何种呼吸支持。

二、多功能监测仪

【呼吸频率和呼吸模式监测】

多功能监测仪可以直观地了解呼吸频率,并可协助了解呼吸模式,如有无呼吸暂停、周期性呼吸等情况。值得注意的是,应该根据患儿的年龄和病情设定适宜的报警限,以便早发现早处理。

【脉搏血氧饱和度测定】

脉搏血氧饱和度(pulse blood oxygen saturation, SPO_2)即经皮血氧饱和度(transcutaneous oxygen saturation, $TcSO_2$),是使用脉搏血氧测定仪(pulse oximeter)监测在动脉搏动期间血管床对光吸收的变化而测定动脉血氧饱和度,这是一种在 ICU 应用广泛的常规无创监测手段,操作简单且安全,对皮肤不造成热损伤。

除了监测患者有无低氧血症,SPO_2 还可减少患儿抽血查血气分析的次数、指导机械通气参数的调节等。

【呼气末二氧化碳分压监测】

呼气末二氧化碳分压监测($ETCO_2$)为无创连续实时监测,可反映 $PaCO_2$ 情况。二氧化碳的产量、肺泡通气和肺血流灌注三者共同影响肺泡二氧化碳的浓度。正常人 $ETCO_2$ 约等于 $PaCO_2$，但循环代谢及气道无效腔增加时差值增加。$ETCO_2$ 不仅可监测通气功能，判断机械通气时肺泡通气是否合适，也可反映循环代谢功能和肺血流情况。$ETCO_2$ 常用于判断气管导管是否在气管内，适于 2kg 以上患儿。可使用比色法或二氧化碳波形监测 $ETCO_2$。使用时先进行 6 次人工通气来排尽气囊加压通气时蓄积在胃内的二氧化碳，如果在呼气时出现指示剂变色或二氧化碳波形则提示二氧化碳来自于气管内；但是这并不提示气管导管位置适宜，必须做胸部影像学进一步明确。$ETCO_2$ 特异性强，敏感度高，尤其对循环灌注良好的患儿有效。但在心搏呼吸骤停、休克、肺栓塞、肺动脉高压等情况时，可能因肺血流过低使二氧化碳排出受限，探测结果可为阴性，不能据此判定气管导管位置异常，从另一方面也能判断心肺复苏的有效性。气道严重阻塞、肺水肿、过度通气等，也可引起呼出气二氧化碳降低。此外，对于机械通气患儿，如发生漏气、导管扭曲或打折、气管堵塞、脱管等情况时，$ETCO_2$ 可短时间内出现波形或数字的改变，有利于早期发现并干预。连续监测其趋势变化对临床更加有指导意义。

三、动脉血气分析

详见表 34-1 和表 34-2。

表 34-1 血气分析参数及其临床意义

参数	名称	正常值	意义
pH	酸碱度	7.35～7.45	维持内环境稳定
$PaCO_2$	二氧化碳分压	35～45mmHg (4.5～6.0kPa)	反映肺泡通气量，增高为通气不足，减低为通气过度直接影响血液 pH，代酸时减低，代碱时增高
PaO_2	氧分压	80～100mmHg (10.6～13.3kPa)	反映肺泡换气功能和机体氧代谢的情况
$T-CO_2$	二氧化碳总量	23～27mmol/L	血浆中溶解和结合的一切形式的二氧化碳总含量
SB	标准碳酸氢根	<2 岁 20～22mmol/L >2 岁 22～27mmol/L	反映代谢情况：AB 与 SB 均减低为代酸，AB>SB 为呼酸，AB<SB 为呼碱
AB	实际碳酸氢根	同上	反映代谢情况
BB	缓冲碱	42～48mmol/L	血液中所有能起缓冲作用的阴离子总和。反映机体代谢性酸碱情况
BE	剩余碱	±3mmol/L	反映代谢性酸碱平衡的可靠指标，BE 增加为代碱，减少为代酸
$C-O_2$	血氧含量	1g 血红蛋白结合 1.34ml 氧 100ml 血液携带氧 20.1ml	
SaO_2	血氧饱和度	95%～98%	SaO_2 与 PaO_2 有密切关系为血红蛋白氧解离曲线 PaO_2(mmHg) 100 80 60 40 20 SaO_2(%) 97 95 90 75 32
$A-aDO_2$	肺泡动脉氧分压差	±6mmHg(0.79kPa) 最大 <15mmHg (1.99kPa)	判断肺换气功能，明显增加为肺氧合功能障碍，反映肺泡功能障碍或肺内分流存在

参数	名称	正常值	意义
AG	阴离子间隙	$AG = Na - (Cl + HCO_3)$ 正常值（12±4）mmol/L $AG = Na + k - (Cl + HCO_3)$ 正常值（18±4）mmol/L	高 AG 型代酸：糖尿病酮症酸中毒、乳酸酸中毒、肾功能不全、休克、低氧血症、水杨酸中毒 正常 AG 代酸：腹泻、肾小管酸中毒致高氯血症 有利于复合性酸碱失衡的诊断 AG 增高的其他原因：输入有机阴离子的钠盐（青霉素钠）、碱中毒时 阴离子间隙明显减低对 IgG 型多发性骨髓瘤有重要诊断价值

表 34-2　不同类型酸碱失衡的血气改变

类型	pH	$PaCO_2$	HCO_3
单纯型紊乱			
代谢性酸中毒	↓	↓	↓
代谢性碱中毒	↑	↑	↑
呼吸性酸中毒	↓	↑	↑
呼吸性碱中毒	↑	↓	↓
混合性紊乱			
代谢性酸中毒伴呼吸性酸中毒	↓↓	↑，N，↓	↑，N，↓
代谢性碱中毒伴呼吸性酸中毒	↑，N，↓	↑	↑
代谢性酸中毒伴呼吸性碱中毒	↑，N，↓		↓
代谢性碱中毒伴呼吸性碱中毒	↑↑	↑，N，↓	↑，N，↓

注：↑增高；↓降低；N：正常

四、经皮血气监测

通过加热皮肤电极可以监测局部组织的氧分压和二氧化碳分压，因此可以反映局部组织的氧代谢情况，但是不能替代动脉血气分析。无论是经皮氧分压还是经皮二氧化碳分压均需 PaO_2 和 $PaCO_2$ 校正。

【经皮氧分压监测】

经皮氧分压监测（transcutaneous oxygen monitoring，$TcPO_2$），即经患儿完整皮肤表面测定氧分压，为无创监测方法，可连续实时监测；而 PaO_2 仅反映采血当时患儿的状态，不能连续监测。$TcPO_2$ 在新生儿、婴幼儿应用较广泛，患儿年龄越小，皮下脂肪越薄，所测结果相对越可靠。电极需放置于上胸部、腹部、大腿或上臂内侧等皮肤角化薄又便于固定密封，而且在避开大血管的同时，又有良好毛细血管网的位置。局部皮肤须加热至 42～45℃，使电极下毛细血管内血液动脉化，并通过加温使局部皮肤角质层的脂质结构改变，皮肤对氧气通透。但加温可能烫伤局部皮肤，并使局部组织灌注增加。因此除应根据患儿情况选择预置温度并维持其恒定之外，还应定时更换电极放置部位（表 34-3）。

当患儿心功能及局部血液灌注正常时，$TcPO_2$ 可以反映 PaO_2，两者相关性甚好，其相关系数≥0.9；正常成人 $TcPO_2$ 与 PaO_2 的比值约为 0.8，而儿童的比值可能会高一些，尤其是在新生儿两者几乎相等。严重水肿、低体温（T＜35℃）、休克、血容量明显减少，严重酸中毒

（pH＜7.05），严重心内分流，重度贫血时，局部皮肤血液灌注减少，氧弥散受影响，$TcPO_2$ 与 PaO_2 的比值随局部血流灌注的减少而降低，故 $TcPO_2$ 可以用于监测局部组织氧合和灌注的情况。当 $TcPO_2$ 降低时，提示患儿可能存在低灌注或低氧状态。

表 34-3 预置温度与电极更换时间

体重（g）	预置温度（℃）	部位更换时间（h）
1000	42.5	4～6
～2500	43.0	4～6
～3500	43.5	3～5
3500	44.0	2～4
儿童	44.0～44.5	2～4

【经皮二氧化碳分压监测】

经皮二氧化碳分压（transcutaneous carbonbioxide monitoring，$TcPCO_2$）监测也是无创实时连续监测法。系将电极放置于皮肤上连续测定局部组织的 $PaCO_2$，能动态反映患儿的病情变化，指导呼吸机参数的调节和用药。电极加热能使皮肤角质层结构发生改变，并加速 CO_2 弥散。由于加温可使局部组织代谢增强，CO_2 产生增多，且 CO_2 在体内的溶解度随温度的升高而下降，因此 $TcPO_2$ 会升高，结果使得 $TcPO_2$ 的测得值高于 $PaCO_2$，两者呈线性相关。电极加热至 37～44℃时，其相关系数为 0.8～0.95。$TcPCO_2$ 可以用于评价局部是否存在低灌注，而且可能是局部低灌注的早期预警指标。对于新生儿而言，如果无严重先天性心脏病，$TcPCO_2$ 与 $PaCO_2$ 具有较好相关性。

（何颜霞　钱素云）

第三十五章

神经系统的监测

培训目标

1. 掌握神经功能监测的常用方法。
2. 掌握脑干功能评估的方法。
3. 熟悉颅内压监测的适应证及常用方法。
4. 熟悉脑电、经颅多普勒超声及诱发电位监测的适应证和意义。

【概述】

神经系统危重症在 PICU 中占有较高比例,涉及原发神经系统病变和各种非神经系统疾病危重状态导致的脑损害。建立敏感、完善的神经监测系统及评估标准,对于指导昏迷及脑损害患者治疗、评估疗效、判断预后、并实时合理的临床医疗决策至关重要。

一、体格检查

全面体格检查仍是最重要的神经系统监测手段。涉及对患儿意识水平、呼吸及循环情况、姿态、有无不自主运动、前囟、眼球运动、眼底、瞳孔反射和眼底检查、颈抵抗、肌力、肌张力、深浅反射、病理反射、有无肌肉萎缩、定位定向能力、四肢运动等多方面的评估。患儿的基本生命体征也应囊括在内。除了仔细的体格检查,详细询问病史也十分重要。

二、意识评估

意识是指对自身和环境的感知能力,依赖于大脑皮质和网状上行激动系统(位于延髓、脑桥及丘脑)的功能完整。对意识水平的评估可采用以下方法。

【儿童改良 Glasgow 昏迷量表】

Glasgow 昏迷量表(Glasgow coma scale,GCS)于 1974 年由英国人 Teasdale 和 Jennett 始创,简单实用,是目前应用最广泛的意识评估法,也是昏迷评分的"金标准"。GCS 最初用于脑外伤昏迷评分,以后扩展到所有昏迷评分,现广泛用于描述多种疾病状态下的神经系统情况和预测预后。GCS 通过检查患者的睁眼动作、语言反应和运动反应等对其意识障碍程度做出综合评估。满分为 15 分,8 分以下提示意识障碍程度较重,3 分为最低分。儿童改良 GCS 评分(表 35-1)量表基于不同年龄儿童的发育特点,对其肢体运动、语言及睁眼等反应进行评分,动态观察更有利于准确评估患儿脑功能,并提示预后。但 GCS 量表对于植物状态的评定显得较为粗糙,因为植物状态患者的睁眼和觉醒是无关的;难以反映极为重要的脑干功能状态;使用镇静药、肌松药等干扰意识状态或运动能力的药物会对评分结果产生较大影响；GCS量表的语言部分对于气管插管或气管切开失语患者的评估欠可靠；3岁以下婴幼儿合作困难，评估准确性有待商榷；对语言障碍、精神障碍、惊厥发作，听力障碍、视觉异常等患者都较难得出准确结论。即便GCS量表存在种种缺陷，但仍是对PICU患儿昏迷程度和脑功能情况进行床旁、反复评估的重要手段，而且其简便性和可重复性等优势远大于缺陷。也可将GCS量表同其他简单评分方法相结合以提高评估的客观性和准确性。

表35-1　儿童改良GCS评分

项目	表现	得分
睁眼反应	自动睁眼	4
	呼唤睁眼	3
	疼痛刺激睁眼	2
	无睁眼	1
语言反应	微笑，声音定位，注视物体，互动	5
	哭闹，但可以安慰：不正确的互动	4
	对安慰异常反应，呻吟	3
	无法安慰	2
	无语言反应	1
运动反应	可按指令吩咐动作	6
	对疼痛刺激定位反应	5
	对疼痛刺激肢体屈曲反应	4
	对疼痛刺激肢体异常屈曲（去皮质状态）	3
	对疼痛刺激肢体异常伸展（去脑状态）	2
	对疼痛刺激无反应	1

【快速意识评估】

通过患儿对外界反应的灵敏度快速评估意识水平，可将患儿分为反应灵敏（alert，A）、对声音有反应（response to voice，A）、对疼痛有反应（response to pain，P）、无反应（unresponse，U），如果患儿仅对疼痛有反应或无反应的意识水平相当于GCS评分8分或更低水平。

三、脑干功能评估

脑干功能通过检查脑神经、呼吸方式、血流动力学进行评估。

【脑神经】

小儿尤其昏迷时很难完成全部颅神经检查，脑神经的检查主要集中在评估瞳孔对光反应、角膜反射、前庭功能试验、面部对称性、咽反射等。

1. 瞳孔对光反射　反射弧：感受器在视网膜，传入纤维在视神经中，中枢在中脑，传出神经为动眼神经，效应器是瞳孔括约肌。反射弧中任何部位的病变都可影响瞳孔对光反射。双侧直接和间接对光反射检查均无缩瞳反应即可判断为对光反射消失。

2. 角膜反射　反射弧：感受器为角膜，传入纤维在三叉神经的眼神经，中枢在三叉神经脑桥核、脊束核及双侧面神经核，传出纤维在面神经中，效应器为双侧的眼轮匝肌。直接与间接角膜反射皆消失见于患侧三叉神经病变（传入障碍）。直接反射消失，间接反射存在，见于患侧面神经瘫痪（传出障碍）。

3. **眼球运动** 调节眼球运动的脑神经包括动眼神经、滑车神经及展神经。昏迷状态下眼球运动可通过本体感觉刺激(头眼反射或称娃娃眼反射)或前庭刺激(前庭眼反射)进行评估。

(1)头眼反射:快速转动昏迷患儿的头部可以发现两眼会共轭地向相反方向转动。眼球无相反方向运动为头眼反射消失。需注意眼外肌疾病可影响判断。怀疑颈椎外伤时禁忌此项检查。

(2)前庭眼反射:向外耳道注入 0~4℃盐水,观察有无眼球震颤。注水量 20ml,注水速度 20~30 秒,观察 1~3 分钟,无眼球震颤即为前庭眼反射消失。

4. **咽反射** 刺激咽后壁引起的恶心反射。反射弧:感受器为咽后壁,传入神经为舌咽神经,反射中枢位于延髓,传出神经为迷走神经,效应器为眼部肌肉。脑干损伤是双侧咽反射消失的常见原因,但极个别正常人也可缺乏咽反射。

【呼吸方式】

呼吸中枢分布在大脑皮质、间脑、脑桥、延髓和脊髓等各级部位,参与呼吸节律的产生和调节。节律性呼吸的基本中枢位于延髓,长吸中枢和呼吸调整中枢位于脑桥。可通过呼吸方式的异常判断脑病变部位。潮式呼吸,即陈 - 施呼吸(Cheyne-Stokes respiration),提示大脑皮质功能障碍和中脑水平病变,可以是脑疝的首发表现;持续过度通气提示中脑被盖区损伤;长吸呼吸提示脑桥病变;深浅交替的不规则无效呼吸和呼吸暂停提示延髓病变。呼吸中枢病变外,代谢异常或呼吸中枢以外的神经因素也可导致呼吸方式异常。

【循环改变】

心血管中枢(cardiovascular center)分布在从大脑皮质到脊髓的各级中枢,形成调节心血管活动的复杂网络。延髓是心血管中枢的基本部位,是调节心率和血压的基本中枢。与呼吸完全依赖中枢激动不同,心血管活动可在失去中枢激动下存在。延髓损伤导致的典型生命征变化为心动过缓、高血压及呼吸不规则,被称之为库欣三联征(Cushing's system)。但在婴幼儿,该三联征心率的改变是心动过速,而不是过缓。这种血流动力学改变同时伴有呼吸暂停提示延髓水平的功能障碍。延髓孤束核和疑核的损伤可引起"交感风暴",导致神经源性肺水肿和循环衰竭。

【运动反应】

脑的不同水平运动中枢失去上位中枢的抑制影响时,会出现固定的运动反应。在弥漫性皮质或去大脑损伤,最初的表现是弥漫性反射亢进(包括巴宾斯基征阳性);随着皮层损伤的加重则出现去皮质强直姿势;损伤进一步影响到中脑下部和脑桥上部时出现去大脑强直姿势;脑桥下部或延髓损伤则会发生迟缓性麻痹。

四、颅内压监测

颅内压(intracranial pressure,ICP)的正常范围为 5~15mmHg。值得注意的是,ICP 正常值可因患儿年龄、测定部位及方法而异,咳嗽、哭闹、烦躁等可使颅内压暂时性增高。一般情况下,当 ICP≥20mmHg 时,脑容量少量的增加即可使 ICP 急剧升高,因此这是临床采取降颅压措施的临界值。监测 ICP 的方法分有创性和无创性两类。

(一)有创性 ICP 监测

可用于颅脑外伤、颅脑术后、蛛网膜下腔出血、严重脑积水或脑病、高血压脑出血等患者。

1. **腰椎穿刺测脑脊液压力** 因侧卧位时侧脑室与终池内脑脊液压力相当(梗阻时除外),故腰穿测压可代替直接的颅内测压。注意当 ICP 明显增高时,采用此法可能导致小脑扁桃体疝。因此原则上不作为颅脑创伤患儿的初步评估手段。如需进行，应在腰穿前先评估 ICP 情况，然后静脉注射甘露醇降颅压，30 分钟后再进行穿刺；且穿刺时针芯不可完全拔出；放液量不宜太多，并禁止做奎克试验。穿刺后平卧休息 4 小时。当压力超过 10～15cmH_2O，应警惕存在颅高压；>20cmH_2O 则确诊无疑。若 >35cmH_2O 或脑脊液在流出过程中突然中断或腰椎穿刺后症状加重，均属颅高压危象。

2. 脑室内压力监测　通过侧脑室置管监测颅压是 ICP 监测的标准方法。穿刺针刺入侧脑室后，连接测压管测定 ICP，数据准确可靠；脑室内测压的同时，可行控制性脑脊液引流以降颅压；还可进行脑室内注药治疗脑室膜炎，前囟已闭的患儿需钻颅穿刺。如脑室严重受压或脑室过小，则置管困难。

3. 硬膜外压力监测　即将传感器放置在硬脑膜和颅骨之间，需开颅或颅骨钻孔。一般情况下硬膜外压力比脑室内压力高 2～3mmHg，准确性欠佳。

（二）无创性颅压监测

前囟直接测压法为非创伤性测压法。将传感器放置于新生儿、婴儿未闭的前囟处直接读数，可以连续实时监测。测定时受囟门大小所限，适用于突出骨缘的前囟。

五、脑电图

脑电活动与脑血流和脑代谢之间关系密切。脑电图主要于大脑皮质第 3～5 层的大椎体细胞产生，可敏感反映脑缺氧和脑功能障碍情况。应用床旁脑电图机或配有脑电监测的心肺监测仪来持续观察脑电图，可以了解患儿昏迷、镇静及麻醉程度，是否存在脑缺血、缺氧，了解有无异常放电及病灶定位，还可协助脑死亡的诊断。脑电图检查时应注意除外低温与药物影响；可根据病情完善视频脑电图和 24 小时动态脑电图。此外，有研究显示 ICP 的变化也可引起脑电图的改变。ICP 升高，可引起脑缺血缺氧，此时可能无明显临床症状及体征，但脑电图已出现改变，可表现为慢波、暴发 - 抑制、波幅降低甚至脑电活动消失呈直线样。

六、经颅多普勒超声（TCD）监测脑血流

TCD 是无创性检查技术，可在 ICU 床旁实时监测。TCD 将脉冲多普勒技术与低发射频率相结合，使超声波束能够穿透颅骨较薄的部位，直接投射到颅底血管环及大血管干上，获取颅内血管的血流速度、方向、血管阻力、频谱形态及声音等血流动力学信息。临床上常用的 TCD 检查窗为颞窗、枕窗、眼窗和下颌窗，可监测颅底 Willis 血管环和颈内动脉颅外段的血流速度，间接反映脑血流量和颅内压及局部脑灌注的变化。

TCD 可用来监测中枢神经系统感染、缺氧缺血性脑病、颅内出血、中毒性脑病、心肺复苏后等危重患儿脑血流灌注、脑水肿、颅内高压的情况及脑血管舒缩调节功能；还可协助诊断脑血管狭窄或闭塞、脑血管畸形、脑动脉瘤、脑血管痉挛等；在体外循环时，TCD 可连续监测脑灌注状况，并可监测出通过血管的微气栓或颗粒栓子；对于颅内高压所致的颅内循环停止（脑死亡）的监测与诊断有较高特异性和敏感性。TCD 有助于判断病情和预后，指导治疗，并做出合理的临床决策。如 TCD 检测出现舒张期反向血流、尖小收缩波（钉子波）（图 35-1 和图 35-2）时，提示脑功能衰竭或脑死亡。

七、诱发电位监测

诱发电位是给予神经系统（从感受器到大脑皮质）特定的刺激，或使大脑对刺激（正性

或负性）信息进行加工，在脑的相应部位产生可以被检出、并与刺激有相对固定时间间隔（锁时关系）和特定位相的生物电活动。对诱发电位的监测，可了解中枢神经系统的完整性及评价神经系统功能。诱发电位又分为感觉诱发电位（如听觉诱发电位、视觉诱发电位等）及运动诱发电位；还可根据时间程序分为原发反应和原发后反应。不同的感官其诱发电位不同，而且刺激特性的差异也能在诱发电位的波形结构上有所反应。原发反应与感觉的接受有关，原发后反应与信息过程有关。在重症监护病房，感觉诱发电位可监测脊髓损伤后脊髓功能和对昏迷病儿进行脑电图监测。有时诱发电位的异常比神经系统体征出现得更早，对判断脑损伤、昏迷的预后有重要意义。

八、影像学监测

1. **电子计算机 X 线断层扫描**（CT）　除普通 CT 外，还可做增强 CT、正电子发射计算机断层成像（PET）、单光子发射计算机断层成像（SPECT）等，除了获取图像，判断脑实质损害程度、脑血流灌注情况，还可通过生物数学模型，计算出脑代谢情况等；还可进行脑神经受体成像，对脑功能和受体进行研究。

2. **磁共振影像**（MRI）　除传统 MRI，还包括功能磁共振影像（FMRI）、磁共振波谱成像（MRS）等，具有高分辨率，可以了解脑血流变化或计算脑血流量、判断神经元的破坏范围和神经元死亡、对脑内氧化反应做定量分析、还可用于了解脑病的一些特征性代谢改变等。

九、组织的氧合和代谢监测

脑细胞对缺氧十分敏感，脑组织的氧合情况可反映脑的血流动力学、氧供和氧代谢利用的情况。主要监测指标包括如下。

1. **SPO_2 和动脉血氧饱和度**（arterial blood oxygen saturation，SaO_2）　SPO_2 在一定程度上可间接地反映脑组织的氧合，但更多的是反映机体整体的氧合情况。SPO_2 反映的是动脉血氧饱和度，而脑组织中动静脉交错，动脉血仅占 20%，静脉血占 75%；故严格来讲，脑组织的氧饱和度以静脉血氧饱和度为主，是混合血氧饱和度。由于 SPO_2 的监测方法简单、无创，且可长时间连续监测，故仍是临床常用的监测方法，尤其适用于新生儿和小婴儿。抽取动脉血测得的 SaO_2 比 SPO_2 更为精确，但也仅能间接反映脑组织氧合情况，且有创，不能持续监测。

2. **脑组织氧分压**（partial pressure of brain tissue oxygen，$PbtO_2$）监测　$PbtO_2$ 监测是有创脑氧监测技术，直接测定脑组织的氧供情况。$PbtO_2$ 的高低直接与脑细胞的氧利用有关。局部脑组织氧供和氧耗之间的关系决定了脑细胞的氧利用情况。虽然对 $PbtO_2$ 低于多少就会发生缺血性脑损害尚未达成共识，但多数认为欲维持脑皮质的功能，$PbtO_2$ 必须大于 5mmHg。但不建议将该值定为脑外伤患者脑缺血的阈值，因为即使 $PbtO_2$ 不低于 5mmHg，患者可能已发生脑缺血损害。此外，还可监测脑组织二氧化碳分压（$PbtCO_2$），这是脑组织有氧代谢的产物，过高提示脑组织内二氧化碳蓄积，提示脑缺血。

3. **颈内静脉血氧饱和度**（jugular vein blood oxygen saturation，$SjVO_2$）　颈内静脉的血液直接来自脑静脉，因此临床上用 $SjvO_2$ 来代表脑静脉血氧饱和度。监测 $SjvO_2$ 需行颈内静脉逆行穿刺，将导管顶端置于颈内静脉球部，然后间断采血检查 $SjvO_2$；也可放置光纤探头进行持续实时监测 $SjvO_2$。$SjvO_2$ 比 SaO_2 和 SPO_2 更为准确。当 SaO_2 和血红蛋白相对稳定时，$SjvO_2$ 可反映脑氧供和氧耗的关系，可用于脑动脉主干闭塞所致脑梗死、颅内静脉窦血栓等监测。正常的 $SjvO_2$ 为 55%～75%，当低于 50% 时，提示脑氧供减少、氧耗增加或脑血流减少；若低于 40%，则提示全脑缺血缺氧；当 $SjvO_2$ 高于 75% 时，提示脑的氧供或脑血流增加。

4. **局部脑氧饱和度**（regional cerebral oxygen saturation，rSO_2）**监测**　通过近红外线光谱（near-infrared spectroscopy，NIRS）技术能够无创连续性地监测 rSO_2。NIRS 可以测出氧合与非氧合血红蛋白分子，采样区内的氧合血红蛋白与总血红蛋白之比即为 rSO_2。rSO_2 主要代表静脉部分，在一定水平的脑组织氧耗下，可作为精确测定神经损伤的指标。

5. **脑内微透析**（microdialysis，MD）**监测**　是一种有创监测方法，须将探头插入特定部位的脑实质内，然后使用微量注射泵从探头入口注射透析液体，从探头出口采集样本送检。主要测定氨基酸，能量代谢产物（如乳酸、丙酮酸、肌苷、腺苷、嘌呤类），部分神经递质等，可反映脑缺血和损伤情况，有助于判断预后。但可能引起感染、局部组织肿胀或出血。

（何颜霞）

参考文献

1. 李春盛主译. 罗森急诊医学. 第 7 版. 北京: 北京大学医学出版社, 2012: 68-83.

2. Kleinman ME, Chameides L, Schexnayder SM, et al. Part 14: Pediatric Advanced Life Support: 2010 American Heart Association Guidelines for Cardiopulmonary Resuscitation and Emergency Cardiovascular Care. Circulation, 2010, 122: S876-S908.

3. Berg MD, Schexnayder SM, Chameides L, et al. Part 13: Pediatric Basic Life Support: 2010 American Heart Association Guidelines for Cardiopulmonary Resuscitation and Emergency Cardiovascular Care. Circulation, 2010, 122: S862-S875.

4. Zeng J, Qian S, Zheng M, et al. The epidemiology and resuscitation effects of cardiopulmonary arrest among hospitalized children and adolescents in Beijing: An observational study. Resuscitation, 2013, 84(12): 1685-1690.

5. Alsoufi B, Awan A, Manlhiot C, et al. Results of rapid-response extracorporeal cardiopulmonary resuscitation in children with refractory cardiac arrest following cardiac surgery. Eur J Cardiothorac Surg, 2014, 45(2): 268-275.

6. Hammer J. Acute respiratory failure in children. Paediatr Respir Rev, 2013, 14(2): 64-69.

7. Ghuman AK, Newth CJ, Khemani RG. Respiratory support in children. Paediatr and child health, 2010, 21(4): 163-169.

8. Walkey AJ, Wiener RS. Use of non-invasive ventilation in patients with acute respiratory failure, 2000-2009: a population-based study. Ann Am Thorac Soc, 2013, 10: 10-17.

9. Ganu SS, Gautam A, Wilkins B, Egan J. Increase in use of non-invasive ventilation for infants with severe bronchiolitis is associated with decline in intubation rates over a decade. Intensive Care Med., 2012, 38(7): 1177-1183.

10. Wolfler A, Calderini E, Iannella E, et al. Network of Pediatric Intensive Care Unit Study Group. Evolution of Noninvasive Mechanical Ventilation Use: A Cohort Study Among Italian PICUs. Pediatr Crit Care Med, 2015, 16(5): 418-424.

11. Pediatric Acute Lung Injury Consensus Conference Group. Pediatric acute respiratory distress syndrome: consensus recommendations from the Pediatric Acute Lung Injury Consensus Conference. Pediatr Crit Care Med, 2015, 16(5): 428-439.

12. Khemani RG, Smith LS, Zimmerman JJ, et al. Pediatric acute respiratory distress syndrome: definition, incidence, and epidemiology: proceedings from the Pediatric Acute Lung Injury Consensus Conference. Pediatr Crit Care Med, 2015, 16(5 Suppl 1): S23-40.

13. Rimensberger PC, Cheifetz IM. Pediatric Acute Lung Injury Consensus Conference Group. Ventilatory support in children with pediatric acute respiratory distress syndrome: proceedings from the Pediatric Acute Lung Injury Consensus Conference. Pediatr Crit Care Med. 2015, 16(5 Suppl 1): S51-60.

14. CrucesP, DonosoA, ValenzuelaJ, et al. Respiratory and hemodynamic effects of a stepwise lung recruitment maneuver in pediatric ARDS: a feasibility study. Pediatr Pulmonol, 2013, 48(11): 1135-1143.

15. ARDS Definition Task Force. Ranieri VM, Rubenfeld GD, et al. Acute respiratory distress syndrome: the

Berlin Definition. JAMA，2012，307（23）：2526-2533.

16. 王哲艳，曲东. 机械通气患者气管导管内细菌生物被膜的形成及其与呼吸机相关肺炎的关系. 国际儿科学杂志，2017，37（4）：435-438.

17. Shorr AF，Chan CM，Zilberberg MD. Diagnostics and epidemiology in ventilator associated pneumonia. Ther Adv Respir Dis，2011，5：121-130.

18. Bassetti M，Taramasso L，Giacobbe DR，et al. Management of ventilator-associated pneumonia：epidemiology，diagnosis and antimicrobial therapy Expert Rev Anti Infect Ther，2012，10：585-596.

19. Xie DS，Xiong W，Lai RP，et al. Ventilator-associated pneumonia in intensive care units in Hubei Province. China：amulticenter prospective cohort survey. J Hosp Infect，2011，78：284-288.

20. 中华医学会重症医学分会. 呼吸机相关性肺炎诊断、预防和治疗指南（2013）. 中华内科杂志，2013，52，（6）：524-543.

21. 中华医学会儿科学分会心血管学组《中华儿科杂志》编辑委员会. 小儿心力衰竭诊断与治疗建议. 中华儿科杂志，2006，44（10）：753-757.

22. 中华医学会心血管病分会，中华心血管病杂志编辑委员会. 中国心力衰竭诊断和治疗指南2014. 中华心血管病杂志，2014，42：98-122.

23. Kliegman RM，Stanton BF，Ricbard EB，et al. Nelson textbook of pediatrics. 19th ed. Philiadelphs：W.B Sanders Co，2011.

24. 王野峰，黄希勇. 脑钠肽和氨基末端脑钠尿肽原在儿童心血管疾病诊治中的进展. 中国当代儿科杂志，2012，14（6）：470-474.

25. Werdan K，Gielen S，Ebelt H. Mechanical circulatory support in cardiogenic shock. European Heart Journal，2014，35，156-167.

26. 胡亚美，江载芳. 诸福棠实用儿科学. 第7版. 北京：人民卫生出版社，2002：1487-1509.

27. 张乾忠. 小儿严重心律失常的诊断与处理. 中国实用儿科临床杂志，2004，19（11）：916-918.

28. 张乾忠. 小儿严重心律失常急救用药的若干临床问题. 中国小儿急救医学，2013，20（5）：447-451.

29. 杨晓东. 儿童心律失常的临床诊断和治疗. 中华临床医师杂志，电子版，2012，6（24）：7961-7964.

30. 中华医学会心血管病学分会，中国生物医学工程学会心脏病学分会，《中华心血管病杂志》编辑委员会，等. 室上性快速心律失常治疗指南. 中华心血管病杂志，2005，33（1）：2-15.

31. 宿英英. 难治性癫痫持续状态治疗策略. 中华神经科杂志，2015，48（3）：161-163.

32. 中华医学会神经病学分会重症协作组. 惊厥性癫痫持续状态监测与治疗（成人）中国专家共识. 中华神经科杂志，2014，47（9）：661-666.

33. Wilkes R，Tasker RC. Intensive care treatment of uncontrolled status epilepticus in children：systematic literature search of midazolam and anesthetic therapies. Pediatr Crit Care Med，2014，15（7）：632-639.

34. Fernandez A，Lantigua H，Lesch C，et al. High-dose midazolam infusion for refractory status epilepticus. Neurology，2014，82（4）：359-365.

35. Brophy GM，Bell R，Claassen J，et al. Guidelines for the evaluation and management of status epilepticus. Neurocrit Care，2012，17（1）：3-23.

36. 封志纯，祝益民，肖昕. 实用儿童重症医学，昏迷. 北京：人民卫生出版社，2012：444.

37. 李春盛主译. 罗森急诊医学，意识降低和昏迷. 北京大学医学出版社，2013：113-119.

38. 赵祥文. 儿科急诊医学. 第4版. 北京：人民卫生出版社，2014：177-190.

39. Fuhrman and Zimmerman. Pediatric Critical Care. USA：Elsevier，2011：822-837，849-870.

40. Kochanek PM，Carney N，Adelson PD，et al. Guidelines for the acute medical management of severe

traumatic brain injury in infants, children, and adolescents second edition. Pediatr Crit Care Med, 2012, 13 (Suppl 1): S1-82.

41. Bennett TD, Statler KD, Korgenski EK, et al. Osmolar therapy in pediatric traumatic brain injury. Crit Care Med, 2012, 40 (1): 208-215.

42. Bulger EM, May S, Brasel KJ, et al. Out-of-Hospital Hypertonic Resuscitation Following Severe Traumatic Brain Injury: A Randomized Controlled Trial. JAMA, 2010 (304): 1455-1464.

43. Lameire NH, Bagga A, Cruz D, et al. Acute kidney injury: an increasing global concern. Lancet, 2013, 382 (9887): 170-179.

44. KIDGO. Clinical practice guideline for acute kidney injury. Kidney International Supplement, 2012, 2 (1): 8-12.

45. Askenazi D. Evaluation and management of critically ill children with acute kidney injury. Current Opinion Pediatrics, 2011, 23 (2): 201-207.

46. McCullough PA, Shaw AD, Haase M, et al. Diagnosis of acute kidney injury using functional and injury biomarkers: workgroup statements from the tenth Acute Dialysis Quality Initiative Consensus Conference. Contrib Nephrol, 2013, 182 (1): 13-29.

47. Fortenberry JD, Paden ML, Goldstein SL. Acute kidney injury in children: an update on diagnosis and treatment. Pediatr Clin North Am, 2013, 60 (3): 669-688.

48. Kliegman RM, Stanton BF, Ricbard EB, et al. Nelson textbook of pediatrics. 19th ed. Philiadelphs: W.B Sanders Co, 2011.

49. 王丽杰, 刘春峰. 小儿急性肝功能衰竭的治疗进展. 中国小儿急救医学, 2012, 19 (6): 572-575.

50. Hartman ME, Linde-Zwirble WT, Angus DC, et al. Trends in the Epidemiology of Pediatric Severe Sepsis. Pediatr Crit Care Med, 2013, 14 (7): 686-693.

51. Shime N, Kawasaki T, Saito O et al. Incidence and risk factors for mortality in paediatric severe sepsis: results from the national paediatric intensive care registry in Japan. Intensive Care Med, 2012, 38 (7): 1191-1197.

52. 北京地区 PICU 脓毒症调查协作组. 北京地区两家医院儿科重症监护病房 486 例脓毒症分析. 中华儿科杂志, 2012, 50 (3): 178-183.

53. 上海 ICU 脓毒症诊治情况调查协作组. 上海市四家儿童医院重症监护病房 304 例脓毒症诊治调查分析. 中华儿科杂志, 2012, 50 (3): 172-177.

54. Dellinger RP, Levy MM, Rhodes A, et al. Surviving sepsis campaign: international guidelines for management of severe sepsis and septic shock, 2012. Crit Care Med, 2013, 41 (2): 580-637.

55. Iba T, Gando S and Thachil J. Anticoagulant therapy for sepsis-associated disseminated intravascular coagulation: the view from Japan. J Thromb Haemost, 2014, 12 (7): 1010-1019.

56. Meier J, Henes J, Rosenberger P. Bleeding and coagulopathies in critical care. N Engl J Med, 2014, 370 (22): 2152-2153.

57. Toh CH, Alhamdi Y. Current consideration and management of disseminated intravascular coagulation. Hematology Am Soc Hematol Educ Program, 2013, 2013: 286-291.

58. Wada H, Matsumoto T, Yamashita Y. Diagnosis and treatment of disseminated intravascular coagulation (DIC) according to four DIC guidelines. J Intensive Care, 2014, 2 (1): 15.

59. Levi M. Diagnosis and treatment of disseminated intravascular coagulation. Int J Lab Hematol, 2014, 36 (3): 228-236.

60. Dellinger RP, Levy MM, Rhodes A, et al. Surviving Sepsis Campaign: International Guidelines for Management of Severe Sepsis and Septic Shock: 2012. Crit Care Med, 2013, 41: 580-637.

61. Vincent JL, Opal SM, Marshall JC, et al. Sepsis definitions: time for change. Lancet, 2013, 381(3): 774-775.

62. MacCallum NS, Finney SJ, Gordon SE, et al. Modified criteria for the systemic inflammatory response syndrome improves their utility following cardiac surgery. Chest, 2014, 145(6): 1197-1203.

63. Kaukonen KM, Bailey M, Pilcher D, Cooper DJ, Bellomo R. Systemic inflammatory response syndrome criteria in defining severe sepsis. N Engl J Med, 2015, 372(17): 1629-1638.

64. Balk RA. Systemic inflammatory response syndrome(SIRS): where did it come from and is it still relevant today? Virulence. 2014, 5(1): 20-26.

65. 钱素云. 小儿急性中毒的特点和诊治进展. 中国小儿急救医学, 2010, 17(4): 289-291.

66. 单晓鸥. 儿科中毒病人的一般治疗. 见: 陈其主译. 儿科急诊医学. 第3版. 北京: 人民军医出版社, 2012: 480.

67. 林珮仪, 刘国斌. 有机磷杀虫药中毒. 见: 陈晓辉主编.. 血液净化在ICU的应用. 北京: 科学技术文献出版社, 2012: 239-245.

68. 严乐涛. 植物、蘑菇和草药. 见: 李春盛, 钱素云, 等主译. 罗森急诊医学. 第7版. 北京: 北京大学医学出版社, 2013: 2168-2178.

69. Gil HW, Hong JR, Jang SH, et al. Diagnostic and therapeutic approach for acute paraquat intoxication. J Korean Med Sci, 2014, 29(11): 1441-1449.

70. Yin Y, Guo X, Zhang SL, et al. Analysis of paraquat intoxication epidemic(2002-2011)within China. Biomed Environ Sci, 2013, 26(6): 509-512.

71. 张顺, 郑强, 张鹏思, 等. 357例急性百草枯中毒的流行病学分析. 中国卫生统计, 2013, 30(2): 251-252.

72. 中国医师协会急诊医师分会. 急性百草枯中毒诊治专家共识(2013). 中国急救医学, 2013, 33(6): 484-489.

73. 朱雯, 楼跃. 儿童多发伤的研究进展. 中华临床医师杂志(电子版), 2012, 6(24): 8261-8263.

74. Qing-Bin Z, et al. Epidemiology of maxillofacial injury in children under 15 years of age in southern China. Oral Surg Oral Med Oral Pathol Oral Radiol, 2013, 115(4): 436-441.

75. 王宁等. 不同急救模式对合并颅脑损伤的多发伤患者预后的影响. 中华创伤杂志, 2011, 27(1): 16-18.

76. Idris AH, Berg RA, Bierens J, et al. Recommended guidelines for uniform reporting of data from drowning: the "Utstein style." Circulation, 2003, 108(11): 2565-2574.

77. van Beeck EF, Branche CM, Szpilman D, et al. A new definition of drowning: towards documentation and prevention of a global public health problem. Bull World Health Organ, 2005, 83(11): 853-856.

78. 农全兴, 杨莉. 儿童溺水流行病学研究进展. 中国公共卫生, 2006, 22(3): 363-365.

79. Szpilman D, Bierens JJLM, Handley AJ, et al. Drowning. N Engl J Med, 2012, 366(22): 2102-2110.

80. Vanden Hoek TL, Morrison LJ, Shuster M, et al. Part 12: cardiac arrest in special situations: drowning: 2010 American Heart Association Guidelines for Cardiopulmonary Resuscitation and Emergency Cardiovascular Care. Circulation, 2010, 122: Suppl 3: S847-S848.

81. Khan U, Hisam B, Zia N, Mir M, et al. Uncovering the burden of intentional injuries among children and adolescents in the emergency department. BMC Emerg Med. 2015 Dec 11; 15 Suppl 2: S6. doi: 10.1186/1471-227X-15-S2-S6.

82. 丁宗一. 重视儿童虐待的现状. 中华儿科杂志, 2000, 38(9): 582-584.

83. Atha WF. Heat-related illness. Emerg Med Clin North Am, 2013, 31(4): 1097-1108.

84. Howe AS，Boden BP. Heat-related illness in athletes. Am J Sports Med，2007，35（8）：1384-1395.

85. 全军重症医学专业委员会. 热射病规范化诊断与治疗专家共识（草案）. 解放军医学杂志，2015，40（1）：1-7.

86. Nakagawa TA，Ashwal S，Mathur M，et al. Guidelines for the determination of brain death in infants and children：An update of the 1987 Task Force recommendations. Crit Care Med，2011，39：2139-2155.

87. 国家卫生和计划生育委员会脑损伤质控评价中心. 脑死亡判定标准与技术规范（成人质控版）. 中华神经科杂志，2013，46（9）：637-640.

88. 国家卫生和计划生育委员会脑损伤质控评价中心. 脑死亡判定标准与技术规范（儿童质控版）. 中华儿科杂志，2014，52（10）：756-759.

89. Mehta NM，Bechard LJ，Cahill N，et al. Nutritional practices and their relationship to clinical outcomes in critically ill children--an international multicenter cohort study. Crit Care Med，2012，40（7）：2204-2211.

90. Sion-Sarid R，Cohen J，Houri Z，et al. Indirect calorimetry：a guide for optimizing nutritional support in the critically ill child. Nutrition，2013，29（9）：1094-1099.

91. 中华医学会肠外肠内营养学分会儿科协作组. 中国儿科肠外肠内营养支持临床应用指南. 中华儿科杂志，2010，48（6）：436-441.

92. 中华医学会儿科学分会急救学组. 儿童重症监护病房镇痛和镇静治疗的专家共识（2013版）. 中华儿科杂志，2015，52（3）：189-193.

93. Barr J，Fraser GL，Puntillo K，et al. Clinical practice guidelines for the management of pain，agitation，and delirium in adult patients in the intensive care unit. Crit Care Med，2013，41（1）：263-306.

94. Minardi C，Sahillioğlu E，Astuto M，et al. Sedation and analgesia in pediatric intensive care. Curr Drug Targets，2012，13（7）：936-943.

95. Vet NJ，Ista E，de Wildt SN，et al. Optimal sedation in pediatric intensive care patients：a systematic review. Intensive Care Med，2013，39（9）：1524-1534.

96. Jiang L1，Ding S，Yan H，et al. A retrospective comparison of dexmedetomidine versus midazolam for pediatric patients with congenital heart disease requiring postoperative sedation. Pediatr Cardiol，2015，36（5）：993-999.

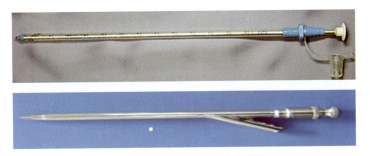

图 21-1　闭式引流术套管针

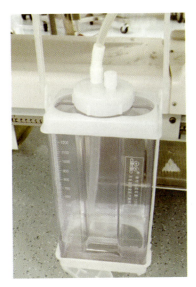

图 21-2　引流瓶

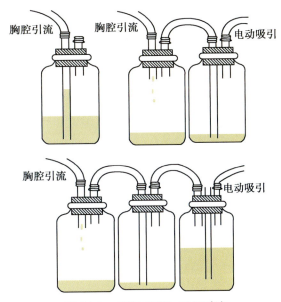

图 21-3　单瓶、双瓶、三瓶引流

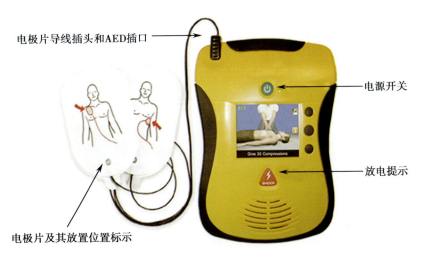

图 22-1　AED 外观

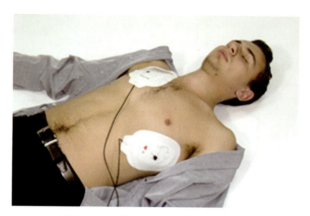

图 22-2　粘贴 AED 电极片的部位

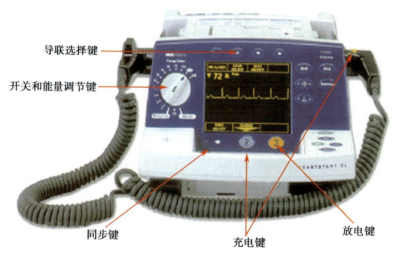

导联选择键

开关和能量调节键

同步键

充电键

放电键

图 22-3　除颤仪面板和功能键

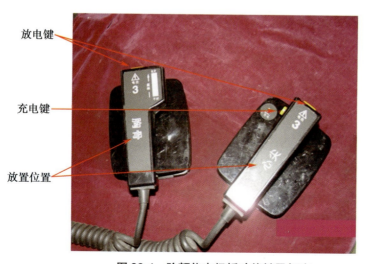

放电键

充电键

放置位置

图 22-4　除颤仪电极板功能键及标志

图22-5 电极板选择

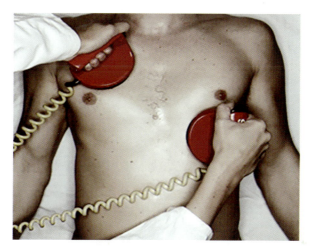

图22-6 除颤仪电极板放置位置

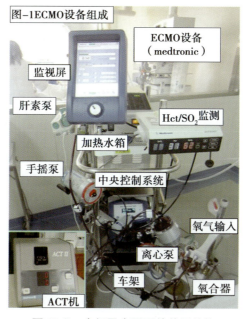

图29-1 主机及主要硬件单元结构

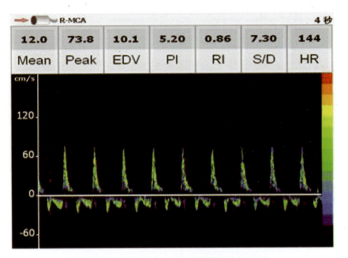

图 35-1　大脑中动脉舒张期反向血流

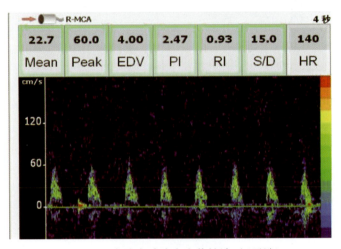

图 35-2　大脑中动脉尖小收缩波（钉子波）